Japanische Impressionen eines Kaiserlichen Gesandten.
Karl von Eisendecher im Japan der Meiji-Zeit

Peter Pantzer & Sven Saaler

Gewidmet
den deutschen und japanischen Diplomaten,
die in guten wie in schwierigen Tagen
in Japan und Deutschland ihren Dienst erfüllten

あらゆる条件下で任務を遂行した
駐日・駐独
ドイツ人・日本人外交官に捧げます

Japanische Impressionen eines Kaiserlichen Gesandten.
Karl von Eisendecher im Japan der Meiji-Zeit

Peter Pantzer & Sven Saaler

明治初期の日本
ドイツ外交官アイゼンデッヒャー公使の写真帖より

ペーター・パンツァー ＆ スヴェン・サーラ

München und Tôkyô

Eine Publikation der OAG Deutsche Gesellschaft für Natur- und Völkerkunde Ostasiens (Tôkyô) im IUDICIUM Verlag.

Gedruckt mit Unterstützung der
Toshiba International Foundation (TIFO) in Tôkyô
後援
東芝国際交流財団

Bibliografische Informationen
Der Deutschen Bibliothek

Die Deutsche Bibliothek verzeichnet diese Publikation in der Deutschen Nationalbibliografie;
detaillierte bibliografische Daten sind im Internet über http://dnb.ddb.de abrufbar

ISBN 978-3-89129-930-2

© IUDICIUM Verlag GmbH München 2007
Alle Rechte vorbehalten
Grafische Gestaltung: Eveline Gramer-Weichelt, Planegg
Druck: Kessler Druck + Medien, Bobingen
Printed in Germany

Vorwort

Die Idee zu diesem Buch entstand anläßlich des Deutschland-Jahres in Japan 2005/06, in dem sich das europäische Partnerland in vielfacher Weise der japanischen Öffentlichkeit präsentierte. Fünf Jahre zuvor war Japan in Deutschland mit großem Erfolg zu Gast gewesen. Die Autoren dieses Buches hatten aber keinen Grund, bloß eines bestimmten Termins willen einem Erscheinungsdatum nachzuhasten, denn dieses Buch ist nicht für den Augenblick geschrieben. Es soll, auf seine Weise, einen einprägsamen Beitrag zu den nun seit 150 Jahren bestehenden deutsch-japanischen Beziehungen bieten. In diesem Sinne ist es den Diplomaten beider Länder gewidmet, die in guten wie in schwierigen Tagen im jeweils anderen Land ihren Dienst versahen. Vor allem aber möchte dieses Buch die Aufgabe erfüllen, ganz besonders einen Diplomaten in Erinnerung zu rufen, der viel zu wenig bekannt ist und in unseren Geschichtsbüchern sträflich vernachlässigt wurde: Karl von Eisendecher, den seine Laufbahn zweimal nach Japan führte. Zunächst als Seekadett in Eulenburgs Ostasien-Mission 1860/61, das andere Mal als Gesandten, als der er zwischen 1875 und 1882 den Aufstieg Japans zu einer den Westen faszinierenden Nation miterlebte und so geist- wie kenntnisreich in seinen Berichten an das Auswärtige Amt in Berlin dokumentieren half.

Lesen – und Sehen allemal – ist um Vieles nachhaltiger als nur Hören. Die beiden Autoren haben daher in diesem Buch von kostbaren, wahrlich anschaulichen Dokumenten Gebrauch gemacht, die bisher der Öffentlichkeit vorenthalten waren: drei ungewöhnliche Photoalben, in denen Eisendecher die Porträts von Personen, die er in Japan traf, die Ansichten des Landes, das ihm lange Lebensmittelpunkt gewesen ist, in weitblickender Weise zusammengetragen und festgehalten hat. Der Lauf der Zeit läßt leider oft Vieles unwiederbringlich verloren gehen. Umso schlimmer, wenn dies Dummheit oder Naivität verschuldet. Den Historiker muß es noch heute schmerzen, wenn er die Zeilen eines Beobachters liest, der – leider zu spät – erfahren mußte, was nach dem Tod der Witwe Eisendecher mit einem Großteil des Nachlasses geschehen ist. „Sieben dicke Bände gehefteter Briefe, worin bis in die letzte Zeit die beiden alten Exzellenzen oft gelesen hatten, Briefe vom Jahre 1861 an, ... alle an seine Mutter gerichtet ..., waren beim Eintreffen der Zentralheizung des Hauses überantwortet." Daß die der Badischen Landesbibliothek und dem Armeemuseum in Karlsruhe vermachten Bücher und Objekte im Krieg durch Luftangriffe ohne Ausnahme ein Raub der Flammen wurden, steht auf einem anderen Blatt.

Die verbliebenen Photoalben im Besitz der Bonner Universität, dann die hübschen Aquarelle, die Eisendecher als Amateur zeitlebens malte, und nicht zuletzt die erhaltenen Kadettenbriefe, sind kostbare historische Dokumente. Ein Glücksfall auch, daß uns die vorhandenen Quellen einen ungewöhnlichen Blick auf das Schicksal des Gesandtschaftsgebäudes in Tôkyô ermöglichen, in dem Eisendecher wie seine diplomatischen Berufskollegen vor und nach ihm wirkten. Von einem umfunktionierten Tempel in Shiba über die ehemalige Residenz eines japanischen Feudalfürsten in bester Lage, nahe dem Kaiserpalast im Stadtteil Nagata-chô, bis zu einem noblen Bau, über den die Abgeordneten im Berliner Reichstag trefflich stritten, reicht der Bogen. Heutzutage, 2005 eröffnet, wirkt der deutsche Botschafter in Tôkyô bereits in seinem fünften Amtsgebäude.

Unser Buch hätte nicht ohne die Unterstützung einer Reihe entgegenkommender Kollegen und Institutionen fertiggestellt werden können, bei denen sich die Autoren an dieser Stelle auf das allerherzlichste bedanken. Allen voran gilt dieser Dank der Tôshiba International Foundation (TIFO) in Tôkyô, die als Vorreiter finanzieller Hilfe überaus großzügig das Erscheinen dieses Buches sicherte. Ebenso lieb und teuer ist uns die Hilfsbereitschaft der Botschaft der Bundesrepublik Deutschland wie der Gesellschaft für Natur- und Völkerkunde Ostasiens (OAG), beide Tôkyô. Ohne die Aufnahme des Bandes in die Publikationsreihe der OAG, die schützenden Hände ihrer Mitarbeiter sowie die umsichtige Betreuung durch den Iudicium-Verlag wäre die Veröffentlichung nur Wunsch, nicht Wirklichkeit gewesen.

Darüber hinaus danken die Autoren für kritische Anregungen zum Manuskript Frau Marlies Thiedemann, Herrn Rolf-Harald Wippich, Herrn Christian W. Spang, Herrn Ralph Lützeler, Herrn Harald Kleinschmidt und Frau Renate Herold; für Hilfe bei der Beschaffung von Quellen und Materialien Herrn Sekiguchi Tadashi in Tôkyô, Frau Yagishita Hiroko vom Historischen Archiv des japanischen Außenministeriums (Gaimushô Gaikô Shiryôkan) und Herrn Gerhard Keiper vom Politischen Archiv des Auswärtigen Amtes, Berlin. Der University of Tokyo – Interfaculty Initiative in Information Studies (Tôkyô Daigaku Jôhô Gakkan), der Memorial Picture Gallery Meiji-Jingû (Seitoku Kinen Kaigakan), den Yokohama Archives of History (Yokohama Kaikô Shiryôkan), dem Nederlands Scheepvaartmuseum (Amsterdam) und Prof. Erich Pauer (Marburg) danken wir für die freundliche Bereitstellung weiteren Bildmaterials. Nicht zuletzt gilt unser

Dankeschön auch Frau Fukuyama Miwako, Herrn Tsuji Hidetaka und Frau Miyata Nana für ihre gediegenen Übersetzungen in das Japanische sowie Frau Keiko Hielscher für die editorische Betreuung des japanischen Manuskripts.

Bonn und Tôkyô, April 2007
Peter Pantzer und Sven Saaler

はじめに

本書は、様々な形で共催国ドイツが日本に紹介された「日本におけるドイツ年 2005/2006」の開催を受けて構想された。その5年前は「ドイツにおける日本年」として、ドイツで日本が大々的に紹介され成功を収めた。しかしながら、本書はただその開催に向けたものではなく、言うなれば、150年来の日独関係に何か意義ある貢献を試みるもので、その意味では、両国の関係の良好如何に関わらず自分の使命を任地で全うした両国の外交官に捧げるものである。その中でも本書の課題は特に、殆ど知られておらず、歴史書では軽視にすぎるほど蔑ろにされてきた一人のある外交官の存在を呼び起こすことにある。その人物の名は、カール・フォン・アイゼンデッヒャーという。生涯で二度日本を訪れ、一度目は1860年～1861年のオイレンブルク東亜使節団の海軍士官候補生として滞在し二度目の1875年～1882年の公使としての滞在では、日本が西欧諸国を熱狂させる一国へと飛躍した、その興隆を目の当たりにして、ベルリンの外務省宛に優れた洞察力で、知的教養に富んだ報告を残した。

読むこと、そして当然実際に見ることは、ただ聞くよりもずっと記憶に残る。そのため、著者たちは本書の執筆にあたり、今まで人目につかず眠っていた、実に雄弁に当時のことを物語ってくれる貴重な資料を使用した。アイゼンデッヒャーが日本駐在時に出会った人物の肖像写真、彼の人生で長くその中心的位置を占めた日本の風景など、彼が先々のことも視野にいれて収集、整理した写真が収められた3冊組みの稀有な写真帖がそれである。残念ながら、時間が経つにつれて多くのものがしばしば回復不能なまでに失われてしまう。それが愚行や無知に起因していると一層無念である。アイゼンデッヒャー夫人の死後に、彼の遺品の多くに起きた出来事を、あまりに遅く知ることになった、ある記録者の残した文章を読むと、我々歴史家は今日も尚、痛みを覚えずにはいられないのである。「アイゼンデッヒャー御夫妻が晩年までよく御覧になられていた、1861年から始まる氏のお母様宛ての手紙を含めた、分厚く束ねられた7束の書簡類が、私が到着したときには既に暖炉の火に焼べられてしまっていた」。バーデン州立図書館及びカールスルーエの軍事博物館に遺贈された書籍や物品が、戦時中に空襲で例外なく猛火の餌食となってしまったこととはまた別の話である。

したがって、ボン大学が所蔵するアイゼンデッヒャーの残された写真帖、彼がアマチュアとしてその生涯で描いた美しい水彩画や、また写しが保管されていた海軍士官時代の手紙は貴重な史料といえる。また、この史料が、アイゼンデッヒャーや彼の駐在以前・以後に外交に従事した同僚が勤務していた東京の公使館の建物の運命を知るのに、稀少な手がかりを与えてくれることも一つの幸運である。使用用途が変わった芝赤羽町の寺から、永田町皇居近くの一等地にあった元藩主の江戸屋敷を経て、ベルリン帝国議会で下院の白熱した論争の火種となった立派な建物まで、その運命は軌跡を描く。尚、現東京ドイツ大使館は、戦後、広尾に新設され、2005年に新築された5代目にあたる建物である。

本書は、惜しみなく労を執ってくれた同僚並びに研究機関の協力なくしては完成しなかった。この場を借りて関係者各位に厚く御礼申し上げたい。特に本書の出版にあたり、全面的に財政

支援して下さった東芝国際交流財団 (TIFO) をはじめ、あらゆる側面で後援して頂いた東京ドイツ大使館並びにドイツ東洋文化研究協会 (OAG) には深甚の謝意を表する。OAG の出版シリーズへの採用及び研究員の方々の御協力、またイウディツィウム出版社 (Iudicium Verlag) の懇到な指導及び支援がなければ、本書は構想で終わり、このような形で日の目を見ることはなかっただろう。

また、本稿に貴重なご意見を頂いた方々、M. ティーデマン氏、R.-H. ウィッピヒ氏、C. シュパング氏、R. リュッツェラー氏、マイト美智子氏、H. クラインシュミット氏、R. ヘロルド氏、資料の入手にご協力頂いた関口忠志氏、国際日本文化研究センターの白幡洋三郎氏、外務省外交資料館の柳下宙子氏、ドイツ外務省政治文書館の G. カイパー氏、そして各種写真資料を快くご提供下さったマールブルク大学教授 E. パウアー氏、東京大学情報学館、聖徳記念絵画館、横浜開港資料館並びにオランダ・アムステルダム海上交通博物館、そして最後に、本書の日本語への翻訳にご尽力頂いた福山美和子氏、辻英史氏、宮田奈々氏、日本語の原稿の校正・編集をご快諾下さったヒールシャー恵子氏並びに川本愉彦氏に心より感謝申し上げる。

2007 年 4 月吉日　ボン、東京にて
ペーター・パンツァー、スヴェン・サーラ

Inhaltsverzeichnis

	Japan zur Meiji-Zeit (1868–1912). Gesehen mit den Augen eines deutschen Diplomaten	17
1.	Erstes Kennenlernen. Die Preußische Ostasienexpedition und der preußisch-japanische Freundschafts- und Handelsvertrag von 1861	65
1.1	Seekadettenbriefe aus Yedo. Briefe des jungen Eisendecher an seine Mutter 1860/61	79
2.	Vom Daimyô-Palais zum Legationsgebäude	119
3.	Die deutsche Gesandtschaft und ihre Mitarbeiter	139
4.	Heinrich Prinz von Hohenzollern und seine erste Japanreise	157
5.	Japanische Diplomaten und Gastgeber. Die neue Führungselite des Reiches	169
5.1.	Das Dajôkan-Kabinett (Juli 1871 bis Dezember 1885)	191
5.2.	The „Hesperia" Outrage (The Tokio Times)	195
6.	Freunde, Kollegen, Konkurrenten. Ausländische Residenten im Japan der Meiji-Zeit	201
6.1.	Eisendechers Kollegen in Japan, 1875–1882	215
7.	Handel und Wandel. Das deutsche Konsulat in Tsukiji und das Marinehospital in Yokohama	217
7.1.	Vertrag zwischen Japan und dem Norddeutschen Bund (20. Februar 1869)	239
8.	„Unter freiem Himmel kann man selbst in Japan nicht wohnen". Der Neubau des Gesandtschaftsgebäudes	259
8.1.	Reichtagsprotokolle betreffend den Neubau der deutschen Gesandtschaft in Tôkyô	285
9.	„Der Erde entrückt und in ein Land der Märchen versetzt". Freizeit und Vergnügen	319
10.	Alle Wege führen nach Japan. Reisesouvenirs des Gesandten Karl von Eisendecher	351
11.	Vom Seekadett zum Diplomaten. Leben und Wirken des Gesandten Karl von Eisendecher	365

Anhang

Japans diplomatische Vertreter in Deutschland 385

Deutschlands (und Preußens) diplomatische Vertreter in Japan 389

Abbildungsverzeichnis 391

Eisendecher Photoalbum I: Porträtaufnahmen (Carte-de-visite) 428

Eisendecher Photoalbum II: Porträtaufnahmen (Carte-de-cabinet) 433

Eisendecher Photoalbum III: Gebäude & Landschaften (Folio-Format) 436

Zeittafel Karl von Eisendecher 442

Quellen- und Literaturverzeichnis 446

Personenverzeichnis 454

目次

序	ドイツ外交官の見た明治日本	43
1	最初の邂逅 ― プロイセン東亜遠征団と文久元年日普修好通商条約	75
1.1	海軍士官候補生の江戸通信 ― 青年アイゼンデッヒャーの母親宛書簡 (1860-61 年)	99
2	大名屋敷から公使館へ	135
3	ドイツ公使館とその館員	153
4	プロイセン公ハインリヒ親王の初めての日本周遊	165
5	外交官と接待係 ― 日本の新たな指導者達	187
5.1	太政官制（1871 年 7 月～ 1885 年 12 月）	191
5.2	「ヘスペリア」号事件 （『東京タイムズ』英文記事）	195
6	友人、同僚、ライバルとして ― 明治時代の在日外国人	211
6.1	駐日外国総領事・弁理公使・公使（1875-1882）	215
7	貿易と往来 ― 築地ドイツ領事館と横浜海軍病院	233
7.1	獨逸北部聯邦條約	251
8	「日本でさえ野宿はできない」 ― ドイツ公使館の新築工事	279
8.1	帝国議会議事録 ― 東京ドイツ公使館新築の件	303
9	「現実からメルヘンの世界へ」 ― 余暇と娯楽	347
10	全ての道は日本へ通ず ― アイゼンデッヒャー公使の旅土産	361
11	海軍士官候補生から外交官へ ― カール・フォン・アイゼンデッヒャー公使の人生と功績	379

（資料）

駐ドイツ日本公使・大使一覧 385

駐日ドイツ公使・大使一覧 389

写真図版目録 412

アイゼンデッヒャー公使写真アルバム　I：　人物肖像（手札写真）..................... 428

アイゼンデッヒャー公使写真アルバム　II：　人物肖像（はがき写真）.................. 433

アイゼンデッヒャー公使写真アルバム　III：　建物と風景（フォリオ版写真）........... 436

アイゼンデッヒャー関係年表 444

文献目録 446

人物索引（ドイツ語のみ）... 454

Japan zur Meiji-Zeit (1868–1912).
Gesehen mit den Augen eines deutschen Diplomaten

1. Karl von Eisendecher – von Oldenburg nach Japan

„Das Land ist sehr schön um Jokohama; alles ist angebaut und bewohnt, ziemlich hügelig und einzelne herrliche Waldpartien; unser Weg war recht interessant, durch Wälder, Reisfelder, Teepflanzungen, kleine Dörfer etc, alles trägt einen ganz deutschen Charakter, ich habe wirklich auf dem Lande sehr viel Ähnlichkeit getroffen. Häuser mit Strohdächern, wie die Bauernhäuser in Oldenburg."[1]

Als die Gesandtschaft des Grafen Friedrich Albert von Eulenburg 1860 in Japan ankam[2], befand sich an Bord ein junger Seekadett aus Oldenburg – Karl Johann Georg von Eisendecher (1841 – 1934), der spätere Ministerresident bzw. Gesandte des Deutschen Reiches in Japan (1875 bis 1882) und der dritte Vorsitzende der Deutschen Gesellschaft für Natur- und Völkerkunde Ostasiens (OAG) nach Max von Brandt und Dr. Leopold Müller.[3] Eisendecher war somit nicht nur Zeuge der Geburtsstunde der japanisch-deutschen Beziehungen, über die er sich, wie seine Briefe in die Heimat zeigen, mit wachen Augen informierte. Er sollte auch Zeuge von revolutionären sozialen, politischen und wirtschaftlichen Veränderungen in Japan werden – der Modernisierung Japans nach der Meiji-Restauration von 1868, des Widerstands gegen die Modernisierung in Form der Samurai Aufstände in Kumamoto (1874), Hagi (1876) und Kagoshima (1877) sowie des Generationswechsels der Meiji-Oligarchie: Saigô Takamori (1827–1877) nahm sich das Leben, nachdem der von ihm geführte Aufstand der Samurai aus Kagoshima gegen die Zentralregierung (Satsuma-Rebellion) gescheitert war; im gleichen Jahr 1877 verstarb auch Kido Takayoshi (1833–1877), eine weitere zentrale Figur der Meiji-Regierung, an Tuberkulose. Und nur ein Jahr später wurde Ôkubo Toshimichi (1830–1878) ermordet, die dritte wichtige Figur der Restaurationsbewegung und der Meiji-Regierung. Auch die Außenbeziehungen Japans gingen seit der „Öffnung" Japans 1853/54 völlig neue Wege: im Jahr 1879 wurde das früher semiautonome Königreich Ryûkyû endgültig als Präfektur in den japanischen Staatsverband integriert (*Ryûkyû shobun*) – eine Maßnahme, gegen die China heftig protestierte, betrachtete es doch Ryûkyû nach wie vor als Tributstaat. Über diese Vorgänge hatte Eisendecher aber „nur" zu berichten,[4] schon bald sollte hoher Besuch aus Deutschland anstehen, um den er sich persönlich zu kümmern hatte. Der Besuch des Hohenzollernprinzen Albert Wilhelm Heinrich (1862–1929), Enkel Kaiser Wilhelm I. und jüngerer Bruder des letzten Deutschen Kaisers Wilhelm II., stellte wohl das spektakulärste Ereignis während Eisendechers Amtszeit dar.

Karl von Eisendecher beobachtete die Ereignisse in Japan als Ministerresident und später Gesandter des Deutschen Reiches und erstattete regelmäßig und ausführlich Bericht. Abgesehen von seinen diplomatischen Dienstpflichten entwickelte Eisendecher auch großes Interesse für Land und Leute, über die er schon bei seinem ersten Aufenthalt in Japan 1860/61 viel zu berichten hatte. Er fühlte sich, wie an diesen Briefen erkennbar, in Japan fast heimisch. Zwar befremdete ihn der Anblick des Fuji-san, dieser „vollkommen regelmäßige Kegel, [...] ein sehr merkwürdiger Berg."[5] Aber ansonsten machte Japan auf ihn einen eher vertrauten Eindruck, „nichts tropisches" fiel ihm auf.[6]

Vor allem während seines Aufenthaltes als Gesandter bemühte er sich nicht nur um die Erfüllung der Dienstpflicht, er nutzte auch seine Freizeit, um Japan kennenzulernen und Informationen über Japan zu sammeln. Daß während seiner Amtszeit erst wenige Deutsche – 1879 wohl etwa 160[7] – in Japan lebten, erleichterte Eisendecher zweifellos, Muße und Freizeit zu finden, war doch neben der Berichterstattung ans Auswärtige Amt der Schutz der deutschen Staatsangehörigen die wichtigste Aufgabe des Gesandten.

Die in diesem Band vorgestellten Photographien wurden von Eisendecher während seiner Zeit als Gesandter in Japan gesammelt. Es handelt sich um drei Photoalben: zwei Alben enthalten insgesamt 140 Porträtaufnahmen von Kollegen Eisendechers, also Diplomaten Deutschlands und der anderen in Japan vertretenen Nationen, und von japanischen Politikern und Diplomaten, mit denen Eisendecher Kontakte unterhielt. Das dritte Album, mit insgesamt 101 Photos, enthält Aufnahmen des deutschen Gesandtschaftsgebäudes (vormals Ministerresidentur) und seiner Angestellten bzw. Bewohner, Aufnahmen von Eisendechers Reisen in Japan (Hakone, Miyanoshita, Nikkô, Kyôto) und Aufnahmen von Eisendechers Fahrten von und nach Japan und der Zwischenstopps in Italien, Arabien, Südostasien und China. Die Photoalben von Eisendecher gewähren Einblicke in das Leben an der deutschen Gesandtschaft und in der Ausländerkolonie in Yokohama und später Tôkyô sowie die persönlichen Kontakte des deutschen Gesandten während seiner sieben japanischen Dienstjahre, geben aber auch einen anschaulichen Einblick in das Japan der frühen Meiji-Zeit und die Kontakte zu Deutschland.

Alte Photos aus der Frühzeit der Photographie in Japan sind in Japan heute leicht zu betrachten, da in den letzten Jahren eine Flut von teilweise sehr preiswerten Photobänden den Buchmarkt überschwemmt hat.[8] Außerhalb Japans sind Photos aus dem alten Japan allerdings schwieriger zu finden, denn, wie John Dower in seiner Einleitung zur englischen Ausgabe von *Nihon shashin-shi, 1840-1945* [Geschichte der japanischen Photographie, 1840-1945] beklagt hat: „Among Westerners, the historians of photography have neglected Japan, and the historians of modern Japan have neglected photography."[9] Diese Lücke zumindest teilweise zu schließen ist eines der Anliegen dieses Bandes.

Eisendecher brachte seine Alben nach dem Ende seiner Tätigkeit als Gesandter in Tôkyô und Washington mit zurück nach Deutschland und überließ sie nach seiner Versetzung in den Ruhestand, den er in Baden-Baden verbrachte, einem anderen Japankenner, Friedrich Maximilian Trautz (1877–1952). Trautz war bereits vor dem Ersten Weltkrieg als Offizier der badischen Armee in Japan gewesen und hatte nach dem Krieg die Laufbahn als Wissenschaftler eingeschlagen.[10] Er wurde Direktor des 1926 gegründeten Japaninstituts in Berlin und gab in dieser Eigenschaft Siebolds *Nippon. Archiv zur Beschreibung von Japan* neu heraus.[11] Eine von Trautz initiierte und bearbeitete deutsche Übersetzung der Siebold-Biographie von Kure Shûzô konnte wegen des Zweiten Weltkrieges nicht mehr im Druck erscheinen, steht aber inzwischen der wissenschaftlichen Forschung ebenfalls zur Verfügung.[12]

Aus Japan zurückgekehrt, hatte der aus Baden stammende Trautz „jahrelang in nächster Nachbarschaft des Preuß. Gesandten gewohnt"[13], und auch nach seiner Übersiedlung nach Berlin blieb er in regem Kontakt mit Eisendecher.[14] Nach dem Tod Eisendechers 1934 und dem seiner Frau Lilly, einer geborenen Gräfin Luise von Eickstedt-Peterswaldt, im Jahr 1942 ging ein Teil des Nachlasses von Eisendecher in den Besitz von Trautz über, darunter die in diesem Band vorgestellten Photoalben. Der größte Teil des Nachlasses von Trautz wiederum wird heute im Bundesarchiv/Militärarchiv in Freiburg im Breisgau aufbewahrt, Materialien mit Japanbezug aus dem Nachlaß Trautz gelangten aber in den Besitz des Japanologischen Seminars der Rheinischen Friedrich-Wilhelms-Universität Bonn, wo sie heute als Teil der „Sammlung Trautz" aufbewahrt werden.

2. Leben und Wirken von Karl von Eisendecher[15]

Karl von Eisendecher wurde am 23. Juni 1841 in Oldenburg geboren, der Hauptstadt des gleichnamigen Großherzogtums. Sein Vater hatte seit 1849 die einflußreiche Stellung eines Leiters des Departements des Großherzoglichen Hauses und des Äußeren im Großherzogtum inne und verfügte über gute soziale und politische Verbindungen. Im Jahr 1851 übersiedelte die Familie nach Frankfurt am Main, wo der Vater bis zur Auflösung des Bundestages 1866 als Oldenburgischer Gesandter wirkte. Mit sechzehn trat Eisendecher in die preußische Marine ein und legte mit achtzehn die Prüfung zum Seekadetten ab. Nach einigen Einsätzen auf Schiffen der damals äußerst bescheidenen preußischen Marine im Nordseeraum und in der Karibik wurde er zur Ostasienexpedition des Grafen Friedrich Albert zu Eulenburg (1815–1881) abkommandiert, mit der er sich für drei Jahre in China, Siam und Japan aufhalten sollte.

Im Dezember 1859 verließ die Expedition die Reede von Danzig, und Eisendecher kam an Bord der Korvette „Arcona" am 6. September 1860 in der Bucht von Edo („Yedo") an. Schon seine ersten Briefe in die Heimat zeugen von einem regen Interesse des jungen Mannes an Land und Leuten wie auch den politischen Verhältnissen. Der junge Seekadett, der als solcher Teil des Offizierkorps war und viele Rechte der Offiziere genoß,[16] war offenbar äußerst stolz auf das Erreichte:

> *„Perry kehrte ungefähr sechs Meilen vor Yedo um, weil sonst mehrere hohe Beamte sich hätten den Bauch aufschlitzen müssen; wir gingen ungefähr zwei Meilen vor der Stadt zu Anker, ohne daß jemand schlitzte; die Zeiten haben sich, wie es scheint, geändert; bis jetzt sind uns noch nicht die geringsten Schwierigkeiten in den Weg gelegt [worden]; im Gegenteil, man ist sehr höflich; wir gingen mit Sonnenuntergang zu Anker, und noch an demselben Abend kamen einige Würdenträger an Bord, uns zu begrüßen und sich nach unseren Absichten zu erkundigen."* [17]

Um genau zu sein, Seekadett Eisendecher hatte sich zu früh gefreut. Ganz so harmonisch ist der Aufenthalt der preußischen Gesandtschaft nicht verlaufen. Daß sich lange Zeit die japanischen Behörden den preußischen Anliegen gegenüber taub stellten, war nun einmal ein Teil der Politik. Daß aber der für die preußische Gesandtschaft tätige Dolmetscher Hendrik Heusken durch ein Attentat, das Samurai auf ihn verübten, am 15. Januar 1861 ums Leben kam, machte nur zu deutlich, in welch schwieriger politischen Phase die preußische Diplomatie auf Erfolge hoffte.

Abbildung 1:
*Karl von Eisendecher,
Porträt als Kapitänleutnant,
zwischen 1867 und 1872.*

Nach der Rückkehr der Eulenburg-Mission ging Eisendecher zur Marineschule in Berlin und legte 1862 sein Offiziersexamen ab. In dieser Zeit unterhielt er regen Kontakt zur Familie des späteren Reichskanzlers Otto von Bismarck, bei dem er „fast täglich" war.[18] Diese Bekanntschaft ging auf die Jahre der gemeinsamen Tätigkeit Bismarcks und Eisendechers Vater beim Bundesparlament in Frankfurt am Main zurück und war gewiß die Ursache, daß Bismarck die Karriere des jungen Eisendecher tatkräftig unterstützte. Nach einigen weiteren Einsätzen auf den Schiffen der preußischen Marine wurde er 1867 in die Admiralität versetzt, 1869 wiederum auf die Korvette „Arcona", dieses Mal als Erster Offizier. 1871 erhielt Eisendecher im Ausland sein erstes diplomatisches Kommando – zunächst übernahm er im Rang eines Kapitänleutnants die Aufgabe, an der deutschen Gesandtschaft in Washington den Stand der Entwicklung der Marine in den USA zu studieren, vor allem das Torpedowesen. Zwei Jahre später, 1873, erfolgte seine Ernennung zum Marineattaché, damals hieß es „Marinebevollmächtigter", gleichfalls an der deutschen Vertretung in Washington.

Am Silvestertag 1874 hatte Eisendecher (Abb. 1) von seiner Ernennung zum Ministerresidenten und Generalkonsul in Tôkyô Nachricht bekommen. Nach einigen Monaten Einweisung legte er im Juli 1875 die konsularische Prüfung ab und trat dann die Reise nach Japan an – über die USA. Bismarck gab Eisendecher, nach dessen Aufzeichnungen, nur eine Anweisung mit auf den Weg: „Halten Sie Frieden!"[19] Nach seiner Ankunft in Japan übernahm Eisendecher am 5. November 1875 die Amtsgeschäfte von seinem Vorgänger Max von Brandt (1835–1920), der Japan schon Monate zuvor verlassen hatte. Am 10. November besuchte Eisendecher, begleitet von seinen Legationssekretären Theodor von Holleben (1838–1913) und Felix Freiherr von Gutschmid, den japanischen Außenminister Terashima Munenori (1832–1893), der Besuch blieb aber, abgesehen von der Bitte Eisendechers um Audienz beim Tennô zur Übergabe des Beglaubigungsschreibens, auf „Begrüßungsfloskeln und Lappalien" beschränkt.[20] Die Übergabe des Beglaubigungsschreibens erfolgte in einer Audienz am 3. Dezember 1875, die gleichzeitig auch die „Abschiedsaudienz" für den „bisherigen interimistischen Geschäftsträger" von Holleben war.[21] Das Beglaubigungsschreiben brachte den Wunsch Deutschlands nach engeren Beziehungen zu Japan zum Ausdruck.[22]

Während eines Heimaturlaubs von April 1878 bis Mai 1879, der neben beruflichen Gründen wohl auch das Ziel der „Brautschau"[23] hatte, übernahm Legationssekretär Gutschmid als *chargé d'affaires* die Geschäfte. Nach der Rückkehr Eisendechers wurde die Ministerresidentur des Deutschen Reiches im April 1880 in eine Gesandtschaft umgewandelt, Eisendecher wurde folglich zum Gesandten ernannt. Dementsprechend wurden auch die Gehälter der Diplomaten erhöht, das von Eisendecher von 36.000 Reichsmark auf 45.000, das des Legationssekretärs und der Dolmetscher auf je 12.000 Reichsmark.[24]

Die wichtigsten Ereignisse während Eisendechers Amtszeit in Japan waren der Bau eines neuen Gesandtschaftsgebäudes, der im Deutschen Reichstag kontrovers diskutiert und erst im zweiten Anlauf genehmigt wurde; der Besuch von Prinz Heinrich und der Suita-Jagdzwischenfall, der in Japan für einiges an Furore sorgte; sowie eine Reihe von innerjapanischen Ereignissen, allen voran die Satsuma-Rebellion (auch Südwest-Krieg oder Kyûshû-Krieg) von 1877 und der bereits erwähnte Tod der zentralen Figuren der ersten Generation der Meiji-Führungsriege.

Nach insgesamt fast sechs Jahren in Japan wurde Eisendecher 1882 wieder nach Washington geschickt, dieses Mal als Gesandter des Deutschen Reiches, wo er Anfang 1883 die Geschäfte übernahm und bis 1884 verblieb. Nach diesem Zwischenspiel kehrte Eisendecher zurück nach Deutschland und bekleidete bis zum Ende des Kaiserreiches den Posten des preußischen Gesandten in Karlsruhe, der Hauptstadt des Großherzogtums Baden. Da in Berlin noch bis zur Jahrhundertwende „die Angst vor einer Wiederauflösung des Reiches" umging,[25] galten gerade die Posten der preußischen Gesandten in den süddeutschen Staaten, allen voran natürlich im Königreich Bayern, als äußerst einflußreich.[26]

Trotz seines Amtssitzes in Karlsruhe blieb Eisendecher als früherer Gesandter in Japan weiterhin eine Autorität in Sachen Japanpolitik, wenn von einer solchen im wilhelminischen Deutschland überhaupt die Rede sein kann. Der von der preußisch-deutschen Armee nach Japan entsandte Militärberater Major Klemens Jacob Meckel suchte 1884 Eisendecher in Karlsruhe auf und fragte, ob er die Berufung annehmen solle, woraufhin Eisendecher ihm „eingehend und dringlichst zur Annahme riet."[27] Frühere Kollegen aus seiner Tôkyôter Zeit hielten ihn noch lange auf dem Laufenden und blieben auch nach dem Ende ihrer eigenen Tôkyôter Zeit mit Eisendecher in Kontakt, so z.B. der frühere Konsul in Yokohama Eduard Zappe und die Legationssekretäre Theodor von Holleben und Kurt Freiherr von Zedtwitz.[28] Auch ungefragt äußerte sich der Gesandte Preußens in Baden zur Ostasienpolitik. So bezeichnete er z.B. die „Vorurteile Seiner Majestät", also Kaiser Wilhelms II., als „sehr ungerecht und bedauerlich" und nannte „das bekannte Bild" Kaiser Wilhelms von Japan[29] „schädlich und fehlerhaft".[30] Nach eigenen Aufzeichnungen versuchte Eisendecher „wiederholt S.M. aufzuklären", aber „als *fin mot* seiner Abneigung sagte der Kaiser schließlich: ,Die Japaner sind keine Christen'."[31]

Eisendecher hegte eine überaus kritische Einstellung zu Wilhelm II., nicht zuletzt natürlich aufgrund seiner lebenslangen Verbindung zu Bismarck. Nach der Entlassung des Reichskanzlers 1890 beklagte Eisendecher tief das Zerwürfnis des Kaisers mit Bismarck[32] und hielt diesem die Treue, wohingegen er sich gegenüber Wilhelm bis zum Ersten Weltkrieg immer wieder äußerst kritisch äußerte und dessen Verhalten mitunter als „peinlich" bezeichnete.[33] Vor allem in der Englandpolitik versuchte Eisendecher dem Kurs des Kaisers entgegenzuwirken und die Spannungen zwischen dem Reich und England zu entschärfen. Dazu unterhielt er auch als Gesandter in Baden intensive Kontakte nach England, selbst bis in die Jahre des Ersten Weltkrieges hinein.[34] Das Angebot der Entsendung als Botschafter nach London lehnte Eisendecher (Abb. 2) aber 1912 aus Alters- und Gesundheitsgründen ab.[35]

Mit dem Untergang des Deutschen Kaiserreiches, des Königreichs Preußen und auch des Großherzogtums Baden 1918/19 verlor Eisendecher nicht nur seinen Posten als preußischer Gesandter, sondern wurde zugleich in den Ruhestand versetzt und verbrachte danach seinen Lebensabend bis 1934 in Baden-Baden.

3. Diplomatie in Japan zu Beginn der Meiji-Zeit

In den großen Betrachtungen der Epoche, ob des Kaiserreiches in Deutschland oder der Meiji-Zeit in Japan, fand Karl von Eisendecher bisher noch nie eine intensivere Beachtung.[36] Sieht man seine Laufbahn aus der Sicht der Japanforschung bzw. der japanisch-deutschen Beziehungen, so kommt Eisendecher als langjährigem Vertreter des Reiches in Japan und engagiertem OAG-Vorsitzenden doch eine nicht unbedeutende Rolle zu. Zweifellos fällt in seine Amtszeit, trotz einiger diplomatischer

Abbildung 2:
Karl von Eisendecher,
Porträt als Gesandter in Karlsruhe,
um 1900.

Reibereien, auf die später noch einzugehen sein wird, ein deutliches Anwachsen deutschen Einflusses in Japan. Dies bestätigt auch der spätere Berater des kaiserlichen Hofministeriums (*Kunaishô*), Ottmar von Mohl (1846–1922), durch dessen Tätigkeit das europäische Hofzeremoniell in Japan eingeführt wurde: „Unter der taktvollen und liebenswürdigen Leitung des aus der Kaiserlichen Marine hervorgegangenen zweiten deutschen Gesandten von Eisendecher wurden die Sympathien der japanischen Kreise dem deutschen Wesen noch mehr zugeführt".[37]

In der deutschen Außenpolitik, die, wie die aller europäischen Großmächte damals, stark eurozentrisch war, stellte Japan lange Zeit, mindestens bis zum Ersten Chinesisch-Japanischen Krieg 1894/95, eher aber bis zum Russisch-Japanischen Krieg 1904/05, nur eine untergeordnete Größe dar, die höchstens eine Gesandtschaft, bis 1880 gar nur eine Ministerresidentur wert war. Erst nach dem Russisch-Japanischen Krieg wurde aus der Gesandtschaft eine Botschaft. Das bedeutete die Anerkennung Japans als gleichberechtigte Großmacht „ersten Ranges" (*ittôkoku*) und war Konsequenz aus der Verwunderung über den japanischen Sieg gegen Rußland.[38]

Gesandter in Japan zu sein, hatte im 19. Jahrhundert jedoch auch positive Seiten. Durch die große Entfernung zur Zentrale und die langsamen Verkehrs- und Kommunikationsverbindungen bestand sehr viel Gestaltungsfreiraum in der Amtsführung vor Ort. Bevor Japan 1905 zu einer Macht ersten Ranges aufstieg, wurde in Berlin von den diplomatischen Vertretern auch nicht mehr erwartet, als ihre primären Aufgaben zu erfüllen, nämlich die Berichterstattung über die politischen Vorgänge und den Schutz der deutschen Staatsangehörigen. Sehen wir uns die Verzeichnisse des japanischen Außenministeriums über den Briefverkehr mit den diplomatischen Vertretungen an, so deutet die Zahl der von der deutschen Vertretung eingegangenen Schreiben darauf hin, daß es sich hierbei um eine lösbare Aufgabe handelte.

Zahl der von der deutschen Ministerresidentur im Jahr 1876 beim japanischen Außenministerium eingegangenen Schreiben[39]

Januar	6
Februar	9
März	13
April	8
Mai	13
Juni	7
Juli	20
August	16
September	11
Oktober	9
November	9
Dezember	6

Dies sollte nicht weiter überraschen: Die japanisch-deutschen Beziehungen der frühen Meiji-Zeit waren – zumindest für die deutsche Seite – problemlos, auch wenn sich Eisendecher mit japanischen Wünschen nach Revision der sogenannten Ungleichen Verträge konfrontiert sah, im Falle Deutschlands bedeutete das die Revision des Vertrages zwischen Japan und dem Norddeutschen Bund von 1869, der auch zur Grundlage des Verhältnisses zwischen Japan und dem Deutschen Kaiserreich nach 1871 wurde. Die Aufgabe der Berichterstattung an das Auswärtige Amt in Berlin nahm Eisendecher, damals ein junger und ambitionierter Nachwuchsdiplomat auf seinem ersten wichtigen Posten, allerdings sehr ernst. Im Politischen Archiv des Auswärtigen Amtes in Berlin finden wir ausführliche Berichte Eisendechers zu Fragen der japanischen Außen- und Innenpolitik. Neben den bereits genannten innenpolitischen Ereignissen war es vor allem die japanische Außenpolitik, über die Eisendecher detailliert berichtete, so z.B. über den Vertrag zwischen Japan und Rußland bezüglich des Tauschs der Kurilen-Inseln gegen Sachalin (1875), die „Öffnung Koreas" durch Japan 1876 (Kanghwa-Vertrag), die Inbesitznahme der Ogasawara-Inseln im gleichen Jahr sowie die endgültige Einverleibung der Ryûkyû-Inselgruppe als Präfektur Okinawa in den japanischen Staat 1879.[40] Auch für die in Japan tätigen Deutschen setzte sich Eisendecher ein. Der Arzt Erwin Bälz (1849–1913) vermerkte im Mai 1879 in seinem Tagebuch: „Der deutsche Geschäftsträger, dem ich über die Rede bei der Eröffnung der Schule berichtete, hat sich über die Behandlung der deutschen Lehrer beschwert. Wir erhielten hierauf einen Brief des Unterrichtsministeriums, in dem der Kaiser seine volle Zufriedenheit mit unseren Leistungen ausspricht".[41] Mit dieser Schule meinte Bälz die Medizinschule, den Vorläufer der Medizinischen Fakultät der Universität Tôkyô.

Wie die in diesem Band präsentierten Aufnahmen der deutschen Gesandtschaft in Tôkyô zeigen, hatte man jedoch auch reichlich Freizeit und konnte in kolonialem (und kolonialistischem) Stil[42] das Leben in der Ferne genießen, wenn nicht gerade große Ereignisse anstanden. Eisendecher pflegte enge Kontakte sowohl zu ausländischen Diplomaten-Kollegen wie auch zur deutschen Gemeinde in Japan und zur japanischen Politik und Diplomatie. In der deutschen Gemeinde und der OAG war Eisendecher beliebt. Auch auf Bälz machte „Herr v. Eisendecher […] einen sehr sympathischen Eindruck". Spätere Gesandte wurden von Bälz dagegen, natürlich nicht ohne Grund, als untragbar bezeichnet. Im Juni 1900 notierte der Arzt in seinem Tagebuch:

„Mit der deutschen Vertretung hier sieht es schlimm aus, schlimm! Nachdem die beiden Vorgänger ihr Möglichstes getan hatten, um den Japanern ihre Abneigung offen zu bezeigen, debütiert nun der neue Geschäftsträger in einer womöglich noch verkehrteren Weise. Die Frau des russischen Gesandten erzählte mir, Graf Wedel habe ihr gesagt: ‚Kein Japaner werde auch nur eine Tasse Tee bei ihm bekommen', was […] bald auch den Japanern zu Ohren kommt, die ohnehin nicht gut auf Deutschland zu sprechen sind."[43]

Eisendecher traf sich während seiner Amtszeit in Japan häufiger mit Bälz und anderen Deutschen, wie z.B. mit dem Bergbauingenieur Curt Netto (1847–1909), der sich von 1873 bis 1886 als Berater für Metallurgie in Japan aufhielt und Dutzende Aquarelle aus dem japanischen Alltagsleben zeichnete.[44] Eines der Aquarelle von Netto wurde als Motiv für die Urkunde der ersten Ehrenmitgliedschaft in der OAG genommen. Eine Ablichtung der Urkunde der Ernennung Prinz Heinrichs zum Ehrenmitglied im Jahr 1880 finden wir ebenfalls in einem der Alben von Eisendecher.[45]

Der Besuch von Prinz Heinrich

Der Besuch des Hohenzollern-Prinzen Albert Wilhelm Heinrich[46] war eines der wichtigsten Ereignisse in Eisendechers Amtszeit in Japan. Am 7. Oktober 1878 schiffte sich Heinrich zu einer zweijährigen Weltreise ein:

„Dem Enkel unseres Heldenkaisers, dem siebzehnjährigen Prinzen Heinrich, gehörte dieser Ehrentag, an dem er sich unter den Augen

seiner erlauchten Eltern einschiffen sollte an Bord der Korvette ‚Prinz Adalbert', um auf einer zweijährigen Seereise um den Erdball sich zum tüchtigen Seemanne auszubilden und jene Kenntnisse zu sammeln, die den künftigen Admiral der Deutschen Flotte auszeichnen müssen."[47]

Nach ihrer Fahrt durch Atlantik und Pazifik warf die „Prinz Adalbert" am 23. Mai 1879 von Hawaii kommend vor Yokohama Anker, man war in einem „Wunderland [...] mit malerischen Ufern und Dörfern von seltsamer Bauart" angekommen, wie es eine zeitgenössische Quelle beschrieb.[48] Nachdem bereits am 24. Mai Eisendecher und die Angehörigen der Ministerresidentur Prinz Heinrich ihre Aufwartung gemacht hatten, statteten am 26. Mai der Kaiserliche Prinz Kitashirakawa Yoshihisa (1847-1895)[49] in Begleitung von Fürst Hachisuka Mochiaki (1846-1918), dem früheren Daimyô von Awa-Tokushima, „der sich als ein fein gebildeter, mit den europäischen Verhältnissen völlig vertrauter Mann erwies"[50], Prinz Heinrich an Bord der „Prinz Adalbert" einen Besuch ab, „um den Prinzen Heinrich namens des Mikado zu begrüßen und zu einem Aufenthalte in der östlichen Hauptstadt einzuladen".[51] Am 28. Mai gingen Prinz Heinrich und sein Gefolge, begleitet von Hachisuka, von Bord und wurden in der Residenz für Staatsgäste, dem Enryôkan, untergebracht. „Man brauchte sich nicht, wie in den amerikanischen Häfen, zu übereilen, weil für die ‚Prinz Adalbert' der Befehl gegeben war, sich ein volles Jahr in den japanischen Gewässern aufzuhalten."[52]

Schon zwei Tage später, am 29. Mai, stand der nächste Höhepunkt des Besuchs von Prinz Heinrich an, eine Audienz beim Tennô in der Residenz Akasaka, bei der auch die Prinzen Kitashirakawa Yoshihisa und Arisugawa Taruhito (1835-1895) anwesend waren, ebenso wie die japanische Kaiserin, die „unseren Prinzen sehr freundlich [empfing] und eine Menge Fragen an ihn [richtete]."[53] Als Dolmetscher während des Banketts betätigte sich neben Prinz Kitashirakawa auch Katsura Tarô (1848-1919), damals Oberst der Armee und später einer der führenden Köpfe der Kaiserlichen Armee Japans. Katsura hatte bis 1878 als Militärattaché an der japanischen Gesandtschaft in Berlin fungiert.[54]

Nach einem Gegenbesuch des Kaisers im Enryôkan am folgenden Tag und der Teilnahme Heinrichs an einer Begrüßungsfeier der deutschen Gemeinde in Japan, organisiert von Erwin Bälz, Curt Netto, Martin Michael Bair und anderen,[55] bot sich „reichlich Gelegenheit, Ausflüge in das Innere des Landes zu machen und neben den Merkwürdigkeiten die Schönheiten der Landschaft und die Eigenart der Bewohner kennen zu lernen".[56] Prinz Heinrich, begleitet von seinem Hofmarschall Albert Freiherr von Seckendorff, Eisendecher und weiterem Gefolge, besuchte am 7. Juni den Ueno-Park, in den folgenden Wochen das Umland von Tôkyô, u.a. auch Kamakura, wo ihm vor allem „die Ungeniertheit der Leute" auffiel.[57] Den heißen Sommer 1879 verbrachte die Korvette, wohl auf Anregung Eisendechers, der selbst in Tôkyô verblieb, in Hokkaidô und Wladiwostok und kehrte im September nach Yokohama zurück.[58] Ende September besichtigten Prinz Heinrich, Eisendecher, Hachisuka, Marinestabsarzt Dr. Rudolf Braune, der ebenfalls aus der Marine kommende Freiherr von Seckendorff sowie Korvettenkapitän Hans Köster, Erster Offizier der „Prinz Adalbert", die Begräbnisstätte der Tokugawa-Shôgune in Nikkô,[59] danach begab man sich Mitte November nach Westjapan. Hier hatte die Gruppe das Privileg, die alte Kaiserstadt Kyôto sowie deren Umland zu besichtigen. Auf dem fünftägigen Programm standen der Kaiserliche Palast (*Gosho*), Arashiyama und Gion, die Tempel

Chion-in, Kiyomizu-dera, Sanjûsangendô und Nishi-Honganji, diverse Porzellan-Töpfereien und Seidenwebereien sowie das Fushimi-Momoyama-Schloß, wo Prinz Heinrich sich mit Iwakura Tomomi, dem Minister zur Rechten (*udaijin*), traf. Von Kyôto aus machte Heinrich auch Abstecher nach Ôtsu und Sakamoto in der Präfektur Shiga, Uji sowie der – laut Eisendecher – „jetzt ziemlich verfallenen alten Residenz Nara". Besonders begeistert war Prinz Heinrich vom japanischen Bogenschießen, *kyûdô*, das er „fast jeden morgen übte".[60] In Erwartung des hohen Besuches hatte Kyôto sogar das Gion-Fest „bis zum Eintreffen des hohen Gastes verschoben".[61]

Den Winter über verbrachte die Korvette mit Prinz Heinrich in Nagasaki und kehrte im Januar 1880 wieder nach Kansai zurück. Dabei kam es zum Jagdzwischenfall von Suita. In Suita bei Ôsaka hatte der Prinz mit dem Freiherrn von Seckendorff, Kapitänleutnant von Debschitz von der „Prinz Adalbert" und einem deutschen Kaufmann namens Kleinwerth gejagt, wurde dabei allerdings einer Verletzung der Vertragsgrenzen[62] beschuldigt und von der Polizei zum Sitz des Gouverneurs von Ôsaka gebracht, da die Gruppe sich weigerte, die Identität des inkognito reisenden Prinzen offenzulegen.[63] „Im Gouverneursgebäude wurden die schweren Gittertüren geschlossen und Seine Kgl. Hoheit befanden sich in Gesellschaft von Japanern der niedrigsten Klassen", mußte Eisendecher, der zu dieser Zeit bereits nach Tôkyô zurückgekehrt war, nach Berlin berichten, Seckendorff sprach gar von „einer Bevölkerung der niedersten Grade, ungemein bedrohlich".[64] In Tôkyô reichte Eisendecher einen förmlichen Protest gegen die Behandlung des Prinzen ein:[65]

Tokio, den 8. Februar 1880.
An den Minister
der Auswärtigen Angelegenheiten
Herrn Inouye Kaoru Excellenz hier.

Nach einem mir soeben zugegangenen Telegramm aus Kobe ist Seiner Königlichen Hoheit dem Prinzen Heinrich von Preussen in Höchsteigener Person gestern eine schwer beleidigende Behandlung von Seiten der japanischen Behörden widerfahren gegen alles Recht u. ohne jede Veranlassung.

Ich protestire hiermit förmlich und feierlich gegen die Handlungsweise der Behörden u. bemerke Euerer Excellenz dabei, dass der Gouverneur von Osaka seine Unterstützung in der Sache verweigert hat.

Indem ich einer möglichst umgehenden Erklärung über die Angelegenheiten entgegensehe, benutze ich die Gelegenheit, Euerer Excellenz die Versicherung meiner vorzüglichsten Hochachtung zu erneuern.

v. Eisendecher

Dem damaligen Außenminister Inoue Kaoru (1835–1915) war aufgrund des Ziels der Meiji-Regierung, die Ungleichen Verträge aus den 1850er und 1860er Jahren zu revidieren und vor allem die Konsulargerichtsbarkeit von Ausländern in Japan abzuschaffen, stark daran gelegen, die Affäre schnell aus der Welt zu schaffen. Inoue erfüllte alle deutschen Forderungen. Es kam zu einer „theatralischen Entschuldigungszeremonie" am 14. Februar 1880 und zu einer strengen Bestrafung der Verantwortlichen.[66] Offenbar war damit nicht nur der diplomatischen Vertretung Deutschlands sowie der deutschen Regierung, sondern auch Prinz Heinrich selbst Genüge getan:

„Ich erachte den Vorgang vom 7ten dieses Monats für vollständig erledigt; danke Ihnen, Herrn Miyamoto im Besonderen, für Ihre erfolgreichen Bemühungen und bitte Sie, den Ausdruck meines verbindlichen Dankes auch an die Regierung Sr Majestät des Tenno zu vermitteln, für die schnelle und sachgemäsze Erledigung des tief beklagenswerthen Vorfalles. Auch Sr Majestät dem Kaiser bitte ich, meinen ehrerbietigsten Dank für die Beweise der Theilnahme nochmals auszusprechen und Allerhöchst ihm zu versichern, dass die Erinnerung an die Zeit ungetrübt ist, während welcher Ich die Ehre hatte, der Gast Sr Majestät in Japan zu sein, während welcher Ich auch bisher nur Beweise der grössten Aufmerksamkeit und ausserordentlichen deutlichen Entgegenkommens von Seiten der Behörden empfing."[67]

Der Prinz kam 1900 zu einem zweiten Besuch erneut nach Japan, 1912 sogar zu einem dritten, als Vertreter des Deutschen Reiches bei den Beisetzungszeremonien des Meiji-Tennô. Auch das Verhältnis des Prinzen zu Eisendecher blieb noch lange intakt, sie unterhielten bis in die Zeit nach dem Ersten Weltkrieg Briefkontakt.[68]

Diplomatische Konflikte

Der Disput um die Behandlung Prinz Heinrichs war nicht der einzige Konflikt, den Eisendecher beizulegen hatte. Bereits ein Jahr zuvor war es zu einer Auseinandersetzung um die Quarantäne-Inspektion eines deutschen Handelsschiffes gekommen, durch dessen Ausgang schließlich Außenminister Terashima seinen Hut nehmen mußte. Im August 1879 hatte die „Hesperia" eine von Japan verkündete Quarantäne, die aufgrund einer Cholera-Epidemie in weiten Teilen Japans erlassen worden war, ignoriert.[69] Das Schiff war mit Zustimmung Eisendechers und in Begleitung des Kanonenboots „Wolf" von Kôbe nach Yokohama gefahren und hier in den Hafen eingelaufen. Gemäß japanischen Bestimmungen hätte das Schiff von japanischen Behörden inspiziert werden müssen. Eisendecher aber vertrat ebenso wie andere Gesandte den Standpunkt, daß ausländische Schiffe aufgrund der Exterritorialitätsbestimmungen nicht an japanische Erlasse gebunden seien und gestand lediglich die Inspektion des Schiffes durch Dr. Gutschow vom Marinehospital Yokohama zu.[70] Am 11. September 1879 berichtete die *Frankfurter Zeitung* ausführlich über den „Hesperia"-Zwischenfall, der in Japan für große Aufregung sorgte:[71]

„Auf dem Wege über Amerika wird über einen Streit zwischen der Regierung von Japan und dem deutschen Gesandten unterm 15. August gemeldet: „Die Verletzung der Quarantäne durch deutsche Handelsschiffe bildet das Tagesgespräch unter allen Klassen. Die Korrespondenz zwischen dem deutschen Gesandten und dem japanischen Minister des Auswärtigen ist veröffentlicht. Der letztere erklärt, daß in Zeiten großer öffentlicher Gefahr sanitärische Verordnungen von der Regierung allein erlassen und durchgesetzt werden müssen. Der deutsche Gesandte erwiderte, nach dem bestehenden System ausländischer Gerichtsbarkeit könne Japan ohne Zustimmung und Mitwirkung der Gesandten keinerlei Verordnungen erlassen, wie groß auch die Gefahr sei. Gegen die vom deutschen Gesandten energisch verteidigte Hereinbringung eines aus einem inficirten Hafen kommenden Schiffes protestirt der japanische Minister in einer Weise, welche die deutsche Regierung nicht ruhig hinnehmen wird. General Grant hat sich offen dahin ausgesprochen, daß die Japanesen sogar gerechtfertigt gewesen wären, wenn sie

Gewaltmaßregeln ergriffen und das deutsche Schiff versenkt hätten.[72] *Es ist eine bemerkenswerte Thatsache, daß seit der Verletzung der Quarantäne durch das deutsche Fahrzeug die Cholera in Yokohama und Tokio, die vorher von der Seuche verhältnismäßig verschont waren, derartige Fortschritte gemacht hat, daß diese Häfen jetzt offiziell für infizirt erklärt wurden.*[73] *Die meisten Repräsentanten europäischer Mächte haben plötzlich ihre Landsleute aufgefordert, die Verordnungen der japanischen Regierung zu beobachten. Man befürchtet jedoch, daß dieses Zugeständnis jetzt zu spät kommt. Die Entrüstung der Japanesen ist eine ungeheure. [...] Die Cholera tritt immer noch sehr heftig auf, obgleich Anzeichen dafür vorhanden sind, daß sie nachzulassen begonnen. Während des laufenden Monats wurden 45,000 Personen von derselben ergriffen, wovon 25,000 starben.*[74] *Die Regierung entfaltet eine unermüdliche Energie in Bekämpfung der Seuche." Diese Mittheilungen müssen jedenfalls mit Vorsicht aufgenommen werden, da die Amerikaner aus Handelsinteresse schon seit längerer Zeit Japanesen und Chinesen gegen die Europäer mißtrauisch zu machen suchen."*

Wie man sieht, waren solche Zwischenfälle auch der Anlaß für innereuropäische und europäisch-amerikanische Rivalitäten. Nicht zuletzt durch die Äußerungen des früheren US-Präsidenten General Grant, damals in Japan zu Besuch, sorgte der Zwischenfall aber vor allem für viel Aufruhr in Japans Politik und Presse und brachte die Frage der Exterritorialität wieder auf die Tagesordnung.[75] Außenminister Terashima mußte zurücktreten, da Eisendecher – trotz aller Proteste – bei seiner Haltung blieb, ausländische Schiffe seien nicht an die Erlasse der japanischen Regierung und Verwaltung gebunden. Der Ruf nach Revision der Ungleichen Verträge, aus denen die Exterritorialität abgeleitet wurde, wurde als Folge des „Hesperia"-Zwischenfalls immer lauter und sollte bald zur nächsten Initiative durch Terashimas Nachfolger, Inoue Kaoru, führen.

In Deutschland wurden aufgrund der Haltung Eisendechers sogar Rufe nach einer Abberufung des Gesandten laut. So druckte *die Frankfurter Zeitung* am 1. März 1880 einen Bericht aus Yokohama vom 3. Januar ab, in dem Eisendechers Amtsführung massiv kritisiert wird:[76]

„Soeben höre ich, daß nun definitiv Tokio als Ort der bevorstehenden Unterhandlungen [zur Revision der Verträge] bestimmt wurde. Da ist es wohl zu bedauern, daß Deutschland in denselben durch Herrn von Eisendrecher [sic] vertreten werden soll, da derselbe sich durch sein Verhalten in der „Hesperia"-Affaire, jenes Hamburger Dampfers, der die Quarantaine brach, in sämmtlichen japanischen Kreisen verhaßt gemacht hat. Warum ruft ihn die deutsche Regierung nicht ab, wie England es mit dem gleichfalls sehr mißliebig gewordenen Sir Harry Parkes gethan hat?"

Für Eisendecher war die unflexible Haltung Terashimas der Grund dafür, daß es letztlich zum Eklat kam. Der Gesandte schrieb nach dem Rücktritt Terashimas erleichtert ans Auswärtige Amt in Berlin, daß mit dem neuen Außenminister Inoue Kaoru sicher „leichter zu verhandeln [ist] als mit seinem Vorgänger".[77] Wie gleich zu zeigen sein wird, nahm Eisendecher bei der Frage der Revision der Verträge eine auffällig japanfreundliche Position ein, die ihm in Japan und bei Inoue viel Sympathien einbringen sollte und zu einer deutlichen Verbesserung des japanisch-deutschen Verhältnisses führte. Im Rückblick gestand Eisendecher allerdings ein, daß er gegenüber Terashima doch zu weit gegangen war. Nach seiner Rückkehr nach Deutschland vermerkte er in einer Notiz:

„Ich habe in den 7 Jahren meiner Tätigkeit draußen die Japaner nur einmal ernstlich erzürnt, durch wohl etwas zu schroffe Wahrung unserer Vertragsrechte in einer Quarantanesache. Der Zorn

legte sich indessen bald, weil ich zugleich sehr enorm für die ersehnte Revision der alten Verträge eintrat, im Gegensatz zum britischen Kollegen [Sir Harry Parkes], der damals anderer Ansicht war."[78]

Die Frage der Revision der Ungleichen Verträge

Als Konsequenz aus der „Hesperia"-Affäre wurden die japanischen Forderungen nach Revision der Ungleichen Verträge, damals das wichtigste Ziel der Meiji-Regierung,[79] wieder lauter. Für Eisendecher wurde dieses Thema zur nächsten größeren Aufgabe, die er in seiner Amtszeit zu bewältigen hatte. Verantwortlich auf japanischer Seite zeichnete in dieser Angelegenheit nun der neue Außenminister Inoue Kaoru, mit dem Eisendecher besonders enge Kontakte unterhielt, wie die Biographen von Inoue bestätigen.[80]

Ende Januar 1881 hatte Aoki Shûzô (1844–1914), der japanische Gesandte in Berlin, ein von Inoue verfaßtes Memorandum eingereicht, das damals von der japanischen Regierung an alle westlichen Vertragsstaaten mit der Aufforderung zu Verhandlungen in Europa über eine Revision der Ungleichen Verträge übersandt wurde.[81] Das allerwichtigste Anliegen dabei war für Inoue – im Gegensatz zu seinem Vorgänger Terashima Munenori – die Revision der Konsulargerichtsbarkeit der in Japan lebenden Ausländer, also ihre Exterritorialität in juristischer Hinsicht, was natürlich die Amtsgeschäfte von Eisendecher direkt betreffen mußte. Von den 14 Seiten des Memorandums beschäftigen sich mehr als neun mit der Frage der Konsulargerichtsbarkeit, nur etwa zwei mit der Meistbegünstigungsklausel und der Zollfrage, was vom Gewicht zeugt, das Inoue auf die Revision gerade der Konsulargerichtsbarkeit legte.

"In the first place, *there presents itself to the attention of the Government the necessity of introducing certain reforms into the system of Consular jurisdiction. [...] The government, far from wishing to raise objections against Consular jurisdiction on the point of principle [...] have [sic] only the desire to fix justly and equitably the limits of its judicial functions, in order to place it in harmony with the requirements of internal police and the administrative measures of the Government [...].*"[82]

Konkret dachte Inoue dabei daran, die Rechtsprechung für kleinere Delikte japanischen Gerichten oder gemischt besetzten Gerichten zu übertragen, die Konsulargerichtsbarkeit bei größeren Delikten allerdings prinzipiell nicht in Frage zu stellen, um die Westmächte nicht zu verprellen.

Offenbar hatte der japanische Gesandte Aoki seine guten Beziehungen in Berlin überschätzt, als er gegenüber Inoue erwähnte, Deutschland stehe den japanischen Anliegen *besonders* aufgeschlossen gegenüber.[83] Auf Intervention von Baron Alexander von Siebold (1846–1911), damals Berater der japanischen Gesandtschaft in Berlin, erklärte der zuständige Geheime Legationsrat im Auswärtigen Amt, Heinrich von Kusserow, daß es sich wohl um „some misconception on Mr. Aoki's part regarding the intentions of the German Government" handle.[84] Von Kusserow betonte, Deutschland habe den Wunsch „of following the action of the other Treaty Powers."[85] Inoue zeigte sich über die Haltung Deutschlands und der Westmächte verärgert und brachte dies in einem Schreiben an Aoki vom 15. März 1881 deutlich zum Ausdruck:

„Wenn wir erfahren müssen, daß die [Ungleichen] Verträge aus den [18]50er Jahren noch weiter in die Zukunft kontinuiert werden sollen [...], dann könnte es dazu kommen, daß die Nation [kokumin]

den Weg der Öffnung [kaimei no shinro] aufgibt [...]. Die bisher erreichten Ergebnisse würden annulliert und es könnte wieder zu Ausländerhaß wie in den [18]50er Jahren kommen. [...] Dieser [Ausländerhaß] wäre zweifellos ein viel stärkerer und fürchterlicherer als zu dieser Zeit."[86]

Er betonte in dem Schreiben erneut, daß vor allem die Konsulargerichtsbarkeit „Komplikationen" (*futsugô*) für Japans Regierung und Administration mit sich bringe, da sie zu einer unterschiedlichen Behandlung des gleichen Deliktes im Falle von Japanern auf der einen Seite und von Ausländern auf der anderen Seite führe. Dies müsse, so Inoue, zu einer Zunahme von Delikten von Ausländern in Japan führen, da über sie nach ausländischen Maßstäben, welche sich oft von den japanischen unterscheiden, und im Ermessen der Konsuln gerichtet würde. Aber auch die Delikte von Japanern würden langfristig zunehmen, wenn diese sähen, wie Gesetze zunehmend von Ausländern gebrochen würden. Inoue kündigte an, mit den Vertretern der Westmächte in Japan dieses Problem zu erörtern, wenn Verhandlungen in Europa nicht zu erreichen seien, um die Konsuln zu einer Einhaltung japanischer Gesetze und Gewohnheiten zu bewegen.[87]

Eisendecher spielte eine wichtige Rolle beim Zustandekommen der ersten einer Reihe von Präliminarkonferenzen zur Revision der Ungleichen Verträge (Abb. 3). Inoue schreibt Eisendecher sogar das Verdienst der Initiative zu einer solchen Konferenz zu. In einem Brief an Inoue erwähnt Aoki am 23. Juni 1881, daß die Idee einer solchen Konferenz „ihren Ausgangspunkt in einem mündlichen Vorschlag des deutschen und französischen Gesandten" habe.[88] England sperrte sich, schon seit Jahren, gegen die Eröffnung einer solchen Konferenz in Europa und verwies Inoue, wie auch seinen Vorgänger Terashima, an den englischen Gesandten in Tôkyô, mit dem zunächst die Details hinsichtlich der Entwicklung des japanischen Rechtssystems geklärt werden sollten, während Verhandlungen in Europa noch verfrüht seien.[89]

Anders als England sprach sich das Berliner Auswärtige Amt offenbar anfangs für Verhandlungen auch über die Exterritorialität aus, und Eisendecher erhielt entsprechende Anweisungen, in Tôkyô zu vermitteln und eine Einigung herbeizuführen.[90] Inoue bemühte sich intensiv um die Unterstützung Eisendechers und

Abbildung 3: Charles Wirgman, Karikatur auf die Vertragsrevisionsverhandlungen (der dritte „Tänzer" von links ist Karl von Eisendecher).

erklärte „auch im privaten", daß die Regierung Japans durch die Revision der Ungleichen Verträge sich lediglich um ein „gutes und kultiviertes Verständnis" zwischen den Nationen bemühe.[91] Er betonte gegenüber Eisendecher, daß der Regierung daran gelegen sei, dem Wunsch des japanischen Volkes zu folgen, daß die Regierung die öffentliche Diskussion (yoron) aber nicht mehr kontrollieren könne, so sehr sie auch gewillt sei, den Wünschen der Gesandten der Vertragsmächte entgegenzukommen. Eisendecher warnte in einer Unterredung am 10. Juli 1881 Inoue, daß sein Memorandum und der Entwurf eines revidierten Vertrages auf wenig Verständnis bei den anderen Mächten stoßen werde, da es „viele Forderungen, aber wenig Zugeständnisse enthält." Selbst als Ausgangspunkt für Verhandlungen hielt Eisendecher das Inoue-Memorandum für ungeeignet, sei doch „das japanische Rechtssystem noch nicht wirklich vertrauenswürdig".[92]

Dennoch sollte sich die offizielle Antwortnote des Deutschen Reiches, die Eisendecher an Inoue übergab, von der Englands unterscheiden, welches die japanischen Vorschläge „vollkommen zurückwies."[93] Sie war zwar in Einklang mit der allgemeinen Tendenz in Europa, die Verträge mit Japan *nicht* zu revidieren, stellte aber baldige Vorverhandlungen auch bezüglich der Konsulargerichtsbarkeit in Aussicht:[94]

„Nach eingehender Erwägung der von Euerer Excellenz hohen Regierung ausgearbeiteten Vertrags-Entwürfe sowie der dazugehörigen weiteren Schriftstücke, ist die Regierung seiner Majestät des Kaisers in Übereinstimmung mit anderen Vertragsmächten zu der Überzeugung gelangt, dass es nicht ganz billig und auch für die weitere Entwicklung der gegenseitigen guten Beziehungen nicht vorteilhaft sein würde, Japan gegenwärtig ein so hohes Maß von Verantwortung aufzuerlegen, wie Ihre hohe Regierung es nach den vorgelegten Entwürfen eventuell zu übernehmen bereit ist.

Die Deutsche Regierung sieht sich daher, in Anbetracht der ihrer Ansicht nach kaum zu vermeidenden nachtheiligen Folgen und mannigfachen Schwierigkeiten, welche aus einer Annahme der vorerwähnten Entwürfe entstehen dürften, zu ihrem besonderen Bedauern ausser Stande, jene Vorschläge zu akzeptieren oder dieselben als geeignete Basis für Revisions-Verhandlungen anzusehen.

Auf der anderen Seite verkennt die Regierung Seiner Majestät keineswegs die Zweckmässigkeit solcher Modifikationen des bestehenden Vertrages, die den veränderten beiderseitigen Bedürfnissen und Interessen Rechnung tragen und welche die Erfahrung als für die Förderung des guten Einvernehmens nützlich erscheinen lässt. [...]

Im Einverständnis mit den übrigen Europäischen Vertragsmächten erklärt sich deshalb die deutsche Regierung bereit, sofort in Tokio in gemeinsame Vorverhandlungen über die Gesichtspunkte und Grenzen einer Revision und wünschenswerthen Änderungen der bestehenden Vertragsbestimmungen einzutreten. Sie hat zu diesem Behufe mich mit den erforderlichen Instruktionen einversehen und den kaiserlichen Konsul Herrn Zappe angewiesen, für den eintretenden Falle als zweiter deutscher Delegierter den Berathungen beizuwohnen. [...]"

Inoue bestätigte, wenig enthusiastisch, den Erhalt des Schreibens und die Bereitschaft Japans, „in die vorgeschlagenen gemeinsamen Präliminar-Berathungen über die Revision der Verträge einzutreten".[95] Die Biographen Inoues hingegen betonten später die Aufgeschlossenheit Deutschlands gegenüber den japanischen Forderungen, vor allem auch während der folgenden Verhandlungen. Die Haltung Deutschlands stand „ganz im Gegensatz zur Haltung Englands und Frankreichs, [...] welche in erster Linie an die Erhaltung ihrer Vormachtstellung und ihrer Privilegien dachten. [...] In nicht wenigen Punkten zeigte Deutschland auf den Präliminarkonferenzen Zustimmung zu unseren Vorschlägen."[96]

Im Oktober 1881 holte Inoue von Premierminister (*dajô daijin*) Sanjô Sanetomi (1837–1891) die Genehmigung für die Eröffnung von Verhandlungen ein, die dann im Januar 1882 in Tôkyô begannen.⁹⁷ Die erste Runde dieser Präliminarverhandlungen wurde nach 21 Sitzungen im Juli 1882 beendet, weitere Verhandlungsrunden sollten sich noch über Jahre hinziehen. Die große englische Tageszeitung *The Times* bezeichnete die jahrelangen Verhandlungen als „fruitless diplomacy."⁹⁸ Letztlich sollten die Verhandlungen 1887 mit einem Kompromiß enden. Die Vertragsmächte stellten eine eingeschränkte Revision der Konsulargerichtsbarkeit in Aussicht, für die Inoue als Gegenleistung die Öffnung weiterer Städte und auch des Binnenlandes für Ausländer ankündigte.⁹⁹ Hiergegen kam es jedoch zu heftigem Widerstand in Japan von Traditionalisten wie Tani Tateki (auch Kanjô, 1837–1911) und einer Reihe von Staatsräten (*sangi*), die sich strikt gegen die Idee einer Öffnung des Binnenlandes und des „gemeinsamen Zusammenwohnens [von Japanern und Ausländern] im Binnenland" (*naichi zakkyo*) wehrten.¹⁰⁰ Inoue betonte gegenüber dem Kabinett und den Staatsräten, daß sich auch nach einer Öffnung weiterer Häfen nur wenige Ausländer wirklich hier ansiedeln würden, wohnten doch selbst im geöffneten Vertragshafen Niigata „derzeit lediglich 23 Ausländer."¹⁰¹ Aber der Widerstand gegen seine Verhandlungsführung wurde immer stärker.

Auch der französische Berater der japanischen Regierung, Gustave Emile Boissonade de Fontarabie (1829–1910), sah die anvisierte Revision als für Japan ungünstig an, und bald sollte ebenfalls die Presse in die Kritik an Inoue einstimmen. Die Tageszeitung *Tôkyô Nichinichi Shinbun* hatte schon im Vorfeld der Verhandlungen betont, „die nur teilweise Abschaffung der Konsulargerichtsbarkeit kann die öffentliche Meinung nicht zufriedenstellen, [...]

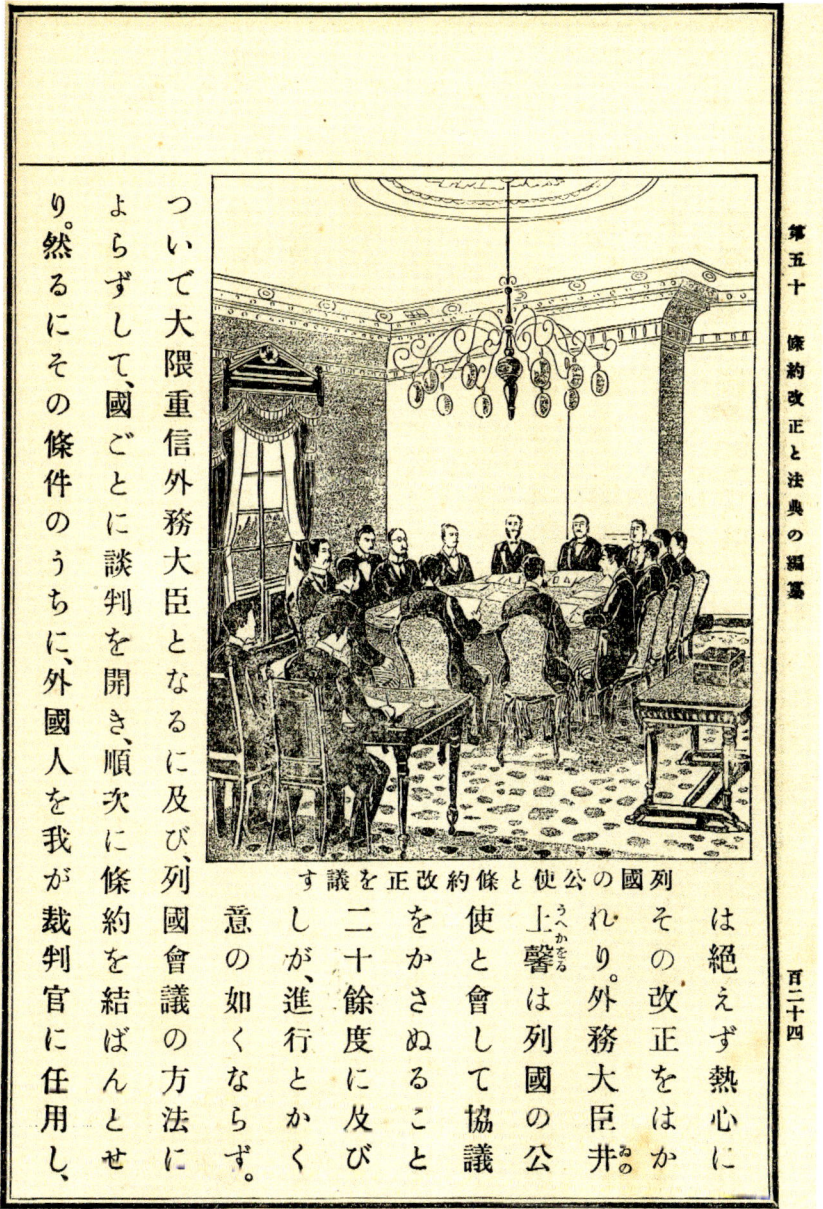

Abbildung 4: Darstellung der Vertragsverhandlungen in einem Schulbuch der frühen Shôwa-Zeit.

der Außenminister muß die Konsulargerichtsbarkeit grundlegend in Frage stellen und ihre vollständige Abschaffung fordern".[102] Inoue trat angesichts der heftigen Kritik an seiner Verhandlungsstrategie schließlich 1887 zurück,[103] auf seinen Nachfolger Ôkuma Shigenobu (1838–1922), der Inoues pragmatischen Ansatz in Verhandlungen 1888/89 als einzige realistische Alternative fortsetzte, wurde sogar von einem Extremisten aus den Reihen der politischen Vereinigung Gen'yôsha ein Attentat verübt, das er nur knapp überlebte. Dennoch gingen Inoue und Ôkuma später als Wegbereiter der Revision der Ungleichen Verträge in die offizielle Geschichtsschreibung ein – das Bild der von Inoue initiierten ersten Runde von Verhandlungen (Abb. 4) mit den Westmächten 1882 kannte in der Vorkriegszeit in Japan sozusagen jedes Kind.

Die Abschaffung der Exterritorialität und die vollständige Revision der Ungleichen Verträge sollten aber schließlich erst gelingen, nachdem Japan militärische Stärke demonstriert hatte, nämlich in den Kriegen gegen China (1894/95) und Rußland (1904/05). 1899 wurde die Exterritorialität abgeschafft, nach 1905 wurde Japan als gleichrangige Großmacht anerkannt, und die diplomatischen Vertretungen Deutschlands und der anderen Großmächte wurden zu Botschaften aufgewertet. 1910 erlangte Japan auch seine Zollautonomie zurück.

Die Haltung Deutschlands und Eisendechers in der Frage der Revision der Ungleichen Verträge sollte dem Reich in Japan große Sympathien einbringen. In England wurde man zum Zeitpunkt des Abschlusses der Präliminarverhandlungen im Jahr 1887 gar mißtrauisch über den rasanten Zuwachs deutschen Einflusses in Japan. *The Times* schrieb in einem Artikel „England, Germany, and Japan" am 14. Mai 1887:

"One [question of considerable moment and significance] is the rapid increase of German influence and popularity, as apparent in the whole attitude of the present Envoy from Berlin, in the growth of German commerce, and in the recent appointment of several German professors, architects, and others to posts in the Japanese service.[104] [...] In 1882, when Great Britain took the lead in rejecting Japan's scheme of revision [...], the Cabinet in Berlin was beginning to give active attention to projects for extending German commerce and colonial emigration. It happened that Count Ito [Hirobumi], now Premier of Japan, visited Europe at this juncture, and spent some months in the German capital [...]. During the period of his stay, he naturally became intimate with Prince Bismarck[105], and it is reasonable to conclude that the latter then learned all particulars about Japan's condition and prospects. The great Chancellor is too far-seeing a statesman to have overlooked the opportunity that was presented by Japan's burning desire to be freed from the thraldom of the treaties. [...] It has been said that between the Chancellor of Germany and the future Chancellor of Japan an arrangement was practically come to on the spot, defining the nature of the assistance to be rendered by one side and the degree of recognition to be accorded by the other."

Zwar ist auf deutscher Seite kein Beleg zu finden, daß der – in der Tat von japanischer Seite unternommene – Versuch, Bismarck persönlich für die japanische Sache der Vertragsrevision zu gewinnen, konkrete Erfolge zeitigte. Es ist jedoch klar, daß die positive Haltung Deutschlands in der Frage der Vertragsrevision und die Haltung Eisendechers im Vorfeld und während der Verhandlungen, vor allem im Jahr 1882, zum Wachstum der Sympathien für Deutschland in Japan beitrugen. Auch auf anderen Gebieten, wie z.B. dem Militär, das in den 1880er Jahren endgültig vom französischen Modell auf das deutsche Modell umgestellt wurde, war dies bald erkennbar.

4. Die diplomatische Vertretung Deutschlands in Japan

Eine weitere große Aufgabe war für Eisendecher während seiner Amtszeit der Bau eines neuen Gebäudes für die diplomatische Vertretung des Deutschen Reiches in Japan. 1872 hatte die japanische Regierung die diplomatischen Vertreter aufgefordert, ihre Repräsentationen von Yokohama in die neue Hauptstadt zu verlegen, und die meisten begaben sich alsbald auf die Suche nach neuen Unterkunftsmöglichkeiten. Platz gab es für die neuen diplomatischen Vertretungen ausreichend. Nach dem Ende des feudalen Systems standen große Areale in der Innenstadt Tôkyôs leer, die zuvor vom Shogunat genutzt wurden oder als Residenzen der 260 regionalen Feudalfürsten (Daimyô) gedient hatten.[106] Die Daimyô mußten unter dem Shogunat über lange Zeiträume in Edo residieren und Familienmitglieder als Geiseln zurücklassen, wenn sie in ihre Fürstentümer heimkehrten. Dieses System der obligatorischen Aufwartung in Edo und der alternierenden Residenz in Edo und im Sitz des Fürstentums (*sankin kôtai*) wurde 1862 gelockert, und 1868, mit dem Ende des Tokugawa-Shogunats, waren die feudalen Residenzen in Tôkyô unnötig geworden. Viele wurden beschlagnahmt und dienten später als Gelände für die Amtsgebäude der Institutionen der neuen Regierung.[107] Das Areal der Residenz der Feudalherren von Hikone, der Familie Ii, wurde z.B. zum Sitz des japanischen Generalstabs bzw. seiner Vorläuferorganisationen. Der Sitz des reichsten Daimyô, der Familie Maeda aus Kaga (*Kaga-han Edo-yashiki*), wurde zum Grundstück der späteren Universität Tôkyô.[108] Andere Residenzen wurden verkauft. Und so erwarb Max von Brandt, der Vertreter des Deutschen Reiches in Japan, 1872 ein ehemaliges Daimyô Palais (*daimyô yashiki*) in zentraler Lage, als neuen Sitz für die Ministerresidentur, wie die Vertretung bis 1880 hieß. „Ein ganz besonderer Zufall" war es laut Otto von Bülow (1827–1901),

„daß einer der mißvergnügten japanischen Fürsten, der seinen Wohnsitz in der Hauptstadt aufgeben wollte, dem Ministerresidenten seinen Palast zum Kauf anbot. Die Lage dieses Grundstücks war eine äußerst günstige (wie in der Denkschrift ausgeführt ist, in der Nähe des Schlosses und der Ministerien), der Preis ein äußerst mäßiger, und trotz der ziemlich großen Baufälligkeit griff daher der Ministerresident rasch zu, indem er das Haus zunächst auf eigene Rechnung und Gefahr ankaufte."[109] (Abb. 5)

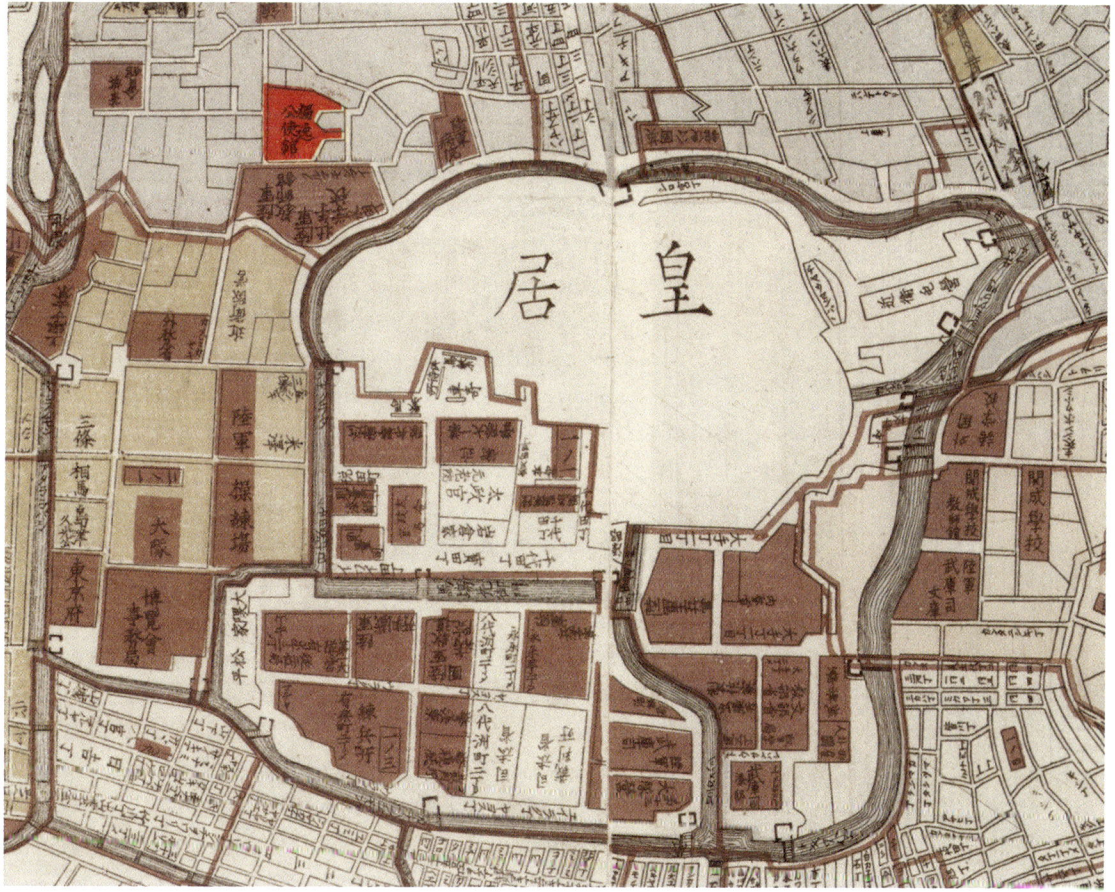

Abbildung 5: Stadtplan von Tôkyô zum Zeitpunkt der Ankunft Eisendechers (rot markiert die deutsche Ministerresidentur, im Zentrum der Kaiserpalast).

Auf dem Grundstück blieb die deutsche Gesandtschaft bzw. die spätere Botschaft bis 1945, heute befindet sich dort die japanische Parlamentsbibliothek (*Kokkai Toshokan*). Als die deutsche diplomatische Vertretung hier angesiedelt wurde, war sie bereits in guter Gesellschaft. In unmittelbarer Nachbarschaft befanden sich der spätere Generalstab (*Sanbô Honbu*) der Armee, damals noch eine Abteilung des Armeeministeriums (*Rikugunshô Sanbô-kyoku*), die Residenz der kaiserlichen Prinzen Arisugawa und Kitashirakawa[110] sowie diverse Ministerien. Auch andere Gesandtschaften waren nicht weit, z.B. die chinesische, die italienische und die russische. In den 1930er Jahren wurde die Nachbarschaft noch prominenter: 1936 zog das japanische Parlament vom Viertel Uchi-Saiwaichô (heute Kasumigaseki 1) in das nach 17 Jahren Bauzeit fertiggestellte neue Parlamentsgebäude auf dem Gelände direkt neben der deutschen Botschaft, genau dort, wo es sich noch heute befindet. Die deutsche Gesandtschaft bzw. die spätere Botschaft lag also mitten im politischen und administrativen Zentrum des Meiji-Staates, was den Kontakt zu den wichtigen Entscheidungsträgern und Informanten erleichterte.

Das Gebäude der deutschen diplomatischen Vertretung veränderte sich im Lauf der Zeit beträchtlich. Nutzte man in den ersten Jahren noch teilweise die ursprünglichen Gebäude des Daimyô-Palais, so wurde unter Eisendecher ein neues Gebäude aus Backstein errichtet, das der Erdbebengefahr sowie dem japanischen Klima besser gewachsen sein sollte, wie wir aus den Reichstagsdebatten des Jahres 1878 entnehmen können. Eisendecher beantragte gemäß einem Kostenvorschlag 227.000 Mark für den Neubau, die allerdings erst im zweiten Anlauf nach kontroverser Diskussion knapp genehmigt wurden.[111]

Die Ministerresidentur bzw. die spätere Gesandtschaft waren zwar das Zentrum des diplomatischen Lebens der deutschen Vertretung in Japan, es gab zwischenzeitlich aber auch noch ein Konsulat in Tsukiji, dem Tôkyôter Stadtteil, in dem die meisten Ausländer in der Meiji-Zeit lebten,[112] sowie ein Marinehospital in Yokohama (1878–1911). Mit Generalkonsul Eduard Zappe (1843–1888) vom deutschen Generalkonsulat in Yokohama sowie Chefarzt Dr. Gutschow vom Marinehospital hatte Eisendecher ebenfalls enge Beziehungen. Zappe saß u.a. 1882 bei den Konsultationen über die Vertragsrevision mit am Verhandlungstisch.

5. Das Leben von Diplomaten im Japan der Meiji-Zeit

Neben dem offiziellen Dienstgeschäft blieb Eisendecher noch ausreichend Zeit für andere Aktivitäten in Japan, nämlich seine bereits erwähnte Sammlerleidenschaft, die sich nicht nur auf Photographien bezog, sowie auch sein Engagement in der Deutschen Gesellschaft für Natur- und Völkerkunde Ostasiens Tôkyô (OAG). Gemäß den Protokollen des OAG-Vorstandes war Eisendecher häufig bei den Sitzungen anwesend und sah seinen Vorsitz in der OAG nicht als bloße Dekoration an. Eisendecher führte somit das von seinem Vorgänger Max von Brandt begründete Engagement der deutschen Diplomaten in der OAG fort.[113] Nur zwei Wochen nachdem er die Dienstgeschäfte in der Kaiserlichen Ministerresidentur in November 1875 übernommen hatte, erfolgte seine Aufnahme in die OAG, nämlich in der Sitzung am 17. November 1875.[114] In der folgenden Sitzung am 18. Dezember 1875 wurde auch sein Legationssekretär Freiherr von Gutschmid aufgenommen.[115] Alsbald erfolgte die Wahl Eisendechers zum Vorsitzenden der OAG, bei den folgenden Zusammenkünften erschien er regelmäßig. Bereits in der ersten Sitzung im Jahr 1876, am 29. Januar, führte Eisendecher den Vorsitz, ebenso wie bei allen nachfolgenden Sitzungen des Jahres mit Ausnahme des September-Treffens.[116] 1877/78 war Eisendecher aufgrund seines Heimaturlaubs sowie der Vorbereitungen für den Besuch Prinz Heinrichs nur selten bei der OAG, aber ab Sommer 1879 führte er wieder regelmäßig den Vorsitz bei OAG-Sitzungen, nur gelegentlich übernahmen diese Aufgabe die stellvertretenden Vorsitzenden Dr. Erwin Knipping (1844–1922), Dr. Gottfried Wagener (1831–1892) und Curt Freiherr von Zedtwitz (1851–1896), der auch Eisendechers Nachfolge als OAG-Vorsitzender antrat, da der neue Gesandte, Otto Graf Dönhoff, sich lange Zeit von der OAG fernhielt[117] und selbst zu seinen Kollegen in der Gesandtschaft ein nicht gerade herzliches Verhältnis pflegte. In einem Brief an Eisendecher nach dessen Versetzung nach Washington tat Legationssekretär von Zedtwitz seinen Unmut kund:

„Solange D. [Dönhoff] hier ist, werde ich meines Daseins in Japan doch nicht wieder froh. Ich glaube, es gibt in Tokio und Yokohama niemanden, der ihn innerlich gern hat, um mich gelind auszudrükken. Die Freundschaft der Japaner gilt wohl auch mehr der deutschen Politik, nie dem Vertreter. Die Dienerschaft ist meist fortgejagt oder freiwillig weggegangen. Auch der alte Betto [Pferdeknecht] ist fortgejagt, ebenso der Gärtner."[118]

Von vielen der hier vorgestellten Personen finden sich Porträtphotographien in den Alben Eisendechers. Porträts wurden damals unter Kollegen und Freunden als Visitenkarten ausgetauscht und gelegentlich mit Widmungen versehen. In den ersten kommerziellen Photostudios in Yokohama und Tôkyô konnte man Anfang der 1870er Jahre ein Dutzend Porträts für 15 Dollar erwerben.[119] Zum größten Teil stammen die Porträts

Abbildung 6 (II/19): Rückseite des Porträts von Soejima Taneomi (mit eh. Widmung).

der japanischen Amtsträger aus der staatlichen Druckerei *Tôkyô Insatsukyoku* (Abb. 6) die ihren Kunden die günstigsten Preise bot. Auch Erwin Bälz besorgte sich hier ein Konterfei, auch wenn er sich über die Konkurrenzvorteile dieser staatlichen Photostelle insgeheim mokierte. „Photographien im Insatsu-

Abbildung 7 (II/3):
Rückseite der Porträtaufnahme
von Inoue Sue, der Tochter von
Außenminister Inoue Kaoru
(mit eh. Widmung).

kioku abgeholt" notierte der Arzt am 30. November 1880 in sein Tagebuch. „Daß man in diesem Staatsamte billiger photographiert, als irgendein Photograph in der Stadt es kann, ist einer der besten Beweise für die verkehrte Art, in der die Regierung ihre industriellen Unternehmungen betreibt! Wie soll denn da Privatunternehmungsgeist entstehen?"[120] Die zahlreiche Kundschaft jedenfalls muß mit der Qualität zufrieden gewesen sein.

Viele ausländische Diplomaten ließen ihre Visiten-Photos bei japanischen Photostudios anfertigen, in erster Linie bei Suzuki Shin'ichi (dem Zweiten, 1859–1912) in Kudanshita. Dessen Schwiegervater Suzuki Shin'ichi (der Erste, 1835–1918) gehörte zur ersten Generation von Photographen in Japan.[121] Er hatte bei Shimooka Renjô (1823–1914)[122] die Technik und Kunst der Photographie erlernt, sich 1873 selbständig gemacht und war in den 1880er Jahren einer der bekanntesten Photographen in Japan – für eine Porträtaufnahme des Kaiserlichen Prinzen Kitashirakawa hatte er bei der Ersten Nationalen Industrieausstellung (*Dai-ikkai Naikoku Kangyô Hakurankai*) 1877 den ersten Preis erhalten. 1881 bereits hatte Suzukis Adoptiv- und Schwiegersohn Okamoto Keizô im Tôkyôter Stadtteil Kudanshita eine Filiale eröffnet und trug seit 1889 den Namen des Schwiegervaters weiter: *Nidai* Suzuki Shin'ichi, Suzuki Shin'ichi der Zweite (Abb. 7).[123]

Einige wenige Photos in der Sammlung Eisendechers stammen auch von Uchida Ku'ichi (1844–1875), ebenfalls einem der japanischen Photographen der ersten Stunde. Ihm wird u.a. das erste, relativ wenig bekannte Porträt des Meiji-Tennô (in traditioneller japanischer Hofkleidung) aus dem Jahre 1872 zugeschrieben.[124] Uchida verstarb nur wenige Jahre später erst dreißigjährig. Ein weiterer Photograph, dessen Photographien wir in Eisendechers Alben finden, war der österreichische Baron Raimund von Stillfried-Rathenicz (1839–1911). Unter anderem entstand die Aufnahme des österreichisch-ungarischen Gesandten Hoffer von Hoffenfels in seinem Studio (Photographie (Abb. 86 [II/15] in Abschnitt 6 *Freunde, Kollegen,*

Konkurrenten). Stillfried eröffnete 1871 ein Photostudio in Yokohama, 1877 erwarb er das Studio von Felice Beato (1834–1911 [?]), dem italo-englischen Pionier der frühen Photographie in Japan,[125] und trat dessen Nachfolge an, war aber zugleich als Berater des Insatsukyoku tätig.[126] Besonders bekannt ist Stillfried für die unautorisierte Ablichtung des Meiji-Tennô bei einem Besuch in Yokosuka. Wegen der exterritorialen Rechte aller Ausländer konnten die japanischen Behörden das einmal abgelichtete Photo nicht beschlagnahmen und Stillfried nicht belangen, was angesichts des restriktiven Umgangs mit Photographien des Kaisers in der Meiji-Zeit die Behörden, allen voran das Hofministerium (*Kunaishô*), stark verprellt haben muß.[127]

Die in diesem Band erstmals veröffentlichten Photographien aus den Alben von Karl von Eisendecher sollen einen Eindruck vom Leben in der ausländischen Gemeinde im Japan der frühen Meiji-Zeit vermitteln, zusammen mit den hinzugefügten Primärquellen aber auch gleichzeitig ein Bild des Wirkens von Karl von Eisendecher als zweitem diplomatischen Vertreter des Deutschen Reiches in Japan zeichnen. Neben einem Beitrag zur Geschichte der frühen Photographie in Japan versteht sich dieser Band daher vor allem auch als Versuch, ein wenig Licht zu werfen auf eine wichtige Persönlichkeit der japanisch-deutschen Beziehungen der Meiji-Zeit, deren Darstellung zumeist allzusehr auf Diplomaten wie Graf von Eulenburg und Max von Brandt oder Lehrer und Berater wie Erwin Bälz oder Hermann Roesler beschränkt ist.

[1] Brief Karl von Eisendechers an seine Familie, 21. September 1860; Trautz, Friedrich M.: Deutsche Seekadettenbriefe aus Jedo 1860–1861, in: *Nippon. Zeitschrift für Japanologie*, 7. Jg. (1941), Heft 3, S. 129–163.

[2] Siehe Eulenburg-Hertefeld, Graf Philipp zu (Hg.): *Ost-Asien 1860-1862 in Briefen des Grafen Fritz zu Eulenburg, Königlich Preussischen Gesandten, betraut mit ausserordentlicher Mission nach China, Japan und Siam*. Berlin: Ernst Siegfried Mittler, 1900; Stahncke, Holmer (Hg.): *Preußens Weg nach Japan: Japan in den Berichten von Mitgliedern der preussischen Ostasienexpedition 1860-61.* München: Iudicium, 2000.

[3] Zu Brandt vgl. Wippich, Rolf-Harald: „Strich mit Mütze". Max von Brandt und Japan – Diplomat, Publizist, Propagandist. Tôkyô: Deutsche Gesellschaft für Natur- und Völkerkunde Ostasiens, 1995 (OAG aktuell Nr. 65). Zur Frühgeschichte der OAG vgl. Wippich, Rolf-Harald: Max von Brandt und die Gründung der OAG (Gesellschaft für Natur- und Völkerkunde Ostasiens) – die erste deutsche wissenschaftliche Vereinigung in Ostasien. In: *Studien des Instituts für Kultur der deutschsprachigen Länder*, 11/1993, S. 64–77 sowie Spang, Christian W.: Anmerkungen zur frühen OAG-Geschichte bis zur Eintragung als „japanischer Verein" (1904). In: *Nachrichten der Gesellschaft für Natur- und Völkerkunde Ostasiens* (NOAG), Bd. 179/180 (2006), S. 67–91.

[4] Eisendecher berichtete regelmäßig und ausführlich über die politische und wirtschaftliche Entwicklung Japans, über die japanische Außenpolitik und die Beziehungen Japans zu seinen Nachbarn. Die politischen Berichte finden sich im Politischen Archiv des Auswärtigen Amtes (PAAA, Aktenbände R18594 bis R18605), die Berichte zur wirtschaftlichen Lage und anderen Themen im Bundesarchiv in Berlin-Lichterfelde.

[5] Brief Eisendechers an seine Familie, 6. September 1860; Trautz, Friedrich M.: Deutsche Seekadettenbriefe aus Jedo 1860–1861, in: *Nippon. Zeitschrift für Japanologie*, 7. Jg. (1941), Heft 3, S. 137.

[6] Die scheinbare Vertrautheit mit der vollkommen neuen Umgebung kann jedoch auch als „rhetorische Landnahme" gedeutet werden, im Zeitalter des Imperialismus zweifellos eine häufig anzutreffende Denkstruktur; vgl. hierzu Stumpp, Gabriele: Interkulturalität – Sprachgesten, Asymmetrien, Ambivalenzen. Textzeugnisse aus dem Umkreis der preußischen Expedition (1860-1861) nach Japan. In: *Zeitschrift für Germanistik*, N.F. 3, 2002, S. 516–522.

[7] Meissner, Kurt: *Deutsche in Japan 1639-1960*. Tôkyô: Deutsche Gesellschaft für Natur- und Völkerkunde Ostasiens, 1961, S. 36.

[8] Ozawa Kenji (Hg.): *Shashin de miru bakumatsu – Meiji*. Tôkyô: Sekai Bunka-sha, 2000 (Neuauflage); Ozawa Kenji und Suzuki Masao (Hg.): *Furushashin de miru Edo kara Tôkyô e*. Tôkyô: Sekai Bunka-sha, 2001; Asuke Akihiko (Hg.): *Bakumatsu – Meiji furushashinchô*. Tôkyô: Shin Jinbutsu Ôrai-sha, 2000 (Bessatsu, Rekishi Dokuhon).

[9] Japan Photographers Association (JPA): *A Century of Japanese Photography*. New York: Pantheon Books, 1980, S. 3.

[10] Siehe Saaler, Sven: Nichi-Doku kankei ni okeru rikugun. In: Kudô Akira und Tajima Nobuo (Hg.): *Nichi-Doku kankei-shi 1895-1945*. Tôkyô: Tôkyô Daigaku Shuppankai, 2007 (in Druck).

[11] Japaninstitut Berlin (Hg.): *Nippon: Archiv zur Beschreibung von Japan: vollständiger Neudruck der Urausgabe zur Erinnerung an Philipp Franz von Siebolds erstes Wirken in Japan 1823–1830*. Berlin: Wasmuth, 1930–1931.

[12] Kure Shûzô: *Philipp Franz von Siebold. Leben und Werk. Deutsche, wesentlich vermehrte und ergänzte Ausgabe, bearbeitet von Friedrich M. Trautz*. 2 Bde., Hg. von Hartmut Walravens, München: Iudicium, 1996 (Deutsches Institut für Japanstudien, Monographien Bd. 17/1&2).

[13] Bundesarchiv/Militärarchiv Freiburg (BA/MA), Nachlaß Trautz (N508), No. 80, Schreiben Trautz an das Niedersächsische Staatsarchiv vom 31. Januar 1950.

[14] Vgl. den regen Schriftverkehr im Nachlaß Trautz, BA/MA N508/80.

[15] Zur Vita von Eisendecher siehe Schwalbe, Hans und Heinrich Seemann (Hg.): *Deutsche Botschafter in Japan 1860–1973*. Tôkyô: Deutsche Gesellschaft für Natur- und Völkerkunde Ostasiens, 1974; *Akte K. v. Eisendecher (1841–1934)*, Nachlaß Trautz, Japanologisches Seminar der Rheinischen Friedrich-Wilhelms-Universität Bonn, K 12; Trautz, Seekadettenbriefe; Auswärtiges Amt, Historischer Dienst (Hg.): *Biographisches Handbuch des deutschen Auswärtigen Dienstes 1871–1945, Band 1: A-F*. Paderborn: Ferdinand Schöningh, 2000.

[16] An Bord der Arcona befanden sich 15 Offiziere und Kadetten sowie 335 Matrosen.

[17] „Seekadettenbriefe aus Yedo", 6. Sept. 1860

[18] *Akte K. v. Eisendecher (1841–1934)*. Die enge Verbundenheit zu Bismarck erhielt sich offenbar bis zu dessen Tod. Als sich nach der Entlassung Bismarcks durch Kaiser Wilhelm II. das Verhältnis des Ex-Kanzlers zum jungen Kaiser immer mehr trübte, zögerte Eisendecher nicht, den Kaiser vor den negativen Folgen einer Entfremdung der beiden auf das Ansehen des Kaisers im Volk zu warnen, indem er betonte, „es werde S.M. nie gelingen den alten Kanzler dem Herzen des Volkes zu entfremden" (zit. in Röhl, John C. G.: *Wilhelm II. Der Aufbau der Persönlichen Monarchie 1888-1900*, München: C.H. Beck, 2001, S. 961f). In Briefen des Reichskanzlers an Eisendecher redet er diesen als „Lieber Karl" an, siehe Politisches Archiv des Auswärtigen Amtes (PAAA), Nachlaß Eisendecher, 2/1, no. 14 (Brief von Fürst Bismarck an Eisendecher vom 6. Juli 1889).

[19] Ebd., 2/8, no. 1a.

[20] Gaimushô Gaikô Shiryôkan (Historisches Archiv des japanischen Außenministeriums, Tôkyô), Gaimushô Kiroku, MT 1.1.1.051 (Aufzeichnungen der Unterredungen des Außenministers, 10. November 1875).

[21] PAAA R18595, Eisendecher an den Staatsminister im AA Bülow, 11. Oktober 1876.

[22] Ebd.; siehe auch unten, S. 373.

[23] PAAA, Nachlaß Eisendecher, 2/1, no. 3 (Brief des Grafen Herbert von Bismarck an Eisendecher vom 6. November 1877).

[24] *Protokolle des Reichstags*, 6. Sitzung am 23. Februar 1880, S. 66.

[25] Vgl. Röhl, *Wilhelm II.*, S. 32.

[26] Ebd., S. 224. Dagegen galten Posten wie der des preußischen Gesandten in Oldenburg, der Heimatstadt Eisendechers, als eher unbeliebt. „Oldenburg [...] ist so schrecklich, daß Sie nicht hingehen können" (ebd., S. 225f), äußerte Herbert von Bismarck gegenüber Philipp Graf zu Eulenburg, im Urteil des damaligen Botschafters Österreich-Ungarns in Berlin der „beste Freund des Kaisers" (ebd., S. 230 und Kapitel 8.2,

passim). Philipp Graf zu Eulenburg war der Neffe von Friedrich Albert von Eulenburg, mit dessen Mission Eisendecher 1860/61 in Japan geweilt hatte, und sollte 1888 auf persönliche Intervention Wilhelms II., dem an einer Beförderung Eulenburgs sehr gelegen war, zum Gesandten Preußens im „schrecklichen" Oldenburg ernannt werden (ebd., S. 227).

[27] PAAA, Nachlaß Eisendecher, 2/8, no. 1.

[28] PAAA, Nachlaß Eisendecher 2/4 (16 Briefe Hollebens); 3/5, no. 14 und 15 (Briefe von Zappe und Zedtwitz).

[29] Hiermit könnte Eisendecher auch das berühmt-berüchtigte Knackfuß-Gemälde meinen, wenn „Bild" wörtlich zu verstehen ist.

[30] PAAA, Nachlaß Eisendecher, 2/8, no. 1.

[31] Ebd.

[32] Ebd., 1/1, no. 1 (Aufzeichnung Eisendechers über ein Gespräch mit Holstein im März 1890).

[33] Siehe ebd., 1/2, no. 24 (Konzept eines Briefes v. Eisendechers an Reichskanzler Bethmann-Hollweg vom 14. September 1909); siehe auch 1/1, no. 2 (Aufzeichnungen Eisendechers vom Februar 1909).

[34] Siehe z.B. ebd., 1/7, no. 5 (Bericht Eisendechers an Wilhelm II. über Wunsch nach Verständigung Englands mit Deutschland, 11. Mai 1913); 1/8, no. 47 (Korrespondenz Eisendechers mit dem Engländer Dickinson).

[35] Ebd., 1/7, 3 (Telegramm Eisendechers an Wilhelm II. vom 30. September 1912).

[36] Z. B. Röhl, *Wilhelm II.*; Mommsen, Wolfgang J.: *War der Kaiser an allem schuld?*. Berlin: Ullstein, 2005. Selbst in Stahncke, *Preußens Weg nach Japan. Japan in den Berichten von Mitgliedern der preußischen Ostasienexpedition 1860–61* findet sich kein Hinweis auf Eisendechers Korrespondenz, nicht einmal eine Erwähnung Eisendechers.

[37] Mohl, Ottmar von: *Am japanischen Hofe*, Berlin: Reimer, 1904, S. 9.

[38] Zur europäischen Japan-Perzeption während des Krieges vgl. Inaba Chiharu und Sven Saaler (Hg.): *Der Russisch-Japanische Krieg 1904/05 im Spiegel deutscher Bilderbogen*. Tôkyô: Deutsches Institut für Japanstudien, 2005.

[39] Gaimushô Gaikô Shiryôkan, Gaimushô Kiroku, MT 7.1.3.32-2 *Bakumatsu yori Meiji shonen made no kaku-kuni to no raiô-kan*.

[40] PAAA R18597 bis R18605.

[41] Bälz, Erwin: *Das Leben eines deutschen Arztes im erwachenden Japan*. Hg. von Toku Bälz, Stuttgart: Engelhorns Nachf., 1930 [recte 1931], S. 55.

[42] Die Zahl des bei der deutschen Gesandtschaft angestellten japanischen Personals spricht Bände. Siehe Photos III/26 u. III/101.

[43] Bälz, *Das Leben eines deutschen Arztes*, S. 150. Bereits am 24. Mai 1900 hatte Bälz über Graf Leyden in seinem Tagebuch vermerkt: „Abends Abschied für den bisherigen Botschafter Graf Leyden. Ob er wohl wieder von seinem Urlaub zurückkehrt? Persönlich ist er ein feiner liebenswürdiger Mann. Aber für die Stellung, in der ihn das Reich herschickte, hat er leider nicht das geringste Interesse. Er hegt eine tief eingefleischte Abneigung gegen die Japaner und trägt sie ganz offen zur Schau". Ebd., S. 147.

[44] Vgl. Japanisches Kulturinstitut Köln: *Curt Netto 1847–1909. Aquarelle und Zeichnungen aus Japan 1873–1885*. Köln: Japanisches Kulturinstitut, 1980.

[45] Siehe S. 160 in diesem Band.

[46] Zum Besuch Heinrichs vgl. Wippich, Rolf-Harald: Prinz Heinrichs Japan-Aufenthalt 1879/80 und der Jagdzwischenfall von Suita. In: Thomas Beck et al. (Hg.): *Überseegeschichte. Beiträge der jüngeren Forschung* (Beiträge zur Kolonial- und Überseegeschichte Bd. 75). Stuttgart: Franz Steiner, 1999, S. 267–275; *Des Prinzen Heinrich von Preußen Weltumseglung*. Original-Erzählung für die Jugend von C. V. Derboeck [recte: Carl von der Boeck]. Leipzig: Otto Drewitz Nachfolger, 11. Aufl., ca. 1900. Im historischen Archiv des japanischen Außenministeriums (*Gaimushô Gaikô Shiryôkan*) findet sich außerdem eine mehrbändige minutiöse Dokumentation des Besuchs von Prinz Heinrich: Gaimushô Gaikô Shiryôkan, Gaimushô Kiroku, 6.4.4.1-4-1 (Band 1 bis 3) Gaikoku kihin no raichô kankei zakken, Dokkoku no bu, Dokkoku Aruberuto Uiruherumu Hainrihi Shin'ô raiyû no ken; Dokkoku kôson raikô settai-ki.

[47] *Des Prinzen Heinrich von Preußen Weltumseglung*, S. 162.

[48] Ebd.; vgl. auch PAAA R18602, Eisendecher an den Staatsminister im AA, Bülow, 30. Mai 1879.

[49] Prinz Kitashirakawa hatte sich zwischen 1871 und 1877 zum Studium in Deutschland aufgehalten und sich anschließend für die militärische Laufbahn entschieden.

[50] PAAA R18602, Eisendecher an den Staatsminister im AA, Bülow, 30. Mai 1879; vgl. auch *Des Prinzen Heinrich von Preußen Weltumseglung*, S. 166.

[51] Ebd.

[52] Ebd.

[53] Ebd., S. 166f. Eine detaillierte Beschreibung des Empfangs beim Tennô sowie die Ansprachen von Prinz Heinrich und dem Tennô finden sich im Wortlaut in PAAA R18602, Eisendecher an den Staatsminister im AA, Bülow, 30. Mai 1879 (Anhang) sowie in Gaimushô Gaikô Shiryôkan, Gaimushô Kiroku, MT 6.4.4.1-4-1 (*Gaikoku kihin no raichô kankei zakken, Dokkoku no bu, Dokkoku Aruberuto Uiruherumu Hainrihi Shin'ô raiyû no ken; Dokkoku kôson raikô settai-ki*, Bd. 1).

[54] Laut dem Bericht Eisendechers „schien sich [der Tennô] über meine freilich sehr bescheidenen Kenntnisse im Japanischen zu amüsieren". PAAA R18602, Eisendecher an den Staatsminister im AA, Bülow, 30. Mai 1879 (Anhang). Die Betreuung Heinrichs wurde in Japan wie auch bei den anderen Diplomaten in Japan als äußerst gelungen betrachtet. Der Besuch Prinz Heinrichs wurde für spätere Staatsbesuche, z.B. den des Herzogs von Genua; Tommaso von Savoyen war, diesmal als Kommandant eines Schiffes, zum zweiten Mal in Japan (1881), sowohl für die japanische Seite wie auch für den jeweiligen Gesandten zum Standard in Sachen Gästebetreuung. Vgl. Marisa di Russo, Ishiguro Keishô (Hg.): *Dai Nihon zenkoku meisho ichiran. Itaria kôshi hitsuzô no Meiji shashinchô*. Tôkyô: Heibonsha, 2001, S. 297.

[55] Bälz, *Das Leben eines deutschen Arztes*, S. 57.

[56] *Des Prinzen Heinrich von Preußen Weltumseglung*, S. 176.

[57] Ebd., S. 177.

[58] Ebd., S. 179–181.

59 PAAA R18602, Eisendecher an den Staatsminister im AA Bülow, 10. Oktober 1879; siehe Photo auf S. 162 in diesem Band.

60 PAAA R18603, Eisendecher an Staatsminister Bülow im AA, 1. Dezember 1879; Kaiserlich Deutsches Consulat Kôbe (Focke) an AA, 1. Dezember 1879 (mit einer Reihe von Zeitungsmeldungen im Anhang).

61 Ebd.

62 Gemäß der Ungleichen Verträge hatten die in den Vertragshäfen ansässigen Ausländer in Japan keine Bewegungsfreiheit, sondern durften sich nur in einem Umkreis von einigen Dutzend Meilen um den Vertragshafen frei bewegen, für Reisen ins Binnenland mußte eine Sondergenehmigung eingeholt werden. Vgl. hierzu Wippich, Prinz Heinrichs Japan-Aufenthalt.

63 Siehe hierzu Wippich, Prinz Heinrichs Japan-Aufenthalt, passim.

64 PAAA R18603, Eisendecher an den Staatsminister im AA Bülow, 16. Februar 1880; PAAA R18603, Seckendorff an den Kronprinzen des Deutschen Reiches und von Preußen, 8. Februar 1880.

65 Gaimushô (Hg.): *Nihon Gaikô Bunsho* (*NGB*), Bd. 13. Tôkyô: Nihon Kokusai Rengô Kyôkai, 1951, S. 351f (Nr. 109, deutsche und japanische Version); vgl. auch PAAA R18603.

66 Wippich, Prinz Heinrichs Japan-Aufenthalt, S. 274; vgl. auch den Bericht von Außenministeriums-Sekretär Miyamoto an Außenminister Inoue, *NGB*, Bd. 13, S. 354 (Nr. 117) und die Entschuldigungsschreiben, u.a. vom Gouverneur von Ôsaka, NGB, Bd. 13, S. 365 (Nr. 120, Anhang 3).

67 Ebd., S. 365f (Nr. 120, Anhang 4); vgl. auch *Des Prinzen Heinrich von Preußen Weltumseglung*, S. 193.

68 PAAA, Nachlaß Eisendecher, 2/7a (Briefe des Prinzen Heinrich von Preußen an Eisendecher, 1889–1923).

69 Schiffe auf dem Weg nach Yokohama oder Tôkyô mußten demnach zehn Tage in Quarantäne vor Nagaura verbringen. Vgl. Yamamoto Shun'ichi: *Nihon Korera-shi*. Tôkyô: Tôkyô Daigaku Shuppankai, 1982, S. 48.

70 Gutschow leitete das Marinehospital als erster Chefarzt von 1878 bis 1884.

71 *Frankfurter Zeitung*, Abendblatt, 11. September 1879.

72 Zur Rolle des vormaligen US-Präsidenten Grant vgl. Huffman, James L.: *A Yankee in Meiji Japan. The Crusading Journalist Edward H. House*. Lanham et al.: Rowman & Littlefield, 2003, S. 142.

73 Tatsächlich war die Cholera bereits im September 1877 in Yokohama ausgebrochen und hat noch im gleichen Monat auf Chiba und Tôkyô übergegriffen. Der Hafen Kôbe, aus dem die „Hesperia" kam, galt allerdings aufgrund seiner Rolle als Truppenverschiffungsplatz während des Südwest-Krieges als besonders gefährdet. Vgl. Yamamoto Shun'ichi, *Nihon Korera-shi*, S. 29f.

74 Insgesamt starben 1879 in Japan über 162.000 Menschen an der Cholera, was die japanische Empfindlichkeit in Sachen Quarantänebestimmungen erklären mag. Yamamoto Shun'ichi, *Nihon Korera-shi*, S. 27.

75 Siehe „The ‚Hesperia' Outrage". In: *The Tokio Times*, 9. August 1879; vollständiger Text in Kapitel 5 (*Japanische Diplomaten und Gastgeber*).

76 *Frankfurter Zeitung*, 1. März 1880.

77 PAAA R18602, Eisendecher an den Staatsminister im AA, Bülow, 11. September 1879.

78 PAAA, Nachlaß Eisendecher, 2/8, no. 1a.

79 Inoue Kaoru-kô Denki Hensan-kai (Hg.): *Segai Inoue-kô-den*. 5 Bde., Tôkyô: Hara Shobô, 1968, Bd. 3, S. 280.

80 Ebd., S. 361; vgl. auch das Kapitel 5 (*Japanische Diplomaten und Gastgeber*) in diesem Band.

81 Siehe im englischen Wortlaut bei *NGB*, Bd. 14, S. 141–147 (Nr. 35, Anhang); vgl. auch Inoue Kaoru-kô Denki Hensan-kai, *Segai Inoue-kô-den*, Bd. 3, S. 292–299.

82 *NGB*, Bd. 14, S. 142 (Hervorhebung durch die Verfasser).

83 Inoue Kaoru-kô Denki Hensan-kai, *Segai Inoue-kô-den*, Bd. 3, S. 300. Es kam auch zu Versuchen, Reichskanzler Otto von Bismarck für die Sache Japans zu gewinnen, vgl. ebd., S. 311. Auch Itô Hirobumi, damals zum Studium der preußischen Verfassung in Deutschland, traf sich mit Bismarck wie auch mit anderen deutschen Politikern und Diplomaten zur Besprechung der Frage der Vertragsrevision. Vgl. ebd., S. 378. Ebenso soll Eisendecher seine persönlichen Kontakte zu Bismarck genutzt haben, um beim Reichskanzler für Japans Sache zu werben, vgl. ebd., S. 380.

84 Siehe Siebolds Bericht an Inoue, *NGB*, Bd. 14, S. 147.

85 Ebd.

86 Ebd., S. 153 (Nr. 38).

87 Ebd.; vgl. auch Inoue Kaoru-kô Denki Hensan-kai, *Segai Inoue-kô-den*, Bd. 3, S. 297f.

88 *NGB*, Bd. 14, S. 161 (Nr. 42).

89 Vgl. hierzu Inoue Kaoru-kô Denki Hensan-kai, *Segai Inoue-kô-den*, Bd. 3, S. 283–285; *NGB*, Bd. 14, S. 165 (Nr. 44, Anhang).

90 Ebd., 180 (Nr. 48, Anhang).

91 Ebd., S. 181 (Nr. 48, Anhang). Vgl. auch hierzu Inoue Kaoru-kô Denki Hensan-kai, *Segai Inoue-kô-den*, Bd. 3, S. 287 und 304–306 zu privaten Unterredungen Inoues mit Eisendecher.

92 Ebd., S. 304f.

93 Ebd., S. 319.

94 *NGB*, Bd. 14, S. 184–187 (Nr. 51).

95 Ebd., S. 195 (Nr. 55).

96 Inoue Kaoru-kô Denki Hensan-kai, *Segai Inoue-kô-den*, Bd. 3, S. 375.

97 Ebd., S. 320–323 (Bericht an Sanjô); S. 326–329 (Verlauf der Verhandlungen).

98 *The Times*, 17. Sept. 1887 („A New Phase of Japanese Treaty Revisions").

99 Erstmals gab Inoue die Möglichkeit einer Öffnung des Binnenlandes am 5. April 1882 bekannt. Vgl. Inoue Kaoru-kô Denki Hensan-kai, *Segai Inoue-kô-den*, Bd. 3, S. 348–355 (Wortlaut der Rede Inoues).

100 Ebd., S. 306f; 339–343.

101 Ebd., S. 337.

102 Ebd., S. 310.

[103] Er hatte bereits zuvor, u.a. auch während der ersten Runde von Verhandlungen 1882, seinen Rücktritt angeboten, nach Intervention von Sanjô hatten aber die opponierenden Räte Ôki Takatô und Yamada Akiyoshi ihren Widerstand aufgegeben. Vgl. ebd., S. 342–347.

[104] Ein weiterer Bericht der *Times* vom 14. Oktober 1887 widerspricht dieser Darstellung allerdings und schlußfolgert: „(1) The abnormal increase in the number of German *employés* is wholly due to the adoption of the German Constitution by Japan; [...] (3) the increase of German political influence in Japan [...] is a myth".

[105] S.o., Fußnote 83.

[106] Der Shôgun selbst hatte dem Tennô die Besitzungen der Tokugawa-Familie in Edo übergeben, und der Tennô sollte Ende 1868 in die Burg von Edo (*Edo-jô*), den späteren Kaiserpalast (*Kôkyo*), einziehen. Residenzen der Tokugawa-Zweigfamilien wurden zu Residenzen der Kaiserfamilie (z.B. *Akasaka-rikyû*) oder zu Arealen für militärische Installationen. Vgl. Tôkyô-to (Hg.): *Buke-chi shori mondai* (To-shi kiyô, Bd. 13). Tôkyô-to, 1965.

[107] Ebd., S. 133–148.

[108] Ebd., S. 215.

[109] *Protokolle des Reichstags*, 31. Sitzung am 8. April 1878, S. 783 u. 33. Sitzung am 10. April 1878, S. 860. Vgl. hierzu auch Kapitel 2 (*Vom Daimyô-Palais zum Legationsgebäude*).

[110] Eine Bronzestatue des Prinzen Arisugawa wurde 1903 vor dem Generalstab, unmittelbar in der Nähe der deutschen Botschaft, errichtet. Während der Kriegszeit und der Besatzungszeit drohte dieser Statue die Einschmelzung, sie wurde aber letztlich nur an einen anderen Ort gebracht, an dem wir sie heute noch finden können – im Arisugawa-no-miya-Park in Azabu, gegenüber der heutigen deutschen Botschaft.

[111] *Protokolle des Reichstags*, 33. Sitzung am 10. April 1878, S. 908.

[112] Nur Diplomaten und Berater der japanischen Regierung (*oyatoi gaikokujin*) konnten in der Regel auch außerhalb der Ausländersiedlung (bis zu deren Auflösung im Jahr 1899) ihren Wohnsitz frei wählen. Vgl. Tôkyô-to (Hg.): *Tsukiji kyoryûchi* (To-shi kiyô, Bd. 4). Tôkyô-to, 1957, S. 142.

[113] Vgl. Wippich, *Strich mit Mütze*, S. 112–116.

[114] *Mittheilungen der Deutschen Gesellschaft für Natur- und Völkerkunde Ostasiens*. Hg. von dem Vorstande. Bd. I (Heft 1 bis 10), 1873–1876.

[115] Ebd.

[116] Ebd.

[117] Nach dem nur kurzen Interregnum von Zedwitz bekleidete Wagener 1883 bis 1886 den OAG-Vorsitz. *Mittheilungen der Deutschen Gesellschaft für Natur- und Völkerkunde Ostasiens*. Hg. von dem Vorstande. Bd. II (Heft 11 bis 20), 1876–1880; *Mittheilungen der Deutschen Gesellschaft für Natur- und Völkerkunde Ostasiens*. Hg. von dem Vorstande. Bd. III (Heft 21 bis 30), 1880–1884. Während Eisendechers Nachfolger Otto von Dönhoff sich offenbar von der OAG fernhielt, ist erst dessen Nachfolger, Theodor von Holleben, wieder in Sitzungsprotokollen als Teilnehmer an den Sitzungen festzustellen (erstmals im Januar 1887). *Mittheilungen der Deutschen Gesellschaft für Natur- und Völkerkunde Ostasiens*. Hg. von dem Vorstande. Bd. IV (Heft 31 bis 40), 1884–1888. Vgl. auch Spang, Anmerkungen zur frühen OAG-Geschichte.

[118] PAAA, Nachlaß Eisendecher, 3/5, no. 15 (Brief von Legationssekretär Zedtwitz an Eisendecher, 15. Mai 1884).

[119] Yokohama Kaikô Shiryôkan (Hg.): *Bakumatsu Nihon no fûkei to hitobito: Felikkusu Beato shashin-shû*, Akashi Shoten, 1987, S. 179; vgl. auch Nihon Shashinka Kyôkai (Hg.): *Nihon shashin-shi 1840–1945*. Tôkyô: Heibonsha, 1971, S. 371 zu Preisen für Photos im Japan der frühen Meiji-Zeit.

[120] Bälz, *Das Leben eines deutschen Arztes im erwachenden Japan*, S. 80–81.

[121] Vgl. Nihon Shashinka Kyôkai, *Nihon shashin-shi*, S. 373.

[122] Etwa zeitgleich eröffnete Ueno Hikoma (1838–1904) in Nagasaki ein weiteres Studio, vgl. Nihon Shashinka Kyôkai, *Nihon shashin-shi*, S. 356f; 370.

[123] Tôkyô-to Shashin Bijutsukan (Hg.): *Nihon shashinka jiten*. Tôkyô: Tankôsha, 2000, S. 186; Yokohama Kaikô Shiryôkan, *Bakumatsu Nihon*, S. 197f; vgl. auch die zeitgenössische Beschreibung von Suzukis Photo-Studio in *Fûzoku Gahô Rinji Sôkan, Shinsen Tôkyô Meisho Zue*, no. 177, Kôjimachi-ku no bu 2 (1892), S. 8.

[124] Siehe Takashi Fujitani: *Splendid Monarchy: Power and Pageantry in Modern Japan*. Berkeley, Calif.: University of California Press, 1996, S. 174–177; Nihon Shashinka Kyôkai, *Nihon shashin-shi*, S. 360.

[125] Die Literatur zum Schaffen von Felice Beato ist äußerst umfangreich, auf eine ausführliche Auflistung soll hier verzichtet werden. Stellvertretend sollen nur die folgenden Titel genannt werden. Yokohama Kaikô Shiryôkan, *Bakumatsu Nihon*, Bodo von Dewitz und Roland Scotti (Hg.): *Alles Wahrheit! Alles Lüge! Photographie und Wirklichkeit im 19. Jahrhundert. Die Sammlung Robert Lebeck*. Dresden und Berlin: Verlag der Kunst, 1996 sowie Philipp, Claudia Gabriele et al. (Hg.): *Felice Beato in Japan: Photographien zum Ende der Feudalzeit 1863–1873*. Heidelberg: Edition Braus, 1991. Zur Geschichte der Photographie allgemein vgl. Japan Photographers Association (JPA): *A Century of Japanese Photography*. Pantheon Books: New York, 1980. Die Lebensdaten von Beato waren lange umstritten, zumindest aber das Geburtsjahr ist durch die jüngste Forschung aufgeklärt worden; vgl. hierzu Sebastian Dobson: ‚I been to keep up my position.' Felice Beato in Japan, 1863–1877. In: *Furu-shashin Kenkyû* no. 2 (2003), S. 32–37.

[126] Bälz, Erwin: *Das Leben eines deutschen Arztes im erwachenden Japan*. Hg. von Toku Bälz, Stuttgart: Engelhorns Nachf., 1930 [recte 1931], S. 55. Zu Stillfried vgl. auch Luke Gartlan: Views and Costumes of Japan: A Photograph Album by Raimund von Stillfried-Ratenicz. In: *The La Trobe Journal*, no. 76 (spring 2005); ders.: A Chronology of Baron Raimund von Stillfried-Ratenicz (1839–1911). In: John Clark (Hg.): *Japanese Exchanges in Art, 1805s to 1930s, with Britain, continental Europe, and the USA*, Sydney: Power Publications, 2001, S. 121–188.

[127] Yokohama Kaikô Shiryôkan, *Bakumatsu Nihon*, S. 184.

序
ドイツ外交官の見た明治日本

1．カール・フォン・アイゼンデッヒャー
オルデンブルクから日本へ

「横浜の周辺の土地は大変美しいものです。どこもかしこも耕作され、家が建てられており、起伏に富んだ地形で、見事な森林もいくつかあります。森や田んぼ、茶畑、そして小さな村々等を通り抜けていく道中は、まことに興味深いものでした。そのすべてが、ドイツを思わせます。藁葺き屋根の家などはオルデンブルクの農家にそっくりで、ドイツと共通するものを非常に多く見かけたのです。」[1]

1860年に日本に到着したフリードリヒ・アルベルト・ツゥ・オイレンブルク伯爵の使節団[2]には、オルデンブルク出身のある若い海軍士官候補生が同行していた。カール・ゲオルク・フォン・アイゼンデッヒャーである。彼は、1875年に駐日ドイツ帝国の弁理公使（1880年全権公使）となり、またマックス・フォン・ブラントとレオポルト・ミュラー[3]のあとを継いで、ドイツ東洋文化研究協会の第3代会長を務めた。アイゼンデッヒャーは日独関係の揺籃期にあたる時代の目撃者となっただけでなく、彼が郷里に宛てた手紙が示している通り、鋭い観察眼による報告を残した。

彼はまた、日本の社会、政治、経済が革命的に変化していく様子を目撃することになった。1868年の明治維新後の日本の近代化と 熊本神風連の乱（1874年）、萩の乱（1876年）、西南戦争（1877年）など、それに抵抗して立て続けに発生した武士たちの蜂起、さらには明治政権内部の世代交代にも、アイゼンデッヒャーは立ち会うことになったのである。尚、氏族の反乱の先頭に立った西郷隆盛（1827-1877）は、「薩摩の乱」（西南戦争）で敗北した後、自害し、明治政権のもう一人の立役者であった木戸孝允（1833-1877）も、同じ年に結核のため亡くなっている。いまひとり、維新と新政権の中心人物として有名な大久保利通が暗殺されたのは、そのわずか一年後のことであった。時を同じくして、日本の外交も新しい展開を見せはじめる。1879年、それまで半独立を保っていた琉球王国が、沖縄県として最終的に日本国家に組み入れられた（「琉球処分」）。これに対し、依然、琉球を自らの朝貢国と見なしていた中国は厳しい抗議を行った。こうした事件について、アイゼンデッヒャーは実に実直に報告している[4]。この直後、ドイツ本国から貴賓が来日することになり、アイゼンデッヒャーはその世話にあたることになった。その貴賓とは、皇帝ヴィルヘルム一世の孫で、最後のドイツ皇帝ヴィルヘルム二世の弟に当たるホーエンツォレルン家の親王ハインリヒ・アルベルト・ヴィルヘルム（1862-1929）である。彼の日本訪問は、おそらくアイゼンデッヒャーの在任中、もっとも華やかな出来事であっただろう。

ドイツ帝国の弁理公使、後に全権公使として、カール・フォン・アイゼンデッヒャーは日本での出来事を観察し、詳細な報告を定期的にベルリンの外務省に送っている。外交官としての職責を別にしても、アイゼンデッヒャーは日本とその国民に対し大きな興味をいだき、1860年から61年にかけての最初の日本訪問時から、既に長い手紙をしたためている。これらの手紙から読み取れるように、彼は、日本を殆ど母国のように思って

いた。とはいえ、この「完全な円錐形をしていて、(中略)とても不思議な山」[5]、富士山の眺めは奇異に映ったようだが、総じて日本からは、どこか馴染みのある落ち着く印象を受けていた。「熱帯を思わせるものはまるで」見あたらなかった[6]。

公使在任中、アイゼンデッヒャーは、職務に精励するのみならず、日本について知識を増やし理解を深めるために、その自由時間を大いに活用した。彼の滞在期間でもごく初期は、日本に滞在するドイツ人はほんの僅かで、例えば 1879 年で 160 人程度[7]だったのだが、このことが、アイゼンデッヒャーの仕事の負担を軽くし、余暇を見つけ易くしたのは確かである。というのも、外務省への報告送付の他には、ドイツ国籍保有者の保護が当時の公使の最重要課題だったからである。

本書に収録された写真は、アイゼンデッヒャーが日本滞在中に収集したものである。彼の写真帖は 3 冊からなり、そのうち 2 冊にはアイゼンデッヒャーの同僚であったドイツ人外交官や他国の外交代表団、さらにアイゼンデッヒャーと交流があった日本の政治家や外交官の写真が収められている。101 枚の写真からなる 3 冊目のアルバムには、ドイツ公使館とその使用人と家族の写真、アイゼンデッヒャーが旅行した日本各地の風景(箱根、宮ノ下、日光、京都など)、また日本への赴任やドイツへの帰国の途次に撮影したイタリア、アラブ諸国、東南アジア、中国などの写真が収められている。このアイゼンデッヒャー写真帖からは、ドイツ公使館の様子や、横浜と後に東京にも設けられた外国人居留地の生活の様子、そして彼の 7 年におよぶ在任中の個人的な交流関係が、どのようなものであったのかをうかがい知ることができる。さらに、明治初期の日本とそのドイツとの関係を、目に見える形で明らかにしてくれるものでもある。

日本の初期の写真は、今日では目にする機会も多い。最近では一部大変貴重なものを含む写真集が大量に書籍市場を賑わせている[8]。しかし一方で、日本以外の地で古い日本の写真に接することは容易ではない。ジョン・ダワーが『日本写真史』の英語版の序文で嘆いているように、「欧米では、写真史の研究者は日本に注目せず、近代日本の研究者は、写真の存在を無視してきた」のである[9]。本書の目的は、こうした欠落を僅かなりとも補うことにある。

日本そしてワシントンで公使を務めた後、アイゼンデッヒャーは、アルバムをドイツへと持ち帰り、バーデン・バーデンで隠居生活にはいったのち、日本研究者のフリードリヒ・マクシミリアン・トラウツ(1877-1952)の手に委ねた。トラウツは、第 1 次世界大戦前にバーデン陸軍の将校として日本に滞在した経験があり、大戦後は、学術研究者としての経歴を重ね[10]、1926 年には、ベルリンの日本研究所の所長となり、フランツ・フォン・シーボルトの大著『日本』の復刊に携わった[11]。さらにトラウツは、呉秀三の手になるシーボルト伝のドイツ語版刊行を発案し、みずから翻訳を手がけたが、第二次世界大戦のため出版にこぎつけることはできなかった[12]。

日本から帰国した後、バーデン出身だったトラウツは、「何年にもわたってプロイセン公使のすぐ近所に住んでいた」[13]。ベルリンに移ったのちもアイゼンデッヒャーとの親交は続いた[14]。1934 年にアイゼンデッヒャーが亡くなり、その妻リリー(旧姓 ルイーゼ・フォン・アイクシュテット=ペータースヴァルト伯爵令嬢)も 1942 年にこの世を去ると、アイゼンデッヒャーの遺品の一部は、トラウツの所有するところになった。本書で紹介する写真帖もその中に含まれていたものである。トラウツの死後、その遺品の大部分は、フライブルクの連邦資料館・軍事資料館に収められたが、そのなかで日本に関係する資料は、ボン大学日本文化研究所に寄贈され、現在は「トラウツ文庫」として保存されている。

２．カール・フォン・アイゼンデッヒャーの生涯と活動 [15]

カール・フォン・アイゼンデッヒャーは、1841 年 6 月 23 日に、オルデンブルク大公国の首都であったオルデンブルク市で生まれた。彼の父親は、1841 年から大公家の財政と大公国の外交を司る部局の長となり、社会的、政治的に高い身分の人々と交際する機会に恵まれることになった。1851 年に、一家はフランクフルト・アム・マインに移住し、ここで父親は、1866 年の解散までドイツ連邦議会のオルデンブルク代表を務めていた。アイゼンデッヒャーは、16 歳でプロイセン海軍に入隊し、18 歳で士官候補生試験に合格した。北海やカリブ海において、当時はまだきわめて小規模であったプロイセン海軍の艦艇数隻で勤務したのち、伯爵フリードリヒ・アルベルト・ツゥ・オイレンブルク（1815-1881）の率いる東亜遠征団への参加を命じられた。アイゼンデッヒャーは、遠征団とともに中国、シャム、日本に足かけ 3 年間滞在することになった。

1859 年 12 月、遠征団は、ダンツィヒ港外の錨地を出発した。アイゼンデッヒャーを乗せたコルベット艦「アルコナ」号は、1860年9月20日に江戸湾に到着した。郷里に宛てた最初の手紙で、若きアイゼンデッヒャーが、日本の国土と住民、政治情勢に対して大きな興味をいだいていたことがわかる。また、士官候補生は、将校団の一員であり、士官にのみ与えられる多くの特権を同じように享受していたため、彼は、自分たち使節団の成し遂げたことを、我がことのように誇りに思っていたようだ [16]。

> 「ペリーは江戸まで 6 海里の地点までしか行けなかったのです。それ以上近づこうものなら、幕府の高官が何人も切腹しなければならなかったことでしょう。われわれは、そのために誰一人腹を切ることもなく、市街まで 2 海里というところで投錨したのです。時代は変わったのです。今までのところ、われわれは、誰にも邪魔されてはいません。それどころか、彼らは大変に礼儀正しい態度で接しています。われわれは、日没と共に停泊したのですが、その夜のうちに歓迎の意を表し、来航の目的を尋ねるために、数名の高位の役人が来艦しました。」 [17]

結果からいえば、アイゼンデッヒャー候補生は、少々安心するのが早すぎたことになる。プロイセン使節団の滞在は、全く波風の立たないものではなかった。日本当局は、長期にわたって、プロイセン側の言い分に耳を貸そうとしなかったが、それもまた政治の駆け引きの一部であった。プロイセン使節団のために働いていた通訳のヘンドリク・ヒュースケンが、1861 年 1 月 15 日、浪士たちに襲撃されて殺された事件は、プロイセン外交が、いかに政治的に多難な状況で成功を見込んでいるかを痛感させる事件であった。

オイレンブルク遠征団の帰国後、アイゼンデッヒャーはベルリンの海軍兵学校に学び、1862 年に士官任用試験に合格した。この時期、彼は、のちの帝国宰相オットー・フォン・ビスマルク一家と親しく交際し、「ほとんど毎日」のようにその家を訪れていた [18]。両家の関係は、ビスマルクとアイゼンデッヒャーの父が、ともにフランクフルトのドイツ連邦議会に所属していた時代にさかのぼり、のちにビスマルクが、若いアイゼンデッヒャーの昇進を強力に支援することになった。さらに、プロイセン海軍の艦隊勤務を続けたのち、1867 年には海軍本部に転属となり、1869 年には、今度は副長として再びコルベット艦「アルコナ」号に乗り組んだ。1871 年、アイゼンデッヒャーは海外での最初の外交任務を命ぜられた。海軍大尉としてワシントンのドイツ公使館に赴き、アメリカ合衆国海軍と、とくにその水雷兵器を調査せよ、との命令を受けたのである。2 年後の1873 年には、在ワシントン公使館勤務と兼任する形で海軍武官に任命された。

1874年の大晦日、アイゼンデッヒャーは、東京駐在の弁理公使兼総領事に任命されたという知らせを受け取った（図1：カール・フォン・アイゼンデッヒャー、1867〜1872年、海軍大尉時代）。数ヶ月間にわたって講習を受けたのち、1875年7月に領事試験に合格し、日本に向かって出発した。このときのビスマルクからアイゼンデッヒャーに送られた手紙が残っているが、アイゼンデッヒャーに与えられた指示は「平和を保て」の一言であった[19]。日本に到着したアイゼンデッヒャーは、1875年11月5日に前任者マックス・フォン・ブラント（1835-1920）から職務を引き継いだ。11月20日に臨時代理公使テオドール・フォン・ホルレーベン（1838-1913）および書記官フェリックス・フォン・グートシュミード男爵の両名を同伴して、外務卿寺島宗則（1832-1893）に面会している。この面談はしかし、アイゼンデッヒャーが明治天皇への拝謁を要請したほかには、信任状の奉呈と「挨拶並びに雑談」に終った[20]。信任状の奉呈に引き続いておこなわれた12月3日の天皇拝謁は、同時に、代理公使フォン・ホルレーベンの最後の拝謁となった[21]。信任状には、日独の関係をさらに強固なものにしていきたいというドイツ側の希望が述べられていた[22]。

1878年4月から1879年5月まで、アイゼンデッヒャーは本国休暇を認められたが、これは職務上の理由のほかに「嫁探し」[23]という意味も込められていた。その間は、一等書記官のグートシュミードが臨時代理公使を務めた。アイゼンデッヒャーが任地に戻ったのち、1880年4月に日本駐在のドイツ帝国弁理公使は公使に昇格となり、アイゼンデッヒャーが初代駐日ドイツ公使に任命された。これに対応して外交官としての俸給も増え、アイゼンデッヒャーは36,000ライヒスマルクから45,000ライヒスマルクに、一等書記官と通訳官は、それぞれ12,000ライヒスマルクに昇給した[24]。

アイゼンデッヒャー在任中のドイツ公使館をめぐる出来事をいくつか挙げると、まず、公使館の新築がある。これは、ドイツ本国の帝国議会で激しい論争を引き起こし、二回目の審議でようやく認められた。さらに彼の任期中には、ハインリヒ親王の訪問と、親王が巻き込まれ、日本国内でセンセーションとなった吹田事件が注目すべき出来事であった。また、1877年の西南戦争や、明治維新の元勲たちの相次ぐ死去など、日本国内においても激動の時代であった。

日本での6年間におよんだ滞在ののち、1882年にアイゼンデッヒャーは再度ワシントンへ派遣された。今回は、ドイツ公使としての赴任であり、1884年までこの職にあった。この短い幕間のあと、アイゼンデッヒャーはドイツ本国に召還され、ドイツ帝国が共和国になるまでバーデン大公国の首都カールスルーエに駐在するプロイセン公使の職にあった。ベルリンでは世紀転換期になっても「ドイツ帝国が再び分裂するのではないかという懸念」が強かったため[25]、とくにバイエルン王国をはじめとする南ドイツ諸邦のプロイセン公使の地位はきわめて影響力の大きなものであった[26]。

アイゼンデッヒャーは、任地こそカールスルーエであったが、帝政期のドイツで対日政策が問題になるようなことがあれば、前駐日公使として対日問題の権威とされた。1884年、プロイセン陸軍から軍事顧問として日本に派遣されることになったクレメンス・ヤコブ・メッケル少佐が、カールスルーエにアイゼンデッヒャーを訪ね、この辞令を受けるべきかどうか尋ねた時、アイゼンデッヒャーは、「受諾するよう、真心をこめて懇切丁寧に助言した」という[27]。東京時代の同僚たちは、その後もアイゼンデッヒャーに最新の情報を送り続け、自身が東京から離任したのちも、アイゼンデッヒャーとの交流を保ち続けた。その中には、例えば、横浜の領事だったエデュアルド・ツァッペや、公使館の書記官のち臨時代理公使をつとめたテオドール・ホルレーベンやクルト・フォン・ツェトヴィッツ男爵といった人物がいる[28]。また、アイゼンデッヒャーは、バーデン駐在のプロイセン公使という任務とは関係なく、東アジア

政策に関して自発的に発言することもあった。ヴィルヘルム二世に、「陛下の偏見」は「まったく不当で残念なもの」であると訴え、皇帝の抱いている「よく知られた日本のイメージ」[29]は「欠陥だらけで害の多いもの」だと指摘している[30]。自筆メモによれば、アイゼンデッヒャーは「何度もお諌め申し上げたが、陛下は、不快感を表す括りの言葉として、結局『日本人はキリスト教徒ではないではないか』と言われた」[31]、ということである。

このように、アイゼンデッヒャーは皇帝ヴィルヘルム二世に対して批判的な見解をもっていた。こうした姿勢は、彼がビスマルクとむすんでいた親交に由来するところが少なくなかったと思われる。ビスマルクが1890年に帝国宰相を解任されたのち、アイゼンデッヒャーは、皇帝とビスマルクの軋轢を深く遺憾とし[32]、以後も引き続き、ビスマルクに忠実な態度を取ったのに対し、皇帝に対しては、第一次世界大戦に至るまで繰り返し非常に痛烈な批判をおこない、その態度を「嘆かわしい」と評しさえした[33]。とくに、対英政策に関しては、アイゼンデッヒャーは、皇帝の方針を変えさせて、英独両国間の緊張緩和を試みた。彼は、バーデン駐在公使の職にありながら、第一次大戦に突入しても、英国と密接に連絡を取っていたのである（図2：カール・フォン・アイゼンデッヒャー、1900年前後、駐バーデン国プロイセン公使時代）[34]。1912年には駐英大使の椅子を提供されたが、これは年齢と健康問題を理由に断った[35]。

1918年から19年にかけて、ドイツ帝国、プロイセン王国ならびにバーデン大公国が共和国に移行すると、アイゼンデッヒャーはプロイセン公使としての職を失い、同時に引退を余儀なくされた。彼はその後、1934年に亡くなるまでの余生をバーデン・バーデンで過ごした。

3．明治初期の日本における外交

第二帝政時代のドイツに関するものであろうと、明治時代の日本に関するものであろうと、歴史書でこれまでのところカール・フォン・アイゼンデッヒャーをとりあげたものはほとんどない[36]。しかし、日本研究および日独関係研究の視点から見ると、長年、駐日ドイツ公使を務め、ドイツ東洋文化研究協会の会長としても精力的に活動したアイゼンデッヒャーの役割は、決して小さなものではない。彼の在任中、後述するように、いくつか外交上のトラブルがあったものの、日本に対するドイツの影響力が次第に拡大していったことは明白である。これについて、たとえば宮内庁顧問としてヨーロッパの宮廷儀礼を日本に導入することに尽力したオットマール・フォン・モール（1846-1922）は、次のように記している。「海軍出身で、第二代ドイツ公使であるフォン・アイゼンデッヒャーの礼儀正しく、思いやりあふれた指導により、日本人の間でドイツに対する共感がますます強くなっていった」[37]。

ドイツの外交は、当時のすべてのヨーロッパ列強と同じくヨーロッパ中心主義的であった。ドイツにとって日本は長いこと、少なくとも日清戦争（1894/95年）まで、実質的には日露戦争（1904/05年）まで、せいぜい公使を置くほどの価値しかなく、それも1880年までは弁理公使で、従属的な位置しか占めていなかったのである。ドイツ公使館が大使館に昇格したのは、ようやく日露戦争後（1906年）のことであった。これは、日本が列強と対等の一等国として承認されたことを意味し、また、この戦争で日本がロシアに対して勝利を収めたことへの驚きがもたらした結果であった[38]。

19世紀の駐日ドイツ公使という任務には、本国から重要視されることの少なかった反面、良い面もさまざまあった。本国との距離が遠く離れており、交通・通信の便がよくなかったことから、外交官の任地での職務遂行では、自由裁量の度合いが非

常に大きかったのである。日本が1905年に一等国の地位に上りつめるまで、ベルリンのドイツ政府が現地の公使に期待したのは、その第一の課題である政治情勢の報告のほかには、ドイツ居留民の保護くらいであった。日本外務省に残る各国公使・領事との書簡交換の記録を見ると、ドイツ代表から来信した書簡の数からして、両国のあいだにはさしたる問題が生じていなかったことがうかがえる。

ドイツ公使館から日本外務省に送られた書簡の数
（1876年）[39]

1月	6
2月	9
3月	13
4月	8
5月	13
6月	7
7月	20
8月	16
9月	11
10月	9
11月	9
12月	6

このことに、特別驚くべき点はない。明治初期の日独関係は、少なくともドイツ側から見れば、アイゼンデッヒャーが日本の不平等条約改正の要求に直面したとはいえ、なんら問題のないものだったのである。尚、ドイツの場合、この不平等条約とは、1869年に日本が北ドイツ連邦との間に結び、1871年以降の日本とドイツ帝国の関係の基礎となっていた条約を指す。初めて重要な地位に就いたばかりで、若く野心家の外交官であったアイゼンデッヒャーは、本国外務省宛の報告書送付という仕事に大変熱意を持って取り組んだ。ベルリンのドイツ外務省政治文書館には、日本の内政および外交についてのアイゼンデッヒャーの詳細な報告書が所蔵されている。日本国内での事件以外に彼がとくに報告しているのは、日本の外交政策である。ロシアとのあいだに千島樺太交換条約（1875年）が結ばれ、1876年には金華条約による朝鮮の「開国」があり、同じ年には小笠原諸島の領有が宣言され、1879年には、琉球が沖縄県として最終的に日本本国に統合されたことについて、アイゼンデッヒャーは、非常に細かくベルリンに報告している[40]。日本に住むドイツ人のためにも、アイゼンデッヒャーは労を惜しまなかった。医師エルヴィン・ベルツ（1839-1913）の日記には、1879年5月の件に以下のような書き込みがある。「開校式の際の式辞について報告してあったドイツ弁理公使は、ドイツ人教師の扱いに関して抗議を申し立てた。我々はそれに対し、天皇はわれわれの業に至極満足されておられる、との文部卿の書面を受取った」[41]。ここでベルツのいう学校とは、のちに東京大学医学部となった医学校のことである。

東京のドイツ公使館では、その写真に見ることができるように、大事件さえなければ、ありあまる自由時間にコロニアルスタイルの異国生活を楽しむこともできた[42]。アイゼンデッヒャーは、諸外国の外交官たちや日本在住のドイツ人たち、日本の政治家や外交官と親しく交際した。在日ドイツ人やドイツ東洋文化研究協会の間では、アイゼンデッヒャーの評判はすこぶるよかった。この点、彼の後任の公使たちとは正反対であった。ベルツも「アイゼンデッヒャー氏は、はなはだ好感のもてる印象を与える人です」と記している。それに対し、彼のあとの公使については、最も理由なきことではないのだが、それとは逆に憤懣をぶちまけている。1900年6月のベルツの日記にはこうある。

「当地のドイツ代表には困ったものだ。本当にひどすぎる！前任者が二人とも、日本人に対する嫌悪の情を示すのにありとあらゆることをしたと思ったら、今度は、新公使が、ひょっとするとそれ以上に間違ったやり方でお目見得してきた。ロシア公使夫人が自分に話してくれたところによると、ウェーデル伯は夫人にいったそうだ。『日本人には一杯の茶だって、わたしのところでは出しませんよ』と。もちろん、これは、それでなくてもドイツのことを良くは言わない日本人の耳にもすぐにはいるに違いない。」[43]

在任中、アイゼンデッヒャーはベルツだけでなく他のドイツ人たちともしばしば会っていたが、その一人に鉱山技師のクルト・ネットー（1847-1909）がいた。ネットーは、1873年から1886年まで鉱山開発の顧問として日本に滞在し、日本の日常生活を題材にした水彩画を多く描いている[44]。ネットーの作品の一つは、東洋文化研究協会の初期の名誉会員証の台紙に用いられた。ハインリヒ親王が1880年に名誉会員に任命された際に発効された会員証のコピーが、アイゼンデッヒャーの写真帖に収められている[45]。

ハインリヒ親王の日本訪問

ホーエンツォレルン家の親王アルベルト・ヴィルヘルム・ハインリヒの訪問は[46]、アイゼンデッヒャーの日本在任時代の最も重要な出来事の一つであった。1878年10月7日にハインリヒ親王は、2年間の世界旅行に向けて乗艦した。

「我らが敬愛する皇帝陛下の嫡孫にして17歳になられるハインリヒ親王は、この栄えある日に、ご両親の皇太子ご夫妻に見守られてコルベット艦『プリンツ・アダルベルト』号に乗艦された。2年間を予定している世界周航の海の旅の間に、熟練した海の男となる訓練を積み、将来のドイツ艦隊を率いる提督として必要な知識を深めることであろう。」[47]

大西洋ついで太平洋を横断し、ハワイを経由した「プリンツ・アダルベルト」号は1879年5月23日、横浜港に投錨した。当時のある史料によれば、「絵のように美しい岸辺と、見たこともない家並みの村が連なる不思議の国」[48]に終に到着したのである。5月24日のアイゼンデッヒャーならびに公使館職員の表敬訪問につづいて、5月26日には北白川宮能久親王（1847-1895）[49]が蜂須賀茂韶侯爵（1846-1918）を伴ってハインリヒ親王を「プリンツ・アダルベルト」号艦上に訪問し、「天皇の御名で挨拶を伝えるとともに、東の都に滞在されるよう、招待の言葉を述べた」[50]。この蜂須賀侯爵は、阿波徳島藩の最後の藩主であり、ドイツ側でも「高い教養を持つ人物で、ヨーロッパの事情に完全に精通している」との声が高かった[51]。5月28日、ハインリヒ親王は、その随員たちと共に艦を下り、蜂須賀侯に導かれて、当時の国賓の迎賓館であった延遼館に移った。「アメリカの港でのように急ぐ必要はなかった。『プリンツ・アダルベルト』号は丸一年日本の海域に留まるよう、命令を受けていたからである」[52]。

早くもその2日後、ハインリヒ親王訪問中の更なるクライマックスとなる行事がおこなわれた。赤坂離宮における明治天皇への謁見の式である。北白川宮能久親王のほか、有栖川宮熾仁親王（1835-1895）が侍立し、皇后も参列され、「われわれの親王を大変親しげに迎えられ、矢継ぎ早に質問された」という[53]。宴席での通訳は北白川宮のほか、桂太郎（1848-1919）が務めた。のちに日本陸軍を代表する将軍となる桂は、当時陸軍大佐で、1878年までベルリンの日本公使館で武官として勤務した経験があった[54]。

翌日、明治天皇は答礼のため延遼館を訪問され、その後、ハインリヒ親王は在日ドイツ人の主催した歓迎の宴に出席した。これを組織したのはエルヴィン・ベルツ、クルト・ネットー、マ

ルティン・ミヒャエル・ベーアといった人々であった⁵⁵。これ以後は、「日本の国内をあちこち旅行して、日本に特有なことや物、絶美の風景、住民の気風などに親しむ機会が豊富にあった」⁵⁶。ハインリヒ親王は、侍従のアルベルト・フォン・セッケンドルフ男爵とアイゼンデッヒャー、およびその他の随員たちと共に、6月7日には上野公園を、その翌週には鎌倉をはじめ東京の近郊を訪問した鎌倉では、親王は「人々の無遠慮さが目についた」という⁵⁷。1879年の暑い夏を避け、親王を乗せたコルベット艦「プリンツ・アダルベルト」号は、おそらく、自身は東京に留まったアイゼンデッヒャーの提案で、北海道とウラジオストックを巡航し、9月になって横浜に帰港した⁵⁸。9月下旬、ハインリヒ親王は徳川将軍の霊廟のある日光を訪問した⁵⁹。随行したのは、アイゼンデッヒャー、蜂須賀候、そしてドイツ海軍軍医少佐ルドルフ・ブラウネ博士、フォン・セッケンドルフ男爵、「プリンツ・アダルベルト」号の副長のハンス・ケスター海軍少佐であった。この後、11月中旬、一行は西日本へと向かった。一行は、かつての皇都、京都とその郊外を見学する機会に恵まれた。3日間の滞在の間の予定には、御所、嵐山、祇園、知恩院、清水寺、三十三間堂、西本願寺、そして、さまざまな製陶所と絹織物工房の訪問が含まれており、さらに伏見桃山城ではハインリヒ親王は右大臣岩倉具視と会見をおこなった。京都からはさらに滋賀県の大津、坂本に足を伸ばし、さらに宇治と、アイゼンデッヒャーによれば「今やほとんど荒れ果ててしまっている旧都奈良」を観光した。ハインリヒ親王がとくに熱狂したのは弓道で、「ほとんど毎朝練習」⁶⁰するほどの熱の入れようであった。なお、高位の人物が来訪するというので、京都では祇園祭が「賓客の到着まで延期されて」いたという⁶¹。

冬の間、コルベット艦は、ハインリヒ親王を乗せて長崎に留まり、1880年1月になって再び関西に帰ってきた。いわゆる吹田事件が起きたのはこのときであった⁶²。親王が、フォン・セッケンドルフ男爵および「プリンツ・アダルベルト」号乗り組みのフォン・デープシッツ海軍大尉、そしてクラインヴェルトという名のドイツ人商人と共に大阪府の吹田で狩猟をしていた際、条約で定められた境界を超えたとして警察によって拘束され、一行が、お忍び旅行中だった親王の本当の身分を明らかにすることを拒否したため、大阪府庁へと連行されたのである⁶³。このとき、アイゼンデッヒャーは既に東京に戻っていたが、「府庁では重い鉄格子の扉が閉められ、親王殿下は最低の身分の日本人と一緒の部屋に入れられた」とベルリンの外務省へ報告しなくてはならなかった。セッケンドルフにいたっては「最も卑しい人々ばかりで、危険千万」であったと書いている⁶⁴。東京で、アイゼンデッヒャーは警察の扱いに対して正式の抗議文を提出した⁶⁵。

「井上外務卿閣下

書簡を以て致啓上候陳は、只今神戸より当方へ着達せし電報に依って、我国孛国皇孫ハインリヒ殿下に対して、昨日貴国官吏甚だ道理に悖り、少しも源因なく大いに不敬の待遇せられたり。即ち斯く殿下に対し痛困を加えられたるに因って実に重々不服を唱え候。且つ大阪府知事右の事に付き何分の接絆周到を断られたることも申し上げ候。就ては至急御回答あらん事を希望致し候、此の段貴意を得たく候。敬具。

明治13年2月8日ドイツ国弁理公使　フォン・アイゼンデッヒャー」

当時の外務卿井上馨（1835-1915）は、1850年代の不平等条約の改正、とくに外国人領事裁判権の撤廃は、明治政府の当面の目標であったため、この事件をできるだけ早く世間の耳目から遠ざけることに心を砕いた。井上はドイツ側の要求を全て受け入れた。1880年2月14日、大々的な謝罪の儀式が執り行われ、責任者には厳罰が下された⁶⁶。これにはドイツ外交代表

と本国当局のみならず、ハインリヒ親王本人も満足したようである。

「余は［ハインリヒ親王］本月七日に生じたる事件を全く完了したるものとなし、爰に宮本氏に同氏の周旋能く其の結果を呈したるを謝し、且つ哀痛に堪えざる該事件の処置至適なるを迅速に完結せしは、貴国天皇陛下の政府に向かって余の深く感謝に堪えざる所なり。又該事件に付き天皇陛下の叡慮を煩わせしを爰に重ねて謝意を表し、併せて余が日本天皇陛下の客たりし以来其の官府より容易ならざる注意と優遇とを辱うせしは、該事件の為に啻に消滅せざるのみならず、毫も涸渇せざる事を、天皇陛下に奏聞あらん事を希望す。」[67]

親王は 1900 年に再度日本を訪れ、さらに 1912 年に明治天皇の葬儀にドイツ帝国を代表して参列した際に、三度目の訪問を果たした。親王とアイゼンデッヒャーの親しいつきあいはその後も長く続き、第一次世界大戦後の時期になっても文通があったほどであった[68]。

外交上の対立

アイゼンデッヒャーが処理しなければならなかった外交上のいざこざは、ハインリヒ親王の吹田事件だけではなかった。その一年前にも、あるドイツ商船の検疫をめぐって対立が起こり、最終的には日本の寺島外務卿がドイツ側（アイゼンデッヒャー）の強硬な態度のため、辞任する結果となった。1879 年 8 月、ドイツ船「ヘスペリア」号は、当時、日本各地でコレラが流行していたため、日本側が予告していた検疫を無視したのである[69]。この船はアイゼンデッヒャーの許可のもと、砲艦「ヴォルフ」号を随伴して神戸を出航し、横浜港に入港した。その際、日本の規則によれば、船は日本の担当官により臨検されなければならなかったのだが、ドイツ側はそれに従わなかった。アイゼンデッヒャーは、外国船は治外法権の規定により日本の規則に拘束されていないとし、横浜のドイツ海軍病院のグッチョー博士による検査だけで十分であると主張した[70]。これは当時の他の外国公使と同様の主張であった。この、当時、大いに話題となった「ヘスペリア」号事件について、1879 年 9 月 11 日の『フランクフルト新聞』が詳しく報じている[71]。

「8 月 15 日に生じた日本政府とドイツ公使の間の対立について、アメリカ経由で以下のような報告記事が届いた。『ドイツ商船による検疫義務の違反は、当地のあらゆる階層の人々のあいだで話題になっている。ドイツ公使と日本外務省のあいだで交換された書簡が公開された。後者は、公共に危険の及ぶ恐れのある時期には、日本政府だけが衛生に関する規則の制定権を持ち、それは遵守されねばならないと主張している。ドイツ公使の反論は、領事裁判権が認められている現在の制度のもとでは、いかに危険が大きかろうとも、外国代表側の協力と認可がない限り、日本政府にはそのような規則を制定する権限はない、というものである。ドイツ公使がこのように疫病の発生している港からの船舶の入港を擁護したのに対し、日本外務卿は、ドイツ政府が看過できない激しい抗議をおこなった。［アメリカの前大統領で日本滞在中の］グラント将軍は、日本側は武力に訴えて当該ドイツ船を撃沈するのも正当である、とまで言ったと伝えられる[72]。ドイツ船の検疫無視があって以来、それまでは比較的疫病を免れていた横浜と東京にコレラ流行が拡大し、両港がいまや公式に汚染されたと宣言されるに至った事実は、注目に値する[73]。ヨーロッパ列強の代表の多くは、自国民に対し急遽日本政府の定める規則に従うよう命じた。しかし、この譲歩は遅きに失した感が否めない。日本人の憤激は、ひとかたならぬものがある。（中略）コレラは、ようやく終息の兆しを見せつつあるとはいえ、その勢いはまだまだ激しい。今月の間に罹患者は 45,000

人を数え、そのうち 25,000 人が死亡した[74]。日本政府は、疫病との戦いに不屈のエネルギーを注いでいる』。ただし、この報告はそのまま信じるわけにはいかない。アメリカは、商業上の利益をはかろうとして、中国と日本がヨーロッパに対して不信感をもつように、既に長い間画策していたのであるから。」

このように、この事件は、ヨーロッパ諸国間および欧米間に対立を生じさせるきっかけにもなった。しかし、グラント将軍の発言だけではなく、それ以上に、事件は日本の政界とジャーナリズムを震撼させ、治外法権のありかたをめぐって世論を再度賑わせることになったのであった[75]。アイゼンデッヒャーが、日本側の抗議にもかかわらず、外国籍船は日本政府と行政当局の命令に拘束されないとの立場に固執したことにより、寺島宗則外務卿は退陣を余儀なくされた。一方で、治外法権の拠り所となっている不平等条約を改正せよ、との声はこの「ヘスペリア」号事件の結果、さらに高くなり、事態は寺島の後任となった外務卿井上馨のもとで新たな展開を見ることになる。

ドイツ本国ではアイゼンデッヒャーの強硬姿勢から公使を召還せよ、との議論が喧しくなっていた。例えば『フランクフルト新聞』は 1880 年 3 月 1 日号で、同年 1 月 3 日付横浜発の以下のような報告を掲載し、アイゼンデッヒャーの任務遂行を厳しく批判している[76]。

「たった今、条約改正のための予備交渉の場として東京が選ばれたとのニュースが届いたところである。この交渉においてドイツを代表するのがフォン・アイゼンデッヒャー氏であるならば、それはまことに残念なことである。『ヘスペリア』号事件、すなわちハンブルクの蒸気船が検疫停船命令を破った事件であるが、あの事件で彼が見せた態度は、全日本人を敵に回すものであった。なぜ、ドイツ政府は彼を召還しないのか。イギリス政府は同じように不人気になってしまったサー・ハリー・パークスを解任帰国させたというのに。」

アイゼンデッヒャーに言わせれば、寺島外相の硬直した姿勢こそが、衝突にいたった原因であった。彼は、寺島の退任後に記したドイツ外務省宛報告書の中で、後継者の井上馨とは「その前任者よりも交渉するのは容易であろう」と書いている[77]。後述するように、アイゼンデッヒャーは条約改正問題においては、明らかに日本側に友好的な態度をとっていた。このことで、彼は井上外相をはじめ日本側の好意を勝ち取り、日独関係の好転に大きく寄与したのであった。ともあれ、あとになってからアイゼンデッヒャーは、寺島に対する態度に行きすぎがあったことを認めている。ドイツに帰国してから認めたメモのひとつにはこうある。

「7 年にわたる私の海外勤務のあいだ、日本人のことでただ一回だけ本気で頭に来たことがある。ある船の検疫をめぐって日本側とのあいだに対立が生じたときで、そのとき私は、わが国の条約権をあまりに頑に主張してしまった。しかしその怒りはすぐに静まって、私は当時、待ち望まれていた古い条約の改正に際しては大いに尽力したつもりである。この点イギリスの同僚（サー・ハリー・パークス）は違っていた。彼と私は、当時は意見を異にしていたのである。」[78]

不平等条約改正問題

改正を求める声はますます大きくなっていった[79]。アイゼンデッヒャーが公使として次に取り組むことになった重要懸案が、この問題であった。日本側の責任者として、この問題を担当することになったのは、新しい外務卿井上馨であったが、井

上の伝記がふれているとおり、彼はアイゼンデッヒャーとはとくに親しい付き合いがあった[80]。

1881年1月、ベルリン駐在の日本公使青木周蔵（1844-1914）は、井上の作成した覚え書きをドイツ政府に提示した。そこには、日本政府と条約を締結しているヨーロッパのすべての国に対して、条約改正のための交渉開始を求める旨、記されていた[81]。その前任者寺島宗則とはちがって、井上の関心事は、まず日本に暮らす外国人に対する領事裁判権にあった。すなわち、法律上の治外法権であり、これはアイゼンデッヒャーの職責にも直接関係するものであった。14頁に及ぶ覚え書きのうち、実に9頁以上がこの領事裁判権の問題に費やされ、最恵国待遇と関税問題には約2頁が割かれたのみであった。このことからも、井上がもっとも重視していたのが領事裁判権の改正であったことがわかる。

「まず第一に、日本政府の意図は領事裁判権制度に対し、なにがしかの改革をおこなうことにある。（中略）政府は、原則として領事裁判権に異を唱えるつもりはなく、（中略）ただ、領事裁判権を国内行政の諸要求と政府の行政手段とのあいだに調和をつくりだすべく、それに公正かつ適当な制限を設定したいと希望しているのである。（以下略）」[82]

西洋列強を刺激しないよう、具体的に井上が提案したのは軽犯罪に対する裁判に関してのみ、日本人による、あるいは混成の裁判庁において裁判をおこない、重犯罪については領事裁判権を基本的にそのまま認めるというもので、欧米列強の賛意を容易に獲得できる見込みのある案であった。

青木公使は井上に、ドイツは日本の案件に関して特に友好的な姿勢を示していると報告したが、彼はどうやら、ベルリンでの自分の業績を過大評価していたようである[83]。当時、日本公使館の顧問をしていたアレクサンダー・フォン・シーボルト男爵（1846-1911）の要請により、外務省の枢密参事官ハインリヒ・フォン・クッセローは「どうやら青木氏の側にドイツ政府の意向について誤解があったようだ」と発言し[84]、「ドイツは他の条約諸国の決定に従う」ことを希望していると強調したのであった[85]。井上はドイツや西欧列強の態度に憤慨し、1881年3月15日付の青木宛書簡でその怒りをあらわにしている。

「却って五十年代の威力圧政の約束を尚将来に継続せざるべからざる事を知覚するときは、国民等はその開明の針路を遮断せらるるは一に外国の干渉によるものと思い定めし為に、一層の憤怨を外人の間に挟み、折角今日迄養成したる好果を転じて再び五十年代嫌悪の感触を今日に醸生するに至るも測るべからず。然り而してその嫌悪の結果に至っては、曩時のものに比すれば一層憂え且つ恐るべきものあり。」[86]

文中、井上は、日本人の場合と外国人の場合とで同じ犯罪が違う扱いを受けるため、領事裁判権が日本政府および行政にとって「不都合」であることを重ねて強調している。井上によれば、日本とは異なった外国の基準に基づいて領事が個別に自分の裁量で判決を下す以上、結果的に日本における外国人の犯罪が増加するにちがいない。外国人によって法が破られることが増えれば、それを目の当たりにした日本人のあいだでも、長期的には犯罪が増加していくだろう、というのである。井上は日本に駐在する西洋諸国の外交代表者たちと、この問題を解決する努力を開始することを予告している。ヨーロッパにおける交渉の努力が実を結ばなかった場合でも、領事たちが日本の法律や慣習を尊重するように、仕向けようというのである[87]。

一連の条約改正予備交渉において、アイゼンデッヒャーは重要な役割を果たすことになった（図3：風刺漫画「条約改正舞踏会・外交官の踊るバレエ」）。井上の言うところでは、改正のための会議が開催にこぎつけたのは、そもそもアイゼンデッ

ヒャーの尽力の賜物であったという。1881年6月23日の青木宛書簡で、井上は、会議開催の運びとなったのは「全く独仏両公使の懇話的建言に起因」している、と書いている[88]。英国は、ヨーロッパでそうした予備会議を開くことについては、何年にもわたって反対の態度を貫いていた。井上に対しても、その前任者寺島に対してと同様、在京イギリス公使を通じて、日本の法制度の発展に関して、まず細部にいたるまで問題を解決するよう求め、それが解決されない間は、ヨーロッパにおける交渉開始は時期尚早であると通告した[89]。

ベルリンのドイツ外務省は、当初は治外法権に関する交渉には英国とは違って乗り気であり、アイゼンデッヒャーは東京で仲介役を果たし、一定の合意を形成するように指示を受けた[90]。井上はアイゼンデッヒャーの支持の獲得に意を致し、職務以外の私的な会話に於いても、日本政府が不平等条約改正によって求めているのは、諸国民のあいだに「善意ある洗練された理解」が生まれることだけなのだ、と語ったりしている[91]。彼はまた、アイゼンデッヒャーに対して、日本政府にとって肝要なのは、国民の要望に応えることであり、世論を制することができなければ、条約諸国の公使の希望と対立することも覚悟している、と語った。アイゼンデッヒャーは、井上との1881年7月10日の協議の際、井上の覚え書きと条約改正草案は、「要求することが多く、譲与するところが少ない」ゆえに他の列強の理解を得ることは難しいであろう、と警告を発している。彼によれば、「井上覚え書き」は交渉のたたき台としてすら役に立たないものであり、「日本の裁判法は未だ信ずる訳にはゆかぬ」ものなのであった[92]。

しかし、アイゼンデッヒャーが井上に手渡したドイツ帝国の正式の回答書は、日本の提案に対して「完全なる拒否」[93]をおこなったイギリスのものとは趣を異にしていた。ヨーロッパにおける一般的な見解と同じく、日本との条約をただちに改正することには不同意であったものの、領事裁判権に関して早期に交渉を開始することを視野に入れていたのである[94]。

「抑も貴政府に於て御編成に相成りたる条約書改正草案及び右に干係の書類中掲載の趣旨に就き我帝国政府は他の条約国と協議を遂げ篤と考察致し候ところ、該案は竟に全く至当ならざるのみならず、且つ貴政府にて該草案のごとく負担せらるるに於ては方今日本国の責任高度に達し、両国間の良好なる交際の進歩に不利益あるべきことと茲に確言せずんばあるべからず。且つ独逸政府の意見に據るに、果して該草案を受理するに於ては之れが為め殆ど避くべからざるの障碍を来し、種種の難事をも惹起すべしと考慮致し候間、遺憾乍ら該草案を至当と認め難く、即ち之れを以て改正談判の基礎と見做し難き次第に有之候。

然れども又現存の条約に改正を加えさらに双方の利得便益を計り、之れを実際に徴して良好なる協議を要すべしと看做す所の事項を改正するは、我政府素より異存之なき候。（一部略）

此れ故に我独逸政府も亦欧羅巴の諸条約国と共に現行の条約規則を改良し、改正の区域及び其の件目に干する談判を直ちに此東京に於て相開くべき儀に就ては我が独逸政府の正に承諾致す所なり。之に依て我政府は拙者に右談判の訓令を授け、併せて独逸領事『ツァッペ』氏を以て第二の談判委員と為し、之に陪列致させ候事に相成り候。（以下略）」

井上の返書は、さほど熱狂した調子はないまま、書状を入手したこと、そして日本政府が「条約改正ニ付会同予議ヘ御入会の御用意」があることを確認している[95]。井上の伝記では、日本側の要求に対するドイツの積極的な態度が、続く交渉のあいだにも明らかになったことが強調されている。ドイツの態度は「（之に反し独逸は、）その国力の進むに伴い、輓近東洋に望を

属し、国威・商権を拡張しようとするの策を有していたので、予議会に於ても英・仏とは自らその意向を異にし、我が提議に賛意を示した事実が少なくない」というものであった[96]。

1881年10月1日、井上は太政大臣三条実美から交渉開始の許可を得て、翌1882年1月に予議会は東京で開始された[97]。この予備交渉の第1段階は21回の協議を経て、1882年7月に終了したが、交渉はその後数年間にわたって継続されることになった。イギリスの大手日刊新聞『タイムズ』はこの長期におよんだ予議会を「実りのない外交合戦」と呼んでいる[98]。ようやく妥協が成立し、交渉が終結したのは1887年のことであった。条約締結国は領事裁判権の限定的な修正を予定することとし、これに対して井上は、さらに数カ所の港と内陸交通を外国人に対して開放することを約束させられた[99]。この結果、日本国内では、谷干城(1837-1911)ら保守派や、内陸交通の開放と外国人の内地雑居に反対する参議たちのなかから激しい反対がわき起こった[100]。井上は内閣と参議に対し、数ヶ所の開港地の追加と内陸交通の開放によっても、実際に定住する外国人はほんの少数であろう、と反論した。たとえば、条約に従って既に開港されていた新潟には、当時「僅々、二十三人の外国人が滞留しているに過ぎなかった」[101]。しかし、井上の交渉に対する批判は、日に日に強くなっていった。

日本政府の顧問だったフランス人ギュスターヴ・エミール・ボワソナード・ド・フォンタラビー(1829-1910)は、この予定された改正は、日本にとっても不利なものであると考えていたし、新聞各紙も、やがて井上批判で足並みをそろえるようになった。日刊紙『東京日々新聞』は、交渉のまだ始まる以前から「外務卿の条約改正草案は頗る実地の都合を酌量したる完備の草案にして、間然する所なしと雖も、其の治外法権の約を全廃すること能わずして、其一分を止めてなお外国裁判所に管轄せしむるが如きは、未だ善く世論の企図を満足せしむる者にあらざるなり。他日いよいよ談判に取り掛らば、外務卿は其の機に乗じて治外法権全廃の議を主張すべし」、と強気の論をぶっている[102]。その交渉戦略を厳しく批判された井上は、1887年、ついに辞任した[103]。彼の後任は大隈重信(1838-1922)で、1888年から89年にかけての交渉では、井上の路線を唯一現実的な選択肢としてさらに継続したが、その結果、急進主義的な玄洋社の党員による暗殺未遂事件が発生し、大隈は辛くも一命をとりとめたのであった。これらのことがあったにせよ、井上も大隈も後に、市民権を得ている歴史書において、不平等条約改正の先覚者として名を残している。井上が主唱した西欧列強との交渉の1882年の最初の会議の様子を描いた絵は、戦前の日本では、いわば誰もが教科書で一度は見たことのあった絵である(図4：条約改正会議、文部省刊『高等小學國史』下巻、昭和4年)。

治外法権の撤廃と不平等条約の完全な改正は、日本がその軍事能力を世界に示した後、すなわち日清戦争(1894/95)および日露戦争(1904/05)を経て、ようやく可能になった。1899年に治外法権が撤廃され、1905年以後、日本はようやく対等な大国として認められ、ドイツおよび各国の日本駐在外交代表部は大使館へと昇格させられたのである。更に1910年には、日本は関税自主権を再び獲得するに至る。

不平等条約改正問題において、ドイツおよびアイゼンデッヒャーの取った態度は、日本でのドイツ人気の上昇という副次的な効果をもたらした。1887年の改正予備交渉が終結した時に、イギリスで日本に対するドイツの影響力増大を懸念する声が高まったほどである。1887年5月14日付『タイムズ』紙の「イギリス、ドイツ、そして日本」と題する記事にはこうある。

> 「(大きな重要性をもつ)ひとつの問題として、日本におけるドイツの影響力と名声が急速に増大していることがある。このことは、ベルリンより派遣されている公使の態度全般、ドイツとの貿易の拡大、そして最近多数のドイツ人

が大学教授や建築家及びその他の役職に採用されたという事実からもあきらかである[104]。(中略) 1882 年、英国は日本の改正草案を拒否する音頭をとった。ちょうどその頃、ベルリンの内閣はドイツ商業を振興し、植民地への移民を増加させる計画に本格的に取り組み始めたのであった。このまさに決定的な時期に、日本の将来の首相となるであろう伊藤 [博文] 伯爵がヨーロッパを訪問するということがあった。彼は数ヶ月をドイツの首都で過ごした。(中略) この滞在期間中に、伊藤伯とビスマルク候は親しくなった[105]。後者がこの間に日本の特殊な環境や将来の見通しについて通暁することができたと考えるのが妥当であろう。条約の頸木から逃れようと熱烈に願う日本に見い出せる絶好の機会をみすみす見逃してしまうほど、大宰相ビスマルクは先見の明のない政治家ではない。(中略) ドイツの宰相と日本の新首相との間には密約がかわされ、一方は今後与えられるべき支援の性格を、他方は受けるべき承認の度合いを、それぞれ取り決めたと伝えられている。」

条約改正のためにビスマルクを個人的に日本の味方につけようとする工作は、実際に日本側がおこなったものであるが、これが成功したとする、いかなる具体的な証拠もその後ドイツ側からは発見されていない。とはいえ、条約改正問題におけるドイツ側の積極的な態度と、アイゼンデッヒャーの前向きな姿勢は、とくに 1882 年に顕著に見られるように、交渉の開始前の時点から既に顕在していて、それが、日本人のあいだでのドイツへの好感度の増大に貢献したことは間違いない。このドイツへの好感の影響は、他の分野においてもやがて現れてくることになる。1880 年代にはいると、日本の軍隊は最終的にフランス式からドイツ式へと改変されたのである。

4．日本におけるドイツ公使館・大使館

アイゼンデッヒャーの公使在任中のもうひとつの重要課題は、日本におけるドイツ帝国の公使館の新築であった。1872 年、日本政府は、各国の代表に対し、それまで横浜にあった公使館などを、新首都・東京に移転するように要請した。各国の公使の多くは、ただちに新しい移転先の候補地の物色に着手した。そのための用地というと、当時の東京には豊富にあったのである。徳川封建体制の終焉後、将軍家によって使用されていた、もしくは、全部で 260 を数えた大名たちの屋敷として使われていた東京中心の広大な土地が空き地となっていた[106]。これらの大名は、参勤交代制度のもとでは長期にわたって江戸に滞在し、領地に帰るときには妻子を人質として江戸に留め置かねばならなかった。1860 年代に大名たちの屋敷の多くも不要となり、その敷地の多くは新政権によって収用された後、各種行政機関の用地として用いられることになった[107]。彦根藩主井伊家の屋敷跡は陸軍参謀本部の所在地となり、最大の領地を誇っていた加賀藩前田家の江戸屋敷のあったところには、後の東京大学がおかれた[108]。そのほかの用地は売却された。このとき、当時の駐日ドイツ弁理公使マックス・フォン・ブラントは、公使館の新しい所在地として都心にあった、ある大名屋敷を購入したのである。オットー・フォン・ビューロー(1827-1901) によれば、それは「すばらしい偶然のおかげ」であったそうである。

「(当時) 経済的に不如意となったさる日本の侯爵が、首都にあった屋敷を手放さなくてはならなくなり、ドイツ弁理公使に売却を打診してきました。建物はかなり老朽化が進んではおりましたが、地所は大変よい場所にあり（覚え書きにあるとおり、宮殿と官庁の近傍です）、価格が妥当なものであったので、弁理公使はただちにこれに応じ、屋敷を自費で、自分の責任で購入しました。」[109]（図 5：アイ

ゼンデッヒャー着任時の東京地図「銅版　東京區分繪圖」1875 年、赤で塗られた箇所は当時のドイツ公使館所在地)

ドイツ公使館は、大使館に昇格した後も、ずっと 1945 年までこの住所におかれた。現在、その場所は国会図書館となっている。移転したときには既に、近隣はにぎわいを見せていた。陸軍参謀本部（当時はまだ参謀局として陸軍省に付属していた）や、有栖川[110]と北白川の両宮家、さらに各種の官庁がすぐ近くにあった。清国、イタリア、ロシアといった他の諸国の公使館にも近い距離にあった。1930 年代になると、この一帯はさらに立派になった。1936 年には国会が、建築に 17 年を要した現在の新しい議事堂へと内幸町（現在の霞ヶ関1丁目）から移転してきたが、ドイツ大使館はそのちょうど斜め前に位置していた。ドイツ公使館はのちの大使館ともども明治国家の政治及び行政のまさに中枢部に位置していたわけで、これは、重要な政策決定者や情報に接触することを容易にするものであった。

ドイツ公使館と公使公邸の建物自体は、その後、大きく変化した。当初の数年間は、以前の大名屋敷の一部がそのまま利用されていたが、アイゼンデッヒャーの在任中に煉瓦造りで新築された。1878 年のドイツ帝国議会の審議の記録によると、これは、日本での地震の危険や過酷な気候に対処するためとされ、見積表によれば、このときアイゼンデッヒャーは新築の総経費として 22 万 7,000 マルクを要求したが、この金額は二回目の審議でかろうじて認められたのであった[111]。

弁理公使時代も、またその後も、公使館は日本におけるドイツ人コミュニティーの中心でもあった。この時期、外国人の多くが住んでいた築地にも領事館がおかれ[112]、また横浜には、1878 年から 1911 年までドイツ海軍病院があった。横浜総領事館の総領事エデュアルド・ツァッペ (1843-1888)、同病院の主任医師グッチョー博士と、アイゼンデッヒャーは親交があった。ツァッペは、1882 年の条約改正交渉に、アイゼンデッヒャーと共に参加している。

５．明治期の日本における外交官の生活

アイゼンデッヒャーには公務のほかにも別の活動をする時間がふんだんにあった。既に述べたように、彼には蒐集の趣味があり、それは何も写真だけに限ったことではなかった。また、ドイツ東洋文化研究協会 (OAG) にも参加していた。同協会の理事会議事録によれば、アイゼンデッヒャーは理事会にこまめに出席しており、会長の職を決して単なる名誉職と考えていたのでけなかったことがわかる。この協会に外交官が参加するというのは、前任者マックス・フォン・ブラント以来の伝統であったが、アイゼンデッヒャーはその前例をさらに発展させたのであった[113]。1875 年 11 月、弁理公使就任後わずか2週間と経っていない同月 17 日の例会において、アイゼンデッヒャーは、ドイツ東洋文化研究協会の会員として迎えられている[114]。12月 18 日におこなわれたその次の例会では、一等書記官のフォン・グートシュミード男爵も会員資格を与えられた[115]。続いて、アイゼンデッヒャーは協会会長に選出され、以後の会合には定期的に参加するようになった。選挙後、最初の例会である 1876 年1月 29 日の会合では、早くも彼は議長を務め、9月をのぞいて以後もこの役目を果たし続けた[116]。アイゼンデッヒャーは、帰郷休暇やハインリヒ親王の来日の準備をすすめるため、1877 年から 78 年にかけてはドイツ東洋文化研究協会にはあまり顔をだすことができなかったが、79 年夏以降は、再び理事会の議長に復帰した。彼が出席できない時は、副会長のエルヴィン・クニッピング博士 (1844-1922) やゴットフリート・ヴァーグナー博士 (1831-1892)、そしてアイゼンデッヒャーの後を継いで会長となったクルト・フォン・ツェトヴィッツ男爵が、彼の代わりに議長の役割を果たした。ツェトヴィッツが会長となったのは、アイゼンデッヒャーの後任の公使オットー・

デーンホフ伯爵が、長い間、協会の活動に理解を示さず117、公使館の同僚たちとも意気投合しなかったためであるようだ。ワシントン転任後のアイゼンデッヒャーに宛てた手紙の中で、ツェトヴィッツは胸の内の憤懣をぶちまけている。

「D氏〔デーンホフを指す〕がここにいるかぎり、私の日本の滞在が再び楽しくなることはないでしょう。控えめに申し上げても、心から彼を好きになった者は、東京にも横浜にも、一人もおりますまい。日本人の親愛感も、ドイツの政策のおかげであって、その外交代表者の功労ゆえのことではないのです。日本人の従者は、ほとんどが解雇されるか、自分から辞めていきました。昔からずっとここにいた年寄りの別当でさえ追い払われてしまいましたし、庭師も馘になってしまいました。」118

本章で紹介した人物は、アイゼンデッヒャーの写真帖に肖像写真が残っている者ばかりである。当時、肖像写真は名刺代わりに交換され、献辞を添える場合もあった。最初に写真館が営業を開始したのは1870年代のはじめのことで、場所は横浜にあり、値段は肖像写真12枚につき15ドルであった119。日本人で公務についていた人々の写真は、安い料金で写真を依頼できる東京印刷局で専ら作られていた（図6 [II/20：副島種臣肖像写真の裏面、アイゼンデッヒャーに宛てた献辞]）。エルヴィン・ベルツもこの官営の写真屋をこっそり揶揄しながらも、ここで肖像写真を注文している。「印刷局へ出向いていって写真を受け取る」。1880年11月30日、医師は日記に記している。「官営のこの印刷局で、市中のどの写真屋よりも安く写真をとれるという事実は、政府が産業を営むやり方として間違っていることを示す最も良い例である！こんな有様では、どうして民間の企業熱が起こるというのだ？」。しかし、多くの客は、品質に満足していたらしい120。

外国人の外交官の多くは、日本人の経営する写真館を利用するのが常であり、なかでも九段下にあった二代目鈴木真一（1859-1912）の店が有名であった。この写真館の店主の義父にあたる鈴木真一（初代、1835-1918）は、日本の写真家の草分け世代のひとりである121。下岡蓮杖（1823-1914）122のもとで写真の技術を習得し、1873年に自分の店を持って独立した初代真一は、1880年代に入ると、日本を代表する写真家としての地位を確立した。1877年の第一回内国勧業博覧会で、彼は、北白川宮の肖像写真で第一等賞を獲得している。その養子でのちに婿になった岡本圭三は、1881年に東京九段下に支店を開き、1889年には義父の名を襲名して二代目鈴木真一と名乗るようになった123（図7 [II/3：井上末子肖像写真の裏面、アイゼンデッヒャーに宛てた英文献詞]）。

アイゼンデッヒャーのコレクションのなかには、数は少ないが、やはり創生期の日本人写真家の一人である内田九一（1844-1875）の撮った写真が収められている。1872年の明治天皇のあまり知られていない最初の肖像写真（伝統的な束帯姿の写真）は、彼の手によるものとされている124。内田はその数年後に30歳の若さで世を去った。アイゼンデッヒャーの写真帖に作品のある写真家としてはもう1人、オーストリア人のライムンド・フォン・シュティルフリート＝ラテニッツ男爵（1839-1911）がいる。オーストリア・ハンガリー公使ホッファー・フォン・ホッフェンフェルツの写真も、彼のスタジオで撮られたものである（第6章の図86[II/15]を参照）。シュティルフリートは、1871年に横浜に写真館を開業し、1877年には、やはり日本写真史上のパイオニアの一人であるイタリア系のイギリス人フェリックス（フェリーチェ）・ベアト（1834-1911?）125から写真館を買い取って、その後継者となったほか、印刷局の顧問としても活躍した人物である126。横須賀に御幸した際の明治天皇を非公式に撮影した彼の写真は、とりわけよく知られている。外国人の治外法権のゆえに写真は没収をまぬがれ、シュティルフリートも逮捕されなかったのであるが、天皇の写真には厳しい態度を取っていた明治時

代の日本当局、とくに宮内庁はこれに激しくいらだったに違いない[127]。

本書によってはじめて公開されるカール・フォン・アイゼンデッヒャーの写真帖上の写真によって、明治初期の日本に滞在していた外国人たちが、どのような生活を送っていたかを読み取ることができるであろうし、また本文随所に、関連する一次資料を挿入しておいたので、それと組み合わせることでドイツ帝国の第二代駐日公使としてのカール・フォン・アイゼンデッヒャーの活動がいかなるものであったのか、理解することができるだろう。明治時代の日独関係に重要な役割を果たした人物たちについては、まだまだ知られざることが多い。本書に取り上げることができたのは、オイレンブルク伯爵やマックス・フォン・ブラントといった外交官たちか、そうでなければエルヴィン・ベルツやアルベルト・レスラーといった教師や顧問たちに限られているとはいえ、そうした人物たちに再び光を当てることも、黎明期の日本の写真史研究に貢献することと並んで、本書の試みである。

訳：辻　英史

1　カール・フォン・アイゼンデッヒャーの家族宛書簡、1860 年 9 月 21 日付；Trautz, Friedrich M.: Deutsche Seekadettenbriefe aus Jedo 1860-1861, in: Nippon. Zeitschrift für Japanologie, 7. Jg. (1941), Heft 3, pp. 129-163.

2　以下を参照。Eulenburg-Hertefeld, Graf Philipp zu (Hg.): Ost-Asien 1860-1862 in Briefen des Grafen Fritz zu Eulenburg, Königlich Preussischen Gesandten, betraut mit ausserordentlicher Mission nach China, Japan und Siam. Berlin: Ernst Siegfried Mittler, 1900; Stahncke, Holmer (Hg.): Preußens Weg nach Japan: Japan in den Berichten von Mitgliedern der preussischen Ostasienexpedition 1860-61. München: Iudicium, 2000.

3　ブラントに関しては以下の文献を参照。Wippich, Rolf-Harald: „Strich mit Mütze". Max von Brandt und Japan – Diplomat, Publizist, Propagandist. Tôkyô: Deutsche Gesellschaft für Natur- und Völkerkunde Ostasiens, 1995 (OAG aktuell Nr. 65). なお、ブラントの回想記の邦訳がある。マックス・フォン・ブラント、原潔・永岡敦訳『ドイツ公使の見た明治維新』新人物往来社、1987 年。またドイツ東洋文化研究協会の初期の状況に関しては以下の諸文献がある。Wippich, Rolf-Harald: Max von Brandt und die Gründung der OAG (Gesellschaft für Natur- und Völkerkunde Ostasiens) – die erste deutsche wissenschaftliche Vereinigung in Ostasien, in: Studien des Instituts für Kultur der deutschsprachigen Länder, 11/1993, pp. 64-77; Spang, Christian W.: Anmerkungen zur frühen OAG-Geschichte bis zur Eintragung als „japanischer Verein" (1904), in: Nachrichten der Gesellschaft für Natur- und Völkerkunde Ostasiens (NOAG), Bd. 179/180 (2006) S.67-91.

4　アイゼンデッヒャーは日本の経済・政治の状況や、外交政策、近隣諸国との関係について定期的に詳細な報告を送っていた。政治に関する報告書はドイツ外務省政治文書館（Politisches Archiv des Auswärtigen Amtes、以下 PAAA と略す）、書類番号 R18594 から R18605 まで）、経済状況およびその他のテーマに関する報告書はベルリン＝リヒターフェルデの連邦文書館に収蔵されている。

5　アイゼンデッヒャーの家族宛書簡、1860 年 9 月 6 日付；Trautz, Friedrich M.: Deutsche Seekadettenbriefe aus Jedo 1860-1861, in: Nippon. Zeitschrift für Japanologie, 7. Jg. (1941), Heft 3, p. 137.

6　このように、全く新しい環境に入り込んだ場合、それにもかかわらず親しみを覚えるという経験は、「レトリックの上での領土征服」として解釈できよう。これは帝国主義の時代当時は頻繁に見られた思考構造であった。以下の研究を参照。Stumpp, Gabriele; Interkulturalität – Sprachgesten, Asymmetrien, Ambivalenzen. Textzeugnisse aus dem Umkreis der preußischen Expedition (1860-1861) nach Japan, in: Zeitschrift für Germanistik, N.F. 3, 2002, pp. 516-522.

7　Meissner, Kurt: Deutsche in Japan 1639-1960. Tôkyô: Deutsche Gesellschaft für Natur- und Völkerkunde Ostasiens, 1961, p. 36.

8　小沢健志『写真で見る幕末・明治』世界文化社、新版 2000 年；小沢健志・鈴木理生監修『古写真で見る江戸から東京へ』世界文化社、2001 年；足助明彦他編『幕末・明治古写真帖』（別冊歴史読本 51）、新人物往来社、2000 年。

9　Japan Photographers Association (JPA): A Century of Japanese Photography. Pantheon Books: New York, 1980, p. 3.

10　サーラ、スヴェン「日独関係における軍隊」工藤章・田島信雄編『日独関係史 1890-1945』東京大学出版会、2007 年刊行予定所収。

11　Japaninstitut Berlin (Hg.): Nippon: Archiv zur Beschreibung von Japan: vollständiger Neudruck der Urausgabe zur Erinnerung an Philipp Franz von Siebolds erstes Wirken in Japan 1823-1830. Berlin: Wasmuth, 1930-1931.

12　現在、この著書は以下の形で刊行されている。Kure Shûzô, Philipp Franz von Siebold. Leben und Werk. Deutsche, wesentlich vermehrte und ergänzte Ausgabe, bearbeitet von Friedrich M. Trautz. Hg. von Hartmut Walravens, München: Iudicium, 1996, 2 Bde (Deutsches Institut für Japanstudien, Monographien Bd. 17/1&2)

13　ドイツ連邦資料館・軍事資料館、フライブルグ（Bundesarchiv/Militärarchiv Freiburg、以下 BA/MA と略す）、トラウツ関係文書（N508）、No. 80、トラウツの 1950 年 1 月 30 日付オルデンブルク古文書館宛ての書簡。

14　BA/MA N508/80.

15　アイゼンデッヒャーの履歴については、以下の文献を参照。Hans und Heinrich Seemann (Hg.): Deutsche Botschafter in Japan 1860-1973. Tôkyô: Deutsche Gesellschaft für Natur- und Völkerkunde Ostasiens, 1974; Akte K. v. Eisendecher (1841-1934)、ボン大学日本文化研究所所蔵、トラウツ関係文書、K 12（これはトラウツの未亡人によりボン大学日本文化研究所に遺贈されたアイゼンデッヒャー関連資料である）；また以下の文献を参照。Trautz, Seekadettenbriefe; Auswärtiges Amt, Historischer Dienst (Hg.): Biographisches Handbuch des deutschen Auswärtigen Dienstes 1871-1945. 2 Bde. Paderborn: Schöningh, 2000-2002.

16　「アルコナ」号には 15 名の士官および候補生と、下士官兵 335 名が乗り組んでいた。

17　「海軍士官候補生の江戸通信」1860 年 9 月 6 日。

18　Akte K. v. Eisendecher (1841-1934) 参照。ビスマルクとの親密な交際は、その死まで続いたようである。皇帝ヴィルヘルム 2 世によるビスマルク解任後、若い皇帝と前帝国宰相との関係がますます悪化したのちも、アイゼンデッヒャーは両者の仲違いが、国民の間での皇帝の評判に悪影響を与えかねないとして、ヴィルヘルム 2 世に直接警告を発している。「前宰相から国民の心を引き離そうとしても、陛下は決して成功されないでしょう」（Röhl, John C. G.: Wilhelm II. Der Aufbau der Persönlichen Monarchie 1888-1900, München: C.H. Beck, 2001, pp. 961f による引用）。ビスマルクがアイゼンデッヒャーに宛てた手紙は「親愛なるカール」という書き出しで始まっている。外務省政治文書館 (PAAA)、アイゼンデッヒャー関係文書、2/1, no. 14 参照（ビスマルクの 1889 年 7 月 6 日付アイゼンデッヒャー宛て書簡）。

19　前掲資料、2/8, no 1a.

20　外務省外交史料館、外務省記録、MT 1.1.1.051（1875 年 11 月 10 日付；外務卿等ノ各国公使トノ対話書、第二十一巻）。

21　PAAA R18595、アイゼンデッヒャーより外相ビューロー宛て 1876 年 10 月 11 日付報告書。

22　前掲資料参照、また本章後述内容も参照。

23　PAAA、アイゼンデッヒャー関係文書、2/1, no 3 参照（ヘルベルト・フォン・ビスマルクの 1877 年 11 月 6 日付アイゼンデッヒャー宛て書簡）。

24　『帝国議会議事録』第 6 回議事、1880 年 2 月 23 日、66 頁。

25　Röhl, Wilhelm II., p. 32.

26　同上書、224 頁。これに対し、アイゼンデッヒャーの故郷でもあるオルデンブルク

大公国のプロイセン公使の職はあまり人気がなかったようである。「オルデンブルクはひどいところだからやめておきなさい」とヘルベルト・ビスマルクはフィリップ・ツゥ・オイレンブルク伯爵に語っている（同上書、225 頁）。このフィリップ・オイレンブルク伯爵は、アイゼンデッヒャーがその一員として 1860-1861 年に日本に滞在した使節団を率いたフリードリヒ・アルベルト・ツゥ・オイレンブルクの甥に当たる人物で、当時のベルリン駐在オーストリア大使の言によれば「皇帝の一番のお気に入り」であった（同上書、230 頁および第 8 章第 1 節以降参照）。彼は後に（1888 年）、彼の昇進に非常に執心していた皇帝の個人的な介入によって実際に「ひどいところ」オルデンブルクのプロイセン公使に任命される（同上書、227 頁）。

27　PAAA、アイゼンデッヒャー関係文書、2/8, no. 1.

28　PAAA、アイゼンデッヒャー関係文書、2/4（ホルレーベンよりの書簡 16 通）; 3/5, no. 14 und 15（ツァッペおよびツェトヴィッツよりの書簡).

29　ここでアイゼンデッヒャーが意図しているのは、皇帝ヴィルヘルム 2 世自身が下絵を描いたと言われる画家クナックフス作の絵「ヨーロッパの諸民族よ、汝らの聖なる財産を守れ」のことかも知れない。この絵は黄禍論を煽ったものとして悪名が高い。

30　PAAA、アイゼンデッヒャー関係文書、2/8, no. 1.

31　同上資料参照。

32　同上資料、1/1, no. 1（ホルシュタインとの 1890 年 3 月の会談に関するアイゼンデッヒャーのメモ).

33　同上資料参照、1/2, no. 24（アイゼンデッヒャーより帝国宰相ベートマン＝ホルヴェーグ宛 1909 年 9 月 14 日付書簡下書き); 1/1, no. 2 参照（アイゼンデッヒャーの 1909 年 2 月付メモ).

34　同上資料参照、1/7, no. 5（アイゼンデッヒャーより皇帝ヴィルヘルム 2 世に宛てた英独の和解を希望する旨を述べた 1913 年 5 月 11 日付報告書); 1/8, no. 47（英国人デッキンソンとアイゼンデッヒャーの交換書簡）。

35　同上資料、1/7, 3（アイゼンデッヒャーより皇帝ヴィルヘルム 2 世宛て 1912 年 9 月 30 日付電報).

36　たとえば、Röhl, Wilhelm II.; Mommsen, Wolfgang J.: War der Kaiser an allem schuld?, Berlin: Ullstein, 2005. を参照。オイレンブルク使節団に関するシュターンケの研究（Stahncke, Preußens Weg nach Japan. Japan in den Berichten von Mitgliedern der preußischen Ostasienexpedition 1860-61）においてさえも、アイゼンデッヒャーの送った郷里への書簡による報告はもちろん、アイゼンデッヒャー自身についてすら何の言及も見られない。

37　Mohl, Ottmar von: Am japanischen Hofe, Berlin: Reimer, 1904, p. 9.

38　日露戦争中のヨーロッパにおける日本イメージについては、稲葉千晴・サーラ、スヴェン編『ヨーロッパから観た日露戦争―版画新聞、絵葉書、錦絵』ドイツ日本文化研究所、2005 年。

39　外務省外交史料館、外務省記録、MT 7.1.3.32-2 幕末より明治初年までの各国との往復書簡。

40　PAAA R18597-R18605.

41　Bälz, Erwin: Das Leben eines deutschen Arztes im erwachenden Japan: Tagebücher, Briefe, Berichte (hg. von Erwin Toku Bälz). Stuttgart: J. Engelhorns Nachf., 1930, p. 55（訳文は、トク・ベルツ編、菅沼竜太郎訳『ベルツの日記』岩波文庫、改訳版 1979 年に基づき修正したものである。以下同じ).

42　Bälz, Das Leben eines deutschen Arztes, p. 26 (1876 年 6 月 26 日).

43　Bälz, Das Leben eines deutschen Arztes, p. 150. 1900 年 5 月 24 日にも前任の公使ライデン伯について以下のように日記に記している。「夜、前任の公使ライデン伯のため送別会。伯が、はたして休暇の後に再び帰任するか、どうか？　個人としては、伯は如才のない好人物である。だが困ったことに伯は、国家から派遣されているその官職に、何の関心をも寄せていないのだ。伯は心底から日本人を毛嫌いし、しかもそれを露骨に示すのである」。同上書、147 頁。

44　Japanisches Kulturinstitut Köln: Curt Netto 1847-1909. Aquarelle und Zeichnungen aus Japan 1873-1885. Köln: Japanisches Kulturinstitut, 1980 を参照。

45　第 4 章を参照。

46　ハインリヒ親王の日本訪問については、以下の文献を参照。Wippich, Rolf-Harald: Prinz Heinrichs Japan-Aufenthalt 1879/80 und der Jagdzwischenfall von Suita, in: Thomas Beck et al. (Hg.): Überseegeschichte. Beiträge der jüngeren Forschung (Beiträge zur Kolonial- und Überseegeschichte Bd. 75). Stuttgart: Franz Steiner, 1999, pp. 267-275; Des Prinzen Heinrich von Preußen Weltumseglung. Original-Erzählung für die Jugend von C. V. Derboeck [recte: Carl von der Boeck]. Leipzig: Otto Drewitz Nachfolger, 11. Aufl., ca. 1900. このほか日本外務省外交史料館には 3 巻におよぶハインリヒ親王の訪問に関する分刻みの記録が所蔵されている。外務省外交史料館、外務省記録、MT 6.4.4.1-4-1-1（第 1 ～ 3 巻）外国貴賓訪問関係雑件，独国の部、独国アルベルト・ヴィルヘルム・ハインリヒ親王来遊の件；独国皇孫来航接待記。

47　Des Prinzen Heinrich von Preußen Weltumseglung, p. 162.

48　同上書。および PAAA R18602（アイゼンデッヒャーより外相ビューロー宛て 1879 年 5 月 30 日付報告書）を参照。

49　北白川宮は 1871 年から 77 年までドイツに留学し、その後軍人としての道を歩んだ。

50　PAAA R18602（アイゼンデッヒャーより外相ビューロー宛て 1879 年 5 月 30 日報告書）、および Des Prinzen Heinrich von Preußen Weltumseglung, p. 166 参照。

51　同上書参照。

52　同上書参照。

53　同上書、166 頁以下参照。天皇との謁見の模様ならびにハインリヒ親王の挨拶と天皇の答辞の全文は PAAA R18602（アイゼンデッヒャーより外相ビューロー宛て 1879 年 5 月 30 日付報告書の補遺）および外務省外交史料館、外務省記録、MT 6.4.4.1-4-1-1（外国貴賓訪問関係雑件、独国の部、独国アルベルト・ヴィルヘルム・ハインリヒ親王来遊の件；独国皇孫来航接待記、第 1 巻）に収録されている。

54　アイゼンデッヒャーの報告によれば、「（天皇）私の言うまでもなく大変お粗末な日本語力を面白がっているようであった」。

55　Bälz, Das Leben eines deutschen Arztes, p. 57. ベーアについては、本書の第 7 章と第 9 章を参照。

56　Des Prinzen Heinrich von Preußen Weltumseglung, p. 176 参照。

57　同上書、177 頁参照。

58　同上書、179-181 頁参照。

59　PAAA R18602（アイゼンデッヒャーより外相ビューロー宛て 1879 年 10 月 10 日報告書）および本書第 4 章掲載の写真参照。

60　PAAA R18603（アイゼンデッヒャーより外相ビューロー宛て 1879 年 12 月 1 日付報告書、在神戸ドイツ帝国公使フォッケより外務省宛て 1879 年 12 月 1 日付報告書、付録に新聞記事の切り抜き多数を含む）参照。

61　同上資料参照。

62　吹田事件について Wippich, Prinz Heinrichs Japan-Aufenthalt、内山正熊「吹田事件（一八八〇年）の史的回顧」慶応義塾大学『法学研究』第 51 巻 5 号、1978 年、513-553 頁を参照。

63　同上。

64　PAAA R18603（アイゼンデッヒャーより外相ビューロー宛て 1880 年 2 月 16 日付報告書、セッケンドルフよりドイツ帝国皇太子兼プロイセン王国皇太子宛て 1880 年 2 月 8 日付書簡）参照。

65　外務省編『日本外交文書』第 13 巻、日本国際連合協会、1951 年、351 頁以下参照（109 番、日本語およびドイツ語原文）および PAAA R18603 も参照。原文の旧漢字旧仮名使いをあらため、句読点を挿入してある（以下同じ）。

66　Wippich, Prinz Heinrichs Japan-Aufenthalt, p. 274；外務省の宮本書記官の井上大臣宛ての報告書（『日本外交文書』第 13 巻、354 頁 (117 番)）、および大阪府知事などからの謝罪文（『日本外交文書』第 13 巻、365 頁 (120 番付属書 3) を参照。

67　明治 13 年 2 月 14 日、大阪府庁での関係者処分に列席した際のハインリヒ親王の挨拶文。同上書、365 頁以下 (120 番付属書 4、訳文は同付属書 1 による)、および Des Prinzen Heinrich von Preußen Weltumseglung, p. 193 を参照。

68　PAAA、アイゼンデッヒャー関係文書、2/7a (プロイセン親王ハインリヒのアイゼンデッヒャー宛て書簡、1889 年 -1923 年) 参照。

69　この規定によれば、横浜あるいは東京に入港しようとする船舶は、長浦消毒所前の海面で 10 日間停泊隔離されなければならなかった。山本俊一『日本コレラ史』東京大学出版会、1982 年、48 頁参照。

70　グッチョーは第一主任医師として海軍病院を 1878 年から 1884 年まで率いた。

71　Frankfurter Zeitung、夕刊、1879 年 9 月 11 日。

72　Huffmann, James L.: A Yankee in Meiji Japan. The Crusading Journalist Edward H. House. Lanham et al.: Rowman & Littlefield, 2003, S. 142.

73　実際には、コレラは横浜でもすでに1877 年 9 月に発生しており、同じ月のうちに千葉と東京に拡大している。しかし「ヘスペリア」号の出港地であった神戸港は、西南戦争に出動した軍隊の乗船地であったため、とくに危険であると見なされていた。山本前掲書、29 頁以下参照。

74　コレラにより 1879 年に日本全土で 16 万 2 千を超える死者が出ている。このことからも日本世論が検疫規定に対してきわめて敏感になっていたことが理解できよう。山本前掲書、27 頁。

75　„The ‚Hesperia' Outrage", in The Tokio Times, 1879 年 8 月 9 日の全文は、本書第 5 章を参照のこと。

76　Frankfurter Zeitung, 1880 年 3 月 1 日。

77　PAAA R18602（アイゼンデッヒャーより 1879 年 9 月 11 日付プロイセン外相ビューロー宛て報告書）。

78　PAAA、アイゼンデッヒャー関係文書、2/8, no. 1a.

79　井上馨公伝記編纂会編『世外井上公伝』第 3 巻（全 5 巻）、原書房、1968 年、280 頁参照。

80　同上書、361 頁参照。

81　英文は、『日本外交文書』第 14 巻、141-147 頁（35 番付属書）参照。『世外井上公伝』第 3 巻、292-299 頁も参照。

82　『日本外交文書』第 14 巻、141-142 頁参照。

83　『日本外交文書』第 14 巻、139 頁。当時、条約改正のためドイツ帝国宰相オットー・フォン・ビスマルクの関心を獲得しようとする試みがなされた。『日本外交文書』第 14 巻、138-139 頁；『世外井上公伝』第 3 巻、311 頁参照。当時プロイセン憲法研究のためドイツに滞在していた伊藤博文も、条約改正問題について話し合うためビスマルクをはじめドイツの政治家や外交官と面談している。これについては同上書、378 頁参照。アイゼンデッヒャー自身も、個人的な交友関係を活用してビスマルクの支持を獲得しようとしたと言われる。同上書、380 頁参照。

84　„some misconception on Mr. Aoki's part regarding the intentions of the German Government"; シーボルトの井上宛報告書参照。『日本外交文書』第 14 巻、147 頁。

85　同上。

86　同上書、153 頁（38 番）参照。

87　同上、および『世外井上公伝』第 3 巻、297 頁以下参照。

88　『日本外交文書』第 14 巻、161 頁（42 番）。

89　これに関しては『世外井上公伝』第 3 巻 282-285 頁、および『日本外交文書』第 14 巻、165 頁（44 番付属書）参照。

90　同上書、180 頁（48 番付属書）参照。

91　同上書、181 頁（48 番付属書）参照。またアイゼンデッヒャーと井上の会談については、『世外井上公伝』第 3 巻、287 頁および 304-306 頁参照のこと。

92　同上書、304 頁以下参照。

93　同上書、319 頁参照。

94　『日本外交文書』第 14 巻、184-187 頁（51 番）参照。

95　同上書、195 頁（55 番）参照。

96　『世外井上公伝』第 3 巻、375 頁参照。

97　同上書、320-323 頁（三条実美宛て報告書）、326-329 頁（交渉の経過について）参照。また本書第 5 章の肖像も参照のこと。

98　The Times, ロンドン、1887 年 9 月 17 日 („A New Phase of Japanese Treaty Revisions")。

99　井上が、外国人に対して開港地以外の日本内地を開放することをはじめて明らかにしたのは、1882 年 4 月 5 日になってからである。『世外井上公伝』第 3 巻、348-355 頁（井上の演説原文）参照。

100　同上書、306 頁以下ならびに 339-343 頁。

101　同上書、337 頁。

102　同上書、310 頁。

103　井上はすでに 1882 年、条約国との最初の交渉の最中に辞表を提出している。しかし、このときは三条実美が介入したため、大木喬任や山田顕義ら反対派参議は追及の手をゆるめた。同上書 342-347 頁参照。

104　The Times の 1887 年 10 月 14 日付のもう一つの記事ではこのことを否定し、次のように結論づけている。「(1) ドイツ人お雇い外国人数が、異常なまでに増加していることは、ひとえに日本がドイツ憲法を採用したためである。(中略) (3) 日本においてドイツの政治的影響力が増大しているという説に根拠はない。」

105　上述の脚注 82 参照。

106　将軍自ら徳川家の所有地を天皇に譲渡した。1868 年末には天皇は江戸城に入り、ここを皇居と定めた。徳川各分家の邸宅は、軍隊の施設になったり、赤坂離宮のように皇族の住居となった。東京都編『武家地処理問題』(都史紀要第 13 巻)、1965 年。

107　同上書、133-148 頁。

108　同上書、215 頁。

109　『帝国議会議事録』第 31 回議事、1878 年 4 月 8 日、783 頁、及び第 33 回議事、1878 年 4 月 10 日、860 頁。このほか本書第 2 章を参照のこと。

110　有栖川宮熾仁親王の銅像は、1903 年にドイツ公使館の目と鼻の先にあった参謀本部前に設置された。第二次大戦中および占領時代には撤去廃棄されそうになったこともあったが、結局は他の場所に移設されただけであった。現在の所在地は、ドイツ大使館に隣接している有栖川宮公園である。

111　『帝国議会議事録』第 33 回議事、1878 年 4 月 10 日、908 頁。

112　1899 年に解消されるまで、居留地以外に居住することができたのは、通例お雇い外国人として日本政府の顧問を務めているか、外交官である外国人だけであった。東京都編『築地居留地』(都史紀要第 4 巻)、1957 年、142 頁参照。

113　Wippich, Strich mit Mütze, pp. 112-116 参照。

114　Mittheilungen der Deutschen Gesellschaft für Natur- und Völkerkunde Ostasiens. Hg. von dem Vorstande. Bd. I (Heft 1 bis 10), 1873-1876.

115　同上。

116　同上。

117　短期間ツェトヴィッツが会長であった後、ヴァーゲナーが 1883 年から 1886 年まで OAG の会長の職を務めた。Mittheilungen der Deutschen Gesellschaft für Natur- und Völkerkunde Ostasiens. Hg. von dem Vorstande. Bd. II (Heft 11 bis 20), 1876-1880; Mittheilungen der Deutschen Gesellschaft für Natur- und Völkerkunde Ostasiens. Hg. von dem Vorstande. Bd. III (Heft 21 bis 30), 1880-1884. アイゼンデッヒャーの後任の公使オットー・フォン・デーンホフが OAG との間に距離を置いていたのに対し、その次の公使テオドール・フォン・ホルレーベンは、例会に参加していたことが協会の議事録から確認できる。Mittheilungen der Deutschen Gesellschaft für Natur- und Völkerkunde Ostasiens. Hg. von dem Vorstande. Bd. IV (Heft 31 bis 40), 1884-1888. または、Spang, Anmerkungen zur frühen OAG-Geschichte 参照。

118　PAAA、アイゼンデッヒャー関係文書、3/5, no. 15 (一等書記官ツェトヴィッツの 1884 年 5 月 15 日付アイゼンデッヒャー宛て書簡)。

119　横浜開港資料館編『幕末日本の風景と人びと—フェリックス・ベアト写真集』明石書店、1987 年、179 頁参照。明治初期の日本での写真の値段については、日本写真家協会編『日本写真史 1840-1945』平凡社、1971 年、371 頁参照。

120　Bälz, Das Leben eines deutschen Arztes, pp. 80-81.

121　『日本写真史 1840-1945』、373 頁参照。

122　ほぼ同時期に長崎で上野彦馬 (1838-1904) が写真館を開業している。同上書、356 頁以下および 370 頁参照。横浜を中心とした幕末から明治初期の写真全般については、斉藤多喜夫『幕末明治　横浜写真館物語』吉川弘文館、166-167 頁も参照。

123　東京都写真美術館執筆監修『日本写真家事典』淡交社、2000 年、186 頁；前掲『幕末日本』、197 頁以下参照。また、鈴木写真館についての同時代の評価については、『新選東京名所図絵』(麹町区の部　下)(『風俗画報』臨時増刊号第 177 号)、1892 年、8 頁を参照のこと。

124　Takashi Fujitani: Splendid Monarchy: Power and Pageantry in Modern Japan. Berkeley, Calif.: University of California Press, 1996, pp. 174-177；『日本写真史 1840-1945』、360 頁参照。

125　フェリックス・ベアトの業績についての研究は非常に充実しており、その全てを網羅することはここでは断念せざるを得ない。代表例として、次の文献を挙げておく。前掲『幕末日本』; Bodo von Dewitz und Roland Scotti (Hg.): Alles Wahrheit! Alles Lüge! Photographie und Wirklichkeit im 19. Jahrhundert. Die Sammlung Robert Lebeck. Dresden und Berlin: Verlag der Kunst, 1996 及び、Philipp, Claudia Gabriele et al. (Hg.): Felice Beato in Japan: Photographien zum Ende der Feudalzeit 1863-1873. Heidelberg: Edition Braus, 1991. また、写真史全般については Japan Photographers Association (JPA): A Century of Japanese Photography. Pantheon Books: New York, 1980 がある。ベアトの生没年については長い間諸説あったが、出生年に関しては最新の研究でようやく確定された。これに関しては Sebastian Dobson: ‚I been to keep up my position.' Felice Beato in Japan, 1863-1877. 『古写真研究』(2 号)、2003 年、32-37 頁を参照。

126　Bälz, Das Leben eines deutschen Arztes, pp. 80-81. シュティルフリートについては、以下の文献を参照。Luke Gartlan: Views and Costumes of Japan: A Photograph Album by Raimund von Stillfried-Ratenicz, in: The La Trobe Journal, no. 76 (spring 2005); Luke Gartlan: A Chronology of Baron Raimund von Stillfried-Ratenicz (1839-1911), in: John Clark: Japanese Exchanges in Art, 1805s to 1930s, with Britain, continental Europe, and the USA, Sydney: Power Publications, 2001, pp. 121-188.

127　前掲『幕末日本』、184 頁参照。

I.
Erstes Kennenlernen.
Die Preussische Ostasienexpedition und der preussisch-japanische Freundschafts- und Handelsvertrag von 1861

Die japanisch-deutschen Beziehungen mit der Mission des Grafen Eulenburg nach Japan und der Unterzeichnung des preußisch-japanischen Freundschafts- und Handelsvertrages im Jahre 1861 beginnen zu lassen, ist nicht ganz richtig, aber auch nicht ganz falsch. Aus der Sicht Karl von Eisendechers, der als junger Seekadett Mitglied dieser Mission gewesen war und in seinem Leben einmal als „Preuße", das zweite Mal als „Deutscher" Japan kennenlernte, war der Bezug nicht von der Hand zu weisen. In beiden Fällen verdankte er seine Entsendung einem Auftrag der Behörden in Berlin. Und beide Aufgaben erfüllte er, so wie sie ihm aufgetragen waren. Kenntnisreich und mit Bravour, wie wir heute sagen dürfen.

Natürlich, beim ersten Japanaufenthalt überwog das „Abenteuerliche". Der Seekadett war gerade einmal neunzehn Jahre und schon am anderen „Ende" der Weltkugel angelangt! Wenn wir die Briefe an seine Eltern lesen, entnehmen wir daraus, daß er über das politische Geschehen in Japan stets erstaunlich gut informiert gewesen war und während der fünf Monate Japanaufenthalt außerordentliche Freiheiten genoß. Er konnte mit Pferd Ausritte in die Umgebung von Yokohama machen, wenn auch immer „begleitet" und „beschützt" von den „Jacoonins", den *yakunin*, also den Beamten des Tokugawa-Shogunats.

Die Einfahrt in die Bucht von Tôkyô muß ein bewegendes Erlebnis gewesen sein. „Am Eingange der Bai von Yedo liegt ein kleiner Hafen Canagava, der für europäische Schiffe geöffnet [ist]. [...] Ein sehr bezeichnendes Merkmal für das Ansegeln der Bai von Yedo ist ein 12.000 Fuß hoher Vulkan, der Fuzijama; er ist sehr weit zu sehen [...]".[1] Zweimal „porträtierte" Eisendecher diesen mächtigen Berg, der sich majestätisch und bereits mit einer Schneekuppe versehen über die Bucht und eines der preußischen Schiffe erhebt (Abb. 8 u. 163[2]).

Da sich der Aufenthalt der Mission mehr in die Länge zog als das geplant war, blieb Eisendecher viel Zeit zum Zeichnen. Er nutzte die Zeit, um einige Aquarelle anzufertigen. Am 9. September schreibt er in einem Brief an seine Familie: „Jeder von uns soll auf mehrere Tage Urlaub bekommen und beim Gesandten wohnen; in 8 Tagen ist die Reihe an mir, da werde ich die Gelegenheit benutzen und viel zeichnen."[3]

Von den noch erhaltenen Aquarellen, die in Japan entstanden sind, wie von Eisendechers Briefen an seine Familie ist unschwer abzuleiten, daß das besuchte Land in dem jungen, aufnahmefreudigen Seekadetten einen sehr positiven Eindruck hinterließ.

„Die nächsten Umgebungen von Yedo sind außerordentlich malerisch; es gibt fast keinen Punkt, der nicht ein schönes Ölbild abgäbe.

Abbildung 8: Dampfcorvette „Arcona" in der Bucht von Yokohama (Aquarell von Karl von Eisendecher).

*[...] Das Land ist überall gut bebaut, und auf die Kultur des Bodens wird viel Sorgfalt verwendet. Getreidearten sieht man wenig oder gar nicht, aber desto mehr Reisfelder und Gemüse, Kohl etc. Das ganze Land in der Nähe der Stadt ist hügelig, so daß man immer über Berg und Tal reitet und ab und zu die schönsten Fernsichten bald auf die Bai, bald auf die beschneiten Felsengebirge und den heiligen Berg genießt. Unzweifelhaft sind die herrlichste Natur und die schönsten Waldpartien in der Nähe der größeren Tempel zu finden, und diese bilden bei unseren Ritten auch gewöhnlich das Ziel. Ein solcher meist auf einer Anhöhe unter dem Schatten der gewaltigen Bäume gelegener Tempel mit seinen Nebengebäuden, Grabmälern etc. ist mit nichts zu vergleichen. Die Nebengebäude sind die Quartiere der Gesandtschaften der europäischen Mächte bei vielen Tempeln; auf der englischen Gesandtschaft habe ich neulich gezeichnet, dort ist besonders der Kirchhof sehenswert."*⁴ Dieses Aquarell datierte Eisendecher mit „Tosendji 7. Dec. 60" (Abb. 9).

Eisendecher ließ sich auf seinen „malerischen" Wanderungen auch vom Zeichner und Reiseschriftsteller Wilhelm Heine inspirieren, der ebenfalls ein Mitglied der Mission gewesen war. Ihm fühlte sich Eisendecher sehr verbunden. „Die Attachés u. sonstigen Expeditions-Mitglieder sind alles recht angenehme nette Leute, bes[onders] Herr Wilhelm Heine", notiert er in seinem ersten Brief aus Japan an seine Familie.⁵ Es ist jener Heine, der einige Jahre zuvor als Zeichner die amerikanische Expedition unter Commodore Perry 1853/54 nach Japan begleitet und die von Francis Hawks 1856 herausgegebene Publikation über das amerikanische Unternehmen ausgiebig illustriert hatte. Neben Heine befanden sich auch noch der Maler Albert Berg und der Photograph Carl Bismark bei der preußischen Ostasienmission.

Für die Nachwelt spielen solche Illustratoren eine bedeutende, ja eine berührende Rolle. Denn die Dokumente, die sie schaffen,

Abbildung 9: Friedhof nahe der englischen Gesandtschaft.

Abbildung 10: Tor am Schloß von Edo (Lithographie nach einem Aquarell von A. Berg).

Abbildung 11: In den Straßen von Edo (Lithographie nach einem Aquarell von A. Berg).

Abbildung 12: Aufgang zum Nishikubo Hachiman-Schrein (nach einer Zeichnung von A. Berg).

halten etwas fest von dem flüchtigen Lauf der Zeit, das uns Betrachter aus einer anderen Epoche für einige schöne Momente mit dabeisein läßt. Der preußische Staat zeigte sich nicht kleinlich, ein würdiges Zeugnis seiner ersten Ostasienpolitik zu hinterlassen. Er wußte, was er der Öffentlichkeit und dem Steuerzahler schuldig war, sei es um einen Einblick in die Verhältnisse von Fernost zu geben, sei es um die Ausgaben für einen Vertrag zu rechtfertigen, der erste Handelsbeziehungen mit Japan (und mit China sowie mit Siam) knüpfte. Da sind die vier Bände *Die Preussische Expedition nach Ost-Asien. Nach Amtlichen Quellen*, Berlin 1864; und da sind vor allem diese drei unübertroffenen, riesigen Prachtbände *Die Preussische Expedition nach Ost-Asien. Ansichten aus Japan, China und Siam* mit herrlichen Lithographien, die der Verlag der Kgl. Geheimen Ober-Hofbuchdruckerei im selben Jahr veröffentlichte. Es ist eine Freude, in diesem Werk zu blättern und dabei Eisendechers Spuren zu folgen, über die er in seinen Briefen so liebenswürdig schreibt, über den Hofzug eines Landesfürsten beispielsweise (Abb. 10 bis 13).

Im Umfeld des preußisch-japanischen Vertrages war viel „hohe" Politik im Spiel, auf die ein Eisendecher aus der „unteren" Warte eines Seekadetten zwar nur wenig Einfluß nehmen konnte, die verästelten politischen Konstellationen blieben dem jungen Mann aber auch nicht verborgen, wie wir in seinen Briefen erkennen. Doch auch mit den politischen Verhältnissen in Deutschland war der aus Oldenburg stammende und in der preußischen Marine bzw. später im deutschen auswärtigen Dienst tätige Eisendecher eng vertraut, nicht zuletzt auch aufgrund der politischen Stellung seines Vaters.

In einem der Photoalben Eisendechers befindet sich die Photographie eines „Capt. Mensing" (I/89), der einige Zeit als Marineattaché in Washington tätig war, nachdem Eisendecher

Abbildung 13: Portal eines Myôjin-Heiligtums (Lithographie nach einem Aquarell von A. Berg).

selbst dieses Amt 1873/74 bekleidet hatte. Dieser Adolf Mensing (geb. 1845) war 1860 in die *preußische* Marine eingetreten, sein um zwei Jahre älterer Bruder Franz (geb. 1843) diente seit 1857 in der *österreichischen* Marine. Die Heimat der beiden Brüder war Bückeburg im Fürstentum Schaumburg-Lippe, ein – ähnlich dem Königreich Hannover – Österreich freundlich gesinnter Teilstaat des Deutschen Bundes. Aus den Lebenserinnerungen Adolfs erfahren wir, daß die Buben damals „Preußen" und „Österreicher" zu spielen pflegten. Die jungen Söhne des Fürsten in Bückeburg übernahmen selbstredend immer die Führung der „Österreicher", die beiden Mensings waren oft verdonnert, sich für die „Preußen" zu balgen.[6]

Spätestens seit dem Jahr 1848 war klar, daß die um ihre Rolle im Deutschen Bund wetteifernden beiden Staaten Österreich und Preußen in irgendeiner Weise einem Konflikt zusteuerten. Österreich reklamierte für sich das moralische Recht als „Nachfahre" des alten Römischen Reiches, Preußen pochte auf seinen Aufstieg zur Großmacht, was nicht zu übersehen war. Jeder außenpolitische Erfolg war da von Nutzen, um den Anspruch zu erheben, als Schutzmacht der kleineren deutschen Staaten zu fungieren. Auch Erfolge in Ostasien. Prestige zählte.

Preußen zog das bessere Los. Zwar galt der am 24. Januar 1861 mit Japan abgeschlossene und unter vielen Schwierigkeiten erst 1864 ratifizierte Handelsvertrag nur für Preußen, die Option aber, in Japan immer noch als Fürsprecher aller anderen deutschen Staaten aufzutreten, blieb bestehen.

So wie im norddeutschen Raum die stärkste Initiative, mit Japan Handel zu treiben, von den drei Hansestädten Bremen, Hamburg und Lübeck ausgegangen war, engagierte sich auch in Österreich am nachdrücklichsten die Kaufmannschaft, allen voran der Hafen von Triest für die Öffnung von Märkten in Ostasien. Der bereits in Bau befindliche Suezkanal ließ für österreichische Schiffe immense verkehrspolitische Vorteile erwarten. Schon seit den 1850er Jahren lagen in Wien konkrete Pläne auf dem Tisch, die sich aber immer wieder durch unvorhergesehene Konflikte an Österreichs Grenzen und daraus resultierendem Finanzmangel zerschlugen. Preußen hatte auf diese Weise zweimal die Nase vorn. Das zweite Mal, als es gelang, den preußisch-japanischen Vertrag von 1861[7] auch auf den Norddeutschen Bund im Februar 1869 auszuweiten. Österreich kam zu einem Vertrag mit Japan erst im Herbst desselben Jahres.[8]

Franz Mensing übrigens wechselte später die Seiten. Das war nach Königgrätz, der entscheidenden Schlacht im Deutschen Krieg von 1866, die den preußischen Sieg über Österreich besiegelte.

In einem letzten Brief aus Japan berichtet Eisendecher am 25. Januar 1861 an seine Mutter:

„Eben kommt von Land die Nachricht, daß der Endabschluß und die Unterzeichnung des Vertrages stattgefunden hat. Die Gesandtschaft zieht nächste Woche definitiv an Bord. Heute wird die letzte Post von hier expediert, ich will deshalb schließen. Es ist möglich, daß wir von hier noch nach Simoda und Nagasaki gehen, jedenfalls aber nur für ganz kurze Zeit."[9]

Shimoda wurde nicht mehr angelaufen, Nagasaki tatsächlich nur sehr kurz. Gerade so lange, um sich nach einem heftigen Sturm auf der Strecke von Yokohama die Beine zu vertreten, dem Gouverneur von Nagasaki den Abschluß des Handelsvertrages anzuzeigen, und Philipp Franz von Siebold, der damals in Nagasaki weilte, die Hand zu schütteln. Dann verließ man wieder diesen wunderschönen Hafen, „dessen Herrlichkeiten sattsam zu genießen, unsere Zeit leider viel zu kurz war",[10] wie auch der Gesandtschaftsbericht eingestehen mußte (siehe Abb. 13a). In der Tat, Sightseeing war nicht das Ziel der Reise. Die Preußische Ostasienexpedition hatte lediglich einen politischen Zweck zu erfüllen. Und dieser war erfüllt.

[1] Brief Eisendecher an seine Familie, 6. September 1860 (Trautz, Friedrich M.: Deutsche Seekadettenbriefe aus Jedo 1860–1861. In: *Nippon. Zeitschrift für Japanologie*, 7. Jg. (1941), Heft 3, S. 137).

[2] Aquarell 3 im Kapitel 11 (*Vom Seekadett zum Diplomaten*).

[3] Brief Eisendecher an seine Familie, 9. September 1860 (Ebd., S. 142).

[4] Brief Eisendecher an seine Familie, 11. Dezember 1860 (Ebd., S. 157). Eine Abbildung dieses Friedhofs wurde unter dem Titel „Totenacker von To-Dzen-Dzi" auch in das große Ansichtenwerk der Preuß. Ostasienexpedition aufgenommen (Die Preussische Expedition nach Ost-Asien. Ansichten. Berlin: Verlag der Königl. Geh. Ober-Hofbuchdruckerei, 1864, Bd. 2, Abb. 19).

[5] Brief Eisendecher an seine Familie, 6. September 1860 (Ebd., S. 139).

[6] Mensing, Adolf: *An Bord der Gazelle nach Yokohama. Ein preußischer Marineoffizier erinnert sich.* Rostock: Hinstorff, 2000, S. 35.

[7] Der „Vertrag zwischen Preuszen und Japan" vom Januar 1861 findet sich im Wortlaut bei Stahncke, Holmer (Hg.): *Preußens Weg nach Japan: Japan in den Berichten von Mitgliedern der preussischen Ostasienexpedition 1860-61.* München: Iudicium, 2000; der Vertrag zwischen Japan und dem Norddeutschen Bund von 1869 findet sich im Anschluß an das siebte Kapitel dieses Bandes.

[8] Über den österreichisch-preußischen Wettstreit um den Weg nach Ostasien informiert ein exzellentes Buch von Lorenz, Reinhold: *Japan und Mitteleuropa. Von Solferino bis zur Wiener Weltausstellung (1859–73)*. Brünn, München & Wien: Rohrer, 1944.

[9] Brief Eisendecher an seine Familie, 25. Januar 1861 (Ebd., S. 163).

[10] *Die Preussische Expedition nach Ost-Asien. Nach Amtlichen Quellen.* Berlin: Verlag der Königl. Geh. Ober-Hofbuchdruckerei, 1864, Bd. 2, S. 203.

第 1 章
最初の邂逅
プロイセン東亜遠征団と文久元年日普修好通商条約

オイレンブルク伯爵の率いる使節団の派遣と、1861 年の日普修好通商条約の調印をもって日独関係の嚆矢とする見方は、必ずしも正鵠を射たものではないが、あながち間違いでもない。若い士官候補生として、この使節団に加わっていたカール・フォン・アイゼンデッヒャーは、この最初のときはプロイセン人として、二回目はドイツ国籍の人間として日本を知ることになった。彼にしてみれば、日本とのつながりは、拒むことのできないものであった。どちらの場合においても、ベルリン政府の命令によって派遣されることになったのである。彼は、課せられた使命を子細違わず遂行した。今日の私たちの目からみても、博識と巧妙な手腕をもって。

最初の日本滞在時は、何かと「冒険」が多かった。海軍士官候補生アイゼンデッヒャーは、弱冠 19 歳にして世界の果てにやって来たのである。彼が両親に宛てた当時の手紙からは、彼が日本の政治情勢について驚くほど該博な知識を得ており、5ヶ月にわたる日本滞在中、かなり自由に行動を許されていたことがうかがえる。ときには、馬で横浜近郊に遠乗りに出かけたりすることもあった。もちろん江戸幕府の役人たちが、「随伴と保護」という名目で、つねに同行していたが。

東京湾への入港は、感動的な体験であったに違いない。「江戸湾の入り口には神奈川という小さな港があります。アメリカと日本のあいだの条約はここで締結されました。この港には、ヨーロッパの船が入ることが許されています。（中略）船を江戸湾に接近させる際に、非常に特徴のある目印があります。標高 12,000 フィートもの火山、すなわち富士山です。これは完全な円錐形をしていて、はるか遠くからでも見ることができます」[1]。富士山が、頂きに雪の冠を戴いて堂々と湾の上に高くそびえ、それを背景に、プロイセンの軍艦が静かな海面に停泊している様子を、アイゼンデッヒャーがスケッチした絵が、二枚残っている（図 8：横浜港に停泊する「アルコナ」号、図 163：横浜港の「テティス」号と「アルコナ」号）。

遠征隊の滞在は、当初の予想よりも長期にわたることになったため、アイゼンデッヒャーは思いの外、画業にいそしむ時間に恵まれた。数枚の水彩画を時間をかけてじっくり仕上げることもできた。9 月 9 日付けの家族への手紙には、こう記している。「われわれ全員に数日の休暇が与えられ、使節団の家に滞在してよいことになりました。私の順番がくるのは 8 日後です。この機会にたくさんスケッチをしようと思います」。

これら郷里に宛てた手紙と同様、日本で彼が描いた現存している水彩画からも、若く感受性豊かな士官候補生が訪れた土地に対して非常に好ましい印象を受けたことがうかがえる。

「江戸の近郊は絵のように美しい風景です。美しい油彩画の題材にならないようなものはひとつもありません。人家が野原の至るところにあって、耕地の改良に非常に注意が払われています。穀類の畑はほとんどか全く見あたらず、その分、田んぼや野菜、キャベツなどが多いです。江戸市内の近くけ起伏のある地形で、しょっちゅう坂を登ったりトりたりします。ときには江戸湾の絶景を見わたせ、ときには雪を戴いた山並みと聖なる山である富士山の眺めを

楽しむことができます。風景が最高に美しく、すばらしい森のあるところでは、決まって近くに大きな寺院があります。こうした寺院が、大抵いつもわれわれの乗馬する際の目的地になっていました。小高いところに、大きな木の陰になるようにして建てられた寺院があり、それを取りまいて付属する建物や墓地があります。その美しさは、ほかにたとえようもありません。ヨーロッパ諸国の公使館は、こうした寺院の付属の建物が充てられていることが多く、私はイギリス公使の宿舎をスケッチしました。そこでは、とくに墓地が一見に値するものでした。」[2]

この水彩画に、アイゼンデッヒャーは「東禅寺、1860年12月7日」と日付を書き込んでいる（図9：英国公使館附近の墓地）。

アイゼンデッヒャーは、こうした「絵のように美しい」土地をあちこち訪れるにあたって、遠征隊のメンバーであった画家で旅行記作家のヴィルヘルム・ハイネから刺激を受けていた。アイゼンデッヒャーは、ハイネにはとくに親近感を覚えたようである。「使節団の随員は、ほかのメンバーを含めてみな本当に気持ちの良い親切な人たちです。とくにヴィルヘルム・ハイネ氏は」[3] と日本からの最初の手紙にも記している。ハイネは、画家として1853から54年のペリー提督の率いたアメリカ使節団にも同行し、1856年にフランシス・ホークスにより出版された書物に数多くの図版を提供した人物である。ハイネのほかにも、画家のアルベルト・ベルクと写真家のカール・ビスマルクがプロイセン使節団に参加していた。

後世のわれわれにとって、彼ら画家や写真家の残した作品の持つ意味は大きく、感銘深いものがある。これらの図版史料は、長い時間の流れに耐え、それを見る者が、既に過ぎ去ったはずの時代に立ち戻ったかのように感じる、すばらしい体験を与えてくれるのである。プロイセン国家は、その最初の東アジア政策を発動するにあたって、その事績を記録し、国民に報告することに労力を惜しまなかった。極東の情勢について概観を与え、日本や中国、シャムと通商関係を結ぶ最初の条約締結のために要した出費を正当化する上でも、世論や納税者に対して責任があることを承知していたのである。こうして、四巻からなる『公式資料による［プロイセン］東アジア遠征』（ベルリン、1864年）が刊行され、さらに別巻として、美しい石版画を満載した豪華な大型本『オイレンブルク遠征図録 — 日本、シナおよびシャム一覧』（ベルリン、1864年）が、ベルリンの王立枢密上級宮廷印刷局から同じ年に出版された[4]。この書物をひもといて、そこに家族に宛てたアイゼンデッヒャーの手紙で詳細に述べられているものと同じものを見いだし、そうして彼の足跡をたどることは大きな喜びである。例えば、彼が目にし、書きとめたもののひとつに登城中の大名行列がある（図10：江戸城の門、図11：江戸の街路、図12：西久保八幡宮上り口、図13：明神にゆかりある聖域の正門）。

日本とプロイセンの間の条約をめぐっては、高い政治のレベルで多くの駆け引きがおこなわれていたが、これは、士官候補生というような低い階級でしかなかったアイゼンデッヒャーにとってはあまり縁のない話であった。しかし、手紙の内容から察する限り、この若者は、決して複雑な政治情勢に目を閉ざしてはいなかったようである。オルデンブルクに生まれ育ち、プロイセン海軍に勤務したのち、ドイツ政府の外交官となった経歴からしても、ドイツの政局についてもアイゼンデッヒャーは深い関心を寄せていた。このことは、とくに彼の父親の政治的な地位と関係があろう。アイゼンデッヒャーの写真帖のなかには「メンシング大尉」と題された一枚の肖像写真がある。これは、一時アイゼンデッヒャーの後任の海軍武官としてワシントンに在勤していたことがあるアドルフ・メンシング（1845年生）である。彼は1860年にプロイセン海軍に入隊したが、その二歳年長の兄フランツ（1843年生）は、1857年からオーストリア海軍に勤務していた。兄弟の故郷であるビュッケブルク市のあるシャウムブルク＝リッペ候国は、ドイツ連邦のなかではハ

ノーファー王国などと同じく、親オーストリアの姿勢を取っていた。アドルフ・メンシングの回想記によると、当時、侯国の子どもたちは、決まってプロイセン組とオーストリア組のふたつのグループに分かれて遊んでいたそうである。オーストリア組のリーダーは、もちろん侯爵の息子たちが務め、メンシング兄弟はといえば、しょっちゅうプロイセン組に味方して、とっくみあいの大げんかをやらかし、怒られてばかりいた[5]。

1848年以降になると、ドイツ連邦のなかでの指導的地位をめぐってプロイセンとオーストリアは互いに競い合うようになり[6]、両者の関係がやがて決定的な対立に至るであろうことは、誰の目にもあきらかになっていった。オーストリアは、神聖ローマ帝国の後継者としての自己の道徳的な権利を唱え、プロイセンは、自国の強国への著しい成長ぶりをアピールした。両国にとって、ドイツの諸邦国の保護者として自己の権利を主張するために、外交面での成功はどんなものでも貴重なものであった。東アジアで外交的な成功を収められれば、もちろんそれに越したことはない。重要なのは、国家としての体面なのであった。

幸運に恵まれたのは、プロイセンの方であった。1861年1月24日に調印され[7]、数多くの困難の末に1864年にようやく批准された日本との通商条約は、とりあえずプロイセン一国だけを対象とするものであったが、これには、将来的にプロイセンが他のすべてのドイツ諸邦を代表して、日本と交渉をおこなうことができるという留保条件が付随していたのである。

ドイツ北部において、日本との通商に最も熱意を持っていたのはブレーメン、ハンブルク、リューベックといったハンザ諸都市であった。同様に、オーストリアにおいても、東アジアの諸港の開港を求めて最も積極的に動いたのは商人層であり、とくにトリエステ市の商人たちであった。当時、既に建設中であったスエズ運河は、オーストリア商船に計り知れない通商政策上の利益をもたらすことが予想されていた。1850年代から、ウィーンでは東アジアへの使節団派遣をめぐって様々な計画が練られていたが、それらはオーストリア国境で突発する紛争やそれにともなう財政上の資金不足などにより、繰り返し挫折を余儀なくされたのであった。こうして、プロイセンはそのリードを広げる機会を得た。1869年2月、プロイセンは先の日本との通商条約を、1867年に建設された北ドイツ連邦の全域に拡大することに成功した[8]。オーストリアが日本との通商条約を締結できたのは、ようやく同じ年の秋になってからのことだった。

1861年1月25日、アイゼンデッヒャーは、日本からの最後の手紙の一節で母親に宛てて次のように報告している。

「たった今、陸から報せがあって、交渉が終結し、条約が調印されたそうです。使節団は、来週宿舎を引き払って乗船します。今日が当地からの最後の郵便の発送日ですから、この手紙も、そろそろこれで終りにしようと思います。ここからまだ、下田と長崎に行くことになるかも知れませんが、どのみち大して長い滞在にはならないでしょう。」[9]

実際のところ、下田には寄港せず長崎にもほんの短期間、すなわち、横浜からの航海途中、激しい嵐に遭遇したため必要になった休養をとり、長崎奉行に条約の締結を報せる、それだけの間入港しただけだった。当時、長崎に滞在中であった医師・博物学者フィリップ・フォン・シーボルトとは、挨拶をする時間しかなかった。一行は、すぐに美しい長崎の港を後にしたが（図13a：長崎湾）、公式報告書が述べているように、「その明媚な風光を楽しむためには、われわれに許された時間はあまりにも短かった」[10]。所詮、観光はこの遠征の目的ではなかったのである。プロイセンの東アジア遠征にあったのは、ただ政治的な目的のみであり、それは今や達成されたのであった。

訳；辻　英史

[1] 「海軍士官候補生の江戸通信」1860年9月6日。1.1を参照。

[2] 「海軍士官候補生の江戸通信」1860年12月11日。

[3] 「海軍士官候補生の江戸通信」1860年9月6日。

[4] Die Preussische Expedition nach Ost-Asien. Nach Amtlichen Quellen, Berlin 1864, 1868 & 1873（4冊組）. 日本語訳は、天理図書館編『公式資料による[プロイセン]東アジア遠征』雄松堂書店、1969年。Die Preussische Expedition nach Ost-Asien. Ansichten aus Japan, China und Siam, Berlin 1864, 日本語訳は、天理図書館編『オイレンブルク遠征図録 — 日本、シナおよびシャム一覧』雄松堂書店、1975年。

[5] Mensing, Adolf: An Bord der Gazelle nach Yokohama. Ein preußischer Marineoffizier erinnert sich. Rostock: Hinstorff, 2000.

[6] このプロイセンとオーストリアの競争について　Lorenz, Reinhold: Japan und Mitteleuropa. Von Solferino bis zur Wiener Weltausstellung (1859–73). Brünn, München & Wien: Rohrer, 1944を参照。

[7] 外務省編、Treaties and Conventions Concluded Between the Empire of Japan and Foreign Nations『締盟各國條約類纂：自嘉永七年至明治七年』東京、1874年に収録されている。

[8] 日本と北ドイツ連邦との間の条約は同上に収録の上、第7章1に掲載されている。

[9] 「海軍士官候補生の江戸通信」1861年1月25日。

[10] Die Preussische Expedition nach Ost-Asien. Nach Amtlichen Quellen. Berlin: Verlag der Königl. Geh. Ober-Hofbuchdruckerei, 1864, Bd. 2, p. 203.

1.1
Seekadettenbriefe aus Yedo.
Briefe des jungen Eisendecher an seine Mutter 1860/61

Ein Hauptziel unserer Reise haben wir vorgestern erreicht, die japanische Hauptstadt Yedo [Edo, der Sitz des Shogunats]; in Singapore habe ich nie gedacht, daß es so schnell gehen würde; die ersten 8 Tage in See war es immer noch bestimmt, nach Hongkong und Shanghai zuerst zu gehen, wie ich ja auch im letzten Briefe schrieb; da wurde auf einmal Curs geändert, und zwar nach Yedo und vorgestern am 4. Sept. sind wir (außer den Engländern im Jahr 57 unter Lord Elgin das erste europäische Kriegsschiff) vor der Stadt zu Anker gegangen.

Wir verließen Singapore am 13. August, einen Tag später als die Thetis, mit dem Schooner zusammen. (NB. die Thetis hatte so viel ich weiß Ordre nach Yedo.) Der Wind war im ganzen günstig, so daß wenig gedampft wurde; es war häufig Land in Sicht; am 21. die Insel Ceicer de Mer [Cécir de Mer]. Am 25. gingen wir zwischen Formosa und Botel Tobago durch; an dem Tage waren einige sehr eigentümliche Vögel in Sicht; ich glaube, eine Art weiße Reiher, man versuchte einen zu schießen, traf aber nicht, Die Tiere waren auch sehr weit ab. – Zwischen Formosa und Japan war fast täglich irgend eine kleine Insel in Sicht, die Gruppe der Meiaco [Miyako] Sima, dann die Lew-Chew [Ryûkyû] Inseln u. s. w.

Der Schooner war bis zum 2. September bei uns, und zwar hatten wir ihn im Tau, da bekamen wir morgens um 4 h sehr schlechtes Wetter, so daß die Trosse brach, und der Schooner bald aus Sicht kam; gegen 8 h wehte ein Orkan; der Wind änderte in acht Stunden 16 Striche, dadurch entstand eine furchtbare, ganz unregelmäßige See, die uns natürlich sehr unangenehm war; merkwürdigerweise war um 12 h fast alles vorüber, und die See legte sich so schnell, wie ich bis jetzt nie gesehen. Den Schooner konnten wir nicht sehen; seitdem war das Wetter gut, und wir passierten am 4. ganz früh Cap Idsu [Izu], den Hafen von Simoda, verschiedene kleine Inseln (fast alle mit Vulkanen) und kamen dann in die eigentliche Bai von Yedo; eine große Menge von Fischerbooten passierten wir; es wurde nach amerikanischen Karten genau derselbe Kurs gesteuert, den Kommodore Perry[1] einschlug, und die auf Karten angegebenen Angaben für sehr richtig befunden; Perry kehrte ungefähr 6 M von Yedo um, weil sonst mehrere hohe Beamte sich hätten den Bauch aufschlitzen müssen; wir gingen ungefähr 2 M von der Stadt zu Anker, ohne daß jemand schlitzte; die Zeiten haben sich, wie es scheint, geändert; bis jetzt sind uns noch nicht die geringsten Schwierigkeiten in den Weg gelegt; im Gegenteil, man ist sehr höflich; wir gingen mit Sonnenuntergang zu Anker, und noch an demselben Abend kamen einige Würdenträger an Bord, uns zu begrüßen und sich nach unseren Absichten zu erkundigen.

Rhede von Yedo, den 6. Sept. 1860
S. M. S. Arcona
(angekommen 21. Dez. 60)

Am Eingange der Bai von Yedo liegt ein kleiner Hafen Canagava [Kanagawa] (der Vertrag mit den Amerikanern wurde dort geschlossen), der für europäische Schiffe geöffnet; verschiedene englische, holländische und japanische Schiffe lagen dort vor Anker (unter anderen ein englischer Dampfer, mit dem wahrscheinlich dieser Brief befördert wird). Ein sehr bezeichnendes Merkmal für das Ansegeln der Bai von Yedo ist ein 12 000' hoher Vulkan, der Fujijama; er ist sehr weit zu sehen und ein vollkommen regelmäßiger Kegel, jedenfalls ein sehr merkwürdiger Berg. Wie ich höre, soll eine Besteigung unternommen werden, wenn die Thetis kommt.

Das Land im allgemeinen ist sehr gebirgig und felsig. Yedo selbst liegt ziemlich in der Ebene; die Stadt hat, wie es scheint, eine ungeheure Ausdehnung und ist stark befestigt; sechs sehr schwere Batterien liegen am Wasser, so daß es für Schiffe jedenfalls schwer werden würde, etwas mit Gewalt auszurichten.

Ein französischer Chargé d'Affaires ist in Yedo, Herr Duchesne de Bellecourt[2], der in Frankfurt war. Gestern machte er Graf Eulenburg einen Besuch. Voriges Frühjahr wurde hier der Regent [Ii Naosuke, tairô], der mißliebig geworden war, ermordet (und zwar hat man ihm den Kopf abgeschnitten); jetzt hat ein ganz junger 16jähriger Kaiser [Tokugawa Iemochi, tatsächlich der damalige Shôgun] die Regierung angetreten und scheint gegen die Fremden ziemlich freundlich gesinnt, besonders wohl deswegen, weil die Chinesen von Engländern und Franzosen sehr bedeutende Niederlagen erlitten haben, und die Japanesen die ersteren nicht leiden können und sogar fürchten.

Auf mich haben die Japanesen einen sehr angenehmen Eindruck gemacht; sie haben einnehmende und intelligente Züge, ganz schwarzes, oben auf dem Scheitel in einen kurzen nach vorn gelegten Zipfel zusammengebundenes Haar, und ein Stück von der Stirn bis zum Scheitel ist in Form eines Dreiecks ganz kahl geschoren; die Leute sind sehr höflich u. machen viele tiefe Diener; die vornehmeren tragen ein, die sehr vornehmen 2 Schwerter, sonst kann man die reichen und ärmeren Klassen sehr schwer unterscheiden.

Gestern Abend haben die Verhandlungen begonnen; nächstens wird Graf Eulenburg mit Gefolge an Land ziehen und in einem ausgeräumten Tempel seine Wohnung aufschlagen. Wenn die Verhältnisse sich wirklich als so günstig erweisen, wie alles scheint, so ist anzunehmen, daß wir sehr bald fertig sind; wir werden dann die im Vertrage geöffneten Häfen besehen und nach China oder Siam gehen. – Die Verhandlungen werden in holländischer Sprache geführt, die viele Japanesen verstehen; außerdem haben wir einen Amerikaner [Henry Heusken, tatsächlich ein Niederländer in amerikanischen Diensten] als Dolmetscher. – Heute hat man schon Proben von Kohlen an Bord geschickt, die aber leider so schlecht sind, daß man nicht damit Dampf machen könnte. Wasser wird auch schon eingenommen. Frischen Proviant haben wir bis jetzt nicht bekommen, aber morgen oder in einigen Tagen wird die allgemeine Comunikation mit dem Lande eröffnet. Der Franzose Herr Duchesne hat Gemüse, Aepfel und Weintrauben an Bord geschickt. – Ganz besonders scheint den Japanesen unsere Musik zu gefallen; es sind wirklich im ganzen sehr wißbegierige

Leute, alles fassen sie an, suchen zu erfahren, wie es gemacht und zu was es gebraucht wird. – Die ärmeren Leute, Fischer, Bootsleute, die wir bis jetzt sahen, sind hoch erfreut, wenn man ihnen einen Marine-Knopf gibt; sie geben dafür Pfeifen, Sandalen und alle möglichen Kleinigkeiten, so daß man Knöpfe fast als Geld brauchen kann.

Der hiesige englische Gesandte [Rutherford Alcock] ist augenblicklich auf einer Besteigung des Fujijama begriffen; er wird in einigen Tagen zurückkehren. Die Amerikaner haben einen General-Konsul in Yedo, Mr. [Townsend] Harris.[3] – Übrigens sollen die auswärtigen Bevollmächtigten ein sehr ungemütliches Leben führen; sie werden vollständig gefangen gehalten, und eine ganze Schar von kaiserlichen Offizieren ist stets auf dem Hofe des Gesandtschaftslokales versammelt, um ihre Schritte zu bewachen; das geschieht unter dem Vorwande, man müsse den für Japan so wichtigen fremden Gesandten allen möglichen Schutz angedeihen lassen, und ohne die besagten Offiziere seien sie nicht sicher.

Eine höchst eigentümliche Einrichtung ist, daß hier niemand sterben kann ohne Einwilligung der Regierung; es klingt zwar sonderbar, aber wenn jemand das Zeitliche segnet, so muß er bis die Regierung ihn sterben läßt, noch als lebend betrachtet werden (d. h. natürlich nicht der Körper, der wird weggeschafft und begraben oder verbrannt). So zum Beispiel ist es erwiesen, daß der vorige Taikoon (Kaiser) schon tot war, als Lord Elgin den Vertrag mit ihm schloß; auf das Verlangen der Engländer, ihn zu sehen, antwortete man stets, er sei krank.

Das Leben an Bord ist, seit der Gesandte und Gefolge mit sind, gemütlicher wie früher geworden, so z. B. wird an Deck geraucht, (das ist sonst gegen die Regeln des Dienstes). Die Attachés u. sonstigen Expeditions-Mitglieder sind alles recht angenehme nette Leute, bes. Herr Wilhelm Heine[4]. Vor einigen Wochen war ich bei Graf Eulenburg zu Tisch; er hat mir sehr gefallen, scheint auch für seinen Posten sehr gut zu passen und ist allgemein beliebt. Er erzählte mir, von Bismarck [Otto von Bismarck, damals Gesandter in St. Petersburg] habe in Betreff meiner an ihn geschrieben. Auf der Reise hierher haben wir wieder einen Mann verloren, einen guten Matrosen; das Wasser war ganz ruhig; es ist sehr wahrscheinlich, daß er von einem Hai gebissen wurde (an dem darauffolgenden Tage fingen wir 3 dieser Tiere) . . . Grüße Papa tausendmal, vielleicht interessiert er sich für einige Einzelheiten unseres gehabten Orkans, ich werde deshalb einen kleinen Auszug aus dem Journal hier anfügen. [...]

Morgen ist feierlicher Einzug des Gesandten in Yedo, mit 250 Mann bewaffneten Matrosen und Seesoldaten etc. (NB. die erste fremde bewaffnete Macht, die in der Hauptstadt geduldet wird); ich gehe auch mit, die Sache wird ganz interessant werden, schade daß die übrigen Schiffe noch nicht hier sind, dann könnte alles noch glänzender werden. Man ist sehr besorgt um den Schooner, da er noch immer nicht kommt; ich fürchte sehr, daß nicht alles in Ordnung ist, sonst wäre es garnicht möglich, daß er noch unterwegs, beson-

7. SEPT.

81

ders da in den letzten Tagen sehr günstiger Wind war.⁵ – Ich begreife nicht recht, daß die sonst so spröden Japanesen so zuvorkommend gegen uns sind und auf alles eingeben, übrigens ist das ja nur vorteilhaft für uns; wahrscheinlich wird der morgige Schwindel einen bedeutenden Eindruck auf sie machen, es fahren 6 Boote, darunter 3 mit Bootsgeschützen; an Land wird voran die Musik, dann Seesoldaten, in der Mitte der Gesandte mit Gefolge zu Pferde und zum Schluß die Matrosen gehen, von denen ich die erste Sektion zu kommandieren die Ehre habe.

9. SEPT. SONNTAG

[...]

Der gestrige Einzug ging bis auf einigen Regen, resp. vielen und tiefen Dreck in den Straßen, sehr gut und ohne Störung vorüber, es war ein höchst interessanter Tag und wohl wert, etwas genauer beschrieben zu werden. Um 10 h wurden 6 Boote bemannt (die 3 größten mit Geschützen) und sämtliche mit Gewehren, Säbeln und Revolvern bewaffneten Leute hineingepackt. Der Gesandte und Gefolge fuhr mit dem Captain [Sundewall] in einem Boot. Die Arcona flaggte über alle Toppen und gab einen Salut von 19 Schuß. Ein japanesischer Offizier diente uns als Führer zum Anlegeplatz. Ungefähr um Mittag passierten unsere Boote die Forts und landeten; die Leute wurden in bester Ordnung ausgeschifft und formierten sich in einem von dem andrängenden Volke abgeschlossenen Raume, wo eine Menge Pferde bereit standen. Graf Eulenburg landete zuletzt, stieg mit Suite zu Pferde, passierte die Front, und der ganze Zug setzte sich in Bewegung, eine Menge von Japanesen, Polizei und Cavallerieoffizieren ritten hinter und vorher, die Straßen waren nicht verhängt (wie bei dem Einzuge Lord Elgins) und gedrängt voll Menschen, so daß man Mühe hatte, durchzukommen, alle Fenster und Türen voll Köpfe, Männer, Frauen, Kinder, alles durcheinander, alle schienen neugierig, aber durchaus nicht zudringlich und spektakulös wie bei uns die Jugend der Straße, es folgten auch nur sehr wenige, die meisten begnügten sich mit dem Anblick, den sie im Passieren hatten. Wir kamen durch einen sehr engen und durchaus nicht glänzend aussehenden Teil der Stadt, aber trotzdem schienen sämtliche Häuser sehr ordentlich und reinlich, ntb. alle von Holz und mit Papier, resp. gar keinen Fensterscheiben. Für Regenwetter haben die Japanesen anstatt der Gummischuhe ein kleines Holzgestell (wie eine Fußbank im kleinen) unter den Füßen, so daß kein Schmutz an die Sandalen kommt; man hat hier auch sehr praktische Vertreter unserer Gummiröcke und Regenschirme, letztere in Gestalt von sehr breiten runden Hüten oder großen gelben Papierschirmen, und die ersteren dicke Mäntel und Hosen von losem Stroh, ich habe einen so gegen den Regen ausgerüsteten Menschen gezeichnet. Das Haus, das für Graf Eulenburg bestimmt war, ist von Simoda hertransportiert und dasselbe, in dem der Vertrag mit den Amerikanern geschlossen wurde; wir kamen ohne Unfall dort an und stellten uns in einem Hofe davor auf, das Tor wurde geschlossen und dann unter großer Feierlichkeit die Flagge gehißt. Offiziere und Kadetten nahmen dann ein japanesisches Frühstück ein (Tee und eine Art Bisquit) und die Leute bekamen Äpfel und Melonen. Bald darauf machte der sog. Gouverneur von Yedo dem Gesandten seine Visite;[6] er wurde mit allen Ehren empfangen und schien sich sehr darüber zu freuen. Mit Sonnenuntergang brachen wir wieder auf, und zwar hatten die Kadetten und Offiziere sich sämtlich Pferde aufgegabelt. Diese waren durch die ungewohnte Musik sehr unruhig, und die meisten von uns konnten mit ihren Tieren schwer fertig werden, dazu sind noch die japanesischen Sättel und Steigbügel sehr unbequem, so daß dieses alles zu höchst komischen Szenen Veranlassung gab; verschiedene ritten in Häuser oder einige Menschen um, aber schließlich ging doch alles ohne wirklichen Schaden ab; und wir kamen glücklich an Bord. – Yedo macht einen sehr eigentümlichen, originellen Eindruck, der Teil dicht am Wasser ist, wie ich schon sagte, unansehnlich und eng, dann aber kommen mitten in der Stadt große Gärten und parkartige Anlagen mit den schönsten Bäumen, die zu den einzelnen Häusern der Vornehmen gehören. Diese Häuser sind nach dem des Gesandten zu urteilen sehr reinlich und selbst nach europäischen Begriffen elegant eingerichtet; alle Möbel sind fein lackiert, der Boden mit Matten belegt und besonders alle Metallsachen, Griffe etc. sind ganz bedeutend geschmackvoller als bei uns, von allen diesen Einzelheiten kann ich erst später mehr schreiben, da ich bis jetzt eben alles nur flüchtig sah. Jeder von uns soll auf mehrere Tage Urlaub bekommen und beim Gesandten wohnen; in 8 Tagen ist die Reihe an mir, da werde ich die Gelegenheit benutzen und viel zeichnen. Es gibt sehr viel hübsche Sachen zu kaufen, aber man wird gewöhnlich sehr übertreuert und betrogen.[7] Doch täglich kommen japanische Offiziere zu uns an Bord; ich glaube besonders deswegen, weil sie Danziger Goldwasser[8] zu trinken bekommen und das, wie es scheint, sehr lieben. […]

Noch immer kein Schooner; jetzt fängt die Sache wirklich an, bedenklich zu werden; es ist zwar immer noch möglich, daß er in irgend einen Nothafen gelaufen ist um zu reparieren, aber wenn das ein japanesischer war, so müßte man es hier entschieden erfahren haben, da der Verkehr über Land sehr bedeutend ist und alle derartigen Sachen sofort nach der Hauptstadt gemeldet werden. Ich will dem Schooner nicht wünschen, daß er unter Land das Wetter von vorgestern bekommen hat, dann hat er sich schwerlich halten können. An Land hat der Wind bedeutenden Schaden angerichtet; eine Menge Häuser sind teils abgedeckt, teils eingestürzt, und in Sinagawa[9] sind mehrere Niederlagen der europäischen Kaufleute umgeweht.

11. SEPT.

Eine eigentliche Postverbindung mit hier existiert nicht; die Briefe sollen mit einem englischen Schiffe, das in Kanagawa liegt, nach Shanghai befördert und dort der Post übergeben werden; die Geschichte scheint mir nicht sehr sicher, aber ich werde trotzdem diesen Brief mitschicken; man kann nicht wissen, wie lange es dauert bis zur nächsten Gelegenheit. Bis jetzt noch nichts verlautet vom Schooner oder der Thetis. Frischen Proviant beziehen wir seit einigen Tagen aus Kanagawa, wohin täglich ein Boot fährt; (morgen denke ich dorthin auf Urlaub zu gehen).

13. SEPT.

15. Sept.

Gestern kam zu unserer Freude die Thetis; sie hatte am Tage vorher in Kanagawa geankert und kam dann hierher; vom Schooner weiß sie leider auch nichts; im japanesischen Reiche ist er nicht, man hat überall hingeschickt und nirgends ist er eingelaufen; es wäre wirklich ein großes Unglück, wenn wir ihn nicht wiedersehen sollten [...].

Rhede v. Yedo, d. 21. Sept.

Übermorgen geht das Schiff, das die Briefe mit nach Shanghai nehmen soll, es ist also noch Zeit, einiges über eine Partie nach Jokohama zu schreiben, die recht interessant war.

Jokohama liegt ganz in der Nähe von Kanagawa und ist der Wohnplatz von europäischen Kaufleuten, darunter mehrere Deutsche (sogar die größte Anzahl), die bis jetzt sehr schlimm daran waren, indem sie sich unter den Schutz fremder Konsulate stellen und bei den japanischen Behörden als Engländer oder Franzosen gelten mußten. Die Japanesen sind nun hinter diesen Betrug gekommen und haben die Konsule zur Rede gestellt, so daß diese genötigt waren, ihren Schutz aufzukündigen, und so die deutschen Kaufleute, wenn wir nicht gekommen wären, wahrscheinlich das Land hätten verlassen müssen. – Vorigen Sonntag kamen die Herren an Bord, um dem Gesandten ihren Besuch zu machen und ihre bedrängte Lage zu schildern. Abends benutzte ich die Gelegenheit, nahm Urlaub und fuhr mit nach Jokohama zurück, (außer mir noch ein Kadett, der Prediger und zwei Offiziere). Wir brauchten ungefähr 5 Stunden bis hin und kamen um 10 h an; anfangs hatten wir die Absicht, in das holländische Hotel zu gehen, wurden aber ohne weiteres bei den verschiedenen Deutschen einquartiert. [...]

Montag morgen wurde in die Läden gegangen und einige Kleinigkeiten eingekauft. Die Japanesen sind wirklich sehr geschickt, besonders in Lackarbeiten und Schnitzereien in Metall, Holz und Elfenbein; die verschiedenen Lager sind ganz prachtvoll, man bedauert nur, nicht alles kaufen zu können; ich denke mir, bei uns werden derartige Sachen sehr gesucht sein; man kann sie übrigens nicht gut verschicken, da alle eingelegten Arbeiten keine Hitze vertragen können; zudem ist alles viel zu teuer, und man muß bis auf ein Drittel und weniger des Anfangspreises handeln; zuweilen läßt sich der Verkäufer aber nicht erweichen; aber doch in den meisten Fällen; besonders wenn man bares Geld zeigt. Das einzige hier gangbare fremde Geld sind Dollars, aber selbst diese gehen nur mit ca. 30% Verlust, ganz gegen die geschlossenen Verträge, wo es ausdrücklich heißt, daß ausländische Geldsorten nach Gewicht angenommen werden; man ist durch die Prägung einer stark mit Zink versetzten Münze dieser Bestimmung ausgewichen; dieses im Verkehr übliche japanesische Geld sind die sog. Itchibus; sie sind rechteckige Silberstücke von ca. 15 sgr. nom. Wert, wirklich sind sie nicht so viel. Wir bekommen an Bord für den Dollar 3 dieser Stücke, an Land aber nur 2 1/4; es wird betrogen, wo es irgend geht in Japan, und zwar von oben herunter, die Regierung am meisten; man sucht und findet Entschuldigungen für alles, aber lange wird das so nicht mehr dauern; eine derartige Umgehung des Vertrages werden die Engländer nicht dulden, und wenn sie mit China fertig sind,[10] wahrscheinlich hier einen Besuch machen, um, falls es nötig ist, die Artikel des Vertrages mit Gewalt aufrecht zu erhalten. [...] Das Land ist sehr schön um Jokohama; alles ist angebaut und bewohnt, ziemlich hügelig und einzelne herrliche Waldpartien; unser Weg war recht interessant, durch Wälder, Reisfelder, Teepflanzungen, kleine Dörfer etc, alles trägt einen ganz d e u t s c h e n Charakter, ich habe wirklich auf dem Lande sehr viel Ähnlichkeit getroffen. Häuser mit Strohdächern, wie die Bauernhäuser in Oldenburg, nichts tropisches dazwischen. In einem kleinen Dorfe am Wasser wurde Station gemacht; wir ritten ohne weiteres in einen Bauernhof und setzten uns ins Trockene, die Eigentümer schienen auch nichts dagegen zu haben, sammelten sich nur um uns, um uns anzustaunen; mehrere kleine Kinder im schönsten Naturkostüm, Frauen mit ihren Kleinen auf dem Rücken (das ist so Mode) etc. Die Frauen sind im ganzen merkwürdig klein; die so in der Größe, die Christa[11] jetzt haben mag, sind schon verheiratet und tragen ihre Kinder auf dem Rücken; es ist sehr auffallend; alle Verheirateten färben sich die Zähne schwarz, ein höchst widerlicher Anblick; hübsche Damen sieht man sehr selten, wenigstens hübsch für Europäer; übrigens habe ich doch einzelne gesehen, die mir recht gut gefielen; ihre Frisur ist eigentümlich, alle haben schönes pechschwarzes Haar und, so viel ich sehen konnte, ziemlich kleine zierliche Hände und Füße. [...]

Die Bootsleute hatten aus Matten eine Art Dach konstruiert zum Schutz gegen den Regen, man konnte beinahe aufrecht darunter sitzen, es wurde Feuer angemacht und Reis und Fisch gekocht. Die Japanesen wußten beides ganz gut zu machen, und wir verzehrten mit größtem Hunger, jeder mit 2 Stäbchen bewaffnet statt Messer und Gabel, das einfache Mahl, es wurde Saki [sake] dazu getrunken (ein aus Reis gemachter japanesischer Schnaps; schmeckt infam); ich ließ mich von einem der Bootsleute füttern, da ich mit den Stäbchen nicht fertig werden konnte. Gut war es, daß alle trotz Nässe, Kälte und Ungemütlichkeit bei gutem Humor blieben. Nach der Abendmahlzeit stand einer der Offiziere auf und hielt in Deutsch eine feierliche Anrede ans versammelte Volk; wir barsten vor Lachen, es begann so: Geehrte Herren und Damen und junge Generation! Ich freue mich, Ihre werte Bekanntschaft zu machen und beehre mich ganz gehorsamst, Ihnen anzuzeigen, daß ich und meine werten Leidensgefährten, Offiziere Sr. Preußischen Majestät Korvette Arcona durch widrige Winde an Ihre Küste verschlagen wurden. Der feierliche Empfang, der uns zuteil wurde, hat uns tief gerührt und uns zu ewigem Danke verpflichtet etc. etc. Die ganze Rede war von den lebhaftesten Gestikulationen begleitet; das Volk an Land stand mit offenem Munde da und glotzte den Sprecher an. Ich fand es höchst unanständig, daß keiner antwortete. [...] In der Erinnerung ist alles sehr nett, aber eine zweite derartige Expedition würde mir ohne wärmende Getränke nicht behagen. – Das Leben für die fremden Kaufleute in Jokohama ist ein sehr beschwerliches und unangenehmes; sie sind immer in Gefahr, ihre Gebäude abbrennen zu sehen oder ermordet zu werden bei Gelegenheit; in diesem Jahr sind 6 Morde an Europäern verübt und zwar immer ohne den Täter zu ermitteln, das gemeine Volk ist nie zu fürchten, aber die höheren Stände, die sog. Jakonins [yakunin], die berechtigt sind, ein Schwert zu tragen; diese Leute sind feige und rachsüchtig.[12] *Keiner der Europäer geht jemals ohne Revolver aus, abends hält man denselben sogar in der Hand, nachts hat abwechselnd einer die Wache in dem europäischen Viertel, um Brandstiftung etc. zu verhüten; mir kamen alle diese Vorsichtsmaßregeln zuerst übertrieben und unnötig vor, aber nach allseitigen Versicherungen muß man sehr auf seiner Hut sein. Eines Abends war ich mit meinen Kameraden noch allein ausgegangen und kam erst ziemlich spät zurück, da hatte man sofort Leute ausgeschickt mit Lampen, uns zu suchen, und mein Wirt war auch mit mehreren anderen nach uns ausgezogen.*

Was den Handel anbetrifft, so wird mit der Zeit schon was daraus werden, wenigstens der Export; Seide, Kupfer und Tee sind die Hauptartikel; importieren läßt sich sehr weniges, höchstens Zeuge, alle kleinen Luxusartikel, Uhren etc., was viele Leute versucht haben, werden nicht gekauft, dazu sind die Japanesen zu schlau und kaufen nur das, was wirklich Nutzen hat. Die hier gewonnene Seide ist sehr verschieden, in einzelnen Provinzen von ausgezeichneter Feinheit, aus anderen wieder sehr grob. Der Tee soll besser sein als der chinesische. Vor einigen Jahren machte man sehr gewinnreiche Spekulationen in Cobangs, japanesischen Goldstücken. Nb. das Gold hatte bis dahin einen fast gleichen Wert mit Silber und letzteres war vielleicht noch geschätzter, so wurden die Cobangs in Japan für nicht 2 Dollar gekauft und in Shanghai wurden über 5 dafür bezahlt, also ungefähr 80% Gewinn; schade, daß wir zu spät kommen dazu.

Die Unterhandlungen an Land nehmen ruhig ihren Fortgang; es scheint übrigens nicht so schnell zu gehen, wie man anfangs hoffte; man zieht alles in die Länge, am Ende bleiben wir doch bis Weihnachten hier; wenn nur dann nicht eine Danziger Kälte eintritt. Noch immer keine Nachrichten vom Schooner; jetzt gebe ich alle Hoffnungen auf; ich behaupte, er ist mit Mann und Maus zugrunde gegangen; es geht uns allen sehr nahe, das kann ich Dir versichern. [...]

25. Sept. 60 Arcona, Rhede von Yedo

Vorgestern ging ich auf 2 Tage nach Yedo; anfangs sollte jeder von uns 8 Tage bleiben, man hat das auf 2 reduziert, was Nb. viel zu kurze Zeit ist, um irgend etwas genauer kennen zu lernen. Hotels und derartige Bequemlichkeiten sind natürlich nicht vorhanden; man wohnt beim Gesandten. – Ich kam etwa um 4 h p. m. an Land und löste einen meiner Mitkadetten ab; mein sog. Zimmer bestand in einem fensterlosen viereckigen Loche mit Papierwänden, in jeder Wand war eine Tür zum Schieben und in einer Ecke stand eine Art Bettgestell, ein kleiner Tisch und ein auf dem Boden stehender 3' hoher Leuchter, das war die Möblierung. Nebenan in ein ganz ähnliches Gemach, das nur den Vorzug eines Fensters hatte, zog einer unserer Doktoren (Dr. Wenzel von der „Amazone"), mit dem ich auf sehr gutem Fuße stehe, so daß wir uns gegenseitig den Aufenthalt angenehm machen konnten, so weit es ging. Um 6 h wurde gegessen, bis dahin machte ich mit dem Doktor einen kleinen Weg durch die Stadt, natürlich pflichtgemäß bewaffnet und in Begleitung von 2 japanesischen Offizieren (sog. Jakonins), ohne die überhaupt keiner von uns ausgehen darf. Sie verlassen einen auf keinen Augenblick und können zu Zeiten sehr lästig werden; man muß sich seine

Leute aussuchen, wir hatten ein paar ziemlich höfliche zufällig aufgegabelt. [...] An einem Plane der Stadt, den ich mir gekauft habe, werde ich Euch später alles zeigen, wenn wir glücklich wieder anlangen. – Mit Dunkelwerden ist es nicht mehr erlaubt, außerhalb des Gesandtschaftshotels sich aufzuhalten; um 8 h empfängt Graf Eulenburg bei sich; wer Lust hat, hinzugehen, ist gern gesehen; mir kamen diese Abende höchst trocken und langweilig vor, gewöhnlich ist man müde vom Reiten etc, und die meisten, die hinkommen, scheinen eher zum Schlafen aufgelegt. Der Graf selbst ist der einzige, der etwas Leben in die Sache bringt, so war es auch am ersten Abend, wo ich dort war. [...]

Ich will in der Erzählung meines Aufenthaltes in Yedo fortfahren: Ca. um 6 h ritten wir aus, dieses Mal der Stabsarzt von der Thetis, Dr. Wenzel, und ich, natürlich nicht ohne zwei berittene Yakonins, von denen der eine vor, der andere hinter uns ritt. Ohne eigentliches Ziel ritten wir auf gut Glück in die Stadt hinein, hatten uns nur einige Namen auf dem Plane angesehen, die interessant schienen und die wir den Jakonins allenfalls klar machen konnten. [...] – Von dem eben beschriebenen Tempel ritten wir über mehrere sehr lange Brücken, die von Menschen wimmelten, so daß man kaum durchkam; dann weiter ins Innere der Stadt bis zu dem letzten Graben vor der kaiserlichen Residenz, den kein Fremder überschreiten darf. Der Palast des Kaisers[13] liegt im Zentrum der Stadt und nimmt mit allen Anhängseln einen ziemlich bedeutenden Raum ein; der umgebende Graben ist ca. 200' breit, vom andern Ufer aus, wo wir ritten, sieht man vom jenseitigen nur eine ungeheure Mauer von Basaltquadern, und jedesmal, wo eine Brücke hinüberführt, ist ein schweres massives Tor mit einer Wache, das ganze gewährt den Anblick einer starken Festung. An den über den Mauern wachsenden Bäumen sieht man, daß dieselben von der Innenseite durch Erdwälle gestützt sein müssen. Der Stadtteil, der der eben beschriebenen kaiserlichen Insel zunächst liegt, ist abermals von der übrigen Stadt durch einen breiten Graben getrennt und wird von den Prinzen und ersten Staatsbeamten bewohnt. Die Paläste dieser sog. Daimio[14], wie sie hier heißen, sind sehr lange, einen rechteckigen Hof einschließende Gebäude, in der Regel nicht schön und unbedeutend[15], immer einstöckig; bei einzelnen war die der Straße zugekehrte Front aber in ihrer Art mit sehr viel Geschmack und Kunst gebaut, über den großen Toren, die gewöhnlich mit der meisten Sorgfalt gemacht sind, habe ich oft die Wappen der resp. Besitzer bemerkt; wenigstens hielt ich es dafür. – Ein solcher Daimio geht nie aus, entweder er reitet oder läßt sich in einer Sänfte tragen, und zwar nie ohne Gefolge von 30 bis 50 Menschen. Wir begegneten mehreren dieser Züge; man mußte stets ausweichen, sie dürfen die Mitte der Straße beanspruchen. Wird der Daimio getragen, so wird sein Schlachtroß im schönsten Schmuck von 2 Dienern hinterher geführt; die Tiere sehen meist sehr malerisch aus; außerdem tragen andere große lackierte Kasten mit Kleidungsstücken, da es Sitte ist, daß sich der Daimio, so oft er in irgendein Haus geht, dazu anders anzieht. Reitend habe ich die Leute immer nur im Schritt gesehen, und zwar wurde das Pferd von beiden Seiten geführt. – Nach einigen ziemlichen Umwegen langten wir etwa um

2. Okt. 60

10 h wieder zu Hause an, und zwar sehr durchgeschüttelt, Von 10 bis 1 h haben verschiedene Kaufleute Erlaubnis, ihre Sachen nach dem Gesandtschaftstempel zu bringen, dort zu verkaufen; sehr Schönes kommt eigentlich nicht dahin und die Leute sind sehr teuer. Aber man muß notgedrungen kaufen, wenn man überhaupt was haben will. Nach dem Frühstück machte ich Herrn Duchesne de Bellecourt einen Besuch zu Pferde und mit den unvermeidlichen Jakonins vorn und hinten. Er wohnt dicht am Wasser auf einer kleinen Anhöhe in einem tempelartigen ziemlich großen Gebäude.[16] [...]

Den Rest des Tages verbrachte ich mit Bummeln in den Straßen bis Dunkelwerden; ich besuchte eine Masse Läden und suchte, für wenig Geld möglichst viel zu erhandeln; man wird gewöhnlich arg betrogen, bekommt aber nach unserem Maßstabe dennoch alles ziemlich billig, zuweilen mischen sich die begleitenden Jakonins in den Handel und dann ist es gewöhnlich nicht möglich, den Gegenstand zu bekommen, weil gleich ein 3- und 4facher Preis angesetzt wird. – Am 25. morgens fuhr ich an Bord zurück.

23. OKT. 60
RHEDE JOKOHAMA

In der letzten Zeit ist immer eins von den Schiffen hier, das andere in Yedo; wir lösen uns mit der Thetis alle 8 Tage ab; hier in Jokohama ist es bedeutend angenehmer, als auf der langweiligen Yedoer Rhede; es werden fast täglich Boots- und Jagdpartien gemacht, und wir freuen uns alle des herrlichen Herbstwetters und der schönen Natur um uns her. – Seit ich zuletzt schrieb, haben wir einen unserer Seesoldaten durch Krankheit verloren und ihn hier beerdigt. Bis vor einiger Zeit hatten wir unfreundliches Wetter mit Regen und wahrscheinlich aus diesem Grunde eine Menge Kranke. [...]

JOKOHAMA, OKT. 28

Eben wird Anker gelichtet, um nach Yedo zurückzugehen; die Thetis ist gestern angekommen. Aus der Jokohama-Bay steuernd, bemerkten wir einen großen Schraubendampfer hereinkommen; gleich darauf wurde die Flagge der Verein. Staaten erkannt, und man vermutet, daß das Schiff die „Niagara" mit der zurückkehrenden japanesischen Gesandtschaft ist, wir salutierten das Schiff, da es eine Flagge in Kreuztopp führte; morgen wird man das Nähere in bezug darauf erfahren. [...].

Etwa 8 Tage nachdem wir hier ankamen, starb der mächtigste der japanesischen Großen, der Prinz [richtig Daimyô] von Mito [Tokugawa Nariaki], derselbe, der den vorigen Regenten [tairô, Ii Naosuke] hatte ermorden lassen und infolgedessen in der Verbannung lebte, sehr wahrscheinlich eines gewaltsamen Todes; erst vor 4 Tagen erfuhren wir die Sache, nachdem die Regierung seinen Tod erlaubt hatte, dies als Beleg für die Stelle in meinem vorigen Brief. Er war mit der Regierung vollständig zerworfen und die letztere zu schwach, um ihn auf seinen festen Besitzungen anzugreifen; er lebte also eigentlich als vollständig unabhängiger Fürst, und eine bedeutende Partei im Lande ist für ihn, so daß er dem Tykoon [Shôgun] ein höchst gefährlicher Gegner wurde; nun wurde er ermordet; auf unsere Absichten wird das wohl keinen Einfluß haben. Graf Eulenburg ließ allerdings einmal fallen, wenn ihm die Verhandlungen gar zu lange dauerten, so wäre es nicht unmöglich, daß er einige kleine Privatübereinkommen mit dem mächtigen Fürsten eingehe; davor hat aber die Regierung eine sehr große Angst, und ich glaube, es war ein ganz probates Mittel, die Leute zahm zu halten. – Übermorgen gehen 3 unserer Boote auf eine mehrtägige Expedition, um die bis jetzt nicht vermessenen Teile der Bai von Yedo aufzunehmen; mich will man auch mithaben, um Küstenvertonungen zu nehmen, bin aber augenblicklich etwas erkältet, und da ist es doch nicht ratsam, 3 oder 4 Nächte im offenen Boot zu kampieren, besonders bei der eingetretenen Nachtkälte. (Der Fujijama ist schon seit Wochen ganz mit Schnee bedeckt.)

Sehr gern möchte ich Dir etwas näheres über die Politik und staatlichen Verhältnisse von Japan schreiben, aber man erfährt sehr schwer etwas darüber; ich habe alles, was ich weiß, bei Graf Eulenburg aufgeschnappt, seine Ansicht, daß die ganze innere Politik, ein äußerst fein durchdachtes und mit merkwürdiger Klarheit durchgeführtes Spionagesystem, das Volk allmählich zur vollkommenen Null heruntergebracht hat, und die Macht der Regierung dadurch eine so gewaltige geworden ist, wie in keinem andern existierenden Staat, d. h. unter Regierung verstehe ich hier den ganzen hohen Adel, denn der leitet effektiv den Staat; der Kaiser [recte Shôgun] selbst hat nicht viel zu sagen; das geht auch schon daraus hervor, daß er seinen Palast nie verläßt und dergl. – Einen Aufstand des Volkes in Japan halte ich für unmöglich, wenn nicht mit der Zeit der Verkehr mit Fremden die Leute aufklärt. Dagegen leben die Fürsten unter sich meist in Streit, nicht gerade mit Waffen in offenem Kampf sondern durch Verleumdungen, Heuchelei, Neid und nicht selten Meuchelmord sucht einer den andern nicht aufkommen zu lassen. Der geistliche Kaiser [Kômei-Tennô] in Miaco [= Kyôto] lebt gewöhnlich in Feindschaft mit dem Tykoon, aber alles geht still vor sich, so daß das Volk womöglich von allen Ränken und Intrigen des Adels nichts weiß und sich auch nicht bemüht, es zu wissen; wenn nur jeder seinen Reis und seine paar sagana (Fische) zu essen hat, so ist man zufrieden.

[…]

Hier ist seit der Zeit, als ich zuletzt schrieb, so ziemlich alles beim Alten geblieben, aber doch manches Interessante zu erzählen. Am 19. wurde auf Veranlassung des englischen Konsulats in Kanagawa (ein russisches ist hier nicht) das Grab der im vorigen Frühjahr erschlagenen russischen Offiziere von unserem Prediger geweiht; beide Schiffe waren dazu in Jokohama, und wir hatten zusammen ca. 300 Mann an Land geschickt, die Feierlichkeit fiel sehr gut aus und hat jedenfalls Eindruck gemacht. Die Vertreter der europäischen Staaten waren natürlich zugegen, als Praeses Herr v. Bellecourt; die englische, preußische, amerikanische, französische und portugiesische Flagge wurden vorausgetragen. Das Grab liegt am Abhange eines Hügels bei Jokohama und besteht in 4 einfachen im Quadrat stehenden Säulen mit der unvermeidlichen goldenen Spitzkugel darüber und einem russischen goldenen Kreuz. Unsere Leute und die europäischen Kaufleute, in allem ungefähr 500 Menschen, bildeten einen großen Kreis um das Grabmal. Die Konsuln und unsere Capitaine standen in der

Rhede von Yedo, 29. Nov.
S. M. S. Arcona

Mitte und der Prediger auf dem Grabstein; nachdem die feierliche Einweihung (in deutscher Sprache natürlich alles) stattgefunden hatte, spielte unsere Musik die russische Nationalhymne und die Mannschaften präsentierten; dieser letzte Moment ist photographiert. Herr v. Bellecourt bedankte sich dann öffentlich im Namen Rußlands bei Capt. Sundewall [Kapitän der „Arcona"]. Alles ging bei dieser Demonstration sehr gut, aber es war das schönste Wetter. Denselben Nachmittag hatten wir noch einen Matrosen der Thetis zu begraben. Die ganze Geschichte war den Japanesen unangenehm, aber sie schienen nicht zu wagen, eine so großartige Feier mit bewaffneten Mannschaften geradezu zu verbieten; man glaubte aber bei uns an Bord allgemein, daß man bei der Landung Hindernisse in den Weg legen würde, und wir hatten uns deswegen vorgesehen, sie nötigenfalls mit Gewalt durchzusetzen. Eine unserer Barkassen lag an der Brücke, die nach Kanagawa führt, um diese nötigenfalls (um den Zuzug an Leuten von dorther abzuschneiden) in die Luft zu sprengen. Man ließ uns übrigens ganz ungestört, und es war kaum hie und da ein bewaffneter Japanese zu sehen. Die V. St. Fregatte Niagara sollte eigentlich auch Leute schicken; sie war aber in Yedo und kam erst gegen Abend, also zu spät in Jokohama an. – Seit die „Niagara" dort war, hatte man mehr von betrunkenen Yankee Matrosen zu fürchten als von Japanesen; fast täglich kam Skandal vor; die Leute benahmen sich im höchsten Grade unanständig und gemein an Land, ein vollständiger Gegensatz zu unseren, die allgemein gerühmt werden. An einem Abende griff ein Matrose einen Jakonin an, und ihm wurde von letzterem der Kopf gespalten, so daß man an seinem Aufkommen zweifelt; am nächsten Tag überfielen 4 Amerikaner einen jungen Franzosen, der hier zum Vergnügen reist, einen Graf Montblanc; ich hatte Gelegenheit durch Bellecourt, ihn kennen zu lernen, sie zerschlugen ihn auf das greulichste und raubten ihm Uhr und Revolver. Zweimal war auch ich sehr nahe daran, Skandal zu bekommen. Die „Niagara" mußte einen Tag länger hier bleiben, da ein Viertel ihrer Mannschaft betrunken an Land lag und erst mit einer Wache die Leute einzeln gebunden und in die Boote transportiert werden mußten. – Ich glaube, die Amerikaner nennen das Freiheit. [...]

YEDO, 1. DEZEMBER

In der letzten Zeit fängt es an, empfindlich kalt zu werden; man wird unwillkürlich an die Rhede von Neufahrwasser erinnert; eine eigentliche strenge Winterkälte hat man übrigens nicht zu erwarten, frieren soll es sehr wenig. Neuerdings heißt es, daß wirklich der ersehnte Vertrag zustande kommen soll; ich glaube noch nicht recht daran; jedenfalls kann man auf 2 Monate hier noch rechnen.

[...]

11. DEZEMBER

Heute ist es ein Jahr, daß wir die Rhede von Danzig verließen. Wir feiern den Tag dadurch, daß es etwas mehr als gewöhnlich zu essen gibt.

Ganz zufällig blieb ich wider meinen Willen vorige Woche an Land in Yedo, die Sache war mir durchaus nicht unangenehm, ich werde erzählen, wie es kam. Am Sonntag vor 8 Tagen kam der junge

Eulenburg an Bord zur Kirche und lud mich ein, mit nach Yedo zu kommen; ich nahm bis zum Dienstag Urlaub, packte meine Sachen in die bekannte schwarze Reisetasche und ging mit. […] Der Aufenthalt in Yedo war dieses Mal sehr interessant, fortwährend das schönste Wetter, täglich große Reitpartien in Stadt und Umgegend, abends beim Gesandten eine gemütliche Partie Whist. Ich habe mich wirklich ganz köstlich amüsiert. Außer mir war sonst von den Schiffen keiner in Yedo. Für die ganze Zeit hatte ich mir ein und dasselbe Pferd ausgesucht, ein ganz meinen Anforderungen entsprechendes Tier; auch zu einem vernünftigen englischen Sattel war ich gelangt, so daß meine Knochen nicht so sehr mitgenommen wurden wie das erste Mal. Die gewöhnliche Ausreitezeit ist von 2 h p. m. bis Sonnenuntergang, es ist dann meist eine große Gesellschaft beisammen. Graf Eulenburg führt den Zug an, dann kommen Attachés und sonstige Mitreiter und hinterher eine ganze Herde Jakonins. […] Die nächsten Umgebungen von Yedo sind außerordentlich malerisch; es gibt fast keinen Punkt, der nicht ein schönes Ölbild abgäbe […]. Das Land ist überall gut bebaut, und auf die Kultur des Bodens wird viel Sorgfalt verwendet. Getreidearten sieht man wenig oder gar nicht, aber desto mehr Reisfelder und Gemüse, Kohl etc. Das ganze Land in der Nähe der Stadt ist hügelig, so daß man immer über Berg und Tal reitet und ab und zu die schönsten Fernsichten bald auf die Bai, bald auf die beschneiten Felsengebirge und den heiligen Berg genießt. Unzweifelhaft sind die herrlichste Natur und die schönsten Waldpartien in der Nähe der größeren Tempel zu finden, und diese bilden bei unseren Ritten auch gewöhnlich das Ziel. Ein solcher meist auf einer Anhöhe unter dem Schatten der gewaltigen Bäume gelegener Tempel mit seinen Nebengebäuden, Grabmälern etc. ist mit nichts zu vergleichen. Die Nebengebäude sind die Quartiere der Gesandtschaften der europäischen Mächte bei vielen Tempeln; auf der englischen Gesandtschaft habe ich neulich gezeichnet, dort ist besonders der Kirchhof sehenswert.[17]

Eben höre ich, daß die Post abgeht, da muß ich schließen. Die Vertragsaussichten sind augenblicklich etwas günstiger; man bereitet sich schon so quasi zur Abreise, die nun schon Ende dieses Monats erfolgen soll, vor; ich kann es nur wünschen. Wo wir von hier aus hingehen, ist nicht gewiß, ich glaube Shanghai annehmen zu können; in China soll übrigens jetzt alles entsetzlich teuer sein, wir werden uns von hier aus verproviantieren müssen. Die englisch französischen Schiffe sind noch nicht angelangt.

13. DEZEMBER

Hier bei uns ist, seit ich nicht mehr schrieb, wieder ziemlich viel vorgefallen; die Hauptsache ist, daß der Vertrag vorwärts schreitet, und wir hoffen, bald wegzugehen […] – Nun will ich vor allem übrigens von Weihnachten erzählen, es ist im Ganzen angenehm und fröhlich vergangen, nur hatten wir leider am 24. einen unserer Matrosen zu begraben, der am Typhus gestorben war. – Eine Masse von Tannenbäumen war angeschafft, behangen mit Apfelsinen, Äpfeln, Nüssen und Lichtern, dazu viele japanesische Lampen, das

RHEDE JOKOHAMA
S. M. S. ARCONA,
D. 26. DEZ. 60

war eine höchst brillante Illumination im Zwischendeck. Offiziere, Kadetten und die ganze Mannschaft hatten Geld zusammengeschossen und dafür alle möglichen kleine und große Gegenstände angekauft, die am Weihnachtsabend verlost werden. Sundewall zog das erste Los, der jüngste Schiffsjunge das letzte; ich gewann eine Saki-Flasche. Die Leute erhielten natürlich Grog; wir tranken Bowle, und überall herrschte allgemeine Heiterkeit; in der Batterie wurde getanzt; ich hatte zuguterletzt viel zu tun, zur Ronde die Toten und Halbtoten in ihre resp. Hängematten zu befördern. Das Ende eines solchen Festes an Bord ist stets mehr oder weniger tragisch. Am ersten Festtag, also gestern, war dieselbe Heiterkeit vorherrschend, abermals Grog und abermals viele, die des Guten zu viel getan hatten. Heute ist leider schlechtes Wetter, halb Schnee, halb Regen, Wind und Kälte à la rade de Danzig.

Über unsere nächsten Bestimmungen von hier aus ist nichts gewiß, man nennt vorderhand Shanghai und dann Bangkok; jedenfalls gehen wir in der kalten Jahreszeit nicht nach Tientsin. Der König von Siam hat Graf Eulenburg schriftlich gebeten, nicht vor Ende März nach Bangkok zu kommen, da er einen neuen weißen Elefanten in Dienst stelle.

2. JANUAR

Neujahr ist bei uns sehr gemütlich, weit angenehmer wie Weihnachten vergangen; ich habe lange nicht an Bord einen so amüsanten Tag verlebt wie Sylvester, wie gewöhnlich hatten wir auch dieses Mal die verschiedenen Neujahrszeiten genau berechnet, da aber mit Frankfurt z.B. 9 Stunden Zeitunterschied ist, so hätten wir bis morgens 9 Uhr durchzechen müssen, und das war etwas stark. Man begnügte sich also damit, so lange als möglich auf den Beinen zu bleiben. In unserer Messe hatten wir einen englischen Kadetten eingeladen; es war höchst gemütlich, wurden viele Reden geredet in deutsch und schlechtem Englisch, sehr viel Skandal gemacht etc., wie das gewöhnlich ist. In der Batterie war Theater; es wurden 5 verschiedene kleine Szenen aufgeführt, die alle gar nicht übel waren, jedenfalls war das allgemeine Gelächter so groß, daß man Ruhe gebieten mußte, um die Herrn Schauspieler zu verstehen, einer unserer Leute, ein Maschinist, seines Zeichens Berliner, hat entschieden komisches Talent und gab den Berliner Schusterjungen ganz meisterhaft; außerdem figurierte dieser selbige im ersten Akte als Dame (mit enormem Krinolin, der bei uns an Bord geschmiedet war); ich habe lange nicht so gelacht wie über dieses Theater. Die Sache war übrigens nicht ausschließlich komisch, es wurden sogar Bravour-Arien zur Gitarre gesungen. Zwischendeck und Batterie waren zur Feier des Tages mit japanesischen Laternen behangen und an verschiedenen Ecken Transparente angebracht.

19. JANUAR

In den letzten 14 Tagen bin ich, wie Du siehst, nicht dazu gekommen, weiter zu schreiben; es war eine ziemlich ereignisreiche Zeit, die Stimmung wird mit jedem Tag kriegerischer; wir haben schon 3 Mal armierte Boote an Land geschickt, sind aber bis jetzt leider nicht in die Verlegenheit gekommen, wirklich einhauen zu müssen. Der erste Skandal war in den ersten Tagen Januar und zwar folgender: am 2. Abend 9 h kamen *plötzlich 2 Gouverneure nach Yedo zum Grafen Eulenburg und berichteten, daß eine Verschwörung von 600 entlassenen Offizieren des Fürsten Mito im Werke sei, und zwar gegen das Leben der europäischen Gesandtschaften. Die Leute wären in allen möglichen Verkleidungen in Yedo und warteten auf eine passende Gelegenheit, die Europäer zu ermorden; die Gouverneure boten zugleich dem Gesandten an, eine Wohnung im äußeren Ring des kaiserlichen Palastes zu beziehen oder an Bord der Schiffe zu gehen, da die Regierung nicht imstande sei, unter den jetzigen Verhältnissen genügenden Schutz zu garantieren; der Graf Eulenburg antwortete darauf, er verlasse sich vollkommen auf den Schutz des Gouvernements und werde nicht eher seine bisherige Wohnung verlassen, als bis der Vertrag abgeschlossen und unterzeichnet. [...] Der zweite Alarm geschah am 15. infolge eines großen Brandes in Jokohama; wir lagen auf der Rhede, sahen das Feuer und hörten verschiedene Schüsse fallen, schickten deswegen armierte Boote und das holländische und englische Schiff ebenfalls. Die gehörten Schüsse waren übrigens explodierende Pulverfässer gewesen, und das Feuer war bald gelöscht. Wir kehrten enttäuscht an Bord zurück. Der dritte Fall hat einen sehr traurigen Grund, die Ermordung eines Europäers, den wir alle sehr gut kannten, und dem wir zum großen Teil das Gelingen unseres Vertrages zu verdanken haben. Er war ursprünglich Westfale und hier als Dolmetscher und Sekretär bei der amerikanischen Gesandtschaft in Yedo angestellt. Für die Zeit unseres Hierseins hatte Graf Eulenburg diesen Herrn Heusken als Dolmetscher engagiert, und er brachte fast den ganzen Tag in dessen Wohnung zu, aß mit und wurde überhaupt als Mitglied der Gesandtschaft betrachtet und überall gern gesehen; ich habe ihn auch in Yedo täglich gesprochen. Er ist einer der ersten Europäer in Yedo gewesen, spricht japanisch und ist sehr bekannt überall. Hr. Heusken hatte die allerdings etwas unvorsichtige Manier, stets ohne Waffen auszugehen, so ritt er jeden Abend um 9 h von unserem Gesandtschaftshotel nach seiner Wohnung in Begleitung eines Jakonins, so auch am 16. abends. In einer der nächsten Straßen stürzen plötzlich 7 Japanesen aus einer kleinen Seitengasse auf ihn los, und ehe er sich besinnen kann, fühlt er sich verwundet und ruft daher dem begleitenden Jakonin zu; dieser will ihm zu Hilfe, sieht sich auch angegriffen, weicht den Hieben aber geschickt aus, und nur sein Pferd wird getroffen und stürzt unter ihm zusammen; er geht darauf, nachdem er sich unter seinem Pferde vorgearbeitet, schnell vorwärts und findet einige Schritte weiter Heusken mit Blut bedeckt am Boden liegen; die Mörder waren natürlich sofort in der Dunkelheit verschwunden; der Jakonin blieb dann bei dem Verwundeten und schickte einen anderen nach der amerikanischen Gesandtschaft, dahin wurde H. nach einer halben Stunde gebracht. Dr. Lucius von unserer Gesandtschaft[18] wurde hingerufen und fand, daß er 2 zirka 6 Zoll tiefe Wunden an der Seite hatte; um Mitternacht starb er in vollem Bewußtsein auf der amerikanischen Gesandtschaft. – Du kannst denken, daß die ganze Sache sehr große Sensation erregte, besonders Graf Eulenburg war sehr angetan, da er ihn sehr hoch geschätzt hatte. Gestern war die Beerdigung in Yedo auf einem japanischen Kirchhofe [...]. Von der Thetis und von uns gingen je 2 Boote mit einer starken Seesoldatenwache an Land, außerdem einige Matrosen und von Offizieren und Kadetten Freiwillige (ich natür-*

lich auch). Bei unserem Gesandten angelangt, erfuhr man den beabsichtigten Überfall; die Seesoldaten mußten chargieren; jeder von uns nahm Revolver und dazu bewaffneten wir Kadetten uns jeder mit einem ungeheuren Cavalleriesäbel (die als Geschenke mitgenommen waren) anstatt unseres Dolches, und traten zusammen den Weg nach der amerikanischen Gesandtschaft an. Im ganzen waren 30 Seesoldaten, 20 Matrosen, einige Soldaten von einer holländischen Brigg und Graf Eulenburg mit der ganzen Suite und einigen Dutzend Offizieren und Kadetten des Geschwaders; einer von uns wurde, ehe wir marschierten, wieder an Bord geschickt, um Sundewall, der nicht mit war, zu veranlassen, sofort sämtliche armierte Boote als Zuzug nachzuschicken. Bei Mr. Harris war ein halbstündiger Aufenthalt, wir nahmen die Leiche in die Mitte, trafen die nötigen Dispositionen im Falle eines Angriffes und setzten, nachdem der englische, holländische und französische Gesandte und die resp. Konsuln etc. aus Kanagawa sich angeschlossen hatten, unseren Weg fort. [...]

Jetzt eben kommt unser Kutter von Land und bringt die Nachricht, daß an Land die Gefahr für die Europäer immer größer wird; der englische Gesandte [Alcock] will Yedo verlassen und nach Jokohama ziehen, ebenso Bellecourt. Harris will bleiben, ebenso unser Gesandter, bis der Vertrag unterschrieben; das soll heute noch geschehen; wir haben deswegen Aussichten, in 8 Tagen wegzukommen, das würde mir entschieden das angenehmste sein.

20. JANUAR

Heute ist zum ersten Male an Land Gottesdienst beim Gesandten, ich denke, man wird eine Art Abschiedsfeierlichkeit begehen, da nun wirklich der Vertrag fertig ist und das Gesandtschaftspersonal in den nächsten Tagen an Bord zieht. Schon seit 3 Tagen ist sehr kaltes, unfreundliches Wetter, gestern hatten wir 1/2 Fuß Schnee auf Deck, und heute ist ein sehr kalter, heftiger Wind, so daß unsere Pinasse schwer gegenan kann. Herr Heine kommt eben von Yedo an Bord und berichtet, daß die allgemeine Aufregung und gereizte Stimmung zunehme. [...] – Es wird Dich interessieren, zu hören, daß der Vertrag mit Japan nur für Preußen, nicht für den Zollverein, geschlossen ist, darauf wollte sich die Japanesische Regierung absolut nicht einlassen, obgleich sie die Existenz und Bedeutung des Zollvereins zu kennen schien. Falls also Bremer oder Hamburger oder andere deutsche Staaten mit Japan verkehren wollen, so werden sie genötigt sein, unter preußischer Flagge zu fahren (wenn sie nicht aus Chikane die holländische oder englische vorziehen). Das ist von großer Wichtigkeit für Preußen, soweit ich die Sache beurteilen kann.

[...]

25. JANUAR

Eben kommt von Land die Nachricht, daß der Endabschluß und die Unterzeichnung des Vertrages stattgefunden habe (also nicht schon vor einigen Tagen). Die Gesandtschaft zieht nächste Woche definitiv an Bord. Heute wird die letzte Post von hier expediert, ich will deshalb schließen ... Es ist möglich, daß wir von hier noch nach Simoda und Nagasaki gehen, jedenfalls aber nur für ganz kurze Zeit.

NANGASAKI

Abbildung 13a: „Nangasaki. Stadt und Hafen" (Lithographie nach einer Zeichnung von A. Berg; im Hafen die preußischen Schiffe „Arcona" und „Thetis").

Die Idee der Publikation der Briefe Eisendechers aus seiner Seekadettenzeit, als er mit der Eulenburg-Mission auf der „Arcona" Japan besuchte, stammte aus dem Jahr 1927, als Friedrich M. Trautz in einem Schreiben an Eisendecher vorschlägt, die Briefe „mit einem kleinen Vorwort von Ihrer eigenen Hand herauszugeben".[19] Zunächst aufgeschoben durch einen mehrjährigen Japanaufenthalt von Trautz, verstarb Eisendecher, bevor der Plan verwirklicht werden konnte. Mit Unterstützung der Witwe Eisendechers und versehen mit einer Einleitung von Trautz über das Leben des früheren Gesandten in Japan erschienen die Briefe dann letztlich 1941 in *Nippon. Zeitschrift für Japanologie* (7. Jg., Heft 3, S. 129–163) unter dem Titel „Deutsche Seekadettenbriefe aus Jedo 1860–1861. Ein Gedenkblatt zum 23. Juni 1941, der hundertsten Wiederkehr des Geburtstages des Admirals a.D. Karl v. Eisendecher". Bedauerlicherweise wurden die Originale der Briefe nach dem Tod der Witwe Eisendechers im Zuge der Sichtung des Nachlasses verbrannt. „Sieben dicke Bände gehefteter Briefe", vermerkt Trautz in einem Schreiben an das Staatsarchiv in Oldenburg, „worin bis in die letzte Zeit die beiden alten Exzellenzen oft gelesen hatten, Briefe vom Jahre 1861 an, alles Handschrift Sr. Exzellenz und, soweit ich mich erinnere, alle an seine Mutter gerichtet, waren bei meinem Eintreffen in Baden-Baden bereits der Zentralheizung des Hauses überantwortet; aus diesen Briefen stammt auch meine vorläufige, dem Staatsarchiv kürzlich überreichte Veröffentlichung ‚Seekadettenbriefe' […]."[20]

Die hier aufgenommenen Briefe sind gegenüber der Edition der Briefe von Trautz 1941 nur unwesentlich gekürzt. Die altertümliche Schreibweise, insbesondere japanischer Eigennamen wurde, um den Briefen als Zeitdokument gerecht zu werden, beibehalten, gelegentliche Klarstellungen wurden im Text in eckigen Klammern hinzugegeben.

[1] Kommodore Matthew C. Perry kommandierte das US-amerikanische Geschwader, das 1853/54 die „Öffnung" Japans nach einer langen Zeit der relativen Isolation von der Außenwelt erzwang.

[2] 1859 bis 1864 Frankreichs diplomatischer Vertreter in Japan; 1860 allerdings Ministerresident, ab 1862 Gesandter.

[3] Harris (1804–1878) war der erste westliche diplomatische Vertreter in Japan nach der „Öffnung" Japans überhaupt und residierte 1856–1862 in Kanagawa.

[4] Der Photograph und Zeichner der Expedition, dessen Tätigkeit den selbst zeichnenden Seekadetten interessierte. Zur Tätigkeit Heines vgl. auch Stahncke, *Preußens Weg*, S. 183–187.

[5] Tatsächlich war der Schoner bereits am 2. September vor der Küste von Shimoda in einem Taifun gesunken und hatte 41 Besatzungsmitglieder mit in den Tod gerissen.

[6] Im offiziellen Bericht der Gesandtschaft ist von zwei hohen Beamten *(bugyô)* des Auswärtigen Amtes die Rede: Sakai Oki no Kami und Hori Oribe no Kami sowie einem zusätzlichen Kommissär *(metsuke)* *(Die Preussische Expedition nach Ostasien. Nach amtlichen Quellen.* Berlin 1864, Bd. 1, S. 260).

[7] Dies bestätigt zwar auch der offizielle Bericht der Eulenburg-Mission: „Was die Preise betrifft, so behandelten die Krämer uns offenbar als vornehme Leute, die nach japanischer Sitte alles doppelt bezahlen müssen." (zit. in Stahncke: *Preußens Weg*, S. 110). Es braucht jedoch kaum weiter erwähnt zu werden, daß solch pauschale Behauptungen auf Überheblichkeit der sprachunkundigen europäischen Besucher basierten. Der Geist der Handelsverträge („Ungleiche Verträge") verdeutlicht nur zur Genüge, daß die Mächte des Westens gekommen waren, um zu allererst zu nehmen.

[8] Gewürzlikör, in dem Blattgold schwimmt.

[9] Shinagawa, Stadtteil im Südosten von Edo; heute einer der 23 inneren Stadtbezirke von Tôkyô.

[10] 1856 bis 1860 tobte der Zweite Opiumkrieg zwischen China auf der einen und England und Frankreich auf der anderen Seite. Er endete mit dem Vertrag von Tientsin (Tianjin), durch den nicht nur England und Frankreich, sondern auch den USA und Rußland weitere Handelsmöglichkeiten mit China eröffnet wurden; Rußland annektierte obendrein die Amur-Provinz und die Küstenprovinz im Nordosten Chinas, wo es noch im gleichen Jahr eine Stadt mit dem programmatischen Namen „Beherrsche den Osten" (Wladiwostok) gründete.

[11] Christa von Eisendecher, die 1852 in Frankfurt/M geborene Schwester, die zu dem Zeitpunkt gerade acht Jahre alt gworden war.

[12] Auch hier finden wir eine ähnliche Einschätzung im offiziellen Bericht der Eulenburg-Mission: „Die Japaner sind von Natur aus wahrheitsliebend, aber wo die Regierung befiehlt, lügen die Beamten mit unverwüstlicher Ruhe und lassen sich nicht aus der Fassung bringen." (zit. in Stahncke, *Preußens Weg*, S. 70). Es muß nicht näher darauf verwiesen werden, daß eurozentrische Sicht die Wurzel solcher Denkweisen bildete. Eisendecher in Person wird es kaum möglich gewesen sein, ernsthaft und unmißverständlich mit den „Jakonins" zu kommunizieren.

[13] Eisendecher beschreibt hier die Burg von Edo (Edo-jô), damals Regierungssitz des Shogunats bzw. des Shôguns. In der Meiji-Restauration von 1868 kampflos eingenommen von den kaiserlichen Truppen, die gegen das Shogunat kämpften, diente die Burg ab Herbst 1868 als Residenz des Kaisers in der nun in „Tôkyô" umbenannten Hauptstadt.

[14] Die Daimyô waren tatsächlich regionale Feudalfürsten, die weniger als „Staatsbeamte" anzusehen sind, sondern ihre feudale Domäne relativ autonom regieren. Im feudalen politischen System waren sie jedoch formal Vasallen des Shôgun, des obersten Feudalherren.

[15] Ein solcher „nicht schöner und unbedeutender" Daimyô-Palast sollte nach Eisendechers Ernennung zum Ministerresidenten des Deutschen Reiches in Japan zu seinem Dienstsitz werden (s.u., Kapitel 2 *Vom Daimyô-Palais zum Legationsgebäude*).

[16] Es handelt sich hierbei um den Tempel Saikaiji im heutigen Tôkyôter Stadtteil Mita, in dem das französische Generalkonsulat (seit 1861 Ministerresidentur) bis 1874 untergebracht war.

[17] Tôzenji; siehe das Aquarell auf S. 67.

[18] Robert Freiherr Lucius von Ballhausen (1835–1914); vgl. auch Kapitel 8 *Unter freiem Himmel kann man selbst in Japan nicht wohnen*, vor allem die Reichstagsdebatten vom April 1878 (Anmerkung 11).

[19] Bundesarchiv/Militärarchiv Freiburg (BA/MA), Nachlaß Trautz (N508), no. 80, Schreiben Trautz an Eisendecher vom 27. Februar 1927.

[20] Ebd., F. M. Trautz an das Niedersächsische Staatsarchiv in Oldenburg, Karlsruhe 31. Januar 1950.

第 1 章 1
海軍士官候補生の江戸通信
青年アイゼンデッヒャーの母親宛書簡 (1860-61 年)[1]

軍艦「アルコナ」号上、
江戸の錨地にて、
1860 年 9 月 6 日（同年 12 月 21 日 受取り）

　われわれは、遠征の主要目的を一昨日達成しました。日本の首都江戸に到着したのです。シンガポールを出たときには、事がこんなに早く進むとは思ってもみませんでした。われわれは、出航 8 日目までは香港と上海に向かうことになっていました。これは前の手紙に書いたとおりです。しかし、急に針路が変更されたのです。それも江戸に向かって。一昨日の 9 月 4 日、われわれは江戸の前面の海に錨を下ろしました（これは、1857 年にエルジン卿率いるイギリス使節団が江戸湾に入って以来、最初のヨーロッパの軍艦ということになります）。

　シンガポールを出航したのは、8 月 13 日のことでした。「テティス」号よりは一日遅れで、スクーナー[2]が同行していました（「テティス」号も私の知る限りでは、江戸行きの命令を受けていたはずです）。総じて順風に恵まれ、蒸気を使う必要はほとんどありませんでした。時々、陸地が見えました。21 日にはセシル・ド・メア島の沖を過ぎ、25 日には台湾と紅頭嶼の間の海峡を通過しました。この日は、大変珍しい鳥を見ることができました。白サギの一種だろうと思うのですが、みんなで一羽を撃ち落とそうと試みましたが、うまくいきませんでした。距離が離れすぎていたのです。台湾を過ぎてからというもの、日本までの間は、ほとんど毎日のように小さな島が見えました。これらは宮古諸島や琉球列島の一部でした。

　スクーナーは、9 月 2 日まではわれわれと一緒でした。われわれの船［「アルコナ」号］が僚船を曳航するかたちをとっていました。しかし、同日午前 4 時頃、天候が悪化し、曳索は切断されてしまい、スクーナーはすぐに視界から消えてしまいました。午前 8 時頃には、暴風が吹き荒れ、風向きは 8 時間の間に 16 ポイントも変わりました［1 ポイントは 11 度 1/4］。そのため、海面が一面に不規則に波立つという恐ろしい様相を呈しました。船上のわれわれにとっても愉快な状態ではありませんでした。不思議なことに、12 時頃には暴風はほとんど収まって、海面は急速に穏やかな状態にもどりました。こんなことは初めてです。しかし、スクーナーの船影は、どこにも見つけることができませんでした。暴風に遭遇した以後の航海は順調で、4 日早朝に伊豆半島先端の岬、ついで下田港、そして小さな島々（そのほとんどに火山があります）の沖合を通過し、たくさんの漁船のかたわらを過ぎて江戸湾に入りました。この間、アメリカの海図を使用し、かつてペリー提督がとったのとまったく同じ針路をとりました。海図に記された数値は、いずれもきわめて正確なものであることが判明しました。当時、ペリーは江戸まで 6 海里の地点までしか行けなかったのです。それ以上近づこうものなら、幕府の高官が何人

も切腹しなければならなかったことでしょう。われわれは、そのために誰一人腹を切ることもなく、市街まで2海里というところで投錨したのです。時代は変わったのです。今までのところ、われわれは誰にも邪魔されてはいません。それどころか、彼らは、大変に礼儀正しい態度で接しています。われわれは日没と共に停泊したのですが、その夜のうちに歓迎の意を表し、来航の目的を尋ねるために数名の高位の役人が来艦しました。

　江戸湾の入り口には神奈川という小さな港があります（アメリカと日本のあいだの条約はここで締結されました）。この港は、ヨーロッパの船が入ることが許されています。イギリスやオランダ、日本のさまざまな船が停泊していました（その中に、イギリスの蒸気船が一隻ありましたので、おそらく、この手紙はその船に託すことになるでしょう）。船を江戸湾に接近させる際に、非常に特徴的な目印があります。標高 12,000 フィートもの火山、すなわち富士山です。これは、完全な円錐形をしていて、はるか遠くからも見ることができます。とにかく、これまで見たこともない、とても不思議な山です。「テティス」号が到着次第、この山に登る計画があると聞きました。

　この国はとても山が多く、岩だらけの地形です。江戸そのものは、大部分、平地に位置し、途方もない広さを有していて、厳重に防衛されています。強力な砲台が 6ヶ所、水際に設けられています。したがって、武力を持って何かを企てることは海上からは難しいでしょう。

　江戸には、フランスの弁理公使がいます。デュシェーヌ・ド・ベルクール氏[3]で、かつてフランクフルトに勤務していたことがあります。彼は昨日、オイレンブルク伯爵を訪問しました。昨春のこと、この地の摂政［大老井伊直弼を指す］が民心を失って殺害され（しかも首を刎ねられたそうです）、現在は 16 歳の若い皇帝［将軍の徳川家茂を指す］が政権についているそうです。彼は、外国人に対して非常に好意的であるようで、これはおそらく中国がイギリスとフランスに重大な敗北を喫したためであろうということです。

　私個人としては、日本人には大変好ましい印象を持ちました。彼らは好感のもてる知的な顔立ちをしていて、髪は黒く、頭頂部で結った短い髪束を前に向けて付けています。額から頭頂にかけては、三角形に剃り上げています。人びとは大変礼儀正しく、深々とお辞儀をします。位の高いものは 1 本、さらに高位のものは 2 本の刀を帯びているのですが、これがなければ貧富の階層の違いを見分けるのは困難であったことでしょう。

幕府との交渉は昨夜開始されました。今度は、オイレンブルク伯が使節団員とともに上陸し、宿舎として提供された寺院の建物に移ることになっています。すべてが順調のようで、実際にうまく事が運べば、われわれの任務もすぐに片づくことになるでしょう。そうすれば、われわれは、条約によって開かれる港の調査を済ませ次第、中国かシャムに派遣されることになるでしょう。交渉は日本人の多くが理解するオランダ語によっておこなわれました。そのほか、アメリカ人ひとり［ヘンリー・ヒュースケン、実際はアメリカに雇われているオランダ人］を通

訳として連れてきています[4]。今日は、日本側の用意した石炭がサンプルとして船まで送られてきましたが、残念ながら質の悪いもので、汽醸には使えないような代物でした。水は、すでに補給されています。新鮮な食料品は、今のところまだ届いていませんが、明日か、遅くとも数日以内に陸との交通が全面的に開放されることになっています。フランスのデュシェーヌ氏は、野菜、リンゴ、ブドウなどを送ってくれました。日本人は、われわれの音楽がとくに気に入ったようです。彼らは、本当に好奇心が旺盛な人たちで、何にでも手を触れ、何でできているのか、何のために使うのかを知ろうとします。貧しい人びと、われわれがこれまで目にしたのは漁師や船頭たちですが、彼らは、海軍のボタンをもらっただけで大喜びします。そのお返しに、パイプやサンダルといった、ありとあらゆる小物をくれるものですから、ボタンはここではほとんどお金の代わりといったところです。

　当地のイギリス公使［ラザフォード・オールコック］は、目下、フジヤマ登山に出かけていて、数日後にならなければ帰ってこないそうです。アメリカは公使［タウンゼント・］ハリス氏を江戸に派遣しています。これらの諸国の領事・公使たちは、大変に窮屈な生活を強いられているそうで、ほとんど囚われの身に等しい有様だそうです。公使館の中庭には、つねに皇帝の士官の一隊［幕府の役人を指す］が詰めていて、外国人たちを一挙手一投足に至るまで監視しているのです。これは、日本にとって大事な外国の代表に万全の保護を与えるため、という口実のもとにおこなわれています。士官たちがいなくては、外交代表たちの安全は保証できないというのです。

　いちばん独特であると思われる習慣は、この地では誰もが政府の許可なしでは死ぬことができない、という話です。これは奇妙に聞こえますが、要するに、もし、誰かが世を去っても、政府が承認を与えるまでは、存命であるかのように扱われる、ということなのです（もちろん遺体は、しかるべく運び去られて、土葬や火葬に付されますが）。たとえば、先代の大君（皇帝）のときの話があります。エルジン卿が条約を締結しようとした時には、皇帝はすでに亡くなっていたのですが、イギリス使節団が何度も謁見を願い出たところ、そのたびに返ってきた返事は皇帝は病気である、というものだったとか。

　使節団の一行が乗船してからというもの、船上での生活は、以前よりも居心地のよいものになりました。甲板で煙草を吸うことも許されるようになりました（本来は、勤務規則に反することですが）。使節団の随員は、ほかのメンバーを含めて、みな本当に気持ちの良い親切な人たちです。とくにヴィルヘルム・ハイネ氏[5]。数週間前、私はオイレンブルク伯のところへ食事に招かれました。私も大変好感を持ちましたが、彼は職務にぴったりの人物で、誰からも好かれています。彼に聞いたのですが、フォン・ビスマルク氏［オットー・フォン・ビスマルク、のちのドイツ帝国宰相、当時はドイツの中露大使］が、私のことで彼に手紙をよこしたそうです。当地までの航海の途中、われわれは、またも乗組員を一人失いました。彼は熟練した

水兵で、しかも海は穏やかだったのです。どうやら、サメに襲われた模様です（その次の日には、3 匹ものサメを捕まえましたから）。[中略]　お父さんによろしくお伝えください。お父さんは、われわれの遭遇した暴風について、もっと細かい点をお知りになりたいと思われることでしょう。ですから、航海日誌を抜粋したものをここに同封しておきます。[以下略]

9 月 7 日

　　明日は、使節が威風堂々と江戸入りする日です。武装水兵と海兵隊あわせて 250 人が付き従うことになっています（これは、首都が受け入れる最初の外国の軍隊となります）。私も同行します。面白いことになりそうです。ほかの船が間に合わなかったのは、残念なことです。まだ到着しないスクーナーのことをみんな心配しています。何もかも無事というわけには行かないのではないかと思います。ここ数日は順風でしたから、まだこちらに向かって航海の途中であるとは考えられません [6]。いつもは打ち解けにくい日本人たちが、私たちにはどうしてこんなに愛想が良いのか、本当のところは、私にはよくわからないのですが、これはわれわれにとっては大変好都合です。明日の一大行事は、日本人たちに大きな感銘を与えることでしょう。われわれは、6 隻のボートで行きます。そのうち 3 隻には大砲を搭載します。上陸すると、まず軍楽隊、それから海兵隊が行進し、使節は随員を従えて騎馬で隊列の中央を進み、そして最後に水兵たちがしんがりを務めます。私は、その第 1 分隊を指揮する栄誉に預かることになっています。

9 月 9 日、日曜日

　　[前略]　昨日のわが使節団の江戸入りの式典は、途中、雨が少し降り、路面にいくつも深いぬかるみができた以外は、大変首尾よく、無事に終わりました。まったく実に興味深い一日でしたので、ここで少し詳しくご報告したいと思います。午前 10 時、われわれは 6 隻のボートに乗艇し終わりました。大型のボート 3 隻には大砲を装備し、全員が小銃、サーベル、拳銃で武装した兵士たちですし詰めになっていました。使節 [オイレンブルク伯] と随員は、艦長 [「アルコナ」号のズンデヴァル][7] と共に一隻のボートに乗りました。「アルコナ」号はすべてのマストの先端に旗を掲げ、19 発の礼砲を発射しました。日本の士官が一人、上陸地点への案内を務めました。正午頃、われわれのボート隊は、砲台の側を通過し、上陸を開始しました。兵士たちは規律正しく下船し、広場で隊伍を整えましたが、そこにはたくさんの馬が準備されていて、周囲は押しかけてきた人びとでびっしり取り囲まれていました。オイレンブルク伯は最後に上陸され、随員と共に馬にまたがりました。そして全隊が行進を始めました。大勢の日本人、警官や士官たちが騎乗して、隊列の前後に随伴しました。道路は封鎖されておらず（エルジン卿が江戸に入った時と違って）、道は人でいっぱいで、そこを通り抜けるのに苦労しました。窓

という窓、戸口という戸口には、老若男女が鈴なりになり大変な騒ぎでした。好奇心をむきだしにしていましたが、われわれの故郷の街路で見る若者たちのように、厚かましくもなければ奇矯な振る舞いをするわけでもなく、後についてくるのはほんの僅かで、大部分は、われわれが通過するのを見ただけで満足したようでした。私たちは、非常に狭く、立派には見えない一角を通り抜けましたが、それでも、どの家も、整頓され清潔に見えました。すべて木と紙でできていて、窓ガラスは1枚も見えません。雨が降り始めると、日本人はゴム靴ではなく、木の台（足台を小さくしたようなもの）を足の下につけます。これでサンダル [足袋のこと] が汚れるのを防げるのです。また、われわれのゴムの外套や雨傘にも、非常に実用的な代用品がこの地にはあります。雨傘の代わりになるのが、大きな丸い帽子 [菅笠を指す] や黄色の大きな紙製の傘です。ゴム引きの外套の代わりには、藁でつくった分厚いマントとズボンがあります。雨に濡れないように、これらを身につけている人物を、私はスケッチしました。オイレンブルク伯のために用意された家は、下田から解体して運ばれてきたもので、まさに、アメリカとの条約が結ばれた建物だそうです。われわれは、道中、何事もなく、ここに到着し、建物の前にある庭に整列しました。門が閉じられると、おごそかな儀礼と共に、国旗が掲揚されました。士官と候補生は、日本風の朝食をとり（お茶と一種のカステラのようなもの）、兵士たちにはリンゴやメロンが供されました。しばらくして、江戸のいわゆる総督 [外国奉行] が使節団を表敬訪問しました。彼は、栄誉礼を以て迎えられ、それを大変喜んでいたようです。日没と共に、われわれは再び帰路につきました。今度は、士官と候補生は全員、馬に乗ることができました。馬たちは、耳慣れない音楽をずっと聴かされたために気が立っていて、われわれの同僚の多くは、馬をなだめるのに骨を折りました。おまけに、日本式の鞍とあぶみは大変不便なもので、このため、何頭かの馬は、家に突っ込んで行ってしまったり、人に乗りかかったりと、非常にこっけいな光景が繰り広げられたのです。しかし、結局は大した事故も起こらず、全員が無事に帰艦しました。江戸の町は非常に独特で、ほかでは見たことがないものです。海に近いところでは、すでに書きましたとおり、見栄えが悪く狭苦しいのですが、市街の中心部には、大きな庭園や公園のような施設があり、美しい樹が植えられています。それらは、高位の人びとの家の一部としてあるものです。これらの家は、使節団にあてがわれたものから判断する限り、非常に清潔で、ヨーロッパの観念に照らしてみても優雅であると言えます。すべての家具は美しく塗装され、床には畳が敷かれており、とくに金属の把手や手すりはすべて、われわれのものよりはるかに趣味がよいものでした。こうした細々とした事柄については、また別の機会にあらためて書くことにします。今のところ、私は、まだほんのわずかのことしか知っていないのですから。われわれ全員に数日の休暇が与えられ、使節団の家に滞在してよいことになりました。私の順番がくるのは、8 日後です。この機会にたくさんスケッチをしようと思います。買いたくなるような素敵な品物がいろいろあるのですが、よく法外な高値をふっ

かけられたり、騙されたりします[8]。毎日、日本の士官たちがわれわれの船にやって来ますが、私は、これは、彼らがもてなしのために出されるダンツィガー・ゴールドヴァッサー[9]をたいそう気に入っているからではないかと疑っています。[以下略]

9月11日
　今日になっても、スクーナー船は行方不明です。本当に深刻な事態になって来ました。勿論、どこかの港に修理のために緊急避難をしている可能性はありますが、その港が日本国内であれば、当然、わかるはずです。この国の人々の往来は大変活発なので、このような事件は、ただちに首都に報告されることでしょう。私は、スクーナーが一昨日の天候に遭っていなければ、と祈ります。あれでは、無事に乗り切ることは困難だったでしょうから。陸上でも風が大きな被害をもたらしました。多くの家屋が、屋根を飛ばされたり、倒壊しました。品川ではヨーロッパの商人たちの社屋が吹き飛びました。

9月13日
　ここへの本来の意味での郵便連絡はありません。神奈川に停泊中のイギリス船が、手紙類を上海に運び、そこで郵便局に渡されることになっています。うまく行くか心配ですが、それでも、この手紙を託そうと思います。次の機会がいつになるかわかりませんので。今までのところ、スクーナーと「テティス」号から消息はありません。新鮮な食料は、毎日、ボートをやって、神奈川から手に入れています。（明日は、私もそこへ休暇をとって行くつもりです。）

9月15日
　昨日、うれしいことに「テティス」号が来ました。前日に神奈川に投錨し、それから、こちらへ来ました。残念ながら、彼らもスクーナーについては、何も知っていませんでした。日本国内には居ないようです。あらゆるところへ捜索を出しましたが、どの港にも入っていませんでした。もう、再会することが無いとしたら、大きな不幸です。[以下略]

9月21日、江戸の錨地にて
　手紙を言付ける予定の船は、明後日、上海に向けて出航する予定だそうです。時間はまだありますから、横浜への遠足について少々お伝えしたいと思います。それは、まことに興味深いものでした。
　横浜は、神奈川の近くにあり、ヨーロッパの商人たちの居留地になっているところです。ドイツ人もいます（しかも大勢）。数の上では、一番多いそうです。彼らは、今まで他国の領事館の保護下にあったため、大変な不便を強いられていました。日本の当局に対しては、イギリ

ス人であるとかフランス人であるというように名乗っていたのですが、やがて、彼らは、それが偽りであることに気がついたようで、それらの領事館に直談判を申し入れてきました。すると領事館の方では、あっさりとドイツ人たちに対する保護の中止を受け入れてしまったのです。もし、われわれが到着していなかったら、おそらくドイツ商人はこの地から立ち去ることを余儀なくされていたことでしょう。先週の日曜日に、商人たちは使節に面会して、その窮状を訴えるべく、われわれの船を訪れました。この機会を利用して、私は休暇を申請し、夕方になってから横浜へと帰る彼らに同行したというわけです（私のほかに候補生1名、従軍牧師1名、士官2名が一緒でした）。横浜までは、片道およそ5時間かかりましたので、着いた時には夜の10時になっていました。当初の予定では、オランダ人の経営する旅館に泊まるつもりだったのですが、結局、問題なくドイツ人の人々の家に分宿させてもらえました。［中略］

　月曜日の朝には買い物に出かけ、ちょっとしたものをいくつか買い込みました。日本人は、実に手先が器用で、とくに漆製品や金属、木、象牙などの彫刻に秀でています。店で売られている品々は、まことに見事なものばかりでした。すべてを買い占めることができないのが、残念でなりません。こうした品々を持って帰れば、故郷ではきっと大人気になることでしょう。しかし、象眼された細工物はどれも暑気に大変弱いので輸送がうまくできません。それに値段が高すぎます。最初に提示された値段が3分の1かそれ以下になるまで、値切り交渉をせねばなりません。売り手もなかなか譲りませんが、大概の場合は、現金を見せてやると引き下がります。当地で通用する唯一の外国通貨は、ドルです。しかし、それでさえ額面の7割の価値でしか取引されません。これは、日本が諸外国と締結した条約に、真っ向から違反するものです。条約によれば、外国の硬貨は、重量通りの価値を持つものとして受け入れることが定められているのですから。日本人は、亜鉛の含有率を増やした硬貨を鋳造することで、この規程を骨抜きにしてしまっています。最もよく流通している日本の硬貨は、一分というもので、正方形をした銀貨です。これは、額面上15銀グロッシェンと同じ価値を持つことになっていますが、実際にはそれだけの力はありません。「アルコナ」号では、1ドルが3分に当たると聞いていましたが、上陸してみると2分と4分の1止まりでした。日本では、誰もが、どこでもいつでも相手を騙そうとするのです。しかも、身分の上下を問わずです。政府が一番ひどいのです。彼らは、どんなことにも、もっともらしい言い訳を見つけてきます。しかし、こんな状態が長続きするはずはありません。イギリスが条約の条項の不履行をそのまま放っておくはずがなく、中国の問題[10]を片づけ次第、こちらにやってきて、必要ならば武力を用いても日本側に条約の遵守を強要することでしょう。［中略］　横浜の周辺の土地は大変美しいものです。どこもかしこも耕作され、家が建てられており、起伏に富んだ地形で、見事な森林もいくつかあります。森や田んぼ、茶畑、そして小さな村々等を通り抜けていく道中は、まことに興味深いものでした。そのすべてが、ドイツを思わせます。藁葺き屋根の家などはオルデンブルクの農家にそっくり

で、熱帯を思わせるものは全くなく、むしろドイツと共通するものを非常に多く見かけたのです。途中、川のそばにある小さな村で休憩を取りました。農家の庭に馬を乗り入れ、雨宿りをさせてもらうことができました。家の住人たちは、とくに逆らうわけでもなく、ただ驚いて、周囲に集まってきました。小さな子どもたちの多くは裸でしたし、女性たちは、小さい子を背中におぶっています（そういう習慣なのです）。女性たちは、ほとんどが驚くほど小柄でした。彼女たちは、クリスタ[11]が今頃はこれくらい大きくなっているだろうか、と思うような背丈で、もう結婚していて、自分の子どもをおんぶしているのです。とくに目を引いたのは、既婚の女性がみな、歯を黒く染めていることでした。全くぞっとしました。女たちで美しい者は、少なくともヨーロッパ人にとってそう思える者は、ごくまれです。それでも、何人かは、なかなか気に入ったのもいました。彼女たちの髪型は、独特のものです。誰もが美しい漆黒の髪で、私の見た限りでは、そろって可愛らしい小さな手足をしています。

［中略］

　ボートの乗員たちは、マットで屋根のようなものをこしらえて、雨に濡れないようにしてくれました。その下では、背を屈めずに座ることができ、火をおこして米と魚を調理しました。どちらも、日本人の得意の料理です。空っ腹を抱えていたわれわれは、ナイフとフォークの代わりに二本の箸を構えて、この簡単な食事を平らげました。そのほかに、酒（米から作る日本の火酒で、ひどい味がします）を飲みました。私は、箸がうまく使えなかったので、ボートの乗員の一人に食べさせてもらいました。寒く、体が濡れて居心地が悪かったものの、みんなが陽気な気分でいたのが救いでした。夕食が終わると、ある士官が立ち上がり、集まってきた人々にドイツ語で一場の挨拶をおこない、われわれは爆笑しました。彼は、こんな具合に始めたのです。「紳士淑女、若者諸賢、皆さんとお知り合いになる機会を得たことをまことに喜ばしく存じます。ここに、私を含め、運命を共にする同志、プロイセン国王陛下のコルベット艦「アルコナ」号乗り組みの士官たちが、逆風により、貴国の沿岸に流れ着いたことをご報告申し上げることは、私にとって最高の名誉でございます。このように盛大に歓迎していただいたことに対し、深い感動を覚え、永遠の感謝の念を捧げたく存じます、云々」。これら全ての挨拶に、大げさな身振り手振りを付け加えたのです。陸地の人々は、みな口をぽかんと開けて、話し手の士官を眺めていました。彼らの誰も答辞を述べなかったのは、無礼千万だと思いました。［中略］　こうして思い返してみると、何もかもうまくいったみたいですが、しかし、こんな探険をもう一度やるとしたら、温かい飲み物なしでは行かないつもりです。それはともかく、横浜に住む外国人商人たちにとって、その生活はとても厳しく、不自由の多いものです。彼らは、いつ家に火をつけられるかわかりませんし、場合によっては殺されてしまうかも知れません。今年に入って、すでに6人のヨーロッパ人が殺害されており、しかも、一件として犯人が捕まっていないのです。日本の一般の人々は、おそれるに足りませんが、上層階級の人々、い

わゆる帯刀を許された役人たちは違います。彼らは卑怯者であり、復讐をのぞんでいるのです。ヨーロッパ人は、必ず誰でも外出の際にはピストルを携えて行きますし、夜になると、実際に、それを手に構えて歩くのです。ヨーロッパ人地区には、夜間は、放火や襲撃を防ぐために交代で不寝番が配置されています。私は、ここまで保安対策をとるのはあまりにもやりすぎで、不必要なのではないかと思いましたが、いろいろな人に聞くところによれば、警戒するにこしたことはないそうです。ある晩、私は、仲間と二人だけで外出し、かなり遅くなって帰宅しました。すると、われわれを捜索するために灯りを持った人々が駆り出され、私の宿の亭主も私たちを追って出ていました。

　貿易に関して言えば、時が経てば何かできるでしょう。少なくとも輸出面では。絹、銅と茶葉が主な品物です。輸入の方は細々と、時計のようなぜいたく品を売ろうと多くの人が試みましたが、ほとんど買われませんでした。それには、日本人は賢すぎて、本当に役立つものしか買わないのです。ここで製産する絹布は、実にさまざまで、ある地方の物は非常に繊細で素晴らしいのですが、他の地方の物は粗く悪いものなのです。茶葉は中国のより品質が良いといわれます。何年か前までは、日本の金貨である小判の投機で、人々は大儲けが出来ました。その頃は、金は銀と同じ価値があり、どちらかというと後者の方が珍重されたくらいです。ということは、日本で2ドル以下だった小判が、上海では5ドル以上で売れたそうですから、80%の利益ということになります。残念ですが、我々は来るのが遅すぎました。

　陸上での交渉はひそやかに進展しています。最初に期待していたほど、速やかに進んでいるわけではないようです。日本側は、できるだけ引き延ばそうとしていますから、われわれは、クリスマスまではここに留まることになるかも知れません。ダンツィヒばりの寒さに襲われないといいのですが。スクーナーに関する新しい情報は、まだ何もありません。こうなった今、私の全ての望みは絶たれました。全乗組員もろとも沈没してしまったのでしょう。皆、深く胸を痛めています。このことだけは確かです。[以下略]

1860年9月25日、「アルコナ」号、江戸の錨地にて
　一昨日から、2日間、江戸に滞在しました。当初は、全員に8日間許可されるはずだった上陸休暇が、2日間に短縮されてしまったのです。何かをより詳しく知ろうとする場合、これはひどく短い時間でしかありません。ホテルのような居心地のよい設備はもちろんありません。使節団と同じ宿舎に泊まることになりました。私は午後4時に上陸し、同僚の一人である士官候補生と交代で、宿舎に入りました。私の部屋なるものは、窓もなく四角に紙の壁で仕切られているだけのところでした。四面は、全て横に滑らせて開ける扉になっていて、隅のほうには一種のベッドと小さな机があり、3フィートの高さの燭台が床の上に据えてありました。これで家具は全部です。隣も似たような部屋になっているのですが、そこは、窓が付いているだけ

ましです。その部屋は、船医の一人が使っていました（「アマツォーネ」号所属のヴェンツェル博士です）。彼とはとても気があって、おかげで互いの滞在は非常に心地よいものとなりました。6 時に夕食を食べるまでのあいだ、私は船医と市内に散歩に出かけました。もちろん規則通り武装し、また日本の士官（いわゆる役人）が 2 名同伴しました。彼らの警護なしには、われわれは、誰も外出を許されないのです。役人は一瞬も気をそらしませんし、ときどき、彼らが側にいることが鬱陶しくなります。誰を連れて行くかは指定しなくてはならないのですが、われわれは偶然にも、実に控えめな役人を選んだのでした。[中略]　無事に帰国しましたら、私の買った市街図で、皆さんに全てを説明しましょう。暗くなってからは、使節団の宿舎の外に出ることは禁止されています。夜 8 時に、オイレンブルク伯は晩餐を開かれます。訪れる者は誰でも大歓迎を受けます。私にとって、これらの夜はきわめて味気なく退屈なものでした。たいてい、昼間は馬を走らせたりしてみんな疲れていて、晩餐に顔を出す者も眠気におそわれているようです。伯爵ご自身だけが、お元気でした。私が陸地で過ごした最初の夜も、そんな感じでした。[以下略]

1860 年 10 月 2 日

　江戸での話を続けたいと思います。朝の 6 時頃に馬に乗って、出発しました。今回は、「テティス」号の軍医のヴェンツェル博士と私で行きました。勿論 2 人の役人も一緒です。彼らは、我々の前と後ろに分かれて、ついて来ました。特にこれといった目的地もなく、行き当たりばったり江戸に入ったのですが、地図を見たとき、面白そうな場所で、何かあったときに役人が案内できるような場所を 2、3 か所だけ決めてありました。[中略]　先ほどの寺から、江戸の中心地にまで行きました。その途中、幾つか非常に長い橋を渡ったのですが、通行人があまりに多く、なかなか渡れませんでした。我々は、御所に一番近い堀まで進みました。そこから先は、我々外国人は通行を禁止されています。天皇 [正しくは将軍] の御殿は江戸の中心にあって、付属建物を含めるとかなりの広さになります。周囲にめぐらされた堀は、約 200 フィートの幅があり、我々が騎乗していたこちらの岸からは、向い側には巨大な玄武岩角石で築かれた城壁しか見えません。そして橋が架けられているところには、決まって巨大で重厚な門があり、番兵がいます。これら全体が堅固な要塞を思わせます。城壁の上に立つ大木は、壁の向こうにある土塁で支えられているに違いありません。天皇 [将軍] の離れ小島に一番近い市街地もまた、広い堀で外と隔てられており、そこには藩主や高級官吏が住んでいます。大名と呼ばれる官吏の屋敷は、非常に長く、四角い中庭をぐるりと囲むような建物です。大抵、地味で目立たない造りで、そして決まって平家建てです。屋敷の正門は、それぞれ通りに面しており、ここだけは非常に凝った装飾が施されています。大変丁寧に設えられた巨大な門の上の部分には、よくその所有者の家紋と思われるものを見ました。大名が歩くことはなく、馬に乗るか駕籠に

乗り、いつも30人から50人の家来を引き連れています。これらの行列に度々出会いましたが、彼らは道の真ん中を通るので、人々はいつも道をあけなければなりません。大名が駕籠で移動するときは、華やかに飾り立てられた馬が二人の家来に連れられて、後ろからついて行きます。馬は大抵、絵のように美しい姿をしています。更に、衣装の詰まった大きな漆塗りの衣装箱も担がれているのですが、それは、大名がどこか別の邸宅を訪問するときは、その訪問に合わせて別の衣装に着替えるのが慣習だからです。また、ここでは、並み足で行くのしか見たことがありません。馬は両側から誘導されているのです。馬に揺られながら長い回り道をして、我々は10時頃、公使館に戻りました。10時から1時まで、様々な商人が、公使館である寺に品物を持ち寄り、売ることが許されています。本当に素晴らしいものというのは、実際、そこではあまりお目見えしません。それに、彼らは高い値をふっかけてきます。ですが、どうしても欲しいものがあるなら、やむをえませんが、そこで買うしかありません。朝食をとってから、デュシェーヌ・ド・ベルクール氏のところへ馬で行きました。前に後ろに、また役人を連れて。[フランス公使]ベルクール氏は、海岸の近くの小さな丘に立つ、寺のような、かなり大きな建物に住んでいます[12]。[中略]

その日の残りは、暗くなるまで町をぶらぶらして過ごしました。沢山の店をのぞき歩いて、できるだけ少ない金で多くのものを手に入れようと交渉しました。たまに、とんでもなく騙されることもあります。我々からすれば、とても安価に見えるものが、役人が交渉に口を出すと、大抵、もうその品物を手に入れられなくなるのです。すぐに値段が3、4倍につり上げられるので。[9月]25日の朝、再び船に戻りました。

1860年10月23日、横浜の錨地にて
　このところ、いつも船の一隻はこちらに停泊し、もう一隻は江戸に居ます。われわれは、「テティス」号と8日毎に交替します。ここ横浜は、退屈な江戸よりもずっと快適です。毎日のように、ボートや狩の遠足が行われ、われわれは皆、素晴らしい秋の天候と周辺の美しい自然を楽しんでいます。この前、手紙を書いた後、われわれは水兵を一人病気で失い、この地に葬りました。しばらく前までは、雨の多い、嫌な天候が続きました。そのために多くの病人が出たのだと思います。[以下略]

10月28日、横浜にて
　江戸に戻るため、たったいま、錨が揚げられたところです。「テティス」号が昨日到着しました。ちょうど横浜湾から出ようと針路を変更しているとき、大きなスクリュー蒸気船が入港してくるのが見えました。すぐに星条旗が確認できましたので、この船は、帰国する日本使節団を乗せた米国の軍艦「ナイアガラ」号であろうということになりました。檣頭に提督旗が掲

げられていたので、我々は敬礼をおこないました。明日になれば、より詳しい事情がわかるでしょう。[中略]

　われわれがこちらに着いて 8 日ほど後に、最も力のある政治家である、水戸藩の王子 [正しくは大名で藩主の徳川斉昭] が亡くなりました。先の大老 [井伊直弼] を殺害させ、そのために蟄居させられていた人物ですが、多分、殺害されたのだと思われます。4 日前にやっと、われわれはその事を知りました。幕府がその死の公表を許可したからです。これは、前回の私の手紙に書いたことの根拠となるものです。彼は、幕府と完全に対立していたのですが、幕府があまりに弱体であるために、彼を支配下におくことができないでいました。彼は、いわば完全に独立した大名でした。国内に大変多くの支持者を持っていたので、大君 [正しくは将軍] にとっては危険な存在になっていました。さて、彼は殺害されましたが、われわれの計画には影響がないと思います。しかし、オイレンブルク伯爵は、あまり交渉が長引くようならば、幾人かの勢力のある大名たちと個人的な合意を行っても良いのだが、これを政府は大変怖がっていると、洩らされました。私は、これは彼らを従わせるのに良い方法だったと思います。明後日には、われわれの 3 艘のボートが、これまで測量されていなかった江戸湾を調べに数日間の調査に出かけます。私も、海岸線をスケッチするために同行するように言われていますが、少し風邪気味なので、3 晩も 4 晩も屋根なしのボートで野営するのは賢明とは思えません。特に夜間は気温が下がってきましたので。（フジヤマは、何週間も前から雪を被っています。）

　私は日本の政治や国家について書きたいのですが、それを知るのはとても難しいのです。

　私の知っていることは、全部、オイレンブルク伯爵のところで聞いてきたことです。彼の考えによれば、この国の内政はなにもかも、細部にわたって巧妙に考案され、奇妙な明確さを持って操られているスパイのシステムと見なすことができます。それが国民を次第に完全に無能状態に至らしめ、同時に、政府の権力を現存する他の国家では見られないほど強力なものにしているのです。ここで政府と呼ぶのは、高位の貴族たち全体のことです。彼らが国家をうまく牛耳っているのです。皇帝 [正しくは将軍] 自身だって発言権はあまり大きくありません。彼が、自分の宮殿から一度として外出したことがないという事実からも、そのことがわかります。日本で人民の蜂起が起こることなどあり得ないように見えます。時が経ち、外国人との交流によって、人々が啓蒙されていくことが必要でしょう。王侯貴族たちは、互いに反目しあっていて、それも武器を持って正々堂々と戦うのではなく、中傷や偽善、妬み、そして時には暗殺といった手段に訴えて、互いに相手に優位を与えまいとしています。都 [京都] にいる、象徴としての皇帝（[孝明天皇]）は大君と敵対していますが、すべては水面下で生じているので、国民は、貴族たちの陰謀術策については何も気づかず、自分から知ろうともしません。自分の米と少しの魚があれば、それで誰もが満足なのです。

11月29日、プロイセン王国軍艦「アルコナ」号、江戸の錨地にて

　こちらは、この前、手紙を書いてから変わりがありません。しかし、なかなか面白いことがあったのでお伝えしようと思います。神奈川のイギリス領事館（ここにはロシアの領事館はありません）の提案で、昨春、殺害されたロシア人士官たちの墓の竣工式典が、われわれの牧師によって行われました。そのために、両方の艦が横浜に寄航し、われわれは300人ほどで上陸しました。祭典は非常にうまく行き、深い感銘を残しました。フォン・ベルクール氏を総代に、ヨーロッパの国々の代表が出席し、イギリス、プロイセン、アメリカ、フランスそしてポルトガルの国旗が先導しました。墓は横浜のある丘の斜面にあり、4本の柱が四方に立つ簡素なものですが、ただ、柱の天辺には、お決まりの金の玉とロシア正教の金色の十字架が付いています。われわれとヨーロッパの商人たちを合わせて約500人が墓を取り囲んで大きな輪をつくり、領事と船長は中央に、牧師は墓石の上に立ちました。厳かな式典（勿論、すべてドイツ語で）の後、楽隊がロシアの国歌を演奏し、ささげ銃の礼を行いました。この最後の瞬間は写真に収められています。ベルクール氏がロシアを代表して、ズンデヴァル船長［「アルコナ」号の艦長］に謝辞を述べました。これらの行事は大成功で、天気も最高でした。同じ日の午後、われわれは、「テティス」号の水兵も埋葬しました。これら全てが、日本人には不愉快なことでしたが、この立派な式典を禁止する勇気もないようでした。艦上では、上陸の際に妨害に遭うことを予想し、われわれは、その時には武力をもって突破する覚悟でした。艦載艇が神奈川に通じている橋の傍に停泊し、必要ならば、爆破する用意をしていました（人々を通行できなくするためです）。しかし、邪魔をする者はどこにも居らず、武器を持った日本人は見あたりませんでした。合衆国のフリゲート艦「ナイアガラ」号も乗組員を上陸させるはずでしたが、江戸にいたため、夕方になって横浜に到着したので間に合いませんでした。「ナイアガラ」号が着いてからというもの、日本人よりも、酔っぱらったアメリカ水兵のほうが手に負えない相手になっています。毎日のように、小競り合いが発生しています。彼らの態度は全くなっておらず、卑劣なもので、我々の賞賛すべき態度とは正反対です。ある晩のこと、一人の水兵が役人に殴りかかり、その結果、かえって自分の方が頭を斬られてしまいました。彼は、回復が危ぶまれています。その次の日には、アメリカ人が4人がかりで一人の若いフランス人を襲いました。当地に観光旅行に来ていたモンブラン伯爵とか言う人です。ベルクール氏のところで、一度会ったことがあります。彼らは、乱暴にもモンブラン氏を叩きのめし、拳銃と時計を強奪しました。私も二度ほど、もう少しでスキャンダルに巻き込まれそうになりました。乗組員の1分の1が泥酔して港でひっくり返っていたため、「ナイアガラ」号は停泊予定を　日延期し、当直員にひとりひとり縛られて、ボートで船まで運ばれる始末でした。私は、アメリカ人はこれを自由と呼んでいるように思いますが。［以下略］

12月1日、江戸にて

　このところ、ひどく寒くなってきました。どうしても [ダンツィヒ・] ノイファーヴァッサーの錨地を思い出さずにはいられません。しかし、厳冬の寒さにはならず、氷が張ることも少ないとの事です。再び、待ちわびた条約が締結されると聞きます。私には本当には思えませんが。いずれにせよ、未だこの地で 2 ヶ月はかかると思います。

　[以下略]

12 月 11 日

　今日でダンツィヒの錨地を出航してちょうど 1 周年を迎えました。われわれはお祝いをしましたが、そうは言っても、いつもより少々食事の量が多いというだけでした。

　思いがけず偶然に、先週は江戸に滞在することになりました。これは、私には決して嫌なことではありませんでした。どうしてそうなったか、お話しましょう。8 日前の日曜日に若いオイレンブルク氏が、船の教会に来ました。そして、自分と一緒に江戸へ来ないかと誘ってくれたのです。私は火曜日まで休暇をとり、例の黒い鞄に物を詰めて同行したという次第です。[中略]　今回の江戸滞在は、大変楽しく過ごせました。天気は引き続き上々で、毎日、市内や郊外に大勢で乗馬に出かけました。夜は、使節のところでホイスト[13] をして、心地よく過ごしました。心から楽しみました。今回、江戸には艦隊からは私一人しか来ていませんでした。私は、いつも同じ馬に騎乗することにしました。私のいうことをいつも聞いてくれるおとなしい馬です。立派なイギリス製の鞍も手に入れましたので、乗馬のあとも、前回ほどには体中の骨が痛むということはありませんでした。乗馬に出かけるのは、大抵、午後 2 時から日没までで、大勢がこのために集まります。オイレンブルク伯が先頭に立って一行を率い、副官やほかの人びとがその後に続き、一番うしろから役人たちの大群が追いかけてきます。[中略]　江戸の近郊は、絵のように美しい風景です。美しい油彩画の題材にならないものは、ひとつもありません。[中略]　人家が野原の至るところにあって、耕地の改良に非常に注意が払われています。穀類の畑はほとんどか全く見あたらず、その分、田んぼや野菜、キャベツなどが多いです。江戸市内の近くは起伏のある地形で、しょっちゅう坂を登ったり下りたりします。ときには江戸湾の絶景を見わたせ、ときには雪を戴いた山並みと聖なる山である富士山の眺めを楽しむことができます。風景が最高に美しく、すばらしい森のあるところでは、決まって近くに大きな寺院があります。こうした寺院が、大抵、われわれの乗馬する際の目的地になっています。小高いところに、大きな木の陰になるようにして建てられた寺院があり、それを取りまいて付属する建物や墓地がある光景は類を見ないものです。ヨーロッパ諸国の公使館は、こうした寺院の付属の建物が充てられていることが多く、私はイギリス公使の宿舎をスケッチしました。そこでは、とくに墓地が一見に値するものでした[14]。

12 月 13 日

　たった今、郵便が発送されると聞きましたから、終わりにしなくてはなりません。

　条約の見通しは、目下、やや良好です。皆、そろそろ、今月の終わりになるだろう出発の準備を始めています。私も切にそれを望んでいます。ここから、どこへ向かうのかは未定ですが、私は上海ではないかと思います。中国は現在、ものすごく物価が高いそうですから、われわれは、ここから食料を積んでいかなくてはいけません。イギリスとフランスの船は、未だ着いていません。

1860 年 12 月 26 日、プロイセン王国軍艦「アルコナ」号、横浜の錨地にて

　ここでは、私が手紙を書かなくなってから色々なことがありました。最も重要なことは、条約交渉が進展することで、われわれは、間もなく出発できることを希望しています。[中略] しかし、わたしは、ここでは特にクリスマスについて書こうと思います。大体は、楽しく愉快に過ごしたのですが、残念ながら 24 日には、チフスで死んだ、われわれの水兵のひとりを埋葬せねばなりませんでした。沢山のもみの木が用意され、オレンジやりんご、木の実や灯りが吊るされ、日本の提灯もつるされて、中甲板はとても華やかなイルミネーションで飾られました。士官や候補生、そして乗組員全員が金を出し合い、大小さまざまなものを買い込んで、クリスマスの夜にくじ引きをしました。ズンデヴァル氏が最初にくじを引き、最後は、一番若い見習い水夫が引きました。わたしは酒の壜が当たりました。全員はもちろん、グログ [ラム酒のお湯割り] を貰い、沢山のパンチを飲み、どこもかしこも陽気な雰囲気でした。兵隊たちは、踊っていました。最後には、酔っ払って死んだようになっている者や半分死にかかっている者を、それぞれのハンモックに運ぶので、私は大忙しでした。そのような船上の宴会は、最後は多かれ少なかれ悲劇的なものです。クリスマス第一日目の昨日は同じように陽気でしたし、またもや沢山のグロクが飲まれ、同じように、飲みすぎた連中が沢山居ました。今日は、残念ながら天気が悪く、雪と雨が半々です。風は、ダンツィヒの錨地並みの冷たさです。

　当地のあと、われわれがどこに行くのかについては、まだ、たしかなことは何も決まっていません。まず上海、それからバンコクであろうと噂されています。とにかく寒いうちに天津に行くことはなさそうです。シャムの国王は、オイレンブルク伯に手紙を送り、3 月末までバンコクには来ないでほしいと頼んできたそうです。新しい白象を調教しなければならないからだそうです。

1 月 2 日

　われわれのところでは、元旦はとても穏やかでした。クリスマスからずっと心地よく過ぎました。私は、この大晦日のように楽しい日を過ごしたことは、船の上ではあまり経験があり

ません。われわれは、いつもやるように、今度も様々な地の新年になる時間を計算したのですが、例えばフランクフルトとは9時間の時差がありますから、朝の9時まで飲み続けなくてはならず、それではやり過ぎでしょう。そこで、立っていられる間は飲む、ということで満足しました。われわれは、仕官食堂にイギリスの海軍候補生を招待しました。最高に居心地がよく、沢山の演説がドイツ語や下手な英語で行われ、よくある大騒ぎをやらかしたわけです。砲室では劇が演じられ、5つの寸劇が上演されましたが、どれも悪くありませんでした。いずれにせよ、あまりにも笑い声が高くて、役者の言っていることを判るためには、静かにしろ、と命じる必要がありました。われわれのひとり、機関士はベルリン出身でしたが、コメディアンの素晴らしい才能の持ち主で、ベルリンの靴屋の徒弟を見事に演じました。この男は、最初の芝居では婦人に扮しました（船内で細工した大きなクリノリン [金属でスカートを円く広げる輪] をつけて）。私は、近頃、この芝居ほど笑ったことはありません。それはそうと、演目は喜劇ばかりではなく、ギターの伴奏で、難曲のアリアが歌われもしました。中甲板と中隊室は、日本の提灯が吊るされ、あちらこちらに横幕がかけられていました。

1月19日
　この2週間というもの、手紙を書くことができませんでした。この間に、ずいぶんいろいろなことが起こりました。世情は、日に日に物騒になってきています。すでに三回、武装した兵員をボートで上陸させました。今のところはまだ、実際に武器を使うような事態には至っていません。事の起こりは1月の初めのことで、経緯は以下のようなものでした。1月2日の午後9時、突然2人の総督が江戸のオイレンブルク伯を訪問し、ある陰謀がめぐらされており、それには水戸候の浪士600人が関与している、しかもその目標はヨーロッパ各国の使節の命を奪うことにある、と告げました。浪士たちは、ありとあらゆる格好に変装して江戸に潜伏中で、ヨーロッパ人を殺害するチャンスをうかがっているというのです。総督たちは、使節 [オイレンブルク伯] に対し、ただちに皇帝の居城の外郭に設けられた住宅に移動するか、あるいは、軍艦に避難することを求めました。この状況においては、政府が十分な保護を与えることは不可能だというのです。これに対し、オイレンブルク伯は、総督の庇護を全面的に信頼している旨を伝え、また条約が締結され署名されるまでは宿舎を移動する考えがないことを明らかにしました。[中略]　第二の警報は15日、横浜の大火の後で起こりました。われわれは停泊中でしたが、火事を見て、何発かの銃声を聞きました。そのために、武装したボートを出しました。オランダの船もイギリスの船も同じ事をしました。銃声と思ったのは、火薬樽が爆発したものであり、火も間もなく消えました。われわれは、暗澹とした気持ちで船に戻りました。第三の事件は、その背景に悲しむべき出来事がありました。ヨーロッパ人が一人殺害されたのです。しかも被害にあったのは、われわれがとても親しかったヒュースケン氏で、実際、われわれの

交渉が成功したのも大部分は彼のおかげだったのです。もともと、彼はヴェストファーレン出身の人で［実際にはオランダ生まれ］、当地ではアメリカ使節団の通訳兼書記官として働いていました。それを、われわれが到着した際、オイレンブルク伯が通訳として採用したのです。それ以来、彼は、ほとんど一日中、使節団の宿舎に詰め、みんなと食事を共にし、誰からも好かれて、いつしか使節団のメンバーの一人と見なされるようになっていました。私も江戸に滞在しているときは、彼と毎日のように話をしたものです。彼は、最初に江戸にやってきたヨーロッパ人の一人であり、流暢な日本語をあやつるので有名な存在でした。このヒュースケン氏は、しかし、少々不用心なところがあって、外出の時はいつも武器を持たずに丸腰のままだったのです。彼は、毎晩9時になると、役人一人を連れて、使節団宿舎から自分の家に帰っていました。事件があった16日の晩も、そのようにしていました。宿舎から通りをしばらく行ったところで、突然、7人の日本人が路地から現れ、襲いかかってきたのです。気づく間もなく、傷を負わされたヒュースケン氏は護衛の役人を呼んだのですが、叫び声を聞いて、助けに向かおうとした護衛もまた、敵に襲われたのでした。役人は、敵の攻撃をうまくかわしたものの、乗っていた馬が撃たれ、地面に投げ出されたときに倒れた馬の下敷きになってしまいました。ようやく馬の下から這い出た彼が駆けつけたときには、数歩先でヒュースケンは血まみれになって地面に横たわっていたのです。襲撃者たちは、勿論、あっと言う間に闇の中に逃げ失せました。役人は怪我人の傍にとどまり、別の役人をアメリカ公使に通報させました。そちらへH氏［ヒュースケン］は、半時間後に運ばれました。われわれの使節団の医師、ルツィウス博士が呼ばれ、6インチくらいの深い傷を二つ、脇に受けていることを認めました。彼は夜中に、アメリカ公使の家で意識は明瞭のまま息を引き取りました。この事件が、大きなセンセーションをまき起こしたことは、お解りと思います。オイレンブルク伯は、大変心を痛められました。彼の能力を非常に高く買っておられたので、昨日、ある日本の墓地でヒュースケン氏の葬儀がとりおこなわれました。［中略］「テティス」号とわれわれ［「アルコナ」号］から、それぞれボート2隻で強力な海兵隊の分遣隊を上陸させました。さらに水兵たちが加わったほか、士官や士官候補生から志願者が参加しました（もちろん私も加わりました）。使節が到着した際、襲撃計画があることが明らかになり、海兵隊は銃に実弾を装填し、われわれは全員が拳銃をもって、アメリカ公使館のところまで道を進みました。われわれ候補生たちには拳銃のほか、いつもの短剣の代わりに大きな騎兵用のサーベル（これは、そもそも贈り物にするためにドイツから持ってきたものです）を、全員が帯びていました。全部で海兵隊30名、水兵20名、オランダのブリッグ船［2本マストの小型帆船］から数名、われわれの艦隊から士官と候補生が十数名といったところです。行進を始める前に、われわれの一人が、一緒に来ていなかったズンデヴァル氏を迎えに艦まで戻らなくてはなりませんでした。武装ボートはすべて、上陸部隊を増強するために再度陸に派遣されました。［アメリカ公使の］ハリス氏のところで30分休憩し、

棺を行列の中央に配置し、襲撃に備えて必要な準備を整えました。その後、神奈川からイギリス、オランダ、フランスの公使や領事たちが到着して合流するのを待って、われわれは行進を再開したのでした。［中略］

　たった今、我々のボートが艦に着き、陸ではヨーロッパ人の身の危険が益々危ぶまれる事態になっている、という知らせを告げています。イギリス人公使［オールコック］は江戸を離れ、横浜に移るそうです。また、ベルクール氏も。ハリス氏は、我々の使節と同じく、条約が締結されるまでは江戸に留まるようです。これは、今日にも実現される予定です。我々はそのため、8日以内にここを去る意向ですが、私もこれが最も賢明な策だと確信しています。

1月20日

　今日は、初めて陸上で礼拝が行われました。別れの儀式をしようということだと思います。条約は締結され、使節団のメンバーは、数日のうちに艦上に戻ることになっています。3日前から非常に寒く、不快な天候です。昨日は甲板に、1/2フィートの雪が積もりました。今日は、冷たい強風が吹いているので、われわれの舟艇はうまく進めません。ハイネ氏は江戸から船にやってきて、全般的に、混乱と苛々とした気分が高まっていると話してくれました。［中略］日本との条約が、ドイツ関税同盟全体とではなく、プロイセンとのみ締結されたという知らせがありました。面白いと思いませんか。日本政府は関税同盟の存在もその重要性も知っているにもかかわらず、条約をむすぶことは頑として拒否しました。したがって、ブレーメンやハンブルク、その他のドイツ諸邦が日本と通商を行おうとするならば、プロイセンの旗を掲げて行わねばならないのです（もし彼らが［プロイセンへの］嫌がらせとしてオランダやイギリスの旗でも掲げないかぎり）。私の見るところ、これは、プロイセンにとって大変大きな意味を持つことになるでしょう。

　［以下略］

1月25日

　たった今、陸から知らせがあって、交渉が締結し、条約が調印されたそうです（何日か前では、無かったわけです）。使節団は、来週宿舎を引き払って乗船します。今日が当地からの最後の郵便の発送日ですから、そろそろこれで終りにしようと思います。ここから下田と長崎に行くことになるかもしれませんが、どのみち大して長い滞在にはならないでしょう。

***

　海軍士官候補生だったアイゼンデッヒャーは、オイレンブルク遠征団に同行して「アルコナ」号で日本を訪れているが、このときの書簡を刊行しようという計画は 1927 年からあった。フリードリヒ・M・トラウツは、アイゼンデッヒャーに宛てた手紙の中で、書簡集を「あなた自身の手になる短い序文を付けた上で」出版することを提案している[15]。この計画は、トラウツ自身が、長期にわたって日本に滞在することになったため延期され、実現を見る前に、アイゼンデッヒャー自身が、この世を去ってしまった。その後、アイゼンデッヒャー未亡人の協力により、トラウツの筆による、元公使の日本における生活なる序文をつけて、書簡集は完成された。日本研究に関する雑誌『Nippon. Zeitschrift für Japanologie』（第 7 巻 3 号、129-163 頁）誌上に「ドイツ海軍士官候補生の江戸通信。1860-61。海軍提カール・フォン・アイゼンデッヒャー生誕 100 周年にあたる 1941 年 6 月 23 日を記念して」と題されて発表された。残念ながら、書簡の原文は、未亡人の亡くなった後で、遺品の整理中に燃やされてしまった。「分厚く束ねられた 7 束の書簡類」とトラウツはオルデンブルクの古文書館に書いた手紙の中で、触れている。「ご夫妻が晩年まで繰り返し読んでおられた、1861 年からの書簡、すべてご本人の筆跡で、私の記憶する限り、どれも母上に宛てられていたものが、バーデン・バーデンに私が到着した時にはすでに、暖炉の火に焼べられていたのです。先日、古文書館にお送りした、私の仮出版『ドイツ海軍士官候補生の江戸通信』は、この書簡に由来しております。[以下略]」[16]。

　ここに取り上げた書簡は、1941 年にトラウツがまとめた物を、多少短くしたものである。また、（　）内は、アイゼンデッヒャー自身による補足であり、[　] は、本文の内容を判りやすくするために、筆者並びに訳者が原文を補った箇所を示す。

　　　　　　　　　　　　　　　　　　　　　　　訳：辻　英史、ヒールシャー 恵子、宮田　奈々

1 オイレンブルク使節団の記録としては、使節団の公式報告書のほか、艦隊の一隻であったエルベ号の艦長の手記が邦訳されている。中井晶夫訳『オイレンブルク日本遠征記』上・下、(新異国叢書；第 12-13 巻)、雄松堂書店、1969 年；R・ヴェルナー、金森誠也・安藤勉訳『エルベ号艦長幕末記』新人物往来社、1990 年。オイレンブルグ使節団の一員であり、その後プロイセンおよびドイツ帝国の初代駐日領事（のち弁理公使）となったブラント Max von Brandt の回顧録も参考になる：マックス・フォン・ブラント、原潔・永岡敦訳『ドイツ公使の見た明治維新』新人物往来社、1987 年。

2 帆船の一種で 2 本マストに縦帆を張る。「フラウエンローブ」号、95 トン。

3 デュシェーヌ・ド・ベルクール（Duchesne de Bellecourt）(1817-1881)、在任 1859-64 年。1860 年の時点では、正式には弁理公使であり、1862 年から全権公使に昇格した。

4 これはアメリカ公使館で勤務していたオランダ人のヒュースケン（Henry C. J. Heusken）のことを指す。

5 ウィルヘルム・ハイネ、使節団に随行した写真家兼画家。自らもスケッチをよくしたアイゼンデッヒャーは、ハイネの活動に興味を持った。ハイネについては Stahncke, Preußens Weg, pp. 183-187 を参照。

6 実際は 9 月 2 日、台風のため下田沖で沈没、乗組員 41 名が死亡していた。

7 スウェーデン出身のズンデヴァル海軍大佐。同時に、戦隊司令官として、使節団を乗せた艦隊の指揮をとっていた。

8 このことは、オイレンブルク使節団の公式報告書の記述からも確認できる。「価格に関して言えば、小売商たちは、どうもわれわれを高貴な人びととして扱っていたようである。日本のしきたりでは、そうした人びとは、通常の倍の値段を払うのが常であった。」Stahncke, Preußens Weg, pp. 110 から引用。

9 ダンツィヒ産のハーブリキュールで、金箔が浮いていたので「金水」と名づけられた。

10 ここでいう「中国問題」とは 1857 年から 1860 年のアロー戦争（第二次アヘン戦争）を指す。

11 クリスタ・フォン・アイゼンデッヒャー。1852 年にフランクフルト・アム・マインで生まれたアイゼンデッヒャーの妹。この当時、彼女は 8 歳だった。

12 三田の済海寺。現在の住所は、東京都港区三田 4 丁目 16-23。

13 トランプゲームの一種で、セブンブリッジの原型。海軍軍人に好まれた。

14 67 頁掲載の絵を指すと思われる。

15 ドイツ連邦資料館・軍事資料館、フライブルグ (Bundesarchiv/ Militärarchiv Freiburg)、トラウツ関係文書 , N508), no. 80 所収のトラウツのアイゼンデッヒャー宛書簡（1927 年 2 月 27 日付）参照。

16 同上、トラウツのオルデンブルク古文書館宛書簡、カールスルーエ（1950 年 1 月 31 日付）。

2.
Vom Daimyô-Palais zum Legationsgebäude

Die erste Residenz in Tôkyô (damals noch Edo), in der ein deutscher Diplomat Wohnung bezog und den japanischen Behörden gegenübertrat, lag in Akabane, im heutigen Stadtbezirk Minato-ku. Hier waren seit einigen Jahren auch die diplomatischen Vertretungen der USA, Englands und Frankreichs untergebracht, zumeist in umfunktionierten Tempeln. Die Unterkunft für die deutsche Gesandtschaft hatte die Shogunatsregierung im Herbst 1860 dem Grafen Friedrich Eulenburg, Außerordentlichen Gesandten und Bevollmächtigten Minister an der Spitze der preußischen Ostasienexpedition, zur Verfügung gestellt (Abb. 14).

„Bei der Ankunft des Zugs vor Akabani [sic], dem für die Gesandtschaft eingerichteten Hause, das sehr geräumig und reinlich gehalten war, marschierten die Seesoldaten und Matrosen durch die geöffneten Thore in den Hof, wo unter militärischem Salut an einer Flaggenstange die preußische Flagge aufgehißt wurde",

berichtet ein Expeditionsteilnehmer, der Kapitän der ‚Elbe', über den historischen Moment.[1]

Das Temperament eines Max von Brandt, damals Attaché im Gesandtschaftsstab, betrachtete das Gebäude etwas eigenwilliger.

„Ein Marsch von zwanzig Minuten brachte uns nach den uns angewiesenen, hinter dem Begräbnisplatz einiger Siogune in Shiba gelegenen Gebäuden, die auf den ersten Blick den Eindruck einer Anzahl von größeren und kleineren schwarz angestrichenen, inwendig weiß beklebten Geflügelkäfigen machten, die um einen ebensolchen größeren Käfig umherstanden und mit einem hohen schwarzen Bretterzaun umgeben waren. Bei näherer Besichtigung entwickelte sich der größere Käfig als das uns zur Wohnung angewiesene Gebäude [...]."[2]

Am korrektesten an die Wirklichkeit bei der Beschreibung der ersten Residenz kam Eisendecher, der junge Seekadett, heran. Graf Eulenburg mit Gefolge hat seine Wohnung, schrieb der junge Mann an seine Eltern, „in einem ausgeräumten Tempel" aufgeschlagen.[3]

Die Verhandlungen waren kein leichtes Unterfangen. Beide Seiten, die japanische wie die preußische, hatten ihre liebe Not, ihre Emotionen im Zaum zu halten. Es waren jene Tage, an denen die japanischen Einwände gegen den Abschluß von Handelsverträgen mit einer ausländischen Macht immer deutlicher wurden und tätliche Übergriffe auf fremde Residenten an der Tagesordnung waren. Fünf Monate lang waren die preußischen Diplomaten (und Militärs) im Land gewesen. Dann konnte sich die japanische Regierung wieder um eine andere Verwendung des Gebäudes in Akabane kümmern.

Den Vertrag hatte Preußen nach monatelangen Verhandlungen unter Dach und Fach gebracht. Mit dem Ergebnis, daß eine ständige diplomatische Mission in Japan eröffnet werden durfte.

Abbildung 14: Areal nahe der preußischen Gesandschaft in Edo („In Yedo") (nach einer Zeichnung von A. Berg).

Preußens erster ständiger Vertreter wurde Max von Brandt. Zunächst unter dem Amtstitel „Konsul in Japan", fungierte er von 1862 an als förmlicher Geschäftsträger (Abb. 15). Wohnung und Amtssitz befanden sich zunächst in Yokohama, zeitweise residierte Brandt allerdings auch in Edo, wo ihm ein Tempel als Unterkunft zur Verfügung gestellt wurde.[4]

Luxus konnte sich die preußische Vertretung in Yokohama keinen leisten. Aus Kostengründen lag das Amtsgebäude zwischen der Niederlassung der Ausländer und dem japanischen Viertel lange Zeit in unmittelbarer Nähe des Zollamtes. Gebäude in dieser Lage hatten den Vorteil geringer Kosten, dagegen den Nachteil größter Feuergefährlichkeit, einmal wegen ihrer Bauart aus Holz und eben wegen ihrer Nähe zum japanischen Teil der Stadt, in der Feuersbrünste häufig waren. Genau dies widerfuhr der preußischen Vertretung. Im November 1866 brannte der Dienstsitz ab, das Archiv hatte gerade noch gerettet werden können.[5]

Für den Nachfolgebau gestaltete sich die Situation wesentlich günstiger, da die japanische Regierung ein neues Baugelände in Yokohama aufgeschlossen und sich den ausländischen Diplomaten gegenüber höchst großzügig erwiesen hatte. Für die preußische Legation, die seit Februar 1869 auch die diplomatische Vertretung des Norddeutschen Bundes geworden war, ließen die japanischen Behörden, wie sie dies auch für mehrere andere fremde Vertreter taten, in schöner Lage am Meer ein Haus erbauen, das in seiner Planung ganz den Wünschen Brandts entsprach, und für das er zehn Prozent des Kostenpreises als jährliche Miete zahlte.

Mit seinem europäischen Baukörper auf einem Steinquaderfundament und dem japanischem Walmdach entsprach das Legationsgebäude jenem von den japanischen Behörden bevorzugten *Giyôfû*-Stil, also einer quasi-europäischen Auffassung von Architektur, wie sie sich besonders bei Bauwerken auf dem Lande, zumeist Amtsgebäuden oder Schulen, verbreitete. Elemente wie westliche Spitzbogenfenster verbanden sich mit Schmuckbalkenportalen, die in ähnlicher Form bei Tempelbauten anzutreffen waren.[6] (Abb. 16)

Eine lange Dienstzeit war diesem Gebäude jedoch nicht beschieden. Als Max von Brandt im Jahre 1874 die Koffer packte, um seine nächste Dienststelle anzutreten, nämlich die des Gesandten am chinesischen Kaiserhof in Peking, hatten äußere Umstände für sein bisheriges Ambiente eine nachhaltige Veränderung gebracht. Die hohe Politik – die Umwälzungen in Japan im ersten Jahr der Meiji-Zeit (1868) und die Errichtung des Deutschen Kaiserreiches (1871) – sorgten auch im diplomatischen Verkehr für einen wesentlichen Wandel. Im einen Fall war Brandt jetzt zum Ministerresidenten einer Großmacht avanciert, im anderen verlagerte sich der dienstliche Verkehr mehr und mehr in die Hauptstadt der neuen Regierung, die seit Herbst 1868 Tôkyô (Östliche Hauptstadt) hieß.

Als die japanische Seite ein Näherrücken an das administrative Zentrum für tunlich hielt, war Brandt im Zuge der Übersiedlung ein glücklicher Umstand zurechtgekommen – unter günstigen Bedingungen („für ein Spottgeld") und in bester Lage in Tôkyô ein Grundstück aus dem Besitz einer der alten fürstlichen Familien zu erwerben, „samt kleinem Daimyopalast mit sehr umfangreichen Nebengebäuden und einem großen Garten".[7] Ein als Feld benutztes Stück benachbartes Land war auch noch zu haben gewesen. Max von Brandt zögerte nicht lange. Das Areal lag an einer vornehmen Adresse, kaum einen Steinwurf vom Kaiserpalast entfernt, im Bezirk Kôjimachi, dem heutigen Chiyoda-ku.

Abbildung 15:
Max von Brandt.

Abbildung 16:
Die deutsche Legation in Yokohama ("The North-German Legation, Benten").

Eigentümer war Hosokawa Yamashiro no kami Yukizane (1842–1902) gewesen, der einem Zweig der mächtigen Hosokawa-Familie entstammte und zuletzt über das mit 30.000 *koku* Reis taxierte Fürstentum von Higo-Uto (in der heutigen Präfektur Kumamoto) verfügte. Das Areal in Tôkyô umfaßte 3.240 *tsubo*, also über 10.000 Quadratmeter.[8] Auch die Möglichkeit, das etwa 5.000 *tsubo* (16.500 Quadratmeter) große Nachbargrundstück aus dem Vorbesitz der Familie Ômura zu erwerben, wurde wahrgenommen.[9] Träger der Rechte auf den Besitz war zu dem Zeitpunkt der an der Meiji-Restauration aktiv beteiligte Ômura Sumihiro (1830–1882), der letzte Fürst von Hizen (heute Nagasaki) gewesen (Abb. 17). Wegen des Außenhandels verblieben die Konsulate zwar weiterhin in Yokohama, die Legationen hingegen rückten nun in die Nähe der Regierung und der Ministerien.

Über den Ankauf des Grundstücks sowie die Ausgaben für die nötigen baulichen Einrichtungen und deren Ausstattung liegen genaue Zahlen vor. Danach machte der Kaufpreis 2.800 Taler aus, dazu kamen 5.500 Taler Kosten für den Ausbau und 4.000 Taler für die Inneneinrichtung, in Summe also 12.300 Taler preußischer Landeswährung, mit der auch noch in den ersten Jahren des Kaiserreichs gerechnet wurde.[10]

Der Deutsche Reichstag genehmigte in seinem Nachtragshaushalt für das Jahr 1873 den Grundstückskauf und die Ausstattung der Legation in der Höhe von 37.000 Mark. Da mit Juli 1873 eine Währungsreform in Kraft getreten war, wies diese Berechnung die Zahlen in der neuen Währung auf. Demgemäß betrug innerhalb des nunmehrigen Gesamtbudgets der Aufwand für den Umbau der vorhandenen Gebäude die Summe von 16.500 Mark. Mit dem Begriff „Umbau" ist wohl flexibel umzugehen. Das große Eingangstor zum Areal blieb unverändert (Abb. 18 [III/4]). Sei es, daß dem neuen Hausherrn Max von Brandt der feudale, würdige Charakter des Portals zu einem Fürstensitz gefiel – hier waren ehemals tagtäglich Samurai aus- und eingegangen; hier hatten durch Generationen Daimyô auf ihren farbenprächtigen Zügen von und nach der Residenzstadt des Shôgun die Schwelle überquert. Sei es, daß die Ausgaben für Baumaßnahmen im eigentlichen Wohn- und Kanzleitrakt die vorhandenen Mittel so weit in Anspruch nahmen, daß jede weitere bauliche Veränderung verschoben wurde (Abb. 19 [III/5], Abb. 20 [III/6], Abb. 21 [III/7]).

So ganz übel war das Gebäude für die Zwecke eines Diplomaten nicht, weil Brandt bereits im August 1873 den Herzog von Genua [Tommaso Alberto von Savoyen], der als Leutnant auf der italienischen Fregatte „Garibaldi" nach Japan gekommen war, standesgemäß bewirten konnte. Um das Frühstück für

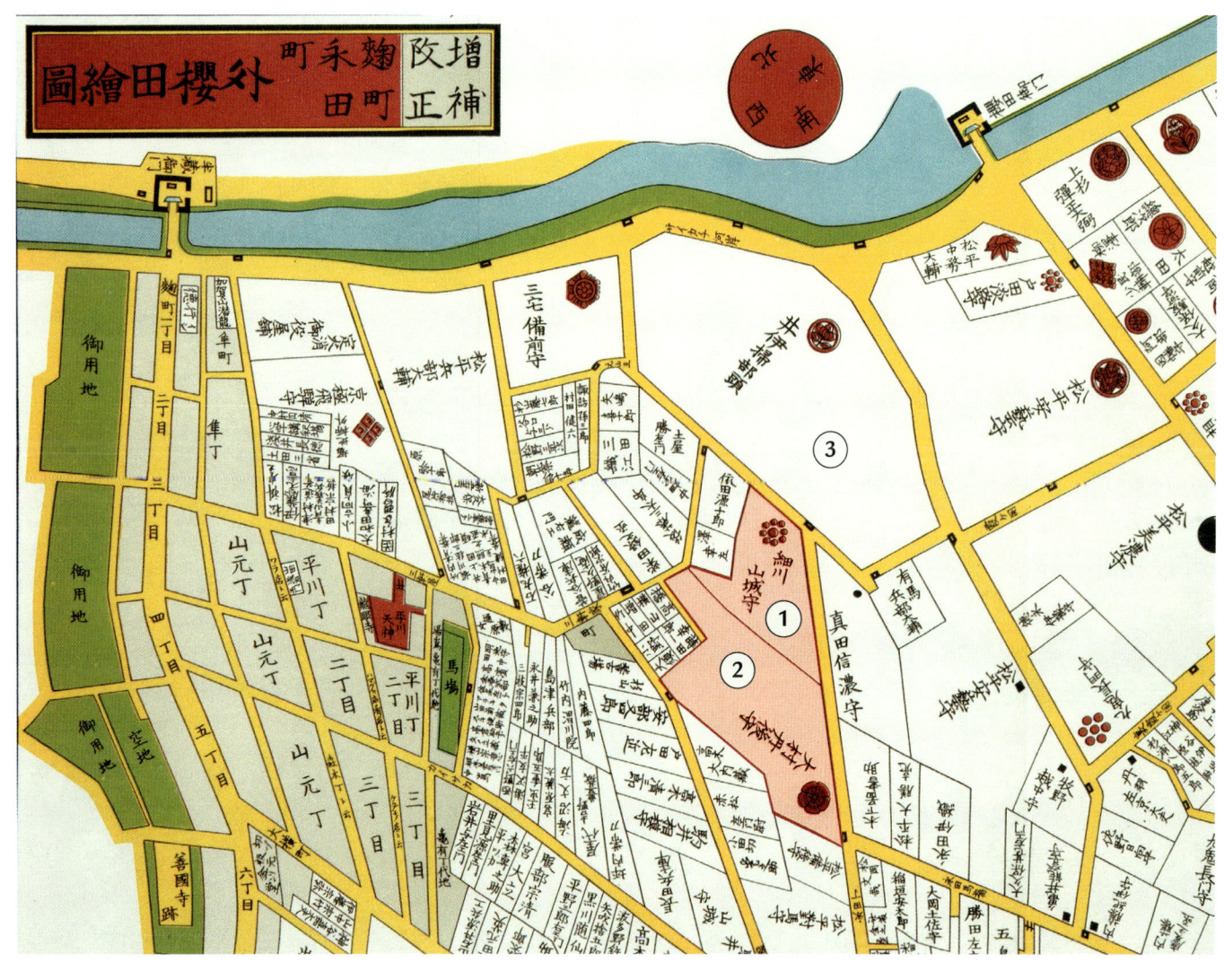

Abbildung 17:
Stadtplan von Soto-Sakurada in Edo mit
den Vierteln Kôjimachi und Nagata, 1864.

① *Sitz der Familie Hosokawa*
② *Sitz der Familie Ômura*
③ *Stadtpalais der Fürsten Ii*

seinen adeligen Gast, dessen Mutter eine sächsische Prinzessin war, unterhaltsam zu gestalten, war eine japanische Gauklertruppe eingeladen. „Wir saßen auf der Veranda meines kleinen Palais, das früher einem Landesfürsten gehört hatte, tranken Kaffee, rauchten und amüsierten uns über die wirklich vortrefflichen Kunststücke der Gaukler [...]."[11] (Abb. 23 [III/12]; Blick von der Ministerresidentur zum Areal des Kaiserpalastes).

Abbildung 18 (III/4):
Deutsche Gesandtschaft in Tôkyô,
Eingangstor.

Abbildung 19 (III/5):
Deutsche Gesandtschaft in Tôkyô,
Vorfahrt.

Abbildung 20 (III/6):
Deutsche Gesandtschaft in Tôkyô,
Gartenseite.

Abbildung 21 (III/7):
Deutsche Gesandtschaft in Tôkyô,
Gartenseite.

Abbildung 22 (III/8):
Deutsche Gesandtschaft in Tôkyô,
Gartenansicht.

Abbildung 23 (III/12):
Deutsche Gesandtschaft in Tôkyô,
Blick auf den kaiserlichen Park.

Abbildung 24 (III/13):
Deutsche Gesandtschaft in Tôkyô, Ostfront.

Abbildung 25 (III/14):
Deutsche Gesandtschaft in Tôkyô,
Gartenseite; im Fenster der Kanzlei
Eisendecher und Gutschmid.

Abbildung 26 (III/18):
Deutsche Gesandtschaft in Tôkyô,
Empfangs- und Arbeitszimmer
des Gesandten.

An europäischem Geschmack ließ es Max von Brandt nicht mangeln. In Suez hatte er sich mit Teppichen, in Nagasaki mit (fast europäischem) Tafelgeschirr eingedeckt. „Ich war", so nochmals der deutsche Ministerresident, „der erste vollständig auf europäischem Fuß eingerichtete Vertreter in Jedo gewesen und hatte daher sehr viel Gelegenheit gehabt, Japaner bei mir zu sehen."[12]

Auch wenn uns heute keine Pläne oder Daten über die ausführenden Zimmerleute überliefert sind, sehen die meisten Gebäude wie neu errichtet aus. Ob sie die „Handschrift" eines japanischen oder eines ausländischen Architekten tragen, ist nicht mit Sicherheit am Baustil abzulesen. Die Form der Dächer und der gitterartige Außenverputz, der den *namako-kabe* genannten Mauern von feuersicheren Speichern entspricht, sind fraglos als „japanisch" zu bezeichnen. Aber das große Fenster im Arbeitszimmer des Ministerresidenten (Abb. 25 [III/14] und (Abb. 26 [III/18]) atmet unzweifelhaft einen ‚gotischen' Charakter. Wahrscheinlich war eine japanische Baufirma am Werk gewesen, die überall da, wo es der Bauherr wünschte, der Anlage westliche ‚Behübschungen' verpaßte. Sich für derartige Accessoires eines Imports aus Amerika oder England zu bedienen, war angesichts der ständig wachsenden Kolonie von Ausländern nicht schwer gewesen. Zeichnet die Bepflanzung am Ostflügel (Abb. 24 [III/13]) unverkennbar japanische Bezüge aus, ist dies vom eigentlichen Garten (Abb. 22 [III/8]), trotz Buddhafigur, schwerlich zu behaupten. Mit einem Wort, die deutsche Residenz in Tôkyô stand da als Haus, das im Aussehen jedem das Seine bot, ohne das jeweils Andere zu übertrumpfen. Kolonial im guten Sinne und nicht unharmonisch, mehr private Bleibe denn Beamtenburg, diente die Anlage von 1873 an den Dienstpflichten der deutschen Diplomaten.

Doch für wie lange?

---

[1] Werner, Reinhold: *Die preussische Expedition nach China, Japan und Siam*. Leipzig: Brockhaus, 1873 (2. Aufl.), S. 292.

[2] Brandt, Max von: *Dreiunddreissig Jahre in Ost-Asien*. Leipzig: G. Wigand, 1901, Bd. 1, S. 101.

[3] Trautz, Friedrich M.: Deutsche Seekadettenbriefe aus Jedo 1860–1861. In: *Nippon. Zeitschrift für Japanologie*, 7. Jg. (1941), Heft 3, S. 138; nach dem heutigen Stadtplan befand sich das Gesandtschaftsgebäude in Minato-ku, Higashi Azabu 1-21-25 (Iigura-Kôen).

[4] Kogaku-in in Takanawa, später Shunto-in in Azabu (in der Nähe der heutigen Botschaft Südkoreas); vgl. Schwalbe, Hans und Heinrich Seemann (Hg.): *Deutsche Botschafter in Japan 1860-1973*. Tôkyô: OAG, 1974 (Mitteilungen der Deutschen Gesellschaft für Natur- und Völkerkunde Ostasiens, Bd. 57), S. 15.

[5] Brandt, Max von: *Dreiunddreissig Jahre in Ost-Asien*, Bd. 2, S. 20f.

[6] Meid, Michiko: *Europäische und Nordamerikanische Architektur in Japan*. Köln: Kunsthistorisches Inst. der Universität zu Köln, 1977 (Veröffentlichung der Abteilung Architektur des Kunsthistorischen Instituts der Universität Köln, Bd. 11), S. 93f.

[7] Brandt, Max von: *Dreiunddreissig Jahre in Ost-Asien*, Bd. 2, S. 383.

[8] Vgl. die ausführliche Akte *Doitsu-koku kôshikan-yô no tame Kôjimachi sangen'ya Hosokawa Yukizane shitei narabi Gojô Tameshige haraisage kaikonchi kashiwatashi ikken* [Vorgang bezüglich der Verpachtung der privaten Residenz von Hosokawa Yukizane und des Rodelandes von Gojô Tameshige in Kôjimachi sangen'ya an Deutschland zur Nutzung als Gesandtschaftsgebäude sowie deren Bezahlung] im Historischen Archiv des japanischen Außenministeriums, Tôkyô (Gaimushô Gaikô Shiryôkan; Gaikô Kiroku MT 3.12.1.27).

[9] *Fûzoku Gahô Rinji Sôkan* (no. 189), *Shinsen Tôkyô Meisho-zue* no. 18 (Kôjimachi-ku no bu, ge no ichi), Nov. 1898, S. 7.

[10] Protokolle des Reichstags, 33. Sitzung am 10. April 1878, S. 860 (Redebeitrag Bülows).

[11] Brandt, Max von: *Dreiunddreissig Jahre in Ost-Asien*, Bd. 2, S. 281.

[12] Ebd., S. 383.

第 2 章
大名屋敷から公使館へ

ドイツの外交官が住居とし、日本側と外交交渉をおこなった最初の建物は現在の港区の赤羽に位置していた。この地区には、その数年前から寺院を改装して、アメリカ合衆国やイギリス、フランスといった、諸外国の領事館・公使館などが居を構えるようになっていた。この初代のドイツ公使館は、1860 年秋に、江戸幕府により特命使節兼全権公使としてプロイセン東亜遠征団を率いていた、フリードリヒ・オイレンブルク伯爵に提供された官舎であった（図 15：プロイセン王国公使館付近）。

「広々としており、清潔に整えられた使節用の赤羽の宿舎の前に行列がついたとき、水兵と海兵隊員は開かれた門を通って中庭に入った。ここでは軍隊式敬礼がなされる間、旗竿にプロイセンの国旗がかかげられた。」（『エルベ号艦長幕末記』、31 頁）

と、遠征団に参加していた「エルベ」号の艦長は、この歴史的な瞬間を報告している。

当時、公使館書記局の随員であったマックス・フォン・ブラントは、彼の性格を彷彿とさせる独特の言い回しで、この建物を表現している。

「20 分行進すると、芝の将軍たちの墓所の裏手にある、我々に割り当てられた宿舎に辿り着いた。最初の印象は、外側は黒っぽく塗装され、内側は白い壁紙を貼られた大小の鶏小屋が、同じような鶏小屋でも大きめのものを取り巻いて建っており、それら全体を黒色の高い透垣が囲んでいる、というものだった。よく見ると、その大きめの鶏小屋こそが、われわれの住居として提供された建物であった。（以下略）」[1]

最初の建物について、事実に一番近い記述を残しているのは、当時、若い海軍士官候補生だったアイゼンデッヒャーであろう。両親に宛てた手紙の中で、彼は、伯爵とその使節団員たちは「宿舎として提供された寺院の建物に」移ることになったと書いている[2]。

日本との条約締結のための交渉は、決して容易な業ではなかった。日本側もプロイセン側も、感情を抑制するのに苦労する場面があったほどである。その頃、日本国内では、外国との通商条約締結に反対する声が高まり、外国人の居所への襲撃が日常茶飯事になっていた。プロイセン使節団（及び海軍）は、日本に 5ヶ月間滞在した。その後漸く、幕府は使節団が利用していた官舎を他の目的で使えるようになった。

数ヶ月を要した交渉の末、プロイセン側はなんとか条約の締結にめどをつけた。その結果、常設の外交代表部を日本に設置することが許された。その最初の常任代表者に任命されたのが、マックス・フォン・ブラントである。彼は最初、「駐日領事」の肩書きを与えられ、1862 年から正式の代理公使としての職務を遂行した（図 14：マックス・フォン・ブラント、1868 年前後）。ドイツ領事館及び公邸の所在地は、先ず横浜に定めら

れたが、ブラントはしばらくの間、江戸にもとどまり、提供された寺院を宿舎としていた。

横浜のプロイセン領事館は、つましいものであった。経費節約のため、領事館の建物は、長いあいだ外国人居留地のはずれ、日本人の住む地区との間にある税関のすぐそばの場所にあった。ここは場所柄、かかる経費は安く済んだが、木造の建築であったし、おまけに、火事が頻繁に起こる日本人地区に近いせいもあって、火災に遭う危険が大きかった。そして、まさに、この恐れていたことがプロイセン領事館に起こった。1866年11月に領事館の建物が全焼し、文書だけは辛うじて焼失をまぬがれるという事件が起きたのである。

新たな建物を造るにあたって、事態は大きく改善された。その前から、日本政府は横浜に新たに土地を開発し、その土地を提供するにあたって、外国の外交官たちに大変気前の良いところを見せていた。1869年2月には、北ドイツ連邦の公使館をも兼ねることとなったプロイセン公使館のため、日本政府は、諸外国の領事館・公使館と同様に、海辺の美しい一角に家屋を造営した。家の間取りは、ブラントの希望をそのまま実現したもので、彼は建築費用の一割にあたる金額を、毎年、家賃として日本政府に支払うことになった。

切石の土台の上にヨーロッパ風の上構をもち、日本風の瓦屋根を載せた公使館の建物は、日本政府の好んだ擬洋風の建築で、この様式は、当時、日本各地の役所や学校に採用されて大いに広まった。尖頭アーチ型の窓といった西洋風の要素が、日本の伝統的な寺院建築に似た、飾り梁つきの玄関と結びついている（図16：横浜ドイツ総領事館）。

しかしながら、この建物はあまり長くは使われなかった。マックス・フォン・ブラント自身は、1874年には清朝の首都、北京駐在の公使に任命され、新任地に向けて日本を去ることになったが、それ以前から、政治的な事情により、この建物をとりまく環境は大きく変化していったのである。日本における明治維新（1868年）そしてドイツ帝国建国（1871年）と続いた両国の政治上の一大転換は、両者の外交関係にもまた本質的な変化を及ぼした。ブラントは、単なる領事から今や一大強国となったドイツの弁理公使に昇格し、外交任務は新しい政府の所在地となり、1868年秋に東京と改称された江戸に益々集中するようになっていった。

日本側が、公使館を新しい行政の中心により近い土地に移すことが望ましいとの考えを固めたのとちょうど同じ頃、ブラントは、移転用地に関して、まことに大きな幸運に恵まれたのであった。ブラントはこう記している。「[東京の一等地にある地所の] 小さな大名屋敷を見切り値で買った。これには広い離れと大きな庭がついていた」（『ドイツ公使の見た明治維新』、265頁）。彼は、非常に有利な条件で旧大名の一族から屋敷を譲り受けたのである。それに隣接する土地もまた、当時、これは耕作に使われていたが、取得することができた。ブラントが心を決めるまで、それほど時間はかからなかった。地所は、今日の千代田区にあたる麹町区に位置しており、すなわち東京で最も高級な一角で、皇居から石を投げれば届く距離しか離れていなかった。

地所の持ち主は、強大な細川家の分家で、肥後宇土藩（現在の熊本県）三万石の最後の藩主、細川山城守行真（1842-1902）であった。地所の広さは、3,240坪、すなわち一万平米であった。合わせて買い取られた隣の地所は、それまで大村家の所有していたもので、その広さは約五千坪（16,500平米）であった。時の大村家の当主は、かつての肥前大村藩主で明治維新に功績のあった大村純熙（1830-1882）である[3]。こうしてドイツ公使館は、日本政府や諸官庁の近くへ移転することになった（図

17：「増補改正麹町永田町櫻田繪圖」1864 年）。海外貿易上の業務の必要から、領事館は引き続き横浜に置かれた。

敷地の購入および必要な建物の新築、その内装に費やされた金額については、正確な記録が残っている。それによると用地の購入価格は 2,800 ターラー、建設改修費が 5,500 ターラーで、内装費が 4,000 ターラー、あわせて 12,300 ターラーであった。ターラーはプロイセン王国の通貨の単位であるが、ドイツ帝国が成立してからも数年間使用されていた。

ドイツ帝国議会は、1873 年度の補正予算で、用地取得と公使館建築の予算 37,000 マルクを承認している。1873 年 7 月からドイツ帝国内で通貨改革が施行されたため、ここでの金額は、新しい通貨により計算されているわけである。現存している建物の改築のための費用として、この総予算のなかから 16,500 マルクが充てられることになっていた。改築といってもすべての建物が工事の対象になったわけではない。たとえば、敷地の入り口にあった門は、そのまま残された（図 18 ［III/4］：ドイツ公使館正門）。新しくこの屋敷のあるじとなったマックス・フォン・ブラントは、封建時代の遺産である大名屋敷の威厳のある門が気に入ったのかも知れない。かつては、毎日、大勢の侍たちがこの門から出入りしていたのであるし、何代にもわたって、大名たちは、出府の際の行き帰りに絢爛たる行列を仕立てて、この門をくぐったのであった。もっとも、門が残されたのは、住居と執務室がある棟の建設費がかさんで、予算を圧迫してしまい、ほかの改築工事は一切延期になったというだけのことなのかもしれないが（図 19 ［III/5］：ドイツ公使館正面、図 20 ［III/6］と図 21 ［III/7］：ドイツ公使館庭）。

外交官の使用に供されるものとして、この屋敷の建物は悪くはなかった。ブラントは、早くも 1873 年 8 月に、イタリア海軍のフリゲート艦「ガリバルディ」号乗り組みの海軍少尉として、航海の途中、日本に寄港したジェノヴァ大公（トマソ・アルベルト親王）を招き、その身分に相応しいもてなしをしている。母親がザクセン出身の公女であった、この高位の賓客のために開いた朝食会の気分を盛り上げようと、ブラントは日本人の手品師の一団を呼んでいる。「われわれは以前とある大名の所有であった私の小宮殿のヴェランダに出てコーヒーを飲み、タバコをふかしながら手品師の本当にすばらしい芸を楽しんでいた（以下略）」（『ドイツ公使の見た明治維新』、214 頁）（図 23 ［III/12］：ドイツ公使館から見る皇居）。

ブラントは、公使館をヨーロッパ的な雰囲気に関しても不足のないようにした。彼は、スエズでは絨毯を買いこんだし、長崎ではヨーロッパ製の食器を大量に用意させた。「私は、江戸で完全にヨーロッパ流の暮らしをした最初の外国代表となった。そのため、日本人が私の所に訪ねてくることも非常に多かった」（『ドイツ公使の見た明治維新』、265 頁）。

図面や公使館の改築工事に携わった大工や職人に関する資料は、今日、残っていないが、ほとんどの建物は新しく建てなおされたように見える。どの建物を日本人が設計し、あるいはどれが外国人の手によるものなのか、それを外見の建築様式から読み取ることは難しい。屋根の形、及び、耐火性の蔵の海鼠壁と呼ばれる壁に相応する格子状の漆喰の塗り壁は、日本人によって造られたものと言っても間違いないだろう。しかし、公使執務室の大窓（図 25 [III/14] と図 26 [III/18]）には、ゴシック様式の要素が見られる。おそらく、実際の施工にあたったのは日本の建設会社だったのだろうが、施主ブラントの求めに応じて、適宜、西洋風の「美化」を施したのではないだろうか。そのための様々な装飾品を、アメリカやイギリスから輸入することは、当時、日本に暮らす外国人居留者がつねに増大しつつあったこともあり、さほど困難なことではなかった。東翼の植栽（図 24 [III/13]）は明らかに日本式庭園（図 22 [III/8]）の特

徴を帯びているが、庭園そのものには、仏像が据えてあったりするものの、そうした特徴はほとんど認められない。要するに、ドイツ帝国公使館は、日本的なものと西洋的なものが、それぞれに組み合わされ、しかも、互いに相手を押しのけようとしてはいない、そんな建物であった。良い意味でコロニアル的であり、調和に欠けるわけでもない。役所と言うよりは、個人の邸宅という趣だったこの建物を、ドイツ帝国公使館は1873年から使用しはじめた。しかし、それはどれほど続いたのだろうか？

訳：辻　英史

[1] Brandt, Max von: Dreiunddreissig Jahre in Ost-Asien. Leipzig: G. Wigand, 1901, Bd. 1, S. 101.

[2] 「海軍士官候補生の江戸通信」1860年9月6日。オイレンブルク使節団の当時の宿舎の所在地：港区東麻布1丁目21-25。

[3] 外務省外交史料館、外務省記録、MT 3.12.1-27、「独逸国公使館用ノ為麹町三軒屋細川行真賜邸並五条為栄払下開墾地貸渡一件」と、『新選東京名所図会』（第18巻、麹町区の部下の一）（『風俗画報』臨時増刊号189号）、1898年11月、7頁を参照。

3. Die deutsche Gesandtschaft und ihre Mitarbeiter

Ob der diplomatische Dienst in Übersee vor hundert und mehr Jahren ein besonders geliebter oder eher gelittener war, verschließt sich unserem Wissen. Von einer großen Tradition konnte – in Preußen wie in Deutschland – schwerlich die Rede sein, während es einem portugiesischen Diplomaten fast in die Wiege gelegt war, sich auf einem fernen Dienstposten zu behaupten. Die in Japan akkreditierten portugiesischen Gesandten zum Beispiel – wie dies auch für Eisendechers Kollegen Joaquim José da Graça galt (Abb. 98 [II/40]) – fungierten gleichzeitig als Gouverneure von Macao, das schon seit Jahrhunderten die Präsenz von portugiesischem Personal erforderte. Eine Tradition jedoch ist festzuhalten: so wie der deutsche Adel in überproportionalem Maße seine Söhne im Militärdienst Karriere machen ließ, so tat er dies auch in einer gleichfalls signifikant hohen Zahl beim diplomatischen Dienst. Und da sollten sie, aus Ehre und Überzeugung, ihre Pflichten erfüllen, wohin auch immer die Regierung ihres Königs und Kaisers sie entsandte. Unter den neun Vertretungsleitern in Tôkyô, die hier von der Einrichtung der ersten Legation bis hin zum Ersten Weltkrieg ihren Dienst versahen – vom Ministerresidenten Max von Brandt angefangen, über den Gesandten Karl von Eisendecher bis zum Botschafter Arthur von Rex – gehörten alle ausnahmslos dem Adel an. Zwei von ihnen, Holleben und Gutschmid (Abb. 27 [II/23] waren sogar zweimal in Japan als Diplomaten stationiert.

Theodor Freiherr von Holleben hatte seine diplomatische Karriere nach dem Abschluß des Doktorats an der Universität

Abbildung 27 (II/23):
Felix Freiherr von Gutschmid,
Legationssekretär der
deutschen Gesandtschaft.

Abbildung 28 (II/22) und 29 (III/10):
Theodor Freiherr von Holleben,
Legationssekretär der
deutschen Gesandtschaft.

Rostock in Peking begonnen. Seine zweite Dienststelle trat er im Herbst 1874 in Japan an (Abb. 28 [II/22] u. Abb. 29 [III/10]). Hier war er ein Dreivierteljahr interimistischer Geschäftsträger, bis Eisendecher Amt und Würden eines deutschen Ministerresidenten übernahm. Antrittsbesuch Eisendechers und offizieller Abschied Hollebens beim Tennô fanden am 3. Dezember 1875 gemeinsam statt.

Die Kontinuität gemeinsamer Arbeit von Vorgänger und Nachfolger ist an einem für die Geschichte der deutsch-japanischen Beziehungen höchst denkwürdigen Ereignis recht augenfällig wahrzunehmen: 1873 hatte ein deutsches Schiff an der zur Ryûkyû-Kette (das heutige Okinawa) gehörenden Insel Miyako Schiffbruch erlitten. Die einheimische Bevölkerung rettete die Mannschaft und kümmerte sich so fürsorglich um sie, daß die deutsche Seite beschloß, sich zum Dank ideell (mit einem

Abbildung 30 (III/16):
„Ausfahrt", im Wagen der Gesandte v. Eisendecher,
dahinter Freiherr von Gutschmid.

Gedenkstein) und materiell (mit Taschenuhren und Fernrohren) zu revanchieren. „In Anerkennung dieses menschenfreundlichen Benehmens", schrieb Holleben am 15. Oktober 1875 an Außenminister Terashima Munenori (Abb. 82 [I/64]), „haben Seine Majestät der deutsche Kaiser, mein Allergnädigster Herr, die Errichtung einer Gedenktafel anzuordnen geruht, die eine Beschreibung des Vorfalls und den Ausdruck des Allerhöchsten Dankes für die von den Inselbewohnern gewährte Hilfe enthält […]"¹ Es war dann Eisendecher, unter dessen Ägide der Gedenkstein am 20. März 1876 auf Miyako aufgestellt werden konnte.

Für den anderen späteren Gesandten in Japan, Felix Freiherrn von Gutschmid (Abb. 27 [II/23] u. Abb. 30 [III/16]), war Japan in zweifacher Hinsicht schicksalhaft geworden. Mit Japan hatte, kurz nach seinem Dienstantritt im Auswärtigen Amt, seine diplomatische Laufbahn 1875 begonnen, mit Japan hatte sie 1897 geendet. Gesandter in Japan war er seit 1888. Hier gilt es vor allem, auf die Zusammenarbeit mit Eisendecher zu verweisen, die in der Funktion eines Legationssekretärs erfolgte und vom Sommer 1875 bis zum Herbst 1879 reichte. In Abwesenheit Eisendechers leitete Gutschmid 1878/79 mehrere Monate lang eigenständig die deutsche Legation.

Kaiserlich Deutsche
Minister Residentur
in Yedo
                                        Tokio, den 24. März 1879
Der Geburtstag Sr. Majestät des Kaisers

Der Allerhöchste Geburtstag Seiner Majestät des Kaisers und Königs bot in diesem Jahre den in Japan wohnhaften Deutschen wiederum die erwünschte Gelegenheit, ihren patriotischen und loyalen Gefühlen durch besonders festliche Begehung dieses Tages Ausdruck zu geben.

Daß Seine Majestät [...] Seinen diesjährigen Geburtstag in gewohnter Frische und Rüstigkeit begehen konnte, hat jeden Deutschen, wie in der Heimath so auch hier im fernen Osten mit freudigem Dank gegen die Vorsehung erfüllt, und es ist leicht begreiflich, daß dieser Umstand der Feier des 22. März in diesem Jahre in allerweitesten Kreisen eine besondere Weihe verlieh.

Zunächst wurde in Yokohama der Feier in Folge der Anwesenheit S. M. S. „Leipzig" durch das Salutieren und Flaggen sämmtlicher Kriegsschiffe ein würdiger Ausdruck und allgemeiner Charakter verliehen.

In der Stadt selbst, welche, soweit sie von Deutschen bewohnt ist, im reichsten Flaggen- und Blumenschmuck prangte, vereinigte ein Festmahl unter dem Vorsitz des kaiserlichen Konsul Zappe sämmtliche Reichsangehörigen, denen eine Anzahl Fremder sich anschlossen.

Seinerseits hatte der kaiserliche Konsul in Tokio, Herr Bair, die hier wohnhaften Deutschen zu einem festlichen Mahle versammelt und ich in der gleichen freudigen Veranlassung ein offizielles Diner veranstaltet, zu welchem ich außer den Beamten der Minister-Residentur den Prinzen Kita Shira Kawa no Miya, das japanische Ministerium, den Präsidenten und Vice-Präsidenten des Staatsraths einbegriffen, sowie die fremden Chefs de mission geladen hatte.

Euerer Exzellenz darf ich ehrerbietigst berichten, daß auf das von Sr. Hoheit dem Prinzen Kita[shirakawa] in deutscher Sprache ausgebrachte Hoch auf Seine Majestät ich in üblicher Weise mit einem Toast auf Seine Majestät den Tenno und die Souveräne, beziehungsweise Staatschefs der befreundeten Länder, deren Vertreter zugegen waren, antwortete.

Am 23. endlich vereinigte ich den Kommandanten Sr. M. S. „Leipzig", die kaiserlichen Konsuln zu Yokohama und Tokio sowie Vertreter der deutschen Kolonie an beiden Orten auf der Minister-Residentur zu einem Festessen, bei welchem ich eine Ansprache hielt und das Hoch auf Seine Majestät ausbrachte.

An beiden Abenden führte das mir vom Kriegsminister in zuvorkommendster Weise zur Verfügung gestellte Musikcorps der Kaiserlichen Garde unter Leitung ihres Französischen Kapellmeisters die Tafelmusik aus.
                                                    v. Gutschmid
An
den Königlichen Staatsminister und
Staatssekretär des Auswärtigen Amts,
Herrn von Bülow

(Politisches Archiv des Auswärtigen Amtes, Berlin; R 18602, 166-169: Nr. 41, B 80)

Der zweite Legationssekretär, der unter Eisendecher seinen Dienst an der deutschen Legation versah, war der aus Sachsen stammende Kurt Freiherr von Zedtwitz (Abb. 31 [II/38]). Er bekleidete dieses Amt von Mai 1881 über das Ende der Dienstzeit Eisendechers hinaus bis zum Beginn des Jahres 1885. Das Vertrauensverhältnis zwischen Eisendecher und Zedtwitz scheint über den bloßen dienstlichen Charakter deutlich hinausgereicht zu haben und besonders herzlich gewesen zu sein. Auch als Eisendecher bereits seine neue Stelle als Gesandter in Washington angetreten hatte, berichtete ihm Zedtwitz weiterhin privatim aus Tôkyô über politische Angelegenheiten, vor allem den Verlauf der Verhandlungen zur Vertragsrevision, aber auch über sehr Persönliches. Daß er z.B. mit dem Grafen Zaluski, dem österreichisch-ungarischen Gesandten, gelegentlich Klavier spiele; daß er Balz mit dessen Frau Hana und ihrem Söhnchen Toku treffe. Und er erfüllte auch den Wunsch von Eisendechers Gattin, ihr Kimonostoffe nach Washington zu schicken („Wenn ich mit den Kimonos nicht das Richtige getroffen haben sollte, es wird mir jederzeit eine besondere Freude sein, etwas Versäumtes nachzuholen"). Obwohl Zedtwitz mit dem neuen Chef, dem Grafen Dönhoff, wegen dessen Standesdünkel so gar nicht auf der gleichen Wellenlänge lag, findet sich Eisendecher gegenüber eine Art von Eulogie auf das Gastland, in dem er seinen Dienst versieht: „Die großen Vorteile Japans sind mir jetzt nur umso klarer geworden. Denn trotz alldem bin ich doch immer noch ganz gerne hier."[2]

Eine diplomatische Vertretung besteht aber nicht nur aus „Generälen" oder „Obersten", sondern auch aus Mitarbeitern in weniger prestigeträchtigen Funktionen, die nicht so sehr vordergründig, aber genau so bedeutsam tätig sind. Immerhin war ihre angemessene Bezahlung sogar Gegenstand einer Erörterung im deutschen Reichstag gewesen (1880), auch wurden

Abbildung 31 (II/38): Curt Freiherr von Zedtwitz, Legationssekretär der deutschen Gesandtschaft.

für die Dolmetscher nach der Errichtung des neuen Legationsgebäudes (1882) in gebührender Weise eigene Wohngebäude bereitgestellt[3] (Abb. 120 [III/27]).

Auf einer der Photographien in Eisendechers Alben, die nur wenige Monate vor seiner Ankunft in Japan entstanden sein

Abbildung 32 (II/43), links: Inoue Chôtarô, Dolmetscher an der deutschen Gesandtschaft.

Abbildung 33 (I/35), Mitte: Seki Michitaka, Dolmetscher an der deutschen Gesandtschaft.

Abbildung 34 (I/36), rechts: Misawa, Dolmetscher an der deutschen Gesandtschaft.

muß, ist der ganze deutsche Mitarbeiterstab versammelt (Abb. 39 [III/11]). Zu diesem Zeitpunkt war die Ministerresidentur noch in dem ersten, von Max von Brandt erworbenen Gebäude untergebracht. Vorbesitzer des Grundstücks und der Gebäude war, wie in Kapitel 2 erläutert, ein Daimyô gewesen, der nach dem Regierungswechsel von 1868, der Meiji-Restauration, seine Residenz in Tôkyô (vormals Edo) aufgegeben hatte.

Im Garten vor der Kanzlei versammelt sind (von rechts) der Dolmetscher und Konsulatsbeamte Ferdinand Krien, der zwischen 1872 und 1906 durchgehend in Ostasien stationiert gewesen war – unter Eisendecher in Yokohama und in Tôkyô, ab 1885 als Generalkonsul in Hyôgo-Ôsaka[4]; für elf Jahre hatte ihn das Amt eines Konsuls auch nach Seoul geführt. Es folgen – neben Dr. von Holleben (im Sessel) – der Kanzleibeamte Lübbecke (stehend) sowie der Sekretär und Dolmetscher Richard Gebauer, der zwischen 1873 und 1885 in Yokohama und Tôkyô tätig war. Mit einem besonderen Schicksal behaftet ist die Karriere des Dolmetschers und Konsulatsbeamten Alexander von Knobloch (stehend), der von 1872 bis 1882, zuerst an der Ministerresidentur in Tôkyô, dann am Konsulat in Hyôgo-Ôsaka arbeitete, ehe er zur Verwaltung seiner Güter in Ostpreußen den aktiven Dienst verließ; sein um ein Jahr älterer Bruder Arved von Knobloch, der fast zeitgleich als Dolmetscher und Konsulatsbeamter Anfang 1872 in das Konsulat von Yokohama eingetreten und 1874 an das Konsulat in Hyôgo-Ôsaka versetzt worden war, hatte dort von eigener Hand seinem Leben ein Ende bereitet.

Abbildung 35 (III/9): Mitarbeiter der Deutschen Gesandtschaft (1875), in der Mitte Geschäftsträger von Holleben.

Louis von Zansen (zweiter von links hinten), der seit 1875 im Dolmetscherdienst an der Ministerresidentur wirkte, galt als besonders befähigt. Fatalerweise wirkte sich seine Neigung, nicht mehr zu bewältigende Schulden anzuhäufen, höchst hemmend auf seine Karriere aus. Trotz Teilnahme am dänischen, österreichischen und französischen Krieg als Sekonde-Lieutenant blieben v. Zansen (1844–1899) im militärischen wie im diplomatischen Dienst jegliche Karrieresprünge versagt. Zuletzt mehr „beurlaubt" denn beschäftigt, endete bereits 1885 seine Verwendung durch das Auswärtige Amt. Nach einem kurzen Intermezzo in Diensten des japanischen Außenministeriums kehrte er nach Berlin zurück; von da an verlieren sich seine beruflichen Spuren.[5]

Besonders zu verweisen ist auf Johannes Justus Rein (links außen), der streng genommen nicht Mitglied der Legation gewesen ist, aber in offizieller Funktion in Japan weilte und in der Geschichte der deutsch-japanischen Beziehungen einen wichtigen Platz einnimmt. Rein (1835–1918), später Professor für Geographie in Marburg (1876–1883) und Bonn (1883–1910), hatte 1874/75 Japan besucht, um hier Industrie und Handel zu studieren. Das Ergebnis dieses Aufenthaltes war ein für die Japanwissenschaften bedeutsames Werk mit dem Titel *Japan nach Reisen und Studien im Auftrag der Königl. Preußischen Regierung dargestellt*.[6] Zwar verließ Rein Japan bereits vor der Ankunft Eisendechers, ein Zusammentreffen der beiden Männer fand jedoch in San Francisco statt – Eisendecher auf dem Weg nach Japan, Rein auf dem Weg zurück nach Europa.[7]

Wie hätten sich Deutschlands Diplomaten wohl zurechtgefunden, hätten ihnen nicht auch japanische Dolmetscher und Übersetzer beigestanden. Die Dienste, die die japanischen Dolmetscher leisteten, waren entsprechend anerkannt. Drei dieser Dolmetscher sind in Eisendechers Alben namentlich verewigt, Misawa (Abb. 34 [I/36]), Seki Michitaka (Abb. 33 [I/35]) und Inoue Chôtarô (Abb. 32 [II/43]). Schade, daß wir über die Lebensläufe dieser drei Männer so gut wie gar nichts wissen.

Auch über die Zusammenstellung der japanischen „Bewohner" bzw. der „Dienerschaft" an der Legation können wir nur rätseln. Wenigstens drei der abgebildeten Japaner tragen in der Runde, die 1875 für das Photo zusammenrückte (Abb. 35 [III/9]), noch ihre Schwerter, waren also Samurai (oder *bushi*). Das Tragen von Schwertern wurde erst 1876 per Regierungserlaß (*haitôrei*) verboten. Man wird, von Dolmetschern war schon die Rede, an der Legation sicher Türsteher, man wird Boten, man wird einen Koch (der Chinese auf dem Bild?), man wird Gärtner, man wird jemanden für Reinigungsarbeiten im Haus, man wird Betreuer des Wagenparks und der Pferde benötigt haben (III/3 und III/16). Aber gleich so viele (Abb. 36 [III/26] und Abb. 37 [III/101])? Sind auch die Angehörigen mit auf der Photographie abgebildet, so spricht dies für Familiensinn – auf japanischer wie auf deutscher Seite. Aber ebenso fühlt man sich an den hübschen alten Kindervers von den vierzehn Schutzengeln erinnert, die dem Schutzbefohlenen zur Seite stehen. „Zwei zu meiner Rechten, zwei zu meiner Linken, zwei, die mich decken, zwei die mich wecken [...]". Das Preis-Leistungs-Verhältnis wird in Japan damals für Ausländer, Diplomaten voran, nicht ungünstig gewesen sein, und Tôkyô war noch nicht die teuerste Stadt auf dieser Welt. Am Personal hatte man offenbar nicht sparen müssen. Der dienstliche Aufenthalt als Diplomat in Japan war dann sicher doch mehr geliebt denn gelitten. Und Freiherr von Gutschmid auf der Veranda seiner Wohnung an der Legation (Abb. 38 [III/15]) scheint sich durchaus wohlgefühlt zu haben....

Abbildung 36 (III/26): Dienerschaft an der Deutschen Gesandtschaft (1881).

Abbildung 37 (III/101): Japanische Mitarbeiter an der Deutschen Gesandtschaft.

Abbildung 38 (III/15):
Wohnung des Legationssekretärs
Freiherr von Gutschmid.

Abbildung 39 (III/11): Mitarbeiterstab der Deutschen Gesandtschaft (1875).

[1] Schwalbe, Hans u. Heinrich Seemann (Hg.): *Deutsche Botschafter in Japan 1860–1973*. Tôkyô: OAG, 1974 (Mitteilungen der Deutschen Ges. f. Natur- und Völkerkunde Ostasiens, Bd. 57), S. 37.

[2] Politisches Archiv des Auswärtigen Amtes (PAAA), Berlin, Nachlaß Eisendecher, 3/5, no. 15 (Brief von Legationssekretär Zedtwitz an Eisendecher, 15. Mai 1884).

[3] Mit der Aufwertung der deutschen Vertretung von einer Ministerresidentur in eine Gesandtschaft wurden auch die Gehaltsbezüge neu festgesetzt. Demnach erhielt der Gesandte von nun an 45.000 Mark (vorher 36.000 Mark), der Legationssekretär 12.000 Mark und der Dolmetscher ebenfalls 12.000 Mark. „Der Gesandte, der Legationssekretär, der Dolmetscher und die Dolmetscher-Eleven haben freie Wohnung", hieß es in diesem Beschluß weiter (Protokolle des Reichstags, 6. Sitzung am 23. Februar 1880, S. 66).

[4] Zum Generalkonsulat in Hyôgo bzw. Ôsaka-Kôbe vgl. Generalkonsulat der Bundesrepublik Deutschland Osaka-Kobe (Hg.): *Hundert Jahre Deutsches Konsulat Kobe 1874–1974*. Kobe: Generalkonsulat der Bundesrepublik Deutschland Osaka-Kobe, 1974.

[5] Alle Personalangaben beruhen auf den in höchst freundlicher Weise schriftlich übermittelten Informationen von Dr. Gerhard Keiper, Politisches Archiv des Auswärtigen Amtes, Berlin.

[6] Johannes Justus Rein: *Japan nach Reisen und Studien im Auftrag der Königl. Preußischen Regierung dargestellt*. 2 Bde., Leipzig: Wilhelm Engelmann, 1881 und 1886; 2. Auflage Leipzig: Wilhelm Engelmann, 1905.

[7] Brief Reins an seine Frau, San Francisco, 2. Oktober 1875, in: Koch, Matthias u. Sebastian Conrad (Hg.): *Johannes Justus Rein: Briefe eines deutschen Geographen aus Japan, 1873–1875*. München: Iudicium, 2006 (Monographien aus dem Deutschen Institut für Japanstudien, Bd. 40), S. 386. Zu Rein allgemein vgl. auch Meyer, Harald: „Ein Pionier der OAG: Johannes Justus Reins Japanexpedition von 1874/75". In: *OAG Notizen*, 3/2002, S. 8–16.

第 3 章
ドイツ公使館とその館員

百年余り前、海外勤務が外交官にとって特に歓迎されるものだったのか、むしろ厭われるものだったのかについては、我々には知るよしもない。ポルトガルの外交官は、遠隔地への赴任を殆ど義務付けられていたようである。例えば、駐日ポルトガル公使で、アイゼンデッヒャーの同僚のホセ・ダ・グラサ (図 98 [II/40]) などは、ポルトガル人が何世紀も前から治めていたマカオの総督も兼任していた人物であった。それに対し、プロイセンにせよ、ドイツにせよ、海外赴任は歴史があると言えるほどの位置は占めていなかった。とはいえ、一つの伝統があったことは確かである。ドイツ人貴族の圧倒的多数は、子息を軍事関係に従事させていたのだが、それとほぼ同じぐらいの割合で外交職に就かせていたのである。彼らは、政府がどこに派遣しようと、誇りと信念をもって、自分の任務をその赴任先で遂行しなくてはならなかった。実際、駐日ドイツ公使館設立時代から第一次世界大戦まで、つまり東京に駐在したマックス・フォン・ブラント、カール・フォン・アイゼンデッヒャー、そしてアルトゥア・フォン・レックスに至るまで、9 人の公使全員が例外なく皆、貴族階級の人物である。そのうちの 2 人、ホルレーベンとグートシュミード（図 27 [II/23]) は、日本で 2 度、外交官生活を送っている。

テオドール・フォン・ホルレーベン男爵は、ロストック大学で法学の博士号を取得した後、北京で外交官としてのキャリアを始めた。第二の駐在地として、1874 年秋に日本に赴任し（図 28 [II/22] と図 29 [III/10]）、アイゼンデッヒャーが駐日ドイツ弁理公使として着任するまで、9 ヶ月間、臨時代理公使を務めた。尚、アイゼンデッヒャーの就任挨拶及びホルレーベンの正式解任は、天皇の御前で 1875 年 12 月 3 日に行なわれている。

日独関係史における、ある極めて重要な出来事で、前任者から後任者への業務の引き継ぎというものを非常に明瞭なかたちで認めることができる。1873 年に、ドイツ船が琉球諸島に属する宮古島沖で難破するという事件があった。その際、宮古島住人が乗組員達を救助し、手厚く看護をしたため、ドイツ側は記念碑を設置することで象徴的にも、また、懐中時計及び望遠鏡を進呈することで贈答というかたちでも感謝の意を表わした。ホルレーベンは、1875 年 10 月 15 日付の寺島外務卿宛の書簡で「人道的行為に対する感謝の念より」と始め、次のように記している（図 82 [I/64]）。「我国君主ドイツ皇帝陛下は、このたびの出来事を明記し、宮古島住民の方々の救助に対する深謝の辞を刻石した記念碑設置を命ぜられました」[1]。そして、これが、後任のアイゼンデッヒャー監督のもとに、1876 年 3 月 20 日、宮古島に設置されるに至ったわけである。

彼らに続く後代の駐日公使、フェリックス・フォン・グートシュミード男爵（図 27 [II/23] と図 30 [III/16]）にとって、日本は、人生の重要な局面に 2 度関わる国となった。彼は、ドイツ外務省入省後間もない 1875 年に、外交官としてのキャリアを日本で始め、1897 年に同じく日本でその幕を閉じることとなったのである。1888 年以降、彼は特命全権公使の地位にあった。ここでは、彼が公使館一等書記官として、1875 年夏から 1879 年秋まで、アイゼンデッヒャーと共に業務に携わっていたことが特筆される。1878 年から 79 年にかけて、アイゼン

デッヒャーが数カ月不在にした際には、グートシュミードが臨時代理公使を務めた。

　　　駐日ドイツ帝国公使館
　　　　　　　　　　　　　　　1879年3月24日、東京
　　　ドイツ帝国国務大臣兼外務大臣
　　　フォン・ビューロー殿

　　　皇帝陛下のお誕生日の件

閣下
ドイツ皇帝陛下の喜ばしきお誕生日もまた、日本在住のドイツ国民に特別行事をもって、愛国心並びに忠誠心を表する、まことに有り難き機会をお与え下さいました。
陛下が本年のお誕生日をご壮健でお迎えになられましたことは、本国並びに、ここ極東の地におきましても、国民一同、神の御加護と感謝致しております。本年3月22日の祝典が厳粛かつ盛大に執り行なわれましたことも、まことに尤もなことと存じます。
まず、横浜における祝典では、「ライプツィヒ」号の入港に続いて、全軍艦より祝砲が発射、軍旗が掲揚され、厳粛なる趣き及び彩りが添えられました。
国旗や花々で華やかに装飾の施されたドイツ人居住地では、帝国領事ツァッペ氏の主催で祝宴が催され、全在日ドイツ人、また他国の人々も多く出席致しました。
東京駐在の帝国領事ベーア氏も、当地在住のドイツ人と共に祝宴に出席され、この喜ばしき機会に、私も公式の晩餐会を開催させて頂き、公使館官員等の他、北白川宮殿下、太政官からは太政大臣及び右大臣、また各国公使をご招待致しました。
北[白川]宮殿下が陛下を称え、ドイツ語にて乾杯の音頭をとられたのに応え、私も慣習に倣い、天皇陛下及び各国君主ないし元首を称え、祝杯の音頭をとらせて頂きましたことを、ここに慎んでご報告申し上げます。
最後の23日には「ライプツィヒ」号艦長、横浜・東京駐在各領事並びに両地区ドイツ人居住区の代表者達と共に祝宴に参集し、私は式辞を述べ、皇帝陛下を称え、祝杯の音頭をとらせて頂きました。
両祝宴では、陸軍卿の御厚意でご提供頂いた帝国近衛兵の楽団が、常任のフランス人指揮者の指揮で食卓音楽を奏でておりました。

　　　　　　　　　　　　　　　フォン・グートシュミード

（ドイツ外務省政治文書館、ベルリン、R18602, 166-169, No 41, B 80）

二人目の書記官としてアイゼンデッヒャーのもとで働いたのは、ザクセン出身のクルト・フォン・ツェトヴィッツ男爵であった（図31 [II/38]）。彼は、1881年5月から、アイゼンデッヒャーの離任以降も1885年までこの職にあった。

アイゼンデッヒャーとツェトヴィッツの信頼関係は、明らかに、職務上だけにとどまらず、真に心の通ったものであったように思われる。というのも、アイゼンデッヒャーがワシントンの駐米公使の地位に就いてからも、ツェトヴィッツは、東京から非公式に、特に条約改正交渉の経過等の政治懸案や、また私的な事までも報告しているからである。例えば、オーストリア・ハンガリー公使のツァルスキー伯爵と時折、ピアノの連弾をすることや、花夫人と息子トクを連れたベルツと会ったこと等も伝えている。また、アイゼンデッヒャー夫人の希望に応え、反物をワシントンまで送ったりもしている（「もし、この反物がお気に召さないようでしたら、いつでも別のをお送り致します」[2]）。ツェトヴィッツは地位を鼻にかける新しい上司のデーンホフ伯爵とは折り合いが悪かったが、アイゼンデッ

ヒャーには、任地国日本に対する賛辞も語ったりしている（「日本の大きな利点が以前にも況してよくわかるようになりました。何はともあれ、私はこの任地を非常に気に入っていますから。」3)。

しかし、外交代表団とは何も「将軍」や「大佐」といった司令官ばかりで構成されていたわけではなく、幾分華やかさに欠ける地位の職員もいたのであり、彼らは、第一線の仕事をするのではないにせよ、同様に意味ある重要な仕事をしていた。それに見合った給与額については、ドイツ帝国議会の討議テーマにもなっており（1880年）、新公使館官邸完成後（1882年）には、通訳官にもそれ相当の住居が提供されている（図120[III/27]）。

アイゼンデッヒャーのアルバムには、彼が日本に到着する数か月前に撮影されたと思われる、公使館全職員が勢揃いした写真がある（図39 [III/11]）。この時代の公使館は、まだマックス・フォン・ブラントが購入した初代の建物である。この敷地・建物の前所有者は、第2章「大名屋敷から公使館へ」で述べたように、大名であった。1868年の明治維新後、この大名は東京の屋敷を手放さざるを得なくなったのである。

公使館前の庭に集合しているのは、右から、領事館職員で通訳のフェルディナント・クリーンである（以下、図39 [III/11] を参照）。彼は、1872年から1906年にかけて、ずっと東アジアに勤務しており、アイゼンデッヒャーのもとでは横浜と東京に駐在し、1885年以降は総領事として兵庫・大阪に勤務した4。その後11年間、領事として更にソウルにも駐在した。フォン・ホルレーベン博士（着席）の隣りが、事務のリュベッケ（直立）、そして秘書兼通訳のリヒャルト・ゲーバウアーで、彼は1873年から1885年にかけて横浜・東京に勤務していた。特別な運命に見舞われたのは、通訳官兼領事館職員のアレクサンダー・フォン・クノブロッホ（直立）である。彼は1872年から1882年に亘って、まず東京の公使館に勤務し、その後、兵庫・大阪の領事館に勤務したが、故郷東プロイセンに所有する土地管理のため、外交官生活から退いた。ほぼ同時期の1872年、やはり通訳官兼領事館職員として横浜領事館に着任し、1874年に兵庫・大阪領事館に移った1才上の兄アルヴェット・フォン・クノブロッホが、任務地日本で自ら命を絶ったのである。

ルイス・フォン・ツァンセン（後方左から二人目）は、1875年より通訳官として公使館に勤務し、特に優秀であるとの評判が高かった。しかし、返済不可能な借金がかさんだことが、彼のキャリアの致命傷となり、少尉として対デンマーク、オーストリア、フランス戦争に参加したにも拘らず、ツァンセン（1844-1899）は、軍人としても外交官としても、いま一つ出世することができなかった。後年は、働くよりも「休職する」ことの方が多く、外務省との雇用関係も1885年には解約された。こうして、日本外務省にしばらく仕えた後、ベルリンへ帰還したが、その後の職歴については不明である。

特筆すべきは、ヨハネス・ユストゥス・ライン（左端）で、厳密には公使館のメンバーではなかったが、役人として日本に駐在しており、日独関係史上、重要な役割を果たした人物である。後にマールブルク大学（1876-1883）及びボン大学（1883-1910）で地理学教授を務めたライン（1835-1918）は、商工業の調査の為、1874年から75年にかけて日本を訪れた。この滞在は、論文『プロイセン王国政府の命による日本研修及び調査』（ライプツィヒ、上巻初版1881年、下巻初版1886年、第二版1905年5）に結実し、日本研究において重要な文献とされている。ラインは、アイゼンデッヒャーの着任前に日本を後にしていたが、サンフランシスコで彼らは出会っていた6。日本へ向かうアイゼンデッヒャーとヨーロッパへの帰路にあったラインが、サンフランシスコで行き交ったのである。

それにしても、日本人通訳・翻訳者の補佐なくしては、ドイツ人外交官達も業務をこなせなかったに違いない。日本人通訳・翻訳者の功労は、そのことを示すかのように高く評価されている。そのうち、三沢（図 34 [I/36]）、関通孝（図 33 [I/35]）、井上長太郎（図 32 [II/43]）の 3 人は、アイゼンデッヒャーのアルバムに氏名入りで記録が残っている。しかし、残念ながら、彼らの経歴については、殆ど手がかりが残されていない。

また、公使館内の日本人「住民」つまり「使用人」メンバーに関しても、殆ど不明である。1875 年の写真に写っている日本人で少なくとも 3 人は（図 35 [III/9]）、まだ帯刀していることから武士であったことがわかる。廃刀令により帯刀が禁止されたのは、1876 年のことだったからである。通訳官については既に述べたが、公使館では門番、走り使い、料理人（写真の中国人がそうだろうか？）、庭師、館内掃除人、馬車や馬の世話係等も必要とされたに違いない（図 30 [III/16] と図 132 [III/3] を参照）。しかし、これほど大勢とは（図 36 [III/26] と図 37 [III/101]）。彼らの家族も一緒に写っているのだろうか。もし、そうであるなら、日本側もドイツ側も非常に家庭的だったと言えるだろう。思わず、あの、昔の可愛いらしい童謡に出てくる 14 人の守護天使を想像してしまう。「2 人が右に、2 人が左に、夜、2 人が子守をしてくれて、朝、2 人が起してくれて、（以下略）」という具合に [7]。外交官をはじめとする外国人にとって、当時の「為替相場」は、そう悪いものではなかっただろう。東京も、まだ世界一物価の高い都市ではなかったからである。そのため、使用人の数を節約する必要もなかった。外交官として日本に公式に滞在することは、従って、厭われるというより、むしろ歓迎されていた任務と考えて良いだろう。公使館内の自宅ベランダで寛ぐグートシュミード男爵も、実に心地良さそうである（図 38 [III/15]）。

訳：宮田　奈々

---

[1] Schwalbe, Hans u. Heinrich Seemann (eds.): Deutsche Botschafter in Japan 1860–1973. Tōkyō: OAG, 1974 (Mitteilungen der Deutschen Ges. für Natur- und Völkerkunde Ostasiens, Bd. 57), p. 37.

[2] Politisches Archiv des Auswärtigen Amtes (PAAA), Berlin, アイゼンデッヒャー関係文書, 3/5, no. 15（ツェトヴィッツ書記官からアイゼンデッヒャー宛書簡、1884 年 5 月 15 日付）。

[3] 同上。

[4] Generalkonsulat der Bundesrepublik Deutschland Osaka-Kobe (ed.): Hundert Jahre Deutsches Konsulat Kobe 1874–1974. Kobe: Generalkonsulat der Bundesrepublik Deutschland Osaka-Kobe, 1974 を参照。

[5] Johannes Justus Rein: Japan nach Reisen und Studien im Auftrag der Königl. Preußischen Regierung dargestellt. 2 Bde., Leipzig: Wilhelm Engelmann, 1881 und 1886; 2. Auflage Leipzig: Wilhelm Engelmann, 1905.

[6] Koch, Matthias u. Sebastian Conrad (eds.): Johannes Justus Rein: Briefe eines deutschen Geographen aus Japan, 1873–1875. München: Iudicium, 2006 (Monographien aus dem Deutschen Institut für Japanstudien, Bd. 40), 386 頁を参照。

[7] ことわざのように有名な、子供が寝るときの夜のお祈り。エンゲルベルト・フンパーディンク（Engelbert Humperdinck 1854–1921）作曲のオペラ「ヘンゼルとグレーテル」（1893 年 12 月 23 日初演）で唱われている。

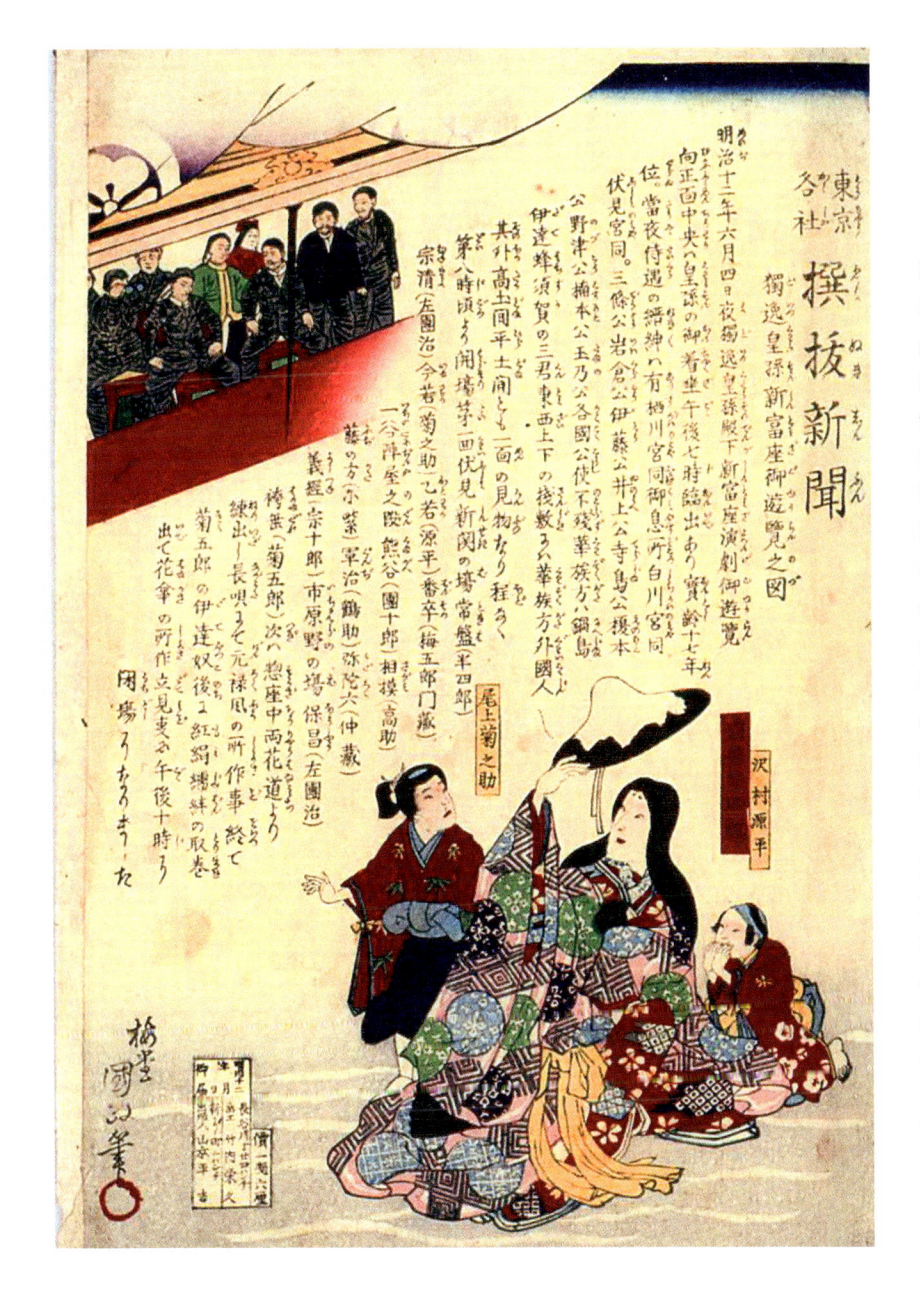

4.
HEINRICH PRINZ VON HOHENZOLLERN UND SEINE ERSTE JAPANREISE

Den Strategen im Auswärtigen Amt lachte gewiß das Herz im Leibe, als sich die Möglichkeit ergab, an der Betreuung einer Prinzenreise nach Japan mitzuwirken. Selten bieten sich ähnlich gute Gelegenheiten, sein Land so würdevoll und öffentlichkeitswirksam vorzustellen und dabei das Finanzbudget im Amt zu schonen. Denn diesbezügliche Überlegungen fielen ins Ressort des kaiserlichen Hauses, das aber gleichfalls davon ausgehen konnte, die Kosten eines solchen Unternehmens rentabel angelegt zu haben. Der junge Prinz, Enkelsohn des betagten, überaus populären Kaisers Wilhelm I. und jüngerer Bruder des späteren Wilhelm II., absolvierte eine Bildungsreise. Das Land zeigte politisch Flagge. Die Marine rückte zu ihren Übungen in den Sieben Weltmeeren aus. Ja, der Prinz konnte sogar schon anfangen, selbst in die Fußstapfen eines strammen Seemannes zu treten und das zu werden, was er tatsächlich geworden ist: Großadmiral der deutschen Flotte.

Heinrich Albert Wilhelm Prinz von Preußen, geboren 1862 in Potsdam und gestorben 1929 in Schleswig auf Gut Hemmelmark, traf im Mai 1879 an Bord der gedeckten Korvette „Prinz Adalbert" in Yokohama ein; siebzehn Jahre jung. Unter günstigeren Umständen als dies Reisenden heute widerfährt, wo der Druck von Terminkalendern schon nach wenigen Tagen wieder in das Flugzeug zu den nächsten Zielen zwingt. Heinrich war viele Monate lang im Land geblieben, um sich zu bilden, um zum Beispiel eine Theateraufführung zu sehen, an der alle Kabuki-Schauspieler von Rang und Namen jener Zeit ihre Bühnenkünste zeigten (Abb. 40)[1].

Abbildung 40: Prinz Heinrich besucht eine Theateraufführung (zeitgenössische Darstellung in einem japanischen Holzschnitt; ausführliche Erläuterung im Abbildungsverzeichnis S. 397).

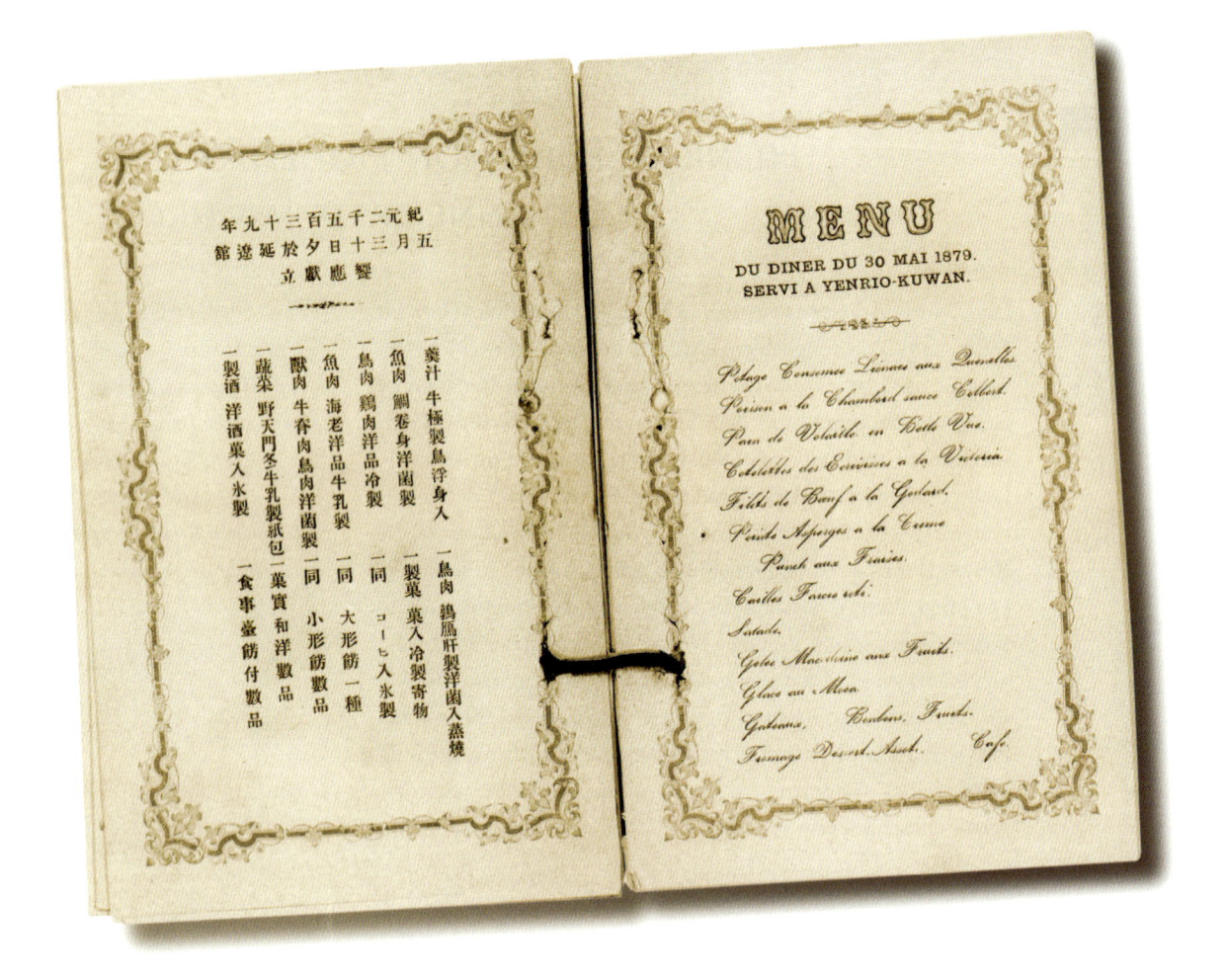

Abbildung 41:
Menükarten
(japanisch und französisch).

Auch aus den Spundlöchern der japanologischen Wissenschaft wurde der junge Mann gelabt. Am 21. Juni besuchte Prinz Heinrich eine Sitzung der Deutschen Gesellschaft für Natur- und Völkerkunde Ostasiens, wo ihm drei Vorträge geboten wurden.[2] Den Vorsitz führte der Gesandte Eisendecher. Der in japanischen Diensten stehende deutsche Anatom Gierke referierte „Ueber Thierleben im Chuzenjisee", Edmund Naumann, ein Münchener Geologe, „Ueber das Vorkommen fossiler Elephanten in Japan" und Paul Mayet „Ueber zwei Geographische Curiosissima". Leider verraten die Quellen nicht, welche besonderen geographischen Kuriositäten der als Berater am japanischen Finanzministerium tätige Mayet zum Besten gab. Die Ausführungen über den Chûzenji-See waren aber sicher eine gute Vorbereitung für den jungen Prinzen, um einen jener schönen Flecken in Japan zu bereisen, von denen das Land so viele besitzt – Nikkô.

Von einem Ausflug Prinz Heinrichs nach Nikkô, wo es von Vorteil war, gut zu Fuß zu sein, berichtete Eisendecher ausführlich ans Auswärtige Amt: „Ich gestatte mir besonders deswegen über den Ausflug ehrerbietigst zu berichten", schrieb der Gesandte Eisendecher an das Auswärtige Amt in Berlin,

„weil ich dabei Gelegenheit fand, die Ausdauer und Zähigkeit des hohen Herrn bei körperlichen Anstrengungen zu beobachten. Der Prinz saß am ersten Reisetage 7 Stunden, am zweiten 5 Stunden zu Pferde, ging während des dreitägigen Aufenthaltes in Nikko Vor- und Nachmittags stundenlang auf steilen Gebirgswegen zu Fuß und legte den Rückweg wiederum größtentheils zu Pferde zurück. Die besonders steile Straße nach dem See[3] *soll nach Aussage der Japaner noch kaum in so kurzer Zeit erstiegen worden sein; ich hatte Mühe, dabei dem hohen Herrn zu folgen […]."*[4]

Nun, das war eine Mühe, die sich der Gesandte Eisendecher, auch noch ziemlich jung, sicher gerne machte. Gesellschaftlich war Heinrichs Japanreise unschlagbar der Höhepunkt in Eisendechers Amtszeit als Vertreter deutscher Interessen. Den kuriosen Jagdzwischenfall in Suita bei Ôsaka ausgenommen, wo der inkognito reisende Prinz, weil er sich nicht ausweisen konnte oder wollte, von einer übereifrigen Behörde kurzfristig festgenommen worden war, kostete Heinrichs Präsenz nur wenig

Nerven. Der Gedanke an ein Attentat kam niemandem in den Sinn. Und wo japanische Gardisten oder ein paar deutsche Seesoldaten aufmarschierten, taten sie dies als traditioneller Aufputz und als farbiges Spalier. Im Übrigen gab es mit dem Prinzen viele Premieren, auf die Eisendecher nie ohne Stolz ausführlich und regelmäßig in seinen Berichten hinzuweisen wußte.

Schon der Auftakt war ein imponierender, die Begrüßung am Schiff sowieso. Beim ersten Landgang warteten die japanische Admiralität, die Kommandanten aller Schiffe, der Gouverneur der Präfektur Kanagawa und Fürst Hachisuka auf den jungen Mann. Hachisuka (Abb. 44 [I/58]), der letzte Daimyô von Awa (die heutige Präfektur Tokushima), war zur Ehrenbegleitung Heinrichs auserkoren. Am Bahnhof in Shinbashi in Tôkyô bil-

Abbildung 42 (II/1):
Prinz Heinrich in Japan im Kreis seiner Ehrenbegleitung.

Abbildung 43 (III/28): Ehrendiplom der OAG für Prinz Heinrich; den Entwurf dazu lieferte Curt Netto, die Überreichung hatte am 28. Januar 1880 stattgefunden (siehe Seite 398).

Abbildung 44 (I/58): Fürst Hachisuka Mochiaki, Ehrenmarschall des Prinzen Heinrich.

deten die kaiserlichen Prinzen, allen voran Prinz Kitashirakawa, das nächste Begrüßungskomitee.

All das Zeremoniell, das in den nächsten Tagen folgte, war höchst feierlich und würdig. Besonders galt dies für die Audienz beim Tennô am 29. Mai. Es war der Augenblick, an dem Heinrich den höchsten deutschen Orden, den Schwarzen Adler-Orden, dem Tennô überreichte[5] und dabei der Kaiserliche Minister-Resident – Eisendecher – das entsprechende Schreiben des deutschen Kaisers übergab. Und weil es die gute Sitte so erfordert, erwiderte der Tennô den Besuch und begab sich am Tag darauf – am 30. Mai – zum Gästehaus Enryôkan, in dem Heinrich, Enkelsohn Wilhelms I., des „Heldenkaisers", residierte. Von diesem Tag stammen die beiden Menükarten zu dem Diner, das Heinrich im Enryôkan seinen japanischen Gästen offerierte.[6] (Abb. 41)

Da von „Premieren" die Rede war, wollen wir Prinz Heinrich noch ein wenig auf seinen japanischen Spuren folgen. Allerdings nicht in die alte Kaiserstadt Kyôto, wo Fürst Iwakura sich um den jungen Prinzen kümmerte, nicht auf seiner Bootsfahrt über die Stromschnellen des Hozu-Flusses, nicht nach Uji oder Nara, nicht nach Nagasaki und Kamakura, sondern auf politisches Terrain nach Tôkyô. Dahin, wo Deutschland und sein ständiger Vertreter in Japan am meisten Nutzen aus dem Besuch des deutschen Kaisersprosses zogen.

Am 15. Oktober des Jahres 1879 lud der Tennô den Prinzen nochmals ein. Das Ereignis gestaltete sich fast zu einem Kulminationspunkt der deutsch-japanischen Beziehungen. Man spürt, daß Karl von Eisendecher in seinen dienstlichen Schreiben an den Staatsminister Bülow in Berlin an Ausführlichkeit nicht geizte. Die Berichterstattung sprudelt geradezu vor Begeisterung.

> „Wie bei den früheren offiziellen Besuchen reichte auch dieses Mal der Tenno Seiner Königlichen Hoheit die Hand, eine Art der Begrüßung, die man früher in Japan nicht kannte und die Japaner unter sich auch heute noch nicht adoptiert haben. So viel ich in Erfahrung bringen konnte, ist Prinz Heinrich der erste hohe Fremde, dem der Kaiser die Hand reichte."[7]

Diesmal war die Einladung keine zur bloßen Konversation oder zur Überreichung eines Geschenks gewesen, es handelte sich um ein gemeinsames Abendessen, das in Akasaka, der Residenz des Tennô stattfand.

> „Bei Tische fungierten abwechselnd Prinz Kita[shirakawa] und Herr Aoki [Shûzô] für den Tenno und den Prinzen Heinrich als Dolmetscher. Der Kaiser, der in seiner schwarzen Uniform mit dem Stern des Schwarzen Adler-Ordens besonders gut aussah, machte ziemlich lebhafte Konversation, lachte über scherzhafte Bemerkungen und schien Sich vortrefflich zu unterhalten. [...] Das Diner war gut, nicht zu lang und vorzüglich serviert. [...] Etwa nach ein und einer viertel Stunde hob der Tenno die Tafel auf und geleitete Seinen hohen Gast in ein größeres Gemach, in welches gleichzeitig von der anderen Seite die Kaiserin mit den Prinzessinnen Arisugawa und Kitashirakawa eintrat. Ihre Majestät reichte dem Prinzen zur Begrüßung die Hand, dann setzten sich die höchsten Herrschaften, und auch die übrigen Geladenen wurden aufgefordert, Platz zu nehmen. Während der nun folgenden halbstündigen allgemeinen Unterhaltung, an welcher die Kaiserin auch Theil nahm, erkundigte sich der Tenno angelegentlichst nach Deutschen Verhältnissen. Er hatte die Gnade, auch mich verschiedentlich anzureden und schien Sich über meine freilich sehr bescheidenen Kenntnisse im Japanischen zu amüsieren. Herr Aoki dolmetschte den Herrschaften mit ausgezeichneter Fertigkeit und großem Takt [...]."[8]

Der deutsche Prinz übrigens hatte sich an dem Abend mit der ihm verliehenen hohen japanischen Auszeichnung geschmückt, dem Chrysanthemen-Orden, zu dessen Verleihung, die als Erwiderung auf die Verleihung des Schwarzen Adler-Ordens durch den Prinzen gewährt wurde, sich die japanische Seite erst nach einigem „Feilschen" entschließen konnte.[9]

Von nie dagewesenem freundschaftlichem Charakter, von einem politischen Verhalten ohne Präzedenz, sprach Eisendecher. Daß der Tennô sich bis dato noch immer sofort nach beendeter Mahlzeit zurückgezogen habe, daß noch nie die Kaiserin [Haruko] bei solcher Gelegenheit zugegen gewesen sei, war dem Gesandten eine Apotheose auf dieses Ereignis in seinem Schreiben wert.

Jawohl, läßt sich hier nur zustimmend bemerken, damals zu Eisendechers Zeiten waren die Beziehungen zwischen den beiden Ländern, dem japanischen und dem deutschen Kaiserreich, wahrlich vorzügliche und denkwürdige gewesen. Auch fröhliche und unbeschwerte, wenn wir auf die photographischen Dokumente (Abb. 42 [II/1], Abb. 43 [III/28] u. Abb. 45 [III/29]) in den Alben Eisendechers blicken.

Abbildung 45 (III/29):
Prinz Heinrich in Nikkô, photographiert als „Pilger".

[1] Zum Besuch von Prinz Heinrich vgl. allgemein *Des Prinzen Heinrich von Preußen Weltumseglung. Original-Erzählung für die Jugend* von C. V. Derboeck [recte: Carl von der Boeck]. Leipzig: Otto Drewitz Nachfolger, 11. Aufl., ca. 1900; Wippich, Rolf-Harald: Prinz Heinrichs Japan-Aufenthalt 1879/80 und der Jagdunfall von Suita. In: Thomas Beck et al. (Hg.): *Überseegeschichte. Beiträge der jüngeren Forschung*. Stuttgart: Franz Steiner, 1999, S. 267–275.

[2] *Mittheilungen der Deutschen Gesellschaft für Natur- und Völkerkunde Ostasiens*, Yokohama, Bd. II, 19. Heft, S. 408.

[3] Der vorhin erwähnte Chûzenji-See.

[4] PAAA, R18602, Eisendecher an Staatsminister Bülow, Tôkyô, 10. Okt. 1879, S. 310–313.

[5] Bei seinem dritten Besuch in Japan anläßlich der Beerdigung des Meiji-Tennô 1912 überreichte Prinz Heinrich den Schwarzen Adler-Orden auch dem neuen Kaiser Taishô. Vgl. hierzu Best, Antony, „Race, Monarchy, and the Anglo-Japanese Alliance, 1902–1922", in *Social Science Japan Journal* Vol. 9 (2006), No. 2, S. 171–186.

[6] Gaimushô Gaikô Shiryôkan (Historisches Archiv des japanischen Außenministeriums, Tôkyô), Gaikô Kiroku, MT 6.4.4.1-4-1-1 (*Gaikoku kihin no raichô kankei zakken, Dokkoku no bu, Dokkoku Aruberuto Uiruherumu Hainrihi Shin'ô raiyô no ken; Dokkoku kôson raikô settai-ki*), Bd. 3. Der Besuch des Tennô diente der Courtoisie und Konversation, am Diner selbst hatte er nicht teilgenommen.

[7] PAAA, R18602, Eisendecher an Staatsminister Bülow, Tôkyô, 16. (?) Okt. 1879, S. 340–349.

[8] Ebd.

[9] Gaimushô Gaikô Shiryôkan, Gaikô Kiroku, MT 6.4.4.1-4-1 (*Gaikoku kihin no raichô kankei zakken, Dokkoku no bu, Dokkoku Aruberuto Uiruherumu Hainrihi Shin'ô raiyô no ken; Dokkoku kôson raikô settai-ki*), Supplement (*bessatsu*).

第 4 章
プロイセン公ハインリヒ親王の初めての日本周遊

ドイツ帝国外務省の参謀たちは、皇族の日本周遊に参与する機会を得たとき、喜び勇んだに違いない。自国をそのように威厳溢れ、注目を浴びるかたちで知らしめる機会は滅多に訪れるものではなく、更に、当件での省の予算は節減することができたからである。この件については、皇室の当該部署も熟慮を重ねていたのだが、こちらは、そのような計画による出費も有効利用できるだろうと想定して、前向きに検討していたことがその背景にあった。かの有名な「英雄皇帝」ヴィルヘルム一世の若き皇孫で、後のヴィルヘルム二世の弟君ハインリヒ・アルベルト・ヴィルヘルム親王は、この機会にグランド・ツアーに出発した[1]。ドイツ帝国は、その政治的旗色を鮮明にし、海軍は7つの大海へ訓練に乗り出すこととなった。更に、この機会に、親王はたくましい船乗りに倣い、後のドイツ海軍元帥というキャリアにつながる船員への道にその若さで進むことができたのである。

1862年にポツダムで生まれ、1929年にシュレスヴィッヒのヘメルマルクの屋敷で、その生涯を閉じるプロイセン公ハインリヒ・アルベルト・ヴィルヘルム親王は、1879年5月に、コルベット艦「プリンツ・アダルベルト」号で横浜に到着した。そのとき親王は、17歳であった。数日すると、また飛行機で次の目的地へとスケジュールに追われる今日の要人よりも、ずっと快適な条件だったと言えるだろう。ハインリヒは、自身の教養をたかめるために、たとえば、当時の名だたる役者が勢揃いしていた歌舞伎の舞台を観るために、何ヶ月も日本に滞在したのである（図40：ハインリヒ親王の歌舞伎観劇）。

この若者は又、まるで樽から美酒を飲み干すように、日本研究に陶酔する機会を得た。6月21日、ハインリヒ親王はドイツ東洋文化研究協会 (OAG) の学会に出席し、三つの講義を聴講した[2]。OAG の会長だったアイゼンデッヒャーは、その学会の司会を務めていた。お雇い外国人として日本に招聘されていた解剖学者ギルケは「中禅寺湖の生態について」、ミュンヘンの地質学者エドムント・ナウマンは「日本の旧石器時代の象の分布について」[3]、そしてパウル・マイエットは「二つの地理的特殊性について」というテーマで発表した。残念ながら、当協会の紀要からは、当時、大蔵省顧問をしていたマイエットが、どのような地理的特殊性について発表したのかを知ることはできない。しかしながら、少なくとも中禅寺湖に関する講演は、親王にとって、日本各地にある名勝のひとつ、日光を訪れるのに良い下調べとなったに違いない。

ハインリヒ親王が健脚であったことが幸いとなった日光への遠足について、アイゼンデッヒャー公使は外務省に詳しく報告している。「当遠足について謹んでご報告申し上げます」以下、公使はベルリン外務省に宛てて、こう記している。

> 「と申し上げますのも、他ならず、親王殿下の身体的に過酷な条件のもとでの耐久力、そしてその強靭さをお側で見る幸運に預かったからでございます。親王殿下は、旅の1日目は7時間、2日目は5時間も馬にお乗りになり、日光での3日間の滞在では、午前も午後も何時間にもわたり徒歩で急な山道を登られ、復路も大部分を馬でお戻りになられました。湖に向かう特に急勾配の道は、日本人が申すに

は、今までこれほど短時間で登った例などないそうでございます。実のところを申し上げますと、私も親王殿下の後を追うのは一苦労でございました。（以下略）」[4]

まだ自身も若かったアイゼンデッヒャー公使は、この苦労を喜んで引き受け、奮闘したに違いない。社会的には、ハインリヒの日本周遊は、アイゼンデッヒャーのドイツ公使としての任務期間の中でも比類ない全盛のときであった。微行の途にあった親王が身分証明をできなかった、もしくは拒んだために、職務に実直すぎた警察に留置されるという、大阪近郊の吹田での珍妙な狩猟事件（「吹田事件」）を除けば、ハインリヒの日本滞在は殆ど何の混乱ももたらさなかった。暗殺など誰も危惧しなかった。例えば、日本の近衛兵ないしドイツ海兵隊員数名が行進するときには、彼らは武装するのではなく、伝統的な盛装で、そして華やかな二列縦隊の編成で執り行ったのである。ちなみに、親王来日を記念して数多くのことが封切りされたが、アイゼンデッヒャーがそれらの委細を、定期的に、誇らしげに報告しなかったことなど一度たりともなかった。

既に、その旅の幕開け自体が印象的なものだった。船上での歓待は言うまでもない。初めて上陸したとき、日本の海軍将官、全船の艦長、神奈川県知事並びに蜂須賀侯爵（図 44 [I/58]）が若い一人の青年を出迎えていたのである。イギリスでの留学経験があり、英語を流暢に操ることのできた阿波（現在の徳島県）の最後の藩主、蜂須賀茂韶にハインリヒの名誉随行員としての白羽の矢が立てられた。東京の新橋駅では北白川宮を筆頭に、皇族の親王たちが次の歓待の場を設けるため、一群を成して待っていた。

その後、数日間に亘って執り行われた祝典全てが、実に厳かで、品位溢れるものだった。特に、5 月 29 日に催された天皇の謁見式において、ハインリヒがドイツ帝国の最高位の勲章、黒鷲の勲章を天皇に奉呈し、帝国弁理公使アイゼンデッヒャーがその旨を記したドイツ帝国皇帝の書簡を献上した時がそのハイライトだった。良き慣習の求めに従い、天皇は後日、5 月 30 日に、ヴィルヘルム一世の孫ハインリヒが滞在していた迎賓館、延遼館に答礼に赴かれた。この日、ハインリヒが延遼館で日本の来賓に振舞った晩餐のメニューが残されている（図 41：メニュー）。

「封切り」を話題にしてきたついでに、少し、ハインリヒ親王の日本での足跡を辿ってみることにしよう。ただし、岩倉公爵が若き親王をもてなした古き皇都、京都ではなく、保津川の急流下り、宇治や奈良でもなく、また長崎や鎌倉でもなく、政治の舞台、東京で。ドイツ帝国並びにその駐日弁理公使にとって、ドイツ皇孫の訪問を最も活用できる場所である。

1879 年 10 月 15 日に、天皇は、親王をもう一度招待した。このことは、日独関係の頂点をなしたと言っても過言ではない。カール・フォン・アイゼンデッヒャーがベルリンのビューロー外務大臣に宛てた公務書簡で、このことを詳細に報告する労を厭わなかったことからもそのことが窺い知れる。その報告は、実に歓喜溢れるものである。

「先の公的訪問の時と同じく、この度も、天皇陛下は御手を差し出されました。日本では知られていなかった、また今日も尚、日本人同士では採用していない挨拶の仕方です。私が存じ上げる限りでは、ハインリヒ親王殿下は、天皇が握手された最初の国賓なのであります。」[5]

今回はただの歓談や贈答ではなく、天皇の赤坂御所で催された晩餐の席への招待であった。

「食事のときには北 [白川] 宮と青木 [周蔵] 氏が交代で、天皇とハインリヒ大公殿下の通訳を務めました。黒の礼服に黒鷲の勲章を佩用され、一段と立派な御様子であられた

天皇は、実に活発にお話をされ、冗談には笑い声も立てられ、歓談をとても楽しまれているご様子でした。（中略）晩餐は素晴らしく、開催時間も適切で、給仕も見事でした。（中略）1時間15分ぐらいすると天皇は食事の席を後にされ、貴賓を大広間に案内されました。丁度そのとき、その広間には別の側から、有栖川親王妃、北白川親王妃を同伴された皇后がお見えになりました。皇后陛下が挨拶に親王殿下と握手を交わされると、一同、御着席になられ、その他の出席者も着席を求められました。その後の30分ほどの談笑には皇后もご参加になり、天皇は、実に熱心にドイツのことについてお尋ねになられました。陛下は、寛大にも、私にも何度か話しかけて下さり、私の大変拙い日本語の知識にも喜ばれたご様子でした。青木氏は実に見事な手腕で、立派に通訳を務めました。（以下略）」[6]

ちなみに、ドイツ帝国親王はその晩、ドイツの黒鷲の勲章に対する返礼として、日本側でかなりの駆け引きがあった後に授与された日本の最高位の勲章、菊花章を佩用していた[7]。

今まで見えることのなかった天皇の親しみやすい性格、そして政治的場での先例のない行為について、アイゼンデッヒャーは言及している。その日まで、天皇は食事が終わると決まって、すぐに退席していたこと、また今まで美子皇后がそのような機会に同席することは一度もなかったことなど、今回の一連の出来事は、公使が栄誉あることとして、書簡に記すだけの価値のあることだったのである。

アイゼンデッヒャーの時代の日独関係は、実に良好で、銘記すべきものだった。アイゼンデッヒャーのアルバムに収められた写真（図42 [II/1]、図43 [III/28] と図45 [III/29]）を眺めるとき、陽気で屈託の無い関係が見て取れるのである。

訳．宮田　奈々

[1] 外務省外交史料館には3巻におよぶハインリヒ親王の訪問に関する記録が所蔵されている：外務省外交史料館、外務省記録、MT 6.4.4.1-4-1-1（第1巻～第3巻）、「外国貴賓訪問関係雑件、独国の部、独国アルベルト・ヴィルヘルム・ハインリヒ親王来遊の件；独国皇孫来航接待記」。Des Prinzen Heinrich von Preußen Weltumseglung. Original-Erzählung für die Jugend von C. V. Derboeck [recte: Carl von der Boeck]. Leipzig: Otto Drewitz Nachfolger, 11th ed., ca. 1900も参照。

[2] Mittheilungen der Deutschen Gesellschaft für Natur- und Völkerkunde Ostasiens, Yokohama, Bd. II, 19. Heft, p. 408.

[3] 後にナウマンの名前をとって、ナウマンゾウと呼ばれる旧石器時代のマンモス。

[4] ドイツ外務省政治文書館、R18602, アイゼンデッヒャーからビューロー外務大臣宛書簡、1879年10月10日付。

[5] ドイツ外務省政治文書館、R18602, アイゼンデッヒャーからビューロー外務大臣宛書簡、1879年10月16日付。

[6] 同上。

[7] 外務省外交史料館、外務省記録、MT 6.4.4.1-4-1-1、「外国貴賓訪問関係雑件、独国の部、独国アルベルト・ヴィルヘルム・ハインリヒ親王来遊の件」（別冊）参照。

5.
Japanische Diplomaten und Gastgeber.
Die neue Führungselite des Reiches

Auf den ersten Blick fällt es schwer zu vermuten, mit welchen der in den Photoalben dokumentierten japanischen Persönlichkeiten unser Gesandter wohl den engsten Umgang pflegte. Denn faktisch ist die komplette Regierung, Minister wie Staatsräte, durch Eisendechers japanische Amtszeit von Ende 1875 bis 1882 hinweg in seiner photographischen Porträtgalerie vertreten (siehe die Liste der *Dajôkan*-Regierung am Ende dieses Abschnitts). Mit ganz wenigen Ausnahmen. Zu diesen zählen Kido Takayoshi und Ôkubo Toshimichi. Kido war damals schon schwer von Krankheit gezeichnet, der er 1877 erlag; Ôkubo kam im Mai 1878 durch ein Attentat ums Leben. Zu ihnen konnten sich für Eisendecher kaum Berührungspunkte ergeben. Nicht vertreten sind nur noch der Kultusminister Kôno Togama sowie der ab 1880 amtierende Minister zu Linken (*sadaijin*), Prinz Arisugawa-no-miya Taruhito.

Abbildung 46 (I/61): Aoki Shûzô, Japanischer Gesandter in Berlin.

Abbildung 47 (I/59): Aoki Shûzô, Japanischer Gesandter in Berlin.

Abbildung 48 (II/14): Inoue Kaoru, Außenminister.

Abbildung 49 (II/12): Iwakura Tomomi, Staatskanzler.

Überhaupt fällt auf, daß kein einziges Mitglied des kaiserlichen Hauses photographisch in Eisendechers Sammlung festgehalten ist. Zwar war die Verbreitung von Photos des Kaisers wie auch Angehörigen des Kaiserhauses im Japan der Meiji-Zeit streng reguliert, aber in den Alben europäischer Diplomaten finden wir durchaus Photos von japanischen Prinzen, z.B. im Album von Eisendechers italienischem Kollegen Barbolani.[1] Ein Porträt von Prinz Kitashirakawa Yoshihisa, der dem Fushimi-Zweig des Kaiserhauses entstammte, hätte man im Album Eisendechers erwarten können, hatte er doch sechs Jahre lang zu Studien in Deutschland verbracht, war mit westlichen Gewohnheiten vertraut und dolmetschte 1879 während des Japanbesuchs von Prinz Heinrich bei mehreren Gelegenheiten. Erst 1877 war Yoshihisa aus Berlin, wo er von den Behörden als ein besonders vorbildlicher Student wahrgenommen wurde, nach Japan zurückgekehrt.

„Der Prinz Kitashirakawa steht zur Zeit im 26. Lebensjahre, ist unverheiratet und befindet sich seit dem April 1871 zu seiner Ausbildung in Berlin, wo er in der Großbeerenstraße No. 5 eine Etage gemietet hat. Er hat sich hier durch bescheidenes, freundschaftliches Wesen, durch gesittetes Betragen und strenge Moralität die Neigung aller derer erworben, welche mit ihm in Verbindung stehen […].“ [2]

In den Photoalben Eisendechers befinden sich insgesamt 54 Porträts von Japanerinnen und Japanern, sieben der aufgenommenen Personen sind jeweils zweimal vertreten: Aoki Shûzô,

Abbildung 50 (I/26), 51 (I/43) und 52 (I/21):
Nabeshima Naohiro, Gesandter in Italien, und Nabeshima Nagako.

Inoue Kaoru, Iwakura Tomomi, Nabeshima Naohiro, Ôyama Iwao, Ôyama Sawako und Tanaka Fujimaro. Mit Aoki (Abb. 46 [I/61] u. Abb. 47 [I/59]), damals Gesandter in Berlin und bekannt für seine exzellenten Deutschkenntnisse, war der dienstliche Verkehr, soweit dies die einander so entfernten Dienstposten erlaubten, ein sehr herzlicher. Allein schon des Ressorts wegen mußten die Kontakte zu Inoue Kaoru (Abb. 48 [II/14]) häufig sein, da er seit September 1879 bis lange über Eisendechers Dienstzeit in Tôkyô hinaus die auswärtigen Angelegenheiten leitete. Und auch Iwakura Tomomi (Abb. 49 [II/12]), der durch sein Amt als Reichsminister, wenn nicht viel mehr noch durch Erfahrung und Charisma, die wohl prägendste Gestalt im Lande war, mußte für einen ausländischen Gesandten eine der wichtigsten Anlaufstellen sein.

In Fürst Nabeshima (Abb. 50 [I/26] u. 52 [I/21]) sah Eisendecher zweifellos den Berufskollegen, denn vor der Übernahme seiner Aufgaben als kaiserlicher Zeremonienmeister (1882 bis 1890) war der Sohn des letzten Daimyô von Saga Gesandter in Italien gewesen. Mit einer Biographie wie dieser begegnen wir nicht nur einer immer selbstverständlicher werdenden Internationalität, sondern auch einer deutlichen Präsenz von Frauen unter Japans Elite in der Öffentlichkeit am Beginn der Meiji-Zeit. Es sind die Porträts von fünf Damen der japanischen Gesellschaft, die unsere Aufmerksamkeit erwecken. Die Aufnahme von Nabeshima Nagako (Abb. 51 [I/43]) stammt sogar aus Rom, wo sie, sagen wir ruhig, neben ihrem Mann Gesandtin war. Die Photographie von Tanaka Suma (Abb. 55 [I/22]) ist gleichfalls ausländischer Provenienz, Tanaka Suma hatte einem Photographen in Philadelphia Modell gestanden.

Abbildung 53 (I/39) und 54 (I/65):
Tanaka Fujimaro,
Kultus-, dann Justizminister.

Abbildung 55 (I/22):
Tanaka Suma,
Ehefrau von Tanaka Fujimaro.

Man sieht, kaum daß sich das Land geöffnet hatte, schwärmte die gebildete Jugend Japans in die Welt hinaus. Tanaka Fujimaro (Abb. 53 [I/39] u. Abb. 54 [I/65]), ihr Gatte, gehörte zu den interessantesten Bildungspolitikern seiner Zeit, der sich zweimal – mit der Iwakura-Mission 1872 und zu ausgedehnten Studien 1876/77 – in den Vereinigten Staaten aufgehalten hatte. Eisendecher kannte ihn als Unterrichts- sowie als Justizminister. Der Armeeoffizier und spätere Generalfeldmarschall Ôyama Iwao (Abb. 56 [I/31] u. Abb. 57 [I/68]) hatte lange in Frankreich das Militärwesen studiert.

Von Ôyama Sawako bewahrte Eisendecher zwei Photographien auf (Abb. 58 [I/17] u. Abb. 59 [I/67]). Sie zeigen eine liebenswerte junge Frau. Und sie erinnern an eine überaus wehmütige Begebenheit. *„Heute haben sie"*, schrieb Erwin Bälz, der in Japan im Dienst des Kaiserhofes stehende deutsche Arzt, am 25. August 1882 in sein Tagebuch,

„eine der Besten ihres Volkes hinausgetragen, die Frau des Kriegsministers und Generals Oyama. Sie war dreiundzwanzig Jahre alt, als sie, dem Kindbettfieber erliegend, vor zwei Tagen die Augen für immer schloß. Sie war gleich beliebt bei den Fremden und bei den Angehörigen ihres eigenen Volkes. […] Wie empfand ich da nicht mit grimmem Schmerz die Ohnmacht der ärztlichen Wissenschaft, das menschliche Unvermögen!" [3]

Abbildung 56 (I/31) und 57 (I/68): Ôyama Iwao; General; Armeeminister.

Abbildung 58 (I/17) und 59 (I/67): Ôyama Sawako, erste Ehefrau von Ôyama Iwao.

Es ist schwierig, so schrieben wir eingangs, anhand der Alben bestimmten Personen aus Eisendechers japanischem Umfeld einen Vorrang einzuräumen. Oder vielleicht doch? Da sind nämlich noch zwei ansprechende Aufnahmen von Mitgliedern der Familie des Außenministers Inoue; von Takeko, der Fürstin Inoue (Abb. 60 [II/4]), und ihrer Ziehtochter Sueko (Abb. 61 [II/3]); „Bessie" steht von der Hand Eisendechers im Album zur Photographie von Sueko geschrieben, die Inoues Tochter mit einer persönlichen, englisch geschriebenen Widmung an den Gesandten versehen hatte; zum Abschied, wie es

Abbildung 60 (II/4), links:
Inoue Takeko,
Ehefrau von
Außenminister Inoue Kaoru.

Abbildung 61 (II/3), rechts:
Inoue Sueko,
Adoptivtochter von
Außenminister Inoue Kaoru.

scheint („*To Captain Eisendecher with kind remembrance from Suyi Inouye, Tokyo, August 6th 1882*"; siehe Abb. 7 [II/3]). Es sind Photos, an denen der Betrachter rasch Gefallen findet und die, im Lichte anderer, recht vielsagender Dokumente, mindestens eine große Sympathie Eisendechers für den Außenminister und seine Familie erkennen lassen.

Zwischen der deutschen Gesandtschaft, d.h. Eisendecher, und dem Vorgänger Inoues als Außenminister, Terashima Munenori, war es im Laufe des Jahres 1879 kurzzeitig zu einer heftigen Mißstimmung gekommen, über die in den Medien damals ausführlich berichtet wurde, so etwa in der *Tokio Times* unter dem Titel „Hesperia Outrage" (im Wortlaut am Ende dieses Kapitels). Ein deutsches Schiff, die „Hesperia", war unter Umgehung der Quarantänebestimmungen, wonach sie von japanischen Ärzten hätte kontrolliert werden müssen, in Yokohama eingelaufen. Die japanische Seite war darüber nicht zu Unrecht sehr erbost. Erstens waren die Bestimmungen nicht aus der Luft gegriffen, sie dienten zum Schutz vor Ausbreitung der Cholera, die damals wütete. Und zweitens wurde damit eine Regelung verletzt, die für alle anderen Schiffe, *nota bene* die japanischen, eine strenge Geltung hatte. Umgekehrt galten aber auch die Bestimmungen der damals gültigen Staatsverträge, zweifellos ungleiche Verträge, gemäß denen die ausländischen Mächte durch ihren exterritorialen Status nicht an japanische Bestimmungen gebunden waren. Ein Abrücken von dieser verbrieften Gesetzeslage hätte einen Präzedenzfall geschaffen und sich auf die Beziehungen Japans zu anderen ausländischen Mächten ebenso nachhaltig ausgewirkt. Rechtsauffassung stand gegen Rechtsauffassung, Eisendecher beharrte auf dem Privileg der Exterritorialität für deutsche Schiffe, und Terashima unterlag schließlich mit seiner Position. Er legte sein Amt nieder. Die Stunde von Außenminister Inoue war

gekommen, der das Thema konzilianter behandelte und sich rasch das Wohlwollen der ausländischen Vertreter, allen voran Eisendecher, sichern konnte. „Herr Inouye", berichtete daraufhin Eisendecher nach Berlin,

„ist ein persönlich angenehmer und höflicher Mann, der offenbar das Bestreben hat, sich mit den fremden Vertretern gut zu stellen; da er überdies gut Englisch spricht und durch einen längeren Aufenthalt in England mit fremden Verhältnissen ziemlich bekannt ist, so darf man wohl annehmen, daß sein Eintritt in das Auswärtige Amt auf die Beziehungen Japans zu den fremden Mächten günstig wirken wird. Eine hier unter Japanern seltene und auch auf die amtliche Stellung des neuen Ministers influierende gute Eigenschaft ist seine Vorliebe für geselligen und privaten Verkehr mit Fremden. Während Herr Terashima fast ganz für sich auf dem Lande lebte, Fremde kaum bei sich sah und anscheinend mit Widerstreben und ohne seine Frau in fremden Häusern verkehrte, macht sein Nachfolger in gewisser Weise ein Haus nach Europäischer Manier; er wird darin von seiner Gemahlin [Takeko], welche etwas Englisch versteht, und von einer in England erzogenen Nichte [Sueko] unterstützt. Ein derartiger außeramtlicher Verkehr mit dem Leiter der Auswärtigen Politik, der bisher gänzlich mangelte, hat hier eine nicht zu unterschätzende Bedeutung. Es lassen sich auf diese Weise eine Menge politischer Fragen und kleinerer Differenzen durch private Rücksprache erledigen oder wenigstens klarlegen. Die anerkennenswerthe Offenheit und der offenbar gute Wille des Herrn Inouye kommen dabei meinen Kollegen und mir sehr zu Statten [...]." [4]

In der Tat, so wie sich das persönliche Verhältnis zwischen Inoue und Eisendecher freundschaftlich gestaltete, entwickelten sich auch die Beziehungen zwischen Japan und den ausländischen Mächten ausgewogen. Es kam Bewegung in die Frage der Vertragsrevision. Zwar nicht in dem Maße, daß Inoue die

Abbildung 62 und 63: Konferenz zur Revision der Staatsverträge zwischen Japan und den ausländischen Mächten (Jôyaku kaisei kaigi), 5. April 1882.

Verhandlungsführer in den Photoalben Eisendechers

■ Eisendecher
1 Inoue Kaoru
2 Shioda Saburô

1 R. Rosen (Russland)
2 M. Hoffer von Hoffenfels (Österreich-Ungarn)
3 E. Satow (Großbritannien)
4 E. Zappe (Deutschland)
5 G. Roquette (Frankreich)

175

Früchte seiner Bemühungen schon hätte ernten können. Doch immerhin setzten sich die Vertreter der fremden Mächte ernsthaft mit Japans Diplomaten an den Verhandlungstisch. Den 21 Sitzungen in der ersten Jahreshälfte 1882, in denen sich Deutschland den japanischen Forderungen gegenüber als besonders aufgeschlossen erwies, kommt große historische Bedeutung zu (Abb. 62). Shioda Saburô, „rechte" Hand von Inoue im Ministerium, auch wenn er bei den historischen Sitzungen zur Vertragsrevision im Jahre 1882 stets zur *Linken* des Außenministers saß, scheint die Position des deutschen

Abbildung 64 (II/10):
Shioda Saburô,
Staatssekretär im Außenministerium.

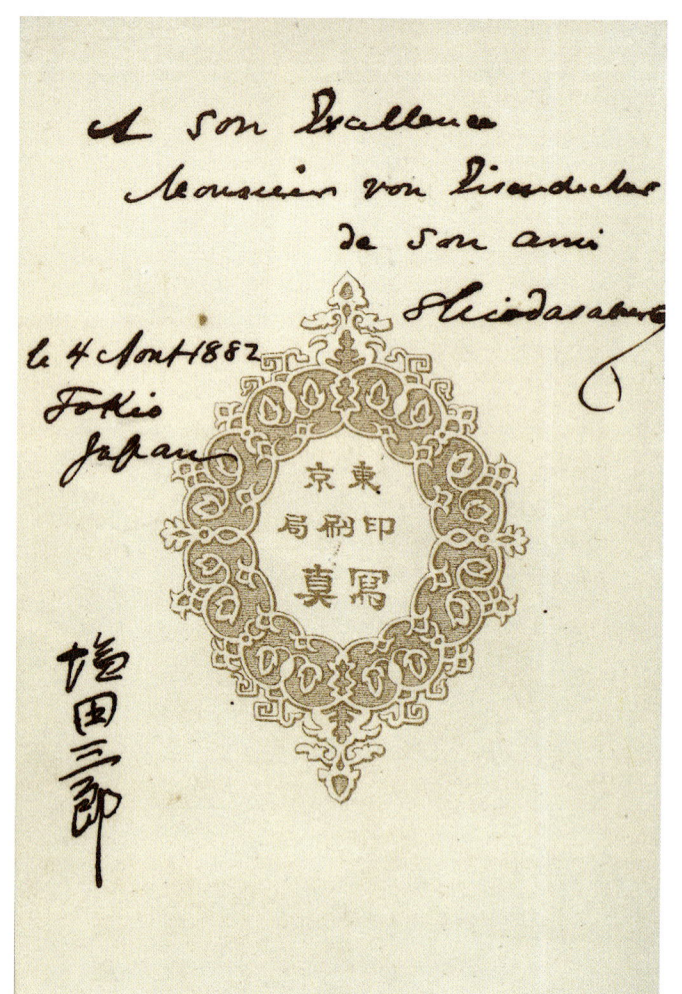

Gesandten als so gegnerisch nicht empfunden zu haben. Die Dedikation an den deutschen Verhandlungspartner auf seinem Photo („*A son Excellence Monsieur von Eisendecher de son ami Shioda Saburo*") wäre sonst sicher weniger herzlich ausgefallen (Abb. 64 [II/10]).

Im Blick zurück muß die Kommunikation zwischen Ost und West viel ungezwungener und offener verlaufen sein als uns unsere Vorurteile in Bezug auf Kulturunterschiede weismachen wollen. Die Tischunterhaltung im Akasaka-Palais des Tennô am 15. Oktober 1879 spricht darüber Bände. Neben dem Meiji-Tennô und Prinz Heinrich von Preußen, dem zu Ehren man zusammengekommen war, hatten folgende japanische Honoratioren und Politiker Platz genommen: die Prinzen Arisugawa und Kitashirakawa, Tokudaiji Sanetsune (Abb. 67 [I/34]), Minister des Kaiserlichen Hauses, Iwakura Tomomi, Vizepräsident des Staatsrates, Außenminister Inoue Kaoru, Fürst Hachisuka, Ehrenmarschall Heinrichs während dessen Japanaufenthalt, der Zeremonienmeister Bôjô Toshitada, der in Deutschland akkreditierte Gesandte Aoki Shûzô sowie Oberstleutnant Katsura Tarô, der bis kurz zuvor Militärattaché in Berlin gewesen war. Neben dem Tennô also neun ehrwürdige Japaner. „*Für Fremde mußte es einigermaßen auffallen*", erfahren wir in einem Bericht Eisendechers über dieses Bankett,

> *„daß die anwesenden Japanischen Gäste währen des Diners theilweise ziemlich laute Konversation machten und sogar den Tenno mehrfach anredeten. Der Minister des Äußeren, welcher mir gegenüber saß, erklärte mir über den Tisch weg in vernehmlichen Englisch, daß er sich vorgenommen habe, mit mir im allerbesten Einvernehmen zu bleiben und daß ich womöglich alles mündlich mit ihm abmachen und nicht so viel schreiben möge wie mein Britischer Kollege. Der Kaiser, dem diese Äußerung übersetzt wurde, lachte und meinte, das Auswärtige Amt würde dann wohl nach Abreise Sir Harry Parkes's eine Anzahl Beamten entlassen können.*"[5]

Ob die japanische Tischrunde das schmückende Beiwort „pestilently active" kannte, das englische Landsleute Sir Harry verliehen hatten, sei dahingestellt.[6] Jedenfalls hatten, wie wir bei Eisendecher lesen, Japans Diplomaten und Politiker Humor. Auch Ausdauer. Und Geduld. Gute Eigenschaften, um ein Land voranzubringen.

---

[1] Marisa di Russo, Ishiguro Keishô (Hg.): *Dai Nihon zenkoku meisho ichiran. Itaria kôshi hitsuzô no Meiji shashinchô*. Tôkyô: Heibonsha, 2001, S. 289. Zur Regulierung der Verbreitung von Porträts des Meiji-Tennô vgl. das Standardwerk von Taki Kôji: *Tennô no shôzô*. Tôkyô: Iwanami Shoten, 1988 (Iwanami shinsho, Bd. 30).

[2] PAAA, Graf Bülow, Staatssekretär des Auswärtigen Amtes, an Graf Pückler, Oberhof- und Hausmarschall des Kaisers, Berlin, 29. Nov. 1874; das Schreiben bezog sich auf die Bitte des japanischen Prinzen um eine Audienz beim Kaiser.

[3] Bälz, Erwin: *Das Leben eines deutschen Arztes im erwachenden Japan*, hrsg. von Toku Bälz, 1930 [recte 1931], S. 83f.

[4] PAAA, R18602, Eisendecher an Staatsminister Bülow, Tôkyô, 29. Sept. 1879, 118/A54, S. 320–322.

[5] PAAA, R18602, Eisendecher an Staatsminister Bülow, Tôkyô, 16. Okt. 1879, 128/A56, S. 340–349.

[6] Cortazzi, Hugh: „The Pestilently Active Minister". In: *Monumenta Nipponica*, Tôkyô, 39/2 (Summer 1984), S. 147–161.

Abbildung 65 (I/44): Sano Tsunetami, Finanzminister.

Abbildung 66 (I/62): Ôkuma Shigenobu, Staatsrat.

Abbildung 67 (I/34): Tokudaiji Sanetsune, Minister des kaiserlichen Hauses und Hofmarschall.

Abbildung 68 (I/56): Yoshii Tomozane, Kammerherr des Tennô.

Abbildung 69 (I/54): Matsuda Michiyuki, Gouverneur von Tôkyô.

Abbildung 70 (I/57): Kuki Ryûichi, Staatssekretär im Kultusministerium.

Abbildung 71 (I/41): Yamagata Aritomo, Armeeminister und Staatsrat, 1878 Generalstabschef des Heeres.

Abbildung 72 (I/40): Tanaka Mitsuaki, Generalmajor.

Abbildung 73 (I/33): Yamada Akiyoshi, Generalleutnant, Minister für Industrie und Staatsrat.

Abbildung 74 (I/63): Saigô Tsugumichi, Generalleutnant, Minister für Landwirtschaft und Handel, Staatsrat.

Abbildung 75 (II/25): Saigô Chûtoku und Olla Struve.

Abbildung 76 (I/42): Kuroda Nagahiro, Staatsrat.

Abbildung 77 (II/19): Soejima Taneomi, ehem. Außenminister und Staatsrat.

Abbildung 78 (II/20): Matsukata Masayoshi, Vize-Finanz-, Innen-, Finanzminister.

Abbildung 79 (I/60): Shinagawa Yajirô, Staatssekretär im Innenministerium.

Abbildung 80 (I/18): Itô Hirobumi, Innenminister und Staatsrat.

Abbildung 81 (I/24): Sanjô Sanetomi, Großminister.

*Abbildung 82 (I/64): Terashima Munenori,
Außenminister, Staatsrat.*

*Abbildung 83 (I/20): Kuroda Kiyotaka,
Generalleutnant; Staatsrat und Direktor der
Erschließungsbehörde von Hokkaidô.*

*Abbildung 84 (I/66): Enomoto Takeaki,
Vize-Admiral, Gesandter in Russland, Vizeaußenminister,
Marineminister.*

明治__年__月
__里__月__、アーダンデアルカ
川村純義

Abbildung 85 (II/18):
Kawamura Sumiyoshi, Admiral;
Staatsrat und Marineminister.

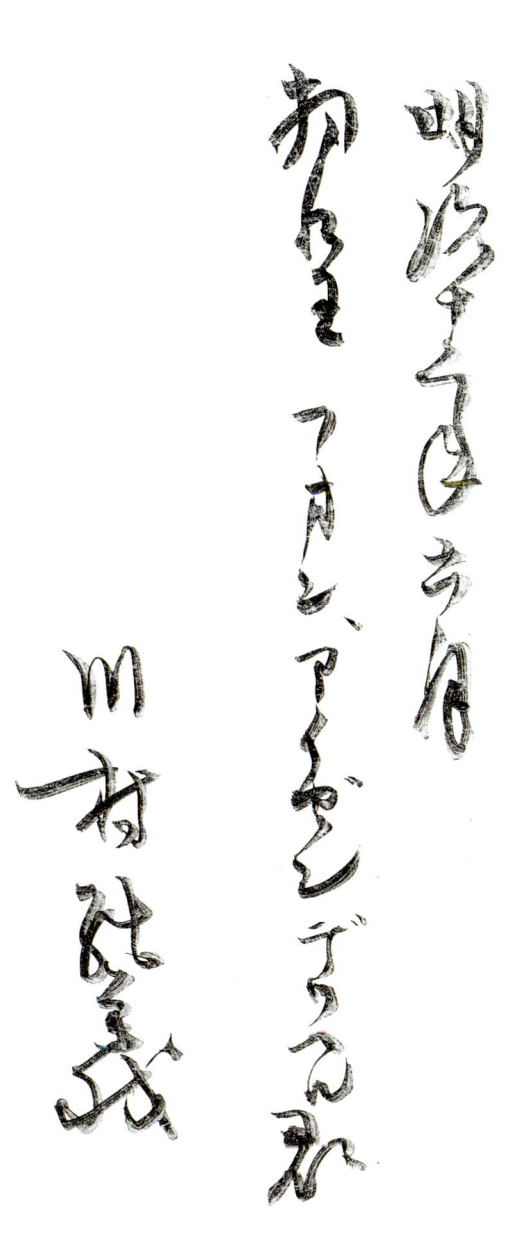

第 5 章
外交官と接待係
日本の新たな指導者達

アイゼンデッヒャーのアルバムに収められている日本の人物のうち、彼と最も親しかった人物を一目で見分けるのは難しい。というのも、アイゼンデッヒャーの日本での駐在期間、1875 年の終わりから 1882 年にかけての歴代の政府の大臣や参議の顔が、彼の肖像写真のギャラリーにずらりと並んでいるからである（第 5 章 1「太政官制」を参照）。むしろ、出てこないほうが例外で、木戸孝允、大久保利迪などは、その例外にあたる人物である。木戸は、当時、既に重病を患っており、1877 年に死去し、大久保は 1878 年の 5 月に暗殺されている。彼らとは、アイゼンデッヒャーは殆ど接点がなかっただろう。そのほかにアルバムに見えないのは、文部卿の河野敏鎌や 1880 年から左大臣に就いた有栖川宮熾仁親王だけである。

一目瞭然なのは、皇室の人物が誰一人として収められていないことである。それには、明治の日本では、天皇及び皇室の人物の写真の頒布が厳しく規制されていたという背景があるのだが、他のヨーロッパ人外交官のアルバム、例えば、アイゼンデッヒャーの同僚で駐日イタリア公使バルボラーニ伯爵のアルバムには、日本の親王の写真が何枚か見られる[1]。皇室の傍系、伏見家出身の北白川能久は、アイゼンデッヒャーのアルバムにあっても不思議ではない人物であった。なぜなら、彼は 6 年間ドイツに留学し、西欧の慣習に親しみ、1879 年にハインリヒ親王が日本を訪れた際には、何度か通訳を務めたことがあったからである。能久は、ドイツ官庁に特に模範的な学生と認められていたベルリンから、1877 年になってようやく日本に帰国した。ドイツ警察当局の関係書類が同封されたビューローの書簡には、次のようにある。

「北白川親王は現在 26 歳で独身、1871 年の 4 月からベルリンに留学されており、グロスベーレン通りの 5 番にワンフロアを借りて、滞在されております。親王は、その謙虚で友好的な人柄や、礼儀正しさ、強い道徳心から、全ての人々より交際を所望されております。(以下略)」[2]

アイゼンデッヒャーのアルバムには、総計 54 枚の日本人男女の肖像写真が収められており、そのうちの 7 名には 2 枚写真がある[3]。青木周蔵、井上馨、岩倉具視、鍋島直大、大山巌、大山澤子と田中不二麿である。当時、ベルリンに公使として滞在しており、その卓越したドイツ語で有名だった青木周蔵（図 46 [I/61] と図 47 [I/59]）とは、仕事での付き合いではあったが、お互い任務地が離れているにも関わらず、実に親密な付き合いをしていた。仕事上の関係だけでも井上馨（図 48 [II/14]）とは、頻繁に連絡を取り合ったに違いない。なぜなら、井上は、アイゼンデッヒャーの東京での駐在期間中、1879 年 9 月からずっと外務卿を務めていたからである。右大臣としてというよりも、その経験とカリスマから、日本で影響力の一番ある人物だった岩倉具視（図 49 [II/12]）は、外国人公使にとって最も重要な折衝相手であったに違いない。

鍋島侯爵（図 50 [I/26] と図 52 [I/21]）について言えば、アイゼンデッヒャーは、間違いなく、同僚と考えていたと思われる。皇室式部官の職（1882 ～ 1890）に就任する以前は、この佐賀藩最後の藩主の息子は、駐イタリア公使だったからである。また、このような伝記では、益々普遍化していた国際性だけでなく、明治初期の公の場に日本のエリート女性が明らかに

存在していたことが分かる。我々の関心を引くのは、日本社交界の5人の女性の肖像写真である。鍋島榮子（図51 [I/43]）の写真は、夫君を助けて、ほとんど女性公使と呼んでも差し支えない程、活躍していたローマで撮影されたものである。田中須磨（図55 [I/22]）の写真も、同様に外国で撮影されたものであるが、須磨にはフィラデルフィアの写真家に撮影された写真もある。これらの写真から、日本の開国と同時に、教養ある日本の若者たちが世界へと乗り出していったことが分かる。彼女の夫の田中不二麿（図53 [I/39]と図54 [I/65]）は、当時の教養ある文部省官僚のうち最も興味深い人物の一人であるが、1872年には岩倉使節団に同行し、1876年から77年にかけては、自身の更なる修養のために、アメリカに二度滞在した。アイゼンデッヒャーは、文部大臣及び法務大臣を兼任していた時代の彼と知り合っている。陸軍将校で後に陸軍総帥となる大山巌（図56 [I/31]と図57 [I/68]）は、長くフランスで軍事について学んだ。

大山澤子の写真をアイゼンデッヒャーは二枚所持している（図58 [I/17]と図59 [I/67]）。写真は、若く愛らしい女性を映しているのだが、実に悲しい出来事をも思い出させる。東京大学、そして皇室でお雇い外国人として勤務していた医者のエルヴィン・ベルツは、1882年8月25日付の日記にこう記している。

「今日、彼らは日本人で一番素晴らしい人物の一人、陸軍卿で陸軍将官の大山夫人の棺を担ぎ出して行った。彼女は23歳で産褥熱に倒れ、2日前に永遠の眠りについた。彼女は、外国人からも日本人からも本当に人気のあるひとだった。（中略）この苦しみにどう耐えたら良いだろう、医学の役立たなさ、人間の無力よ！」[4]

文頭にも記した通り、アルバムを頼りに、アイゼンデッヒャーの日本人の交友関係で特定の人物に優先を付けるのは難しい。いや、ともすると可能かもしれない。なぜなら、外務卿を務めた井上の家族の写真で、まだ、上記の種類の写真が2枚あるからである。それは、井上公爵夫人武子（図60 [II/4]）とその養女末子（図61 [II/3]）の写真である。アルバムには、末子の写真にアイゼンデッヒャーの直筆で「ベッシー」[5]とあり、裏には、末子の個人的な英語の献辞があるのだが、恐らく、別れのときのものと思われる（「アイゼンデッヒャー艦長殿。美しい思い出のうちに。井上末子、東京、1882年8月6日」）。この二枚の写真は、見る者にすぐに興味を興させ、別の視点で見れば、実に意味深な記録ではあるのだが、少なくとも、アイゼンデッヒャーが、外務卿及びその家族に大変好意を抱いていたことを示唆するものである。

アイゼンデッヒャー公使と井上外務卿の前任者、寺島宗則の間には、1879年に一時期、ひどい軋轢が生じてしまった。このことについては、当時のメディアで詳しく伝えられている。例えば『東京タイムズ』では「ヘスペリア・スキャンダル」というタイトルで（英文全文は、5.2を参照）。ドイツの船「ヘスペリア」号は、日本の医者に検疫を受けるという検疫規定を遵守せず、横浜に到着した。日本側は当然、怒り心頭であった。第一に、規定は名ばかりのものでなく、当時、猛威を振るっていたコレラの蔓延を防ぐ意味を持っていたからである。第二に、他の全ての船、特に日本船にも厳しい効力を持っていた規定が、この事件で厳格さを損なわれてしまったからであった。とはいえ、当時、有効だった条約は明らかに不平等条約であり、それに基づけば、列強諸国は治外法権が認められ、日本の規定は適用されていなかったのである。文書で確認されたはずの法的状態の背反は先例を作り、日本と他の列強諸国の関係にも、後々まで影響を与えるやもしれぬ。両者の法見解は真っ向から対立し、アイゼンデッヒャーはドイツ船の治外法権の特権性を訴え、寺島は最終的にその立場に敗れ、辞職に追いやられた。こうして井上外務卿の時代が到来した。井上はこの問題を穏便に処理し、諸外国の公使たち、特にアイゼンデッヒャーの好意を瞬く間に獲得する。

その後、アイゼンデッヒャーはベルリンにこう報告している。

> 「井上氏は温和で礼儀正しい人物で、公務では外国公使達と良い関係を築く努力をしております。彼は、実に流暢に英語を話し、イギリスでの長い滞在で外国の流儀をよく知っております。従って、彼が外務卿に就いたことは、日本と列強諸国の関係に良い影響を及ぼすと考えて良いでしょう。またこの新任の外務卿が公務に影響を与えている、日本人では珍しい良い性質とは、彼が外国人達と社交的で私的な付き合いを好むところにあります。前任の寺島は殆ど郊外で過ごし、外国人を招くようなことは滅多にないばかりか、逆に招かれても、夫人も同伴せず、嫌々訪問しているようでした。彼の後任者は、自宅をある種ヨーロッパ風にしており、そこで英語が少し分かる夫人［武子］とイギリス育ちの姪［末子］に、身の回りの世話をしてもらっております。これまで全く欠けていた、外交の指導者との公務外での交際は、決して過小評価すべきことではありません。このようなかたちで、政治的案件について、また些細な意見の食い違いも、私的に相談することで解消されたり、少なくとも問題が明らかになるのです。そのため、井上氏の称賛に値する開放性と明瞭な善意は、私や同僚にとって学ぶところが多いものです。（以下略）」[6]

事実、井上とアイゼンデッヒャーの間の個人的な関係が友好的なものであったように、日本と列強諸国との関係も円満なものへと変化していった。ここで、条約改正の問題が動くのである。といっても、井上の努力がこの時点で実ったわけではない。しかし、列強諸国の公使たちは、真面目に、日本の外交官と交渉の席に着いたのである。1882年上半期の21回の会議で、ドイツは日本側の要求に対して特に積極的な姿勢を示したのだが、ここに歴史的に重要な意味が生まれる（図62；日本と列強諸国間の条約改正会議、1882年4月5日）。1882年の条約改正に関する歴史的会議の席で、井上外務卿の「右腕」であった塩田三郎は、条約改正の会議ではいつも卿の「左」に座っていたが、ドイツ公使をそれほど敵視していたとは思えない。なぜなら、ドイツの交渉相手であるアイゼンデッヒャーに宛てた写真の献辞は、「親愛なるアイゼンデッヒャー殿、塩田三郎より」とあるように、親しみを込めたものだったからである（図64 [II/10]）。

東と西の対話は、我々が、文化の違いを理由に思い込んでいるよりも、ずっと自然で開放的に進められたようである。1879年10月15日に、天皇の赤坂離宮で行われた会席で、そのことがよく分かる。明治天皇とプロイセン公ハインリヒ親王の傍らには、ハインリヒのために参集した次のような日本の有力者と政治家が同席していた。有栖川宮と北白川宮親王、宮内卿の徳大寺実則（図67 [I/34]）、右大臣の岩倉具視、外務卿の井上馨、ハインリヒ新王の日本滞在中、名誉式部頭を務めた蜂須賀侯爵、式部頭の坊城俊政、駐独公使青木周蔵、そして、少し前までベルリンの大使館付き武官だった陸軍中佐の桂太郎である。つまり、天皇の側には9人の錚々たる日本人が同席していたのだった。以下のアイゼンデッヒャーの報告で、この宴席の模様を知ることができる。

> 「外国人にとっては、多かれ少なかれ目をひいたことだったにちがいありません。出席した日本の賓客は、食事の間、時には大声で議論をしたかと思うと、天皇にまで何度か話し掛けたのでした。私共の前に座っていた外務卿は、テーブル越しに、今後も私と最良の関係を続けていきたいと考えていることや、場所や事柄の如何を問わず、全て、彼と口頭で取り決められること、私のイギリス人の同僚のように、沢山の文書を作らなくても良いことなどを流暢な英語で語っておりました。天皇はこの話を通訳されると、お笑いになって、それでは外務省は、ハリー・パークス氏が離日したあとは公務員を若干名削減できるだろう、と仰られました。」[7]

日本の参席者が、イギリス人たちがハリー・パークスに進呈した形容詞「病的な程、活動的」を知っていたかどうかは分からない[8]。しかしながら、アイゼンデッヒャーの報告から、日本の外交官にも政治家にもユーモアがあったことは窺い知れるのである。そして、根気も辛抱強さも。一国を先導するには、良い性質が不可欠なのである。

訳：宮田　奈々

[1] マリサ・ディ・ルッソ、石黒敬章監修『大日本全国名所一覧：イタリア公使秘蔵の明治写真帖』平凡社、2001年、289頁を参照。

[2] ドイツ外務省政治文書館、外務大臣ビューローから侍従長ピュックラー男爵宛書簡、1874年11月29日付。北白川親王の皇帝との謁見の請願の件。

[3] この54名のうち、2名は不明。
1) I/55: General Nozu とあるが、資料を照合したところ、薩摩（鹿児島県）出身の野津鎮雄（兄、1835-1880）、野津道貫（弟、1841-1908）でないことが判明したが、この人物が誰であるかは不明。
2) I/69: 不明。

[4] Bälz, Erwin: Das Leben eines deutschen Arztes im erwachenden Japan, ed. Toku Bälz, 1930 [recte 1931], pp. 83-4.

[5] 末子のイギリス留学時の愛称。

[6] ドイツ外務省政治文書館、R18602, アイゼンデッヒャーからビューロー外務大臣宛書簡、1879年9月29日付、128/A54, 320-322頁参照。

[7] ドイツ外務省政治文書館、R18602, アイゼンデッヒャーからビューロー外務大臣宛書簡、1879年10月16日付、128/A56, 340-349頁参照。

[8] Cortazzi, Hugh: „The Pestilently Active Minister". In: Monumenta Nipponica, Tokyo 39/2 (Summer 1984), pp. 147-161.

第 5 章 1
Das Dajôkan-Kabinett (Juli 1871 bis Dezember 1885)
太政官制（1871 年 7 月〜 1885 年 12 月）

Besetzung der Posten im Dezember 1875, zum Zeitpunkt der Übernahme der Amtsgeschäfte durch Eisendecher 1875 年（明治 8 年）12 月（アイゼンデッヒャー着任時）の役職者名

Großminister 太政大臣	Sanjô Sanetomi 三条実美
Minister zur Linken 左大臣	vakant 空席
Minister zur Rechten 右大臣	Iwakura Tomomi 岩倉具視
Räte 参議	Ôkuma Shigenobu, Ôki Takatô, Ôkubo Toshimichi, Itô Hirobumi, Terashima Munemori, Yamagata Aritomo, Kuroda Kiyotaka, Kido Takayoshi 大隈重信、大木喬任、大久保利通、伊藤博文、寺島宗則、山県有朋、黒田清隆、木戸孝允
Innenminister 内務卿	Ôkubo Toshimichi 大久保利通
Außenminister 外務卿	Terashima Munenori 寺島宗則
Vize-Außenminister 外務大輔	Samejima Naonobu 鮫島尚信

Finanzminister 大蔵卿	Ôkuma Shigenobu 大隈重信
Vize-Finanzminister 大蔵大輔	Matsukata Masayoshi 松方正義
Armeeminister 陸軍卿	Yamagata Aritomo 山県有朋
Marineminister 海軍卿	vakant 空席
Vize-Marineminister 海軍大輔	Kawamura Sumiyoshi 川村純義
Justizminister 司法卿	Ôki Takatô 大木喬任
Vize-Justizminister 司法大輔	Yamada Akiyoshi 山田顕義
Kultusminister 文部卿	vakant (bis 1874 Kido Takayoshi) 空席（1874年まで木戸孝允）
Vize-Kultusminister 文部大輔	Tanaka Fujimaro 田中不二麿
Minister für Wirtschaftsentwicklung 工部卿	Itô Hirobumi 伊藤博文
Vize-Minister für Wirtschaftsentwicklung 工部大輔	Yamao Yôzô 山尾庸三

Minister des Kaiserlichen Hauses 宮内卿	Tokudaiji Sanetsune (Sanenori) 徳大寺実則
Direktor der Erschließungsbehörde [von Hokkaidô] [北海道] 開拓長官	Kuroda Kiyotaka 黒田清隆

Besetzung der Posten ab Februar 1880 (Umstrukturierung der Regierung)
1880 年（明治 13 年）

Großminister 太政大臣	Sanjô Sanetomi 三条実美
Minister zur Linken 左大臣	Prinz Arisugawa-no-miya Taruhito 有栖川宮熾仁親王
Minister zur Rechten 右大臣	Iwakura Tomomi 岩倉具視
Räte 参議	Ôkuma Shigenobu, Inoue Kaoru, Kawamura Sumiyoshi, Terashima Munenori, Itô Hirobumi, Yamada Akiyoshi, Kuroda Kiyotaka, Saigô Tsugumichi, Yamagata Aritomo, Ôki Takatô 大隈重信、井上馨、川村純義、寺島宗則、伊藤博文、山田顕義、黒田清隆、西郷従道、山県有朋、大木喬任
Innenminister 内務卿	Matsukata Masayoshi 松方正義
Außenminister 外務卿	Inoue Kaoru 井上馨

Vize-Außenminister 外務大輔	Ueno Kagenori 上野景範
Finanzminister 大蔵卿	Sano Tsunetami 佐野常民
Armeeminister 陸軍卿	Ôyama Iwao 大山巌
Marineminister 海軍卿	Enotomo Takeaki 榎本武揚
Justizminister 司法卿	Tanaka Fujimaro 田中不二麿
Kultusminister 文部卿	Kôno Togama 河野敏鎌
Minister für Wirtschaftsentwicklung 工部卿	Yamao Yôzô 山尾庸三
Minister des kaiserlichen Hauses 宮内卿	Tokudaiji Sanetsune (Sanenori) 徳大寺実則
Direktor der Erschließungsberhörde [von Hokkaidô] [北海道] 開拓長官	Kuroda Kiyotaka 黒田清隆

Angaben nach Nihon kingendai-shi jiten henshû iinkai (Hg.): *Nihon kingendai-shi jiten*. Tôkyô: Tôyô Keizai Shinpôsha, 1978.

5.2
The „Hesperia" Outrage

The Tokio Times

Vol. VI. No. 6
Tokio, Saturday, August 9, 1879

Nothing in the recently published correspondence between the representatives of Germany in Japan [Ministerresident Karl von Eisendecher und Konsul Eduard Zappe] and the minister of foreign affairs [Terashima Munenori] tends to palliate the conduct of the former in defying and disregarding the quarantine regulations[1] instituted by the administration of this country. It purports to be offered as a vindication, and is represented as such by the advocates of the law-breakers; but in fact, the light it throws upon both envoy and consul causes their actions to appear even more odious than before. We are compelled to briefly review the position assumed in the several letters by the offending officials, in order that the utter poverty of their defense be disclosed. After this, however, we shall hope to leave the subject to its development and conclusion through the diplomatic process already commenced by the Japanese authorities. This government has the affair entirely in its own hands, and its agents need only to manage their case with reasonable intelligence and discretion to secure abundant atonement for the insult and injury inflicted upon the dignity and the honor of the empire.

As we have had occasion to mention, the earlier communications respecting quarantine from the German envoy were virtual copies of a model supplied by the plenipotentiary of Great Britain [Harry Parkes]. The advent of the Hesperia *upon the scene first introduced an element of originality into the discussion. On the 10th of July, the Governor of Kanagawa [Nomura Yasushi] notified the German consul in Yokohama, Mr. Zappe, of the expected arrival of that ship from the infected port of Kobe, in a note the terms of which are deserving of consideration. At a previous date, he had imparted to the consul the intentions of the government, and had received more than one intimation that Mr. Zappe was as unwilling as the majority of his colleagues to recognize the right of the Japanese to protect their people in their own legitimate way. The consul, however, stated the measures of "coöperation" he was disposed to undertake, and forwarded a circular prepared by him and addressed to "all masters of German merchant vessels," according to which the latter were required to submit themselves to the orders of Japanese officials until the agents of their own nationality should be able to investigate the case. In calling attention to the approach of the* Hesperia, *Mr. Nomura, the Governor of Kanagawa, showed an extreme desire to avoid giving offense, announcing that his inspecting officers should "carry with them the document" sent by Mr. Zappe, and that all requisite steps should be taken "according to the regulations" mentioned in his letter. Two days later, the consul wrote twice to the governor; first, to give warning of his intention to dispatch a German surgeon [Hermann Gutschow] to the ship, and next, to declare that the medical visit had been made, and that the surgeon had pronounced her condition to be such as to warrant him, Mr. Zappe, in urgently asking for her immediate release. Meanwhile, letters had passed between Mr. von Eisendecher, the Germany envoy in Tokio, and Mr. Terashima, the foreign minister, likewise referring to the proposed inspection by a German physician, and showing the envoy's familiarity* with the proceedings at Yokohama. It is to be remarked that Mr. Terashima's first note contained a statement that "the inspection by the said medical officer can have no influence on the duration of the prescribed term of quarantine." From the earnestness with which Mr. Eisendecher afterward recurred to these words, it is evident that the passage gave him great irritation, and it seems possible that the feeling thus excited was allowed to largely influence his subsequent course. But apart from this, we observe that his communications, from that point, betrayed an indifference to strict exactitude of assertion which goes far to destroy their trustworthiness. He averred, for example – in an endeavor to make the condition of the ship appear abnormally favorable – that nobody but the captain had been ashore in Kobe; – which was directly contradicted by later depositions, proving that four other persons had landed. His representations upon this head, throughout, were in the strongest sense misleading, and, after being contrasted with the declarations of the Hesperia's own officers, reveal a method of expression which we are moderate in pronouncing disingenuous. He affirmed that the steamer had "had almost no communication with land;" and would certainly have conveyed the idea, but for the opposite effect of contrary testimony, that she had simply entered the harbor of Kobe, held no prolonged intercourse with the inhabitants of that infected place, and proceeded hither under conditions that rendered her exceptionally free from all chances of transmitting disease. In truth, however, she had remained at Kobe nearly a month; had taken in cargo which was brought to her by native laborers, twenty-five of whom visited the ship daily; had received eight (or more) passengers, and had renewed there her supplies of water, provisions, etc. Whether these facts were, or were not, sufficient to justify the exercise of caution, we leave it to the common intelligence of readers to determine; – reminding them, once again, that they were not recognized as having existed in any of Mr. von Eisendecher's communications, and in some instances were positively misstated by him.

It is difficult to reject the conviction, after carefully perusing the whole correspondence, that a peculiar impulse of hostility animated the German side after the 12th of July. Up to that time, although the determination to resist the application of Japanese authority, upon the conventional "extra-territorial" ground [2], was manifest, there was still an indication that the spirit of the regulations should be in some shape respected. Mr. von Eisendecher had not pretended that the Hesperia should leave the quarantine ground until after a "disinfection" had taken place, and no purpose of demanding compensation for her delay had been suggested. But suddenly the tone of his epistles underwent a change. To what it may be attributed, we can only conjecture, but on the 19th, he angrily wrote that he "must hold the Imperial Japanese government responsible to the full extent for all the losses arising from the detention of the ship;"* stated that he would not further "subject German vessels to quarantine regulations which are manifestly insufficient," and protested against the appearance of policemen on board with an acerbity quite new to the debate. From this moment, it seems to have been resolved that the Japanese authorities should be put to such annoyance and humiliation as it was in the power of the German officials to inflict. On the 14th of July, Mr. von Eisendecher addressed a complaint to the foreign minister [Terashima], that three of his letters had received no reply; and gave notice that he should order the Hesperia to "proceed forthwith to Yokohama." With regard to the unanswered letters, any one who reads them may see that, while they certainly afforded opportunity for response, they did not imperatively call for it, being mainly composed of reiterated asseverations and unpleasant threats. Indeed, the envoy did not base his conclusions to violate the quarantine upon this neglect of his communications. He had arrived a that independently, and the records of the affair demonstrate that he, as well as his consul, had instructed the captain of the Hesperia, the day before the final summons to Yokohama, to give no heed to any person representing Japanese authority. Even at the last

---

* A claim for damages consequent upon the detention, amounting to several hundred dollars, has since been presented and – we are assured by excellent authority – has been paid!!

moment, the captain himself was disposed to yield to the requirement of a process of disinfection; but Mr. von Eisendecher, although he had admitted, on the 12th, the propriety of that measure, and had shown that he did not expect the ship to be released without it, dispatched a peremptory message on the evening of the 14th, commanding an immediate move to Yokohama. It was then that the medical officer appointed by the Japanese interposed, and in the name of the government absolutely forbade the captain to leave the station. The protest was more than once repeated, but no attention was given to it, and the ship steamed up the bay to the inner harbor.

We have no design of here renewing our comments upon the behavior of the envoy and his subordinates. We have wished simply to show how little there is in this vaunted correspondence that constitutes a defense for their high-handed operations. From the beginning, they were determined to oppose the claim of Japan to use her own system of safeguard from epidemic, but for a time they displayed an inclination at least to substitute some process of their own. Then Mr. von Eisendecher lost his temper, – unless his letters singularly misrepresent him, – and resolved to override everybody and everything Japanese. He fortified himself with the opinion of one physician, – an expert, and doubtless a just man, though perhaps hardly disinterested in the matter, and certainly entitled to no more confidence than those whose conviction of the necessity of detention was positive. Beyond this, he relied only upon his own assertions that the quarantine had never been properly carried out, – assertions which do not appear to be supported by evidence, and which probably rest upon the circumstance that at the first application of the rules, one or two trifling evasions occurred, all evil consequences of which were promptly guarded against, infinite pains being taken to prevent their repetition. Mr. von Eisendecher employs this feeble argument so frequently as to occasionally suggest the idea that he trusts to it above all others, – even above his cherished theory that the Japanese must never protect themselves from peril growing out of the approach of an alien ship,

but must beseech protection from this or that envoy, who may accord it or not, as his individual notions dictate. But after all, it is a misuse of language to speak of any of his random flights as arguments. His real position is one of pure self-assertion. He was determined to have his own way, and he has had it, thus far. Whether he will have it to the end, is a question the answer to which will depend in good measure upon the firmness of the government in pressing its demand for reparation upon the German ministry. They could not ask for a better case, and perhaps they could not make a better presentation of it than this very correspondence which the chief offender invokes to prove himself blameless.

―⁂―

Die englischsprachige *Tokio Times* wurde 1877 vom US-amerikanischen Journalisten und Autor Edward Howard House[3] (1836–1901) mit Unterstützung der japanischen Regierung (allen voran Ôkuma Shigenobu) gegründet und erschien wöchentlich bis 1880 mit dem Ziel, die öffentliche Meinung im Westen in projapanischem Sinne zu beeinflussen – „corrective reporting" nannte House dies gegenüber Ôkuma.[4] Dennoch mangelt es auch nicht an Japan-kritischer Berichterstattung in der Zeitung.

Edward Howard House hatte den Ruf eines unbequemen Zeitgenossen; James Huffman beschreibt seine Aktivitäten wie folgt: „[H]e fought so hard for unpopular causes that some British journalists declared him ‚possessed of the devil.'"[5] Kein Wunder: die meisten seiner Angriffe in der *Tokio Times* galten dem, was er als das Grundübel des Imperialismus schlechthin ansah: „britische Arroganz und Heuchelei."[6]

Eines der unpopulären Anliegen, derer House sich annahm, war die Revision der Ungleichen Verträge zwischen Japan und den westlichen Mächten. In Publikationen wie *The Simonoseki Affair* (1874), *The Kagosima Affair* (1874), *The Japanese Expedition to Formosa* (1875) aber auch in der *Tokio Times* beklagte House immer wieder die Ungerechtigkeit dieser Verträge und unterstützte den japanischen Wunsch nach Revision. Erfolgreich trug er zur Entscheidung des US-amerikanischen Kongresses bei, die von Japan erhaltene „Entschädigung" für die (erfolglose) Beschießung westlicher Schiffe in der Meerenge von Shimonoseki im Jahr 1864 zurückzuzahlen.[8]

„The ‚Hesperia' Outrage" ist einer von zahlreichen Artikeln in der *Tokio Times*, der sich mit dem Hesperia-Zwischenfall als Paradebeispiel für die „Absurdität des System der Exterritorialität"[9], wie House es nannte, beschäftigt.[10]

[1] Im Jahr 1879 tobte eine Cholera-Epidemie in Japan, die insgesamt über 160.000 Menschenleben forderte. Vgl. Yamamoto Shun'ichi: *Nihon korera-shi*. Tôkyô: Tôkyô Daigaku Shuppankai, 1982, S. 27.

[2] Zur Frage der „Exterritorialität" von Ausländern im Japan der Meiji-Zeit siehe die Einleitung, S. 28–32.

[3] Zu House vgl. Huffman, James L.: *A Yankee in Meiji Japan. The Crusading Journalist Edward H. House.* Lanham et al.: Rowman & Littlefield, 2003.

[4] Ebd., S. 120.

[5] Ebd., S. 1.

[6] Ebd., S. 132.

[7] Im Wortlaut nachlesbar bei O'Connor, Peter (comp.): *Japanese Propaganda – Selected Readings*, vol. 1. London: Global Oriental, 2004; vgl. auch Huffman, A Yankee in Meiji Japan, Kap. 6. Die Schriften von House waren damals weit verbreitet und wurden von vielen westlichen Diplomaten gelesen – eine Kopie der hier genannten Werke findet sich auch im Politischen Archiv des Auswärtigen Amtes in Berlin, wohl eingesandt von Max von Brandt oder Theodor von Holleben (siehe PAAA, R18593 [August bis Dezember 1875], ab S. 288).

[8] Vgl. Huffmann, *A Yankee in Meiji Japan*, S. 181; zu seiner Tätigkeit als Herausgeber der *Tokio Times* vgl. ebd., Kap. 8.

[9] Ebd., S. 141.

[10] Weitere Artikel sind z.B. „Hesperia" Details, 9.8.1879 (no. 6), S. 81; Cholera in Tokio, 9.8.1879 (no. 6), S. 79; The German Quarantine Outrage, 11.10.1879 (no. 15), S. 204; Mr. von Eisendecher's Shame, 13.12.1879 (no. 24), S. 329; Quarantine, and an Analogous Case, 10.1.1880 (no. 2), S. 22; Japanese Attempts to Establish Quarantine, 20.3.1880 (no. 12), S. 162.

6.
Freunde, Kollegen, Konkurrenten.
Ausländische Residenten im Japan der Meiji-Zeit

Wie vielfältig, ja verschieden die Interessen innerhalb des diplomatischen Corps gewesen sein mögen, die Stimmung in der ausländischen Gemeinde war von erstaunlicher Ausgewogenheit. Mindestens eine Gemeinsamkeit verband die Diplomaten, aus welcher Herren Länder sie auch immer nach Tôkyô oder Yokohama zusammengekommen waren: Die Sorge, ob denn ihre Berichte in den heimatlichen Zentralen tatsächlich wahrgenommen würden. Der österreichisch-ungarische Geschäftsträger Graf Coudenhove, der einige wenige Jahre nach Eisendecher Dienst in Tôkyô versah, meinte einmal, er wäre wohl der einzige gewesen, der seine Berichte aus Japan gelesen habe – Jahre später, als er schon lange in seine Heimat zurückgekehrt war und sich zur Überprüfung eines Sachverhalts die in Japan entstandenen Akten hatte vorlegen lassen.

Von einem Dämpfer der besonderen Art berichtet auch der junge Max von Brandt, der ganz stolz war, die Relationen der preußischen Ostasien-Expedition mitverfaßt zu haben. Bei einem Besuch in Berlin erzählte ihm die Gemahlin des Grafen Albrecht von Bernstorff, der die auswärtigen Angelegenheiten Preußens zwei Jahre lang geleitet hatte,

„sie habe ihrem Gatten abends oft die von den Attachés der Mission geführten Tagebücher vorgelesen, er sei dabei aber regelmäßig eingeschlafen. Da ich einer der verantwortlichen Redakteure dieses Tagebuches war und mir nicht wenig auf meinen Anteil an demselben eingebildet hatte, so trug diese Bemerkung der liebenswürdigen und gütigen Dame viel dazu bei, mir klarzumachen, wie gering das Interesse sei, das in dem Getriebe der europäischen Politik den Ereignissen in Ost-Asien entgegen gebracht werde [...]." [1]

Damals wie später war es ihm eine Lehre, sich vor der Überschätzung der eigenen Bedeutung zu bewahren, wie sie oft Spezialisten in der Politik, meinte er, so leicht ausgesetzt zu sein pflegen. Spezialisten, fügen wir hinzu, die aus Ostasien berichten....

Der Kollege, der in Japan mit Sicherheit am wenigsten an Selbstzweifeln kränkelte, war der britische Vertreter Harry Parkes. Zu Eisendechers Zeiten konnte man sich einen anderen Leiter der Legation ihrer Majestät wohl nicht mehr vorstellen. Bereits seit 1865 in Amt und Würden, war er der ungekrönte König in der Kollegenschaft. Eine Zeitlang sogar so, daß Deutschland, nein, eigentlich nur Max von Brandt damit keine Freude hatte. Denn als im Oktober 1869 eine österreichisch-ungarische Mission mit zwei Kriegsschiffen, der „Donau" und der „Erzherzog Friedrich", zum Abschluß eines Handelsvertrages nach Japan kam, bediente sich der österreichische Gesandte nicht preußischer, sondern englischer „guter Dienste". Und auch die Vertretung der österreichisch-ungarischen Interessen wurde, solange ein ständiger Vertreter Wiens noch nicht in Tôkyô amtieren konnte, den Briten übertragen. „Mich ärgerte",

Abbildung 86 (II/15):
Maximilian Ritter Hoffer von Hoffenfels,
Österreichisch-ungarischer Gesandter.

macht Brandt seinem Unmut Luft, „das rücksichtslose Vorgehen der Österreicher, das wohl auf die seit 1866 [das Jahr der bereits erwähnten Schlacht von Königgrätz] vorhandene Ranküne zurückzuführen war."² Sogar nach Japan reichte die preußisch-österreichische Rivalität. Diese sollte sich aber bald deutlich entschärfen – auch in Japan: 1882 plagten den österreichisch-ungarischen Gesandten keine Bedenken, sein Porträt „[z]ur freundlichen Erinnerung" seinem Kollegen Eisendecher zu verehren (Abb. 86 [II/15]).

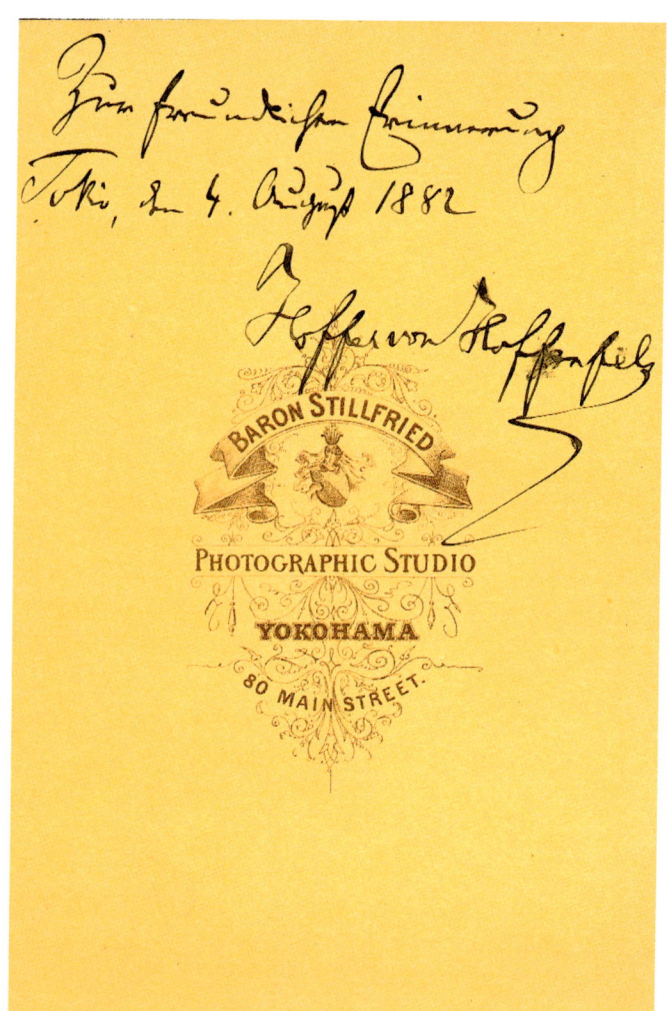

Doch zurück zu Parkes, der zu Eisendechers Zeiten unangefochten als Doyen des diplomatischen Corps fungierte und immer wieder an seine Spitze trat, wenn offizielle Pflichten dies erforderten. Zum Beispiel bei der Eröffnung der Eisenbahnlinie zwischen Ôsaka und Kyôto, zu der das diplomatische Corps geladen war. Die Eröffnungsfeier fand am 5. Februar 1877 statt (Abb. 144 [III/95]). Sowohl bei der Audienz des Tennô wie beim Diner, das Prinz Arisugawa in Kyôto gab, war es Parkes, der die Grußworte und den Toast aussprach.³

Abbildung 88 (II/9): Marion Parkes, Tochter des britischen Gesandten Sir Harry Parkes.

Abbildung 87 (II/13): Gustave Emile Boissonade de Fontarabie: Berater der japanischen Regierung in Rechtsfragen.

In Eisendechers Photoalben befindet sich das Porträt von Parkes' Tochter Marion, unter Freunden Minnie genannt, die nicht nur ihres Liebreizes wegen große Popularität genoß, sondern vor allem der Stütze wegen, die sie ihrem berühmten Vater bot (Abb. 88 [II/9]). Parkes' bereits 1879 verstorbene Ehefrau hatte aus Gesundheitsgründen schon zuvor Japan verlassen müssen, seither war Tochter Marion „First Lady" in der Legation. 1884 heiratete die junge Dame einen Engländer, James Keswick, der in Japan für ein großes englisches Unternehmen tätig war, wodurch sie dem Vater bitter fehlte. Denn kurz danach schrieb Parkes, seit 1883 Gesandter in Peking, an seine Tochter: „I have got into horrible trouble. Last night Mr. von Brandt gave a great party to all the diplomatic body and the ladies of the place. He had invited me ten days previously, but I forgot all about it [...]."[4] Marion Parkes war der gute Geist gewesen, der Sir Harry's Terminkalender und Verpflichtungen verwaltete; mit Gewißheit auch Treffen des britischen Gesandten mit Herrn von Eisendecher.

Eisendecher konnte sich rühmen, mit einigen recht ungewöhnlichen Kollegen, Mitstreitern und sonstigen ausländischen Residenten einprägsame Berufsjahre in Tôkyô verbracht zu haben. Dem russischen Gesandten Kirill Vasil'evič (auch Karl Wilhelm von) Struve etwa (Abb. 89 [II/37]), der durch seine Abenteuer in Bochara bekannt geworden, dort vom Emir ins Gefängnis geworfen worden war und erst durch eine russische Expedition befreit werden konnte. Da war Li Shuchang (Abb. 91 [II/41]), der in Japan den chinesischen Kaiserhof vertrat und sich als wahrhaft vorbildlicher Sohn erwies, zumal er der klassischen konfuzianischen Maxime Folge leistete, zwei Jahre lang den Tod seiner Mutter zu betrauern, und zu dem Zweck den diplomatischen Dienst verließ. Da war der koreanische Politiker und Befürworter der Modernisierung Kim Okkyun (Abb. 90 [II/26]),

Abbildung 89 (II/37), links:
Kirill Vasil'evič Struve,
Kaiserlich russischer Gesandter.

Abbildung 90 (II/26), Mitte:
Kim Okkyun,
Koreanischer Exilpolitiker.

Abbildung 91 (II/41), rechts:
Li Shuchang,
Kaiserlich chinesischer Gesandter.

Abbildung 92 (I/28), links:
Ernest Satow,
Legationssekretär an der
britischen Gesandtschaft.

Abbildung 93 (I/76), rechts:
Lizzie Goodhue Fenollosa,
erste Frau von
Ernest Francisco Fenollosa
(1853–1908).

der im November 1881 zu diplomatischen Sondierungen nach Japan kam; ein mißglückter Putschversuch zwang ihn 1884 ins japanische Exil, zehn Jahre später fiel er in Shanghai einem Pistolenattentat zum Opfer. Die Amerikanerin Lizzie Fenollosa (Abb. 93 [I/76]), die erste und nachmals geschiedene Ehefrau des in Japan zu Ehren gekommenen Bostoner „Kunstpapstes" sorgt gleichfalls für eine nicht alltägliche Biographie wie der in den Photoalben Eisendechers mit einer Porträtaufnahme vertretene französische Hauptmann Alexandre Bougouin (Abb. 102 [II/16]), den die japanischen Behörden 1905 als russischen Spion entlarvten und zum Tod verurteilten.

Eines der populärsten und gefragtesten Mitglieder unter den ausländischen Residenten war der aus Bietigheim in Württemberg stammende Arzt Erwin Bälz, der fast dreißig Jahre seines Lebens (1876–1905) in Tôkyô verbrachte (Abb. 101 [II/8]). Seine vornehmliche Aufgabe bestand darin, am Aufbau eines modernen Medizinalwesens mitzuwirken und Ärzte auszubilden. Dazu hatte ihn die Regierung ins Land gerufen. Dazu unterrichtete er an der Medizinschule von Tôkyô, dem Vorläufer der Medizinischen Fakultät der Universität Tôkyô. Aber wie das bei Ärzten ist – sie üben eine Kunst aus, die sie gerne zu Gesprächspartnern werden läßt… Die (physische) Unvollkommenheit des Menschen sorgt allzu oft dafür, über kurz oder lang einen Arzt konsultieren zu müssen. Und das taten Japans Politiker und die ausländischen Diplomaten in ausgiebigem Maße. Nicht verwunderlich, daß Bälz' Berufsethos, Menschen in aufrichtiger Leidenschaft zu helfen, manchmal zu hörbaren Seufzern über die Anstrengungen seines Tagewerkes führte. Dem Gesandten Eisendecher stand Bälz sehr nahe, so nahe, daß er sich von ihm auch zu ungewöhnlichen Tageszeiten zu Patienten rufen ließ; zur Gräfin Barbolani etwa (siehe S. 404). Vom ersten Augenblick an machte der deutsche Diplomat auf den deutschen Arzt „einen sehr sympathischen Eindruck"[5], der sich im Laufe der Jahre stetig mehrte. Auf Gegenseitigkeit.

Abbildung 94 (II/35) und 95 (II/36): John Gordon Kennedy, Geschäftsträger der britischen Gesandtschaft und seine Ehefrau Evelyn Adela Kennedy.

Eisendechers Vorgänger in Tôkyô, Max von Brandt, faßte später die Atmosphäre recht anschaulich zusammen:

"Der Verkehr im diplomatischen Corps wurde dadurch ein sehr angenehmer, daß mehrere Mitglieder desselben verheiratet waren und ihre Gemahlinnen in der liebenswürdigsten Weise die Honneurs der Gesandtschaften machten; nicht am wenigsten trug dazu aber auch bei, daß die politischen Gegensätze, die heute auch in Ost-Asien in die gesellschaftlichen hinüberspielen, damals wenn überhaupt, in viel geringerem Maße vorhanden waren und die gemeinsame Gefahr ein eben solches Zusammenschließen notwendig machte".[6]

Evelyn Adela, die charmante Gattin des Mr. (später Sir) John Gordon Kennedy, Erster Sekretär der britischen Legation (Abb. 94 [II/35] & Abb. 95 [II/36]), oder Contessa Barbolani an der Seite des italienischen Gesandten (Abb. 97 [II/27] & Abb. 96 [II/28]) trugen zu Eisendechers Zeiten dazu gut und gern ihr Scherflein bei.

Was die „gemeinsamen Gefahren" betrifft, mochte sich Brandt noch an die fremdenfeindlichen Übergriffe in den letzten Tagen des Tokugawa-Shôgunats erinnert haben. Dann allerdings schweißte noch eine andere „gemeinsame Gefahr" zusammen, die Abwehr von Japans ein vierteljahrhundertlangem Drängen nach einer Revision der Ungleichen Verträge. Mit diesen Verträgen lebte es sich gut in Japan – für die ausländischen Residenten.

Abbildung 96 (II/28) und 97 (II/27): Raffaele Ulisse Graf Barbolani, königlich italienischer Gesandter und seine Ehefrau Sofia Eugenia Giustina Gräfin Barbolani.

Abbildung 98 (II/40): Joaquim José da Graça, Königlich portugiesischer Gesandter.

Abbildung 99 (II/17): Roman Romanovič Rosen, Kaiserlich russischer Gesandter.

Abbildung 100 (II/33): Guillaume de Roquette, Französischer Gesandter.

*Abbildung 101 (II/8): Erwin Baelz,
Deutscher Arzt in japanischen Diensten, Leibarzt des Tennô.*

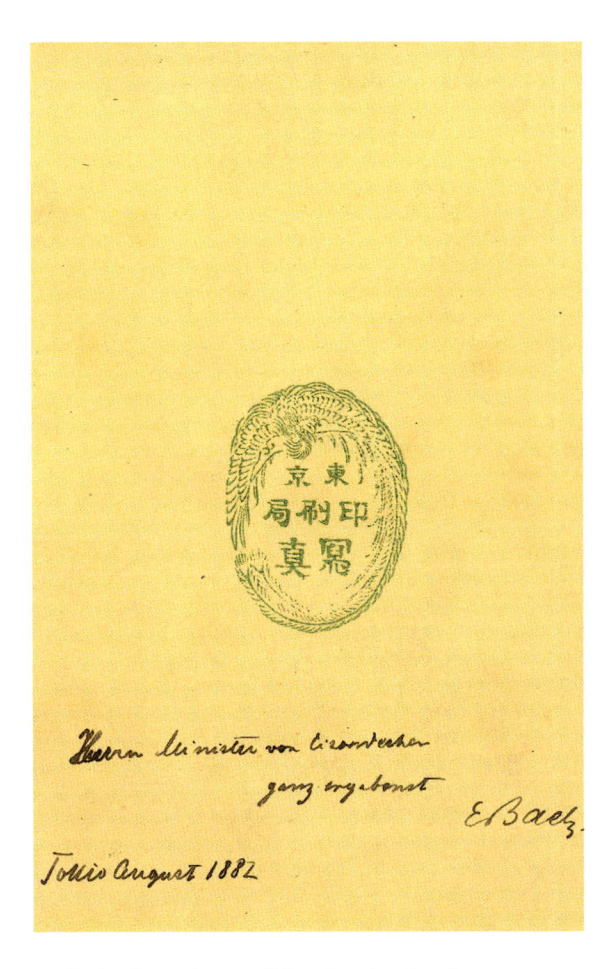

Rückseite des in der staatlichen Druckerei aufgenommenen Baelz-Porträts mit eh. Widmung.

*Abbildung 102 (II/16):
Alexandre-Etienne Bougouin,
Hauptmann der französischen Militärmission.*

Als Brandt Japan 1875 verließ, begleiteten ihn vier Gesandte zum Schiff, darunter der russische und der britische Vertreter. Der polyglotte Eisendecher wird bei seiner Abreise wohl Ähnliches behauptet haben können (Abb. 103).

Abbildung 103:
Charles Wirgman, Karikatur auf Eisendechers Abschied von Japan („Lebet wohl. Gedenket mein").

[1] Brandt, Max von: *Dreiunddreissig Jahre in Ost-Asien*, Bd. 1, S. 296.

[2] Ebd., Bd. 2, S. 283.

[3] Vgl. den ausführlichen Bericht Eisendechers über seine Reise nach Kyôto, PAAA, R18597, Eisendecher an Staatsminister Bülow, Tôkyô, 11. Feb. 1877, S. 32–35 (im Wortlaut in Kapitel 9 dieses Bandes).

[4] Lane-Poole, Stanley and F. Victor Dickins: *The Life of Sir Harry Parkes*. London & New York: Macmillan, 1894, Bd. 2, S. 415 (frdl. Mitt. von John Wells, Cambridge).

[5] Bälz, Erwin: *Das Leben eines deutschen Arztes im erwachenden Japan*, hrsg. von Toku Bälz, 1930 [recte 1931], S. 26; s. auch den Text zur Abb. II/27 (Gräfin Barbolani), S. 404.

[6] Brandt, Max von: *Dreiunddreissig Jahre in Ost-Asien*, Bd. 2, S. 380.

第6章
友人、同僚、ライバルとして
明治時代の在日外国人

外交団の関心事がいかに多種多様であっても、外国人コミュニティーの雰囲気は実に円満なものであった。各々、別の国から東京ないし横浜へ赴任していたが、少なくとも、一つの共通点が外交官たちをまとめていたのである。それは、自分たちの報告書が、母国の本部で本当に関心を払われているかという懸念であった。オーストリア・ハンガリー帝国臨時代理公使のクーデンホフ伯爵は、アイゼンデッヒャーが日本をあとにした数年後に東京に着任したのだが、日本から送った自分の報告書を読んだのは、自分一人だけだったのではないかと言ったことがある。それも、帰国して何年も経ってから、事実確認の為に日本で作成された文書を取り寄せた時であった。

すっかり意気阻喪したということは、若きマックス・フォン・ブラントも述べている。プロイセン東亜使節団の報告書を作成したメンバーの一人であったことを、彼は誇りに思っていた。しかし、ベルリンを訪問した際、プロイセン帝国の外交業務に2年間携わったアルブレヒト・フォン・ベルンストルフ伯爵の夫人が、彼に次のような話をしたのである。

> 「彼女は夜によく、参事官記述の日誌をご主人に読み聞かせていたそうだが、聞きながら毎度、彼は眠り込んでしまったというのだ。自分は、こうした日誌記述責任者の一人で、自分が担当した部分には少なからぬ自負心を持っていたので、この感じのよいご夫人の言葉を聞きながら、つくづく、欧州政治の機構において、東アジアの事件に対する関心がいかに低いものであるかを思い知った。(以下略)」[1]

このことは、当時もその後も、彼にとって、政治の専門家に有りがちな自己過信には気をつけねばならない、という戒めになったそうである。尚、ここでの専門家とは、東アジアから報告していた人物を含意していることを補足しておこう。

日本に駐在していて、自己嫌悪と殆ど無縁だった人物といえば、イギリス代表のハリー・パークスだろう。アイゼンデッヒャーの時代、イギリスの代表と聞いて思い浮かぶのは、彼をおいて他にいなかった。彼は、1865年以来この地位にあり、外交団の影の帝王のような存在であった。ドイツ、というよりも厳密にはマックス・フォン・ブラントには、一時期、これが気に入らなかった。というのも、1869年10月、オーストリア・ハンガリー帝国の使節が日本と通商条約を結ぶ為に、ドナウ号、「フリードリッヒ大公」号という2隻の軍艦で日本にやってきた際、オーストリア公使が利用したのはプロイセンではなくイギリスの力だったからで、また、ウィーンから常駐の外交代表者が東京に着任するまでは、オーストリア・ハンガリーの事案は、イギリスに委ねられていたためであった。「この傍若無人なオーストリアの態度に私は憤然とした。思うに、このような態度は1866年［オーストリアとプロイセンが戦ったケーニヒグレーツの決戦］以来のオーストリアの宿怨から出たものであろう」、とブラントは憤懣やるかたない口調で語ったものである(『ドイツ公使の見た明治維新』、216頁)。オーストリアとプロイセンの張り合いは、日本にまで持ち越されたということか。しかし、この関係は日本で問もなく緩和に向かい、1882年になると、オーストリア・ハンガリー帝国公使は何のわだかまりもなく、同僚のアイゼンデッヒャー

に「良き思い出に」と記した自分の肖像写真を贈っている（図86 [II/15]）。

話をまたパークスに戻すと、彼は、アイゼンデッヒャー駐在時代、外交団の首席としての役割を独占し、公務においても必要に応じて再三、その先頭に立った。例えば、外交団が招待された大阪・京都間の鉄道開通式典においても。開通式は1877年2月5日に執り行われた（図144 [III/95]：京都駅）。天皇の謁見においても、京都における有栖川宮主催の晩餐会においても、祝辞や祝杯の音頭を取ったのは、パークスだった。

アイゼンデッヒャーのアルバムには、パークス令嬢マリオンの写真がある。友人の間ではミニーと呼ばれ、魅力的なばかりか有名な父親の支えとなったことで広く知られていた（図88[II/9]）。1879年に亡くなっているパークス夫人は、健康上の理由から日本を去らねばならず、それ以降は娘のマリオンが公使館の「ファースト・レディー」を務めていた。1884年、この若いご婦人は、イギリス大企業に勤め、日本に駐在していた英国人ジェームス・ケスウィックと結婚したのだが、父親にとってはこれが非常な痛手となった。1883年以降、北京の公使職にあったパークスが、その後間もなく、娘宛に次のように書き送っている。「全く困ったことになった。昨夜、フォン・ブラント氏が全外交団員及び夫人方を招き、盛大なパーティーを催したのだが、私は10日前に招待を受けていたというのに、すっかり忘れてしまったのだ（以下略）」[2]。マリオン・パークスは、ハリー卿の隠れた秘書のようなもので、彼のスケジュールも全て管理していた。その中には、アイゼンデッヒャーとの約束もあったに違いない。

アイゼンデッヒャーは、東京駐在中に、極めて異色の同僚、戦友、その他の在留外国人とも交流しており、印象深い任務期間を過ごしたことを誇れるというものである。例えば、ロシア公使キリル・ワシリヴィッチ（独語ではカール・ヴィルヘルム・フォン）シュトゥルヴェ（図89 [II/37]）は、ボカラの太守に投獄され、ロシアの遠征隊によってようやく救出されるという冒険で有名になった人物で、清朝の公使として日本に来日していた黎庶昌（リ・シュチャン）（図91 [II/41]）は、伝統的な儒教の教えを守り、2年間も亡き母の喪に服し、その為に外交官職を離れるという、息子の鑑のような人物であった。また、1881年11月に外交面での探りを入れるために来日した、朝鮮の政治家で、近代化推進者の金玉均（キム・オクギュン）（図90[II/26]）も挙げられる。彼はクーデターに失敗し、1884年に朝鮮から日本に亡命したが、その10年後、上海へ渡った際に朝鮮内政紛争の敵に送られた暗殺者に射殺された。日本で尊敬を集めたボストン出身の美術評論家、E. F. フェノロサの最初の妻で、後に離婚したアメリカ人女性のリシー・フェノロサ（図93 [I/76]）も、アイゼンデッヒャーの写真帖に肖像写真が収められている人物であるが、1905年に日本当局からロシアのスパイとしての正体をあばかれ、死刑の宣告を受けたフランス人陸軍大尉ボゴワン（図102 [II/16]）と同様に、やはり、特別な履歴の持ち主に連なる人物だろう。

在日外国人の間で最も有名で、必要とされていた人物の一人、人生のおよそ30年間（1876-1905）を日本で過ごした、ヴュルテンベルク州ビーティヒハイム出身の医者エルヴィン・ベルツがいる（図101 [II/8]：エルヴィン・ベルツ肖像写真裏面、アイゼンデッヒャー宛の献辞）。彼の主な仕事は、近代医療の確立に貢献し、医師を養成するというものであった。この目的で、日本政府が彼を招聘し、彼は、東京大学医学部の前身である東京医学校で教鞭をとることになったのである。医者とは、医術によって良き話し相手にもなれるものである。ひとは身体的な不調を抱えると、遅かれ早かれ、医者に相談せずにはいられないからである。当時の日本の政治家も外国人外交官達もこの例にもれず、まめに、この医師のもとへ通ったのだった。真摯に熱意をもって人を助けるというベルツの職業倫理が、時に、日々の仕事の苦労に大きなため息をつかせたとしても不思

議ではない。ベルツは、アイゼンデッヒャー公使と非常に親しく、そのために、彼から時間外に患者のもとに呼びつけられることさえあった。このドイツ人医師は、初対面の時からこのドイツ公使に「非常に良い印象」を受け[3]、それは、年々深まるばかりであった。アイゼンデッヒャーもまた、ベルツには同様の印象を受けていた。

東京のアイゼンデッヒャーの前任者、マックス・フォン・ブラントは後に、この外交団の雰囲気を非常にわかり易く表現している。「外交団内の交際は、メンバーの数名が既婚者で、彼らの夫人達が外交団員を親切にもてなしてくれたことで、非常に良いものとなった。今日の東アジアにおいてほど、社会に反映する政治的対立が当時まだなかったことと、共通の危険というものがこうした団結に導いたとも言えよう」[4]。英国公使館の一等書記官ジョン・ゴードン・ケネディー（後に爵位を得る）のチャーミングな夫人エヴェリン・アデラ（図94 [II/35]と図95 [II/36]）、イタリア公使夫人のバルボラーニ侯爵夫人等は（図97 [II/27]と図96 [II/28]）、アイゼンデッヒャー時代、こういった協力を惜しまず貢献した夫人方である。

「共通の危険」とは、ブラントが、幕末の攘夷運動を思い出してのことではないだろうか。更に、別の「共通の危険」も一致団結に向かわせた。日本の、四半世紀に亘る不平等条約改正の要求に対する「集団防衛」である。つまるところ、この条約のお陰で、外国人達は日本で「快適」に暮らせていたからである。

ブラントが1875年に日本を去る時、4人の公使が彼を船まで見送ったが、その中にはロシア公使とイギリス公使がいた。多言語を操ったアイゼンデッヒャーもまた、帰国時には同様の見送りを受けたことだろう（図103：「さようなら。私を忘れないで」、アイゼンデッヒャー離日の風刺漫画）。

訳：宮田　奈々

[1] Brandt, Max von: Dreiunddreissig Jahre in Ost-Asien, Bd. 1, S. 296.

[2] Lane-Poole, Stanley and F. Victor Dickins: The Life of Sir Harry Parkes. London & New York: Macmillan, 1894, vol. 2, p. 415.

[3] Bälz, Erwin: Das Leben eines deutschen Arztes im erwachenden Japan, ed. Toku Bälz, 1930 [recte 1931], p. 26.

[4] Brandt, Max von: Dreiunddreissig Jahre in Ost-Asien, Bd. 2, S. 380.

第 6 章 1
Eisendechers Kollegen in Japan, 1875–1882
駐日外国総領事・弁理公使・公使、1875–1882

Belgien　ベルギー
11.1873–2.1885　　　　C. de Groote

China　清国
28.12.1877　　　　　　He Ruzhang 何如璋
22.8.1882–25.12.1884　Li Shuchang 黎庶昌

Dänemark　デンマーク
1872–1877　　　　H. F. van Weckerlin (Niederlande)
1877–1879　　　　Kirill Vasil'evič von Struve (Russland)
1879–1880　　　　W. F. Wittewaall van Stoetwegen (Niederlande)
1880–1881　　　　Kirill Vasil'evič von Struve (Russland)
1881–1889　　　　J. J. van der Pot (Niederlande)

Frankreich　フランス
07.07.1873　　　　Jules F. Gustave Berthemy
28.03.1875　　　　De Saint Quentin
13.06.1877　　　　F. Louis Henri de Geofroy
08.02.1879　　　　M. R. Davy de Chavigné de Balloy
08.12.1880　　　　Guillaume de Roquette
27.06.1882–11.10.1883　Arthur Tricou

Großbritannien　イギリス
01.03.1873　　　　Harry S. Parkes
11.10.1879　　　　John G. Kennedy
01.1882–25.8.1883　Harry S. Parkes

Italien　イタリア
09.1874　　　　　Alessandro Fé d'Ostiani
02.07.1877　　　　Raffaele Ulisse Barbolani di Cesapiana
06.1882–12.1883　Eugenio Martin-Lanciarez

Niederlande　オランダ
1872–1878　　　　W. H. F. van Weckerlin
1879–1881　　　　W. F. Wittewaall van Stoetwegen
1881–1889　　　　J. J. Van der Pot

Österreich-Ungarn　オーストリア・ハンガリー
11.1874　　　　　Ignaz Freiherr von Schaeffer
09.1879–11.1883　Maximilian Ritter Hoffer von Hoffenfels

Portugal　ポルトガル
12.1875　　　　José Maria Lobo d'Avila
08.1877　　　　Carlos Eugénio Correa da Silva
12.1879　　　　Joaquim José de Graça
05.1883　　　　Thomaz de Sousa Rosa

Rußland　ロシア
11.1873　　　　　Orolovskij
25.06.1874　　　　Kirill Vasil'evič von Struve
30.11.1877–16.10.1883　Roman Romanovič von Rosen

[1] Die diplomatische Vertretung Schwedens in Japan wurde zwischen 1871 und 1906 vom niederländischen Minister bzw. Gesandten wahrgenommen.
スウェーデンの駐日外交利権代表を 1871 年から 1906 年までオランダの全権公使が務めた。

[2] Die diplomatische Vertretung der Schweiz in Japan wurde zwischen 1871 und 1906 vom niederländischen Minister bzw. Gesandten wahrgenommen; der Geschäftsmann Brennwald von der Firma Siber & Brennwald, ein Mitglied der Mission unter Aimé Humbert von 1864, die zur Aufnahme von diplomatischen Beziehungen zwischen Japan und der Schweiz geführt hatte, fungierte als Honorarkonsul.
スイスの駐日外交利権代表を 1871 年から 1906 年までオランダの全権公使が務めた。日本・スイス間に外交関係を成立させた 1864 年のアンベール使節団の一員、スイス商人ブレンヴァルドが名誉領事を務めた。

Schweden und Norwegen[1] スウェーデン・ノルウェー

1872–1879	W. H. F. van Weckerlin (Niederlande)
1879–1882	W. F. Wittewaall van Stoetwegen (Niederlande)
1881–1889	J. J. van der Pot (Niederlande)

Schweiz[2] スイス

1866–1878	Kaspar Brennwald (Honorarkonsul)

Spanien スペイン

1881/82	Don Luis del Castillo y Trigueros

USA アメリカ合衆国

07.10.1873–02.07.1885	John A. Bingham

(Angaben nach 以下の資料より作成 **)**

- Gaimushô Gaikô Shiryôkan Nihon Gaikôshi Jiten Hensan Iinkai (Hg.): *Nihon gaikôshi jiten*. Tôkyô: Yamakawa Shuppansha, 1992 (外務省外交史料館　日本外交史辞典編纂委員会編『日本外交史辞典』、山川出版社、1992)
- *The Japan Directory for the Year 1882*. Yokohama: Japan Gazette, 1881
- Akten des Historischen Archivs des japanischen Außenministeriums (Gaimushô Gaikô Shiryôkan) (外務省外交史料館所蔵資料)
- Auskünfte der Botschaften der jeweiligen Länder (各国駐日大使館提供情報)

7.
HANDEL UND WANDEL.
DAS DEUTSCHE KONSULAT IN TSUKIJI UND DAS MARINEHOSPITAL IN YOKOHAMA

Das deutsche Konsulat in Tsukiji

Eisendechers Heimatstadt Oldenburg war seit Jahrhunderten ein wichtiger Handelsplatz. Zu den Hansestädten, besonders zu Bremen hin orientiert, bildete für Oldenburg der norddeutsche Überseehandel eine wichtige Quelle für seinen Wohlstand. Die Hansestädte wiederum, die ihrerseits vom Außenhandel lebten, hatten das größte Interesse daran, mit Japan in Beziehungen zu treten. Nahezu zwei Drittel der Bremer und Hamburger Handelsflotte operierten Mitte des 19. Jahrhunderts in ostasiatischen Gewässern. In Japan war die Eigenständigkeit der norddeutschen Staaten, wie klein sie auch waren, sehr wohl bekannt. Publikationen über ausländische Flaggen, wie jene aus dem Jahr 1852 (5. Jahr der Ära Kaei), ermöglichten es japanischen Dienststellen jederzeit, sich einen Überblick über die Identität von Schiffen norddeutscher Staaten und Städte zu verschaffen.[1] (Abb. 106)

Perrys Erfolg, d.h. die „Öffnung" Japans, wurde von den Hansestädten mit Enthusiasmus wahrgenommen. Doch waren es bis 1858 erst fünf Mächte, nämlich England, Frankreich, die Niederlande, Rußland und die Vereinigten Staaten von Amerika, denen Japan offenstand. Den Bremer und Hamburger Schiffen blieben die japanischen Häfen weiterhin verschlossen. Sie mußten sich als Engländer oder Niederländer ausgeben und sich dem Schutz der Konsuln der anderen Mächte unterstellen, oder aber ihre für Japan bestimmten Waren in die

Abbildung 104 (III/76): Deutsches Konsulat in Tsukiji, Tôkyô.

Abbildung 105 (III/77): Deutsches Konsulat in Tsukiji, Tôkyô.

Schiffe anderer Länder umladen. Was tun, um sich Gehör zu verschaffen und von Japan Handelsrechte zu erhalten? Über militärische Macht verfügen die Hansestädte nicht. Sie besaßen nur eine Handels-, aber keine Kriegsmarine. Und so wandten sich, nach allerlei Überlegungen, die drei souveränen Hansestädte – Bremen, Hamburg und Lübeck – an die preußische Regierung und baten darum, daß im Rahmen der bevorstehenden Ostasienexpedition auch die hanseatischen Interessen in Japan von Preußen wahrgenommen würden. Einen Brief an den „Kaiser von Japan" gaben sie dem preußischen Gesandten zu diesem Behufe mit.²

Es klappte nicht, wie die Hanseaten wollten. Preußen mußte froh sein, im Januar 1861 wenigstens für sich den Handelsvertrag mit Japan erwirkt zu haben. Fünf Monate wurde darüber in Edo regelrecht gefeilscht. Selbst einem jungen Seekadetten wie Eisendecher war die Bedeutung dieses Handelvertrages mit Japan nicht entgangen. Seinen Eltern berichtete er in seinen Briefen, daß „Seide, Kupfer und Tee" Japans Hauptartikel im Export sein werden. Importieren würde Japan weniger, vor allem Luxusartikel nicht: „dazu sind die Japanesen zu schlau und kaufen nur das, was wirklich Nutzen hat […]."³

> „Es wird Dich interessieren zu hören", schrieb der junge Eisendecher dazu an seine Mutter (und seinen Vater) weiter, „dass der Vertrag mit Japan nur für Preußen, nicht für den Zollverein geschlossen ist, darauf wollte sich die Japanische Regierung absolut nicht einlassen. […] Falls also Bremer oder Hamburger oder andere deutsche Staaten mit Japan verkehren wollen, so werden die genötigt sein, unter preußischer Flagge zu fahren (wenn sie nicht aus Chikane die holländische oder englische vorziehen)."

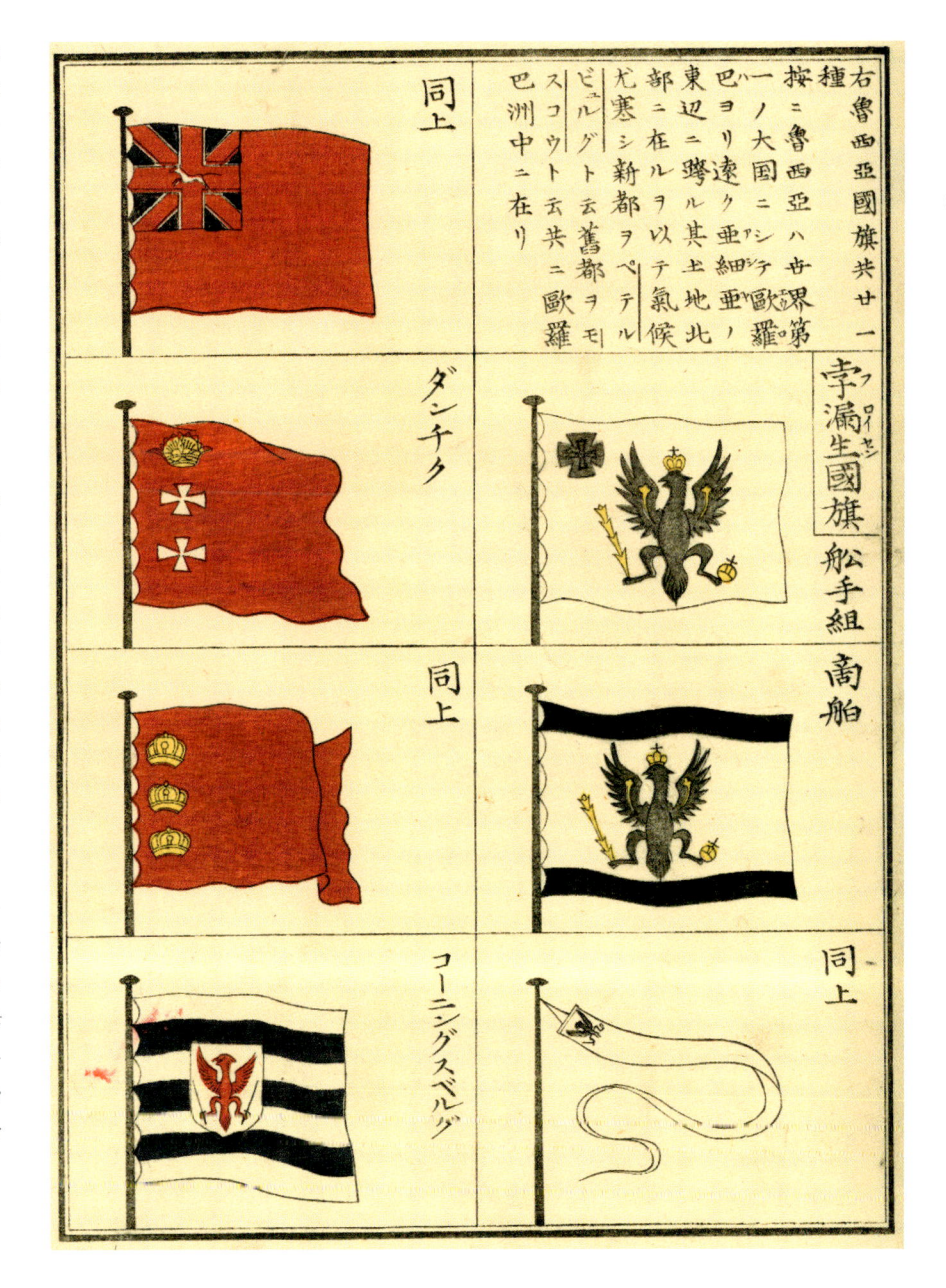

Abbildung 106: Flaggen deutscher Staaten und Städte, 1852. (S. auch nächste Seite)

ブランデンビュルグ	同上
同上	ハムビュルグ
同上	同上
同上	同上

同上	メーレンビュルグ
ハノヘル	ステッチン
ブレメン	エルビング
リュネンビュルグ	測量舩

Tatsächlich nutzten die meisten deutschen Schiffe in den nächsten Jahren Preußens Flagge, nicht wie zuvor die holländische oder englische. Ihre Interessen nahm seit 1862 als erster preußischer „Konsul in Japan" Max von Brandt in Yokohama wahr. Er wird damals kaum gedacht haben, wenige Jahre später als Generalkonsul für alle deutschen Staaten zu fungieren. Diese Veränderung brachte die Gründung des Deutschen Kaiserreiches im Jahr 1871. Gleichzeitig mit den Umbrüchen der Meiji-Zeit wuchs nun der japanisch-deutsche Handel deutlich an. Und mehr deutsche Kaufleute kamen nach Tôkyô und Yokohama.

In Tôkyô war es der Stadtteil von Tsukiji, heute für seinen Fischmarkt wohlbekannt, wo sich die meisten der in der Hauptstadt ansässigen Ausländer niederließen. Bis 1899 bestand für Ausländer in Japan keine Freizügigkeit der Wohnsitzwahl. Alle Fremden in Tôkyô, die nicht bei japanischen staatlichen Stellen beschäftigt waren (Bälz zum Beispiel wohnte in Hongô unmittelbar bei seiner Dienststelle), schlugen ihre Residenz in dem ihnen zugewiesenen Ausländerwohnbezirk von Tsukiji auf (*Tsukiji kyoryûchi*) (Abb. 112). Bereits unter der Shogunats-Regierung war die Einrichtung eines besonderen Bezirks zur Ansiedlung der Ausländer begonnen worden, die neue Meiji-Regierung setzte dieses Vorhaben nach 1868 fort.[5] Am 15. Tag des achten Monats des ersten Jahres Meiji (=1868) (nach dem alten japanischen Kalender) wurde das Gebiet seiner Bestimmung übergeben und als „Bezirk, in denen es Ausländern erlaubt ist, sich niederzulassen und zu handeln" offiziell eröffnet.[6] Um ein ausreichend großes Areal bereitstellen zu können, zog die Meiji-Regierung mehrere Grundstücke ehemaliger Lehensfürsten ein. Der entstehende Ausländerbezirk Tsukiji lag günstig zwischen dem lebhaften Ginza-Viertel auf der einen und der Bucht von Tôkyô auf der anderen Seite.

Zur Vertretung der deutschen Ansässigen befand sich in Tsukiji bis 1899 ein deutsches Konsulat (Abb. 104 [III/76] u. Abb. 105 [III/77]). Es diente vor allem dazu, in der Hauptstadt auch in Handelsdingen deutsche Präsenz zu zeigen. Besonders groß war die Kolonie deutscher Kaufleute hier nicht, weil sich der internationale Schiffsverkehr wegen der günstigeren maritimen Lage auf Yokohama konzentrierte. Die höchste Zahl liefert die Statistik im Jahr 1900 mit 62 deutschen Residenten.[7] Das war immerhin die viertgrößte Zahl an ausländischen Bewohnern, die nur noch, mit etwa der dreifachen Zahl, von amerikanischen und englischen sowie, bereits deutlich weniger, französischen Staatsbürgern übertroffen wurde. Allerdings lebten vergleichsweise viele Chinesen in dem Viertel, sei es als Händler, sei es im Dienstleistungsgewerbe, wie auf der Photographie des deutschen Konsulates unschwer zu erkennen ist (Abb. 105 [III/77]).

Es gab auch Deutsche, die ihren Sitz in Yokohama *und* Tsukiji aufgeschlagen hatten. Dazu zählte u.a. das Handelsunternehmen H. Ahrens & Co, eines der größten Handelshäuser und Feuerversicherer der gesamten ausländischen Kommunität. Ahrens, Resident in Japan seit 1869, handelte mit Textilien, Schiffsausstattung, Medizin, Wein, Glas, schlicht mit allem, was das Herz begehrte, und war darüber hinaus noch japanischer Generalvertreter der in Bremen ansässigen Dampfschifffahrtsgesellschaft des Norddeutschen Lloyd. Gründer des Unternehmens war Heinrich Ahrens (1842–1886) gewesen, der – fast möchte man sagen, wie sollte es anders sein – aus Bremen stammte (Abb. 107 u. 108). Mit einem Mann wie Ahrens und seiner Familie (I/53) stand selbstredend auch der Gesandte Eisendecher in Kontakt.

Abbildung 107:
Werbeplakat der Firma
H. Ahrens & Co.

Die Firma Ahrens mit Sitz in Tsukiji („Yedo"), Yokohama und in Kôbe („Hiogo")[8] war so groß, daß ihr Kapital auch auf den Finanzmitteln eines Mitbegründers ruhte. Zum Glück, wie sich herausstellen sollte, weil Ahrens allzu früh verstarb und sich die Witwe nun auf einen seriösen Mitinhaber stützen konnte, auf den Großkaufmann Martin Michael Behr (1841–1904) (Abb. 109 [I/72]), der nach Ahrens das Amt des deutschen Konsuls in Tôkyô (Tsukiji) übernahm.[9] Um den anglophonen Ausländern die Aussprache seines Namens zu erleichtern, nannte er sich meist Bair. Wir schenken dem deutschen, in japanischen Diensten stehenden Arzt Erwin Bälz (Abb. 101 [II/8]) gerne Glauben, wenn er Bair, den er 1876 kennenlernte, als zentrale Figur der deutschen Gemeinde in Tôkyô und Yokohama bezeichnet. „Die Führung der kleinen deutschen Kolonie liegt in den Händen eines Herrn Bair, äußerlich wie innerlich ein selten vornehmer Mensch, über den freilich manche geringschätzig urteilen, da er ein ‚Jude' ist."[10] Für Eisendecher war dies ebensowenig wie für Bälz Grund, mit Bair keinen freundschaftlichen Kontakt zu pflegen.

Die Gründung des Konsulats in Tsukiji bedeutete aber nicht einen Verzicht auf eine konsularische Vertretung in Yokohama. Diese Vertretung galt als das „eigentliche" Konsulat. Max von Brandt hatte das Amt eines Generalkonsuls nach seiner Aufwertung zum deutschen Ministerresidenten nach Tôkyô „mitgenommen", so daß Yokohama fürs erste verwaiste und bei der Wiederaufnahme des Dienstverkehrs im Jahre 1874 „nur" als Konsulat firmierte. Die konsularischen Geschäfte in dieser wichtigen Hafenstadt übernahm der aus Koblenz stammende Eduard Zappe (Abb. 110 [II/6]) auf, den ein ungewöhnlicher Lebenslauf nach Japan führte. Zunächst war er in den britischen Marinedienst getreten und hatte an der Marineakademie in Greenwich ein Studium absolviert, ehe er (ab 1868)

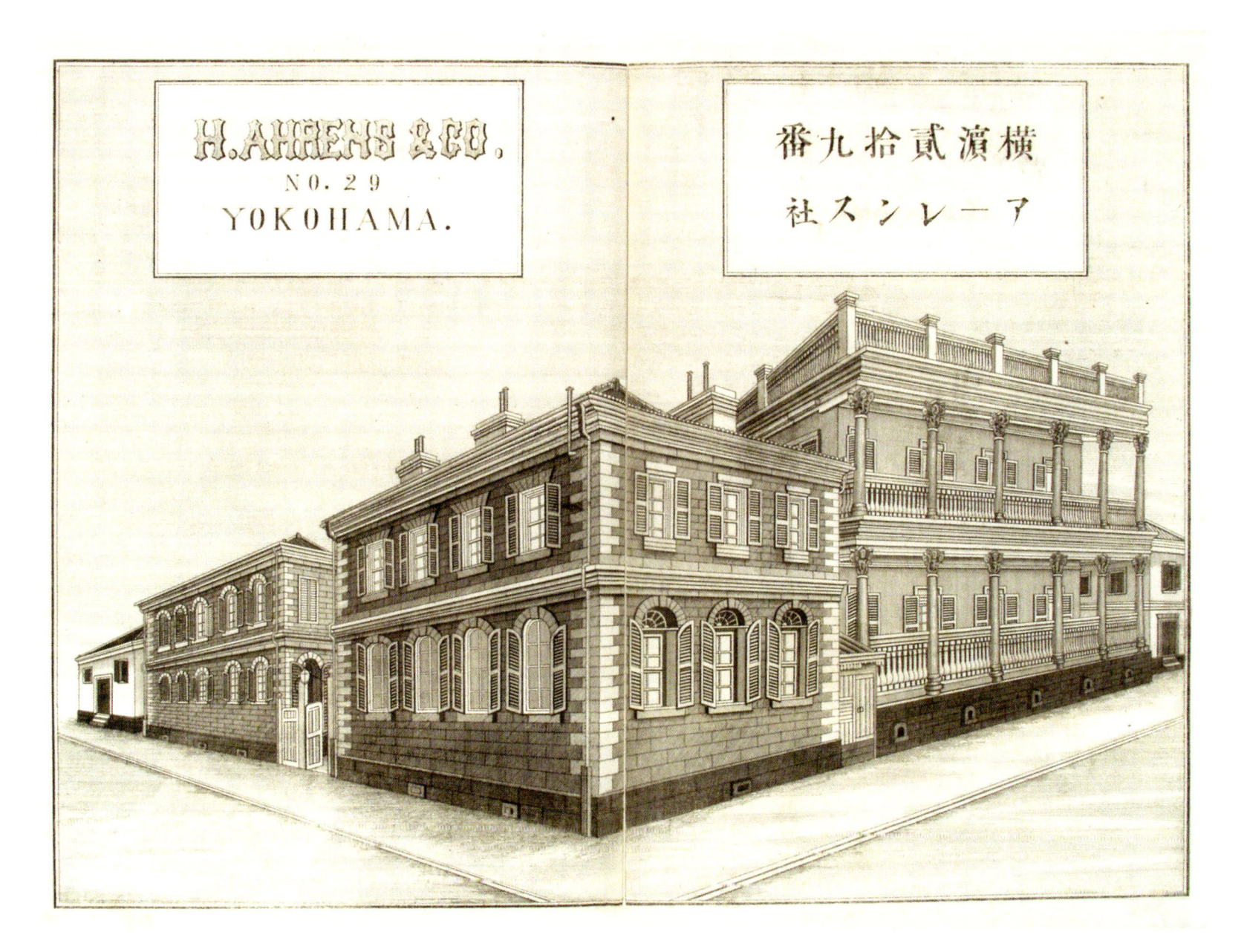

Abbildung 108: Niederlassung der Firma H. Ahrens & Co. in Yokohama.

*Abbildung 109 (I/72): Martin Michael Bair,
Deutscher Honorarkonsul in Tsukiji, Tôkyô.*

*Abbildung 110 (II/6): Eduard Zappe,
Deutscher Konsul in Yokohama.*

*Abbildung 111 (I/77): Margarethe Zappe,
Ehefrau des deutschen Konsuls Zappe.*

als Offizier und Instrukteur bei der chinesischen Marine wirkte. Eisendecher traf also hier auf einen Kollegen, der gleichfalls aus der Marine kam. Kurz vor Eisendechers Amtsübernahme in Tôkyô war Zappe zwei Monate lang kommissarischer Leiter der Ministerresidentur gewesen.[11]

Seit 1883 trug Eduard Zappe, ein im persönlichen Umgang wie in fachlichen Dingen vorbildlicher und auch von Angehörigen anderer Nationen hoch geschätzter Vertreter der deutschen Interessen, den Titel eines Generalkonsuls. Der österreichische Linienschiffskapitän Tobias Freiherr von Österreicher war ganz des Lobes voll, als er im Dezember 1874 zur Beobachtung des Venus-Durchganges vor der Sonnenscheibe, einem seltenen astronomischen Ereignis für die Berechnung der Entfernung der Erde von der Sonne, seine Instrumente in Yokohama im Garten Zappes aufbauen durfte.[12] Bei den historischen Gesprächen zur Vertragsrevision im Jahre 1882 saß Zappe auf Grund seiner wirtschaftspolitischen Kompetenz gemeinsam mit dem Gesandten Eisendecher am Verhandlungstisch (siehe die Abbildungen 62 u. 63 im Abschnitt 5 *Japanische Diplomaten und Gastgeber*).

Das deutsche Marinehospital in Yokohama

Neben dem Generalkonsulat gab es in Yokohama ein deutsches Marinehospital, das Kaiserlich-Deutsche Marine-Lazarett, das zwischen 1877 und 1878 erbaut und am 1. Juli 1878 eröffnet wurde (Abb. 115 [III/30] u. Abb. 116 [III/31]; Abb. 113). Es diente nicht nur den Besatzungen deutscher Schiffe in Ostasien und der deutschen Gemeinde in Japan, sondern stand auch Angehörigen anderer Nationen zur Verfügung, ob Militärs oder Zivilisten. Auch „eingeborene Landesbewohner männlichen Geschlechts" wurden im Eröffnungserlaß ausdrücklich als zur

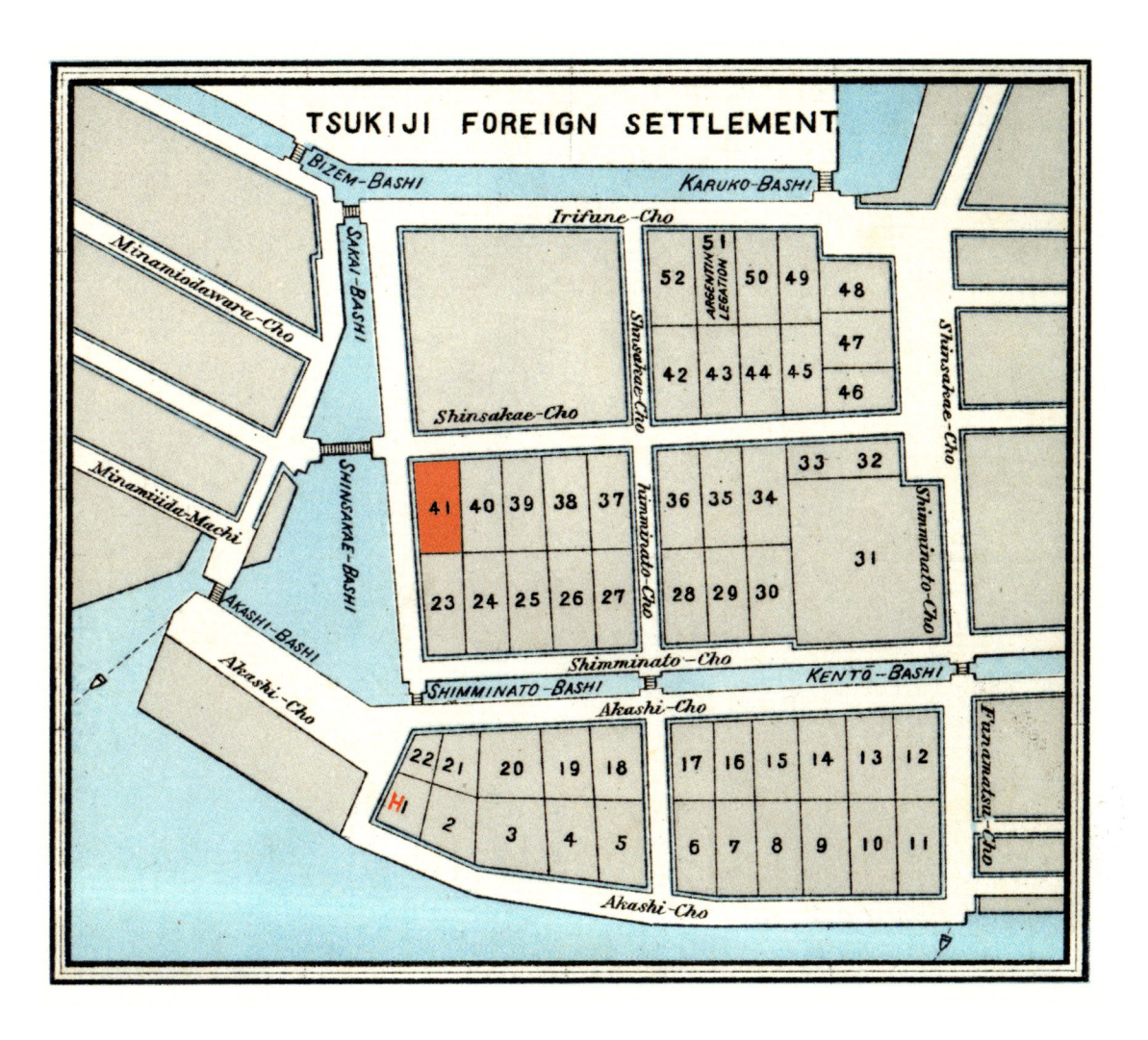

Abbildung 112: Ausländerviertel in Tsukiji, Tôkyô; deutsches Konsulat auf der Parzelle 41.

Abbildung 113: Deutsches Marinehospital, Postkarte aus der späten Meiji-Zeit.

„unbedingten Aufnahme" in das Lazarett berechtigt bezeichnet.[13] Das einstöckige, 44 m lange und in japanischer Bauweise errichtete Hauptgebäude befand sich auf einem etwa 3 ha großen Grundstück und bot gleichzeitig 40 Kranken Unterkunft. Jede der hellen, luftigen und beheizbaren Stuben war für jeweils vier Personen konzipiert. Die Gesamtkosten zur Errichtung des Hospitals hatten 26.342 Mark betragen. Auch private Mittel wurden eingebracht. Die Errichtung des Mannschaftskasinos ermöglichte die deutsche Kolonie in Kôbe, die nötigen Gelder für die Gartenanlagen und die Lauben waren eine Stiftung der Deutschen, die in Tôkyô und in Yokohama lebten.

Die Einrichtung des Marinelazaretts und die nachfolgende Betreuung lag bis zum Juni des Jahres 1883 in den Händen des Marineoberstabsarztes Dr. Hermann Gutschow (Abb. 114 [II/7]). Der zum Chefarzt ernannte Gutschow war Eisendecher zum Zeitpunkt seines Dienstantritts kein Unbekannter mehr. Auf der Korvette „Hertha" waren sie 1869 ein paar Monate gemeinsam zur See gefahren, der eine als Schiffsarzt, der andere als Wachoffizier.

Über die Jahre wurden im deutschen Marinehospital in Yokohama insgesamt 3.357 Patienten behandelt, wovon die Hälfte auf Angehörige der deutschen Marine und Armee entfiel. Die andere Hälfte bildeten rund 750 deutsche Zivilisten sowie etwa 1.000 Patienten, die „fremden Völkern entstammen", in erster Linie Engländer (251) und in den ersten zwanzig Jahren auch Japaner (193) sowie Amerikaner (104), Russen (73) und Österreicher (62).[14] Die japanische Regierung lehnte während des Krieges gegen Rußland 1904/05 das Angebot der Nutzung des Hospitals dankend ab – eines von sich häufenden Zeichen der Verstimmung im japanisch-deutschen Verhältnis seit der Intervention von Shimonoseki 1895 – der Intervention Rußlands, Deutschlands und Frankreichs gegen die japanische Annexion der Halbinsel Liaotung (Liaodong) in der südlichen Mandschurei, der China nach dem verlorenen Krieg mit Japan 1894/95 in den Friedensverhandlungen bereits zugestimmt hatte.[15]

Abbildung 114 (II/7):
Hermann Gutschow, Marineoberstabsarzt.

*Abbildung 115 (III/30):
Deutsches Marinehospital,
Yokohama (um 1880).*

Abbildung 116 (III/31):
Deutsches Marinehospital,
Yokohama.

„Gebadet wird", heißt es in einem zeitgenössischen Bericht über das Hospital,[16] *„auf japanische Weise, welche den Leuten durch den Reiz der Neuheit viel Vergnügen bereitet; nach erfolgter Einseifung mit heißem Wasser und nachheriger Abspülung mit reinem, warmen Wasser steigen die Leute in das ca. 40-44° C heiße Bad; verweilen daselbst 3-4 Minuten und verlassen dasselbe dann krebsrot am ganzen Körper; eine Übergießung mit kaltem frischem Wasser beendet die Prozedur. Nach dem Bad fühlen sich die Leute durchweg sehr erfrischt; die für jeden Mann nur kurze Badezeit ermöglicht es, dass in kaum einer Stunde sämtliche Insassen ihr Bad beendet haben."*

„Ein breiter Spazierweg", entnehmen wir der gleichen Beschreibung aus dem Jahre 1902, *„führt uns von hier nach einem etwa 30 m von dem Südgiebel der Baracke entfernten, auf einer Anhöhe gelegenen, gefälligen europäischen Bau, dem Mannschaftskasino. Dieses ist samt seiner kompletten Einrichtung von den Deutschen Kobe's gestiftet worden. […] Zwei große Bilder, von welchen das eine S. M. den deutschen Kaiser, das andere S. K. H. den Prinzen Heinrich darstellt sowie zwei große Landkarten bilden den einzigen, aber würdigen Schmuck der Wände."*

1911 wurde das Marinehospital Yokohama geschlossen und durch ein Lazarett in der deutschen Kolonie Tsingtau (Qingdao) in China ersetzt. Nach der Aufgabe des Hospitals gelangte die Einrichtung unter die Verwaltung des japanischen Innenministeriums. Einmal noch wurde die Anlage zur Unterbringung von Deutschen reaktiviert, als sich nach dem Ersten Weltkrieg die Frage der Organisation des Rücktransports der deutschen Kriegsgefangenen stellte, die nach der im November 1914 erfolgten Kapitulation Tsingtaus nach Japan gebracht worden waren. Das aber war dann schon lange nach Eisendechers Zeit, als Deutschland über die Schweiz als Mittelsmacht die japanischen Behörden gebeten hatte, einige der auf den Heimtransport wartenden Kriegsgefangenen „im ehemaligen Marinehospital in Yokohama" unterzubringen. Dies wurde den Anfang des Jahres 1920 aus japanischer Kriegsgefangenschaft entlassenen deutschen Soldaten gestattet, die mit eigenen Mitteln jene letzten Wochen in Japan nicht hätten überbrücken können. Die deutsche Regierung kam für ihre Lebenshaltungskosten auf.[17]

Heute befinden sich auf dem Grundstück des früheren Marinehospitals in Yokohama Tennisplätze.

[1] Suzuki Kin'ya: *Bankoku kishô zufu* [Handbuch über die Flaggen aller Nationen]. Kyôto, Ôsaka und Edo, 1852. Außer den in der Abbildung gezeigten deutschen Flaggen sind noch die Hoheitszeichen der Städte Emden, Frankfurt/Oder, Lübeck, Norden, Wismar und Stralsund dargestellt.

[2] Mathias-Pauer, Regine und Erich Pauer: *Die Hansestädte und Japan, 1855–1867*. Marburg: Förderverein Marburger Japan-Reihe, 1992 (Marburger Japan-Reihe, Bd. 7).

[3] Trautz, Friedrich M.: Deutsche Seekadettenbriefe aus Jedo 1860–1861. In: *Nippon. Zeitschrift für Japanologie*, 7. Jg. (1941), Heft 3, S. 147.

[4] Ebd., S. 162.

[5] Tôkyô-to (Hg.): *Tsukiji kyoryûchi* (To-shi kiyô, Bd. 4), Tôkyô: Tôkyô-to, 1957, S. 90.

[6] Ebd., S. 94.

[7] Vgl. ebd., S. 293–304.

[8] Adressen der Firma Ahrens & Co: Tôkyô Tsukiji Kyoryûchi No. 41, Yokohama No. 29 sowie Kôbe No. 10.

[9] Siehe *The Japan Directory for the Year 1881*, Yokohama: Japan Gazette, 1881, S. 1.

[10] Bälz, Erwin: *Das Leben eines deutschen Arztes*, hrsg. von Toku Bälz, 1930 [recte 1931], S. 26 (Brief vom 26. Juni 1876).

[11] Alle Angaben nach dem Personalakt im Politischen Archiv des Auswärtigen Amtes, Berlin.

[12] Österreicher, Tobias Frh. von: *Aus fernem Osten und Westen*, Wien, Pest & Leipzig: Hartleben 1879.

[13] Eckart, W.: Das Lazarett der Kaiserlichen Deutschen Marine in Yokohama, 1878–1911. In: *Arzt und Krankenhaus* 6 (1987), S. 177–186.

[14] Anonymus: Zur Auflösung des Marinelazaretts Yokohama. In: *Marinerundschau*, März 1912, S. 310–313.

[15] Siehe das Dokument „Außenministerium bezüglich der leihweisen Nutzung des deutschen Marinehospitals in Yokohama" (*Gaimushô yori zai-Yokohama Doitsu kaigun byôin shakuyô no ken*), Antwortnote von Außenminister Mutsu Munemitsu (27. Oktober 1894) im Archiv des japanischen Verteidigungsamtes (Bôeichô Bôei Kenkyûjo), Rikugun, Rikugunshô Dai-Nikki-rui, Nisshin Sen'eki Nikki M 27-9-93; sowie „Nutzung des deutschen Marinehospitals in Yokohama zur Unterbringung von Patienten etc." (*Zai-Yokohama Dokkoku kaigun byôin no kansô kansha-tô no shûyôjo ni kyô suru ken*), Schreiben des deutschen Gesandten Graf von Arco-Valley (19. Februar 1904), Bôeichô Bôei Kenkyûjo, Rikugun, Rikugunshô Dai-Nikki-rui, Riku-man-fu Dai-Nikki, M 37-4.

[16] Schlick, Dr.: Das von der deutschen Marine in Yokohama errichtete Genesungsheim. In: *Archiv für Schiffs- und Tropenhygiene* 6 (1902), S. 56–64.

[17] Bôeichô Bôei Kenkyûjo, Rikugun, Rikugunshô Dai-Nikki-rui, Ôju Dai-Nikki, T10-12.

第 7 章
貿易と往来
築地ドイツ領事館と横浜海軍病院

築地ドイツ領事館

アイゼンデッヒャーの生まれ故郷オルデンブルクは、何世紀も昔から重要な商業都市であった。ハンザ同盟都市では、特にブレーメンを指向していたオルデンブルクにとって、北ドイツの海外貿易は、その繁栄を支える重要な源の一つとなっていた。外国貿易に依存していたそのハンザ同盟都市が、日本との通商関係に最大の関心を寄せていたのである。19 世紀半ばには、ブレーメンとハンブルクの商船隊のほぼ 3 分の 2 が、東アジアの海洋を走っていた。日本では、それらの北ドイツの都市の独立性は、どんな小さな都市についてもよく知られていた。1852 年（嘉永 5 年）に出版されたような、外国の国旗に関する出版物で、日本の当局は北ドイツの都市国家の船を一目で判別することができた（図 106：「北ドイツ各国の旗」）[1]。

ペリーによる日本開国は、勿論、ハンザ同盟都市に熱狂的に歓迎された。しかし、日本の開国は、1858 年までは列強 5 ヶ国、つまりイギリス、フランス、オランダ、ロシア、そしてアメリカ合衆国にのみ限られていた。ブレーメンの船もハンブルクの船も、したがって日本の港からは相変わらず締め出されていたのである。彼らは、イギリス人かオランダ人に成り済ますか、他国の領事館の保護下に入るか、それとも他国の船に、日本向けの商品を積み替えるかしなくてはならなかった。自分たちを認めさせ、日本から通商の許可を手にいれるには何をすべきか。ハンザ同盟都市には行使できる軍事力がなかった。彼らには商船隊があるだけで、海軍はなかったのである。そのため、熟慮の末、ハンザ同盟三大都市、ブレーメン、ハンブルク及びリューベックはプロイセン王国政府に、目前に迫った東亜使節団に日本へのハンザ都市の利権も代表してくれるよう、請願した。彼らはこの目的で、「日本の皇帝」に宛てた一通の手紙をプロイセン使節団に託している[2]。

しかし、ハンザ同盟が望んだようには上手くいかなかった。プロイセンは少なくとも、1861 年 1 月に日本と自国間の通商条約締結に漕ぎ着けたことを喜んだに違いない。江戸では 5 ヶ月もの間、そのために粘り強く交渉が続けられていた。当時、アイゼンデッヒャーのように若い海軍士官候補生でさえ、日本との通商条約締結の意味を理解していた。いつもは、両親宛に、もっと冒険的な内容を中心にした手紙を書いていた彼が、日本の「絹、銅、茶」が輸出の主要品目になるだろうと報告している。そして、日本の輸出は輸入を上回り、贅沢品の輸入などはもってのほかだと言っている。「なぜなら、日本人は本当に賢く、実用品しか買わないでしょうから（以下略）」[3]。

アイゼンデッヒャーは両親宛の手紙で、さらにこのように記している。

> 「日本との条約がドイツ関税同盟全体とではなく、プロイセンとのみ締結されたという知らせがありました。面白いと思いませんか。日本政府は関税同盟の存在もその重要性も知っているにもかかわらず、条約をむすぶことは頑として拒否しました。[中略] したがって、ブレーメンやハンブルク、その他のドイツ諸邦が日本と通商を行おうとする

ならば、プロイセンの旗を掲げて行わねばならないのです（もし彼らが [プロイセンへの] 嫌がらせとしてオランダやイギリスの旗でも掲げないかぎり）。」[4]

事実、ドイツ船の多くが、その後数年間、以前のようにオランダやイギリスの国旗ではなく、プロイセンの国旗を使用したのである。初代プロイセン「駐日領事」として、1862 年から横浜に赴任したマックス・フォン・ブラントが、彼らの利益代表を務めた。彼はその当時、数年後には自分が全ドイツ連邦国家の総領事になっているなどとは思いも及ばなかっただろう。1871 年のドイツ帝国の成立がこの変化をもたらしたのである。明治維新と同時に、日独間の貿易も目に見えて増大した。そして、より多くのドイツ人商人が東京ないし横浜にやってきたのである。

今日、魚市場で有名な築地が、首都東京に定住した外国人の多くが住んでいた市街区だった。1899 年まで、在日外国人には、居住地選択の自由が認められていなかった。東京に住んでいた外国人たちは、日本政府に雇われた者以外は皆（例えば、ベルツは、勤務地に近い本郷に住んでいた）、彼らに割り当てられた築地に住居を構えていた（「築地居留地」）（図 112：東京築地の外国人居留地）。既に、幕府の下で、外国人定住者のための特別区の設置が着手されており、1868 年以降、明治政府がこの計画を引き継いだのである。明治元年（1868 年）8 月 15 日（日本の旧暦による）に、その地域が定められ、「外国人の居留及び交易認定区域」が開設された。明治政府は十分な土地を用意するために、旧大名より幾つか土地を収用した[5]。成立した築地の外国人居留区は、一方は東京湾に面し、他方は賑わいをみせていた銀座の間という好条件の立地にあった。

1899 年まで、ドイツ領事館（図 104 [III/76]：築地、明石橋から見るドイツ領事館と図 105 [III/77]）は、在東京ドイツ人を代表するものとして築地にあった。領事館はまた、首都東京において、貿易の分野でもドイツの存在を顕示する役割を持っていたが、東京のドイツ人商人居住者数は、それほど多くなかった。なぜなら、国際海運は、海洋事情がもっと好都合な横浜に集中していたからである。最も多いときで、1900 年の統計は 62 名のドイツ人居住者を記録している[6]。とはいえ、外国人居住者の数では 4 番目に位置しており、アメリカ、イギリスはそれぞれ 3 倍上回り、当時、既に明らかに減りつつあったフランスの方がそれでもまだ多かった。更に、商業ないしサービス業で来日していたのか、ドイツ領事館の写真によれば、その地区には中国人も比較的多数住んでいたようである（図 105[III/77]：築地、ドイツ領事館）[7]。

横浜と築地、両方に居を構えたドイツ人もいた。そのような人物には、例えば、貿易総合商社の一つで、全外国人居留地の海上火災保険会社の代理店も経営していた H. アーレンス社の経営者がいる。アーレンスは 1869 年から日本に滞在し、織物、染料、船具、薬品、洋酒、ガラス等、需要のあるものは全て扱い、更に、ブレーメンにある北ドイツ＝ロイドの汽船会社の日本の代理店も営業していた。創業者はハインリヒ・アーレンス（1842-1886）で、他でもない生粋のブレーメンっ子だった（図 107：H. アーレンス社のポスターと図 108：H. アーレンス社の横浜支店）。アイゼンデッヒャー公使は、アーレンスのような人物やその家族とも、勿論、付き合いがあった。

築地、横浜並びに神戸に構えたアーレンス社の規模は実に大きく[8]、資本はもう一人の共同設立者の資金にも頼っていた。アーレンスがあまりにも早く死去した後、彼の未亡人は幸運にも、信頼のおける共同出資者で、アーレンス亡き後、在東京（築地）ドイツ領事を引き継いだ大貿易商マルティン・ミヒャエル・ベーア（1841-1904）（図 109 [I/72]）に頼ることが出来た[9]。英語を話す人々が彼の名前を正しく発音できるように、彼は大抵、自分の名前 Behr を英語のスペルで Bair と綴った。お雇い外国人として日本に滞在していたドイツ人医師、エルヴィ

ン・ベルツ（図 101 [II/8]）は、1876 年にベーアと知り合い、彼を東京及び横浜のドイツ人コミュニティーの中心的人物と呼んでいる。「小さなドイツ人コミュニティーの指揮は、ベーア氏の手に委ねられているが、彼は外見的にも内面的にも滅多にない立派な人物である。無論、彼がユダヤ人だからという理由で、彼を軽視する者も多くいるが」[10]。このことは、ベルツと同様、アイゼンデッヒャーにとっても、ベーアとの友好関係を築かない理由にはならなかった。

築地に領事館が設立されたからといって、それで横浜の総領事館が閉鎖されたわけではない。横浜の領事館は「本来の」領事館として機能していた。ただ、マックス・フォン・ブラントが、総領事から弁理公使への昇格の後、東京に業務の本拠地も一緒に移したので、横浜は一時期見捨てられたが、1874 年に領事館として業務を再開したのである。この重要な港町で領事を務めたのは、コブレンツ出身で、変わった経歴により日本に来ることになったエデュアルド・ツァッペ（図 110 [II/6]）であった。彼は最初、イギリス海軍に入隊し、グリニッチの海軍大学校を卒業した後は、1868 年から中国海軍で士官及び教官職に就いた。アイゼンデッヒャーはここで、自分と同じ海軍出身の同僚と出会ったわけである。アイゼンデッヒャーが東京に赴任する少し前までの、2ヶ月間、ツァッペは臨時弁理公使を務めていた。

1883 年から、エデュアルド・ツァッペは総領事の任務に就いた。彼は、公私にわたり模範的で、他国の人々からも高く評価されるドイツ代表であった。例えば、オーストリアの商船船長のトビアス・エステライヒャー男爵は、1874 年の 12 月に、太陽から地球までの距離を算出するのに極めて稀な天文現象、金星の日面通過を観察するための器具を横浜のツァッペ邸の庭に設置するのを許可されたとき、彼を褒めちぎっている[11]。1882 年の条約改正のための歴史的会談の際には、ツァッペはその経済的、政治的手腕から、アイゼンデッヒャーと共に交渉の席に着いていた（第 5 章「外交官と接待係」の図 62 と図 63 を参照）。

横浜ドイツ海軍病院

総領事館の他に、横浜にはドイツ海軍病院があった。1877 年から 78 年にかけて建設され、1878 年の 7 月 1 日に開設されたドイツ帝国海軍病院である（図 115 [III/30] と図 116 [III/31]、図 113：絵葉書「横濱獨乙病院前」）。この病院は、東アジアのドイツ船舶の乗組員や在日ドイツ人だけでなく、また軍人、民間人に関係なく、他国の人々にも開かれていた。開設時の告示には、「日本人の男性」も当院で「無条件に受け入れられる」権利があると明記されていた[12]。平家建てで、奥行 44 メートルの日本建築の本館は、約 3 ヘクターの広大な土地にあり、一度に 40 人の患者を収容できた。明るく、風通しの良い、暖房設備の整った病室は、それぞれ 4 人部屋だった。病院の総建設費用は 2 万 6 千 342 マルクで、それには、個人による出資も含まれていた。神戸のドイツ人居住者は職員集会所を設立し、庭園施設とあずまやの造営に必要な資金は、東京及び横浜在住のドイツ人の寄付で賄われた。

海軍病院の開設と後継者の育成は、1883 年 6 月まで、海軍軍医少佐のヘルマン・グッチョー医師（図 114 [II/7]）に委ねられていた。アイゼンデッヒャーは、院長に任命されたグッチョーとは、赴任した当時、既に知り合いであった。コルベット艦「ヘルタ」号で、一人は船医として、一人は当番士官として、1869 年に数カ月、共に海上を旅したことがあったのである。

開業中には、横浜のドイツ海軍病院では累計 3,357 人の患者が治療を受け、その半数がドイツの海軍及び陸軍に在職している

人々だった。残りの半数は、約 750 人のドイツ人民間人、そして約 1,000 人の他国人だった。その中で最も多かったのが、イギリス人（251 人）、そして最初の 20 年間には日本人（193 人）、アメリカ人（104 人）、ロシア人（73 人）、そしてオーストリア人（62 人）だった[13]。1904 年から 1905 年の日露戦争時には、日本政府はこの病院の使用を辞退している[14]。おそらく、1895 年の三国干渉以降、日独関係が冷えていく徴候の一つだっただろう。当時のこの病院に関する報告には、こう記されている。

「日本の方式で入浴させられ、人々は目新しさを楽しんだ。熱い湯と石鹸で身体を洗い、きれいな暖かい湯で流した後、40 度から 44 度の浴槽に入る。3、4 分、湯に浸かって上がると、身体は蟹のように赤くなる。そこで、汲みたての冷水を浴びて、一通り終わる。風呂に入ったあとは、実にさっぱりとした気持ちになる。こんな風に短い入浴時間なので、全ての入院患者が入浴を終えるのに一時間もかからない。」

また、同報告書には以下の説明もある。

「長い散歩道は、本館の南の切妻から 30 メートルほどの丘にある、ヨーロッパ建築で建てられた職員集会所に通じている。この建築費は全て神戸のドイツ人の寄付による。（中略）1 枚はドイツ皇帝、1 枚はハインリヒ親王の 2 枚の大型の肖像及び 2 枚の大判地図が、壁の、唯一ではあるが立派な装飾となっている。」[15]

1911 年に、横浜の海軍病院は閉業され、中国の青島ドイツ租借地の海軍病院で代用された。病院が閉業されてから、その建物は日本の内務省の管轄となった。閉院後、一度だけドイツ人の収容のために、この設備が再利用されたことがあるが、それは第一次世界大戦後、ドイツ人戦争俘虜の送還の編成が問題になったときであった。彼らは、1914 年 11 月の青島降伏の後、日本に連行されていた俘虜で、1920 年初めに戦争俘虜施設から解放されたドイツ人兵士だった。しかし、これは、アイゼンデッヒャーの時代から随分経ってからのことで、ドイツ政府が、送還されるのを待つ戦争俘虜を横浜の元海軍病院に収容するように、中立国スイスを通じて日本の官庁に依頼したときのことである[16]。日本での最後の何週間を自分たちが持ち合わせていたものだけでは切り抜けられなかったのであろう。ドイツ政府が彼らの生活費を負担した。

今日、横浜のその海軍病院のあった場所は、テニス場となっている。

訳：宮田　奈々

1 鈴木金谷編『萬國旗章圖譜』京都・大阪・江戸、嘉永 5 年（1852 年）。

2 Mathias-Pauer, Regine und Erich Pauer: Die Hansestädte und Japan, 1855-1867. Marburg: Förderverein Marburger Japan-Reihe, 1992 (Marburger Japan-Reihe, Bd. 7).

3 「海軍士官候補生の江戸通信」1860 年 9 月 21 日。

4 「海軍士官候補生の江戸通信」1861 年 1 月 20 日。

5 東京都編『築地居留地』東京都、1957 年、90-94 頁。

6 同上、293-304 頁を参照。

7 同上。

8 H. アーレンス社の所在地：東京築地居留地 41 番、横浜 29 番、神戸 10 番。

9 The Japan Directory for the Year 1881, Yokohama: Japan Gazette, 1881, p. 1.

10 Bälz, Erwin: Das Leben eines deutschen Arztes, ed. Toku Bälz, 1930 [recte 1931], p. 26.

11 Österreicher, Tobias Frh. von: Aus fernem Osten und Westen. Wien, Pest & Leipzig: Hartleben 1879.

12 Eckart, W.: Das Lazarett der Kaiserlichen Deutschen Marine in Yokohama, 1878-1911. In: Arzt und Krankenhaus 6 (1987), pp. 177-186.

13 Anonymus: Zur Auflösung des Marinelazaretts Yokohama. In: Marinerundschau, März 1912, pp. 310-313.

14 在横浜独国海軍病院の還送患者等の収容所に供する件 (独逸国公使フォン・アルコー = ワルライ伯爵の報告、1904 年 2 月 19 日付、防衛庁防衛研究所、陸軍、陸軍省大日記類「陸満機密・密・普大日記、満大日記」、明治 37 年 4 月）。

15 Schlick, Dr.: Das von der deutschen Marine in Yokohama errichtete Genesungsheim. In: Archiv für Schiffs- und Tropenhygiene 6 (1902), pp. 56-64.

16 目下収容中の俘虜解放に関する件 （防衛庁防衛研究所、陸軍、陸軍省大日記類「欧受大日記」、大正 10 年 12 月）。

7.1
Vertrag zwischen Japan und dem Norddeutschen Bund (20. Februar 1869)

Seine Majestät der König von Preußen im Namen des Norddeutschen Bundes und der zu diesem Bunde nicht gehörenden Mitglieder des Deutschen Zoll- und Handelsvereins, nämlich: der Krone Baiern, der Krone Württemberg, des Großherzogtums Baden und des Großherzogtums Hessen für dessen südlich des Main gelegenen Teile, sowie in Vertretung des ihrem Zoll- und Steuersystem angeschlossenen Großherzogtums Luxemburg einerseits,

und

Seine Majestät der Tenno von Japan andererseits, von dem Wunsche geleitet, die Entwicklung der Handels- und Schifffahrtsbeziehungen zwischen Deutschland und Japan zu fördern, haben beschlossen, einen Vertrag abzuschließen, und zu diesem Zwecke zu ihren Bevollmächtigten ernannt:

*Seine Majestät der König von Preußen
den Geschäftsträger des Norddeutschen Bundes in Japan,
Max August Scipio von Brandt;
Seine Majestät der Tenno von Japan,
Higashi Kuze. Chujo. Gidji und Chiji des Auswärtigen Amtes,
von der ersten Beamtenklasse,
Terashima Tozo, Chiji des Bezirkes und Handji des Auswärtigen Amtes von der dritten Beamtenklasse,
Iseki Sayemon, Handji des Auswärtigen Amtes
von der dritten Beamtenklasse,*

welche, nachdem sie ihre Vollmachten sich mitgeteilt und solche in guter und gehöriger Form befunden haben, über nachstehende Artikel übereingekommen sind.

I.

Zwischen den hohen kontrahierenden Staaten, sowie zwischen den Untertanen derselben, soll ewiger Friede und beständige Freundschaft bestehen.

II.

Seine Majestät der König von Preußen soll das Recht haben, einen diplomatischen Agenten in Japan zu ernennen, dem gestattet sein soll, auch die Vertretung der andern kontrahierenden Deutschen Staaten zu übernehmen.

Die kontrahierenden Deutschen Staaten sollen das Recht haben, einen Generalkonsul und für jeden offenen Hafen oder jede dergleichen Stadt in Japan einen Konsul, Vizekonsul oder Konsularagenten zu ernennen. Diese Beamten sollen dieselben Privilegien und Vorrechte genießen wie die Konsularbeamten der meist begünstigten Nation.

Sowohl der von Seiner Majestät dem Könige von Preußen ernannte diplomatische Agent als auch der Generalkonsul sollen das Recht haben, frei und unbehindert in allen Teilen des Kaiserreiches Japan umherzureisen.

Ebenso sollen die mit der Berechtigung zur Ausübung der Jurisdiktion versehenen Deutschen Konsularbeamten das Recht haben, sich, im Falle ein Deutsches Schiff im Bereiche ihres Juris-

diktionsbezirkes Schiffbruch leidet oder innerhalb desselben ein Angriff auf das Leben oder das Eigentum eines Deutschen stattfindet, zur Aufnahme des Tatbestandes an Ort und Stelle zu begeben. Doch sollen die Deutschen Konsularbeamten in jedem solchen Falle den Japanischen Lokalbehörden eine schriftliche Mitteilung über den Zweck und das Ziel ihrer Reise machen und dieselbe nur in Begleitung eines von den Japanischen Behörden zu bezeichnenden höheren Beamten antreten.

Seine Majestät der Tenno von Japan kann einen diplomatischen Agenten beim Hofe von Berlin und Konsularbeamte für diejenigen Deutschen Häfen und Handelsplätze ernennen, in denen Konsularbeamte irgend eines dritten Staates zugelassen werden.

Der diplomatische Agent und die Konsularbeamten Japans sollen unter der Bedingung der Gegenseitigkeit im Gebiete der kontrahierenden Deutschen Staaten dieselben Vorrechte, Befugnisse und Befreiungen genießen, deren sich diejenigen irgend eines dritten Staates erfreuen oder erfreuen werden.

III.

Die Städte und Häfen von Hakodate, Hiogo, Kanagawa, Nagasaki, Niigata mit Ebisu Minato auf der Insel Sado und Osaka, sowie die Stadt Yedo, sollen von dem Tage an, an welchem dieser Vertrag in Kraft tritt, für die Untertanen und den Handel der kontrahierenden Deutschen Staaten eröffnet sein.

In den vorgedachten Städten und Häfen sollen Deutsche Untertanen dauernd wohnen können; sie sollen das Recht haben, daselbst Grundstücke zu mieten und Häuser zu kaufen und sie sollen Wohnungen und Magazine daselbst erbauen dürfen.

Der Platz, welchen Deutsche Untertanen bewohnen, und auf welchem sie ihre Gebäude errichten sollen, wird von den Deutschen Konsularbeamten im Einverständnis mit den kompetenten Japanischen Ortsbehörden angewiesen werden; auf gleiche Art sollen die Hafenordnungen festgesetzt werden. Können sich der Deutsche Konsularbeamte und die Japanischen Behörden in diesen Beziehungen nicht einigen, so soll die Frage dem diplomatischen Agenten und der Japanischen Regierung unterbreitet werden.

Um die Orte, wo Deutsche Untertanen sich niederlassen werden, soll von den Japanern weder Mauer noch Zaun oder Gitter noch irgendein anderer Abschluß errichtet werden, welcher den freien Ein- und Ausgang dieser Orte beschränken könnte.

Den Deutschen Untertanen soll es gestattet sein, sich innerhalb folgender Grenzen frei zu bewegen: –

Von Hakodate und Niigata in jeder Richtung bis zu einer Entfernung von 10 Ri,

Von Ebisu Minato auf der ganzen Insel Sado,

Von Kanagawa bis zum Flusse Logo, welcher sich zwischen Kawasaki und Sinagawa in den Meerbusen von Yedo ergießt, und in jeder anderen Richtung bis zu einer Entfernung von 10 Ri,

Von Nagasaki aus überall in dem benachbarten Kaiserlichen Gebiete,

Von Hiogo in der Richtung auf Kioto bis zu einer Entfernung von 10 Ri von dieser Stadt, und in jeder anderen Richtung bis zu einer Entfernung von 10 Ri von Hiogo,

Von Osaka im Süden von der Mündung des Yamatogawa bis nach Funabashimura und von dort innerhalb einer von diesem Platze über Kiokojimura nach Sada gezogenen Linie; die Stadt Sakai liegt außerhalb dieser Grenzen, der Besuch derselben ist jedoch Deutschen Untertanen gestattet,

Von Yedo innerhalb folgender Grenzen: von der Mündung des Shintonegawa bis Kanamachi und längs der Straße nach Mito bis Sengi, von dort den Sumidagawa aufwärts bis Furugano kamigo und über Omuro, Takakura, Koyata, Ogiwara, Miyadera, Mitsugi, Tanaka nach der Fähre von Hino am Rokugogawa.

Die Entfernungen von 10 Ri sollen zu Lande gemessen werden, vom Saibansho oder Rathause jedes der vorgenannten Häfen aus.

Ein Ri kommt gleich:

12.456 Fuß preußisch,

4.275 Yards englisch,

3.110 Metres französisch.

Deutsche Untertanen, welche diese Grenzen überschreiten, sollen einer Geldstrafe von 100 Mex[ikanischen] Dollars und im Wiederholungsfalle einer solchen von 250 Mex. Dollars unterliegen.

IV.

Die in Japan sich aufhaltenden Deutschen sollen das Recht freier Religionsübung haben. Zu diesem Behufe werden sie auf dem zu ihrer Niederlassung bestimmten Terrain Gebäude zur Ausübung ihrer Religionsgebräuche errichten können.

V.

Alle Streitigkeiten, welche sich in Bezug auf Person oder Eigentum zwischen in Japan sich aufhaltenden Deutschen erheben sollten, werden der Entscheidung der Deutschen Behörde unterworfen werden.

Desgleichen werden sich die Japanischen Behörden in keine Streitigkeiten mischen, welche zwischen Untertanen eines der kontrahierenden Deutschen Staaten und Angehörigen einer andern Vertragsmacht etwa entstehen sollten.

Hat ein Deutscher eine Klage oder Beschwerde gegen einen Japaner, so entscheidet die Japanische Behörde.

Hat dagegen ein Japaner eine Klage oder Beschwerde gegen einen Deutschen, so entscheidet die Deutsche Behörde.

Wenn ein Japaner nicht bezahlen sollte, was er einem Deutschen schuldig ist, oder wenn er sich betrügerischer Weise verborgen halten sollte, so werden die kompetenten Japanischen Behörden alles, was in ihrer Macht steht, tun, um ihn vor Gericht zu ziehen und die Bezahlung der Schuld von ihm zu erlangen.

Und wenn ein Deutscher sich betrügerischer Weise verbergen und seine Schulden an Japaner nicht bezahlen sollte, so werden die Deutschen Behörden alles, was in ihrer Macht steht, tun, um den Schuldigen vor Gericht zu ziehen und zur Bezahlung der Schuld anzuhalten.

Weder die Deutschen noch die Japanischen Behörden sollen für die Bezahlung von Schulden verantwortlich sein, welche von Deutschen oder Japanischen Untertanen kontrahiert worden sind.

VI.

Deutsche Untertanen, welche ein Verbrechen gegen Japanische Untertanen oder gegen Angehörige einer anderen Nation begehen sollten, sollen vor den Deutschen Konsularbeamten geführt und nach Deutschen Gesetzen bestraft werden.

Japanische Untertanen, welche sich einer verbrecherischen Handlung gegen Deutsche Untertanen schuldig machen, sollen vor die Japanischen Behörden geführt und nach Japanischen Gesetzen bestraft werden.

VII.

Alle Ansprüche auf Geldstrafen oder Konfiskationen für Zuwiderhandlungen gegen diesen Vertrag oder gegen das beigefügte Handelsregulativ sollen bei den Deutschen Konsularbehörden zur Entscheidung gebracht werden. Die Geldstrafen oder Konfiskationen, welche von diesen letzteren ausgesprochen werden, sollen der Japanischen Regierung zufallen. Güter, die mit Beschlag belegt werden, sollen von den Japanischen Behörden und den Deutschen Konsularbehörden versiegelt und bis zur Entscheidung durch den Deutschen Konsul in den Speichern des Zollhauses deponiert werden.

Fällt die Entscheidung des Konsuls zu Gunsten des Eigentümers oder Consignatairs der Güter aus, so sollen dieselben sofort dem Konsul zur weiteren Verfügung ausgehändigt werden, doch sollen, falls die Japanische Regierung gegen diese Entscheidung des Konsuls Berufung an die höhere Instanz einzulegen wünscht, der Eigentümer oder Consignatair der Güter gehalten sein, den Wert derselben bis zur endgültigen Entscheidung der Angelegenheit auf dem Deutschen Konsulate zu deponieren.

Sind die mit Beschlag belegten Güter leicht verderblicher Natur, so sollen dieselben gegen Deponierung des Wertes auf dem Deutschen Konsulate dem Eigentümer oder Consignatair ausgehändigt werden.

VIII.

In allen dem Handel geöffneten oder zu öffnenden Häfen Japans soll es Deutschen Untertanen frei stehen, aus dem Gebiete Deutschlands oder aus fremden Häfen, alle Arten von Waren, die nicht Contrebande sind, einzuführen und zu verkaufen, sowie zu kaufen und nach Deutschen oder fremden Häfen auszuführen. Sie sollen nur die Zölle bezahlen, welche in dem dem gegenwärtigen Vertrage beigefügten Tarife verzeichnet sind, und frei von allen sonstigen Abgaben sein.

Deutsche Untertanen sollen alle Arten von Artikeln von den Japanern kaufen und an dieselben verkaufen dürfen, und zwar ohne Dazwischenkunft eines Japanischen Beamten, weder beim Kaufe noch beim Verkaufe, noch bei der Bezahlung oder Empfangnahme des Kaufpreises.

Ebenso soll es den Deutschen Untertanen freistehen, alle Arten Japanischer Produkte, welche sie in einem der geöffneten Häfen Japans gekauft haben, nach einem andern Japanischen Hafen zu verschiffen, ohne dafür irgend welchen Zoll zu entrichten.

Allen Japanern soll es erlaubt sein, alle Arten von Artikeln von Deutschen Untertanen, sei es in Deutschland oder in den geöffneten Japanischen Häfen, ohne Dazwischenkunft eines Japanischen Beamten zu kaufen, und was sie gekauft haben entweder zu behalten und zu benutzen oder wieder zu verkaufen.

In ihrem Handelsverkehr mit Deutschen Untertanen werden die Japaner nicht mit höheren Abgaben belegt werden, als denjenigen, welche sie für ihre Geschäfte unter einander entrichten.

Ebenso dürfen die Japanischen Fürsten oder Leute in Diensten derselben sich unter den allgemeinen gesetzlichen Bestimmungen nach Deutschland, sowie nach den offenen Häfen Japans begeben und dort mit den Deutschen frei und ohne Dazwischenkunft Japanischer Beamten Handel treiben, vorausgesetzt, daß sie sich nach den bestehenden Polizeivorschriften richten und die festgesetzten Abgaben entrichten.

Ebenso soll es allen Japanern erlaubt sein, Waren Japanischen oder fremden Ursprungs nach, von oder zwischen den geöffneten Häfen in Japan, oder von oder nach fremden Häfen in Japanern oder Deutschen Untertanen angehörigen Schiffen zu verschiffen.

IX.

Die Japanische Regierung wird es nicht verhindern, daß Deutsche, welche sich in Japan aufhalten, Japaner als Dolmetscher, Lehrer, Diener, u. s. w. in Dienst nehmen und sie zu allen Beschäftigungen verwenden, welche die Gesetze nicht verbieten; doch bleiben solche Japaner selbstverständlich, im Falle sie ein Verbrechen begehen sollten, den Japanischen Gesetzen unterworfen.

Japanern soll es ferner freistehen, in jeder Eigenschaft an Bord Deutscher Schiffe Dienste zu nehmen.

Japaner in Diensten von Deutschen sollen auf ein dahin gehendes Gesuch bei den Ortsbehörden die Erlaubnis erhalten, ihre Herren ins Ausland zu begleiten.

Ebenso soll es allen Japanern, welche mit vorschriftsmäßigen Pässen ihrer Behörden nach Maßgabe der Bekanntmachung der Japanischen Regierung vom 23ten Mai 1866 versehen sind, erlaubt sein, sich behufs ihrer Ausbildung oder in Handelszwecken nach Deutschen zu begeben.

X.

Das dem gegenwärtigen Vertrage beigefügte Handelsregulativ soll als ein integrierender Teil dieses Vertrages und deshalb als bindend für die hohen kontrahierenden Teile angesehen werden.

Der Deutsche diplomatische Agent in Japan soll das Recht haben, in Gemeinschaft und Übereinstimmung mit denjenigen Beamten, welche von der Japanischen Regierung zu diesem Zwecke bezeichnet werden möchten, für alle dem Handel offenen Häfen diejenigen Reglements zu erlassen, welche erforderlich und geeignet sind, die Bestimmungen des beigefügten Handelsregulatives in Ausführung zu bringen.

XI.

Die Japanische Regierung wird alle die dem Deutschen Handel offenen Häfen mit den Leuchttürmen, Feuerschiffen, Tonnen und Seezeichen versehen, welche nötig sind, um das Ein- und Auslaufen der Schiffe zu erleichtern und zu sichern.

Die Japanischen Behörden werden in jedem Hafen solche Maßregeln treffen, wie sie ihnen am geeignetsten erscheinen werden, um dem Schmuggel und der Contrebande vorzubeugen.

XII.

Wenn ein Deutsches Schiff bei einem offenen Hafen Japans anlangt, soll es ihm freistehen, einen Lotsen anzunehmen, der es in den Hafen führt. Ebenso soll es, wenn es alle gesetzlichen Gebühren und Abgaben entrichtet hat und zur Abreise fertig ist, einen Lotsen annehmen können, um es aus dem Hafen hinauszuführen.

XIII.

Deutsche Kaufleute sollen, wenn sie Waren in einen offenen Hafen Japans eingeführt und die darauf haftenden Zölle entrichtet haben, berechtigt sein, von der Japanischen Zollbehörde ein Zertifikat über die geschehene Entrichtung dieser Ziele zu verlangen und auf Grund dieses Zertifikates soll ihnen freistehen, dieselben Waren wieder aus- und in einen anderen offenen Hafen Japans einzuführen, ohne daß sie nötig hätten irgend welche weitern Zölle zu entrichten.

Die Japanische Regierung verpflichtet sich, in den geöffneten Häfen Lagerhäuser zu errichten, in denen eingeführte Güter auf den Antrag des Importeurs oder des Eigentümers ohne Zoll zu entrichten lagern können.

Die Japanische Regierung ist für die Sicherheit dieser Güter verantwortlich, so lange dieselben sich unter ihrer Obhut befinden, und wird alle diejenigen Vorsichtsmaßregeln ergreifen, welche nötig sind, um die gelagerten Güter gegen Feuersgefahr versicherungsfähig zu machen. Wenn der Importeur oder Eigentümer die Güter aus dem Lagerhause zu empfangen wünscht, so muß er die durch den Tarif festgesetzten Zölle entrichten, sollte er sie dagegen wieder auszuführen wünschen, so soll er dies, ohne zur Bezahlung von Zoll verpflichtet zu sein, tun dürfen. Lagermiete muß in jedem Falle bei Aushändigung der Güter entrichtet werden.

Der Betrag derselben sowie die für die Verwaltung der Lagerhäuser nötigen Bestimmungen werden durch gemeinschaftliches Übereinkommen der hohen vertragenden Teile festgestellt werden.

XIV.

Alle von Deutschen Untertanen in einen offenen Hafen Japans eingeführten Waren, von welchen die in diesem Vertrage festgesetzten Zölle entrichtet worden sind, sollen, mögen sie sich im Besitze von Deutschen oder Japanern befinden, von den Besitzern nach allen Teilen des Kaiserreichs versandt werden können, ohne daß davon irgend eine Abgabe oder ein Transitzoll, welchen Namen dieselben auch haben möchten, gezahlt zu werden braucht.

Alle Japanischen Produkte sollen, von jedem Punkte des Landes aus von den Japanern nach den offenen Häfen gebracht werden können, ohne Abgaben oder Durchgangs-Zöllen unterworfen zu sein, mit Ausnahme der Wegezölle, welche gleichmäßig von allen Handeltreibenden zur Unterhaltung der Land- und Wasserstraßen erhoben werden.

XV.

Von dem Wunsche geleitet, die dem freien Umlaufe fremden Geldes in Japan entgegenstehenden Hindernisse zu beseitigen, wird die Japanische Regierung unverzüglich in der Anfertigung der Landesmünzen die nötigen Veränderungen und Verbesserungen eintreten lassen. Demnächst wird die Japanische Hauptmünzanstalt sowie die in jedem der offenen Häfen des Reichs zu errichtenden Spezialbüros von Fremden und Japanern ohne Unterschied des Standes fremde Münzen jeder Art, sowie Gold- und Silberbarren annehmen, um sie gegen Japanische Münzen von gleichem Gewichte und Feingehalt umzuwechseln, vorbehaltlich einer bestimmten Umschmelzungsgebühr, deren Betrag durch gemeinschaftliches Übereinkommen der hohen kontrahierenden Teile festgesetzt werden wird.

Deutsche und Japaner können sich bei Zahlungen, die sie sich gegenseitig zu machen haben, nach Belieben fremder oder Japanischer Münzen bedienen.

Münzen aller Art, mit Ausnahme von Japanischen Kupfermünzen, und fremdes ungemünztes Gold und Silber können aus Japan ausgeführt werden.

XVI.

Wenn die Japanischen Zollbeamten mit dem Werte, welcher von Kaufleuten für einige ihrer Waren angegeben werden sollte, nicht einverstanden sind, so soll es denselben freistehen, diese Waren selbst zu taxieren und sich zu erbieten, sie zu dem von ihnen festgesetzten Taxwerte zu kaufen.

Sollte der Eigentümer sich weigern, auf dies Anerbieten einzugehen, so soll er den Zoll von dem Werte zahlen, wie die Japanischen Zollbeamten ihn taxiert haben. Im Falle der Annahme des Anerbietens aber, soll ihm der offerierte Wert sofort und ohne Abzug von Rabatt oder Diskonto gezahlt werden.

XVII.

Wenn ein deutsches Schiff Schiffbruch leidet, oder an den Küsten des Kaiserreichs Japan strandet, oder wenn es gezwungen sein sollte, Zuflucht in einem Japanischen Hafen zu suchen, so sollen die kompetenten Japanischen Behörden, sobald sie davon hören, dem Schiffe allen möglichen Beistand leisten. Die Personen an Bord desselben sollen wohlwollend behandelt, und wenn nötig, mit Mitteln versehen werden, um sich nach dem Sitze des nächsten Deutschen Konsulats zu begeben.

XVIII.

Provisionen aller Art für deutsche Kriegsschiffe sollen in den geöffneten Häfen Japans ausgeschifft und in Magazine unter der Bewachung Deutscher Beamter niedergelegt werden können, ohne daß Zölle davon entrichtet zu werden brauchen. Wenn solche Provisionen aber an Japaner oder Fremde verkauft werden, so sollen die Erwerber an die Japanischen Behörden den Zoll entrichten, der auf dieselben anwendbar ist.

XIX.

Es wird ausdrücklich festgesetzt, daß die Regierungen der Deutschen kontrahierenden Staaten und ihre Untertanen von dem Tage an, an welchem der gegenwärtige Vertrag in Kraft tritt, ohne Weiteres alle Rechte, Freiheiten und Vorteile genießen sollen, welche von Seiner Majestät dem Tenno von Japan an die Regierung und Untertanen irgend eines andern Staates gewährt worden sind oder in Zukunft gewährt werden sollten.

Man ist übereingekommen, daß die hohen kontrahierenden Teile vom ersten Juli 1872 an die Revision dieses Vertrages sollen beantragen können, um solche Änderungen oder Verbesserungen daran vorzunehmen, welche die Erfahrung als notwendig herausgestellt haben sollte. Ein solcher Antrag muß jedoch mindestens ein Jahr zuvor angekündigt werden. Sollte Seine Majestät der Tenno von Japan indessen vor diesem Zeitpunkte eine Revision aller Verträge wünschen und hierzu die Zustimmung aller übrigen Vertragsmächte erlangen, so werden auch die kontrahierenden Deutschen Staaten auf den Wunsch der Japanischen Regierung sich an darauf bezüglichen Verhandlungen beteiligen.

XXI.

Alle amtlichen Mitteilungen des Deutschen diplomatischen Agenten oder der Konsularbeamten an die Japanischen Behörden werden in Deutscher Sprache geschrieben werden. Um jedoch die Geschäftsführung möglichst zu erleichtern, sollen diese Mitteilungen während dreier Jahre von dem Zeitpunkte an, wo dieser Vertrag in Wirksamkeit treten wird, von einer Übersetzung ins Holländische oder Japanische begleitet sein.

XXII.

Der gegenwärtige Vertrag ist vierfach in Deutscher und Japanischer Sprache ausgefertigt, und haben alle diese Ausfertigungen denselben Sinn und dieselbe Bedeutung.

Der gegenwärtige Vertrag soll von Seiner Majestät dem Könige von Preußen und seiner Majestät dem Tenno von Japan unter Namensunterschrift und Siegel ratifiziert werden und sollen die Ratifikationen innerhalb achtzehn Monaten ausgewechselt werden.

Dieser Vertrag tritt mit dem Tage der Unterzeichnung in Wirksamkeit.

Dessen zu Urkund haben die resp. Bevollmächtigen diesen Vertrag unterzeichnet und ihre Siegel beigedrückt.

So geschehen zu Yokohama den zwanzigsten Februar im Jahre unseres Herrn Ein Tausend Acht Hundert und Neun und Sechzig oder am Zehnten Tage des Ersten Monats des Zweiten Jahres Meiji (Tschi no to mi) der Japanischen Zeitrechnung.

L. S.   (gez.) M. VON BRANDT,
*   (gez.) HIGASHI KUZE CHUDJO,*
*   (gez.) TERASHIMA TOSO,*
*   (gez.) ISEKI SAYEMON.*

Bestimmungen unter welchen der Handel Deutschlands in Japan getrieben werden soll.

I.

Innerhalb 48 Stunden (Sonntage ausgenommen) nach der Ankunft eines Deutschen Schiffes in einem Japanischen Hafen, soll der Kapitän oder Kommandant den Japanischen Zollbehörden einen Empfangsschein des Deutschen Konsuls vorzeigen, aus welchem hervorgeht, daß er alle Schiffspapiere, Connoissemente u.s.w. auf dem Deutschen Konsulate niedergelegt hat, und er soll dann sein Schiff einklarieren durch Übergabe eines Schreibens, welches den Namen des Schiffes angibt und den des Hafens, von dem es kommt, seinen Tonnengehalt, den Namen seines Kapitäns oder Kommandanten, die Namen der Passagiere (wenn es deren gibt) und die Zahl der Schiffsmannschaft. Dieses Schreiben muß vom Kapitän oder Kommandanten als eine wahrhafte Angabe bescheinigt und unterzeichnet werden; zu gleicher Zeit soll er ein schriftliches Manifest seiner Ladung niederlegen, welches die Zeichen und Nummern der Frachtstücke und ihren Inhalt angibt, so wie sie in seinem Connoissemente bezeichnet sind, nebst den Namen der Person oder Personen, an welche sie konsigniert sind; eine Liste der Schiffsvorräte soll dem Manifest hinzugefügt werden.

Der Kapitän oder Kommandant soll das Manifest als eine zuverlässige Angabe der ganzen Ladung und aller Vorräte an Bord bescheinigen und dies mit seinem Namen unterzeichnen.

Wird irgendein Irrtum in dem Manifeste entdeckt, so darf derselbe innerhalb 24 Stunden (Sonntage ausgenommen) ohne Zahlung einer Gebühr berichtigt werden aber für jede Änderung oder spätere Eintragung in das Manifest nach jenem Zeitraum soll eine Gebühr von fünfzehn Dollars bezahlt werden.

Für alle in das Manifest nicht eingetragenen Güter soll neben dem Zolle eine Strafe entrichtet werden, deren Betrag dem von diesen Gütern zu entrichtenden Zolle gleichkommt.

Jeder Kapitän oder Kommandant, der es versäumen sollte, sein Schiff bei dem Japanischen Zollamte binnen der durch diese Bestimmung festgesetzten Zeit einzuklarieren, soll eine Buße von sechzig Dollar für jeden Tag entrichten, an welchem er die Einklarierung seines Schiffes versäumt.

II.

Die japanische Regierung soll das Recht haben, Zollbeamte an Bord eines jeden Schiffes in ihren Häfen zu setzen, Kriegsschiffe ausgenommen; die Zollbeamten sollen mit Höflichkeit behandelt werden, und ein geziemendes Unterkommen erhalten, wie es das Schiff bietet.

Keine Güter sollen von einem Schiffe zwischen Sonnenuntergang und Sonnenaufgang abgeladen werden, außer auf besondere Erlaubnis der Zollbehörden; und es dürfen die Luken und alle übrigen Eingänge zu dem Teile des Schiffes, wo die Ladung verstaut ist, von Japanischen Beamten zwischen Sonnenuntergang und Sonnenaufgang durch Siegel, Schlösser oder anderen Verschluß gesichert werden; und wenn irgend jemand ohne gehörige Erlaubnis, einen so gesicherten Eingang eröffnen, oder irgend ein Siegel, Schloß oder sonstigen von den japanischen Zollbeamten angelegten Verschluß erbrechen oder abnehmen sollte, so soll jeder, der sich so vergeht, für jede Übertretung eine Buße von sechzig Dollar zahlen.

Güter, die von einem Schiffe, sei es gelöscht, sei es zu löschen versucht werden, ohne daß sie beim japanischen Zollamte, wie nachfolgend bestimmt, gehörig angegeben sind, sollen der Beschlagnahme und Konfiskation unterliegen.

Warenkollis, welche mit der Absicht verpackt sind, die Zolleinnahme von Japan zu benachteiligen, indem sie Artikel von Wert verbergen, welche in der Faktura nicht aufgeführt sind, sollen der Konfiskation verfallen sein.

Sollte ein Deutsches Schiff in irgend einen der nicht geöffneten Häfen von Japan Güter einschmuggeln oder einzuschmuggeln versuchen, so verfallen alle solche Güter an die Japanische Regierung, und das Schiff soll für jedes derartige Vergehen eine Buße von Ein Tausend Dollar zahlen.

Fahrzeuge, welche der Ausbesserung bedürftig sind, dürfen zu diesem Zwecke ihre Ladung landen, ohne Zoll zu bezahlen; alle so gelandeten Güter sollen in Verwahrung der japanischen Behörden bleiben, und alle gerechten Forderungen für Aufbewahrung, Arbeit und Aufsicht sollen dafür bezahlt werden. Wird indessen ein Teil solcher Ladung verkauft, so sollen für diesen Teil die regelmäßigen Zölle entrichtet werden.

Waren können auf ein anderes Schiff im nämlichen Hafen umgeladen werden, ohne Zoll zu zahlen, aber das Umladen muß stets unter Aufsicht von japanischen Beamten vor sich gehen, und nachdem der Zollbehörde hinlänglicher Beweis von der Unverfänglichkeit der Operation gegeben ist, sowie auch mit einem zu dem Zwecke von dieser Behörde ausgestellten Erlaubnisscheine. Für jede Übertretung dieser Bestimmung soll eine Buße von sechzig Dollar bezahlt werden.

Da die Einfuhr des Opiums verboten ist, so darf, falls ein Deutsches Schiff in Handelszwecken nach Japan kommt, und ein Gewicht von mehr als drei Katties Opium an Bord hat, der

Überschuß von den Japanischen Behörden mit Beschlag belegt und vernichtet werden, und jede Person oder alle Personen, die Opium einschmuggeln oder einzuschmuggeln versuchen, sollen in eine Buße von fünfzehn Dollar verfallen sein für jedes Katty Opium, welches sie einschmuggeln oder einzuschmuggeln versuchen.

III.
Der Eigentümer oder Consignatair von Gütern, welcher sie zu landen wünscht, soll eine Deklaration derselben bei dem Japanischen Zollamte eingeben. Die Deklaration soll schriftlich sein und angeben: Den Namen der Person, welche die Deklaration macht, den Namen des Schiffes, auf welchem die Waren eingeführt wurden, die Zeichen, Nummern, Kolli und deren Inhalt mit dem Werte jedes Kollis besonders in einem Betrage ausgeworfen; und am Ende der Deklaration soll der Gesamtwert aller in der Deklaration verzeichneten Güter angegeben werden. Auf jeder Deklaration soll der Eigentümer oder Consignatair schriftlich versichern, daß die so überreichte Deklaration den wirklichen Preis der Güter angibt, und daß nichts zum Nachteile der Japanischen Zölle verheimlicht worden ist und unter solches Zertifikat soll der Eigentümer oder Consignatair seine Namensunterschrift setzen.

Die Originalfaktur oder Fakturen der so deklarierten Güter sollen den Zollbehörden vorgelegt werden, und in deren Besitz verbleiben, bis sie die deklarierten Güter untersucht haben.

Die japanischen Beamten dürfen einige oder alle so deklarierten Kollis untersuchen und zu diesem Zwecke auf das Zollamt bringen; es muß aber solche Untersuchung ohne Kosten für den Einführenden und ohne Beschädigung der Waren vor sich gehen, und nach geschehener Untersuchung sollen die Japaner die Güter in ihrem vorigen Zustande in die Kollis wieder hineintun (soweit dies ausführbar ist) und die Untersuchung soll ohne ungerechtfertigten Verzug vor sich gehen.

Wenn ein Eigentümer oder Importeur entdeckt, daß seine Güter auf der Herreise Schaden gelitten haben, ehe sie ihm überliefert worden sind, kann er die Zollbehörden von solcher Beschädigung unterrichten, und er kann die beschädigten Güter von zwei oder mehr kompetenten und unparteiischen Personen schätzen lassen; diese sollen nach gehöriger Untersuchung eine Bescheinigung ausstellen, welche den Schadenbetrag von jedem einzelnen Kolli prozentweise angibt, indem es dasselbe nach Marke und Nummer beschreibt, welches Zertifikat von den Taxatoren in Gegenwart der Zollbehörden unterschrieben werden soll und der Importeur kann das Zertifikat seiner Deklaration beifügen und einen entsprechenden Abzug machen.

Dies soll jedoch die Zollbehörden nicht verhindern, die Güter in der Weise zu schätzen, die im Artikel 16 des Vertrages, dem diese Bestimmungen angehängt sind, vorgesehen ist.

Nach Entrichtung der Zölle soll der Eigentümer einen Erlaubnisschein erhalten, welcher die Übergabe der Güter an ihn gestattet, mögen dieselben sich auf dem Zollamte oder an Bord des Schiffes befinden.

Alle zur Ausfuhr bestimmten Güter sollen, bevor sie an Bord gebracht werden, auf dem Japanischen Zollamt deklariert werden; die Deklaration soll schriftlich sein und den Namen des Schiffes, worin die Güter ausgeführt werden sollen, mit den Zeichen und Nummern der Kollis und die Menge, die Beschaffenheit und den Wert ihres Inhaltes angeben. Der Exporteur muß schriftlich bescheinigen, daß seine Deklaration eine wahre Angabe aller darin erwähnten Güter ist, und soll dies mit seinem Namen unterzeichnen.

Güter die zum Zwecke der Ausfuhr an Bord gebracht werden, ehe sie auf dem Zollamte angegeben sind, so wie alle Kollis, welche verbotene Gegenstände enthalten, sollen der Japanischen Regierung verfallen sein.

Provisionen zum Gebrauche der Schiffe, ihrer Mannschaften und Passagiere sowie die Kleidung u.s.w. von Passagieren brauchen nicht beim Zollamte angegeben zu werden.

Bei Gütern japanischen Ursprungs, welche ein deutscher Kaufmann von einem geöffneten Hafen nach einem andern zu verschiffen wünscht, soll derselbe auf dem Zollamte den Betrag des Zolles deponieren, der zu entrichten sein würde, wenn die Güter zur Ausfuhr nach dem Kaufmanne seitens der japanischen Behörden sofort und ohne Einwendungen zurückgezahlt werden, wenn derselbe innerhalb sechs Monaten eine Bescheinigung des Zollamtes des Bestimmungsortes beibringt, durch welche nachgewiesen wird, daß die betreffenden Güter dort gelandet worden sind.

Bei Gütern, deren Export nach fremden Häfen überhaupt verboten ist, muß der Exporteur auf dem Zollamte eine schriftliche Erklärung niederlegen, durch welche er sich verpflichtet, den Gesamtwert an die Japanischen Behörden zu bezahlen, falls die erwähnte Bescheinigung nicht in der vorgeschriebenen Zeit beigebracht wird.

Sollte ein von einem geöffneten Hafen nach dem andern bestimmtes Schiff auf der Reise verloren gehen, so soll der Beweis dafür an die Stelle der Bescheinigung des Zollamtes treten, und soll zur Beibringung dieses Beweises dem Kaufmann eine Frist von einem Jahre gewährt werden.

Halten die japanischen Zollbeamten ein Kolli für verdächtig, so können sie dasselbe in Beschlag nehmen, müssen aber dem Deutschen Konsularbeamten davon Anzeige machen.

Die Güter, welche nach dem Ausspruche der Deutschen Konsularbeamten der Konfiskation verfallen sind, sollen alsbald den Japanischen Behörden ausgeliefert werden, und der Betrag der Geldstrafen, welche die deutschen Konsularbeamten erkannt haben, soll durch dieselben schleunigst eingezogen und an die Japanischen Behörden gezahlt werden.

IV.

Schiffe, die auszuklarieren wünschen, müssen 24 Stunden zuvor davon bei dem Zollamte Anzeige machen, und nach dem Ablaufe dieser Zeit, sollen sie zur Ausklarierung berechtigt sein. Wird ihnen solche verweigert, so haben die Zollbeamten sofort dem Kapitän oder Consignatair des Schiffes die Gründe anzugeben, weshalb sie die Ausklarierung verweigern und die nämliche Anzeige haben sie auch an den Deutschen Konsul zu machen der dem Kapitän des Schiffes die deponierten Schiffspapiere nicht aushändigen wird, bevor derselbe nicht die Quittung des Zollamtes über die Zahlung aller Gebühren beigebracht hat.

Deutsche Kriegsschiffe brauchen beim Zollamte weder ein- noch auszuklarieren, noch sollen sie von Japanischen Zoll- oder Polizeibeamten besucht werden.

Dampfschiffe, welche die deutsche Briefpost mit sich führen, dürfen am nämlichen Tage ein- und ausklarieren und sollen kein Manifest zu machen brauchen außer für solche Passagiere und Güter, die in Japan abgesetzt werden sollen. Solche Dampfer sollen jedoch in allen Fällen bei dem Zollamte ein und ausklarieren.

Walfischfahrer, die zur Verproviantierung einlaufen, sowie in Not befindliche Schiffe sollen nicht nötig haben, ein Manifest ihrer Ladung zu machen; wenn sie aber nachträglich Handel zu treiben wünschen, sollen sie dann ein Manifest niederlegen, wie es die Bestimmung 1. vorschreibt.

Wo nur immer in diesen Bestimmungen oder im Vertrage, dem sie angehängt sind, das Wort „Schiff" vorkommt, soll ihm die Bedeutung beigelegt werden von Schiff, Bark, Schoner, Schaluppe oder Dampfer.

V.

Jemand, der mit der Absicht, die Japanischen Staatseinkünfte zu beeinträchtigen, eine falsche Bescheinigung oder Dekla-

ration unterzeichnet, hat für jedes Vergehen eine Buße von (125) ein hundert fünf und zwanzig Dollar zu bezahlen.

VI.

Keine Tonnengelder sollen in den Japanischen Häfen von Deutschen Schiffen erhoben werden, aber die folgenden Gebühren sollen an die Japanischen Zollbehörden bezahlt werden.

Für das Einklarieren eines Schiffes 15 Dollar.
Für das Ausklarieren eines Schiffes 7 Dollar.
Für Erlaubnisscheine zum Löschen oder Schiffen von Gütern, wo dieselben in diesen Bestimmungen erwähnt sind, soll keine Gebühr entrichtet werden, für jedes andere Dokument als Gesundheitspaß u. s. w. 1 1/3 Dollar.

VII.

Von allen in Japan gelandeten Gütern sollen an die Japanische Regierung Zölle entrichtet werden, nach folgendem Tarife:

Über die Zölle der Einfuhrartikel ist die Bestimmung der Konvention vom 25. Juni 1866 maßgebend, aber die Zollhöhe derjenigen Artikel, deren Namen unten angegeben, ist reduziert worden.

BAUMWOLLENGEWEBE:

	Bus, Cto.
Unterjacken und Unterbeinkleider, das Dutzend	25

WOLLENWAREN:

Unterjacken und Unterbeinkleider, wollene	*das Dutzend*	8
Unterjacken und Unterbeinkleider, halbwollene	*das Dutzend*	5

Jedem Japaner soll es erlaubt sein, in den geöffneten Häfen oder im Auslande Schiffe jeder Art, Segel sowie Dampfschiffe zur Beförderung von Waren oder Reisenden anzukaufen, mit Ausnahme von Kriegsschiffen, zu deren Ankauf es der Genehmigung der Regierung bedarf.

Alle deutschen Schiffe, welche von Japanern gekauft werden, sollen als Japanische registriert werden, gegen Zahlung einer Gebühr von 3 Bus per Tonne für Dampfer und einem Bu per Tonne für Segelschiffe. Der Tonnengehalt jedes Schiffes soll durch die deutschen Schiffspapiere festgestellt werden, welche den Japanischen Behörden auf Verlangen durch den Konsul, welcher dieselben zu beglaubigen hat, übermittelt werden.

Kriegsmunition darf nur an die Japanische Regierung und an Fremde verkauft werden.

VIII.

Von allen Japanischen Gütern, welche als Ladung ausgeführt werden, sollen an die Japanische Regierung Zölle entrichtet werden nach folgendem Tarife:

Auch über die Zollhöhe der Ausfuhrartikel gilt die Konvention vom 25. Juni 1866, jedoch sind die folgenden Artikel der neuen Bestimmung unterworfen.

HOLZ:

Bauholz, von Hakodate exportiert, bearbeitet u. nicht bearbeitet:

	Bus, Cto.

WEICHES HOLZ JEDER ART WIE:

Hinoki (Tanne), Matsu (Fichte),		
Todo (Kiefer), Sugi (Zeder) u. s. w.	*100 Koku*	6

HARTES HOLZ JEDER ART WIE:

Nara (Eiche), Tanno (Rüsten), Sen (Esche),			
Bunno (Buche), Kaya (Ahorn), Kuri (Kastanie),			
Ha (Erle), Kaba (Birke), Katsura, Ho,			
Skorro, Yasse, Kiaki, Kaschi, Tasu, Kusunoki,			
Kurogaki u. a.	*100 Koku*	7	6

Deutsche Untertanen, welche in Japan wohnen, und die Mannschaften und Passagiere Deutscher Schiffe sind berechtigt, die im Ausfuhrtarif als verboten benannten Getreide und Mehlsorten zu kaufen, soweit sie zu ihrem persönlichen Gebrauche erforderlich sind, doch muß der allgemein gebräuchliche Erlaubnisschein vom Zollamte eingeholt werden, bevor die vorerwähnten Getreide und Mehlsorten an Bord eines deutschen Schiffes gebracht werden können.

Dem Transport der als verboten aufgeführten Getreide und Mehlsorten Japanischen Ursprungs zwischen den geöffneten Häfen wird die Japanische Regierung keine Hindernisse in den Weg legen; sollten besondere Umstände es jedoch wünschenswert machen, daß der Transport dieser Gegenstände von einem der geöffneten Häfen aus für eine Zeitlang gänzlich Japanern sowohl als Fremden untersagt werde, so wird die Japanische Regierung von ihrer Absicht, ein solches Verbot zu erlassen, den fremden Behörden zwei Monate vorher Mitteilung machen und zugleich dafür Sorge tragen, daß ein solches Verbot nicht länger aufrecht erhalten werde, als es die Verhältnisse unumgänglich nötig machen.

Das in den Tarifen erwähnte Cattie wiegt 604 Gramm 53 Zentigramm oder 1 1/3 Pfund englisch.

Das Yard ist das Englische Maß von 3 Fuß Englisch oder 914 Millimeter (oder Striche). Der Englische Fuß von 30, 47 Millimetern ist 1/8 Zoll länger als das Kaneschahu der Japaner.

Das Koku ist gleich 10 Kubikfuß Englisch oder 120 Fuß Amerikanischen Holzmaßes bei einer Dicke von einem Zolle.

Der Bu oder Itzibu ist eine Silbermünze von nicht weniger als 8 Gramm und 67 Zentigramm (134 Gran Englischen Münzgewichts) Gewicht und einem Gehalte von 9-10 Feinsilber und 1-10 Zusatz. Der Cent ist der hundertste Teil des Bu.

IX.

Um die Mißbräuche und Hindernisse zu beseitigen, über welche bisher in den geöffneten Häfen bei der Zollabfertigung beim Laden und Löschen der Waren bei dem Mieten von Booten, Lastträgern und Dienstleuten u. s. w. Klage geführt worden ist, sind die hohen vertragenden Teile dahin übereingekommen, daß in jedem Hafen die Lokalbehörden in Übereinstimmung mit den fremden Konsuln diejenigen Maßregeln verabreden und in Ausführung bringen sollen, welche geeignet sind, Abhilfe gegen diese Klagen zu gewähren, und dem Handels- und Privatverkehr zwischen Fremden und Japanern die wünschenswerte Leichtigkeit und Sicherheit zu verleihen.

Ebenso wird die Japanische Regierung dafür Sorge tragen, daß in jedem der geöffneten Häfen an den Lösch und Ladeplätzen ein oder mehrere offene Güterschuppen errichtet werden, in denen die Waren unmittelbar vor dem Laden oder nach dem Löschen untergebracht werden können.

X.

Fünf Jahre, nachdem dieser Vertrag in Kraft getreten ist, sollen die Ein und Ausfuhrzölle einer Revision unterworfen werden, falls einer der hohen kontrahierenden Teile solches wünscht. Sollte aber vor Ablauf dieses Zeitraumes die Japanische Regierung mit der Regierung einer andern Nation zu einer solchen Revision schreiten, so werden auch die kontrahierenden Deutschen Staaten auf Wunsch der Japanischen Regierung daran Teil nehmen.

L. S. (gez.) M. VON BRANDT.
    („) HIGASHI KUZE CHUDJO.
    („) TERASHIMA TOSO.
    („) ISEKI SAYEMON.

Quelle: *Treaties and Coventions concluded between the Empire of Japan and Foreign Nations.* Tôkyô: Nisshu-sha, 1874.

第 7 章 1
獨逸北部聯邦條約

明治二己巳年正月十日（西暦千八百六十九年第二月廿日）於神奈川調印同年九月九日批准

日本天皇陛下と孛漏生國皇帝陛下は獨逸北部聯邦及び其に連ならずと雖も其運上と商賣とに於て是と同盟せる國々即ち帝國バイラン同ユイルテンベルユ、大ヘルッソクトン［公国］バーデン、マイン河南大ヘルッソクトン［公国］ヘッスンの名を領し又我運上と貢の法則に與みする大ヘルッソクトン［公国］ロキヽンボイシの爲め日本獨逸兩國の間に貿易通航の縁を盛んにせん事を欲し條約を結ばん事を決定し日本天皇陛下は第一等官議定兼外國官准知事東久世中將第三等官神奈川縣知事兼外國官判事寺島陶藏第三等官外國官判事井關齋右衞門を其全權に命じ孛漏生國皇帝陛下は日本在留獨逸北部聯邦のシヤルエダフェールマクスアウグストシピヨフランブランドを其全權に命じ雙方互に其委任狀を示し其狀實良好にして適當たるを察し以て左の條々を協議決定せり

第一條
爰に條約を結べる國並其人民の間に永世の平穩無窮の和親あるべし

第二條
孛漏生國皇帝陛下は日本に其公使を命ずるの理あるべし此公使は今爰に條約を結べる他の獨逸國々に代りて事を執るの權あるべし
右獨逸條約濟の國よりコンシュルゼネラールを命じ及び日本何れの開港場又何れの開市場にもコンシュル或は副コンシュル又はコンスラルアゲントを命ずるの理あるべし此吏人等は日本政府と最も懇親なる國のコンシュラル吏人と同樣別段の免許及び權を受くるの理あるべし
孛漏生國皇帝陛下より命ずる所の公使並コンシュルゼネラールは日本の諸部を故障なく旅行するの理あるべし裁判すべき權ある獨逸國のコンシュラル吏人は若し其裁判すべき境界中にて獨逸船の艘船するか或は人命及び貨物に危害等の事ある時は其事實を監察する爲め其場所に往くの理あるべし然りと雖も獨逸コンシュラル吏人其時に當て先其土地の日本官府へ其趣意並其赴く處の場所を書翰にて告知すべし其節は日本官府より重立たる吏人をして必ず之と同導せしむべきなり
日本天皇陛下はベルリンの王宮内に公使を置く事を得又獨逸國國の港及び市中に若し他國コンシュラル吏人在勤する事あらば日本コンシュル吏人をも又此所に命ずるの理あるべし
日本の公使及びコンシュラル吏人は互の約束に依て右條約濟の獨逸國々に於て他國の公使並コンシュル吏人と同樣今或は此後受くる處の別段の免許並權を受くべきなり

第三條
箱［函］館兵庫神奈川長崎新潟（並に佐州夷港）大坂［阪］の市街及び港並に東京市街を此條約施行の日より右條約濟の獨逸國々の人民及び交易の爲めに開くべし
前條の市街及び港に於て獨逸國々の人民永久居住する事を得べし故に地所を借り家屋を買ひ住宅倉庫を建る事勝手たるべし
獨逸臣民の住すべき場所並に其家屋を建べき場所は獨逸コンシュル吏人其地に在る相當の日本吏人と相談の上之を定む

べし且港則も右同樣たるべし若し獨逸國コンシュル吏人及び日本吏人此事に付議定し得ざる事あらば之を獨逸國の公使及び日本政府へ申立べし

日本人は獨逸國人民住すべき場所の周圍に牆壁或は柵門を設けず其他自由の出入りを妨ぐべき圍ひを營まざるべし

獨逸國の臣民無故障遊歩すべき境界は左の如し

箱［函］館新潟に於ては諸方へ十里とす夷港にては佐州全嶋とす

神奈川にては川崎と品川の間に在りて江戸灣に流れ落る六郷川を限とし其外は諸方十里とす

長崎にては其周圍に在る長崎府の支配地を限とす

兵庫にては京師の方は京を距る事十里の地に限り他の諸方は皆十里とす

大坂［阪］にては南は大和川口より舟橋村迄夫より教興寺村を通し佐太迄線を引き之を限りとす堺の市中は右線の外なれ共獨逸國人の遊歩を免すべし

東京に於ては新利根川口より金町迄夫より水戸街道に沿ひ千住宿大橋迄夫より隅田川へ南川上へ登り古谷上郷迄夫より小室村高倉村小矢田村荻原村宮寺村三木村田中村の諸村落より線を引六郷川に於て日野の渡場迄を限とす

右十里の距離は前條各所の裁判所より陸上を算すべし

共一里は亨漏生一萬二千四百五十六フート［フィート］英吉利四千二百七十五ヤールド［ヤード］佛蘭西三千九百十メートルに宛る

若し獨逸國々の人民前條の則を犯し境界に出る事あらば墨哥銀百枚を拂ふべく若し再び犯す時は二百五十枚の罰金を拂ふべし

第四條
日本に在留する獨逸國人民は其自國の宗教を自由に行ふの理あるべし故に其居留地に其宗教を奉ずる爲め宮社を營む事勝手たるべし

第五條
日本に在留する獨逸國人の間に身上或は其所持の品物に付て爭論起る事あらば獨逸國吏人の裁斷に任すべし

日本長官は右條約濟の獨逸國々の人民と他の條約濟外國人との間に起る爭論に於ても亦關係する事なかるべし

若し獨逸國の人民より日本の人民に對し訴訟する事あらば日本長官此事件を裁斷すべし

若し日本人より獨逸國人に對し訴訟する事あらば獨逸長官之を裁斷すべし

若し日本人獨逸人に逋債ありて之を償ふ事を怠り或は欺僞を以て之を逃れんとする時は相當の日本長官是を裁斷して其債主より逋債を償はしむる爲め諸事に力を盡すべし又獨逸人欺僞を以て逃れんとし或は日本人に逋債を償ふ事を怠る時は獨逸長官正しく裁斷し逋債を償はしむる爲め諸事に力を盡すべし

獨逸長官も日本長官に於ても兩國の人民互に相關する逋債は償ふ事なかるべし

第六條
日本人民或は他國の人民に對し惡事をなせる獨逸人民は獨逸國コンシュル吏人に訟へ獨逸國の法度を以て罰すべし

獨逸國の人民に對し惡事をなせる日本人民は日本長官に訟へ日本の法度を以て之を罰すべし

第七條
此條約或は之に附属する貿易の規律を犯せるに付取立べき罰金或は其物を取揚る事は獨逸國コンシュル吏人の裁斷に因るべし其取立たる罰金或は取揚品は都て日本政府に属すべし

取押へたる荷物は日本長官並に獨逸コンシュライル長官にて其荷物に封印をなし獨逸コンシュルにて裁斷する迄は運上所の倉庫に取押へ置べし

若し獨逸コンシュル其荷主又は引請人正理なりと裁斷する時は其品物を速にコンシュルへ引渡すべし然りと雖も日本長官

若し右コンシュルの裁斷に同意せず尚高官の裁判によらん事を欲せば右荷主又は引請人其品物の眞價を其裁斷濟迄獨逸コンシュルへ預くべし

取押へられたる荷物容易に腐敗すべき質の物なれば其代價を獨逸コンシュル所に預り荷物は荷主或は其引請人に渡すべし

第八條
貿易の爲め開き又は開くべき日本の諸港に於て獨逸國人民は獨逸國領或は他邦の港より禁制に非ざる諸種の貿易品を輸入し是を販賣し又は是を買入れ獨逸國或は他邦の港に輸出する事自由たるべし此條約に附属する税目に擧たる租税而已を相納め他の諸税は總て拂ふに及ばず

獨逸國の人民は諸種の商物と日本人より買入れ又日本人に販賣する事を得べし又其賣買或は代價受取り拂ひの時に當て日本吏人之に關係する事なかるべし

獨逸國人民日本國の開港場に於て買入たる日本産物を日本他の開港場に諸税を拂ふ事なく輸送する事自由たるべし

日本人は獨逸國々或は開港場に於て獨逸國人民より諸類の商物を日本役人の立合なく買入れ又之を貯藏し及び之を其用に供し或は再び販賣する事勝手たるべし尤日本人民獨逸國々の人民と貿易するに付ては日本人相共に商賣するに付取立る運上より餘分は日本政府にて取立ざるべし

且諸大名並に其使用する人々は現在取締の規則を守り定例の運上を納る時は一般の通則に從て獨逸國國又日本諸開港場に赴き其場所にて日本役人の立合なく獨逸國々の人民と交易する事勝手たるべし

總ての日本人は日本産物又は他國の産物を日本開港場へ或は日本の開港場より或は日本開港場の間に或は他國の港より或は他國の港へ日本人民或は獨逸人民所持の船に積入輸送する事自由なるべし

第九條
日本政府は日本に在留する獨逸國々の人民日本人を通辨或は師表召使等の諸役に使用し是を法度に違背せざる諸用に給する事を妨げざるべし併しながら若し此日本人罪科を犯す時は日本の法度を以て罰すべし

日本人獨逸國の船中に於て諸般の職事に雇はるる事勝手たるべし

獨逸國人の雇置ける日本人若其雇主に同道し海外に出る事を其地の政府に願出る時は政府の印章を得べし且既に日本慶應二年丙寅四月九日西洋千八百六十六年第五月廿三日日本政府より觸書を以て布告せし如く日本人は其筋より政府の印章を得れば修業或は商賣の爲め獨逸國々に赴く事を得べし

第十條
此條約に添ゆる交易の規律は此條約と一體をなせる者にして雙方共堅く之を守るべし

日本に於て獨逸國公使と日本政府より任ずる吏人と協議して此條約に添ゆる交易規律の趣意を施行する爲交易に開きたる諸港に緊要至當の定規を立るの權あるべし

第十一條
日本政府は獨逸人貿易の爲め開きたる各港の最寄に船々の出入安全の爲燈明臺燈明船浮木及び瀬標を備ふべし

日本吏人各港に於て密商及び禁制の品出入を防ぐ爲め至適の規律を設くべし

[第]十二條
獨逸國の船日本の開港場に入來る時之を港内に導く爲水先案内者を雇ふ事自由なるべし又其船總ての遺債及び商税納濟の上にて發航せんとする時は港外へ出る爲め水先案内者を雇ふ事勝手たるべし

第十三條
獨逸國の商人は日本の開港場へ商物を輸入し其租税を納めし上は日本運上所長官より其商税収め濟の證書を請ふの理有べし且此證書あらば右商物を再び日本の他の開港場に出入する共又商税を納むるに及ばざるべし

日本政府諸開港場に於て倉庫を取建る事を務むべし且其倉庫に於ては輸入する人或は荷主の願に任せ其品物の運上を納る事なく之を藏め置の理あるべし

日本政府にて其品物を預り置間は損害なき樣に引受くべし尤外國商人共の入置きたる品物の爲火難の受合を立得る樣政府に於て總て肝要なる設けをなすべし又其商物を輸入する人或は荷主是を倉庫より引取らんとする時は運上目録通りの運上を拂ふべし其品物を再び輸出せんと欲する時は輸入運上を納るに及ばず品物を引取節は孰れにも藏敷を拂ふべし右藏敷高並に貸藏取扱向の規則は雙方相談の上之を定むべし

第十四條
獨逸國の人民日本開港場内に輸入し此條約に定めたる商税納濟の諸貨物は日本人獨逸人に拘はらず其荷主より日本國の諸部に輸送せしめ得べし勿論之に租税或は道路の運上等何等の税をも拂ふ事なかるべし

日本の産物は陸路水路修復の爲め諸商賣に付て取立る通例の運上の外別に運送運上を收る事なく日本人は日本の内何れの地よりも諸開港場へ運送する事勝手たるべし

第十五條
外國貨幣の日本國内に於て故障なく通用せん事を欲するが爲め日本政府は速に日本貨幣製造法に緊要なる改正を爲すを務むべし且日本重立たる貨幣製造局並に諸開港場に於て取建べき貨幣局にて外國人及び日本人は其身分に拘はらず諸種の外國貨幣及び掉金銀を其吹換入用を差引き日本貨幣と同種同量の割合を以引換ゆべし此吹換入用は雙方協議の上定むべし

獨逸國及び日本の人民互に拂方を爲すに外國或は日本の貨幣を用ふる事勝手たるべし

日本銅錢を除き諸種の貨幣並に貨幣に造らざる外國金銀は日本國より輸出する事を得べし

第十六條
若し日本運上所の吏人商人より申立し價に付て異存ある時は其商物に價を極め其極めたる價にて買入る事を談する事自由たるべし

若し荷主此價附にて承諾せざる時は日本運上所吏人の極めたる價に從て其税銀を收むべし

若し其價付にて承諾する時は其談せし價を少しも減する事なく直ちに荷主に拂ふべし

第十七條
若し獨逸國の船日本の海岸にて艘船し或は漂着し又は已むを得ず日本の港内に避け來る事あらば相當の日本長官是を知るや否速に其船に可成丈扶助を加ふべし其船中の人々を懇に取扱ひ要用なる時は其人々最寄の獨逸國コンシュル館に赴くべき方便を與ふべし

第十八條
獨逸國海軍備用の諸品は日本國の諸開港場に陸揚し獨逸吏人の保護する倉庫に藏め置べし尤夫が爲め租税を納むる事なしと雖も若し此備用品を日本人或は外國人に賣る事あらば其買主より相當の租税を日本長官に納むべし

第十九條
日本天皇陛下他國の政府及び其人民に與へ或は爾後與へんとする總て別段の免許及び便宜は條約を結べる獨逸國々の政府及び其人民にも此條約施行の日より免許あるべきを今爰に確定せり

第二十條
來る壬申年則千八百七十二年第七月第一日に至り此條約の趣實驗し緊要なる變革或は改正を加ふる爲め是を再議し得べし然りと雖も此再議の趣は少くも一箇年前に告知すべし若し日本天皇陛下此期限前に各國の條約を議せん事を欲し其事に就て他の條約濟の各國にて同意せば條約を結ぶ獨逸國々も又日本政府の望みに從ひ此會議に加ふべし

第二十一條
獨逸國々の公使或はコンシュル吏人より日本長官に贈る總て公の書翰は獨逸語を以て記すべし然と雖も便利の爲め此條約施行の日より三箇年の間は和蘭語或は日本語の譯文を添ゆべし

第二十二條
此條約は獨逸語日本語を以て各四通づつに記し其文意は各同義なり

第二十三條
此條約は日本天皇陛下及び宇漏生皇帝陛下互に名を記し印を調して確定し本書は十八箇月の内に取替すべし
此條約は名を記せし日より施行すべし
右證據として雙方の全權此條約に名を記し印を調する者也

日本明治二己巳年正月十日
西洋千八百六十九年第二月廿日

於神奈川

東久世 [通禧] 中將　　　花押
寺島陶藏　　　　　　　　花押
井關齋右衛門　　　　　　花押
フォンブランド　　　　　印

日本國に於て獨逸國人交易を爲す定則

第一則
獨逸船日本の港に着して後四十八時中（日本二十四時）日曜日を除き甲比丹或は船長より日本運上所の役人へ獨逸コンシュルの請取書を見すべし右は都て船中の書類積荷目録等を獨逸岡士館へ預けたる旨示せる者なり其上右甲比丹或は船長書付を差出し以て其船の入港手數を爲すべし
右書付は船號並に其船の出帆し來りし港の名噸數甲比丹或は船長の名又船中に旅客あらば其旅客の名並に其船の乘組人數を認たる者にして右甲比丹或は船長其書付の無相違趣を證し其名を自記する者也右書付と共に右甲比丹或は船司其積荷の告書を預くべし是は包貨の記號及び番號並に其品物の種類斤數を其送狀に認める通りに記載し荷物引受人の名を記したる者なり且船中用意品の目録も右告書へ加ふべし但し甲比丹或は船長右告書は其船の總積荷及び船中用意品の無相違書付なる事を證し是に其名を自記すべし
若し右告書中相違の廉を心付きたる時西洋二十四時（日本十二時日曜日を除く）中は罰金を拂ふ事なくして之を書き改め得べし然りと雖も此期限後に書改むるか或は之に書入するに於ては墨斯哥銀十五枚の罰金を拂ふべし
告書中に漏れたる諸品物に付ては運上の外別に罰金を拂ふべし其罰金の高は其品物に付て拂ふ運上と同じかるべし
甲比丹若しくは船長此定則に示したる期限中に日本運上所へ其船の入港手數を爲すを怠たらば右入港手數を怠る日毎に墨斯哥銀六十枚の罰金を拂ふべし

第二則
日本政府は其港内へ入津せし各船（軍艦を除く）に運上所役人を差置べき理あるべし
船中にて右運上所役人を丁寧に取扱ひ且成るべき丈相當の用便をなすべし

日沒より日出迄の間は運上所役人より別段の免許なければ船より品物を卸すべからず且艙口其外總て船中荷物の納れある場所の入口には日沒より日出迄の間は日本役人是に封印し錠を鎖し或は堅く固封し置べし若し免許なくして日本運上所役人の固封し置たる入口の封印等を破り又は取除く時は其犯したる人々犯せし毎に墨期哥銀六十枚の罰金を拂ふべし

日本運上所へ相當の差出書を出さずして荷物を船中より卸し或は卸さんと謀れる品は次に定めたる通り捕押へ且取上べし包貨の中目録中に載ざる價ある品々を藏し以て日本國の收納を減せん趣意にて仕組たる者は取上べし

若し獨逸船日本の開かざる港に於て諸品を密商し或は密商せんと謀る時は其諸品を日本政府に取上げ犯せし毎に其船より墨期哥銀一千枚の罰金を拂ふべし

脩復を要する船には運上を拂はずして其積荷を陸揚し得べし右の陸揚したる諸品は日本役人預りあるべし且藏敷人足賃並に守護の爲都て相當の入費は拂ふべし然りと雖も若し其荷物の内を賣拂ふ時は其賣たる分は定例の運上を拂ふべし

積荷を同港内の他船へ移すには別に運上を拂ふに及ばずと雖も日本役人見分して事實無相違を知り然る後船移の爲右日本役人より渡す免状を以て船移しすべきなり若し右免状を受ずして船移せし者は其犯せる毎に墨期哥銀六十枚の罰金を日本政府に納むべし

阿片を輸入するは禁制なれば交易の爲日本に渡來する獨逸各船其船中に三斤以上の阿片を所持する時は其餘量を日本政府へ取押滅却すべし且阿片を密商し又は密商せんと謀りし者は右密商し或は密商せんと謀りし阿片一斤毎に墨期哥銀十五枚の罰金を拂ふべし

第三則
荷主或は荷物の引受人荷物を陸揚する事を願ふ時は其荷物の差出書を日本運上所へ出すべし此差出書は差出を爲す人の名又其荷物を輸入せし船の名其記號番號積荷の種類斤數並びに各種の價を認たる者にして此差出書中に載たる諸物價の總計は其書面の末に記すべし荷主又は荷物引請人其差出書は諸品の眞價を載する趣を差出書に記し以て之を證し又日本運上の害となるべき者は隱し置かざる旨を證すべし且荷主或は荷物引請人此證書に其名を自記すべし

差出したる荷物目錄の本書は運上所の役人へ差出し役人其差出書中に記したる品々を調へ終る迄其本書は役人の手に留め置べし

日本役人は右差出したる荷物の一部或は總體を改め得べし又其れか爲め其荷物を運上所へ持來り得べし然りと雖も之を改むるに付輸入人は其失費を拂ふ事なく又品物の損せざるやう取扱ひ改濟の上は日本人再び其荷物を可成丈け其元形に包装すべし且之を改むるには不用の時日を費さざるべし

荷主又は輸入人其荷物を請取らざる前輸入の途中にて損傷あるを見出す時は運上所の役人へ其損傷の趣を知らせ其職にして廉潔なる人二人或は二人以上にて其價を極めしむべし但し其人々篤と檢査の後各包の損し高を歩割に記し其記號番數を認め證書を出すべし尤其證書には運上所の役人立會にて右價附をなしたる人々其名を自記すべし且輸入人は其證書を差出書へ添へ相當の高を引落すべし

然りと雖も此定則に添ふる條約第十六箇條に載する通り荷物の價付する事に付運上所の役人之を妨ぐべからず

運上拂濟の後は荷物を渡すべき免状を荷主へ渡すべし荷物は運上所にても船中にても渡すべし

輸出せんとする諸品は船中へ輸送する前日本運上所に差出を爲すべし其差出は書面にして其荷物を輸出すべき船名並に包貨の記號番數其貨數斤數及び代價を記載すべし輸入人右差出書中に載たる諸品の無相違趣を認め以て之を證し之に其名を自記すべし

運上所に差出を爲さざる以前輸出の爲船中に送りたる品々並に禁制の品々を包入せし荷物は總て日本政府へ取上べし

船々其乘組又旅客の用物或は旅客の衣服等は運上所へ差出を爲すに及ばず若し獨逸商人日本の産物を日本の或る開港場より他の開港場へ輸送せんと欲する時は其品物を輸出する時拂

ふべき運上を運上所へ預け置べし六箇月の内他の開港場へ右荷物を陸揚せし趣を示せる證書を其地の運上所より持參せば右預り置たる運上は無異論速に返却すべし

他邦の港へ輸出するを禁ずる品物は萬一右期限中に前條の證書を差出さざる時は荷積せし者自ら右品物の代價を殘らず日本役人へ拂ふべき趣を認めたる證書を差出すべし

然りと雖も其船若し或る開港場より他の開港場へ運送する航海中破船する事あらば右運送先の運上所の證據の代りに破船せしといふ證據を別に持來るべし尤商人は右證據を一箇年の内に差出すべし

日本役人疑敷思ふ品物は右役人是を取押置べし

然りと雖も日本役人直に其事を獨逸國コンシュル吏人に告知すべし

獨逸國コンシュル吏人取上る事に裁判せし品物は直に日本長官へ渡すべし且獨逸國コンシュル吏人より言付し罰金の拂方は其吏人最も速に催促し日本長官に收むべし

第四則
出向を願ふ船々は二十四時（日本十二時）前に運上所に告知すべし此期限後は其船出港すべき理あり然りと雖も其出港を否む時は運上所の役人等速に甲比丹又は其船の引請の人に右出港を否む譯を告げ又其趣を獨逸コンシュルに知らすべし船司運上所より與ふる諸運上拂濟の證書を持參せざれば獨逸コンシュルは預り置きたる書類を船司へ渡すべからず

獨逸國軍艦は運上所へ入港又は出港を願ふを要せず又其軍艦には日本運上所役人或は取締の役人來る事なし

獨逸國の蒸氣飛脚船は同日に入港と出港を爲し得べし且日本に上陸する旅客並に陸揚する品々の外は告書を差出す事を要せざるべし然りと雖も右蒸氣船は何れの時にあつても運上所へ入港並に出港の願を爲し得べし

船中用意品の爲めに入津する鯨漁船或は困難船は其積荷の告書を出す事を要せず然りと雖も引續き商賣を願ふ時は第一則に揭る通りの告書を預くべし

此の定則中又は此の定則を添る條約中船と稱する者は何れの處にある共「シップ、バルク、ブリッキ、ショーナル、シャループ」（船名）又蒸氣船を云

第五則
日本國の收納を害せん爲に僞の告書或は證書へ名を自記したる者は共犯す每に墨斯哥銀百二十五枚の罰金を拂ふべし

第六則
噸稅は日本の港に於て獨逸船より取立る事なし
但し次に定めたる謝銀は運上所役人に差出すべし
一　船の入港手數に付墨斯哥銀十五元
一　船の出港手數に付墨斯哥銀七元
總て此規則に載する處の荷物船積陸揚の免許に付ては謝銀を出す事なかるべし健固狀等の如き他の證書に付て洋銀一枚半

第七則
總て日本に陸揚したる品々には次の運上目錄に從ひ日本政府へ運上を拂ふべし
輸入品運上目錄は總て千八百六十六年第六月廿五日の改稅約書に同じ唯左の物品の輸入稅を減するのみ

　　第一種
木綿襦袢、同股引　　　　十二に付　　　　壹分銀〇二五
毛織襦袢、同股引　　　　　全　　　　　　全　〇八
毛木綿交織襦袢、同股引　　全　　　　　　全　〇五

何れの日本人も開港場又は海外に於て旅客又は荷物を運送すべき各種の帆前船蒸氣船共買入るる事勝手たるべし尤軍艦は日本政府の免許なければ買入るる事を得ず

日本人買入たる諸外國船は蒸氣船にて一噸に付一分銀三箇帆前船にて一噸に付一分銀一箇の運上を定め通り相納る時は日本船として船目錄に書載すべし尤其船の噸數を定むる爲日本長官の需に應じ其筋のコンシュルより本國の船目錄の寫を相示し其眞を證すべし

軍用諸品は日本政府及び外國人に而已販賣すべし

第八則
總て輸出すべき日本産物は次の運上目録に從ひ日本政府へ運上を拂ふべし

輸出品運上目録は千八百六十六年第六月廿五日の改税約書に同じ唯左の箇條を加ふるのみ

第一種（材木）
箱[函]館より輸出するものにして既に人工を經たるもの及び荒木の儘にても檜、松、トド、杉の如き柔木は都て百コクに付壹分銀六箇

櫟、梅、ブノ、イタヤ、栗、ハー、樺、桂、ホウ、スコロ、ヤセ、欅、樫、槽、楠、黒柿の如き堅木は都て百コクに付壹分銀七箇六

日本に在留する獨逸國人及び獨逸國船の乗組人又は旅客自己の入用に滿つる丈けは輸出目録に載たる輸出禁制の穀物並に粉を買入るる事を許すべし尤右穀物並に粉を獨逸國船に積入んとする前必ず通例の通り運上所より船積の免許状を得べきなり

禁制穀物及び諸粉類を諸開港場の間に輸送する事に付日本政府是に故障をなさざるべし

然り雖も萬一日本人並に外國人右品物を或開港場より運送する事に付格別の事故ありて當分の内是を禁せんと欲せば日本政府右の趣意を二箇月前に獨逸長官に告知らすべし且此禁制は事實不得止の時而已にして速に此禁を解く事に日本政府は注意すべし

此税則に載する日本一斤（即百六十目）は佛蘭西の六百零四ガラマ五十三センチガラム又は英吉利一ポンド三分の一に當る
一ヤールド[ヤード]は英吉利尺度三フート[フィート]に當り佛蘭西の九百十四ミリメートル（ストリシヤ）に當る
英吉利の一フートは佛蘭西の三百四ミリメートル七に當り日本曲尺の一尺より一寸の八分一丈け長し

材木の一コクは英吉利十立方フート又は米利堅厚さ一インチの木尺百二十フートに當る

一分（目方二文目三分）は銀貨にして其重さ佛蘭西の八ガラム六十七センチガラム（英百三十四、ケレーン）より下らず其質は純銀九分に下らず其交ぜ物は一分より多からざるべし

一セントは一分を百分せし一と云ふ

第九則
運上所諸取扱向荷物の陸揚船積及び船人足小遣等雇方に付開港場に於て是迄訴訟の起りし不都合を除かんが爲に各開港場の長官速に外國のコンシュルと談判し雙方協議の上右不都合決して生せざる樣規則を立て日本人と外國人の交易並に其用向を可成丈け都合能相便し且安全ならしむる樣雙方爰に議定せり

諸開港場に於て荷物陸揚船積の爲に用ふる波戸場の内にて品物を船積する前又陸揚する後暫時假に納る爲小屋掛けを日本政府にて作るべし

第十則
此條約施行する後五年に條約を結ぶ雙方の内にて望む時は輸入輸出の商税を再議すべし然し若し此期限前日本政府他國の政府と再議する時は條約濟獨逸國々も此議に加はるべし

明治二己巳年正月十日
千八百六十九年第二月廿日

於神奈川

東久世[通禧]中將　　花押
寺島陶藏　　　　　　花押
井關齋右衛門　　　　花押
フォン、ブランド　　印

8.
„Unter freiem Himmel kann man selbst in Japan nicht wohnen".
Der Neubau des Gesandtschaftsgebäudes

Nichts ist für die Ewigkeit erbaut, ließe sich hier gut und gern als Motto wählen. Aber auch: Nichts ist so schön wie die Erinnerung. Denn immerhin befindet sich – 2007 – die deutsche diplomatische Vertretung (bis 1880 eine Ministerresidentur, dann eine Gesandtschaft, seit 1906 eine Botschaft) in Tôkyô bereits in ihrer fünften Residenz. Genau genommen, sogar in ihrer siebten, wenn wir Eulenburgs Quartier in Akabane und Brandts provisorischen Amtssitz in Yokohama mitberücksichtigen. Aber um die zweite und die dritte dauerhafte Residenz ranken sich ganz besondere Fügungen der Geschichte.

Begeben wir uns in die Residenz oder, besser gesagt, zu dem Grundstück, das Deutschland 1872 in Japans Hauptstadt aus fürstlichem Vorbesitz erworben hatte. Dieser Glücksgriff war Max von Brandt zu verdanken. Unter seiner Amtszeit entstand die in Photographien so gut dokumentierte Amts- und Wohnanlage (siehe Abschnitt 2 *Vom Daimyô-Palais zum Legationsgebäude*). Lange hatte sich der Hausherr seines Amtssitzes nicht erfreuen können, weil von Brandt selbst bereits 1874 weiterzog, um Deutschland nunmehr in China zu vertreten. Ein Jahr später traf Brandts Nachfolger in Tôkyô ein, Karl von Eisendecher. Zwischenzeitlich hatte Legationssekretär von Holleben die Geschäfte in Tôkyô geführt.

So nobel sich die Lage des Areals erwies, muß es dann doch bald „Diskussionsstoff" gegeben haben, der nach baulichen

Abbildung 117: Deutsches Gesandtschaft in Tôkyô, frühe 1890er Jahre.

Änderungen rief. Und zwar recht einschneidenden. Vom Auswärtigen Amt in Berlin war im Reichstag ein Antrag eingegangen, der einen völligen Neubau der diplomatischen Vertretung forderte. Denkschrift und Kostenvoranschlag aus Tôkyô lagen bei. Das Budget dazu hatte der Reichstag zu genehmigen.

Die Debatte, die sich darob unter den Abgeordneten entspann, bietet ergötzliche Lektüre. In den Reichstagsprotokollen sprudelt ein Feuerwerk der Redekunst, des Witzes und der Intellektualität, der dem Parlamentarismus anno 1878 alle Ehre macht.

Vorauszuschicken ist, daß der Antrag von einem Schreiben des Reichskanzlers Bismarck begleitet war, was schon von Haus aus einen sanften Druck bedeutete, die Sache wohlwollend zu behandeln. Aber auch Reichskanzler müssen mit einer Widerrede leben. „Nun, meine Herren", rief der Abgeordnete August Reichensperger (1808-1895) aus Krefeld in der 31. Sitzung am 8. April 1878 in den Saal,

> *„tritt man mit der Forderung von 227.000 Mark vor den Reichstag und motiviert dieselbe damit, das Gebäude sei baufällig geworden, eine Reparatur aber sehr schwer herzustellen. Man legt auch von dortigen japanischen Bauschreinermeistern etwas vor, um dies zu bekräftigen, und behauptet dann weiter, jedenfalls sei der jetzt vorhandene Bau kein würdiger, die englische und die russische Regierung besäßen viel schönere Bauwerke. Ich glaube, meine Herren, darin liegt eigentlich der Schwerpunkt der ganzen Sache. Wir sollen hinter den Engländern und Russen nicht zurückbleiben. Das ist denn wieder ein Beleg [...], daß man nämlich hier recht viel schönes, angenehmes, passendes für wünschenwerth erklärt und dafür Geld fordert, ohne zu fragen, wie es mit unseren finanziellen Verhältnissen steht [...]."*[1]

Wortgewaltig sprach Reichensperger von einer Überrumpelung und mokierte sich vor allem darüber, daß erst fünf oder gar erst vier Jahre zuvor bereits Gelder für den „Umbau" der Vertretung in Tôkyô genehmigt worden waren. Jetzt würde es heißen, zur Winterszeit wehten starke Winde, die die Gebäude angegriffen und sehr beschädigt hätten, ja, daß Erdbeben vorkämen und dagegen vorzusorgen sei. Das alles habe man 1874 nicht gewußt? Und dann setzte der Redner dem mit Blick auf den Bauplan noch eines drauf. „Die Oeffnungen nach diesem Plan sind ganz ungewöhnlich groß; wenn nun dort so starke Winde, ja Orkane herrschen, so weiß ich nicht, wie man dieses mit den ungewöhnlich großen Fensteröffnungen irgend wie verträglich finden kann [...]".[2] Die Summe sei zu hoch, der gute Konsul möge noch ein paar Jahre warten. Vorbehaltlich näherer Aufklärung solle der Reichstag den Antrag nicht bewilligen.

Als Gegenredner trat der Bevollmächtigte zum Bundesrat, preußischer Staatsminister und Staatssekretär des Auswärtigen Amtes (und damit faktisch Außenminister) Bernhard Ernst von Bülow (1815-1879) an das Podium. Angesichts des prachtvollen Areals in Tôkyô hätten sich die seinerzeit genehmigten, natürlich geringen, Geldmittel schon längst amortisiert. Es ginge ausschließlich um das Wohl der Bewohner eines seinerzeit nach japanischer Bauweise ausgeführten Baus.

> *„Es war ein leicht gebautes Haus ohne Schornstein, mit sehr dünnen Wänden, theilweise nur von Rohr und Holz gebaut, wo Wind und Regen u.s.w. es schon soweit gebracht haben, daß der zeitige Ministerresident [von Eisendecher], obgleich ein unverheiratheter Mann und abgehärtet gegen wechselnde Witterung, denn er war früher Seeoffizier, es doch für unmöglich erklärt hat, längere Zeit dort zu wohnen [...]."*[3]

Auf die Feuergefahr verwies Bülow noch, die in Japan so besonders groß sei. Und was den Wunsch betreffe, es so gut oder so prachtvoll oder geschmackvoll zu machen wie die russische und britische Mission, sei dies in keiner Weise als Maßstab zu betrachten. Ein Haus aus Stein, „wo viele Jahre hoffentlich die Gesandtschaft untergebracht werden soll", sei die einzig akzeptable Bürgschaft für Sicherheit und Güte. Gibt es keinen Neubau, so Bülow, so stünden in wenigen Jahren umfangreiche Reparaturarbeiten an, die „das jetzige Haus nothwendig erfordert, [...] denn es fällt zusammen und geht auseinander, und unter freiem Himmel kann man selbst in Japan nicht wohnen".

Wir sollten hier anfügen, daß Bülow, was immer er in eigener Überzeugung gesprochen haben mag, in seiner Funktion als Staatssekretär des Auswärtigen Amtes nicht weniger denn als Sprachrohr des Reichskanzlers fungierte. Unmittelbarer Dienstgeber und Adressat der regelmäßigen Berichte Eisendechers aus Tôkyô war er ebenfalls.

Der Vielfalt der Thematik innerhalb der Budgetverhandlungen wegen wurde die Erörterung der Gesandtschaftsfrage auf die 33. Sitzung am 10. April verschoben, wo sie mit gleicher Vehemenz wieder aufgegriffen wurde. Der Abgeordnete Louis Berger (1829-1891) leistete Reichensperger unmißverständlich Schützenhilfe, wobei er unter anderem auf einen sündhaft teuren, überdimensionierten Gesandtschaftsbau in Istanbul verwies. Damit schuf er die Überleitung zu einem imponierenden Schlagabtausch zwischen Reichensperger und Bülow, die mehrmals, sprachlich natürlich, ihre Klingen kreuzten. Wo Bülow mit dem Gewicht des Staatsministers entrüstet den leichtsinnigen Umgang mit Reichsgeldern zurückwies, stets von der Mäßigkeit der Kosten sprach und von der Tatsache, daß der Bau der kaiserlichen Mission in Tôkyô im Jahre 1874 nur ein „einstweiliges" Unterkommen angestrebt habe, zog Reichensperger alle Register seiner Redekunst. Dazu waren ihm auch die Pläne über das künftige Aussehen des Gesandtschaftsgebäudes recht.

„Aber auf Schönheit *hat der Entwurf durchaus keinen Anspruch. Ich sollte meinen, daß der Plan uns etwas mehr zu erkennen geben könnte, daß er in* Japan *Platz nehmen soll. Man kann den entworfenen Bau [...] überall in der ganzen Welt hinstellen, er würde überall ohne allen und jeden Charakter sein".*[4] Einem Bau müsse man ansehen, daß er für Japan bestimmt sei *„und nicht etwa für die Lüneburger Heide, für den Hunsrück oder irgendeiner anderen Landschaft wie immer."*

Daß noch der Abgeordnete Dr. Robert Lucius von Ballhausen (1835-1914) dem Minister Bülow beisprang, indem er die alte Legation in Tôkyô als japanisches Haus bezeichnete, „lediglich aus Holz, Papier und Stroh"[5], das nur einen äußerst geringen Widerstand der Witterung entgegensetze, nützte nichts. Bei der anschließenden Abstimmung wurde die Bewilligung des Geldes für die Gesandtschaft mehrheitlich abgelehnt.

Was immer es gewesen sein mag, die Hartnäckigkeit der Befürworter eines neuen Gesandtschaftsbaus in Tôkyô, blitzartige Koalitionsabsprachen hinter den Kulissen, gar der Druck des Reichskanzlers höchstpersönlich, einen Tag später wurde das Thema erneut auf die Tagesordnung gesetzt; mit der Begründung, daß das knappe Abstimmungsergebnis eine fortgesetzte Behandlung rechtfertige.

Inhaltlich brachte die Diskussion nichts Neues, nur neben Dr. Lucius („Meine Herren, die Majorität, mit der diese Position gestern abgelehnt worden ist, war eine so geringe und das in

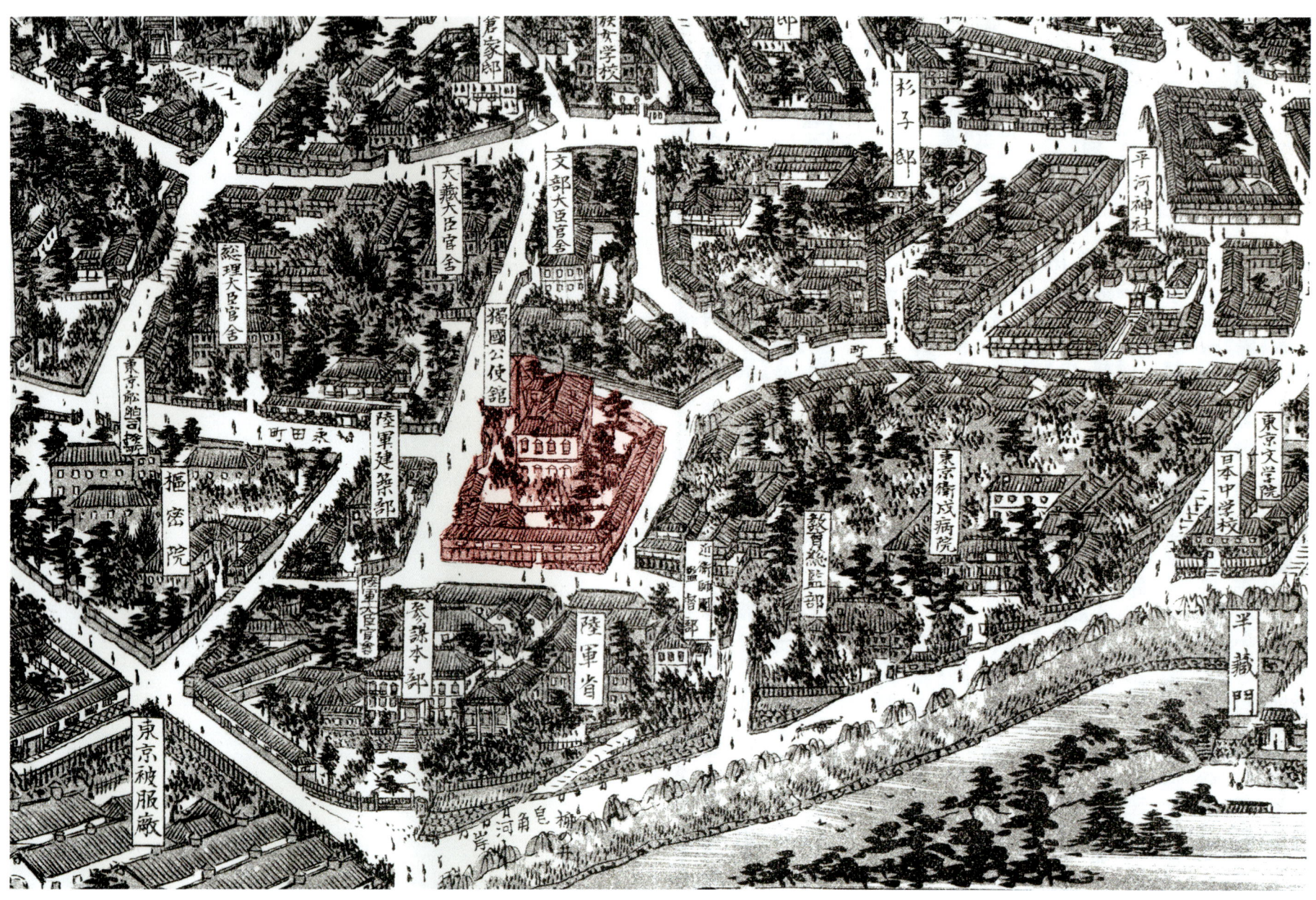

Abbildung 118: Die deutsche Legation in Tôkyô, Kôjimachi-ku (Ende 19. Jh.); nur wenige Gehminuten vom Hanzômon-Tor des Kaiserpalastes entfernt.

Rede stehende Bedürfnis ist ein so dringendes [...]") noch einen neuen Redner. Dieser Abgeordnete Dr. Georg von Bunsen (1824–1896) war unverkennbar in seiner Argumentation fast so brillant wie Reichensperger. Mit dem landesüblichen Baumaterial hub er an.

> *Die Außenwände sind aus Holz, die Zwischenwände aus Bambus und Papier, die Fußböden aus Strohmatten. Dazu möchte ich noch hinzufügen, daß die Japaner sich an offenen Kohlenbecken wärmen, und demnach in der Hauptstadt des Reichs im Winter mindestens eine Viertel Million Kohlenbecken an diesen Papierwänden und auf den Strohmatten stehen. Nehmen Sie nun zum Ueberfluß noch die häufigen Orkane und kleinen Erdstöße, und den Umstand, daß die Feuerwehr dort nicht so gut eingerichtet ist wie hier in Berlin, so können Sie sich denken, daß im Durchschnitt darauf gerechnet wird, daß alle vier bis fünf Jahre diese Häuser infolge von verheerenden Feuersbrünsten neu gebaut werden. Anstatt also alle vier bis fünf Jahre 50.000 bis 60.000 Mark zum Neubau eines hölzernen Hauses zu bewilligen, bitte ich Sie, jetzt den gewiß sehr geringen Posten von 227.000 Mark ein für alle mal zur Herstellung eines Steinbaus zu bewilligen.*" [6]

Diesmal paßte die Abstimmung. Weil vorauszusehen knapp, wurde die Zustimmung nicht durch das allgemein übliche Zeichen des Aufstehens registriert, sondern durch Verlassen und erneutes Betreten des Versammlungssaales. Beim Passieren der Türe gaben die Abgeordneten ihre Entscheidung kund. Von 249 Stimmberechtigten hatten 132 mit Ja und, immerhin, 117 mit Nein gestimmt.

Die zwei siegreichen Pro-Redner, Dr. Lucius und Dr. von Bunsen, hatten sich nicht von ungefähr zu Wort gemeldet. Denn beide waren ehedem – 1860/61 – Mitglieder der preußischen Ostasien-Expedition gewesen. Der Vollständigkeit halber bleibt hier die Bemerkung nachzutragen, daß der kritische Abgeordnete August Reichensperger aus Krefeld in Dingen des Bauens keineswegs unbedarft gewesen ist. In die Geschichte nämlich ging er ein als Initiator der Vollendung des Kölner Doms. Der Bau der beiden Türme der großen mittelalterlichen Kathedrale geht auf sein leidenschaftliches Engagement zurück.

Die ersten Baumaßnahmen für die neue Gesandtschaft begannen 1877, ihr Abschluß erfolgte pünktlich zur Kirschblüte am 13. April 1880. Die Eröffnungsfeierlichkeiten fanden an drei aufeinander folgenden Abenden statt, zunächst unter Beisein der kaiserlichen Prinzen und der Regierungsspitzen, am zweiten Abend für das diplomatische Corps und am dritten für die höhere Beamtenschaft in den Ministerien.[7] Gebäude wie Garten waren mit Gaslaternen und Lampions festlich illuminiert. Eine Reihe von Photographien aus den Alben Eisendechers veranschaulicht den Bauvorgang sowie die Fertigstellung (Abb. 119 [III/20] und 120 [III/22] Gesandtschaftsgebäude als Rohbau; Abb. 121 [III/24] und 129 [III/33] kurz nach der Eröffnung). Baumeister war der französische Zivilingenieur Jules Lescasse (1841–1901), der bei den Befürwortern als Garant für eine solide Ausführung galt.[8] Ob schön oder nicht, repräsentativer und geräumiger war das Gebäude allemal. Der Vorgängerbau hatte mit Sicherheit nicht über einen Tanzsaal verfügt (Abb. 127 [III/74]), und auch die Dolmetscher der Gesandtschaft waren mit eigenen Wohngebäuden jetzt sicher besser ausgestattet (Abb. 122 [III/27]).

So richtig solide kann aber das neue Gebäude nicht gewesen sein. Sonst hätte die Gesandtschaftsleitung nicht schon wenige Jahre später – 1888 – dem damaligen Minister für Auswärtige Angelegenheiten, Ôkuma Shigenobu, die Absicht zum Umbau angezeigt und um Genehmigung durch die örtliche Behörde angesucht.

„Der Zustand des Gebäudes der hiesigen Gesandtschaft", heißt es in der entsprechenden Note, *„macht einen Umbau des Daches erforderlich, für welchen die Berliner Architekten Ende & Böckmann ein Projekt aufgestellt haben, welches die Genehmigung der Kaiserlichen Regierung erhalten hat. Da es derselben wünschenswerth erscheint, die Leitung des Baues einem der hiesigen deutschen Ingenieure zu übertragen, welche gegenwärtig von der japanischen Regierung beschäftigt werden, und der Bauführer Tietze sich zur Ausübung der Kontrolle bereit erklärt hat, so beehre ich mich, an Euer Excellenz die sehr ergebene Bitte zu richten, hierzu die Zustimmung der Behörde geneigtest erwirken zu wollen."* [9]

Die Genehmigung wurde erteilt und dem Gebäude ein neues Dach mit teilweise zusätzlichem Stockwerk aufgesetzt (Abb. 117).

Aber wie drückte sich Bülow damals am 8. April 1878 über die Gediegenheit eines Hauses aus Stein, „wo viele Jahre hoffentlich die Gesandtschaft untergebracht werden soll"? Das ‚hoffentlich' erhielt nur wenige Jahre später eine ganz besondere Bedeutung. Denn am 20. Juni 1894 ereignete sich in Tôkyô ein Erdbeben, dem der Bau – Lescasse hin, Ende & Böckmann her – nicht standgehalten hat. Er wurde so beschädigt, daß ein Wiederaufbau nicht möglich war.[10] Die verbliebenen Ruinen wurden abgerissen. „Der betreffende Herr Konsul hätte", wie Reichensperger meinte, „füglich doch noch ein paar Jahre warten sollen".

Ohne Gesandtschaft in Japan aber ging es nicht. Und so wurde, da niemand an dieser Maxime rüttelte, 1897 ein neues Haus seiner Bestimmung übergeben. Diesmal war der englische Architekt Josiah Conder für die Bauführung verantwortlich. Diesem Gebäude war ein etwas dauerhafteres Geschick beschert, jedenfalls bis zum Jahr 1944, als es gegen Ende des Zweiten Weltkrieges unter den Bomben amerikanischer Flugzeuge in Schutt und Asche fiel (Abb. 118).

Warum die deutsche Botschaft heute in einem anderen Stadtviertel, nämlich in Hiroo, ihre Aufgaben wahrnimmt, bedingte eine Klausel aus der Meiji-Zeit, die sich im Vertragskonvolut über das erste Grundstück im heutigen Viertel Nagata-chô findet. Wer in den Akten über den Erwerb des Areals 1872 blättert, wird unschwer feststellen können, daß sich gut behaupten ließe, die beiden Fürstenhäuser Ômura und Hosokawa wurden regelrecht enterbt. Die beiden Familien erhielten sehr wohl eine Summe, die in ihrer Heimat in Kyûshû vielleicht als feste Größe gegolten haben konnte, in Tôkyô aber bestenfalls nur für die Gebäude entschädigte, die auf dem Grundstück standen, und fast ein Bettel waren. Der Kaufvertrag wurde nicht zwischen dem Deutschen Reich und den ehemaligen privaten Eignern, sondern zwischen dem Reich und der japanischen Regierung abgeschlossen, die sich nach den Umwälzungen der Meiji-Restauration quasi als rechtmäßiger Eigner sah. Dem neuen deutschen Nutzer in Person des Ministerresidenten Max von Brandt war bereits im Jahr 1872 beschieden worden, daß Grundsteuer erhoben werden müßte. Es stand nur noch nicht fest, wieviel. Aber daß die deutsche Gesandtschaft auf einem kostbaren Filetgrundstück saß, das war den japanischen Behörden nur zu bewußt gewesen.

Während der Amtszeit Eisendechers wurde die Daumenschraube angesetzt. Eisendecher selbst war als Vertreter der deutschen Interessen noch über die Anweisung von Geldern hinweggekommen, aber seine Stellungnahme zu der Frage drückt mehr als deutlich die Position der japanischen Seite aus. ‚Ewige' Benutzung ja, aber nicht ohne Gegenleistung. Wenn schon, dann das eine so verbrieft wie das andere.

Tokio, den 14. August 1879

*An den
Minister der Auswärtigen Angelegenheiten
Herrn Terashima [Munenori],
Exzellenz*

Der Präfekt von Tokio, Herr Kusumoto Masataka, hatte mir auf Veranlassung Euerer Exzellenz unter dem 27. Juni dieses Jahres ein Schriftstück zugehen lassen, welches das Besitzrecht des Deutschen Reiches auf das Grundstück der Ministerresidentur begründen sollte.

Wie Euerer Exzellenz ich bereits vor einiger Zeit mündlich mitzutheilen die Ehre hatte, entspricht jedoch das besagte Dokument in sehr wesentlichen Punkten nicht einem regelrechten Besitztitel, wie ein solcher beispielsweise zur Geltendmachung des Besitzrechtes vor einem Europäischen Gerichtshof erforderlich wäre; auch bezweifle ich, ob dasselbe den Erfordernissen des Japanischen Rechtes seinem Inhalt und Wortlaut nach genügen würde.

Zunächst fehlt es an jeder Fristsetzung über die Dauer der Pacht; mit Bezug hierauf würde ich ganz ergebenst mir vorzuschlagen erlauben, daß das Dokument ausdrücklich konstatiere, daß das Grundstück dem Deutschen Reiche gegen praenumerando Bezahlung der jährlichen Rente <u>auf ewige Zeiten</u> überlassen bleibt.

Ferner sollte darin für eine etwaige, freilich nicht vorauszusetzende, immerhin aber im Bereich der Möglichkeit liegende <u>Übertragung</u> oder <u>Rückgabe</u> des Terrains eine Bestimmung – etwa des Inhaltes aufgenommen werden, daß es dem Deutschen Reiche freistehe, das ihm von der Kaiserlich Japanischen Regierung überlassene Grundstück eventuell an solche Personen oder Behörden zeitweise oder dauernd zu überlassen, denen jetzt oder später, vertragsmäßig und nach Maßgabe der Japanischen Gesetze, das Recht zusteht, in dem Stadtviertel, in welchem die Kaiserliche Ministerresidentur sich befindet, zu wohnen oder Grundeigentum zu besitzen – immer unter der Voraussetzung, daß solche Erwerber des Grundstückes die auf letzterem ruhenden Lasten, d.h. Entrichtung der jährlichen Grundrente übernehmen.

Es könnte etwa noch hinzugefügt werden, daß solche Veräußerung erst nach vorgängiger Mitteilung an Euerer Exzellenz hohe Regierung stattfinden könne und, falls Euere Exzellenz dies wünschen, daß die Kaiserlich Japanische Regierung in jedem Falle das Vorkaufsrecht haben solle.

Bei einem etwaigen Verkauf würde es sich naturgemäß nur um die auf dem Gesandtschaftsgrundstück befindlichen, von dem Deutschen Reiche errichteten Gebäude und Anlagen handeln.

Da meine hohe Regierung besonderen Werth darauf legt, daß über die in Vorstehendem erwähnten Punkte volle Klarheit herrsche und daß in dem Besitztitel alle Eventualitäten ins Auge gefasst werden, so darf ich mich der Hoffnung hingegeben, daß Euere Exzellenz Sich mit meinen Vorschlägen einverstanden erklären und Seiner Exzellenz dem Herrn Präfekten von Tokio anheimgeben werden, ein dementsprechendes Besitzdokument mir thunlichst bald zugehen zu lassen.

Genehmigen Euere Exzellenz die erneuerte Versicherung ausgezeichneter Hochachtung.

v. Eisendecher

(*Doitsu-koku kôshikan-yô no tame Kôjimachi sangen'ya Hosokawa Yukizane shitei narabi Gojô Tameshige haraisage kaikonchi kashiwatashi ikken* [Vorgang bezüglich der Verpachtung der privaten Residenz von Hosokawa Yukizane und des Rodelandes von Gojô Tameshige in Kôjimachi sangen'ya an Deutschland zur Nutzung als Gesandtschaftsgebäude sowie deren Bezahlung] im Historischen Archiv des japanischen Außenministeriums, Tôkyô [Gaimushô Gaikô Shiryôkan; Gaikô Kiroku MT 3.12.1.27])

Abbildung 119 (III/20):
Deutsche Gesandtschaft in Tôkyô,
Rohbau (1882).

*Abbildung 120 (III/22):
Deutsche Gesandtschaft in Tôkyô,
Rohbau (1882).*

Abbildung 121 (III/24):
Deutsche Gesandtschaft in Tôkyô.

Abbildung 122 (III/27):
Deutsche Gesandtschaft in Tôkyô,
Dolmetscherwohnung.

*Abbildung 123 (III/70):
Deutsche Gesandtschaft in Tôkyô,
Kleiner Salon.*

Abbildung 124 (III/71):
Deutsche Gesandtschaft in Tôkyô,
Arbeitszimmer des Gesandten.

Abbildung 125 (III/72):
Deutsche Gesandtschaft in Tôkyô, Salon.

Abbildung 126 (III/73):
Deutsche Gesandtschaft in Tôkyô,
Galerie.

Abbildung 127 (III/74):
Deutsche Gesandtschaft in Tôkyô,
Tanzsaal.

Abbildung 128 (III/75):
Deutsche Gesandtschaft in Tôkyô,
Speisezimmer.

Abbildung 129 (III/33):
Deutsche Gesandtschaft in Tôkyô, Gesamtansicht 1882.

geschlossen, der die weiteren Pflichten in den entsprechenden Einzelheiten regelte. Sechs Yen in Silber und 54 Sen wurden als Pachtzins oder ‚Grundrente' pro einem *tsubo* (ca. 3,3 Quadratmeter) festgelegt, was bei einer Fläche des Gesandtschaftsareals von 5532 *tsubo* eine Summe von 362 Silber-Yen ergab, die am 1. Juli jeden Jahres zu entrichten waren. Auch rückwirkend bis 1872 (!), in diesem Fall jedoch nicht in Silber, sondern in Papiergeldnoten.

Aufgenommen in den Vertrag wurde ein Passus, der sich schon im seinerzeitigen Schreiben Eisendechers fand, wonach

> *„das Grundstück der kaiserlich deutschen Regierung auf ewige Zeiten überlassen wird, daß es aber der kaiserlich japanischen Regierung, sobald sie es aus allgemeinen Staatsrücksichten, oder anderer unvorhergesehener Gründe halber verlangt, nach vorhergehender Benachrichtigung des derzeitigen kaiserlich deutschen Vertreters durch den Minister des Äußeren, freisteht, am Sitz der Regierung ein anderes Grundstück auszuwählen und der kaiserlichen Gesandtschaft zur Benutzung zu übergeben, das jetzige Grundstück aber nach Bezahlung eines angemessenen Preises für die darauf befindlichen Baulichkeiten, sowie einer entsprechenden Entschädigung für alle durch die Aufgabe dieses Grundstückes etwa entstehenden weiteren Verluste, zurückzunehmen."* [11]

Der Wert der Grundstücke im Bezirk Nagatachô war in der Zwischenzeit immens gestiegen. Es gab kein Entrinnen mehr. Die Stadt Tôkyô benötigte zu ihrer weiteren Entwicklung dringend finanzielle Mittel. Über das Auswärtige Amt wurde zwischen der deutschen Gesandtschaft (damals vertreten durch den Geschäftsträger Freiherrn C. von Dörnberg) und dem Oberbürgermeister von Tôkyô, Watanabe Hiromoto, am 29. Januar 1886 ein Vertrag

Ohne die Zustimmung der deutschen Seite war für Japan aber eine Relokation der deutschen Vertretung offenbar nicht durchzusetzen. Selbst eine Anfrage der Japanischen Regierung im Jahr 1920, als die Pläne für den Neubau des Japanischen Parlaments beschlossen wurden und das Grundstück der deutschen Botschaft für die japanische Seite kaum kompensierbare Bedeutung erhielt, blieb folgenlos.[12] Heute steht an der Stelle der früheren deutschen Gesandtschaft (seit 1906 Botschaft) die japanische Parlamentsbibliothek (Kokkai toshokan), die in ihrer Funktion nicht nur als Bibliothek des Parlaments, sondern als Nationalbibliothek schon lange im Regierungsviertel ein Desiderat dargestellt hatte. Entschädigt mußte die deutsche Botschaft für ihre Übersiedlung nach Hiroo vermutlich gar nicht werden, denn das Gebäude an der Adresse Nagata-chô 1–14 lag, wie wir wissen, 1945 ohnehin völlig in Trümmern.

[1] Protokolle des Reichstags, 31. Sitzung am 8. April 1878, S. 799.

[2] Ebd., S. 800.

[3] Ebd.

[4] Protokolle des Reichstags, 33. Sitzung am 10. April 1878, S. 861. Hervorhebungen durch die Verfasser.

[5] Ebd., S. 862.

[6] Protokolle des Reichstags, 34. Sitzung am 11. April 1878, S. 907.

[7] *The Japan Weekly Mail*, April 17, 1880, S. 497.

[8] Die Reichstagsprotokolle sprechen zwar nur von einem „Franzosen", es handelt sich aber um den französischen Zivilingenieur Jules Lescasse, der 1870 nach Japan gekommen war, sich zunächst in Kôbe und ab 1871 in Yokohama als „Architekt & Zivilingenieur" niedergelassen hatte. Sein Aufenthalt in Japan währte, unterbrochen von einer kurzen Rückkehr nach Frankreich, zunächst bis 1883; zwischen 1890 und 1893 war er noch einmal zweieinhalb Jahre lang in Japan tätig. Lescasse errichtete vor allem Nutzbauten, u.a. das Deutsche Marinehospital in Yokohama sowie Lagerhäuser für die Mitsubishi Schiffahrtsgesellschaft (*The Japan Weekly Mail*, March 6, 1880, S. 302; Hori 2003, S. 97; für die Informationen zu J. Lescasse sind die Autoren Dr. Michiko Meid in Köln zu großem Dank verpflichtet).

[9] Gaimushô Gaikô Shiryôkan (Historisches Archiv des japanischen Außenministeriums, Tôkyô), Gaikô Kiroku MT 3.12.1.27 (*Doitsu-koku kôshikan-yô no tame Kôjimachi sangen'ya Hosokawa Yukizane shitei narabi Gojô Tameshige haraisage kaikonchi kashiwatashi ikken*, s.o.), Carl Freiherr von Dörnberg an Ôkuma Shigenobu, Tôkyô, 11. Oktober 1888. Das Berliner Architektenteam Ende & Böckmann baute in Japan seit 1886; u.a. das 1895 fertiggestellte Justizministerium, das in seiner damaligen Form (ein rotes Ziegelgebäude) noch heute in den Amtssitz des Justizministeriums integriert ist. Vgl. Horiuchi Masaaki: Die Beziehungen der Berliner Baufirma Ende & Böckmann zu Japan. In: Gerhard Krebs (Hg.): *Japan und Preußen*. München: Iudicium, 2002 (Monographien aus dem Deutschen Institut für Japanstudien, Bd. 32).

[10] Lt. *Tôkyô hyakunenshi, bekkan*, 1980, stürzten am 20. Juni in Tôkyô 1894 90 Häuser ein, 4.830 Gebäude wurden schwer beschädigt, 24 Menschen fanden den Tod.

[11] Gaimushô Gaikô Shiryôkan, Gaikô Kiroku MT 3.12.1.27 (*Doitsu-koku kôshikan-yô no tame Kôjimachi sangen'ya Hosokawa Yukizane shitei narabi Gojô Tameshige haraisage kaikonchi kashiwatashi ikken*), Vertrag zwischen Frhr. v. Dörnberg und Watanabe Hiromoto, Gouverneur von Tôkyô, 29. Januar 1886.

[12] Gaimushô Gaikô Shiryôkan, Gaikô Kiroku MT 3.12.1-196 (*Zai-honpô Doitsu taishikan shikichi kôkan ikken*).

第 8 章
「日本でさえ野宿はできない」
ドイツ公使館の新築工事

永久に残るものはない、という言葉がここではちょうど良くあてはまるだろうか。しかし、ものより思い出、とも言う。2007 年の今日、東京に建つドイツ大使館（1880 年までは弁理公使館、その後、公使館となり、1906 年以降大使館）の建物は、五代目に当たる。オイレンブルク伯爵の赤羽の宿舎やブラントの横浜領事館も含めると、厳密には七代目であるとも言える。しかし、東京にあった二代目、三代目の建物には、また特別な歴史の運命が絡んでいる。

それでは、これから公使館に入ってみよう。それとも、1872 年にドイツが元大名から購入した土地・敷地に入ってみよう、と言った方が良いかもしれないが。この幸運は、マックス・フォン・ブラントによってもたらされ、彼の任期中に、写真で記録に残っている公使館官邸及び公邸が完成した（第 2 章「大名屋敷から公使館へ」参照）。しかし、ブラント自身は 1874 年から駐清国ドイツ帝国公使となり、北京に移った為、この官邸を満喫する時間があまりなかった。1 年後、カール・フォン・アイゼンデッヒャーがブラントの後任として着任するまで、その間は、書記官のフォン・ホルレーベンが東京での業務を代任した。

その屋敷は、格式ある地区にあったのだが、間もなく改築につながる「論争の火種」があったに違いない。それも、かなり差し迫った理由から。ベルリンの外務省から帝国議会に、公使館の全面改築を要求する申請書が提出された。東京側の覚え書きと見積書も添付されていた。帝国議会で、この為の予算を認可してほしいというものだった。

この件で繰り広げられた議員達の論争は、後で読むと非常におもしろい読み物である。帝国議会議事録には、1878 年当時の議会主義の風潮を称えるに相応しい話術、機知、知性が火花を散らしている。

まず、ことわっておくが、この申請書には、宰相ビスマルクの名前で書かれた書類が添えられていた。本来、それだけでも良きに計らえ、という婉曲的な圧力を意味していた。しかし、宰相といえども異議を受けずに済むわけではない。「皆さん、」とクレーフェルト代表のアウグスト・ライヒェンスペルガー議員 (1808-1895) は 1878 年 4 月 8 日の第 31 回会議で呼び掛けた。

「22 万 7,000 マルクの予算が申請されておりますが、その理由は、駐日公使館の建物が老朽化し、修復は極めて困難であるというものです。この点を強調せんがため、日本の大工の意見書が添えられております。そして理由としては更に、いずれにせよ現在の建物は領事館たるに相応しくない、イギリスやロシアの政府は、遙かに立派な建物を自国の領事のために建てている、と続くのであります。諸君、ことの核心はまさにここにあったと私は見ております。要するに、我々はイギリスやロシアの後塵を拝してはならん、と言いたいのでありましょう。これは、私が数日前にこの場で指摘したことをまたもや立証するものです。議会では、あまりにも多くの立派なもの、快適なもの、適切なものが必要であるとみなされ、そのための予算が求められておりますが、その際、我が国の財政が如何なる状況下にあるかは全く顧みられないのであります。（以下略）」[1]

ライヒェンスペルガーは激しい口調で、突然、降って湧いたこの問題を口にし、更に4、5年前に東京公使館の「改築」の費用が承認されたばかりではないか、と非難した。それでは、冬の風が強すぎて建物が破損したと言うのか、それとも地震が来るので防災設備が必要だと言うのか。それは、1874年に全てわかっていたことではなかったか。この発言者は、見取り図に目をやって更に続けた。「この建物の開口部はどれも異常に大きいものであります。言われているような強い風、嵐のような風が吹き荒れるのであれば、この異常に大きい窓でどうやってそれを堪え忍べるのか疑問であります」[2]。そして、金額が高すぎる、領事はもう数年辛抱するべきだ。更に詳しい説明を条件として、帝国議会はこの申請を認可するべきではない、と述べた。

これに対する反論者として、連邦議会プロイセン全権大使でプロイセン国務大臣兼ドイツ帝国外務大臣のベルンハルト・フォン・ビューロー（1815-1879）が演壇に上がった。東京の一等地ということもあり、当時、認可された、ささやかな財源はとうに底をついてしまった。今、問題なのは、日本の建築様式で建てられた建物に住む者の居住性に関わることなのである。

> 「極めて簡素な造りの建物であり、煙突もなく、壁は非常に薄く、部分的には竹と木でできております。そこに雨風がたたきつけられ、遂に現在の弁理公使［アイゼンデッヒャー］をして、ここに長く居住することは不可能である、と言わしめるまでの状態になっております。彼は未だ独身である上、海軍士官として天候の変化には慣れているにもかかわらず、であります。また、この際申し上げておきますが、同国では火事の危険性が非常に高く、特に、このように極めて無防備な家ほど、危険に曝されやすいのであります。」[3]

更に、日本では火事の危険性も特別高い、とフォン・ビューローは指摘した。そして、希望としては、ロシアや英国を基準とするわけではないが、同様に立派で豪華かつ格式あるものにしたい、と。「この先長い年月に亘り、我が国の公使館と公邸となり得るような、石造りの家が必要なのであります。（中略）今建てなければ、後で更に高い費用で建てることになるわけでありますし、一方、現在の建物も修復は不可避であり、それにも費用は掛かるからであります。さもなくば建物は崩れてバラバラになりましょうし、いかにも日本でさえ野宿はできないのであります」、とフォン・ビューローは続けたのである[4]。

ここでのビューローの言葉が、いかに確信に満ちていたとしても、外務大臣という役職上、宰相の代弁をしたにすぎないことを付け加えなくてはならない。又、彼は、アイゼンデッヒャーの直接の上司であり、彼が東京から定期的に送った報告書の宛先でもあった。

予算審議の問題点が多岐に及んだ為、公使館論議は4月10日の第33回会議へ持ち越しとなり、同様の激しさで再び論争がくり広げられることとなった。ルイス・ベルガー議員（1829-1891）は、大々的な援護射撃でライヒェンスペルガーに加担し、桁違いの建設費でスケールの大きいイスタンブール公使館の建築を指摘したりした。これによって彼は、ライヒェンスペルガーとビューローの印象深い議論合戦に、またひと味加えたことになる。勿論、言葉の綾ではあるが、ライヒェンスペルガーとビューローは激しい斬り合いを演じた。ビューローが、国務大臣の権威で、公金の軽率な扱いという非難を憤然とはねつけ、費用節約を口にして、1874年の東京の帝国公使館建築では「暫定的」官舎を目ざしたにすぎないのが事実だと述べれば、ライヒェンスペルガーは、彼の話術を最大限に駆使してこれに対抗した。その意味では、公使館の将来の姿に関する計画にも異存はない。そして、次のように続けた。

「この設計が、美しいとはお世辞にも言えないのであります。私が申し上げたいのは、この建物が、将来、日本にその居場所を得ることになるのだということを覗わせる特徴が、設計図にもう少しあっても良さそうだということであります。（中略）当地のプレス候の邸宅を彷彿とさせるといえなくもない建物は、世界のどこにでも建てられる、そこら中にある個性も何もない建物であります。（中略）この建物が建つ場所は日本であって、リューネブルクの荒野だのフンスリュックの山の中[5]などではないですから。」[6]

ここで議員のロベルト・ルツィウス・フォン・バルハウゼン博士（1835-1914）がビューロー大臣に助け舟を出し、東京の旧公使館は「木材と紙、藁からなる」日本家屋であり、天候に対する耐久力は微々たるものなのだと述べても、全く効果はなかった。というわけで、公使館用資金の承認は、この後行われた採決で過半数をもって否決された。

いずれにせよ、東京の公使館新築支持派は粘り強く、楽屋裏では連立内閣が素早く申し合わせ、更に宰相自らの圧力もあったことで、翌日の議事日程にもこのテーマが改めて加えられた。ぎりぎりの過半数であった為、交渉続行の余地があるという理由であった。

内容的には論議上何も新しい展開はなかったが、ルツィウス議員（「皆さん、昨日は、この予算項目は否決されましたが、反対意見は辛うじて過半数を超えていたに過ぎず、また本件が極めて緊急性の高い要求を含みます」[7]）の他に、また別の発言者が演壇に上がった。議員のゲオルグ・フォン・ブンゼン博士（1824-1896）の論理はライヒェンスペルガー議員に勝るとも劣らぬ見事なものだった。日本特有の建築材を取り上げて、彼は話し始めた。

「外壁は木、屋内の壁は竹と紙、そして床は藁のマットであります。加えて申し上げますに、日本人には、上部が開いた、蓋のない火桶で暖を取る習慣がございまして、つまり冬の東京にはこのような炭桶が、少なくとも25万個、紙の壁の側や藁の床の上に置かれているわけであります。加えて、頻繁に発生する嵐、小規模な地震、そして日本には、ここベルリンとは異なり消防隊というものがきちんと整備されていないことなどを総合すれば、このような家屋が通常4～5年に一度は大火事などで建て替えられる、と見るのが一般的であることも容易にご想像いただけるものと存じます。そこで、4～5年に一度、木造家屋を建設する度に、5～6万マルクを了承する代わりに、今、この極めて少額な22万7,000マルクという一度限りの予算を、石造りの建物を建設する費用としてご承認下さいますよう、お願い申し上げる次第であります。」[8]

この採決では、満足できる結果が得られた。接戦が予想された為、今回は起立投票ではなく、会議場を出て再び入場という形が取られた。議員達は、再入場の際に各々賛否を伝えたのである。有権者249人のうち、132票が承認で117票が否認であった。

勝利を得た支持派の2人、ルツィウス博士とフォン・ブンゼン博士は、たまたま何のゆかりもなく発言したわけではない。というのも、この2人は1860-61年のプロイセン東亜使節団のメンバーだったからである。また補足すると、反対派のクレーフェルト代表アウグスト・ライヒェンスペルガー議員とて、建築では全くの素人ではなかった。彼の名は、ケルン大聖堂完成への首唱者として記録に残っているからである。この壮大な中世大聖堂の両塔は、彼の絶大なる尽力により完成に至ったのである。

東京の新公使館の建設工事は、1877年に着工されたが、完成したのは1880年であった。1880年4月13日から三日連続、

諸国の外交官たちや、日本の皇族、政治家たちなどが参加して、完成式が行われた。アイゼンデッヒャーの写真帖に残された写真により、建築の進行過程から完成までが一目でわかる（図 119 [III/20] と図 120 [III/22]：建築中のドイツ公使館；図 121 [III/24] と図 129 [III/33]：完成後のドイツ公使館）。これを請け負ったのはフランス出身の建築家ジュール・レスカス（1841-1901）で、新築支持派は彼の堅実な仕事に信頼を寄せていた。美観が備わっているか否かは別として、国を代表するのにふさわしく広々とした建物であった。旧公使館には舞踏会用のホールまでは完備されていなかったであろうが（図 127 [III/74]）、新公使館では、公使館付きの通訳達に官舎まで提供されるという備えぶりであった（図 122 [III/27]）。

けれども、この新館とて、決して何事にも動じない程、強靭だったわけではない。そうでなければ、公使館管理部は、早くも数年後、すなわち 1888 年に外務大臣の大隈重信宛に改築の意を伝え、管轄当局の許可を求めたりはしなかったであろう。

「当地公使館家屋の現状は、屋根の改造を必要とするに至り、ベルリンの建築会社エンデ＆ベックマンが設計を担当することとし、帝国政府の認可を受けております。当方は現在日本政府の雇用下にあるドイツ人技師達にこの建築業務を依頼したい所存で、現場監督のティーツェもこの仕事に異存ないことを明らかに致しましたので、つきましては当局の許可を賜りたく、閣下には何卒宜しくお取計らい下さいますよう、謹んでお願い申し上げます。」[9]

そして許可が下り、公使館には新しい屋根が、一部では、もう 1 階建て増しされるに至ったというわけである（図 117：東京ドイツ公使館、1890 年初期）。

ところで、ビューローは 1878 年 4 月 8 日当時、石造り家屋の堅牢さについて、いかなる表現を用いただろうか。「願わくば幾年も公使館が存在し続けられる建物」の、この「願わくば」は、そのわずか数年後に全く特別な意味を持つことになってしまった。というのも、1894 年 6 月 20 日に東京で地震があり、レスカスのもエンデ＆ベックマンのも、結局これに耐え得る建築ではなかったからだ。被害は甚大で、修復工事などで済まされるものではなかった。こうして、廃墟と化した建物は取り壊されるに至ったのである。ライヒェンスペルガーが力説したように、当時の「領事は、やはりあと数年待つべきだったのだ」。

しかし、東京の公使館がなくてはどうにもならない。この道理に異論を唱える者は誰もいなかった為、1897 年に新築の運びとなった。今度は、英国の建築家ジョシア・コンダーに工事が依頼された。この建物は、長持ちする運命に恵まれ、1944 年、第二次世界大戦の終わり頃に、アメリカ空軍による空襲で灰と瓦礫に化すまで、持ちこたえることができた（図 118：東京ドイツ公使館、麹町区永田町、1899 年）。

今日のドイツ大使館が、広尾という別の地区に存在する理由は、現在の永田町地区にあった、最初の地所に関する契約台帳に登場する明治時代の約款による。1872 年のこの地域の地所購入に関する書類をひもといてみれば、大村・細川の両大名家が、文字通り、相続権を略奪されたということは一目瞭然であろう[10]。両家は、故郷の九州ではかなりの額に相当した金額を支払われただろうが、それは、東京では、せいぜいその地所に建っていた建物の値ほどしかない端金だった。当時の売買契約は、ドイツ帝国と元の持主達の間で取り交わされたのではなく、ドイツ帝国と、明治維新後、いわば正当な所有者とされた日本政府の間で成立したのである。新しい所有者、駐日ドイツ弁理公使マックス・フォン・ブラントには地租が請求されることは、既に 1872 年の時点で通告されていたがその額だけが決まっていなかった。しかし、ドイツ公使館が高級一等地に建っていたことは、日本の当局がよく承知していたところであった。

アイゼンデッヒャー公使の時代に、この件での催促が始まったが、アイゼンデッヒャーのときはまだ、支払い請求を免れることができた。それでも、彼の見解は、紛れもなく日本側の立場に立ったものであった。「永久使用」は認められても、無償でというわけにはいかない。正式に所有するなら、他件と同様に文書で確認されなければならない。

　　　駐日ドイツ帝国公使館
　　　　　　　　　　　　　　1879 年 8 月 14 日、東京

独逸公使来翰

外務卿寺島宗則閣下
以手紙敬上仕然者本年六月二十七日附を以て東京府知事楠本正隆君は閣下の御指揮に準じ独乙公使館の地面を以て独乙国の仮有地とすべき旨被申遣候
右に付過日閣下と御談判に及候如く彼証書中肝要の条欵に於て例ば欧州審院にて仮有の権利を証明するに必要なる如き正当なる仮有権に適当せざる所あり又訣証書は日本法律の主意及文意に従い完全なるや否や疑なき能ざる所に御座候
拙者は第一借地期限を定むるの□見不相立候間謹て次に拙者の考案申上候即ち右証書中地面を永久独乙国に渡し又独乙国は毎年地代を前納するの件明記有之度儀に御座候
又地面転貸或は返納の儀は将来の事に属し期すべからざれるも亦無きを必し難ければ凡そ左の定則を以て取極度候即ち日本政府より貸渡されたる地面を時宜により現今又は後来条約に準じ或は日本憲法に従い公使館の現存する区内に居住し或は地面を現有するの権利ある者に一時或は永時転貸するの権を独乙国に属せしむるの件なり尤も右地面転借者は地面に属する費用即ち地代を納むるの義務を担任すべき者とす
又右転貸は先づ帰国政府に報知し後に決行すべく或は閣下の御望に候えば転売の全権は総て日本政府に在りとするも妨なし
尤も売渡す事あるも公使館地内独乙国の建築に係る官舎庭園に限るを至当とす
我政府は前文掲載件々に於て最も事理明白を主とし且仮有中後来生すべき事件の一目明亮なるを望めば閣下何卒拙者の考案御承諾被下之を東京府知事閣下の参考に供し同氏より右に準じたる仮有証書を早速拙者に御送付相成候様御取計被成下度希望仕候
右得貴意候敬具
千八百七十九年八月十四日　　　フォン　アイゼンデッヘル

（外務省外交史料館、外務省記録、MT 3.12.1-27、「独逸国公使館用ノ為麹町三軒屋細川行真賜邸並五条為栄払下開墾地貸渡 一件」）

永田町の地価は、その後一挙にはね上がった。こうなると逃れる手だてがない。東京府も都市開発の為、緊急に資金を必要としていた。外務省を通じ、ドイツ公使館（当時の代理公使はフォン・デルンベルク男爵）と東京府知事、渡邊洪基の間で、1886 年 1 月 29 日付で契約が交わされ、その他個々の履行事項についても決定された。借地料 1 坪銀 6 円 54 銭で、公使館の全敷地は 5,532 坪であるから 362 銀円となり、これが毎年 7 月 1 日付けで支払われることとなった。それも、1872 年に遡ってである。ただし、支払いは銀貨ではなく紙幣となった。

この契約書には、かつてアイゼンデッヒャーの書簡に記載された条項も含まれていた。

「この地所は、ドイツ帝国政府に永久に譲渡されるものであるが、国の情勢に関わる事態、或は他の予期し得ぬ原因

1 「帝国議会議事録」1878年4月8日第31回会議より。8.1「帝国会議事録」参照。

2 同上。

3 同上。

4 同上。

5 名勝でない平凡な地方の例。

6 「帝国議会議事録」1878年4月10日第33回会議より。

7 同上。

8 「帝国議会議事録」1878年4月11日第34回会議より。

9 外務省外交史料館、外務省記録、MT 3.12.1-27、「独逸国公使館用ノ為麹町三軒屋細川行真賜邸並五条為栄払下開墾地貸渡一件」。

10 同上。

11 同上。

12 外務省外交史料館、外交記録、MT 3.12.1-196、在本邦独逸大使館敷地交換一件。

が生じた場合、外務卿よりドイツ帝国代表宛てに事前通告の上、日本政府の一存で別の地所を選択し、ドイツ公使館の使用地として提供することができる。現在の地所は、そこに存在する建物、及びその放棄により生じる全ての損害に対する賠償に相当する金額の支払い後、回収のこととする。」11

しかし、ドイツの承認なしには日本もドイツ大使館（1906年に公使館から大使館に移行）の移転はできなかったに違いない。1920年に国会議事堂の新築が決まり、政府がドイツ側に打診した際も、ドイツ大使館の土地に相当する地所を提示することができなかったために移転に至らなかったのである、12 とはいえ、かつてその大使館があったこの場所には、今日、政府官公庁街には欠かせない施設となっている国会図書館が建っている。広尾への移転に際し、ドイツ大使館への賠償金はなかった筈である。なぜなら、永田町1丁目14番地（現在は、1丁目10番地）の大使館は、1945年に、すっかり破壊されてしまったからである。

訳：宮田　奈々

8.1
Reichtagsprotokolle
betreffend den Neubau der deutschen Gesandtschaft in Tôkyô

Erste Berathung des Nachtrags zum Reichshaushaltsetat für das Etatjahr 1878/79 (Nr. 140 der Anlagen)

[...]

*Die Sitzung wird um 11 Uhr 30 Minuten durch den **Präsidenten Dr. von Forckenbeck** eröffnet.*

[...]

*Es ist ein **Schreiben des Herrn Reichskanzlers** [von Bismarck] eingegangen, mittelst dessen eine Denkschrift betreffend den Neubau auf dem für die kaiserliche Mission in Tokio im Jahr 1873 erworbenen Grundstück nebst Zeichnungen und Plänen vorgelegt wird, zur Vervollständigung der Erläuterungen zu Tit. 3 Kap. 3 der Ergänzung des Reichshaushaltsetats. Meine Herren, die Denkschrift, die erst gestern eingegangen ist, konnte nicht mehr gedruckt werden, da die Sache bereits heut auf der Tagesordnung steht. Ich habe versuchsweise sowohl die Denkschrift als die Pläne und Zeichnungen auf dem Tisch in der Ecke rechts auslegen lassen.*

[...]

Ich eröffne die erste Berathung über die Vorlage und ertheile das Wort dem Herrn Abgeordneten Freiherrn von Schorlemer-Alst.

Abgeordneter Freiherr von Schorlemer-Alst: *Meine Herren, auch hier erhalten wir eine wichtige organisatorische Einrichtung in der Form eines Nachtragsetats mit sehr dürftigen Motiven. Wir in Preußen sind schon an diese Art der Geschäftsgebarung gewöhnt, und es kann ja vielleicht eine ganz humane Absicht dabei vorwalten, nämlich derartige Dinge stückweise zu geben, weil namentlich die bitteren Sachen in der Pillenform sich leichter herunterschlucken als in Masse.*
(Heiterkeit.)

[...]

8. April 1878, 31. Sitzung

Präsident: *Der Herr Abgeordnete Dr. Reichensperger (Krefeld)[1] hat das Wort.*

Abgeordneter Dr. Reichensperger (Krefeld): *Meine Herren, ich verspreche Ihnen, Sie nicht lange aufzuhalten mit dem, was ich zu sagen habe. Ich wollte mir nur einige Bemerkungen gestatten über die unter der Rubrik „einmalige Ausgaben" geforderte Position von 227 000 Mark. Wie gesagt, es kann vielleicht dasjenige, was ich hier zu bemerken habe, bei der Entscheidung der einstweilen noch kontroversen Frage, ob eine Verweisung an die Kommission erfolgen solle oder nicht, von einigem Gewicht werden.*

Meine Herren, ich glaube kein zu hartes Wort auszusprechen, wenn ich sage, daß inbezug auf diesen Gegenstand eine Überrumpelung des Reichstags stattfindet.

Als ich die Vorlage bekam, begab ich mich sofort auf die Bureaus, um nähere Aufklärung über deren Gegenstand zu erhalten, etwa einen Plan zu sehen, mich mit einer Denkschrift bekannt zu machen. Es wurde mir dort aber gestern noch gesagt, es sei nichts eingetroffen. Diesen Morgen erkundigte ich mich weiter, und da fand ich denn endlich oben auf dem Tisch in der Ecke dieses Saales die Pläne mit der betreffenden Denkschrift. Ich habe mich nun bemüht, mich mit dem Gegenstand einigermaßen bekannt zu machen, und möchte nun nachfolgendes über die Vorlage bemerken. Der Gegenstand hat uns schon im Jahr 1873 beschäftigt. Es wurden damals 37000 Mark bewilligt, um auf dem nämlichen Grundstück, so scheint es wenigstens, von welchem es sich jetzt handelt, einen Bau für den betreffenden Konsul[2] herzustellen, und zwar in der Art herzustellen, daß ein schon vorhandener Bau[3] umgearbeitet und für die Bedürfnisse des Herrn eingerichtet wurde. Es ergibt sich nun weiter, daß etwa vor 5 Jahren aber vielleicht nur 4 Jahren, denn der Bau konnte doch erst nach unserer Geldbewilligung begonnen werden, von diesen 37000 Mark 31000 Mark für den fraglichen Zweck verwendet worden sind. Wo die 6000 übrigen Mark geblieben sind, ergibt sich nicht; ich zweifle aber nicht daran, daß man Mittel und Wege gefunden hat, sie auch zu verwenden. Nun, meine Herren, tritt man mit der Forderung von 227000 Mark vor den Reichstag und motiviert dieselbe damit, das Gebäude [der deutschen Ministerresidentur] sei baufällig geworden, eine Reparatur aber sehr schwer herzustellen. Man legt auch von japanesischen Bauschreinermeistern etwas vor, um dies zu bekräftigen, und behauptet dann weiter, jedenfalls sei der jetzt vorhandene Bau kein würdiger, die englische und die russische Regierung besäßen viel schönere Bauwerke für ihre Konsuln. Ich glaube, meine Herren, darin liegt eigentlich der Schwerpunkt der ganzen Sache, wir sollen hinter den Engländern und Russen nicht zurückbleiben. Das ist denn wieder ein Beleg für dasjenige, was ich vor einigen Tagen hier bemerkt habe, daß man hier nämlich recht viel schönes, angenehmes, passendes für wünschenswert erklärt und dafür Geld fordert, ohne zu fragen, wie es mit unseren finanziellen Verhältnissen aussieht. Ich bestreite nicht entfernt, daß es recht passend, recht angenehm für den betreffenden Konsul[4] wäre, mit dem russischen und englischen Konsul auch inbezug auf sein Hotel in gleicher Linie zu stehen; aber wir haben nun einmal leider nicht soviel Geld wie die Engländer, auch nicht soviel wie die Russen – wenigstens in früherer Zeit hatten, wie es jetzt mit ihren Finanzen aussieht, daß weiß ich so genau nicht.

(Heiterkeit.)

So also, meine Herren, scheint jenes tertium comparationis, jene Nebeneinanderstellung fehlgegriffen zu sein.

Aber, meine Herren, ich frage weiter: wenn man vor 5 oder gar 4 Jahren uns hier gefragt hat, ein Umbau sei möglich, ein Umbau sei genügend, wenn man damals 35000 Mark zu diesem Zweck von uns gefordert und erhalten hat, wie kann man uns dann auch nur plausibel machen, daß nach 4 oder 5 Jahren schon das damals für zureichend Gefundene nicht mehr dem Bedürfnis genügt? Entweder war man damals überaus unvorsichtig, man hat damals die Sache viel zu leicht genommen, oder aber wir befinden uns jetzt noch nicht in der Nothwendigkeit, dem betreffenden Konsul ein neues Hotel zu bauen. Man motiviert die Forderung noch hauptsächlich in der Denkschrift damit, daß besonders zur Winterzeit sehr harte Winde in Jedo[5], daß dadurch die Gebäude sehr beschädigt, angegriffen würden, daß sogar mitunter Erdbeben da vorkämen. Das sind aber doch alles Dinge, die man im Jahr 1874 schon wußte, und danach war damals der Bau einzurichten. Es ist uns nun ein Plan vorgelegt. Ich bin darin ganz mit dem Herrn Abgeordneten Lasker einverstanden daß es unmöglich angeht, hier nach Majorität über die Stilgerechtigkeit oder über die Schönheit eines Plans zu entscheiden, und wenn ein solcher der Majorität nicht gefällt, gleich einen anderen zu verlangen; das wird freilich nicht angehen. Ich will denn auch gegen den Plan, wie er uns hier vorliegt, nicht scharf kritisieren. An und für sich ist er nicht gerade schön zu nennen; er ist jedenfalls nicht übertrieben prächtig; was ich namentlich daran lobe, ist, daß er keine falschen Palastprätensionen macht, wie das andere Gesandtschaftshotels leider in viel zu hohem Maß tun. Indes muß ich doch fragen, wenn ich gewisse Anführungen in der Denkschrift mit diesem Plan vergleiche, dann stimmen die selben nicht recht miteinander. Die Öffnungen nach diesem Plan sind nämlich ganz ungewöhnlich groß; wenn nun dort so starke Winde, ja Orkane herrschen, so weiß ich nicht, wie man dieses mit den ungewöhnlich großen Fensteröffnungen irgendwie verträglich finden kann.

Weiter hat es mich auch frappiert, daß man einen japanischen und einen französischen Baumeister konsultiert hat. Der vorliegende Plan scheint von einem Franzosen[6] entworfen zu sein; alle Anschriften und

Notizen sind in französischer Sprache gemacht. Ich habe nun nichts dagegen, daß man keinen Deutschen dort nimmt oder aus Deutschland einen Plan nach Japan importirt; das wäre kleinlich, wenn man nach der Seite hin nörgeln wollte. Aber etwas habe ich doch dagegen zu erinnern, daß dieser Franzose bei dem an sich ja ziemlich anspruchslosen Bau für die bloße Bauleitung 15 200 Mark oder noch mehr verlangt, während der Japaner es für die Hälfte thun will. Das sind alles Punkte, die mir ins Auge fallen müssen; obgleich ich nichts gegen die Franzosen als Nation habe, so glaube ich, sollten wir doch nicht dem Franzosen vor dem Japanesen den Vorzug geben. Das mag freilich nur als ein Nebenmoment in Betracht zu kommen haben. Meine Bemerkungen hatten nur den Zweck, das Haus oder beziehungsweise die Kommission näher auf die Sache hinzulenken. Vorläufig bin ich der Ansicht, daß der betreffende Herr Konsul noch füglich ein paar Jahre warten könnte. Wie gesagt, gründe ich diese meine Ansicht hauptsächlich darauf, daß noch vor wenigen Jahren, und zwar doch offensichtlich nach dem Wunsch des damaligen Konsuls und nach Maßgabe des wirklich vorhandenen Bedürfnisses, für 37 000 Mark ein Umbau des dort bestehenden Gebäudes stattgefunden hat. Nach Verlauf von einigen weiteren Jahren, hoffe ich, sind infolge der Finanzpläne, von welchen wir soeben noch gehört haben, unsere Reichsfinanzen in einen so blühenden Zustand gekommen, daß es uns dann auf 227 000 Mark nicht weiter ankommt. Wie jetzt die Dinge liegen, ist diese Summe in meinen Augen viel zu bedeutend, als daß man nicht mit der größten Ängstlichkeit ihr gegenüber treten sollte. Wie gesagt, vorbehaltlich näherer Aufklärungen wünsche ich, daß diese Position die Bewilligung des Reichstags nicht findet.

Präsident: *Der Herr Bevollmächtigte zum Bundesrath Staatsminister Bülow hat das Wort.*

Bevollmächtigter zum Bundesrath Staatssekretär des Auswärtigen Amts Staatsminister [Bernhard Ernst] von Bülow[7]: *Meine Herren! Ich habe dem hohen Hause zuerst die Entschuldigung auszusprechen, daß die Denkschrift, die der Herr Vorredner angezogen hat, nicht früher und nicht vollständiger dem hohen Hause hat mitgetheilt werden können. Der Hauptgrund, der es überhaupt verschuldet hat, daß wir eine Nachtragsforderung stellen mußten, liegt in der sehr großen Entfernung, in der Schwierigkeit der Kommunikation und in der Gewissenhaftigkeit, mit der die Berichte und Nachweisungen von dem Auswärtigen Amt, wie von dem Reichskanzleramt geprüft worden sind, ehe man sich entschlossen hat, eine Vorlage zu machen. Dabei sind die notwendigen Berichte – und wir haben wiederholt Berichte aus Tokio eingefordert – so spät gekommen, daß die Prüfung durch die technische Oberbehörde erst in diesen Tagen vervollständigt werden konnte. Daher ist auch die Denkschrift, welche im Auswärtigen Amt ausgearbeitet worden ist, erst gestern zurückgekommen und erst heute Morgen vorgelegt worden; ich habe aber die Beruhigung, daß es dem Herrn Vorredner noch möglich gewesen ist, diese Denkschrift sehr genau durchzulesen, freilich nicht so genau, daß ich nicht die einzelnen Punkte, die er abzulehnen vorgeschlagen hat, meinerseits daraus widerlegen könnte.*

Ich muss zunächst bemerken, daß die Summe, welche Sie im Jahre 1873 für die damalige Wohnung der Ministerresidentur bewilligt haben, weitaus nicht zum Neubau des bis jetzt bewohnten Hauses bewilligt ist, sondern diese Summe, welche der Herr Vorredner, ganz richtig auf 37 000 Mark bezifferte, ist nur zum kleineren Theil darauf verwendet worden. Erstens ist das Grundstück dafür gekauft worden, dessen Werth seitdem beträchtlich gestiegen ist, zweitens haben wir die innere Einrichtung dafür besorgt und nur 16 500 Mark für den Neubau des Hauses verwendet. Dafür kann man schon hier nicht viel machen und dort noch weniger. Die Wohnung wurde nur nothdürftig hergestellt, und rechnen wir die ganze Summe zusammen, so wird für die fünf, respektive sechs Jahre, die der Ministerresident, sein Sekretär, die Dolmetscher etc. dort gewohnt haben, die Ausgabe, auf die einzelnen Jahre vertheilt, nicht nur eine sehr billige genannt werden müssen, sondern wir haben dadurch, daß der Werth des Grundstücks inzwischen gestiegen ist, daß die ganzen Residenturgeschäftsbureaus nach

Tokio verlegt worden sind, ein ganz gutes Geschäft gemacht. Das Grundstück liegt in der günstigsten Lage von Tokio; der darauf befindliche Bau, der nach japanischer Weise ausgeführt ist, war aber nicht derart, daß man auf eine lange Dauer rechnen konnte. Der Herr Vorredner hat selbst den Elementarereignissen, die dort zu finden sind, Rechnung getragen, und ich kann das Gewicht seiner Gründe nur vermehren. Es war ein leichtgebautes Haus ohne Schornstein, mit sehr dünnen Wänden, theilweise nur von Rohr und Holz gebaut, wo Wind und Regen u. s. w. es schon so weit gebracht haben, daß der zeitige Ministerresident [Karl von Eisendecher], obgleich ein unverheiratheter Mann und abgehärtet gegen wechselnde Witterung, denn er war früher Seeoffizier, es doch für unmöglich erklärt hat, längere Zeit dort zu wohnen. Nebenbei bemerkt, ist die Feuersgefahr dort zu Lande eine besonders große, und ein so wenig sicheres Haus derselben besonders ausgesetzt. Unter diesen Umständen hat man einen Neubau beschlossen, und in der That nicht aus Passion, denn wir haben wenig Freude an unseren Neubauten, weder in Europa noch jenseits des Ozeans. Aber die Sache war unaufschiebbar, es war Pflicht, es zu thun, und wir haben daher im vergangenen Jahr die nöthigen Erhebungen machen lassen. Der Wunsch, es so gut oder so prachtvoll oder geschmackvoll zu machen, wie die russische und großbritannische Mission dort wohnen, ist in keiner Weise maßgebend gewesen. Der Herr Vorredner hat, denke ich, mit seinen insofern vollkommen sachgemäßen Urtheil auch selbst anerkannt, daß das Gebäude zweckmäßig konstruiert ist mit Rücksicht auf das dortige Klima, die dortigen Verhältnisse einer Wohnung für den Ministerresidenten, für seinen Sekretär, für den Dolmetscher, für Stallungen u. s. w.

Was den Wettstreit zwischen dem japanischen, französischen und anderen Baumeistern betrifft, so ist die Sache sehr einfach. Die Vorprüfungen haben durch einen japanischen recht gewandten Baumeister stattgefunden, und der Ministerresident konnte nach seiner Verantwortlichkeit, wenn gebaut werden sollte, uns dann nur vorschlagen, etwas dauernder, solider zu bauen, einen Bau ins Werk zu setzen, der uns nicht zwänge, in einigen Jahren wieder dem hohen Hause eine Vorlage zu machen, wie wir jetzt eine machen, zwar zu unserem Bedauern aber im vollen Gefühl unserer Pflicht. Nachdem der japanische Baumeister seine Entwürfe und sein Urtheil abgegeben hat, hat sich der Ministerresident an einen französischen Baumeister gewandt, der das russische und französische Gesandtschaftshotel, außerdem das deutsche Marinehospital sehr gut gebaut hat, was, wie bekannt, in Japan vor einigen Jahren in Angriff genommen und jetzt vollendet ist. Bei allen diesen Bauten hat er sich gut bewährt; er ist allerdings etwas theuer, 20 000 Mark theurer als wie der japanische Baumeister, bietet aber eine höhere Bürgschaft hinsichtlich der Beaufsichtigung der Arbeiten und der Arbeiter.

Ich resümiere mich. Der Bau ist an und für sich nothwendig; die vor fünf Jahren bewilligte Summe ist eine gut angelegte, die auf die einzelnen Jahre vertheilt uns noch Vortheil geben würde, weil Grund und Boden im Werth stieg und weil die Mission danach billig wohnte. Jetzt aber droht das Haus uns über dem Kopf zusammenzufallen. Ein leichtes japanisches Haus zu einem dauernden aere perennius zu machen, sind wir weder im Stande, noch ein japanischer oder französischer Baumeister. Wenn wir aber jetzt vorschlagen, ein Haus oder mehrere von Backstein zu bauen gegen Feuersgefahr, die in Tokio bekanntlich sehr groß ist, gegen Wasser, Wind und Klima gesichert, wenn wir unserm Vertreter jenseits des Ozeans eine gute einfache, in keiner Weise prachtvolle Wohnung geben wollen, glaube ich ruhig dem näheren Urtheil des hohen Hauses entgegen sehen zu können. Ich meinerseits würde, zumal bei der Schwierigkeit der räumlichen Entfernung, großen Werth darauf legen, wenn die Sache nicht bis 1879 verschoben, sondern jetzt geordnet würde, damit wir den Bau zur Zeit anfangen und damit die Verantwortlichkeit der Vollendung übernehmen. Ich glaube ein zustimmendes Votum des hohen Hauses zu finden, mit Dank, aber auch mit der vollen Überzeugung, daß das recht gewesen, was das Auswärtige Amt vorgeschlagen hat, und was hier hoffentlich beschlossen werden wird.

Präsident: *Der Herr Abgeordnete Dr. Reichensperger (Krefeld) hat das Wort.*

Abgeordneter Dr. Reichensperger (Krefeld): *Meine Herren, um nicht bei der zweiten Lesung noch einmal das Wort erbitten zu müssen, gestatte ich mir noch einige Bemerkungen auf das eben Gehörte. Ich bemerke zunächst, daß die Denkschrift das Datum vom 18. März trägt, während heut erst die Einreichung derselben erfolgt ist, also ungefähr nach drei Wochen.*

Was dann das weitere anbelangt, meine Herren, so müßte ich mich sehr irren, wenn sich nicht aus der vor mir liegenden Denkschrift ergäbe, daß für 31 000 Mark nicht bloß ein Grundstück angekauft worden ist, wie das der geehrte Herr Vertreter der Bundesregierung soeben gesagt hat, sondern daß ein Umbau stattgefunden hat, daß ein Gebäude damals hergerichtet worden ist zum Zweck der Bewohnung desselben, ein Gebäude, welches doch auch gewiß während der letzten drei bis vier Jahre wirklich bewohnt worden ist. Nun läßt sich doch nicht wohl denken, daß, wenn man einmal ein Gebäude bewohnbar macht, dasselbe nach drei Jahren schon wieder unbewohnbar geworden sei. Man wäre doch zu jener Zeit mit einem wahrhaft unverantwortlichen Leichtsinn vorgegangen, wenn das wahr ist, was ich hier tatsächlich behaupten zu können glaube. Ich werde eben darauf aufmerksam gemacht, daß es hier in der Denkschrift heißt: „infolge dessen wurde ein in der unmittelbaren Nähe des Schlosses und der sämtlichen Ministerien in gesunder Lage gelegenes Grundstück von einem japanischen Fürsten für den Preis von 1700 Dollars, also für 7630 Mark angekauft und zum Ausbau der darauf befindlichen Gebäude eine Summe von 23 625 Mark verwendet." Im ganzen wurden also 31 000 Mark damals nicht bloß für ein Grundstück ausgegeben, sondern für die Herrichtung eines Baues, und da glaube ich denn doch mit allem Fug bei meiner ursprünglichen Behauptung stehen bleiben zu können, daß dieses im Jahr 1875 – denn früher konnte es nicht gebaut sein, weil der Betrag im Jahr 1874 erst bewilligt war – hergerichtete Bauwerk gewiß noch ein paar weitere Jahre aushalten wird, und daß wir abzuwarten haben, bis unsere Finanzen sich wieder um, ich weiß nicht wie viel in Aussicht gestellte Millionen Mark gebessert haben. Dann wollen wir den Herren ein stattliches Hotel zurecht machen; jetzt aber lassen Sie uns die größte Sparsamkeit üben! Was nun den Franzosen betrifft, der einestheils einen höheren Bauanschlag gemacht hat und anderentheils, was damit zusammenhängen mag, für die Bauleitung allein für seine Person 8 Prozent der Bausumme gefordert, also eine in jeder Beziehung übermäßige Forderung gestellt hat, so sollte man auf ihn nicht so zarte Rücksicht nehmen, wie es denn ja auch im allgemeinen sehr empfehlenswerth ist, daß man zu Baumeistern und Bauleitern solche Personen nimmt, die im großen und ganzen gewohnt sind, für das Klima, für die Bedürfnisse des betreffenden Landes, mit den dortigen Materialien Bauwerke aufzurichten. Das werden Sie überall finden, meine Herren; namentlich aber gilt es für Japan, wo das Traditionelle der Kunstübung für dieselbe so schwer ins Gewicht fällt und so außerordentliches leistet. Darum sollte man sich an den Japanesen halten, namentlich wenn ein solcher den Bau billiger herstellen kann, als es hier der Fall ist. Das sind, glaube ich, Bedenken, die wohl in die Wagschale geworfen werden sollten und die Sie hoffentlich dazu bestimmen werden, die Sache wenigstens noch für einige Jahre hinauszuschieben. Eine besondere Eile hat es damit auf keinen Fall.

Präsident: *Der Herr Abgeordnete von Kardorff hat das Wort.*
Ich bitte um Entschuldigung, der Herr Staatsminister von Bülow hatte bereits um das Wort gebeten; vielleicht tritt Herr von Kardorff ihm das Wort ab.
(Zustimmung desselben)

Bevollmächtigter zum Bundesrath Staatssekretär des Auswärtigen Amts Staatsminister von Bülow: *Dafür werde ich sehr dankbar sein, weil ich gern einige Bemerkungen sofort berichtigen wollte.*
Es ist nicht im Jahr 1874 der Neu- und Umbau vollendet worden,

sondern schon im Jahr 1873, er war damals in den Nachtragsetat gebracht. Die Summe ist richtig angegeben, und der Herr Vorredner ist Baukundiger genug oder nur zuviel, um zu wissen, daß, wenn in einen japanischen Bau ein deutscher Bewohner einzieht, gewisse Umbauten nothwendig sind. Es ist daher allerdings etwas umgebaut worden, indessen leicht und möglichst wenig, und nebenher steckt in der Summe noch die ganze Einrichtung des Gebäudes, so daß in der That auf eine lange Dauer schon damals nicht gerechnet worden ist und nicht gerechnet werden konnte. Was den Franzosen angeht, so ist gerade das Motiv, was der Herr Vorredner anführte, nämlich die sachverständige Kenntnis der klimatischen Verhältnisse, der Bauart, der Zweckmäßigkeit der Einrichtung des Baues bei diesem französischen Baumeister, der gebaut hat für den russischen und den englischen Gesandten, und für uns das Marine Hospital zur vollständigen Befriedigung, und welcher mehrere Jahre unserem dortigen Vertreter bekannt ist, durchaus maßgebend gewesen. Ich kann mich hier nicht in einen Vergleich zwischen den Fähigkeiten, Begabungen und Bürgschaften der verschiedenen Nationalitäten, die alle uns befreundet sind, einlassen, aber ich möchte sagen, daß bei einem europäischen Baumeister, der seine Schule in Japan durchgemacht hat, gut gebaut hat, jedenfalls für ein europäisches Gebäude – denn das soll es hier werden und nicht, wie das vorige Mal, die Benutzung eines japanischen Sommerpalais –, ein Haus von Stein, wo viele Jahre hoffentlich die Gesandtschaft untergebracht werden soll, daß da der Vorzug ein so großer ist, daß mit der verhältnismäßig geringen Summe, die wir mehr verlangen müssen, nur die größere Bürgschaft gegeben ist für die Sicherheit, Güte und Tüchtigkeit des Baues. Das ist der Hauptgrund, der maßgebend gewesen ist. Was das Datum der Denkschrift betrifft, so erkenne ich die Richtigkeit der Angabe vollkommen an. Es ist damals die Denkschrift von dem Auswärtigen Amt festgestellt, sie ist aber an den Bundesrath und an verschiedene Behörden gegangen, und das Datum beweist nur, daß wir sie für das hohe Haus vorbereitet hatten, um möglichst bald den Antrag zu stellen.

Daß die allgemeine Lage der Finanzen auf diesen Vorschlag Einfluß haben könnte oder sollte, möchte ich nicht glauben, um so weniger, als dies eine finanziell nothwendige Vorlage ist. Denn wenn Sie jetzt nicht bauen, werden Sie im nächsten Jahr mit größeren Kosten bauen müssen und die Reparaturen, die das jetzige Haus nothwendig erfordert, noch dazu bekommen, denn es fällt zusammen und geht auseinander, und unter freiem Himmel kann man selbst in Japan nicht wohnen.

Schließlich glaube ich, daß, wenn bemerkt wird, daß man vor 5 Jahren mehr hätte fordern sollen, ich daraus nicht die Ermächtigung entnehmen werde, immer möglichst große Forderungen für Neubauten zu stellen. Wir beschränken uns auf das nothwendigste, müssen uns verlassen auf unsere Vertreter im Ausland, zumal im fernen Osten von Asien. Wie gesagt, es ist ausführliche Nachricht darüber gefordert, ich konnte mich allerdings überzeugen, daß die Vorlage gewissenhaft vorbereitet, daß die Forderungen nothwendig, aus manchen Umständen sogar vorteilhaft ist, und ich kann Ihnen die Annahme daher nur empfehlen.

Präsident: *Der Herr Abgeordnete von Kardorff hat das Wort.*

Abgeordneter von Kardorff: *Meine Herren, so leid es mir thut, daß die Generaldiskussion damit etwas bunt durcheinander geht, so muß ich Sie doch bitten, sich aus Japan und Tokio wieder in die Heimat zu verfügen.*

[...]

* * *

10. April 1878, 33. Sitzung

Zweite Berathung des Nachtrags zum Reichshaushaltsetat für das Etatjahr 1878/79 (Nr. 140 der Anlagen.)

[...]

Die Sitzung wird um 11 Uhr 30 Minuten durch den **Präsidenten Dr. von Forckenbeck** *eröffnet.*

[...]

Wir gehen über zu Kap. 3, einmalige Ausgaben.
    Tit.3:
        zum Neubau der Gebäude für die kaiserliche Mission
        zu Tokio (Jedo), 227 000 Mark.

Der Herr Abgeordnete Berger hat das Wort.

Abgeordneter Berger[8]: *Meine Herren, bereits bei Gelegenheit der ersten Lesung des vorliegenden Nachtragsetats hat der Herr Abgeordnete Reichensperger (Krefeld) Sie aufgefordert, die hier verlangte Bausumme für ein Gesandtschaftshotel in Tokio zur Zeit nicht zu bewilligen, sondern die Bewilligung eventuell erst bei Vorlegung des nächsten Hauptetats auszusprechen. Ich habe damals der Diskussion nicht anwohnen können, aber die Gründe, die der geehrte Herr Abgeordnete gemäß den Berichten für seinen Vorschlag anführte, erscheinen mir so durchschlagend, daß ich mich veranlaßt finde, auf den Gegenstand zurückzukommen und Sie ebenfalls zu bitten, die verlangte Summe heut noch nicht zu bewilligen. Ich würde keinen Anstand nehmen, dem Antrag des Bundesraths schon jetzt zu entsprechen, wenn die Bauten die im Bereich des Auswärtigen Amts während des letzten Dezenniums ausgeführt worden sind, so beschaffen wären, daß der Reichstag bezüglich der Ausführung der ferneren vom Bundesrath projektierten Bauten vollständiges Vertrauen haben könnte, wenn er erwarten dürfte, daß die Herstellung derselben in einer billigen und zugleich zweckmäßigen Weise erfolge. Meine Herren, dies Vertrauen kann ich indessen für meine Person leider nicht hegen, und ich stütze mich dabei auf die trüben Erfahrungen, die wir bei dem Bau des Botschaftshotels in Konstantinopel gemacht haben, ein Bauwerk, welches, was seine Entstehung und Ausführung betrifft, mit dem jetzt für Tokio gemachten Vorschlag des Bundesraths eine bedenkliche Ähnlichkeit zu haben scheint. Die preußische Regierung kaufte nämlich behufs Unterbringung ihrer Gesandtschaft im Jahr 1864 ein eigenes Grundstück in Konstantinopel, für welches in der damaligen Konfliktsperiode die Mittel nicht bewilligt wurden, jedoch ist diese Erwerbung später durch die nachträglich erteilte Indemnität gutgeheißen worden. Schon nach sieben Jahren stellte sich aber heraus, daß das im Jahr 1864 für die damalige Gesandtschaft angekaufte Grundstück nicht mehr brauchbar war, und infolgedessen wurde an den Reichstag das Verlangen gestellt, nunmehr zum Bau eines neuen definitiven Gebäudes seine Genehmigung zu erteilen. Auf Grund eines vorgelegten Plans und Kostenanschlags, den der verstorbene Baumeister Göbbels aufgestellt hatte, wurden zunächst dafür 245 000 Thaler bewilligt. Die Superrevision über Plan und Kostenanschlag stellte indessen heraus, das die Summe von 245 000 Thaler, welche ursprünglich als ausreichend bezeichnet worden war, nicht genügen würde, man vielmehr 375 000 Thaler, also etwa 50 % mehr, nothwendig haben werde. Der Reichstag bewilligte auch diese höhere Summe, und man begann mit der Ausführung des Gebäudes, freilich nicht auf dem ursprünglich in Aussicht genommenen Bauplatz in Pera, sondern auf einem anderen am Bosporus gelegenen, welcher erst mit dem erheblichen Kostenaufwand von 100 000 Thaler angekauft werden mußte. Im Etat von 1876 endlich gelangte an den Reichstag die Mitteilung, daß auch die früher von ihm bewilligte höhere Summe von 375 000 Thaler zuzüglich der Kosten für Grunderwerb ad 100 000 Thaler, also im ganzen 475 000 Thaler nicht ausreiche, daß im Gegentheil nach den anderweitigen Ermittlungen des neuen Baumeisters Kortüm nunmehr die kolossale Summe von 2,180.000 Mark für das Gesandtschaftsgebäude erforderlich sei, also nach alter Währung 726 000 Thaler,* **was fast genau dreimal soviel ausmacht, als im Jahr 1871 veranschlagt und verlangt worden war!** *Nach den neuen, im Etat von 1876 gegebenen*

Details erforderten allein die Kosten für einen Stall, Umwehrung, Rampen und Freitreppen den enormen Betrag von 265 000 Mark!

Meine Herren, Sie ersehen aus meinen Mitteilungen, daß der Reichstag es in diesem Fall an Freigiebigkeit wahrlich nicht hat fehlen lassen, und man sollte nun erwarten, daß für diese so außerordentlich hohe Bausumme von fast 2 1/2 Millionen Mark (einschließlich der Kosten der Baustelle) ein durchaus ausgezeichnetes, jedermann befriedigendes Bauwerk hergestellt worden wäre. In dieser Beziehung sind aber die so gerechtfertigten Erwartungen ganz unbefriedigt geblieben, im Gegentheil, das Botschaftsgebäude in Konstantinopel soll in architektonischer Beziehung so ausgefallen sein, daß es in keiner Weise auch nur mäßigen Anforderungen entspricht. Ich habe das Bauwerk zwar selbst nicht in Augenschein nehmen können, der durchaus zuverlässige Berichterstatter einer der größten deutschen Zeitungen aber, der man nach keiner Richtung hin „Reichsfeindlichkeit" vorwerfen kann, ich meine die „Kölnische Zeitung", welche ja der gegenwärtigen Regierung durchaus konnivent ist – äußert sich in einem Bericht vom 4. Dezember vorigen Jahres, an welchem Tage das Botschafts-Hotel feierlich eröffnet wurde, über diesen so kostspieligen Palast wörtlich in folgender drastischer Weise:

*Es ist ein Koloß ohne Bewegung, ein Ungethüm ohne Anmuth, **eine Masse ohne Gliederung, ohne architektonische** Schönheit. Mit einem rücksichtslosen Zynismus spottet er allen Bedingungen, welche die Baukunst als solche von ihren Erzeugnissen verlangt; er steht innerhalb seiner feenhaften Umgebung wie ein wüster Fremdling, dem es nicht wohl ist, und der doch da bleibt; der aus der Verlegenheit nicht herauskommt und doch keine Lehre annehmen will. Vom Dache herunter trachten eine Schar steinerner Adler mit ausgebreiteten Flügeln, als missgönnten sie diesen Welttheilen selbst das Dasein. Mürrisch in sich zurückgezogen, entwickelt er nirgendwo eine offene Veranda, einen Säulengang, wie ihn das Klima verlangt, wo ihn die Pracht der Umgebung gleichsam herausfordert. Wenn ringsumher das ganze Jahr hindurch grauser Nordwind wehte,*

könnte der Bau kaum hermetisch verschlossener ausgefallen sein. Dann heißt es zum Schluß noch:

*Im Inneren dagegen blieb größerer Spielraum. **Die Botschaft umfaßt über 300 Räume, darunter einen fast kolossal zu nennenden Ballsaal.** Die Kosten derselben belaufen sich ungefähr auf 1 Million Mark.*

Daß in diesem letzteren Punkt sich der Zeitungsberichterstatter, nämlich was die Kosten angeht, leider vollständig irrt, habe ich Ihnen bereits auf Grund der Akten nachgewiesen, da die Bausumme des so unschönen, wenn auch ganz kolossalen Gebäudes sich auf nicht weniger als 2 1/2 Millionen Mark beläuft.[9]

Meine Herren, wenn man solche Erfahrungen auf dem Gebiet der Bauten innerhalb des Auswärtigen Amtes gemacht hat, dann sollte ich meinen, müßte der Reichstag fortan außerordentlich vorsichtig sein und hier nicht im Wege des Nachtragsetats für die Mission in Tokio abermals bedeutende Summen bewilligen. Ich habe den Glauben, daß nach wenigen Jahren auch die heut in Anspruch genommene Summe von 227 000 Mark sich als unzureichend erweisen wird und dann abermals von dem Reichstag neue Summen werden verlangt werden. Bei diesem Zweifel inbezug auf die ganze Sachlage kann ich also nur dringend empfehlen, dem Vorschlag des Kollegen Reichensperger entsprechend, die Summe nicht zu bewilligen. Wenn die Missionsbeamten in Tokio bis heut mit den vorhandenen Gebäuden ausgekommen sind, dann wird das wohl auch noch einige Jahre weiter gehen, und wir thun mithin gut, die Bewilligung jetzt noch nicht auszusprechen.

Präsident: *Das Wort wird weiter nicht gewünscht.*
Der Herr Kommissarius des Bundesraths hat das Wort.

Kommissarius des Bundesraths kaiserlicher Geheimer Legationsrath [Otto] von Bülow[10]: *Ich kann inbetreff dieser Etatsposition nur auf dasjenige Bezug nehmen, was von Seiten des Herrn Staatssekretärs [Bernhard Ernst von Bülow] bei der ersten Lesung ausgeführt* *ist; gleichwohl erlaube ich mir nochmals zu resümieren, namentlich was die Dringlichkeit der Forderung betrifft.*

Nachdem infolge der politischen Veränderungen in Japan die japanische Regierung im Jahr 1872 an die Vertreter der fremden Mächte die Aufforderung gerichtet hatte, ihren Wohnsitz nach der Hauptstadt zu verlegen, befand sich auch der deutsche Vertreter in der Nothwendigkeit, sich ein Unterkommen in Tokio zu suchen. Gasthöfe oder Privatwohnungen in unserm Sinn waren nicht vorhanden, und es mußte deshalb als ein ganz besonders günstiger Zufall angesehen werden, daß einer der missvergnügten japanischen Fürsten, der seinen Wohnsitz in der Hauptstadt aufgeben wollte, dem Ministerresidenten seinen Palast zum Kauf anbot. Die Lage dieses Grundstücks war eine äußerst günstige (wie in der Denkschrift ausgeführt ist, in der Nähe des Schlosses und der Ministerien), der Preis ein äußerst mäßiger, und trotz der ziemlich großen Baufälligkeit griff daher der Ministerresident rasch zu, indem er das Haus zunächst auf eigene Rechnung und Gefahr ankaufte. Durch den Nachtragsetat pro 1873 wurden demnächst zum Ankauf, zum Ausbau und zur Möblierung des Grundstücks 12 300 Thaler erbeten und bewilligt. Wie schon von Seiten den Herrn Staatssekretärs bemerkt ist, setzte diese Summe sich zusammen aus 2800 Thaler eigentlicher Kaufpreis, 5500 Thaler Kosten des Ausbaus und 4000 Thaler für die innere Einrichtung.

*Der **Umbau** beschränkte sich darauf, die alten, wie gesagt, ziemlich baufälligen Gebäude bewohnbar zu machen, Fußböden, Fenster und Thüren neu anzubringen; ferner ein feuerfestes Lagerhaus zu bauen (das natürlich noch existiert und nicht abgerissen werden soll), einen Garten anzulegen, eine Mauer um das Grundstück zu ziehen u. s. w. Meine Herren, wenn man die Summe von 5500 Thalern auf diejenigen fünf Jahre vertheilt, während deren der Ministerresident mit seinen sämtlichen Beamten das Grundstück inzwischen bewohnt hat, so ist diese Ausgabe als ein sehr niedriger Miethzins anzusehen, und es kann daher mit Recht behauptet werden, daß der damalige Umbau seinem Zweck: der kaiserlichen Mission ein **einstweiliges** Unterkommen in der japanischen Landeshauptstadt zu verschaffen, mit verhältnismäßig geringen Kosten entsprochen hat. In den letzten beiden Jahren haben sich die Mängel der gesamten Baulichkeiten (eine unausbleibliche Folge der Benutzung baufälliger Konstruktion zu Zwecken eines Umbaus) immer mehr herausgestellt. Der Ministerresident hat daher auf Grund eines von ihm vorgelegten Gutachtens sowie auf Grund seiner eigenen Erfahrungen amtlich versichert, daß binnen Jahr und Tag die Gebäude unbewohnbar sein würden. Im einzelnen darf ich wohl auf die Denkschrift Bezug nehmen, welche die vorhandenen Übelstände näher darlegt. Es liegt danach die Nothwendigkeit vor, entweder eine umfangreiche Reparatur oder einen Neubau vorzunehmen. Erstere würde nach dem Gutachten der Sachverständigen etwa ein Drittel desjenigen kosten, was für den Neubau veranschlagt ist, und es würde die weitere Bewohnbarkeit des Gebäudes nur auf etwa 10 Jahre, bei einigen Gebäuden sogar nur auf 5 Jahre, gesichert sein. Die Übelstände der vorhandenen Konstruktion inbezug auf Feuergefahr und Witterungseinflüsse blieben bestehen und es würde, trotz des Aufwands von ziemlich bedeutenden Kosten, doch nichts dauerndes geschaffen. Unter diesen Umständen hat der Ministerresident in Übereinstimmung mit den japanischen Sachverständigen sich für einen Neubau aussprechen zu sollen geglaubt. Die Kosten eines Neubaus sind, wie schon erwähnt worden ist, von einem japanischen Unternehmer auf 207 000 Mark, von einem europäischen Baumeister auf 227 000 Mark veranschlagt waren. Es ist schon bei der ersten Lesung des weiteren ausgeführt, aus welchen Gründen dem europäischen Baumeister der Vorzug zu geben sein wird. Der von dem letzteren entworfene Plan ist mit Gründlichkeit und Sachkenntnis ausgeführt; die beim Bau des russischen und englischen Gesandtschaftshotels gemachten Erfahrungen sind dabei berücksichtigt.*

Unter diesen Umständen kann ich nur die Bitte wiederholen: die Bewilligung der geforderten Summe von 227 000 Mark aussprechen zu wollen.

Was schließlich die Bemerkung des Herrn Vorredners inbezug auf das Botschaftshotel in Konstantinopel betrifft, so erlaube ich mir nur zu konstatieren, daß er mit seiner Auffassung doch wohl ziemlich vereinzelt dasteht, daß der Botschafter selbst und die Herren seiner Mission durchaus zufrieden mit dem Neubau sind und daß letzterer allen billigen Anforderungen entspricht.

Präsident: Der Herr Abgeordnete Dr. Reichensperger (Krefeld) hat das Wort.

Abgeordneter Dr. Reichensperger (Krefeld): *Meine Herren, ich werde natürlich nicht wiederholen, was ich bei der früheren Verhandlung über diesen Punkt hier angeführt habe; ich habe nur einige Bemerkungen an das von dem Bundesrathstische aus soeben gehörte anzuknüpfen.*

Es steht unwidersprochen fest, daß vor höchstens vier Jahren ein Umbau des fraglichen Gebäudes stattgefunden hat, ein Umbau, der 27 000 Mark gekostet hat. Nach drei Jahren schon – denn die fragliche Verhandlung, um welche sich diese Position bewegt, hat nicht heute und gestern, sondern doch mindestens vor Jahresfrist begonnen – stellt sich heraus, daß der Umbau zweckwidrig sei, daß der Verfall, so behauptet man nämlich, und die Unbewohnbarkeit des Bauwerks ganz nahe bevorsteht. Meine Herren, ich glaube, wenn man die Sache auch noch so mild beurtheilt, so muß man zugeben, daß jedenfalls bei jenem Umbau mit großem Leichtsinn verfahren worden ist, denn ein Umbau für solchen Betrag, ein Umbau, der doch damals den Zweck hatte, auf längere Zeit hin das Gebäude bewohnbar zu machen, muß doch nothwendig über drei Jahre hinaus vorhalten, sonst wäre das Geld doch sozusagen weggeworfen gewesen. Die Denkschrift sagt auch nicht, daß damals nur etwas schlechthin provisorisches hätte hergerichtet werden sollen, vielmehr ging man damals zweifelsohne von der Ansicht aus, daß mindestens auf 10 Jahre hinaus ein solches Gebäude bewohnbar gemacht würde. Diese Thatsache, meine Herren, muß uns mindestens veranlassen, nunmehr mit großer Vorsicht zu Werke zu gehen; die Summe von 227 000 Mark ist doch, an und für sich genommen, wahrlich keine Kleinigkeit. Wir sprechen hier immer von der Nothwendigkeit, zu sparen, erfahrungsmäßig aber wird diese Nothwendigkeit immer in die Ferne verschoben; fast jede einzelne Position, die uns hier angemuthet wird, findet die Zustimmung der Majorität des Hauses. Ja, meine Herren, für das Sparen mit bloßen Worten werden wir draußen wenig Dank ernten.

Ich sage nun aber weiter, die Sache ist wirklich, nach den vorliegenden Denkschriften, noch keineswegs zureichend aufgeklärt. Wir haben erstens zwei Kostenanschläge, einen japanischen und einen französischen, die in nicht unerheblicher Weise, was die Totalsumme anbelangt, von einander abweichen; wir haben zweitens, wie wir eben noch von dem Herrn Kommissar gehört haben, auch noch die Möglichkeit vor uns, einen Umbau zu veranstalten, der nur ein Drittel kosten soll. Da sollte ich denn doch meinen, meine Herren, daß es sehr angezeigt wäre, mindestens den nächsten Hauptetat abzuwarten und dann die Sache näher ins Auge zu fassen, wir werden alsdann inbetreff der Fragezeichen, die zur Zeit noch über die Sache schweben, nähere und bestimmtere Aufklärung erhalten. Vielleicht wird demnächst auch dasjenige, was jetzt der Herr Abgeordnete Berger im zweiten Theil seiner Rede ausgeführt hat, eine Berücksichtigung finden.

Ich habe bei der vorigen Verhandlung gesagt, daß insofern der Plan allerdings Anerkennung verdiene, als er keine falschen Prätensionen macht, wie das leider das Gesandtschaftshotel in Konstantinopel auf die unglückseligste Weise thut, aber auf **Schönheit** *hat der Entwurf durchaus keinen Anspruch. Ich sollte meinen, daß der Plan uns etwas mehr zu erkennen geben könnte, daß er in Japan Platz nehmen soll. Man kann den entworfenen Bau, der einigermaßen, natürlich nur im ganz kleinen, und ohne dessen Schönheiten im einzelnen zu zeigen, an das hiesige Palais des Fürsten Pleß erinnern mag, überall in der ganzen Welt hinstellen, er würde überall ohne allen und jeden Charakter sein. Nun aber wäre es doch zu wünschen, daß mehr Bedacht auf die äußere Erscheinung genommen würde, in einem Land, wo wir uns vortheilhaft bemerklich machen sollen, wo wir sogar mit Rußland und England konkurrieren sollen, wo wir zeigen sollen, daß das deutsche Reich inbezug auf Geschmacklosigkeit nicht tiefer steht, als andere Länder dieser Erde. Ich* *glaube, es ließe sich, ohne die Kosten zu erhöhen, der Plan noch zum schöneren und gefälligeren hier umarbeiten und namentlich dahin modifizieren, daß man daraus entnimmt, daß er für Japan bestimmt ist und nicht etwa für die Lüneburger Heide, für den Hunsrück oder irgendeine andere Landschaft wo immer. Sonach, meine Herren, glaube ich, gewinnt die Sache in jedem Fall durch ein Hinausschieben der Bewilligung. Eine Gefahr ist sicherlich nicht damit verbunden. Wäre sie aber damit verbunden, so würde sie lediglich dem Leichtsinn beizumessen sein, mit welchem früher bei dem Umbaue verfahren worden ist. Die Folgen dieses Leichtsinns mögen dann diejenigen noch während dreiviertel Jahren tragen, welche sie verschuldet haben. Es wäre das, meiner Neigung nach, nur eine gerechte Widervergeltung für die Art, in welcher man mit Reichsgeldern, wenn es sich um Bauwerke handelt, umzuspringen pflegt.*

Präsident: *Der Herr Staatsminister von Bülow hat das Wort.*

Bevollmächtigter zum Bundesrath Staatssekretär des Auswärtigen Amts Staatsminister von Bülow: *Ohne das hohe Haus ermüden zu wollen, muß ich doch meinerseits noch Verwahrung einlegen gegen den eben am Schluß der Auseinandersetzung des Herrn Vorredners gehörten Vorwurf, daß mit Reichsgeldern mit Leichtsinn umgesprungen wird. Das wird es nicht. Das Auswärtige Amt thut dasjenige, was es muß, um denjenigen Ansprüchen zu genügen, die für die Repräsentation des Reichs im Ausland zu Tage treten, thut es mit Überlegung und mit einer gewissen Zögerung, und es ist gerade diese Art der Zögerung, die es verursacht hat, daß der Vorwurf, den ich als den Hauptvorwurf bezeichne, immer wiederkommt, der Vorwurf nämlich, daß man vor fünf Jahren hätte gründlicher, besser und dauernder bauen sollen.*

Es ist von mir in der ersten Lesung, es ist von dem Herrn Kommissar heut Ihnen auseinandergesetzt, daß der damalige Bau durchaus ein gründlicher Umbau oder Neubau sein sollte, und daß mit der darauf verwandten Summe von 18 000 Mark, denn mehr ist für den Umbau des Sommerpalais des japanischen Prinzen nicht verwandt worden, nur ein nothdürftiges Unterkommen für die damalige Mission geschaffen wurde, als es galt, von Yokohama nach Jedo herüberzuziehen. Das würde, wie Ihnen auch schon gesagt ist, für die fünf Jahre ein Wohnungsgeld von 1200 Thalern jährlich machen. Also von einem Verschleudern von Reichsgeldern kann auch bei dieser verhältnismäßig kleinen Summe keine Rede sein.

Die Sachen sind vor meiner Zeit erledigt, aber ich habe mich aus den Akten überzeugt, daß, wenn man nicht größere Forderungen stellen wollte, es einfach in der Entwicklung der Reichsverhältnisse zum Ausland, in der Zunahme der Wichtigkeit der Geschäfte, in dem Umstand seinen Grund hatte, daß wir nach und nach an solche Dinge herangekommen sind, sodaß man nicht gleich mit großen Bauten anfangen wollte, die jeden Geschmack, jedes Bedürfnis befriedigen und jedem Wechsel hätten trotzen können.

Es war allerdings vorauszusehen, daß ein solches Gebäude nicht lange halten könne, und wir haben noch Glück gehabt, daß das Haus in den zwei oder drei großen Feuersbrünsten, die in der Nähe gewesen sind, nicht abgebrannt ist, was nur der Aufmerksamkeit und Tüchtigkeit der Bewohner zu verdanken ist, die zur rechten Zeit Schutzmaßregeln ergriffen haben.

Nun kann das Haus aber nicht mehr bewohnt werden, und die Sache liegt so, daß wir mit jedem Monat, den wir zögern, mehr Geld hinein stecken müssen, und daß wir jetzt eine mäßige, vollkommen gerechtfertigte Summe von Ihnen erbitten, um gleich machen zu können, was doch gemacht werden muß. Es wäre bequem gewesen, bis zum nächsten Hauptetat zu warten und da mit der Sache zu kommen; aber weil es Eile hat, weil die Verbindung, die wir haben, für hin und her mehr als vier Monate in Anspruch nimmt, weil der Plan bei den technischen Behörden reiflich geprüft ist, aus diesen Gründen können wir nicht anders, als diese Vorlage machen, und ich wiederhole, daß der damalige Neubau, wenn er auch etwas solider hätte gemacht werden können, es für das Geld nicht konnte, und jetzt nicht ein Hindernis sein darf, die Forderung zu stellen. Wir dürfen nicht alles zer-

fallen und verderben lassen. Ebenso ist schon gesagt, daß in der Summe mehrere Bauten stecken, ein dauerndes Lagerhaus, Umwallung, Mauer u. s. w. Jetzt handelt es sich nur darum, dasjenige zu thun, was man vielleicht damals hätte thun sollen, wenn man das Geld hätte verlangen wollen; aber damals mußte man sich nach den vorhandenen Mitteln richten, damals waren auch noch andere große Bauten nothwendig, so daß man Bedenken trug, weiter zu gehen: jetzt ist die Summe immerhin aufzubringen; sie ist nothwendig und, wie ich glaube, gerechtfertigt.

Präsident: *Der Herr Abgeordnete Dr. Reichensperger (Krefeld) hat das Wort.*

Abgeordneter Dr. Reichensperger (Krefeld): *Nur die eine Bemerkung auf das zuletzt gehörte, daß wir vor vier Jahren uns noch in dem Milliardenrausch befunden haben, der jetzt gründlich verflogen ist. Wenn die Sachlage eine solche gewesen wäre, wie es dargestellt wird, dann würde man sich vor 4 Jahren gewiß nicht geirrt haben, vor den Reichstag mit der nunmehrigen Forderung zu treten und mit 227 000 Mark den Bau auszuführen.*

Präsident: *Der Herr Abgeordnete Dr. Lucius hat das Wort.*

Abgeordneter Dr. Lucius[11]: *Ich möchte den Herrn Abgeordneten Reichensperger nur darauf aufmerksam machen, daß die japanischen Häuser, wie dies eins ist, lediglich aus Holz, Papier und Stroh bestehen, daß sie also einen äußerst geringen Widerstand der Witterung entgegensetzen; wenn nun also dieses japanische Haus vor 5 bis 6 Jahren mit dem geringen Kostenaufwand von 6000 Thalern hergerichtet ist, so ist etwas ganz besonders gutes geleistet worden. Die dortigen Witterungsverhältnisse sind außerordentlich zerstörend, Erdbeben, orkanartige Stürme mit Regengüssen gehören zu den täglichen Vorkommnissen; also daß unter solchen Umständen, wo oft ein ganzes Haus durchgeweht, alles zerrissen und durchnäßt wird, daß ein solches Haus nach einer solchen flüchtigen Reparatur 6 Jahre lang gehalten hat, ist offenbar eher eine gute als wie eine geringe Leistung; das Gegentheil. Die Ausführung des Herrn Abgeordneten Berger scheinen mir sehr wenig zutreffend zu sein. Ich glaube, es kommt wenigen Privatleuten vor, welche bauen, daß die Kostenanschläge nicht überschritten werden, das ist ein Vorkommnis, was nicht bloß dem Staat passiert, sondern was jedem Privatmann auch passieren kann. Wir können doch unmöglich im Reichstag gewissermaßen uns zu einer akademischen Baukommission konstituieren, welche die Geschmacksrichtungen feststellt, nach denen zu bauen ist in dieser oder jener Stadt. Ich glaube, wenn wir uns in all diese Details einmischen wollen, so laden wir uns eine Arbeitslast auf, der wir nicht gewachsen sind und für die uns auch in vielen Fällen wirklich die technischen und Lokalkenntnisse fehlen. Ich würde also der Meinung sein, daß dieser Bau, der ein Massivbau ist, wie er früher in Japan gar nicht existierte, daß der auch sparsam sich erweisen wird in der weiteren Entwicklung der Dinge. Ich habe die Pläne mir angesehen und muß sagen, von Luxus ist gar keine Rede, er ist einfach und feuersicher, er entspricht also einer Anforderung, die in der dortigen Gegend von ganz besonderem Werth ist, wo Feuersbrünste außerordentlich häufig sind, wie auch in Konstantinopel, wo häufig ganze Stadttheile durch die Feuersbrünste in Asche gelegt werden; daß das von außerordentlichem Vortheil sein wird auch für die Sicherheit wichtiger Akten, das ist nicht zu bestreiten. Ich meine also, ob wir die Summe in diesem oder im nächsten Jahr bewilligen, ist eine untergeordnete Frage, daß wir aber überhaupt den Bau bewilligen müssen, wenn wir ihn auch jetzt ablehnen, im nächsten Jahr, das ist zweifellos, und deshalb möchte ich empfehlen, die Summe schon in diesem Jahr zu bewilligen.*

Präsident: *Es ist der Schluß beantragt von dem Herrn Abgeordneten Valentin, – es wird aber auch das Wort nicht weiter gewünscht; ich schließe daher die Diskussion. Wir kommen zur Abstimmung.*

Ich ersuche diejenigen Herren, welche Kap. 3 Tit. 3 der einmaligen Ausgaben

> *zum Neubau der Gebäude für die kaiserliche Mission zu Tokio (Jedo) 227 000 Mark*

bewilligen wollen sich zu erheben.
(Geschieht.)

Das Bureau ist einstimmig der Überzeugung, daß die Minderheit steht; die Bewilligung ist abgelehnt.
[...]

* * *

[...]
Gebäude für die kaiserliche Mission in Tokio (Jedo)
[...]

*Die Sitzung wird um 11 Uhr 35 Minuten durch den **Präsidenten Dr. von Forckenbeck** eröffnet.*
[...]
Zum Tit. 3 liegt ein Antrag des Abgeordneten Dr. Lucius vor, Nr. 168 der Drucksachen.
Ich eröffne über den Tit. 3 und den dazu gestellten Antrag des Abgeordneten Dr. Lucius die Diskussion und ertheile das Wort dem Herrn Abgeordneten Dr. Lucius.

Abgeordneter Dr. Lucius: *Meine Herren, die Majorität, mit der diese Position gestern abgelehnt worden ist, war eine so geringe und das in Rede stehende Bedürfnis ist ein so dringendes, daß ich glaube, es wird berechtigt erscheinen, wenn wir die Wiederherstellung dieses Titels beantragen. Wie Sie gestern gehört haben, ist die kaiserliche Mission in Japan in einem japanischen Hause untergebracht, in einem Hause von der leichtesten Bauart, welches seine Bewohner nur nothdürftig gegen die Unbilden der Witterung schützt. Wenn wir die Existenz einer kaiserlichen Mission in Japan überhaupt als eine ständige Institution betrachten – und das dürfte wohl bei der Wichtigkeit dieser Inselgruppe der Fall sein –, so werden wir uns auch wohl nicht den Konsequenzen entziehen können, daß wir für eine dauernde und würdige Unterkunft der kaiserlichen Gesandtschaft zu sorgen haben. Andere Nationen, besonders außereuropäische, nehmen ganz naturgemäß die Schätzung an der Macht fremder Nationen her aus der äußeren Erscheinung ihrer Gesandtschaften, aus der äußeren Ausstattung, mit der sie bei ihnen auftreten, und es wird nicht möglich sein, daß die deutsche Gesandtschaft dauernd in einem zeltartigen Gebäude untergebracht ist, während die Vertreter anderer Nationen in angemessener und würdiger Weise logiert sind. Wie Sie aus den vorge-*

11. April 1878, 34. Sitzung

legten Bauplänen ersehen haben, handelt es sich bei diesem Bau in keiner Weise um irgendwelchen Luxus, sondern um einen einfachen festen Bau, der sowohl gegen die klimatischen Einflüsse wie auch gegen die dort häufig stattfindenden Feuersbrünste die kaiserliche Mission schützen soll.

Ich glaube daher aus diesen kurz angedeuteten Gründen Ihnen empfehlen zu sollen, den gestern abgelehnten Posten heut wiederherzustellen.

Vizepräsident Freiherr Schenk von Stauffenberg: *Das Wort hat der Herr Abgeordnete Dr. von Bunsen (Waldeck).*

Abgeordneter Dr. von Bunsen[12] (Waldeck): *Meine Herren, ich möchte Sie auch bitten, den Posten wieder in den Etat aufzunehmen, und zwar aus Sparsamkeitsrücksichten. Sie haben gestern von meinem verehrten Kollegen Lucius gehört, woraus das landesübliche Baumaterial in Japan besteht, die Außenwände sind aus Holz, die Zwischenwände aus Bambus und Papier, die Fußböden aus Strohmatten. Dazu möchte ich noch hinzufügen, daß die Japanesen sich an offenen Kohlenbecken wärmen, und demnach in der Hauptstadt des Reichs im Winter mindestens 1/4 Million Kohlenbecken an diesen Papierwänden und auf den Strohmatten stehen. Nehmen Sie nun zum Überfluß noch die häufigen Orkane und kleinen Erdstöße, und den Umstand, daß die Feuerwehr dort nicht so gut eingerichtet ist wie hier in Berlin, so können Sie sich denken, daß im Durchschnitt darauf gerechnet wird, daß alle 4 bis 5 Jahre diese Häuser infolge von verheerenden Feuersbrünsten neu gebaut werden. Anstatt also alle 4 bis 5 Jahr 50 bis 60 000 Mark zum Neubau eines hölzernen Hauses zu bewilligen, bitte ich Sie, jetzt den gewiß sehr geringen Posten von 227 000 Mark ein für alle mal zur Herstellung eines Steinbaus zu bewilligen.*

Es wäre mir lieb gewesen, wenn wir aus der Denkschrift gesehen hätten, wie groß das Areal ist, welches der Mission gehört. Soviel ich weiß, ist es ein sehr bedeutendes Areal. Was also die Bewilligung vom Jahr 1873 betrifft, die im ganzen 36 900 Mark betrug, so werden Sie mir zugeben, meine Herren, daß – wenn wir von dem kleinen Fehler absehen, den die kaiserliche Ministerresidentur begangen hat, daß sie damals nicht sofort einen Betrag für den Neubau beantragt hat, statt sich mit 23 000 Mark für den Anbau und die innere Einrichtung zu begnügen, und wenn wir die damalige Bewilligung bloß dazu hergegeben hätten, ein geräumiges Grundstück in der besten Stadtlage für das deutsche Reich zu haben, die gewiß keine übermäßige Ausgabe gewesen wäre.

Was den Plan betrifft, so freue ich mich, zu sehen, daß von einem dreistöckigen Hause abgesehen wird, daß sogar für die Nebengebäude der einstöckige Bau beabsichtigt ist, denn ich würde es für bedenklich halten, in einem Lande, wo die großen Erdbeben alle paar hundert Jahr die Steinbauten zerstören, ein mehrstöckiges Haus zu bauen, wo natürlich der Verlust von Menschenleben im Fall der Zerstörung des Hauses viel größer ist als bei einstöckigen Gebäuden. Aus den Erfahrungen der letzten 17 Jahre hat sich dagegen herausgestellt, daß die Steinbauten die kleinen Erdbeben, die dort zu den täglichen Vorkommnissen gehören, aushalten. Länger reichen die Erfahrungen nicht, denn obwohl die Japanesen vor einem Jahrtausend in Stein gebaut haben sollen, und zwar hohe große Gebäude, so haben sie diese hohen Bauten doch aufgegeben infolge einzelner außergewöhnlicher Erdbeben.

Also ein Steinbau hält die kleinen Erdbeben aus und ist das einzige Mittel, die fortwährende Vernichtung der Gebäude durch Feuer zu hindern. Ich bitte Sie daher, den Posten von 227 000 Mark zu bewilligen.

Vizepräsident Freiherr Schenk von Stauffenberg: *Das Wort hat der Herr Bevollmächtigte zum Bundesrath Staatsminister Bülow.*

Bevollmächtigter zum Bundesrath Staatssekretär des Auswärtigen Amts Staatsminister von Bülow: *Ich erlaube mir nur zwei Worte, zunächst ein Wort des Dankes für die beiden Herren, welche* diejenigen Gründe, die für die Bewilligung der Summe sprechen, mit soviel Sachkunde und Wohlwollen diesem Hause wieder dargelegt haben. Im übrigen kann ich mich nur auf dasjenige, was ich gestern und vorgestern die Ehre gehabt habe zu sagen, zurückbeziehen. Wenn der Herr Abgeordnete Dr. Lucius bemerkte, das es für Deutschland wichtig sei, eine Mission in Japan zu haben und derselben daher auch die äußere Ausstattung zu geben, welche im allgemeinen nach einem billigen und mäßigen Maßstab verlangt werden kann, so trifft das in diesem Jahr und namentlich für den kommenden Winter doppelt zu, weil die Stellungen durch die bevorstehenden Unterhandlungen über die Revision unserer Handelsverträge für uns und alle anderen europäischen Nationen von größerer Bedeutung sein wird.[13] Aber auch, wenn das nicht wäre, würde ich mich auf die Erklärung zurückbeziehen können, daß wir bedauern, die Sache so spät vorgelegt zu haben, daß das nicht von unserem guten Willen abhängig war, und daß wir diesem Hause sehr dankbar sein würden, wenn es möglich sein würde, die wohlüberlegten und für nothwendig erkannten Bedürfnisse der Verwaltung zu einem Neubau ohne Zeitverlust zu befriedigen, umsomehr, als der Zeitverlust immer größere Ausgaben für die inzwischen nothwendige Unterhaltung des jetzigen nicht für die Dauer dort gebauten Sommergebäudes erfordern würde.

Ich gebe deshalb nochmals die Bitte anheim, uns die Bewilligung zu machen, die in der That zweckmäßig und, ich darf sagen, nothwendig ist.

Vizepräsident Freiherr Schenk von Stauffenberg: Es nimmt niemand weiter das Wort; ich kann die Diskussion schließen, und wir kommen zur Abstimmung.

Ich bitte den Antrag zu verlesen.

Schriftführer Abgeordneter Wölfel:
Der Reichstag wolle beschließen: Kap. 3 Tit.3, zum Neubau der Gebäude für die kaiserliche Mission in Japan 227 000 Mark wieder einzustellen.

Vizepräsident Freiherr Schenk von Stauffenberg: Ich bitte diejenigen Herren, welche dem eben verlesenen Antrag der Herren Abgeordneten Dr. Lucius, von Seydewitz und Dr. von Bunsen zustimmen wollen, sich zu erheben.

(Geschieht.)

Das Bureau ist nicht vollständig einig; wir bitten um die Gegenprobe.
(Dieselbe erfolgt.)

Meine Herren, das Bureau ist nicht einig; wir müssen zur Zählung schreiten.

Ich bitte also die Herren, den Saal zu verlassen und dann auf das gegebene Zeichen wieder einzutreten, und zwar diejenigen, welche für den Antrag der Herren Abgeordneten Dr. Lucius, von Seydewitz und Dr. von Bunsen stimmen wollen, durch die Thür mit „Ja", – diejenigen, welche gegen den Antrag stimmen wollen, durch die Thür mit „Nein".

(Die Abgeordneten verlassen den Saal.)
Die Thüren des Saals sind zu schließen.
(Geschieht.)

Ich bitte nunmehr, die beiden Thüren zur Abstimmung zu öffnen.
(Geschieht. Die Zählung erfolgt.)

Das Skrutinium ist geschlossen. Die Thüren des Saals sind wieder zu öffnen.
(Geschieht.)
[…]

Meine Herren, es haben an der Abstimmung theilgenommen 249 Abgeordnete. Von diesen haben 132 mit Ja, 117 mit Nein gestimmt; der Antrag der Abgeordneten Dr. Lucius und Genossen ist angenommen.

16. März 1895, 62. Sitzung

[...]
Tit. 11. Das Wort hat der Herr Berichterstatter:

Berichterstatter Abgeordneter Prinz von Arenberg: *Bei dem Gesandtschaftsgebäude in Tokio hört jedes Budgetrecht deshalb auf, weil dies Gebäude durch Erdbeben funditus zerstört worden ist. Wir müssen also, wir mögen wollen oder nicht, wieder aufbauen. Es sind nun in der Kommission in Betreff der Neukonstruktion verschiedene Ansichten laut geworden darüber, ob man in Eisen bauen solle, ob massiv, ob mit gemauerten Fundamenten, wie viel Bestandtheile aus Holz sein müßten, und über ähnliche technische Fragen. Schließlich kam die Kommission nach längerer Debatte zu der Ansicht, daß die Widerstandsfähigkeit der Gebäude gegen Erdbeben von der Stärke des letzteren abhängt, und daß es deshalb am besten sei, dies den Technikern zu überlassen, ohne uns in Bezug auf Erdbeben zu engagieren.*

Ich kann nur namens der Kommission bitten, den Neubau, der dringend nöthig ist – die Gesandtschaft ist sonst nicht unterzubringen –, zu bewilligen.

* * *

[1] August Reichensperger (1808–1895), gründete 1852 mit seinem Bruder Peter (1810–1892) die Katholische Fraktion im preußischen Abgeordnetenhaus und war an der Gründung der Zentrumspartei 1870 beteiligt. Er war bis 1885 Mitglied des preußischen Abgeordnetenhauses und des Reichstages. Als Gründungsmitglied des Kölner Zentral-Dombauvereins (1841) war er auch durch sein Engagement für den Ausbau des Kölner Doms hervorgetreten (alle Angaben über die Beteiligten an der Debatte gemäß *Deutsche Biographische Enzyklopädie – Deutscher Biographischer Index*, CD-ROM-Ausgabe).

[2] Max von Brandt, der damalige „deutsche Konsul in Japan".

[3] Die ehemalige Fürsten-Residenz des Daimyô von Hizen.

[4] Reichensperger meint hier Eisendecher, dessen richtige Amtsbezeichnung Ministerresident war (seit 1880 Bevollmächtigter Gesandter).

[5] Trotz der Umbenennung Edos (Jedo) in Tôkyô (oder Tokio) sprach man im Deutschen Reichstag noch bis in die 1880er Jahre von Jedo.

[6] Jules Lescasse (1841–1901).

[7] Bernhard Ernst von Bülow (1815 1879), enger Vertrauter von Reichskanzler Otto von Bismarck sowie des Kaiserpaares, war seit 1873 Staatssekretär im Auswärtigen Amt und seit 1876 preußischer Staatsminister (ohne Geschäftsbereich).

[8] Louis Constanz Berger (1829 1891), ein Industrieller aus dem Rheinland, war Mitbegründer des Vereins zur Wahrung der wirtschaftlichen Interessen im Rheinland und in Westfalen und trat dem Deutschen Nationalverein bei. Als Mitglied der Fortschrittspartei gehörte er dem preußischen Landtag und bis 1881 dem Reichstag an.

[9] In dem „so unschönen, wenn auch ganz kolossalen Gebäude" befindet sich seit 1989 übrigens die Abteilung Istanbul des Deutschen Archäologischen Instituts.

[10] Otto von Bülow (1827–1901) trat 1857 in den Auswärtigen Dienst Preußens ein, wurde 1879 Leiter der Abteilung Personal- und Kassensachen und vertrat im Bundestag das Auswärtige Amt in Budgetangelegenheiten. Später wurde Otto von Bülow u.a. preußischer Gesandter in Stuttgart, deutscher Gesandter in Bern und Rom.

[11] Robert Freiherr Lucius von Ballhausen (1835–1914) war einer der Teilnehmer der preußischen Eulenburg-Mission nach Ostasien, 1859–62. 1870 wurde er als Mitglied der Freikonservativen Partei (seit 1871 Deutsche Reichspartei) in den Reichstag des Norddeutschen Bundes gewählt, 1870 bis 1893 gehörte der dem preußischen Abgeordnetenhaus und 1871 bis 1881 dem Deutschen Reichstag an.

[12] Georg von Bunsen, geboren 1824 in Rom und gestorben 1896 in Solingen, war als Liberaler 1866 bis 1873 und 1877 bis 1879 Mitglied des preußischen Abgeordnetenhauses und seit 1874 Mitglied des Deutschen Reichstag. Auch er hatte 1859 bis 1862 an der Eulenburg-Mission nach Ostasien teilgenommen.

[13] Zu diesen Verhandlungen siehe die Einleitung, S. 28–32.

第 8 章 1
帝国議会議事録
東京ドイツ公使館新築の件

会計年度 1878/79 の帝国予算補正案に関する第一回審議（資料番号 140）

午前 11 時 30 分　ドクトル・フォン・フォルッケンベック議長、会議を開会。

(...)

［ビスマルク］帝国首相からの書簡が届いております。同書簡に添えて、1873 年に在東京帝国公使館用地として購入された地所における官舎新築に関する覚書、設計図、計画書が提出されました。これで、帝国予算の第三章第三項帝国予算補正の説明書類が揃いました。諸君、本件は既に本日の審議事項となっておりますが、書類は昨日になって届いたものであり、覚書を本日までに印刷することは不可能でありました。よって、覚書、計画書、設計図を右の角の机で提示させることにした次第です。

(...)

それでは、本件の審議を始めます。まず、フォン・ショルレーマー＝アルスト男爵議員から、ご発言願います。

フォン・ショルレーマー＝アルスト男爵議員：議員諸君、ここでも、われわれは、重要な施設に関する審議を、不十分な動機の下で補正予算の形で行うことになっております。このような事態に、われわれプロイセン議会は慣れておりますし、多分、これには非常に人道的な意図が存在するのかも知れません。すなわち、このような事項を小出しにしてくるのは、苦い物は大きな固まりよりも、錠剤の形の方が呑み下しやすいという理由からだと考えられますから。（笑い）

議長：ドクトル・ライヒェンスペルガー議員（クレーフェルト）、ご発言下さい。

ドクトル・ライヒェンスペルガー議員（クレーフェルト）[1]：これより少々見解を述べさせて頂くわけでありますが、誓って議員諸君を長々とお引き留めするようなことは致しません。私はただ少々の指摘をお許し頂きたいのであります。即ち「一時金」の分類の中に 22 万 7,000 マルクとある項目についてであります。既に申し上げましたとおり、これから私が指摘せんとするところは、本件を委員会に付託すべきか否かという、今のところまだ議論の決着をみない問題に決定を下す際に、少なからぬ意味を持つものと愚考するのであります。

諸君、本件に関しては議会当局による不意打ちがあったと申し上げても、決して過言ではあるまいと存じます。

私は、本議案の提示後直ちに事務局に赴き、設計図や覚書等、詳細な情報を入手せんといたしました。然るに、昨日に至っても何ら届いているものはないとのことでありまして、今朝も引き続き照会を続けておりましたが、ようやく、この議場の隅の机に件の覚書が設計図と共に積まれているのを発見した次第です。そこで私は苦心の末、本件が如何なるものであるかを、ある程度知るに至ったわけであります。以下、この議案についていくつか指摘をいたしたく存じます。まず申し上げたいのは、本件は既に 1873 年、当議会で審議された、ということであります。当時 3 万 7,000 マルクの予算が承認されております。これは、今ここで議論の対象となっている土地、少なくともそう思われますが、その土地に当時の領事[2]の公館を建築するための費用として了承されたもので、建物は、既存の建築物[3]を改築し、領事の要望に添うように整備するというものでありました。その後明らかになったところに拠りますと、今から 5 年前－あるいは 4 年前やも知れません。建築に着手できる

1878 年 4 月 8 日
第 31 回会議

のは予算が承認されて後になるわけでありますから－この3万7,000マルクのうち3万1,000マルクが、当該目的に使用されております。残り6,000マルクの行方は判っておりませんが、予算を消化する手だては見つけたに違いなかろうと思われます。さて諸君、今再びこの帝国議会に22万7,000マルクの予算が申請されておりますが、その理由は、駐日公使館の建物が老朽化し、修復は極めて困難であるというものです。この点を強調せんがため、日本の大工の意見書が添えられております。そして理由としては更に、いずれにせよ現在の建物は領事館たるに相応しくない、イギリスやロシアの政府は、遙かに立派な建物を自国の領事のために建てている、と続くのであります。諸君、ことの核心はまさにここにあったと私は見ております。要するに、我々はイギリスやロシアの後塵を拝してはならん、と言いたいのでありましょう。これは、私が数日前にこの場で指摘したことをまたもや立証するものです。議会では、あまりにも多くの立派なもの、快適なもの、適切なものが必要であるとみなされ、そのための予算が求められておりますが、その際、我が国の財政が如何なる状況下にあるかは全く顧みられないのであります。無論、この領事[4]にとっては、たかが公使館と公使公邸といえども、ロシアやイギリスの領事と肩を並べることが、まさに相応しく、また心地良い事でありましょう。この点には全く異論はありません。ただ、残念なことに我が国には、イギリスほど沢山の金がないのであります。ロシアほどもありません。いや、少なくともかつてのロシアほどには、と申し上げておきましょう。今日の同国が如何なる財政状況にあるか詳しくは承知しておりませんので。

（議場に笑い）

ゆえに、このような相互比較ですが、これは見当違いであると思われます。しかし、問題はこれに止まらないのであります。そもそも、ほんの5年、或いは4年前にこの議会において、建て替えは可能である、建て替えで十分であると言って3万5,000マルクを申請し、受け取っていながら、そのわずか4～5年後の今、当時は十分だったはずの建物がもはや使用に耐えなくなったなどと、如何なる釈明をもって我々を納得せしめるおつもりでありましょうか。これは、当時の判断が甚だ軽率で楽観的に過ぎるものであったか、あるいは現在まだ新築が必要な時期に至っていないかのいずれかであります。予算申請の主な理由として覚書には、江戸[5]ではとりわけ冬の風が強く、建物はひどい損傷を被っている上に、しばしば地震にも見舞われる、とあります。しかしながら、かようなことは全て1874年時点で既に判っていたことでありまして、そのための建設だったはずであります。次に、ここにある設計図について指摘いたします。お断りしておきますが、ここでは決して、建築様式の正当性とか、設計図の美しさについて票決を行うべきではない、という点において私はラスター議員と見解を一にするものであります。私はまた、目の前にあるこの設計図を批判しようと思っているのでもありません。この設計図自体は美しいとは言い難いものですが、いずれにせよ、分不相応に豪勢な建物とはなっておりません。ここで私が敢えて具体的に取り上げて高く評価したいのは、宮殿のごとき体裁にしよう、などという心得違いがないことであります。ちなみにこの点、他国の公使公邸には甚だしい行き過ぎが見られるのであります。それでも指摘せざるを得ない点がございます。それは、覚書の記述とこの設計図とを見比べた時、必ずしも符合しない点があるということであります。設計図を見るに、この建物の開口部はどれも異常に大きいものであります。言われているような強い風、嵐のような風が吹き荒れるのであれば、この異常に大きい窓でどうやってそれを堪え忍べるのか疑問であります。

さらに驚くべきは、設計に当たって日本人とフランス人の建築家[6]二人に話を持ちかけている点であります。ちなみにこの設計図はフランス人が描いたもののようであります。指示書きやメモがどれもフランス語になっております。私は、日本でドイツ人を雇わず、またドイツ本国から設計図を送らなかったからといって異議を唱えるものではありません。些細なことでの粗探しは姑息というものです。しかし、それでも指摘せざるを得ないのは、このフランス人が、見たところ大して難しくも

なさそうなこの建築の現場の監督を務めるだけのことに、1万5,200マルク、あるいはそれ以上を要求している一方で、日本人はその半額でいいと言っていることであります。これは看過できることではありません。私はフランス国民になんら反感を持つものではありませんが、やはりこの場合、フランス人を日本人より優先するのは適切ではないと考えるのであります。もっともこのようなことは、むしろ二次的な問題に過ぎません。私の発言は、ひとえに議会や委員会の目を現実に向けんがためのものであります。今のところ私は、この領事が、あと数年は当然辛抱できるはずであると考えております。その理由は既にお聞きの通り、今からわずか数年前に、しかもどうやら当時の領事の要望を入れ、かつ実際の必要性に応じて、3万7,000マルクを投じて既存の建物が改築されているからであります。一方、あと数年の後には我が国の財政も、つい先ほど発表されました財政計画が効を発し、輝かしい状況になるものと期待しております。そうなれば、22万7,000マルクなどさしたる問題にもならない金額となりましょう。しかし現状では、この金額は、軽々と扱うにはあまりにも多額であります。今一度申し上げますが、この項目が議会で承認されぬよう、さらなる詳細な検討を希望いたします。

　議長：連邦参議院代理、フォン・ビューロー国務大臣、ご発言下さい。

　連邦参議院代理、[ドイツ帝国]外務大臣、[プロイセン王国]国務大臣フォン・ビューロー[7]：諸君、先ず初めに、前発言者からご指摘のありました覚書の議会提出が遅れましたこと、並びにその内容が不完全でありましたことにつき、帝国議会に対しお詫び申し上げます。追加申請を余儀なくされた原因は主として、日本が極めて遠隔の地であること、通信の容易ならざること、そして厳密を期したことにあります。厳密を期したと申しますのは、議案の提出を決定するに先立ち、一連の報告書および証明書が外務省ならびに帝国宰相府により審査されたという意味であります。その際、審査を要する報告書の到着が ― われわれは、東京に、再三報告書の提出を求めておりました ― 非常に遅れたため、上級技術官庁による審査は、つい数日前にようやく完了したのであります。このため外務省で作成された覚書が戻ってきたのも昨日のことでありまして、今朝ようよう提出の運びとなったわけであります。もっとも前発言者におかれましては、かかる事態にもかかわらず、覚書をこれほど丁寧にお読みになる時間がまだおありだったようでございまして、私と致しましては胸をなで下ろしておる次第であります。ただ、本議案の否決を求めておられる前発言者の個々のご指摘に対して、私に反駁の余地がないほど正確にお読みいただいたとは、言えないようでございます。

　先ず申し上げたいことは、1873年に当時の駐日公使公邸として承認された予算金額は、現在に至るまで使用されております例の建物の建設費として承認されたものではない、ということであります。3万7,000マルクと、前発言者も正確に挙げておられます金額のうち、建物に使われたのはごくわずかな金額であります。先ず、敷地を購入せねばなりませんでした。ちなみにこの地価は、その後著しく上昇しております。次に家具調度を調達いたしました。そして、わずかに1万6,500マルクが建て替え費用に充てられたのであります。この程度の金額では、ドイツにおいてさえ、大した事はできません。現地ではなおさら困難であります。建物は必要最低限の改築がなされたに過ぎないのであります。また、全てを換算するならば、駐日弁理公使や書記官、通訳官等が居住していたこの5年あるいは6年間の支出は、極めて少額であったといえるばかりでなく、この間の地価上昇、ならびに駐日公使館の全部を東京に移管してまとめたことにより、相当の利益を上げているとさえ言えるのであります。敷地は東京でも極めて良好な地にございます。しかし、そこにある建物は日本式の家屋であり、長期間の使用を前提とするようなものではありませんでした。前発言者ご自身が、この建物に見受けられる、ごく基本的な現象を充分認識しておられますが、私も、そのご見解の信頼性をなお一層強調する以外に、なす術を知りません。これは極めて簡素な造りの建物であり、煙突もなく、壁は非常に薄く、部分的には竹と木で

できております。そこに雨風がたたきつけられ、遂に現在の弁理公使［カール・フォン・アイゼンデッヒャー］をして、ここに長く居住することは不可能である、と言わしめるまでの状態になっております。彼は未だ独身である上、海軍士官として天候の変化には慣れているにもかかわらず、であります。また、この際申し上げておきますが、同国では火事の危険性が非常に高く、特に、このように極めて無防備な家ほど、危険に曝されやすいのであります。斯様な状況で、新築を決定した次第でありますが、実際のところ、決して喜び勇んでそうしたのではないのであります。欧州であれ海の向こうであれ、在外公館の新築は、我々にとって総じて有り難くないものであります。しかし、本件ばかりは、猶予ならざるもので、これを実行することは義務でありました。そこで昨年、必要な調査をさせたのであります。ですから断じて、ロシアやイギリスの公使館のような、可能な限り華麗で高尚な造りにしようなどという願望を、基準にしていたのではございません。拝察いたしますに、この点については、前発言者も事実に即した完璧な判断を下されております。ご自身、この設計は現地の気候に配慮し、日本における弁理公使や書記官、通訳官の住居や厩舎の一般的状況を考慮したうえで設計された合理的なもの、と認めておられます。

　次に、日本人、フランス人あるいは他の建築士同士の競争についてでありますが、事は極めて単純明快であります。予備調査は、日本人の非常に熟練した建築士が行いました。その際、弁理公使が、建てるならば今度こそ長持ちする堅固な造りにするようにとの希望を表明したのは、その職責からして当然のことであります。今、この議会に、われわれは、遺憾ながら、しかし、ひとえに義務を果たさんとの思いからこの議案を提出しておりますが、数年の後、再びこのようなことを繰り返さねばならぬ羽目に陥らぬような家を建てるように、と彼は要請したのであります。日本人建築士から設計図と意見書が提出されて後、弁理公使は、フランス人の建築士に意見を求めました。この建築士は、ロシアとフランスの公使館・公使公邸のほか、ドイツ海軍病院も手掛けて成功しております。ご承知の通り、日本では数年前にドイツ海軍病院の建設が始まり、ちょうど完成したところであります。また、どの建築においても、このフランス人建築士の実力は、証明されております。ただし、報酬は少々高く、日本人建築士より2万マルクも高いのでありますが、工事および作業員の監督についても、より高く保証されるのであります。

　要約いたします。建設それ自体は、必要であります。また5年前に承認された金額は、地価の上昇ならびに、公使館員の住居費をおさえることが出来たことにより、年ごとに配分し直せば、むしろ利潤があるほど上手く回っております。しかし、建物は、現在、崩壊寸前であります。また、簡素な日本の建物から持続可能な頑丈な建物を創り出すことは、われわれはもとより、日本人やフランス人の建築士にも不可能であります。しかし、東京では特に恐れられている火事や風、雨、気候に堪え得る煉瓦造りの建物を建てようという提案、海の彼方で我が国を代表している者たちに、良質だが飾り気のない、間違っても華美ではない住居を提供しようという提案であれば、必ずや議会のご理解を賜るものと拝察いたします。尚、遠隔地という事情に伴う種々の困難に鑑み、われわれといたしましては、この審議が1879年にずれ込むのではなく、直ちにご判断を頂けますならば誠に幸甚に存ずる次第であります。建物の完成に責任を追う立場であります関係上、早急に着工したいと考えております。私は本議案が議会で可決されることを信じ、感謝いたしますと共に、外務省が提案し、願わくばこの議会において了承されるであろう本件に、正義があったと確信する次第であります。

議長：ドクトル・ライヒェンスペルガー議員（クレーフェルト）、ご発言下さい。

ドクトル・ライヒェンスペルガー議員（クレーフェルト）：諸君、第2回審議において再度発言をお許し願わずに済むよう、この場で、今一度意見を述べさせていただきます。先ず、3月18日付の覚書が議会に提出されたのは本日であり、およそ3週間も経ってからであったことをご指摘申し上げます。

さて、連邦政府を代表する立場のお方が先刻述べられたごとく、3万1,000マルクで単に土地を購入しただけではなかった、改築もなされ、居住の目的で建物が建てられ、しかもその建物には3年か4年の間、実際に人が住んでいたのだということが、目の前にあるこの覚書からは判明し得ないとなれば、私も相当勘違いをしていたことになります。しかしながら、一度人が住めるようになった建物が、たった3年後にまた住めなくなったなどとは、やはり考えられないのであります。もしこれが真実であるとすればー真実だと思いたいのですがー これは当時の措置が実に無責任で軽率であったということになります。また、たった今、気がつきましたが、覚書には次のようなくだりがあります。「その結果、皇居と官庁街に近く環境良好な場所にある土地を、日本のある領主より1,700ドル、即ち7,630マルクにて買い取り、同地に既にあった建物の改築に2万3,625マルクが費やされた。」とのことであります。つまり総額にして3万1,000マルクは、土地だけではなく、建物にも使われたということであり、従いまして、私は当然、元の主張を変える必要はないと考える次第であります。即ち、1875年に－それ以前ということはあり得ません。この金額が承諾されたのが1874年でありますからー 建てられた建築物は、当然、あと数年間持ち堪えるであろうこと、そして我が国の財政が再び、具体的にいくらと予想されているかは存じませんが、いずれにせよあと数百万マルク豊かになるまで、われわれは、待つべきである、ということであります。その時こそ、立派な公邸を建てて進ぜましょう。しかし今は、大いに節約を敢行する時であります。次に、フランス人建築士云々の件であります。この建築士は、一方でかなり高額な建築見積を出しておき、他方で、これと大いに関係がありそうですが、自分一人分の建築監督報酬として、建築費の8パーセントと、どう考えても法外な金額を要求しております。このような者は、さほど温情をかけてやるにはあたらないのであります。一般的に考えましても、建築士や監督には、その土地の気候や条件に合わせ、現地の資材で建物を建設することに精通している人物を充てるのが、得策でありましょう。そうした人物は、どこでも見つかるでしょうが、特に日本のように、技の伝統が職人にとって大きな意味を持ち、実際並々ならぬ腕前が披露されている国では、そうすべきであります。従いまして、この場合、日本人建築士のほうを取るべきで、況や、ここに挙げられている金額より安く建ててくれるのであれば、尚更であります。以上、検討を要すると思われる疑問点を申し述べました。これにより、議員諸君が、少なくともあと数年先まで本件を保留する決断を下されることを期待いたします。この件につき、特段の緊急性は全くないものと考えます。

　議長：フォン・カルドルフ議員、ご発言下さい。

　失礼いたしました。それより先にフォン・ビューロー大臣が発言の許可を求めておられました。フォン・カルドルフ議員、一旦お譲り願えますか。

　（同人、同意）

　連邦参議院代理、外務大臣、国務大臣フォン・ビューロー：ご配慮、誠に恐縮に存じます。直ちに意見を申し述べたかったものですから。

　新築および改築の完了は1874年ではなく1873年であります。追加予算に組み込まれておりました。金額は仰るとおりであります。また、前発言者は建築にお詳しい、お詳しすぎるくらいでありますから、日本建築にドイツ人が入居すれば、種々の改造が必要になるということは容易にお分かりかと存じます。そういうわけで、改築がなされたわけですが、あくまでも軽度の、最小限の改築でありました。また、この金額は内装・調度全ての費用をも含むものであります。ですから既に当時、長期的に持ち堪えるとは考えられておりませんでしたし、それは不可能なことでもありました。また、フランス人建築士についてでありますが、まさにご指摘の点、即ち気候、建築法、種々装備の合目的性に関する専門的知識が、このフランス人を選ぶにあたって決定的要素となったのであります。彼はロシアとイギリスの公使公邸ならびに我が国の海軍病院を手掛け、どれも非常に満足のいく出来映えであります上に、我が国の常駐

使節とも数年来面識のある人物であります。私は、いずれも等しくわれわれと友好関係にある国々の能力や才能、工事の保証などを、相互に比較するようなことは出来かねます。しかし、ヨーロッパ人の建築家で、日本でも修行を積んでいる人物、しかも優良な建物を建てた人物、少なくとも洋式建築で実績を持つ人物、こういう人物には非常に多くの利点があるといえるわけであります－ちなみに、今回、われわれが必要としているのも洋式の建築であり、これまでのような、日本の夏別荘の転用ではなく、この先長い年月に亘り、我が国の公使館と公邸となり得るような、石造りの家が必要なのであります。また、少々余計にかかる報酬についてもご了承を得なければならないわけでありますが、これとても、建物の安全性、品質、適正について、より確実な保証を与えてくれるものに他なりません。以上が、選定にあたって基準となった主たる根拠であります。また、覚書の日付云々に付きましては、ご指摘の内容に全く間違いはございません。覚書は、外務省で作成されました。ただ、その後この覚書は連邦参議院を始め複数の官庁に送られたのでありまして、この日付はまさに、われわれが、一刻も早く申請をすべく議会のために、この覚書を用意したことを立証するものであります。

　財政状況が、この議案に影響を及ぼす可能性がある、あるいは及ぼすべきであると信じたくはございません。いわんや、この議案は、財政上必要なものであるだけに、なお一層その感を強くいたします。と申しますのも、今建てなければ、後で更に高い費用で建てることになるわけでありますし、一方、現在の建物も修復は不可避であり、それにも費用は掛かるからであります。さもなくば建物は崩れてバラバラになりましょうし、いかにも日本でさえ野宿はできないのであります。

　最後に、そもそも、5年前により多くの金額を申請すべきであったと指摘なさるのであれば、新築費用として、常にできる限り多額の予算を要求するなどということで、権利を引き出そうとは思いません。われわれは、必要最低限に留めているのであり、また海外にいるわれわれの代表機関の言うことは信用せねばなりません。アジア極東地域については、特にそうであります。既に申しましたとおり、われわれは、詳細な報告をさせており、その上で私は、この提案が誠実に準備されたものであり、予算請求は必要である、あるいは、状況に鑑み利益をもたらすものであるとの確信を得ることができたのであります。よって議会に対しましては、これに賛同なさるようご提案申し上げるばかりです。

　議長：フォン・カルドルフ議員、ご発言下さい。
　フォン・カルドルフ議員：議員諸君。会議を混乱させることになりまして誠に恐縮ではありますが、どうかここで日本や東京から一度故郷ドイツにお戻り頂きたい。
　（...）

1878年4月10日
第33回会議

会計年度1878/79年度、帝国補正予算、第二回審議会（資料番号140）

　午前11時30分ドクトル　フォン・フォルッケンベック議長、会議を開会。
　第3章「一時金」の審議に移ります。
　在東京（江戸）ドイツ帝国公使館用建物の新築費用として、22万7,000マルク。
　ベルガー議員、ご発言下さい。

　ベルガー議員[8]：既に第1回審議において、ライヒェンスペルガー議員（クレーフェルト）は、ここに要求されている在東京公使館公邸の新築費用を承認せず、場合によっては、来年度の予算審議を待ち再度検討するよう訴えておられました。私はその議論の場におりませんでしたが、ライヒェンスペルガー議員がご提案の理由として挙げられた点は、実に核心をついたものであると私には思え、自分もこの問題に立ち返り、是非とも議員諸君に対し、この議案を直ちには承認しないよう願わねば

と考えた次第です。もし、帝国議会が、この連邦参議院の企画による建築工事に対して、これが低予算かつ合目的に進められていると全幅の信頼を寄せることができるならば、また外務省管轄下で、ここ10年間に建てられた建物も、そのような方法で建てられたのであれば、私は今回の連邦参議院の提案を、今直ちに承諾することに、なんら抵抗を覚えないでありましょう。しかし諸君、私個人は、残念ながらこの信頼を抱くことができないのであります。その根拠は、コンスタンティノープルに大使館が建設された際の、苦い経験であります。この建物と、この度連邦参議院から出された東京の建物に関する案とには、その誕生の経緯や工事の推移において、懸念すべき類似点があるように思われます。プロイセン政府は1864年、駐土領事館とする目的で、コンスタンティノープル[9]に、自前の土地を購入いたしました。当初、その予算は、折からの国内外混乱を理由に、一旦は否決されましたが、その後、追加的な事後承認という形で了承されたのであります。ところが、そのわずか7年後に、この1864年に当時の領事館用として購入された土地が、実は使い物にならないということが判明いたしました。これを受け、改めて公使館の新築が最終的に決定され、その申請が、再度、帝国議会に提出されたのであります。故ゲーベルス建築士の作成による設計図と見積書を基に、先ず24万5,000ターラーの予算が承認されました。しかし、その後設計図と見積りを再検討した結果、当初十分とされていた24万5,000ターラーでは足りず、それより遙かに多い37万5,000ターラー、即ち50％も多い金額が必要と判明したのであります。帝国議会はこの修正後の金額も了承し、着工となりましたが、むろん、建設地は当初購入したペーラの土地ではなく、ボスポラス海峡に面した別の土地で、しかも先ず、これを10万ターラーという大金を払って購入せねばなりませんでした。さて、1876年度予算審議の段になってようやく帝国議会に届いた報告には、既に議会で承認された修正後の金額37万5,000ターラーに土地購入費用の10万ターラーを加えた総額47万5,000ターラーでもなお不足していること、それどころか、新しい建築士コルテュームが、別途試算したところでは、218万マルク、旧通貨に換算して72万6,000ターラーという途方もない金額が必要である、と記されていたのであります。これは1871年の見積および申請額の実に3倍近い額であります！1876年度の予算で提供された新しい詳細によりますと、畜舎、壁、ランプ、階段などだけで26万5千マルクという巨大な金額を要したようでございます。

　ここまでの話から、本件において、帝国議会が無限の気前よさを発揮したことがお判りになったことと存じます。また、250万マルク近い（現場の経費も含めて）法外な建設費を投じて出来上がった建物は、さぞや立派な、誰もが満足するようなものであろうと期待して然るべきであります。しかし、この至極当然な期待は、完全に裏切られるのであります。それどころか、在コンスタンティノープル大使館の建物は、建築上ごくありふれた要求さえ全く満たせないほど、異様な代物のようであります。私自身は、実際にこの目で見る機会に恵まれておりませんが、ある新聞、ドイツの有力紙の一つに数えられる新聞で、しかも、如何なる観点からも「反国家的」とは咎めようもない新聞、要するにケルニッシャー・ツァイトゥングのことでありますが、現に、今の政府に対しても誠に寛大なこの新聞の特派員、信頼に足る特派員が、昨年12月4日、即ち件の大使館が華々しく落成式を迎えた日の記事の中で、この場所ふさぎの金食い虫について、誠に厳しい調子で次のように述べております：

> これは動かぬ巨人、優美さのかけらもない化け物、なんら建築上の美しさも備えていない、味噌糞分かたぬ塊である。この化け物はその横柄な皮肉さでもって、およそ建築たるものに求められるべき条件をことごとく黙殺している。周囲は妖精の住むごとく魅惑的であるのに、そのただ中に建つこの化け物は、正に粗野なよそ者で、いかにもそこに居づらそうなのに出ていこうともしない、途方に暮れているくせに、何を諭されても耳を傾けようとしない。屋根からは石造りの鷲の群が羽を広げ、あたかも、地上にあ

るこの地域の存在をさえ妬んでいるように、辺りを睥睨している。建物は不機嫌そうに引きこもり、気候が求めているような、そして周囲の華やかさを考えれば、つくらずにはおられないはずのベランダ、柱廊というものもない。もしその周囲を一年中北風が吹きすさぶとしても、これほど息詰まるような閉鎖的で奇妙な建物もないであろう。

そして最後にはこうも述べられております：

> それに比べれば内部はかなりゆったりしている。大使館には300以上の部屋があり、中でも舞踏会用ホールは巨大といってもいい。これにかかった費用は、およそ100万マルクである。

最後の部分、つまり費用に関する部分で、この特派員が残念ながら全く勘違いをしていることは、既に先ほど私が資料を用いて立証しております。いくら巨大とはいえ、これほど不格好な建物の建設費が、250万マルクは下らないというのであります。

諸君！外務省管轄の建設工事に絡み、このようなことがあった以上、今後、帝国議会は格段の注意を払うべきであり、今ここで在東京公使館員のために、またしても追加予算という形で高額の金を承認すべきではないと、私が考えても当然でありましょう。また、今申請されているこの22万7,000マルクという金額にしても、数年も経てば、やはり足りなかったということになり、帝国議会に新たな予算が申請されるに違いないと、私は睨んでおります。現状に対して、斯かる疑念を抱く以上、私といたしましては、ライヒェンスペルガー議員のご意見に賛同し、この予算を否決するよう、諸君に切にご提案申し上げる次第であります。在東京公使と公使館員が、現状の建物で今日まで凌いでこられたのであれば、更にあと数年そのままでいることは可能でありましょう。従いまして、現時点では、まだ承認しないことこそ正しいと考えます。

議長：他に発言の要求はないようです。
連邦参議院委員に発言を許します。

連邦参議院奉行、帝国正枢密顧問官オットー・フォン・ビューロー[10]：この予算項目につきましては、先の第1回審議における外務大臣の発言を引き合いに出すほかありませんが、私から今一度、要点を、即ちこの申請の緊急性についてご説明申し上げます。

日本国における政変の後、同国政府は1872年、諸外国の駐日領事館・公使館に対し、その居住地を首都に移すよう要請して参りました。これにより我が国の代理公使[11]も、東京に宿舎を探す必要に迫られたのであります。しかし、旅館、あるいは、われわれの想定する意味での民家は、存在しません。従いまして、不如意となった日本の侯の一人が、首都にあった屋敷を手放さなくてはならなくなり、ドイツ弁理公使に売却を打診してきましたのであります。地所は大変よい場所にあり（覚書にあるとおり、宮殿と官庁の近傍であった）、価格は妥当なものであったので、建物はかなり老朽化が進んではおりましたが、弁理公使はただちにこれに応じ、屋敷を自費で、自分の責任で購入したのであります。その後間もなく1873年度追加予算として、この購入費ならびに改築、内装費用として1万2,300ターラーが申請、承認されました。その内訳は、先に大臣より説明がございましたとおり、そもそもの購入費に2,800ターラー、改築に5,500ターラー、そして内装に4,000ターラーであります。

改築につきましては、お聞きの通り、かなり痛みの激しかった建物を、居住可能にすることのみに限定されました。即ち床、窓、扉の交換、耐火性倉庫の新築（この倉庫はもちろん今もございまして、今後も取り壊さないことになっております）、庭の造園、敷地周囲の塀の設置などであります。さて諸君、ここで5,500ターラーという金額を、代理公使以下全館員がここに居住した5年間に振り分けるといたしますと、これは非常に安い賃貸料とみなすことができるのであります。従いまして、当時の改築目的が、あくまでも在東京ドイツ領事館の館員に仮住居を提供することにあり、しかも、これが比較的少額の費用で達成されたと主張するのは、至極もっともなことであります。二年

ほど前より、建物全体に相次いで欠陥が見つかっております（老朽化した建築をそのまま改築に利用したことによる必然的結果であります）。このため、代理公使は、自ら提出した鑑定書ならびに自身の体験に基づき、建物は、早晩居住不可能になると公式に断定いたしました。詳細につきましては、現在の惨状が具体的に記された覚書をご覧頂きたく存じますが、大規模な修復工事か、あるいは新築のいずれかが必要な事態となっております。専門家の鑑定では、修復の場合、その費用は新築見積の約三分の一でありますが、修復後の居住可能性はわずか10年程度、建物によっては5年しか保証されず、また火災や天災に対する不備は、修復後も変わらないなど、かなりの経費を要する割には長持ちするものは出来ないということでありました。このような中、弁理公使は、日本人専門家と見解の一致を見、新築に賛成すべきであると考えたのであります。新築費用は、既に言われております通り、日本人業者の見積では20万7,000マルク、ヨーロッパ人建築士の見積では22万7,000マルクでございました。また、ヨーロッパ人建築士を優先すべき理由につきましては、第1回審議においてご説明済みであります。この建築士の設計図は、専門的知見に基づき厳密に作成されており、ロシアと英国の公使館建設時の経験が活かされております。

こうした事情を鑑みて、申請金額22万7,000マルクのご承認を、重ねてお願い申し上げる次第であります。

最後になりますが、在コンスタンティノープル大使館に関する前発言者のご指摘につきましては、そのご見解で、かなり孤立しておられるように思わざるをえないのであります。大使本人ならびに大使館員は、新しい建物に至極満足しており、この建物が求められている役割を満たしていることを保証いたします。

議長：ドクトル・ライヒェンスペルガー（クレーフェルト）議員、ご発言下さい。

ドクトル・ライヒェンスペルガー議員：諸君、この予算項目に関する前回の審議で既に申し述べたことを繰り返すつもりはございません。ただ、連邦参議院側からたった今承りましたことにつき、少々指摘したいことがございます。

4年前、あるいはそれ以後に、問題の建物の改築が行われたというのは紛れもない事実なのであります。改築には2万7,000マルクかかっております。そのたった3年後に－と申しますのも、この予算項目にまつわる審議は昨日今日に始まったのではなく、年度末前には始まっておりましたので－たった3年後に、改築では用をなさない、建物は今にも崩壊して人が住めなくなりそうだ、と言い張っておるわけであります。諸君、これをどれ程寛大に評価しようとも、少なくとも、当時の改築が極めて軽率に進められたことは認めざるを得ないでありましょう。これだけの金をかけた改築、つまりある程度長期間の居住性確保を当初から目的としていた改築は、当然3年以上たっても持ち堪えられるはずであります。もしそうでないとすれば、いわゆる無駄金を使ったということになるわけであります。あくまでも、一時的な仮住まいをつくる予定だったとは、覚書にも書かれておりません。むしろ、少なくとも、10年以上は住めると見込んでいたに違いないのであります。諸君、このようなことがありますと、われわれも、少なくとも今後は大いに慎重に、事を進めねばならんと思うようになるわけであります。22万7,000マルクという金額は、それ自体、断じて端金ではありません。この議会では、常に節約の必要性が説かれてはおりますが、これまでの経験では、この必要性がいつも彼方へ追いやられ、不当な予算請求の殆ど全てが、議会で過半数の承認を得ております。しかし、言葉の上だけの節約では、議会の外で感謝してくれる者は殆どおりますまい。

加えて申し上げますが、目の前にあるこの覚書を読むかぎり、本件が十分解明されているとは、到底いえないのであります。まず、一つは日本人、いま一つはフランス人による二種類の見積書があり、両者の間で合計金額に少なからぬ開きがあること。次に、つい今し方、枢密顧問官殿のご発言により判明したことですが、われわれには、改築という選択肢がまだあり、

それがたった三分の一の経費で済むと言うことであります。それならば尚更、少なくとも来年度の予算審議まで待ち、その間に本件を詳細に検討することが適当と思われます。その頃までには、現時点で未解決の疑問点にも詳細かつ確かな回答が与えられていることと存じます。ベルガー議員がご発言の後半で述べられた点も、いずれ検討の対象となるでありましょう。

前回の審議で、私は、この設計図が誤った高望みをしていないという意味で、良くできていると申し上げました。ちなみに、コンスタンティノープルの大使館・公邸は、残念ながら、この誤りが最悪の結果をもたらした例であります。ただ、この設計が、美しいとはお世辞にも言えないのであります。私が申し上げたいのは、この建物が、将来、日本にその居場所を得ることになるのだということを覗わせる特徴が、設計図にもう少しあっても良さそうだということであります。この、多少ーもちろん、ごく部分的、しかも、その美しさのいくつかでも映すこともなくですがー当地のプレス侯の邸宅を彷彿とさせるといえなくもない建物は、世界のどこにでも建てられる、そこら中にある個性も何もない建物であります。翻って考えますに、もしある国で、我が国が良い意味で注目を集めるよう努めねばならず、あまつさえロシアや英国と張り合い、またドイツ帝国が、趣味の悪さで、世界の国々を凌駕などしていないことを示さねばならないのであれば、外見というものに、もう少し配慮があって欲しいと思うのであります。思うに、たとえ費用を据え置いたままでも、設計図をより美しく感じの良いものに描き直し、この建物が建つ場所は日本であって、リューネブルクの荒野だのフンスリュックの山の中などではないことが判るように、修正することは可能でありましょう。ですから私は、事態は、予算承認を延期することで好転すると考えるのであります。これに、危険が伴うことはまずありますまい。仮にあるとすれば、それは過去の改築が、軽率に進められたことに由来するのであります。この軽率さがもたらした結果は、それを引き起こした者が、これからの9ヶ月間背負うべきであります。これは、こと建設工事となると、国家の金を粗略に扱うというやり方に対して、当然与えられるべき報いであると考える次第であります。

議長：フォン・ビューロー国務大臣。

連邦参議院代理、外務大臣、国務大臣フォン・ビューロー：議員諸君を疲労させたくはございませんが、前発言者のご発言の最後に、軽率さから国家予算が粗略に扱われているとのご批判がございましたことに対し、私といたしましては、反論せずにはおられないのであります。疎略に扱うことなどは、いたしてはおりません。外務省は、国外における我が国の品格を保つに必要と判明した要求を満たすべく、成すべき事を成しているのであり、その遂行には、熟慮と、そしてある種の慎重さが伴っております。そして、正にこの慎重さ故に、私が主要批判と呼んでおりますご批判、即ち5年前にもっとしっかりとした、質の良い、長持ちする建物を建てておくべきであった、という批判が、かくも再度に亘り繰り返されることとなったのであります。

第1回審議においては私から、そして本日は奉行殿より詳細にご説明申し上げましたとおり、確かに、当時、本格的な改築あるいは新築にすべきところではありましたが、1万8,000マルクという金額では － 日本のとある公子の夏別荘であったこの建物の改築そのものに使われた費用はこれだけであります － 横浜から江戸への移動が決まった領事館員のために、ほんの急場凌ぎの官舎を建てることで精一杯だったのであります。しかし、この結果、これも申し上げたことであります が、この5年間の居住費は年間にして1,200ターラーと比較的少額となり、断じて国庫の金の浪費などにはあたらないのであります。

本件は、私の着任前に処理されたのでありますが、書類を見て確信いたしましたのは、当初、多額の予算を請求しようとしなかった背景には、我が国の対外関係の推移や増大する業務の重要性があり、そして、われわれが、徐々にこうした課題を解決していこうと考え、誰の趣味や要求にも合い、またどのよ

うな情勢の変化にも堪え得る建物の大工事に直ぐには踏み切らなかったのだということであります。

ただ、こうした建物が長く持たないであろうことは、あらかじめ予測されたことであり、また付近で発生した二、三の大火の際に建物が焼失を免れたという幸運も、ひとえに、即座に、防火措置をとった館員の注意力と有能さによるものであります。

しかし、今やこの建物は人が住める状態ではなく、決断をひと月延ばせばそれだけ費用が嵩む状況にまでなっております。これに対して我々は、一刻も早くなすべきことをなさんと、極めて妥当な、全く以て正当な金額を願い出ているのであります。来年度の本予算審議を待ってこの件を持ち出せば、もっと楽ではありましょうが、事は急を要すること、現地との往復に4ヶ月以上かかること、設計図は関係技術省庁による十分な審査を受けていること、これらの理由から、この予算申請を行うほかに出来ることはないのであります。繰り返しますが、仮に、当時もう少し堅固な建物が建てられたはずだとしても、あの金額では、いずれにせよ不可能だったのであり、これが今回の予算申請を阻むものであってはならないのであります。全てが、崩壊し台無しになるに任せるということがあってはなりません。更に、これも申し上げたことでありますが、この金額には、常設倉庫、塀、壁など複数の工事が含まれております。今、われわれが行おうとしていることは、その予算を、当時申請していたならば、行うことになっていたかもしれない事なのであります。しかし、当時は、与えられた範囲内でやりくりしなければならなかった。当時は、他にも多くの重要な建設工事が必要とされており、そのまま、押し進めてよいか躊躇したのであります。しかし今は、どうあってもこの金額を工面しなければなりません。これは必要な予算であり、かつ正当なものであると私は信じております。

議長：ドクトル・ライヒェンスペルガー議員（クレーフェルト）。

ドクトル・ライヒェンスペルガー議員（クレーフェルト）：もう一つだけ、最後に耳にしたことについて指摘いたします。即ち、つい4年前には、われわれは大金を持って浮かれており、そして今は、その全てが跡形もなく消え失せたという話についてであります。事実関係がもし今のご説明通りであったならば、4年前に間違いなく、議会に、この度のような要求を掲げ、22万7,000マルクの建物を建てたはずであります。

議長：ドクトル・ルツィウス議員、ご発言下さい。

ドクトル・ルツィウス議員[12]：ライヒェンスペルガー議員に一つだけ申し上げます。日本の家屋は、昔と変わらず、木と紙と藁から出来ておりますことから、風雨に対しては、微々たる耐久力しかないのであります。問題の建物が5〜6年も前に6,000ターラーという少ない費用で修復されたのであれば、これは極めて質の高い仕事がなされたということであります。日本の天候は非常に破壊的で、地震や豪雨を伴う嵐は、日常茶飯事であります。家一軒が丸ごと吹き飛ばされたり、完全に倒壊したり水浸しになることも珍しくないところに、このような応急処置を施しただけの家屋が、6年間も持ち堪えたということは、明らかに決して悪くない出来であり、むしろ上出来というべきであります。またベルガー議員のご発言は、的確というにはほど遠いものと存じます。個人が家を建てる場合でも、見積金額を超えずに済む例は殆どなかろうと思われます。こうしたことは国家事業に限らず、一般人の誰にでも起こりうることであります。まさか、帝国議会で、われわれが学術的な建設評議会よろしく、此処彼処の都市に建設する建物の趣味について、あれこれ指示するわけには参りますまい。われわれが、もしそのように一部始終に至るまで口を差し挟もうとすれば、その労力たるや、到底遂行し得ないほど膨大なものとなりましょうし、また実際のところ、われわれには、こうした作業を行うに十分な技術的知識や現地についての情報がないことも多いのであります。そういうわけで、私は、日本ではこれまで例のない程大がかりなこの建設も、実は経済的であったということが、事態の推移の中で必ず明らかになると考える次第でありま

す。設計図を拝見いたしまして、正直なところ、確かに豪華とは呼べないものでありますが、建物は無駄がなく、かつ防火性を備えております。要するに、コンスタンティノープルと同じく、火事が非常に多く発生し、ひとつの地区が丸ごと灰になることも珍しくない現地においては、重要書類の安全な保管という観点からも、とりわけ重視されるべき条件を満たしております。でありますから、予算を承認するのが本年度か来年度かということは、もはや二次的な問題であり、我々がこの建設を、仮に、今年は否決しても、来年は承認せねばならないのは、動かしがたい事実であります。従いまして、今年のうちに承認することを、ご提案申し上げる次第です。

議長：ヴァレンティン議員より、議論打ち切りの提案がございました。－－他に発言のお申し出もないようであります。よって、これをもちまして、審議は終了といたします。採決に入ります。

第3章第3項在東京帝国公使館用建築物新築の為の一時金22万7,000マルクの承認に賛成の方のご起立を求めます。
　　　　　　　（賛成者起立す）

副議長及び書記は、全員一致で、過半数に達せずと認めます。よって承認は否決されました。

1878年4月11日
第34回会議

東京（江戸）における駐日帝国公使館の建物
午前11時35分　ドクトル・フォン・フォルッケンベック議長　議会を開会。
(...)
第3項に関し、ドクトル・ルツィウス議員より、資料第168号の通り動議が提出されました。
これより第3項ならびに同項に関するドクトル・ルツィウス議員の動議につき審議を行います。ドクトル・ルツィウス議員に発言を許します。

ドクトル・ルツィウス議員：諸君、昨日は、この予算項目は否決されましたが、反対意見は辛うじて過半数を超えていたに過ぎず、また本件が極めて緊急性の高い要求を含みますことから、この予算項目復活を求める動議提出には、正当性があると考える次第です。昨日お聞きの通り、駐日帝国公使館館員は日本家屋に居住しているのであります。これは極めて脆弱な造りの建物でありまして、住人は、厳しい天候を辛うじて凌いでいる状況であります。もしわれわれが、日本における帝国公使館を、常設の機関と見なしているならば－同国の重要性からして、そうであろうと拝察いたしますが－公使館のために、堅固で品格のある官舎を用意するのは当然のことであり、これから逃れるわけにはいかないのであります。諸外国、とりわけヨーロッパ以外の諸国では、遠方の国々の国力を推し測る際、当然のことながら、公使館・領事館等の外見、押し出しが基準になるのであります。翻って日本において、他国の公使館等は、それに相応しい格式ある官舎を与えられているのに、我が国の公使館は、いつまでもテントのごとき家屋をあてがわれているなどということは、あってはならないことであります。設計図をご覧になればお判りの通り、これは断じて贅沢などではなく、質素で堅牢な建物で、帝国の公使館員を、天災や頻発する火災から守ることを目的としております。

簡略に申し述べました以上の理由により、昨日否決された予算の復活を提案するものであります。

副議長　シェンク・フォン・シュタウフェンベルク男爵：ドクトル・フォン・ブンゼン議員（ヴァルベック）、ご発言下さい。

ドクトル・フォン・ブンゼン議員 [13]：諸君、私も同様に、この項目を再び予算に復活させるよう、お願い申し上げるものでありますが、それは予算節約のためであります。日本で一般的な建材が何から出来ているかは、昨日ルツィウス議員からお

聞きになった通りであります。即ち、外壁は木、屋内の壁は竹と紙、そして床は藁のマットであります。加えて申し上げますに、日本人には、上部が開いた、蓋のない火桶で暖を取る習慣がございまして、つまり冬の東京にはこのような炭桶が、少なくとも25万個、紙の壁の側や藁の床の上に置かれているわけであります。加えて、頻繁に発生する嵐、小規模な地震、そして日本には、ここベルリンとは異なり消防隊というものがきちんと整備されていないことなどを総合すれば、このような家屋が通常4〜5年に一度は大火事などで建て替えられる、と見るのが一般的であることも容易にご想像いただけるものと存じます。そこで、4〜5年に一度、木造家屋を建設する度に、5〜6万マルクを了承する代わりに、今、この極めて少額な22万7,000マルクという一度限りの予算を、石造りの建物を建設する費用としてご承認下さいますよう、お願い申し上げる次第であります。

　ドイツ公使館の敷地の広さが、覚書から判るようですとよろしかったのですが、私の知る限り、これは非常に広い土地であります。従いまして1873年に承認された、合計3万6,900マルクという予算は、－確かに、当時の領事館がすぐに新築を申請せずに、改築と内装のための2万3千マルクで我慢したというのが過ちだったと言われればそうかもしれませんが－この予算で、一等地に広大な土地をドイツ帝国のために取得したのでありますから、決して過度の支出でなかったであろうことは、諸君もお認めになることと存じます。

　設計図につきましては、三階建てを避け、さらに別館などは、一階建てになっている点は、誠に結構なことであります。と申しますのも、数百年に一度は、石の建物も破壊されるような大地震が起きる国で、万が一、建物が壊れた際に、人命が失われる危険性が一階建てに比べて遥かに高い多層の建物を建てることに、懸念を覚えるからであります。一方、過去17年の経験から、現地で日常的に頻発する小規模の地震に強いのは、石造りであることが判明しております。もっとも、これ以上遡ることは出来ないのであります。日本人も、1000年前には石の建物、それも背の高い大きな建物を建てていたそうでありますが、幾度かの大地震を経験した後、こうした高層建築を放棄したからであります。

　要するに、石造りは小規模の地震には効果的であり、且つ火災の度に、家屋が焼失する事態を防ぐ、唯一の手だてだということであります。よって、申請された22万7,000マルクを、ご承認下さいますようお願い申し上げます。

　副議長　シェンク・フォン・シュタウフェンベルク男爵：連邦参議院代理、フォン・ビューロー国務大臣、ご発言下さい。

　連邦参議院代理、外務大臣、国務大臣フォン・ビューロー：二点だけ申し上げたいことがございます。先ず、先のお二方には、予算承認に関して、多くの見識と非常な好意をもって、復活提案をいただきましたことに、深甚の感謝の意を表したく存じます。その他には、ただただ、一昨日来、私が申し上げましたことを、ここで今一度思い起こしていただくようお願いするばかりであります。ルツィウス議員は、日本に公使館を維持することはドイツにとって重要であり、よって彼らに、一般的に、正当且つ妥当と思われる基準に照らして許される範囲の外見を与えることが、肝要であると指摘されましたが、正に今年、特に今年の冬にこれが該当するのであります。即ち、目前に控えております、日本との修好通商条約改正交渉に際して、帝国ならびに他の欧州諸国全てにとって、在日公使館は大きな意味を持ってくるのであります[13]。また仮にそうでないとしても、これまでご説明申し上げて参りましたことを、今一度思い起こしていただくことは許されるものと存じます。本件の提示が、これほど遅れたことは誠に遺憾であります。これは、われわれの善意だけでは如何ともし難いものでありました。新築の必要性は、慎重なる検討の末判明したことであり、この要望を遅滞なく満たすことが可能となるよう、議会のご理解を賜りますれば、誠に有り難く存ずる次第であります。しかも、長期的使用を前提とせずに建てられた現在の夏別荘も、維持管理が欠かせぬものとなっており、新築に遅滞が生じれば生じるほど、経費もより多額となるのであります。

故に、何卒、議会のご承認を賜りますよう、ここに、重ねてお願い申し上げる次第であります。承認は、実際、理に叶ったものであり、また、こう申してよろしければ、不可欠なのであります。

副議長　シェンク・フォン・シュタウフェンベルク男爵：
他にご発言はありませんので、これにて審議終了といたし、採決に移ります。

動議を読み上げてください。

書記　ヴェルフェル議員：
第3章3項、在日本帝国公使館用建築物の新築費用22万7,000マルクの予算復活につき帝国議会の議決を求める。

副議長　シェンク・フォン・シュタウフェンベルク男爵：
ただ今読み上げられました、ドクトル・ルツィウス、フォン・ザイデヴィッツ、ドクトル・フォン・ブンゼン各議員から提出された動議に、賛成の方のご起立を求めます。

　　　　　　　　　（賛成者起立）

採決結果の判定が、副議長及び書記の間で一致しません。反対の方の、ご起立を求めます。

　　　　　　　　　（反対者起立）

尚、一致しません。数を数えます。

議員諸君には一旦議場からご退出願い、指示を待って再びご入場いただきます。入場の際には、ドクトル・ルツィウス、フォン・ザイデヴィッツ、ドクトル・フォン・ブンゼン各議員の動議に賛成の方は「賛成」の扉、反対の方は「反対」の扉をお通り下さい。

　　　　　　　　　(...)
　　　　　　　　　（議員退出）

扉を閉めるように。

　　　　　　　　　（扉閉められる）

では、両方の扉を開けて採決を始めて下さい。
(指示通り、採決進む)
採決を終了します。また扉を開けて下さい。

　　　　　　　　　（扉開けられる）
　　　　　　　　　(...)
　　　　　　　　　（休憩）

採決には、249名が参加いたしました。このうち賛成が132名、反対は117名、よってドクトル・ルツィウス議員らの動議は、採択されました。

　　　　　　　　　　　　　訳：福山 美和子

1895年3月16日
第62回会議

第11項　報告者の発言

フォン・アーレンベルク侯爵議員：　東京の公使館の建物に関する予算規則は、その建物が地震により、基礎から倒壊したため、すべて白紙に戻されました。したがって、われわれは、望むと望まざるとに拘らず、再築しなくてはなりません。委員会では、新しい構造に関して、次のような観点が検討されております。鉄筋で建てるべきか、堅固なものにするのか、基礎を石でやるべきか、建造物のどの程度の部分を木造にしなくてはならないのか、などなどの技術的な問題であります。長い討論の末、最終的に、委員会は、建物の耐震強度は、最近の地震の強さに左右されるものであるから、われわれが、地震について云々するのではなく、技術者に任せるべきだとの結論に達しました。

私は、委員会の名において、緊急に必要である（さもないと、公使館は行き場を失いますので）新築を認可していただくよう、お願いする次第であります。

　　　　　　　　　　　　　訳：ヒールシャー 恵子

¹ アウグスト・ライヒェンスペルガー August Reichensperger（1808-1895）は弟のペーター（1810-1892）と共に1852年プロイセン議会でカトリック派を結成し、1870年の中央党（Zentrumspartei）の結成にも参加。1885年までプロイセン議会、後帝国議会の議員。ケルン大聖堂推進会の設立者の一人として、ケルン大聖堂の増築に専念。（以下の議論の参加者に関する情報はDeutsche Biographische Enzyklopädie – Deutscher Biographischer Index, CD-ROM版より）。

² 当時の駐日ドイツ領事マックス・フォン・ブラント。

³ 元は肥前国の大名の屋敷だった建物のこと。

⁴ カール・フォン・アイゼンデッヒャーを指す。1878年の時点ではアイゼンッヒャーは実際領事ではなく、「駐日弁理公使」(Minister-Resident) であった。1880年「全権公使」(Bevollmächtigter Gesandter) に格上げ。

⁵ 江戸から東京と改名した後も、ドイツ帝国議会では1880年代まで江戸という名称が使われていた。

⁶ ジュール・レスカス、Jules Lescasse (1841-1901) のこと。

⁷ ベルンハルト・エルンスト・フォン・ビューロー Bernhard Ernst von Bülow (1815-1879) はビスマルク首相の側近で、皇帝・皇后にも近い人物であった。1873年以降、外務大臣、1876年プロイセン国務大臣（無任所大臣）。

⁸ ルイス・コンスタンツ・ベルガー Louis Constanz Berger (1829-1891) はライン地方の企業家で、ラインラントとヴェストファーレン地方経済利益擁持会の設立者の一人。ドイツ国民会に入会後、進歩党の議員としてプロイセン議会と帝国議会の議員（1881年まで）。

⁹ 現イスタンブール（当時、オスマン帝国の首都）にある、この「巨大で醜い建物」は、1989年以来、ドイツ考古学研究所のイスタンブール支部によって利用されている。

¹⁰ オットー・フォン・ビューロー（1827-1901）は、1857年、プロイセンの外務省に入り、1879年には人事および財務担当長として、議会で予算関係の事案に、外務省を代表した。後に、オットー・フォン・ビューローは、プロイセンの公使としてシュトゥットガルトに、ドイツ公使としてローマとベルンに赴任した。

¹¹ 1873年当時、弁理公使に格上げ。

¹² ロベルト・ルツィウス・フォン・バルハウゼン男爵 Robert Freiherr Lucius von Ballhausen (1835-1914) は1859年〜62年のオイレンブルグ使節団の団員であった。その後、自由保守党（後、ドイツ帝国党）に入党、1870年北ドイツ連盟議会議員、1870年〜1893年プロイセン議会議員、1871年〜1881年までドイツ帝国議会議員を歴任。

¹³ ゲオルグ・フォン・ブンゼン Georg von Bunsen (1824-1896) はオイレンブルク使節団に参加した後政治家になり、リベラル派の一員として1866年〜1873年と1877〜1879年までプロイセン議会の議員、1874年からドイツ帝国議会の議員を歴任。

¹⁴ この修好通商条約改正交渉については序文52-56ページを参照のこと。

9.
„Der Erde entrückt und in ein Land der Märchen versetzt".
Freizeit und Vergnügen

So vornehm und idyllisch die Umgebung der deutschen Gesandtschaft im Zentrum von Tôkyô zu Eisendechers Zeiten gewesen sein mag, mit mächtigen Bäumen, in deren Schatten Rikschas auf ihre Gäste warteten (Abb. 130 [III/21]), so sehr mußten die vielen Sehenswürdigkeiten unweigerlich auch die Diplomaten das eine oder andere Mal von ihrem Schreibtisch hinaus in Japans Landschaft locken. In dem „für die deutsche Jugend" verfaßten Buch „Des Prinzen Heinrich Weltumseglung" (siehe Abschnitt 4 *Heinrich Prinz von Hohenzollern und seine erste Japanreise*) beginnt das Kapitel über Japan mit der Feststellung, ein Wunderland betreten zu haben. Malerisch die Ufer, Bewunderung und Staunen erregend, wenn man Land und Leuten näher rücke.

Abbildung 130 (III/21): Straßenzug nahe der deutschen Gesandtschaft in Tôkyô.

*Abbildung 131 (III/32):
Ausfahrt des Gesandten
Karl von Eisendecher.*

Abbildung 132 (III/3 und I/37):
Vierbeinige Bewohner der deutschen Gesandtschaft:
Pferd „Hans" und Hund „Mohr".

Abbildung 133:
Yûhigaoka, Gyôninzaka
(„Abendsonnenhügel und Pilgerhöhe"); heute der kaum mehr wiederzu-erkennende Stadtteil Meguro in Tôkyô.

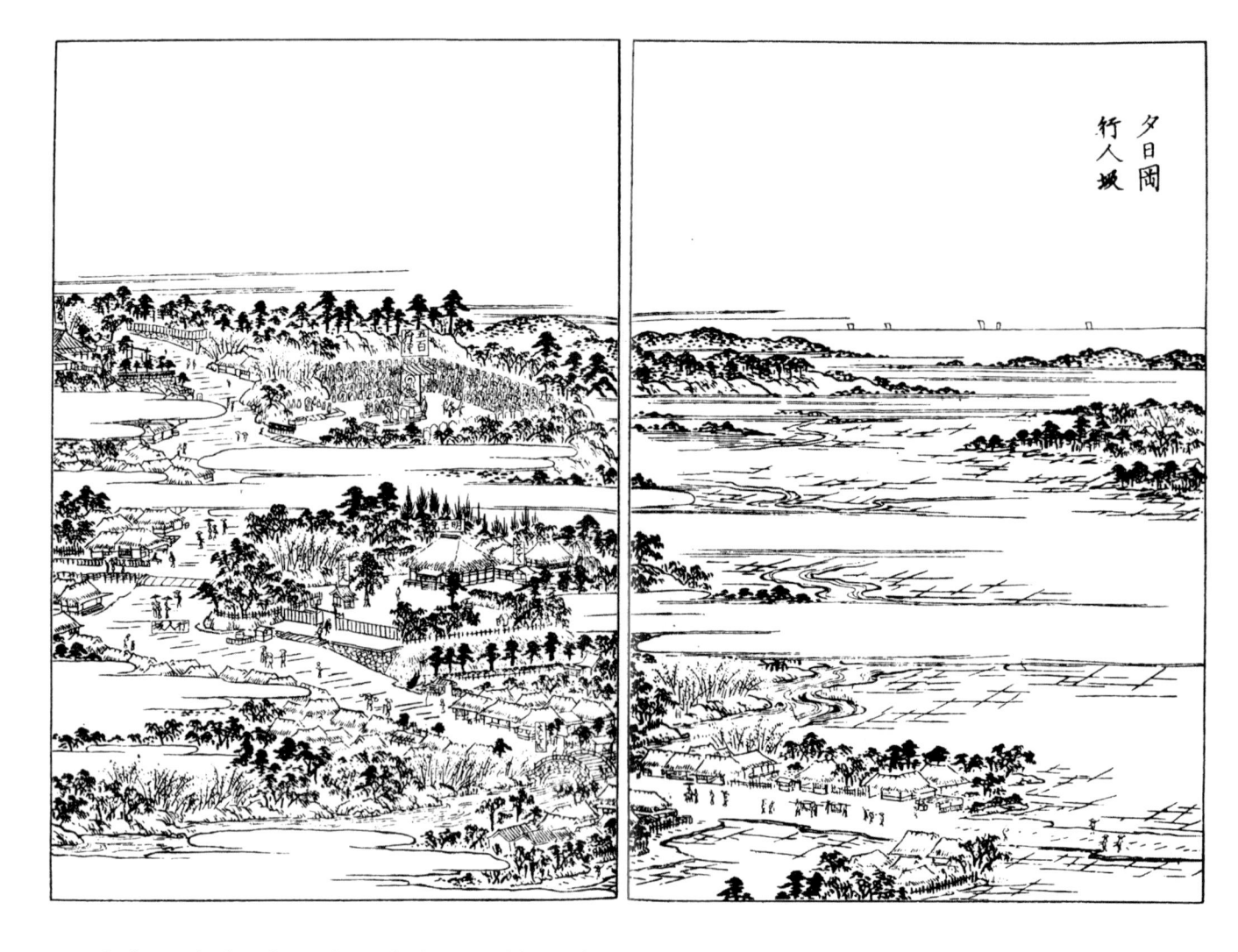

„Vieles hatten die deutschen Weltumsegler bereits auf ihrer Fahrt gesehen, allein die Bilder, die sich jetzt vor ihren Augen entrollen sollten, waren so wesentlich verschieden von den früheren, zeigten sich in so ganz anderen Farben, unterschieden sich bis auf kleinste Töne in so ungeahnter Weise von dem, was sie bisher erfahren und beobachtet, daß sie der Erde entrückt und in ein Land der Märchen versetzt zu sein glaubten."[c]

Zweifelsohne überschwengliche Rhetorik für jugendliche Leser. Aber auch der Ministerresident Eisendecher, der Prinz

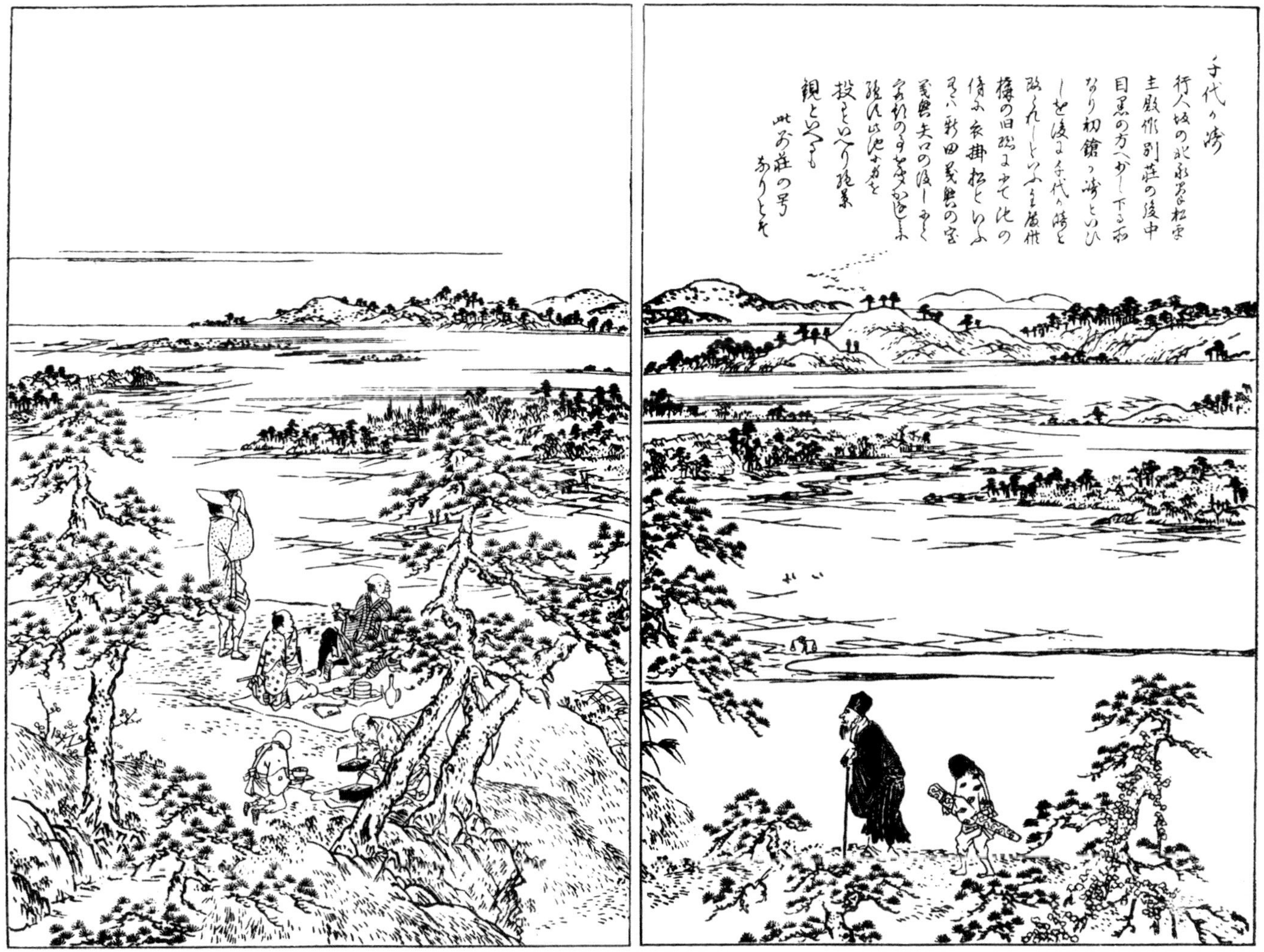

Abbildung 134:
Chiyogasaki
("Aussicht zu den Tausend Jahren");
Blick über das Meguro-Tal
Richtung Yûtenji.

Heinrich während dessen Japanaufenthalt 1879/80 betreute, war für die Schönheiten des Landes nicht unempfänglich. Seinerzeit, als Eisendecher als Seekadett im Verband der Preußischen Ostasienexpedition 1860 zum ersten Mal in Japan weilte, nutzte er schon jede sich bietende Gelegenheit, sich auf dem Rücken eines Pferdes in dem für Ausländer gestatteten Umkreis umzusehen. Es war nicht viel weiter als nach Edo, von dessen Hügeln man schöne Ausblicke auf die sich ungeheuer weit ausdehnende Stadt und die Bucht genießen konnte, und die Strecke zwischen der Residenzstadt des Shôgun und Yoko-

Abbildung 135 (III/78): Landsitz des Konsuls Bair bei Tôkyô; nur wenige Fußminuten vom heutigen Bahnhof Meguro der Yamanote-Linie entfernt.

*Abbildung 136 (III/79):
Landsitz des Konsuls Bair
bei Tôkyô, Eingang.*

Abbildung 137 (III/80): Landsitz des Konsuls Bair bei Tôkyô, in den Liegestühlen Erwin Baelz (links) und Curt Netto (rechts).

hama, wo die preußischen Schiffe vor Anker lagen. „Es werden fast täglich", schrieb der junge Eisendecher an seine Mutter, „Boots- und Jagdpartien gemacht, und wir freuen uns alle des herrlichen Herbstwetters und der schönen Natur um uns her".[2] Die beabsichtigte Besteigung des Fuji, von der Eisendecher anfangs sprach, wurde nicht verwirklicht.

Der Fuji war für alle Ausländer so etwas wie ein Nonplusultra. Da viele Jahre lang nur wenige Häfen – wie Yokohama oder Nagasaki – den Residenten und Reisenden offen standen und mit Ausnahme des Fuji sowie einiger Tôkyô verhältnismäßig naher Landstriche das japanische Hinterland bis in die beginnende Meiji-Zeit hinein verschlossen blieb, lautete die Maxime offenbar: wenn schon nicht weit herum, so zumindest hoch hinaus...

Das ‚hoch hinaus' konnte aber auch sehr relativ betrachtet werden. Eine gewisse Beliebtheit war einem solch markanten Berg selbst unter japanischen Betrachtern nicht abzusprechen. Wer jedoch lieber davon Abstand nahm, 3000 Meter und mehr hochzuklettern, richtete sich einen Fuji in seinem Garten auf. Kleiner eben. Wie das für einen Garten paßt. Einen solchen kleinen Fuji finden wir zum Beispiel im Garten eines Landhauses bei Tôkyô, das Eisendecher zur Entspannung oft und gern zu frequentieren pflegte (Abb. 139 [III/81]). Eisendecher muß für dieses Landhaus und seinen Garten eine gewisse Vorliebe besessen haben, denn schließlich sind nicht weniger als fünf große photographische Aufnahmen dieses hübschen Erholungsortes in eines der Eisendecher-Alben aufgenommen (Abb. 135 [III/78] bis Abb. 138 [III/82]).

Neben einem Wohnsitz in der Stadt noch über ein Landhaus verfügen zu können, gehört nicht zu jedermanns Möglichkeiten. Es sei denn, man ist Fürst oder reich oder beides. Das galt für Matsudaira Mondo no kami Tadakazu (1851–1917), einem Sohn von Tokugawa Nariaki aus Mito, der – Fürst! – in dem damals noch höchst ländlich geprägten Vorort Meguro ein

*Abbildung 138 (III/82):
Landsitz des Konsuls Bair bei
Tôkyô, Bambuswäldchen.*

Palais samt weiten Ländereien sein eigen nannte und noch reichlich von dem Besitz verpachten konnte. Und das galt auch für den deutschen Konsul Martin Michael Bair, der – reich! – von eben diesem Fürsten ein ansehnliches Stück Land mieten und dort seine Japanjahre durch den Bau einer Villa im Grünen verschönern konnte. Über Residenzen in Yokohama und Tôkyô verfügte er bereits. „Bei Bair zu Mittag", lesen wir am 20. März 1880 im Tagebuch von Erwin Bälz, der zum engsten Freundeskreis des deutschen Konsuls zählte, „[n]ach Tisch zu einem Kranken nach Mita geritten. Zu Pferde von hier aus weiter über Berg und Tal nach Bairs Landgut in Meguro. Der Garten ist nunmehr fertig. Und mit dem Bau des ländlichen Häuschens wird soeben begonnen".[3]

Bair (siehe Abschnitt 7 *Handel und Wandel*) war ein begnadeter Kaufmann, der weltweit Kontakte pflegte; nach Japan war er aus den USA gekommen, in Paris lebte seine Schwester Johanna, die dort mit Siegfried Bing, dem führenden Kunsthändler in Ostasiatika verheiratet war. Aber nicht nur, daß Bair mit seinem Handelshaus glänzend verdiente, er besaß das Vertrauen von Japans höchsten Stellen, die auch bei der Berufung von ausländischen Beratern (dem deutschen Bergwerksingenieur Mezger, dem deutschen Kapellmeister Eckert) seinen Rat einholten.[4] Blättern wir noch einmal im Tagebuch des Mediziners Bälz: „Das eine ist über jeden Zweifel erhaben, daß es keinen Menschen gibt, der den Japanern so viel für ihre Entwicklung in nationalökonomischer Beziehung nützen kann als Bair."[5]

Matsudaira Tadakazu hatte also einen tüchtigen Nachbarn bzw. Mieter. Und die führenden Mitglieder der deutschen Kolonie – der Arzt Erwin Bälz, der Bergwerksingenieur Curt Netto, sowie der Gesandte Karl von Eisendecher – hatten das Glück, wann immer sie die Sehnsucht packte, ein Buonretiro der besonderen Art in der Umgebung Tôkyôs aufzusuchen. Das „ländliche Häuschen" befand sich an einer Stelle, die schon in der Edo-Zeit ihrer hübschen Umgebung wegen bei Ausflüglern überaus beliebt gewesen war. In diesem oder jenem Führer zu den Sehenswürdigkeiten von Edo und Umgebung sind solche Örtlichkeiten in Bild und Text getreulich aufgezeichnet. Der Weg führte vom Talgrund mit seinen fruchtbaren Reisfeldern und dem Meguro-Flüßchen eine Anhöhe namens Gyôninzaka („Pilgerhöhe") hinan (Abb. 133) von wo sich zu allen Jahreszeiten ein schöner Blick auf das Meguro-Tal mit dem Dörfchen Yûtenji in der Ferne bot (Abb. 134).[6]

Doch zurück zum „großen" Fuji, der von Tôkyô aus an schönen, klaren Tagen höchst einladend, aber doch nur in sehr großer Entfernung wahrgenommen werden kann. Von dem so ebenmäßig geformten Vulkan, Japans Berg schlechthin, fügte auch Eisendecher zu seiner Erinnerung eine Ansicht seinem Album bei: es ist der malerische Blick auf den schneebedeckten Gipfel von Tagonoura aus (Abb. 140 [III/83])[7]. Obwohl berggeisterte Ausländer ohne besondere bürokratische Hürden den Gipfel besteigen, von Tôkyô aus auch jederzeit nach Kamakura, nach Nikkô (Abb. 45 [III/29]) oder in das Hakone-Gebiet (Abb. 141 [III/84], Abb. 142 [III/86] u. Abb. 143 [III/87]) reisen konnten, waren angesichts der damaligen Verkehrsmittel – *jinrikisha* („Rikscha"), Kutsche oder Pferd (Abb. 30 [III/16], Abb. 131 [III/32] u. Abb. 132 [III/3]) – den Erkundungen von Japans Schönheiten natürliche geographische und technologische Grenzen gesetzt.

Für ausgewählte Ausländer, im diplomatischen Dienst zumal, erweiterte sich mehr und mehr dieser Radius. Politische Aufgaben (Besuche hoher Würdenträger) oder verkehrstechnische

Abbildung 139 (III/81): Landsitz des Konsuls Bair bei Tôkyô, Garten mit kleinem „Fujiyama".

Errungenschaften (Bau von Eisenbahnen) förderten die Mobilität, die es erlaubte, sich auch im Landesinneren umzusehen. Zweimal während seiner Amtszeit ergab sich für den Gesandten Eisendecher die Gelegenheit, die alte Kaiserstadt Kyôto zu besuchen, der ihre tausendjährige Geschichte eine ganz besondere Aura verlieh. Das erste Mal bot die Eröffnung der Eisenbahnlinie zwischen Ôsaka und Kyôto Anlaß zu diesem Aufenthalt. Bis dahin verkehrten Bahnen in Japan nur auf den Strecken von Yokohama nach Tôkyô (1872) und zwischen Kôbe und Ôsaka (1874). Jetzt erfolgte die Einweihung der Streckenverlängerung, ein weiterer stolzer Augenblick für die japanischen Behörden, Beweise für den technischen Fortschritt ihres Landes abzuliefern. Die Eröffnungsfeier fand am 5. Februar 1877 vor dem neuen Bahnhofsgebäude statt (Abb. 144 [III/95]). Das gesamte diplomatische Corps war eingeladen. Gesandter Eisendecher berichtete an Bernhard von Bülow, den Leiter der Auswärtigen Angelegenheiten, in Berlin.

Tokio, den 11. Februar 1877
Die Eröffnung der Eisenbahn
Osaka – Kioto

Eurer Exzellenz habe ich die Ehre, ganz gehorsamst zu melden, daß ich gestern mit der Mehrzahl meiner Kollegen von Kioto hierher zurückgekehrt bin.

Unter dem 15. v. M. (No.14) erlaubte ich mir zu berichten, daß S. M. der Tenno die fremden Vertreter zur feierlichen Eröffnung der Kioto Eisenbahn eingeladen und einen Regierungs-Dampfer dafür zur Verfügung gestellt habe.

Die Abreise von hier erfolgte am 1. d. M. und zwar schifften sich meine sämmtlichen Kollegen mit Ausnahme des Holländischen und Belgischen Minister-Residenten, welche Unwohlseins halber die Einladung abgelehnt hatten, an dem genannten Tage ein. Wir erreichten nach einer etwas stürmischen Fahrt Kobe (Hiogo) am 3ten Morgens und fuhren sofort nach Kioto weiter, woselbst in der parkartigen Umgebung eines alten Tempels für jeden Vertreter und seinen Dolmetscher ein besonderes Haus hergerichtet war.

Die Verpflegung fand auf Kaiserliche Kosten statt.

Über die Eröffnungs-Feierlichkeit selbst, welche, wie projektiert, am 5ten d. M. stattfand, schließe ich zwei Artikel des Spezial-Korrespondenten der Japan Weekly Mail *und des* Japan Daily Herald *ehrerbietigst an.*

Ich habe denselben nur ebenmäßig hinzuzufügen, daß meine Kollegen und ich nach erfolgter Rückkehr in den Kaiserlichen Palast befohlen und in Hofequipagen dorthin gefahren wurden, um uns vom Tenno zu verabschieden.

Auch die Kaiserin war bei dieser Abschieds-Audienz anwesend; sie sowohl wie der Tenno sprachen den Vertretern der Vertrags-Mächte für die Teilnahme an der Feier ihren Dank aus und nachdem der Doyen, Sir Harry Parkes, Namens seiner Kollegen an beide Souveraine ebenfalls einige Dankesworte gerichtet hatte, wurden wir entlassen.

Bei einem an demselben Abend meinen Kollegen und mir gegebenen großen Diner ließ sich der Tenno durch den Prinzen Arisugawa vertreten, welcher den von Sir Harry Parkes ausgebrachten Toast auf das Wohl S. M. des Mikado mit einem Toast auf die Souveraine und Präsidenten der Vertrags-Mächte beantwortete.

Die der Feier folgenden Tage wurden zu offiziellen Besuchen benutzt.

Am 9ten früh schiffte ich mich mit den übrigen Vertretern in Kobe wieder ein und erreichte Yokohama gestern Abend.

Eurer Exzellenz darf ich schließlich ganz gehorsamst berichten, daß die ganze Feier eine für hiesige Verhältnisse recht würdige und hübsche war und daß man alle Arrangements, sowohl am Tage der Eröffnung wie auch anderweit zur Unterbringung und Bewirthung der fremden Gäste, mit überraschender Sorgfalt und großer Umsicht getroffen hatte. Ganz besonders ist mir die allgemeine Theilnahme der ganzen Bevölkerung an dem Feste und die Abwesenheit jeglicher Exzesse oder Ruhestörungen unter der zu Tausenden in den Straßen und auf den Bahnhöfen versammelten Menschenmenge aufgefallen.

v. Eisendecher

(Politisches Archiv des Auswärtigen Amtes, Berlin, R18597, 32-35: Nr. 25, A 76)

Eisendecher sah in Kyôto viel Bemerkenswertes; Architektur aus vergangenen Jahrhunderten; und in den Straßen eine Menschenmenge „zu Tausenden", fern „jeglicher Exzesse oder Ruhestörungen", wie der Gesandte in dem Bericht nicht versäumt zu schreiben. Er hätte also völlig unbehelligt, bestenfalls von Neugierigen umringt, seine photographischen Utensilien, an welchem Winkel von Kyôto auch immer, plazieren und genüßlich seine Motive suchen können. Tat er aber nicht. Zu Eisendechers Zeiten war Photographieren noch ein recht aufwendiges Unterfangen. Nichts für Amateure. Dreibeiniges Stativ, Kameragehäuse mit diversen Linsen, Glasplatten groß und klein, Chemikalien, fliegende Dunkelkammer; pro Aufnahme mußte der Photograph rund ein Kilogramm Gepäck veranschlagen, das ihm ein oder zwei Hilfsgeister tragen helfen mußten. Beim zweiten Besuch in Kyôto, der Eisendecher 1879 zusammen mit dem Prinzen Heinrich von Preußen in die ehemalige Hauptstadt führte, war dies immer noch nicht anders. Die Photographien, die Karl von Eisendecher zur Erinnerung an diese beiden denkwürdigen Besuche seinen Alben einverleibte, stammen daher wohl von professionellen Photographen.

Die namentliche Zuordnung dieser Photographien ist nicht ganz einfach, da die Künstler nicht zu signieren pflegten; die Papierabzüge dienten ausschließlich zum Aufkleben auf Karton, Hinweise auf der Rückseite fehlen meist (bei Porträts sind sie demgegenüber die Regel). Mit Sicherheit sind die beiden geschmackvollen Aufnahmen des Fuji von Tagonoura aus (Abb. 140 [III/83]) und Moto-Hakone am Ashi-See (Abb. 141 [III/84]) sowie des Friedhofs von Kurodani in Kyôto (Abb. 151 [III/96]) dem allzu früh verstorbenen Photographen Uchida Ku'ichi (1844–1875) zuzuschreiben; weitere Landschaftsaufnahmen mit großer Wahrscheinlichkeit, wie die Ansichten von Yoshidayama (Abb. 146 [III/89]) sowie Maruyama (Abb. 147 [III/91]).

Abbildung 140 (III/83): Blick von der Tagonoura-Brücke auf den Berg Fuji.

Abbildung 141 (III/84):
Moto-Hakone am Ashi-See.

Abbildung 142 (III/86): Fujiya-Hotel in Miyanoshita bei Hakone.

Abbildung 143 (III/87): Landschaft und Gaststätten ...

Einige der Photographien von Kyôto stammen mit großer Wahrscheinlichkeit von Ichida Sôta (1843–1896), der in Kôbe ein Photostudio betrieb.[8]

Wer auch immer der Photograph gewesen sein mag, was die Photographien an Geschautem zu erzählen wissen, sie lassen uns nach Japan in die Zeit Eisendechers schlüpfen, wie er dann und wann seinen Schreibtisch an der Gesandtschaft in Tôkyô verließ. Später, beim Durchblättern dieser historischen Dokumente aus der „Welt von Gestern" wird der nach Europa zurückgekehrte Eisendecher sich selbst ähnliches in Erinnerung gerufen haben, wie es in dem Jugendbuch über die Japanreise seines Schützlings Heinrich im Schlußsatz lautet.

„Noch manches herrliche Landschaftsbild bot sich den Blicken, bis endlich der letzte Küstenstrich schwand und der Blick von dem Lande Abschied nehmen mußte, das mit seinen Naturwundern und seinem seltsamen Volke die Aufmerksamkeit gefesselt hatte. Allen wird die Erinnerung an Japan unvergeßlich sein."[9]

... in Hakone und Miyanoshita.

*Abbildung 144 (III/95):
Bahnhof in Kyôto,
geschmückt zur Eröffnungsfeier
der Bahnstrecke Kyôto – Ôsaka.*

Abbildung 145 (III/88):
Kyôto,
Ôi-Fluß mit Togetsu-Brücke
in Arashiyama.

Abbildung 146 (III/89):
Kyôto, Yoshidayama;
Blick auf den Grabhügel des
Yôzei-Tennô und
den Tempel Shin'nyô-dô.

Abbildung 147 (III/91):
Kyôto, Maruyama;
Blick auf das Ya'ami-Hotel
am Fuß der Ostberge.

Abbildung 148 (III/92):
Kyôto, Kiyomizu-Tempel.

*Abbildung 149 (III/97):
Kyôto, Steinpagode
im Kiyomizu-Tempel.*

Abbildung 150 (III/99):
Kyôto, Kurodani;
Friedhof des
Konkaikômyô-Tempels.

*Abbildung 151 (III/96):
Kyôto, Kurodani;
Friedhof des
Konkaikômyô-Tempels,
Blick zum Tempeltor.*

*Abbildung 152 (III/98):
Kyôto, Gion;
Fünfstöckige Pagode
des Hôkan-Tempels.*

¹ *Des Prinzen Heinrich von Preußen Weltumseglung.* Original-Erzählung für die Jugend von C. V. Derboeck [recte: Carl von der Boeck]. Leipzig: Otto Drewitz Nachfolger, 11. Aufl., ca. 1900, Zwölftes Kapitel: Ankunft in Japan, S. 162–163.

² Brief Eisendecher an seine Familie, 23. Okt. 1860 (Trautz, Friedrich M.: Deutsche Seekadettenbriefe aus Jedo 1860–1861. In: *Nippon. Zeitschrift für Japanologie*, 7. Jg. (1941), Heft 3, S. 151).

³ Bälz, Erwin: *Das Leben eines deutschen Arztes*, hrsg. von Toku Bälz, 1930 [recte 1931], S. 72 (Brief vom 20. März 1880).

⁴ Ebd., S. 51f (Brief vom 1. März 1879).

⁵ Ebd., S. 80 (Brief vom 18. Nov. 1880).

⁶ Kawata Hisashi: *Edo meisho zue o yomu*, Tôkyô: Tôkyôdô Shuppan, 1990, Nr. 50 u. 54; damalige Adresse des Landsitzes *Kami-Ôzaki mura 47*, heute Meguro-ku, Meguro 1-1; nach Bair übernahm der jüngere der beiden Siebold-Söhne, Heinrich von Siebold (1852–1908), der an der österreichischen Gesandtschaft tätig war, den Landsitz in Meguro. Heute befindet sich an dem nur wenige Gehminuten vom Bahnhof Meguro entfernten Ort eine städtische Erziehungseinrichtung (Tôkyô Toritsu Kyôiku Kenkyûjo) (frdl. Mitteilung von Sekiguchi Tadashi, Nachkomme der Familie Heinrichs von Siebold).

⁷ Abzüge dieses Photos wurden vom Photographen offenbar auch an andere Interessenten verkauft. In Japan Photographers Association (JPA): *A Century of Japanese Photography*. New York: Pantheon Books, 1980, S. 79, ist es aufgenommen mit dem Vermerk „Photographer unknown".

⁸ Die Autoren danken Sebastian Dobson (London) für seine freundlichen Hinweise bei der Zuordnung der Photographien.

⁹ *Des Prinzen Heinrich von Preußen Weltumseglung.* Dreizehntes Kapitel: Ein Jahr an der japanischen Küste, S. 194.

第 9 章
「現実からメルヘンの世界へ」
余暇と娯楽

都心にあった、アイゼンデッヒャー駐在時代のドイツ公使館周辺も、そびえ立つ木々に囲まれ、その木陰に人力車が客待ちなどする様子は長閑で風情があったが（図 130 [III/21]）、多くの名勝が、しばしば、外交官達を仕事場から各地へと誘い出すのだった。ドイツの青少年向けに書かれた『ハインリヒ王子の世界周航記』[1]（第 4 章「プロイセン公ハインリヒ親王の初めての日本周遊」参照）では、日本に関する章は、おとぎの国に迷い込んだという設定で始まる。絵に描いたような海岸線、その国とその国に住む人々を知れば知るほど、感嘆と驚きの念が湧き起こる。

　「ドイツの世界旅行家達は、それはもう、沢山のものを見てきましたが、ここで目の前に広がる景色だけをとってみても、今迄見てきたものとは比べようもなく、色彩からして全く違うのでした。現実の世界からメルヘンの世界に迷い込んだかと思う程、何から何まで、これまで見聞きしてきたものとはすっかり異なるのです。」[2]

これは間違いなく、若い読者を夢中にさせる描写である。しかし、ハインリヒ親王が 1879 年から 80 年にかけて日本に滞在した際、案内役を務めたアイゼンデッヒャー弁理公使もまた、日本の美しさには魅了されていた。プロイセン東亜使節団の海軍士官候補生として、1860 年に初めて日本に滞在した当時も、アイゼンデッヒャーは、あらゆる機会を利用して、外国人の出入りが許可されていた区域を馬で観て回ったものだった。もっとも、江戸より先へは行けなかったが、江戸の丘に上ると、広大に広がる町や江戸湾の見事な展望を楽しむことできた。その他には、その将軍の都から、プロイセン軍艦が錨を下ろす横浜との間を廻ったりした。若きアイゼンデッヒャーは、母宛の手紙に次のように書いている。「毎日のように、ボートや狩の遠足が行われ、われわれ皆、素晴らしい秋の天候と周辺の美しい自然を楽しんでいます」[3]。しかし、当初、アイゼンデッヒャーが話していた富士登山の計画は実現しなかった。

富士山は、全ての外国人にとって一番の行楽地であった。なぜなら、長いこと、外国人居住者及び旅行者に門戸が開かれていたのは横浜・長崎の港だけで、富士山や東京近郊の例外を除くと、他は全て明治初期まで閉ざされており、当然ながら、そういった条件下で「遠くに行けないならせめて高く上ろう」が楽しみとなっていたからである。

だが、「高く」と言っても、非常に相対的に捉えられていたのだろう。この特別な山が、日本人の間でも人気を集めていたことは言うまでもない。それでも、3 千メートル以上の登山はできれば遠慮したいという人々は、自分の庭に富士山を作った。勿論、庭に収まる小さな富士山である。この「小富士山」は、例えば、アイゼンデッヒャーがよく静養に訪れていた、東京郊外の別荘の庭にもあった（図 139 [III/81]）。彼は、この別荘と庭に特別な愛着を感じていたに違いない。この別荘を映している大判写真が 5 枚も彼の写真帖に収められている（図 135 [III/78]〜図 138 [III/82]）。

東京の住まいの他に別荘まで持つことは、誰にでも、そう叶うことではない。大名であるか富豪であるか、或いはその両方で

ある人物だろう。大名で例をあげるなら、水戸の徳川斉昭の息子、松平主殿頭忠和（1851-1917）が挙げられ、当時、まだ非常に田舎色の濃かった目黒に広大な田畑、森林を備えた大屋敷を所有し、その大部分を貸していた。そして、富豪で例を挙げるなら、ドイツ領事のマルティン・ミヒャエル・ベーアで、彼は、この大名からかなり広大な広さの土地を借り、緑に囲まれた別荘を建てて、日本での滞在をより快適なものにしていた。彼には、既に横浜と東京にも豪邸があった。ベーアの親しい友人グループの一員だったエルヴィン・ベルツの、1880年3月20日に「ベーア氏邸での昼食」というタイトルで書かれた日記で、その模様を知ることができる。「食事の後、馬で三田の病人の所へ行き、その足で山越え谷越え、ベーア氏の目黒の別荘へと向かった。庭園がちょうど出来上がって、建物の建設が着工されたところだった」[4]。

ベーアは（第7章の「貿易と往来」を参照）、腕ききの商人で、世界中に人脈があった。日本へはアメリカ経由でやって来ており、パリには、東洋美術商として名の通るジークフリート・ビングと結婚していた妹ヨハンナが住んでいた。しかし、ベーアは、経営する会社が輝かしい業績を上げていただけではなく、お雇い外国人（ドイツ人鉱山技師メッツガーやドイツ人常任指揮者エッカルト）の招聘についても相談されるほど、日本の最高筋に信頼されていたのである[5]。ベルツの日記を、更にひもとくと、次のような一文に出会う。「日本の国民経済の発展に寄与できる人物に、ベーア氏以上の人物がいないことは明々白々である」[6]。

つまるところ、松平忠和には、有能な隣人ないし借地人がいたというわけである。在日ドイツ人の指導的メンバーであった医師のエルヴィン・ベルツ、鉱山技師のクルト・ネットー、とりわけ公使のカール・フォン・アイゼンデッヒャーは、幸運にも、好きな時に東京郊外のこの別天地を訪れることができた。この郊外の別荘は、江戸時代の頃から、その一帯の美しさで行楽客に人気のあった場所に立地していた。江戸とその周辺の名所を紹介するガイドブックには、こうした場所が、図入り・説明付きで詳しく紹介されている。道は、実り豊かな水田や目黒川の流れる谷あいから行人坂へと続き（図133：夕日岡、行人坂）、そこから、祐天寺の村を遠方に、目黒谷の景観が一年中眺められた（図134：千代ヶ崎）[7]。

「そびえ立つ」富士山に話を戻せば、よく晴れた日には、ずっと遠くにではあるが、東京からも、その、今すぐにでも訪れたくなるような美しい姿を眺めることができる。日本の山の代名詞ともなっている、この均整とれた形の火山の写真は、アイゼンデッヒャーも思い出に一枚アルバムに収めている。雪を冠った山頂を田子の浦から望む、絵のように美しい一枚である（図140 [III/83]）。登山好きの外国人達は、特に面倒な手続きもなく富士山の頂上まで登ることができたし、東京からはいつでも鎌倉、日光（図45 [III/29]）或いは箱根周辺へと旅行できたが（図141 [III/84]、図142 [III/86]と図143 [III/87]）、人力車、馬車、馬等（図30 [III/16]、図131 [III/32]と図132 [III/3]）、当時の交通手段では、日本の美を探求するには、当然、地理的・技術的限界があった。

しかし、選りすぐりの外国人達、特に外交官達は、次第に行動範囲を広げていった。政治上の公務（貴賓の公式訪問）や交通手段の発達（鉄道敷設）などが、奥地にまで足をのばす機会を与えるようになったのである。駐在時代に二度、アイゼンデッヒャー公使は、かつての皇都、千年の歴史が特別な情趣を添える京都を訪れる機会を得た。大阪・京都間の鉄道開通がその最初の訪問の契機となった。それまで、日本では、横浜・東京間（1872年）と神戸・大阪間（1874年）にしか鉄道が通っておらず、ここで、支線延長の開通式を迎え、自国の技術進歩を実証できたことは、日本の当局にとっても矜持が一層増す瞬間となった。この開通式典は、1877年2月5日に新築された駅で執り行われた（図144 [III/95]：京都駅）。全公使がこの式典に

招待された。アイゼンデッヒャーは、ベルリンのベルンハルト・フォン・ビューロー外務大臣宛に次のように報告している。

駐日ドイツ帝国公使館
　　　　　　　　　　1877年2月11日、東京

ドイツ帝国国務大臣兼外務大臣
フォン・ビューロー殿

大阪―京都 鉄道開通の件

閣下
このたびの件を終え、昨日、同僚の多くと共に京都より戻りましたことを、謹んでご報告申し上げます。
先月15日（報告書14号）にご報告させて頂きましたように、天皇陛下は、京都での鉄道開通記念祝典に各国の公使を招待され、政府の汽船を用立てられました。
東京よりの出立は、今月1日、不調を理由に当日、出席を辞退したオランダ及びベルギー弁理公使を除いた全公使が乗船致しました。やや荒れた海での船旅の後、私共一行は、3日の朝に神戸（兵庫）に到着致しますと、そのまま京都に向かいました。当地は、ある古寺の境内に、公使及び通訳それぞれに宿泊場所が特設されていた場所でございます。
食事は、皇室のほうで全て用意されました。
予定通り、5日に執り行われました開通記念祝典そのものにつきましては、恐れながら、こちらの書面に Japan Weekly Mail と Japan Daily Herald の特派員による、2つの関連記事を同封させて頂きますので、そちらを御覧頂ければ幸いに存じます。
付記させて頂きますと、他の公使と共に私は、祝典閉会後に命を受け、天皇に拝辞すべく、皇室用馬車にて御所に赴きました。

皇后もその拝辞・謁見の席に同席しておられました。天皇並びに皇后は、条約国の公使に祝典への出席に対する謝辞を述べられ、一行を代表して首席外交官ハリー・パークス卿が両陛下に、同様に御礼の言葉を幾つか申し上げたのち、私共は辞去致しました。
同夜、私共が招待預かりました大晩餐会には、天皇の代理として有栖川宮がお見えになり、ハリー・パークス卿の、天皇陛下のご健勝を祈念する乾杯の辞に応えられ、条約国君主並びに元首に乾杯の辞を述べられました。
祝典後の数日は、公式訪問にあてられました。
9日の早朝、他の公使と共に、再び神戸で乗船し、昨晩、横浜に到着致しました。
閣下、最後に、謹んで以下のことを申し上げさせて頂きます。祝典は終始、日本にしては実に厳かに、又、趣味良く執り行われ、開通祝典当日のみならず、外国人客の宿泊から待遇に及ぶ一切の手配が、驚くべき入念さと深い思慮をもって執られておりました。特に、一般民衆の来場、その、道に駅にと集まった何千もの観衆の間で、何の暴力沙汰も妨害行為も起こらなかったことが、何より印象的でございました。

　　　　　　　　　　　フォン・アイゼンデッヒャー

（ドイツ外務省政治文書館、R18597, 32-35: Nr. 25, A 76）

アイゼンデッヒャーは、京都で特筆すべきものを数多く見聞した。幾世紀も昔に建てられた建築物、また、通りに「何千人」とも思われる群衆が詰め掛けながら、「何の暴力沙汰も妨害行為も起こらなかった」ことも、忘れず報告している。アイゼンデッヒャーは、野次馬達に囲まれることはあっても、他に特に煩わされるようなことはなく、京都の至る所で撮影機材を並べ、思う存分モチーフ探しができたはずであったが、彼はそれをしなかった。なぜなら、アイゼンデッヒャーの時代、写真撮影はまだ非常に大がかりな作業であったからである。とても、

アマチュアが趣味で楽しむものではなかった。三脚、様々なレンズが収められたカメラ・ケース、大小のガラス板、化学薬品、携帯暗室等が必要で、撮影者は、写真一枚につき約1キロの荷物を想定しなければならず、これを持ってくれる助手が一人か二人は必要だった。アイゼンデッヒャーが二度目に京都を訪れたのは、1879年にプロイセン公ハインリヒ親王に随行して、訪れたときであったが、この時も事情は変わっていなかった。そのため、アイゼンデッヒャーが、この二度の京都訪問の記念にアルバムに残した写真は、当然ながら、プロの写真家が撮影したものなのである。

撮影者の名前をつきとめるのは容易ではない。その頃の写真家は、人物肖像の写真では、会社名等の印を通常残していたが、建物や風景などの写真には残さないことが多かった。現像された写真も、台紙に貼ることを前提としており、裏面にも、何も記載がない。しかしながら、田子の浦から眺めた富士山（図140 [III/83][8]）と芦ノ湖畔元箱根（図141 [III/84]）を撮影した風情ある写真、それと、京都黒谷の墓地の一枚（図151 [III/96]）は、惜しくも夭折した内田九一（1844-1875）の作品と推測して、ほぼ間違いない。その他の風景写真についても、その可能性が高いものがあり、吉田山（図146 [III/89]）や円山（図147 [III/90]）の写真がその一例である。京都の写真の何枚かは、恐らく、神戸で写真館を営業していた市田左右太（1843-1896）の作品ではないかと思われる[9]。

撮影者が誰であったかはともかく、写真は、実際に見たものを伝えてくれ、我々をアイゼンデッヒャー時代の日本へ誘い、彼が東京公使館の書斎を離れて、見聞したものを鮮やかに蘇らせてくれる。ヨーロッパへ帰還したアイゼンデッヒャーは、『ハインリヒ王子の世界周航記』の最後にある一節と同じように、「過去の世界」の記録をひもといて、思い出に浸ったことだろう。

「美しい自然と不思議な人々を抱く、この魅力的な国と別れなくてはならなくなるまでに、更に、幾つか見事な風景が現れました。皆にとって、日本の思い出は忘れられないものとなるでしょう。」[10]

訳：宮田　奈々

---

[1] Des Prinzen Heinrich von Preußen Weltumseglung. Original-Erzählung für die Jugend von C. V. Derboeck [recte: Carl von der Boeck]. Leipzig: Otto Drewitz Nachfolger, 11th ed., ca. 1900.

[2] 同上、162-163 頁。

[3] 「海軍士官候補生の江戸通信」1860 年 10 月 23 日。

[4] Bälz, Erwin: Das Leben eines deutschen Arztes, ed. Toku Bälz, 1930 [recte 1931], p. 72.

[5] 同上、51-52 頁。

[6] 同上、80 頁。

[7] 川田壽『江戸名所図会を読む』東京堂出版、1990 年。両所共（図 133、134）今日の山手線目黒駅より徒歩数分の距離。

[8] 日本写真家協会編『日本写真史 1840-1945』平凡社、1971 年では、この写真が掲載されているが、「写真家不明」となっている。

[9] Sebastian Dobson 氏から様々な参考情報に関してご教示頂いた。この場を借りて御礼を申し上げる。

[10] 前掲 Des Prinzen Heinrich von Preußen Weltumseglung、194 頁。

10.
Alle Wege führen nach Japan.
Reisesouvenirs des Gesandten Karl von Eisendecher

Aus dem Blickwinkel der heutigen Zeit mag es beschwerlich scheinen, daß Eisendecher eine viele Wochen lange Reise unternehmen mußte, um seinen Posten als Gesandter in Japan anzutreten. Nehmen wir aber zum Vergleich seine Berufskollegen, die früher – und nur in Europa – auf dem Landweg an ihre Bestimmungsorte reisten. Jahrhunderte hindurch mußten sie oft mit sehr viel mehr Zeitaufwand und Mühen rechnen. Denn bis in die erste Hälfte des 19. Jahrhunderts rumpelte man auf steinigen Landstraßen über Alpenpässe, wurde in engen, schlecht gefederten Postkutschen durchgerüttelt. Und vor Räubern war man auch nicht sicher.

Nahmen sogar die jungen Söhne des deutschen Adels und des begüterten Bürgertums solcherart Beschwernisse auf sich, um einmal in ihrem Leben zur gehobenen Bildung eine Reise nach Italien oder Griechenland zu unternehmen, so muß es geradezu eine Annehmlichkeit bedeutet haben, sich mit dem Dampfschiff in die Ferne zu begeben – waren einmal die ersten zwei, drei Tage Seekrankheit überwunden.

Die Öffnung Japans 1854 bedeutete eine Art von Quantensprung des Reisens. Denn sie ging einher mit dem Ende der Segelschiffahrt und dem Siegeszug der Dampfer, die sehr viel zügiger und sicherer ihr Ziel erreichten. Damals, als Eisendecher nach Japan aufbrach, um Deutschland am Hofe des Tennô zu vertreten, wird er sich vorweg durch Lektüre über das Land gebildet haben; Kaempfer, Siebold und wie all die

Abbildung 153 (III/49): Aden, Landungsplatz (Jemen).

Abbildung 154 (III/51): Aden (Jemen), Gasthöfe und Kaufläden am Ankerplatz, dahinter die vulkanischen Schamschan-Berge.

Japanautoren hießen, deren Spuren er nun folgte, als Reisender zumal, bereicherten sicher sein Gepäck und spornten den Leser an. Eine Liste von Japonica in seiner umfangreichen Bibliothek aus späteren Tagen läßt dies sehr vermuten.[1] So müssen die Entfernungen geradezu wie von selbst dahingeschmolzen sein...

Mann der Marine, der Eisendecher Zeit seines Lebens war, wußte er ohnedies in einer anderen Dimension zu denken. Und welch maßgebliche Verkürzung der Strecke sich von Europa nach Fernost ergab, hatte er deutlich genug als Augenzeuge miterleben dürfen. Im November 1869 führte ihn ein Kommando als Erster Offizier auf der „Arcona" zur feierlichen Eröffnung des Suezdurchstichs nach Ägypten. Mit derselben „Arcona", die knappe zehn Jahre zuvor den Seekadetten erstmals Japan hatte erleben lassen. Damals noch auf einer Fahrt um Afrika herum. Das gewaltige Bauwerk bei Suez förderte beträchtlich die Ökonomie des Reisens.

Was im Übrigen ein guter Beamter ist, der weiß auch längeren Reisewegen Vorteile abzugewinnen. So geschehen in eben diesem Suez, das Eisendechers Vorgänger auf der Fahrt nach Japan gleichfalls zu queren hatte. „Bei Gelegenheit unseres damaligen Aufenthalts in Suez", schrieb der deutsche diplomatische Vertreter in Japan, Max von Brandt, in seinen Erinnerungen,

„erfuhr ich von unserem dortigen Konsularagenten, den ich schon bei meinen früheren Durchreisen als einen sehr wohlunterrichteten und gefälligen Mann kennen gelernt hatte, daß Suez einer der besten Plätze für den Ankauf orientalischer Teppiche sei, die von den Pilgern bei ihrer Rückkehr nach dort, da sie dieselben nicht mehr, wohl aber Geld gebrauchten, zu Schleuderpreisen weggegeben würden. Ich bat ihn, die Ankunft der nächsten Pilgerkarawane zu benutzen, um auch für mich einige Teppiche zu erstehen, und erhielt wenige Monate später für billiges Geld acht sehr gute, die mir während meines ganzen Aufenthalts in Ost-Asien vortreffliche Dienste geleistet haben." [2]

Die Schätze des Orients lagen also schon im Nahen Osten ausgebreitet, noch ehe man sich dem Fernen Osten näherte. In der Tat, es bot Vorteile, sich durch eine langsame, ja gemächliche Anreise dem Ziel zu nähern. Wer Indien, Birma, die Malaiische Halbinsel und Südchina auf dem Weg nach Japan kennenlernte, erhielt tiefe Einblicke in die verschiedenen Kulturen, die zwischen Ostasien und Europa liegen, und erhielt einen besseren Schlüssel in die Hand, sich am Ende in Japans Eigenart zurechtzufinden. Als sich, Heimweh geplagt, die berühmte Iwakura-Mission nach ihrer fast zwei Jahre währenden Studienreise durch den Westen anschickte, im Herbst 1873 über den Vorderen Orient und Südostasien nach Japan zurückzukehren, fühlte sie sich in Saigon fast schon wie zu Hause. Es war die Stadt, in der wieder chinesische Schriftzeichen das Bild der Straßen prägten und so etwas wie einen unverkennbaren Hauch der Heimat ahnen ließen.

Zum Amtsantritt 1875 nahm Eisendecher allerdings noch eine andere Route – nämlich die über die Vereinigten Staaten. Im Oktober 1875 schiffte er sich in San Francisco gen Japan ein, wie Justus Rein berichtet.[3] Als er aber im April 1878 zu einem Heimaturlaub aufbrach und von diesem im Frühjahr 1879 nach Fernost zurückkehrte, nahm Eisendecher die Route durch Südostasien – eine ganze Reihe von Photos in seinem Album zeugen von der Reise. Auf der Rückreise verbrachte Eisendecher, offenbar in Begleitung seiner späteren Frau, einige eindrucksvolle Tage in Italien, dann ging es durch den Suez-Kanal nach Aden (Abb. 153 [III/49] u. Abb. 154 [III/51]), weiter nach Thailand

Abbildung 155 (III/54): Langboot in Siam (Thailand).

Abbildung 156 (III/57): Angkor Wat (Kambodscha).

Abbildung 157 (III/67): Saigon, Französisch Indochina (Vietnam), Zollgebäude.

Abbildung 158 (III/63): Hongkong, Blick vom Fuß des Victoria-Berges auf den Hafen und die Kowloon-Halbinsel.

Abbildungen 159 (III/34) und 160 (III/35): Peking, Deutsche Gesandtschaft.

(Abb. 155 [III/54]), Singapur sowie Saigon (Abb. 157 [III/67]). Angkor Wat in Kambodscha (Abb. 156 [III/57]) bot ein seltenes, Hongkong (Abb. 158 [III/63]) ein schon damals oft geknipstes, aber immer wieder die Besucher in seinen Bann ziehendes Photomotiv. Ein „kleiner" Abstecher nach Peking war offensichtlich auch dabei (Abb. 159–162 [III/34, 35, 68 u. 69]).

Die vergleichsweise große Zahl von Photographien aus Neapel überrascht zunächst. Sie mögen auf ein kleines Rätsel in Eisendechers Lebenslauf verweisen, das mit seinem Heimaturlaub 1878/79 zusammenhängt, der, wie wir aus einem Brief von Herbert von Bismarck an Eisendecher wissen, nicht zuletzt auch der „Brautschau" diente.[4] Höchstwahrscheinlich wird ihn die Dame seines Herzens auf dieser zweiten Fahrt nach Japan begleitet haben. Mußte da nicht das Wissen um die tragische Geschichte der Stadt Pompeji oder um die zauberhafte Dichtung eines Vergil, dessen Grab vor dem sterbensschönen Meer von Pinien beschattet wird, eine gebildete Seele in Begeisterung versetzen?

Die junge Frau von Eisendecher, geborene Luise Gräfin Eickstedt-Peterswaldt, wurde zwar erst kurz vor Eisendechers Verwendung am Gesandtschaftsposten Washington (1882/1884) seine angetraute Ehefrau.[5] Sie gehörte aber bereits vorher zur Familie, nämlich als Tochter aus der ersten Ehe seines Schwagers, in zweiter Ehe Gemahl von Eisendechers jüngster Schwester, wodurch die charmante Reisebegleiterin die Stieftochter seiner Schwester war.

Es ist kein Zufall, daß in unserer Sprache das Vermehren von Wissen mit dem Begriff Erfahrung beschrieben wird. Erst wenn in der Zeit unserer Altvorderen ein Pferdewechsel oder ein Radbruch zur Übernachtung in einem Landgasthof zwang, erst wenn ein Schiff zur Reparatur der Takelage oder zum Kohlebunkern in diesen oder jenen Hafen steuerte, ließ sich die Welt „erfahren". Wie beneidenswert daher ein Reisender wie Eisendecher, der sich in bildsamen Etappen Japan näherte. Unsereins versucht, ist das Flugzeug nach ein paar Stunden an seinen Zielort angelangt, aus kleinen Fensterchen einen ersten Blick vom Land, gar vom Fuji, zu erhaschen. Wer den zweiten, dritten Platz einnimmt, sieht schon wieder nichts. Wie bereichert hingegen muß der Reisende gewesen sein, wenn die Schiffssirenen das Auftauchen von Japans Küsten meldeten. So regenverhangen konnte die Landschaft gar nicht gewesen sein, daß die Passagiere nicht frohgemut und allesamt zur Reling strömten; reich beschenkt mit Eindrükken von der Reise an ihrem Ziel, das für Eisendecher Japan hieß.

Abbildungen 161 (III/68) und 162 (III/69): Peking, Deutsche Gesandtschaft.

[1] Bundesarchiv/Militärarchiv Freiburg/B., N508, Nachlass F.M. Trautz, Briefe, Nr. 7.

[2] Brandt, Max von: *Dreiunddreissig Jahre in Ost-Asien. Erinnerungen eines deutschen Diplomaten.* 3 Bde. Leipzig: Verlag Georg Wigand, 1901. Bd. 1, S. 302.

[3] Justus Rein an seine Frau, San Francisco, 2. Oktober 1875, in Matthias Koch und Sebastian Conrad (Hg.): *Johannes Justus Rein: Briefe eines deutschen Geographen aus Japan, 1873–1875*, München: Iudicium, 2006 (Monographien aus dem Deutschen Institut für Japanstudien, Bd. 40), S. 386.

[4] PAAA, Nachlaß Eisendecher, 2/1, No. 3 (Brief des Grafen Herbert von Bismarck an Eisendecher, 6. Nov. 1877).

[5] *Genealogisches Handbuch der Gräflichen Häuser*, Gräfliche Häuser A Bd. III. Glücksburg: C. A. Starke Verlag, 1958 (Band 18 der Gesamtreihe), Eintrag Eickstedt-Peterswaldt; Auswärtiges Amt, Historischer Dienst (Hg.): *Biographisches Handbuch des deutschen Auswärtigen Dienstes 1871–1945*, Band 1: A–F Paderborn: Ferdinand Schöningh, 2000.

第 10 章
全ての道は日本へ通ず
アイゼンデッヒャー公使の旅土産

アイゼンデッヒャーが、駐日公使として着任するために、数週間もの旅をしなければならなかったことは、現代の視点からすればひどく難儀なことに思えるかもしれない。しかし、かつて、ヨーロッパ内を陸路で赴任地まで移動するだけでも、大変な苦労をした彼の同僚達と比較してみると、はるかに多くの時間と労力を覚悟せねばならない時代が、何百年も続いていたことがわかる。19 世紀中頃に至るまで、人々は石だらけの道をガタガタと進み、アルプスの峠を越え、狭くて、ろくにスプリングも効いていない郵便馬車に揺られながら旅を続けていたのである。盗賊に対しても安全とはいえなかった。

ドイツの貴族や裕福な市民階級の子息達でさえ、教育の一環として、イタリアやギリシャへ生涯一度の旅をするにも、こうした苦労に甘んじてきたことを思えば、汽船ではるか遠くまで移動できるなど、始めの 2、3 日船酔いを克服しさえすれば、まさに快適と同義だったに違いない。

1854 年の日本開国は、旅における、ある種の量子革命を意味していた。ちょうどその頃、帆船の時代が終わりを告げ、ずっと迅速で安全に目的地に着ける汽船の全盛が到来したからである。アイゼンデッヒャーが、ドイツ公使として天皇の宮廷に赴くため、日本に向け出発した際、彼は、事前に文献を通じて、かの国の事柄について知識を得ていたに違いない。彼が少なくとも同じ旅行者として、その足跡を辿ったケンペル、シーボルト等、日本研究者と呼ばれる人々全てが彼の旅の荷物をより充実させ、その読み手を鼓舞したに違いない。彼の晩年の豊かな蔵書に、日本関連書物の目録があることが、このことを示唆している。読んでいるうちに、距離などは、殆ど自然に問題でなくなってしまったに違いない。

海軍の人間として生涯を送ったアイゼンデッヒャーは、物事を別の次元で考える術を知っていた。また、ヨーロッパと極東を結ぶ航路がいかに短縮されたか、アイゼンデッヒャーは身を持って知る機会に恵まれた。1869 年 11 月に、彼は「アルコナ」号の一等航海士に任命され、エジプトのスエズ運河開通式典に向かった。約 10 年前に、海軍士官候補生だった彼を初めて日本に連れて行った同じ「アルコナ」号で。その当時は、まだアフリカ周りの航路だった。スエズ運河の壮大な建設は、旅の経済性を著しく高めたのである。

ところで、優秀な官吏というのは、長い旅路からも利を得る術も身につけているものである。アイゼンデッヒャーの前任者が、日本への途上、同じくスエズ運河を通過したときもそうだった。駐日ドイツ領事マックス・フォン・ブラントは、回想録に以下のように記している。

> 「我々が当時、スエズに逗留した際、私は、現地の領事代理から、スエズがオリエントの絨毯を購入するのに最適の地であると聞いた。以前の旅で知り合い、実に様々な事情に精通し、親切な人物であると面識のあった人物である。その彼が言うには、巡礼から戻った人たちは、用のなくなった絨毯を、おそらく金が入り用になるのであろう、二束三文で手放すのだという。私は、彼に次の巡礼の到着の機会を捉えて、私にも何枚か絨毯を買い取ってくれるよう

に頼み、その数ヵ月後に、実に上等な絨毯を8枚、破格の値段で手に入れたのだった。この絨毯は、以後、私の東アジアでの滞在中、大いに役立ってくれたものだ。」[1]

つまり、東洋の宝は極東に接近するより先に、既に中近東にまで拡散していたのだ。実際のところ、時間をかけて、ゆったりと旅をしながら目的地に至るということには利点があった。日本への途上、インド、ビルマ、マレー半島及び中国南部を通ることで、東アジアとヨーロッパの間に存在する様々な文化についての認識を深めることができ、ひいては日本という国の独自性に慣れ親しむにも、よりよい手がかりを得ることになったのだ。ちなみに、かの有名な岩倉使節団は、2年近くに亘る西洋諸国の視察を終え、1873年秋、郷愁を胸に帰路についたが、近東、東南アジアを経由してサイゴンまで来たとき、そこがもう、まるで日本であるかのような気がしたのだった。それは懐かしい漢字の並ぶ街並であり、紛れもない故郷の香りを予感させたのである。

1875年の就任に際し、アイゼンデッヒャーがとったのは、しかしながら、また別のルートであった。アメリカを経由したのである。ユストゥス・ラインの記すところによれば、アイゼンデッヒャーは、1875年10月、サンフランシスコを発って、日本に向かっている[2]。しかし、1878年4月に休暇で帰省し、翌年春に再び極東に戻る際には、東南アジア経由の航路を選んだ。彼のアルバムに収められた数多くの写真が、この時の旅の様子を伝えている。この旅でアイゼンデッヒャーは、どうやら後に妻となる女性を伴っていたようであるが、まずイタリアで印象深い日々を数日すごし、その後、スエズ運河を通り、アデンに向かい（図153 [III/49]と図154 [III/51]）、更にタイ（図155 [III/54]）、シンガポール、サイゴン（図157 [III/67]）へと向かった。カンボジアでは、当時、まだ被写体としては珍しかったアンコールワット（図156 [III/57]）に、香港（図158 [III/63]）では、既に良く撮られてはいるものの、相変わらず訪れる人々を魅了してやまない被写体に出会った。北京への「ちょっとした」寄り道も、あったことがわかる（図159 – 図162 [III/33、35、68と69]）。

ナポリで撮られた写真の数が、全体のわりに多いことに先ず驚かされるが、このことで思い浮かぶのが、1878年から翌年にかけての帰省休暇にまつわる彼の経歴上の小さな謎であろう。ヘルベルト・フォン・ビスマルク（ビスマルク宰相の息子）からの手紙でわかるように、この帰省は、とりわけ嫁探しの意味合いが強いものであった[3]。そして、彼の将来の妻が、この二度目の日本への旅に同行したことは確かなようである。だとすると、ポンペイの悲劇的な歴史や、世にも言われぬほど美しい海に面して、松のつくる陰影の下に眠るウェルギリウスに関する知識が、感性豊かな心の持ち主で、後に妻となる女性の心を捉えたのではなかったか。

若きアイゼンデッヒャー夫人は伯爵令嬢として生まれ、旧姓をルイーゼ・アイクシュテット＝ペータースヴァルトといい、二人が結婚したのは、彼がワシントンの公使として（1882～1884）派遣される直前になってからだった[4]。もっとも、彼女は、それ以前から同家の一員であった。というのも、彼女は、アイゼンデッヒャーの義弟が最初の結婚でもうけた娘だったからである（二度目の結婚で、彼は、アイゼンデッヒャーの妹の夫となる）。つまり、この魅力溢れる旅の同伴者は、アイゼンデッヒャーの妹の継娘だったのである。

知識が増えてゆくことを、ドイツ語で「Erfahrung（経験）」（＝乗って分かること）と言い表わすのは、偶然ではない。昔の時代には、旅の途中で馬の交換や車輪の破損で田舎の旅宿に一泊せねばならなくなったとき、あるいは船が操帆装置の修理や石炭積み込みのために方々の港に入ったとき、そうしたときに初めて世界は「経験」することを許したからである。アイゼンデッヒャーのように、徐々に対象の形がはっきりしていく段階

を経ながら日本に近づくことができた旅人は、どれほど羨むべき存在か知れないのだ。現代の我々といえば、飛行機は数時間で目的地に到着し、飛行機の小さな窓からは富士山はおろか、日本の大地をちらりと垣間見るぐらいものである。窓側から二番目、三番目の席に座れば、もはや何も見えない。それに引き換え、日本の陸地が見えてきたことを知らせる汽笛が船上で鳴り響く頃には、当時の旅人は何と豊かになっていたことだろう。例え、どんなに雨で景色が霞んでいたとしても、乗客が、喜び勇んで甲板の手すりに集まるのを、思いとどまることは無かったはずである。彼らは、旅路で印象という宝物を沢山貰って、目的地に着いたのだ。アイゼンデッヒャーにとっては、日本という目的地に。

訳：福山　美和子

[1] Brandt, Max von: Dreiunddreissig Jahre in Ost-Asien. Erinnerungen eines deutschen Diplomaten. 3 Bde. Leipzig: Verlag Georg Wigand, 1901. Bd. 1, S. 302.

[2] Koch, Matthias u. Sebastian Conrad (eds.): Johannes Justus Rein: Briefe eines deutschen Geographen aus Japan, 1873–1875. München: Iudicium, 2006 (Monographien aus dem Deutschen Institut für Japanstudien, Bd. 40), 386 頁を参照。

[3] ドイツ外務省政治文書館、アイゼンデッヒャー関係文書 2/1, No. 3、ヘルベルト・フォン・ビスマルクからアイゼンデッヒャー宛書簡、1877 年 11 月 6 日付。

[4] Genealogisches Handbuch der Gräflichen Häuser, Gräfliche Häuser A Bd. III. Glücksburg: C. A. Starke Verlag, 1958 (vol. 18); Auswärtiges Amt, Historischer Dienst (ed.): Biographisches Handbuch des deutschen Auswärtigen Dienstes 1871–1945, vol. 1: A-F. Paderborn: Ferdinand Schöningh, 2000.

II.
Vom Seekadett zum Diplomaten.
Leben und Wirken des Gesandten Karl von Eisendecher

Aus seiner Vaterstadt Oldenburg ist Eisendecher viel zu früh weggezogen, um dort zu Lebzeiten größere Spuren zu hinterlassen. Nehmen wir an, daß der Junge, der 1841 zur Welt gekommen war, unbeschwerte Jahre in der traditionsreichen herzoglichen Stadt verbrachte. In dem berühmten, allerdings auch einzigen Gymnasium, das Oldenburg besaß, hatte er nur ein Jahr lang die Schulbank gedrückt.[1] Dann begann der erste Schritt in die große weite Welt. Es muß aufregend für einen zehnjährigen Schüler gewesen sein, von einer Stadt mit etwas weniger als 10.000 Einwohnern nach Frankfurt am Main zu übersiedeln, das damals schon als Metropole galt: geschäftiges Leben herrschte an diesem Handelsplatz von fast 75.000 Einwohnern; alte Krönungsstadt der deutschen Kaiser war Frankfurt gewesen; jetzt war die Stadt erneut politisch in den Mittelpunkt gerückt: In Frankfurt tagte das erste gemeinsame deutsche Parlament, der Bundestag, in dem der Vater, Wilhelm von Eisendecher, von 1851 bis 1866 als Abgeordneter des Großherzogtums Oldenburg seinen Platz einnahm.

Viel mehr als den Namen des Gymnasiums, das Stellwag'sche Institut, das der heranwachsende Jüngling in Frankfurt besuchte, kennen wir nicht.[2] Die Mär von der großen Begabung, die Eisendecher schon in seiner Jugend zeigte, läßt sich also nicht erzählen. Aber mit Sicherheit dürfen wir annehmen, daß er schon damals im Zeichnen von seinen Lehrern beste Noten erhalten haben muß. Die Aquarelle, die Karl von Eisendecher – wohlgemerkt, als Amateur – Zeit seines Lebens malte, beweisen vielerlei: rasche Auffassungsgabe, geduldigen und feinsinnigen Umgang mit der Hand, und aufmerksame Liebe zur Natur (Abb. 163). Daß Seestücke, wild bewegte Wogen oder sanft glänzende Weiten dieses oder jenes Meeres in seinen Alben überwiegen, liegt in der Natur der Sache (Abb. 166, 173 u. 174): Bereits mit sechzehn Jahren hatte sich Karl von Eisendecher

Abbildung 163:
„Thetis" und „Arcona"
in der Bucht von Yokohama
(Aquarell von Karl von Eisendecher).

365

entschieden, den Weg eines Seemannes bei der jungen preußischen Marine einzuschlagen. Was ihn dazu bewogen haben mag? Vielleicht der Einfluß seiner Mutter, die aus Bremen stammte. Vielleicht ein Besuch als Kind am Meer, das von Oldenburg über die Hunte unschwer zu erreichen war. Vielleicht die Kunde, daß Preußen begonnen hatte, eine Marine aufzubauen.

Völlig begeistert wird der Vater davon nicht gewesen sein. Er träumte den Traum eines Vaters, seinen Nachgeborenen in den gleichen soliden Beruf treten zu sehen – in die durch seine eigene Karriere vorgezeichnete Ehrsamkeit eines höchsten Beamten und Politikers im Dienste seines Fürstentums. Sohnemann war offensichtlich hartnäckig genug, anderes anzustreben, so daß der Vater dem Großherzog von Oldenburg treuherzig von dieser Wende Bericht erstattete und seinen fürstlichen Herrn sogar um Protektion bitten mußte, einen Dispens beim preußischen König zu erlangen: das Eintrittsalter in die Seekadettenschule war bereits um einige Monate überschritten.

Gesuch von Wilhelm von Eisendecher an den Großherzog von Oldenburg seinen Sohn Karl betreffend

Durchlauchtigster Großherzog, gnädigster Herr,

Ew. Königlichen Hoheit halte ich mich verpflichtet, eine persönliche Angelegenheit unterthänigst vorzutragen, die mir seit einiger Zeit sehr am Herzen liegt.

Ich hatte mir nämlich bis vor Kurzem die Hoffnung gemacht und daraus eine mir schon besonders lieb gewordene Vorstellung gestaltet, in meinem Sohn Carl Euer Königlichen Hoheit und dem Oldenburgischen Staate einen dereinst tüchtigen und nützlichen Diener zu erziehen und dadurch möglicher Weise einen Theil desjenigen Dankes abzutragen, welchen ich dem Großherzoglichen Hause und dem treuen Oldenburgschen Lande für alles Gute schuldig bin, was ich dort in meinem Leben erfahren habe.

Der Knabe hat sich auch, Gott sei dank, bis jetzt in jeder Weise günstig unterrichtet und ist der Leitung, die ihn dem Studium der Rechte und der Sozialwissenschaften zuführen sollte, gewissenhaft gefolgt.

Allein seine Neigung war nicht dabei und Ew. Königliche Hoheit erinnern sich vielleicht noch, daß diese schon von früh an auf See gerichtet war. Bis vor einigen Wochen hatte ich erwartet, diese Neigung werde sich allmälig verlieren, wenn ihr weiter keine Nahrung geboten würde; aber ich habe mich getäuscht. Die Vorliebe für ein seemännisches Berufsleben ist vielmehr in gleichem Maße mit des Knaben physischen, moralischen und intellektuellen Kräften nur gewachsen und in der That zu einer so intensiven Stärke gediehen, daß hier an der Gewißheit eines wahren inneren Triebes und Berufes nicht wohl mehr zu zweifeln ist.

Ew. Königliche Hoheit können sich denken, daß es an Gegenvorstellungen von Vater und Mutter bei dem einzigen Sohne nicht gefehlt hat, den sie sehr gegen ihren Wunsche einem so gefahr- und entsagungsvollen Lebenswege sich zuwenden sehen, u. zumal alle Aussichten für eine Deutsche Flotte verschwunden sind. Indessen die Verantwortung über uns zu nehmen, einer so entschieden sich positiven Lust und Wahl des heranwachsenden jungen Mannes unsere eigene vorgefaßte Bestimmung entgegenzusetzen, das mögen wir doch nicht wagen, und nach vielfachem, ich kann wohl sagen, jahrelangem Bemühen, ihm die Sache auszureden und ihm dieselbe als eine jugendliche, vorübergehende Phantasie darzustellen, haben wir uns nun endlich doch zum Nachgeben genöthigt, ja verpflichtet gesehen.

Es ist nun meine Absicht, Carl auf die Preussische Marine zu geben und ihn im Mai d.J. in das Seecadetten Institut in Berlin, resp. Danzig, zu schicken. Die vorläufige Anfrage wegen seiner Auf-

nahme habe ich bereits gethan und es scheint, daß man in Berlin die Bewerbung junger Leute von guter Erziehung besonders gern sieht.

Möge dann Gott seinen Segen dazu geben – und auch Sie, mein gnädigster Herr! Es liegt mir <u>viel</u> daran, daß Ew. Königliche Hoheit meinen Entschluß billigen und daß Höchstderselben auch ein gutheißendes, empfehlendes Wort für meine Bewerbung und meinen Sohn bei S. Majestät dem König von Preussen auslassen möchten, um welches ich Höchstderselben hiermit unterthänigst bitte.

Ich habe, außer dem Aufnahmegesuch an die Kgl. Admiralität, auch ein Gesuch an den König wegen Dispensation für das bereits um einige Monate überschrittene Aufnahmealter meines Sohnes gerichtet.

Ew. Königliche Hoheit werden mir glauben, daß es mir recht schwer wird, meinen lang gehegten Lieblingsgedanken aufzugeben und daß ich nur mit schwerem Herzen zu meinem jetzigen Entschlusse gekommen bin, wie ich denn auch nicht ohne aufrichtiges Bedauern Ew. Königlichen Hoheit diese unterthänige, wie ich glaube pflichtmäßige Anzeige mache.

Gestatten Sie mir, gnädigster Herr, auch bei dieser Gelegenheit, Ew. Königlichen Hoheit den Ausdruck der ehrerbietigen und anhänglichen Gesinnungen darzubringen, womit ich verharre

Ew. Königlichen Hoheit unterthänigst treu gehorsamster

W. v. Eisendecher

Frankfurt a/M, den 7. Februar 1857

(Niedersächsisches Staatsarchiv, Oldenburg, Bestand 6-F, Nr. 447; frdl. Mitteilung von Prof. Dr. Gerd Hoffmann, Oldenburg)

Am 18. Juni 1857 bestand der junge Mann die Aufnahmeprüfung, wurde „Königlich Preußischer Volontärkadett" und mußte nicht lange warten, bis die erste rauhe Seeluft um seine Ohren blies. Denn noch im gleichen Jahr stach er auf der Kor-

Abbildung 164: Besatzungsliste der Offiziere auf der Corvette „Arcona".

Lfde. Nr.	Dienstgrad	Name	Spätere Stellung	Gestorben

A. Dampfkorvette „Arcona":

Lfde. Nr.	Dienstgrad	Name	Spätere Stellung	Gestorben
1.	Kommandant: Kapitän zur See	Sundewall	Kontreadmiral a. D.	27. 10. 84
2.	Lieutenant zur See 1. Kl.	Schelle	Korvettenkapitän als Kommandant S. M. S. „Niobe"	24. 9. 67
3.	do.	Struben	Kapitän zur See a. D.	24. 2. 84
4.	Lieutenant zur See 2. Kl.	Graf v. Monts	Vizeadmiral und kommandirender Admiral	19. 1. 89
5.	do.	Butterlin	Kapitänlieutenant z. D.	5. 6. 76
6.	do.	Freiherr v. Schleinitz	Vizeadmiral a. D.	—
7.	do.	Krause	Kapitänlieutenant	4. 11. 68
8.	Fähnrich zur See	Knorr	Admiral und kommandirender Admiral z. D.	
9.	do.	Kühne	Kontreadmiral a. D.	—
10.	do.	Donner	Kapitän zur See z. D.	
11.	do.	Zirzow	Kontreadmiral z. D.	
12.	Seekadett	Graf v. Hacke	Kontreadmiral a. D.	29. 4. 97
13.	do.	Graf v. Schack	do.	1. 2. 92
14.	do.	Zembsch	Kapitän zur See z. D., Ministerresident in Lima	
15.	do.	v. Eisendecher	Wirklicher Geheimer Rath, Kontreadmiral à la suite der Marine, außerordentlicher Gesandter, bevollmächtigter Minister in Karlsruhe	—
16.	do.	v. Werner	Kontreadmiral a. D.	—
17.	do.	Rohr v. Hallerstein	Korvettenkapitän z. D.	
18.	do.	v. Krackewitz	Kapitänlieutenant a. D.	—
19.	do.	v. Rostitz	Kapitän zur See, als Kommandant S. M. S. „Stosch"	5. 8. 85
20.	do.	Goecker	Lieutenant zur See	19. 4. 66
21.	do.	Lüdeke	Lieutenant zur See a. D.	
22.	do.	v. Lindequist	Korvettenkapitän a. D.	29. 4. 95
23.	do.	Riel	Korvettenkapitän z. D.	—
24.	do.	Kupfer	Kapitän zur See, Kommandant S. M. S. „Freya"	18. 6. 81
25.	Sekondlieutenant vom Seebataillon	Freiherr v. Imhoff	Sekondlieutenant	25. 8. 65
26.	Stabsarzt	Dr. Stephani	Ober-Stabs- und Regimentsarzt im Magdeburger Dragoner-Regiment Nr. 6	

vette „Amazone" von Danzig aus in See. Häfen in Schweden, Norwegen und England wurden angelaufen. Kommandant des Schiffes war Korvettenkapitän Hans Kuhn, dessen Porträt sich getreulich in Eisendechers Photosammlung findet (Abb. 169 [I/83]).

Wenn es stimmt, daß das Glück dem Tüchtigen hold zu sein pflegt, dann gehörte Karl von Eisendecher ohne Zweifel zu den Tüchtigen. Denn schon die nächsten Seereisen führten den jungen Seemann zu Zielen, von denen viele seiner Landsleute nur träumen konnten. In die Karibik. Und nach Japan. Eisendecher war auserkoren, an Bord der „Arcona" an der Preußischen Ostasien-Expedition teilzunehmen (Abb. 164). Anliegen Preußens war es, als aufstrebende Großmacht mit Japan, China und Siam Handelsverträge abzuschließen und zur Sicherung deutscher Interessen in ostasiatischen Gewässern Präsenz zu zeigen. Das Historische an einem solchen Unternehmen ist auch einem Seekadett bewußt. Eisendecher war stolz, Zeitzeuge zu sein.

Da war aber noch vieles Andere, das einen Jüngling auf seiner ersten großen Weltreise bewegte. Was kann es Beglückenderes geben, als ein Land und seine Leute nicht bloß aus Büchern, sondern aus eigener Anschauung kennenzulernen. Eine Abbildung in der *Leipziger Illustrierten Zeitung* gibt uns Kunde von diesem „Abenteuer", es zeigt einige der Seekadetten, die der Photograph John Wilson in einem Teehaus auf seine Platte bannte.[3] (Abb. 165) Das Teehaus befand sich in Ômori, etwa auf halbem Wege zwischen Edo, dem heutigen Tôkyô, und dem Hafen von Yokohama, in dem die preußischen Schiffe vor Anker lagen. „Am Ausgange dieser Vorstadt", preist der offizielle Gesandtschaftsbericht dieses seekadettenfreundliche Etablissement,

> „liegt rechts am Wege das beliebte Pflaumenhaus, dessen hübsche Aufwärterinnen große Freundschaft für die Fremden zeigten und besonders von den Officieren und Cadetten unserer Kriegsschiffe oft besucht wurden; sie waren sehr heiter und neugierig und lernten manche deutsche Redensart. Die fremden Gäste nahmen gewöhnlich in einem freundlichen Pavillon Platz, dessen Zimmer sich nach dem Garten öffnen; die vordere Wand war entfernt und man saß wie im Freien. Der Garten ist eine niedliche Anlage mit Goldfischteichen, kleinen Brücken, künstlichen Felsen und Zwergbäumen aller Art, alles so sauber und geschniegelt wie die Mädchen selbst, die geschäftig hin- und hertrippelten, und Thee, Weintrauben und Eier herbeizubringen pflegten. Einige betrugen sich etwas ausgelassen, andere mit naiver Schüchternheit; im Ganzen war ihr Benehmen lebhaft und zuthulich, aber durchaus anständig und wohlerzogen."[4]

Am meisten bewegte den Kadetten, wenn wir Eisendechers Briefe an seine Eltern lesen, das Schicksal des Schoners „Frauenlob", einem der vier Schiffe der preußischen Flotte in Ostasien. Kurz vor der schützenden Einfahrt in die Bucht von Edo war die „Frauenlob" im Laufe des 2. September 1860 in einem Taifun gesunken. Weder vom Schiff noch den Mitgliedern der Besatzung wurde später irgendeine Spur gefunden.

Abbildung 165:
„Preußische Seecadetten im Wirthshause von Omori".

*Abbildung 166:
Leuchtturm
in der Brandung
(Aquarell von
Karl von Eisendecher).*

Abbildung 167 (I/80), links:
Henrik Ludvig Sundewall,
Kapitän zur See;
Kommandant der „Arcona"
während der Preußischen
Ostasien-Expedition 1860/61.

Abbildung 168 (I/81), rechts:
Eduard Jachmann,
Kapitän zur See;
Kommandant der „Thetis"
während der Preußischen
Ostasien-Expedition 1860/61.

In Eisendechers Photoalben erinnern Photographien von Vorgesetzten und Kameraden an jene aufregende Zeit, die seine erste Lebensphase prägte: Commodore Henrik Sundewall (Abb. 167 [I/80]), Gesamtkommandant der Flotte und Kapitän auf der Dampfkorvette „Arcona", auf der auch Eisendecher fuhr; Kapitän zur See Eduard Jachmann (Abb. 168 [I/81]), der die Segelfregatte „Thetis" kommandierte. Hans Georg v. Nostitz (Abb. 170 [I/84]), ein Kamerad aus der Seekadettenriege, oder Paul v. Reibnitz (Abb. 171 [I/92]), der abwechselnd auf dreien der Schiffe Dienst als Wach- und Navigationsoffizier versah. Nur wenige Wochen vor ihrem Untergang war er ein halbes Jahr lang auf der „Frauenlob" gefahren....

Abbildung 169 (I/83), links:
Hans Kuhn, Korvettenkapitän;
Kommandant der „Amazone" auf
Eisendechers erster Seereise 1857.

Abbildung 170 (I/84), Mitte:
Hans Georg von Nostitz,
Seekadett auf der „Arcona"
während der Preußischen
Ostasien-Expedition 1860/61.

Abbildung 171 (I/92), rechts:
Paul Frh. von Reibnitz,
Fähnrich zur See
auf der „Thetis"
während der Preußischen
Ostasien-Expedition 1860/61.

Die letzte Verwendung im aktiven Dienst der Marine führte Karl von Eisendecher – inzwischen zum Korvettenkapitän befördert – als Marinebevollmächtigten an die deutsche Gesandtschaft nach Washington. Aus dieser Zeit stammt eine Reihe von Porträts amerikanischer Seeoffiziere in Eisendechers Photoalben. Offiziere, die zumeist auf Schiffen der amerikanischen Atlantikflotte nach Europa fuhren. Für Eisendecher muß Kapitän John Guest, der 1870/71 die USS Brooklyn an die Küsten Europas kommandierte, ein besonders interessanter Gesprächspartner gewesen sein. Denn 1853/54 war Guest als Leutnant zur See Teilnehmer von Matthew C. Perrys Japan-Expedition gewesen. Der seinerzeitige Lieutenant aus den USA und der damals noch jüngere Seekadett aus der preußischen Ostasienmission 1860/61 werden nicht versäumt haben, Erinnerungen an ihre Japantage aufzufrischen.[5]

Vom Posten eines Marineattachés, den Eisendecher zwei Jahre lang in Washington bekleidete, in die Laufbahn eines Diplomaten überzuwechseln, ist für einen Marineoffizier eher die Ausnahme denn die Regel. Im Falle Eisendechers war die treibende Kraft zu diesem Schritt niemand geringerer als Otto von Bismarck, der spätere deutsche Reichskanzler, gewesen. Die Familien Eisendecher und Bismarck kannten sich bereits seit den Tagen, als der Vater Eisendecher Oldenburgischer und Otto

Abbildung 172 (III/2):
Karl von Eisendecher zu Pferd,
Tôkyô, um 1880.

von Bismarck Preußischer Gesandter zur Bundesversammlung in Frankfurt war. Frau von Eisendecher hieß im Hause Bismarck liebevoll die „Dexl". Die Familie Bismarck verließ Frankfurt früher, weil der Hausherr prestigereiche Auslandsposten übernahm – Gesandter in St. Petersburg, danach Botschafter in Paris. Mit der Ernennung zum preußischen Ministerpräsidenten und Minister des Auswärtigen 1862 zog er, auch mit seinem privaten Haushalt, in das Berliner Palais Wilhelmstraße 76 ein. Jetzt war es Karl von Eisendecher, der Sohn der „Dexl", der während seiner Jahre zur Ausbildung als Seeoffizier in der Marineschule in Berlin oftmaliger Gast der Bismarcks war und auf diese Weise unwillkürlich jenes Haus und Amt betrat, für das er später tätig wurde.[6]

Die Kontakte waren von da an stets eng geblieben; nicht nur zu seinem Gönner, dem Reichskanzler, sondern auch zu dessen Sohn Herbert, der 1874 in den auswärtigen Dienst eingetreten war. Viele persönliche Briefe bezeugen dieses herzliche Verhältnis. Zwar war die am 11. August 1875 ausgefertigte Bestellung Eisendechers zum Generalkonsul und Ministerresidenten des Deutschen Reiches für Japan vom Staatsminister Bülow unterzeichnet, aber viel deutlichere Worte spricht der Brief, in dem der Reichskanzler eigenhändig zu dieser Aufgabe Gottes Segen „zu Wasser und zu Lande" wünscht und den Adressaten „lieber Karl" nennt.[7] Nur folgerichtig, daß Eisendecher von seiner ersten Audienz beim Tennô, die dem frischgebackenen Diplomaten zum Stolz gereichte, Reichskanzler Bismarck direkt berichtete.[8]

Ansprache des neu berufenen Ministerresidenten Karl von Eisendecher an den Tennô anläßlich der Übergabe seines Beglaubigungsschreibens am 3. Dezember 1875

Sire,

Seine Majestät der Deutsche Kaiser, König von Preußen, mein allergnädigster Herr, haben geruht mich zu allerhöchst ihrem Minister-Residenten bei Eurer Majestät zu ernennen.

Ich kann die mir dadurch zuteil gewordene Ehre umso höher schätzen, als im Laufe der Regierung Eurer Majestät mit der Konsolidierung aller Verhältnisse in Japan und mit der erfolgreichen Bekämpfung innerer Unruhen im Lande, die gemeinsamen Interessen und die wechselseitigen Beziehungen Japans und Deutschlands sowohl in handelspolitischer Beziehung, wie auf dem Gebiete allgemeiner wissenschaftlicher und zivilisatorischer Bestrebungen, sich außerordentlich vermehrt haben.

Eurer Majestät ist es gelungen, in allen Landen die Parteien durch weise Gesetze und Reformen zu versöhnen und damit dem riesigen Reich eine zufriedene Bevölkerung und eine neue Stellung unter den Nationen zu schaffen.

Seit dieser segensreichen Umgestaltung der Stellung Japans nach innen und außen ist es das stete Bestreben Eurer Majestät Regierung gewesen, auf dem Wege der angebahnten Reformen sicher und fest fortzuschreiten, die Volksbildung durch Errichtung von Schulen und wissenschaftlichen Anstalten zu heben und den durch die Verträge ins Leben gerufenen Verkehr mit anderen Völkern zu erleichtern und zu fördern. Gerade zwischen Japan und dem Deutschen Reich ist in neuerer Zeit das enge und aufrichtige Freundschaftsverhältnis wiederum besonders gefestigt worden durch die Anwesenheit eines Angehörigen Eurer Majestät Kaiserlichen Familie in der deutschen Hauptstadt, sowie andererseits auch um die Heranziehung deutscher Gelehrten an die Kaiserlichen Lehranstalten zu Tokio.

Eurer Majestät darf ich hier heute die Hoffnung aussprechen, dass es mir vergönnt sein möge, zur Erhaltung dieser geschaffenen, in hohem Grade erfreulichen Beziehungen beider Länder auch meinerseits beizutragen und auf die noch weitere Entwicklung derselben hinzuwirken.

Abbildung 173: Abend am Meer (Aquarell von Karl von Eisendecher).

Abbildung 174: Sonnenuntergang (Aquarell von Karl von Eisendecher).

Abbildung 175 (II/44):
Unbekannte japanische Schönheit.

Indem Eurer Majestät ich mein Beglaubigungsschreiben ehrerbietigst überreiche, schließe ich mit der untertänigsten Bitte, Eure Majestät wollen mir Allerhöchst dero Wohlwollen in dem selben Maße zuteil werden lassen, wie Eure Majestät solches meinen Vorgängern in ebenso huldvoller Weise zu gewähren geruht haben.

(Politisches Archiv des Auswärtigen Amtes, Berlin, R18594, 57-60)

Noch während seiner diplomatischen Tätigkeit in Japan erfährt Eisendechers Dienststellung eine Aufwertung vom *Generalkonsul* bzw. *Ministerresidenten* zum *Gesandten*. Zum einen eine Ehre für Eisendecher, die Beförderung erfolgte schnell; zum anderen eine Anerkennung Japans, dessen Modernisierungsbestrebungen von Mal zu Mal Erstaunen und Respekt durch die Westmächte erfuhren.

Nach Japan leitete Eisendecher zwei Jahre lang (1882-1884) die deutsche Gesandtschaft in Washington. Danach wurde er mit einer nur aus den damaligen politischen Verhältnissen heraus verständlichen Aufgabe betraut: als Gesandter in Baden zu wirken – nicht als „deutscher", sondern als „preußischer" Gesandter. Auf diese Weise bewahrten die Gliedstaaten des Deutschen Reiches eine gewisse Eigenständigkeit. So wie der deutsche Kaiser auch König von Preußen war, war der Großherzog von Baden nicht bloßer Befehlsempfänger des Kaisers, sondern auch selbständiger Landesherr in seinem geschichtsträchtigen Herzogtum. Man könnte meinen, daß die Aufgaben Eisendechers in Baden so beschauliche waren, daß er mit Leichtigkeit bis zu seinem 77. Lebensjahr aktiver Diplomat geblieben ist. Aber falsch geraten. Eisendecher ist nämlich auch als Diplomat niemals aus dem Marinedienst ausgeschieden und durch verschiedene Aufgaben für die Marine zum zweithöchsten Offiziersrang, dem eines Vizeadmirals, aufgestiegen.

Zwischen 1897 und 1907 befehligte Eisendecher zehn Jahre lang auf gut einem Dutzend Fahrten die kaiserliche Segeljacht „Meteor"; so begegnete er nicht nur oft dem Kaiser (und dessen gelegentlich recht fragwürdigen Auslassungen über die Japaner), sondern konnte oftmals die grünen Höhen des Schwarzwaldes mit den Weiten des Meers vertauschen. Dann war er in jener Welt, die sich ihm Jahrzehnte zuvor als jungem Seekadett geöffnet hatte; als er auf der „Arcona" mit der Preußischen Ostasienexpedition erstmals Japan betreten hatte; als er sieben Jahre lang als Vertreter Deutschlands in Japan gewirkt und Land und Leute schätzen gelernt hatte. Ob ihn dann nicht auch, wenn sich vor ihm die Sonne in den Wellen spiegelte, seine Träume an jene japanische Schönheit denken ließen, deren Photographie die letzte Seite seines Albums schmückt (Abb. 175 [II/44])? Wer wollte das bezweifeln? Ihren Namen hat Eisendecher nur für sich behalten.

[1] Das Alte Gymnasium (heute Theaterwall 11) befand sich damals im „Graf-Christopher-Haus" an der Mühlenstraße 22; Belege über den Schulbesuch existieren nicht mehr.

[2] Gründer war Johann Ludwig Stellwag (†1847), später wechselte die Schule ihre Benennung in Scheib-Geisow'sche Knaben-Erziehungsanstalt.

[3] *Illustrierte Zeitung*, Leipzig, 25. Mai 1861; die photographische Vorlage ist verschollen (frdl. Mitteilung von Sebastian Dobson, London); vgl. hierzu auch Sebastian Dobson: Jon Uiruson – Aratana shiryô kara kaimei sareta kare to nakama no shashinkatachi. In: *Nihon Shashin Geijutsu Gakkaishi*, 2007, Vol. 16, no. 1.

[4] *Die Preussische Expedition nach Ost-Asien. Nach Amtlichen Quellen.* Berlin: Verlag der Königl. Geh. Ober-Hofbuchdruckerei, 1864, Bd. 1, S. 335.

[5] Für die biographischen Angaben zu Angehörigen der amerikanischen Marine sind die Autoren Dr. Michael J. Crawford (Naval Historical Center, Washington, DC) zu großem Dank verpflichtet.

[6] Kürenberg, Joachim von: *Johanna von Bismarck.* Bonn: Athenäum-Verlag, 1952, S. 117 u. 174.

[7] Trautz, Friedrich M.: Deutsche Seekadettenbriefe aus Jedo 1860–1861. In: *Nippon. Zeitschrift für Japanologie*, 7. Jg. (1941), Heft 3, S. 135.

[8] PAAA, R18594, S. 53-56: „An des Fürsten von Bismarck Durchlaucht, Berlin", 4. Dezember 1875.

第 11 章
海軍士官候補生から外交官へ
カール・フォン・アイゼンデッヒャー公使の人生と功績

アイゼンデッヒャーは、生まれ故郷オルデンブルクに人生の足跡を残すには、あまりにも早くこの地を離れた。1841 年に生まれた少年は、伝統豊かな大公国で何の気兼ねも要らない時期を過ごしたことだろう。彼は、オルデンブルクの有名な、ただし、この町唯一の中高等学校（ギムナジウム）に、1 年通っただけで、すぐに広大な世界への第一歩を踏み出したのである。

10 歳の子供にとって、人口 1 万人弱の町から、当時、ドイツ連邦の首都として機能していたフランクフルトに移住することは刺激的なことであったに違いない。ほぼ 7 万 5 千人の人口をもつ商業地域フランクフルトでは、活気のある生活が営まれていた。神聖ローマ時代には、ドイツ皇帝の戴冠の地、フランクフルトであったが、政治的な中心地に生まれ変わっていたのである。フランクフルトでは、最初の統一ドイツ議会、つまり連邦議会が開かれ、父親のヴィルヘルム・フォン・アイゼンデッヒャーは、1851 年から 1866 年まで、オルデンブルク大公国代表として出席していた。

成長期の若者がフランクフルトで通った学校、シュテルワグ学校については、その名前以上のことは分からない。そのため、アイゼンデッヒャーが、青年期に既に、その大きな才能で頭角を現していた、といったような逸話は伝わっていない。しかし、少なくとも絵画では良い成績をもらっていたと考えて良いだろう。勿論、素人ではあったが、アイゼンデッヒャーが、その生涯で描いた水彩画が様々な点を明らかにしている。素早い理解力、辛抱強く、精細な筆運び、そして自然に対する愛情溢れる観察眼（図 163：横浜港の「テティス」号と「アルコナ」号）。荒々しい波を湛える海、柔らかい光を放ち、穏やかに横たわる海、そういった様々な海を描いた絵が彼のアルバムに特に多く見られることは、彼のことを知れば、当然のことと分かる（図 166：打ち寄せる波に立つ灯台、図 173：海の黄昏時と図 174：日没）。アイゼンデッヒャーは 16 歳で、組織されて間もないプロイセン海軍の船乗りになる決意をした。何が、彼をそう促したのだろうか？ブレーメン出身の母親の影響かもしれない。あるいは、子供の頃、オルデンブルクからフンテ川経由で難無く行けた海の思い出かもしれない。もしくは、プロイセンが海軍を組織し始めたという知らせかもしれない。

父親が、息子のその決断を手放しで喜んだかというとそうではない。彼にも、父親一般の持つ夢があった。つまり、自分の息子には、自分と同じように手堅い職業、自分のキャリアが良い手本を示しているように、大公国の高級官吏ないし政治家という職務に与えられる、名誉ある道に進んで欲しいという希望である。しかしながら、彼の息子は、別の道に進むことを譲らないだけの頑固さを持ち合わせていたようで、父親は、オルデンブルク大公に、この転向について忠実に報告し、更に大公にプロイセン国王から特例の認可がおりるよう、後援を嘆願しなくてはならなかった。なぜなら、決断したときには既に、海軍士官学校に入学できる年齢を既に何ヶ月か過ぎてしまっていたからである。

> ヴィルヘルム・フォン・アイゼンデッヒャーから、
> 息子カールの件で、オルデンブルク大公に宛てた請願書

敬愛なる大公殿下、

このたびは畏れ多くも、先頃より私の個人的な懸案となっております事柄につきまして、ご報告させて頂く失礼をどうぞお許し下さい。

かねてより、私には希望並びにその希望に則った大変魅力的な未来図なるものがございました。と申しますのは、大公殿下並びにオルデンブルク大公国に仕える、未来の忠実で献身的な僕に愚息カールを育て上げ、お許し頂けるならば、それによって、大公殿下一族の皆様並びに愛すべきオルデンブルク大公国に、私が今日まで預かって参りました全ての恩恵に対する感謝の一端を表明させて頂きたく存じておりましたからでございます。

幸いなことに、愚息は、これまで比較的真面目に勉学に勤しみ、法学及び社会学のための学業には一意専心して参りました。

しかしながら、あれの志向は別にございました。殿下も恐らく御存じのことと存じますが、既に幼少の頃から海に傾倒していたのでございます。新たにその情熱を掻き立てられることがなければ、あれの熱心さも次第に失われるだろうと、数週間前まで期待しておりましたが、私の思い違いでございました。船員としての職業人生への憧憬は、身体的、道徳的、知的能力の発達に比例して、益々募るばかりであり、実際、ここにきて、内面の誠実なる欲求及び天職としての確信は、もはや確固としてゆるぎないものになるほど、強固なものになってしまったのでございます。

殿下にはお察しのつくことと存じますが、一人息子に父親と母親と全く別の考えがあり、それが、親の希望とは正反対の実に危険で世俗の喜びに縁遠い人生を選ばせるのを目の当たりにする感慨は、全ドイツ海軍編成のあらゆる展望が失われた状況下では、一方ならぬものがございます。

しかしながら、親の責任として、成長過程にある若き青年の、それほどまでに固い決意に至らせた関心と選択を、手前の先入観で妨げるわけには参りませんし、私共もそれを望んではおりません。このことは、確かに申し上げられますが、愚息に思いとどまらせるよう、若者によくある一時的な憧れだと思うよう、様々な角度から、それこそ何年もの間、説得を続け、努力して参りましたが、そのうえで譲歩せざるをえないこと、それが私共の義務だと思い知ったわけでございます。

これは、単なる私の一存にすぎませんが、カールをプロイセンの海軍に入隊させるために、今年の5月に、ベルリン若しくはダンツィヒの海軍士官学校へ入学させる所存でおります。入学の件で、既に一応問い合わせてみましたが、ベルリンでは良い教育を受けた、愚息の年齢より若い青年の応募が特に好ましいとされているようです。

神の御加護を、そして敬愛なる殿下の御加護を賜われますように。

ここに、殿下より私の決断を認めて頂けますよう、願書に殿下より認証を賜われますよう、またプロイセン国王陛下に愚息についてお言葉添え頂けますよう、推薦のお言葉を賜りたく、謹んでお願い申し上げます。

入学願書とは別に海軍本部にも、また、入学の年齢規定を愚息が数カ月越えてしまったことに特別許可を賜われるよう、国王陛下にも請願書を送らせて頂きました。

殿下は、きっと御理解下さることでしょう、長く抱いていた夢を諦めることがどれほど難しいことであるか、今回のことが、いかに苦渋の決断でありましたことか。いかに、遺憾なくして、殿下にこのように畏れ多いことをお願い申し上げられましょうか。親の務めではございますが、このようにご報告申し上げなければならない私の心中を、殿下にお察し頂ければ幸甚の極みと存じます。

敬愛なる殿下、どうかこのような折にも、殿下への敬慕、忠誠の辞を述べることをお許し下さい。

　　　　　　　終生変わらぬ、殿下の忠実なる僕、
　　　　　　　ヴィルヘルム・フォン・アイゼンデッヒャー

フランクフルト、1857 年 2 月 7 日

（オルデンブルク古文書館、整理番号 6-F、447 番）

1857 年 6 月 18 日この青年は入学試験に合格し、「プロイセン王国見習い将校」となり、それから最初の荒々しい海風に揉まれるまで長く待つ必要はなかった。彼は、既にその年に、ダンツィヒからコルベット艦「アマツォーネ」号で、海に乗り出したのである。その船は、スウェーデン、ノルウェー及びイギリスに寄港した。指揮官は、海軍少佐のハンス・クーンで、彼の肖像写真は、アイゼンデッヒャーのアルバムに丁寧に収められている（図 169 [I/83]）。

有能な人物は幸運に見放されない、というのが本当ならば、カール・フォン・アイゼンデッヒャーは、間違いなくその一人であった。彼は、既に次の航海で同郷の人々の多くがただ夢みるだけで終わる目的地、カリブ海や日本に辿り着いたのである。アイゼンデッヒャーは、「アルコナ」号で出発するプロイセン東亜使節団の乗組員の一人として選ばれたのであった（図164：コルベット艦「アルコナ」号に乗船していた将校の一覧）。プロイセンの関心は、列強として日本、中国及びシャムと通商条約を締結すること、そしてドイツの利権を守るため、東アジア海域にその存在を知らしめることにあった。そのような計画の歴史的意義は、一人の海軍士官候補生にも理解された。アイゼンデッヒャーは、時代の目撃者となることを誇りに思ったことだろう。

とはいえ、一人の若者を最初の世界大旅行で感動させたものは他にも、もっと沢山あった。ある国とそこに住む国民を単に書物からではなく、自分の目で見て知ること以上に幸せなことがあるだろうか。『ライプツィヒ絵入り新聞』の挿絵が、我々にこの「冒険」の様子を教えてくれる。その絵には、写真家ジョン・ウィルソンが、茶屋で撮影した海軍士官候補生が数名描かれている（図 165：大森の茶屋でのプロイセン海軍士官候補生）[1]。茶屋は、江戸と、プロイセン船舶が停泊していた横浜港のほぼ中央に位置する大森にあった。使節団の公的な報告書では、海軍士官候補生にとって良い気休めとなったこの茶屋が、好意的な評価を受けている。

「この郊外の町には、通りの右側に人気のある茶屋『梅屋』がある。そこでは、可愛いらしい女中が外国人に実に親切にしてくれ、特に、我が国海軍の将校や海軍士官候補生はよくその店を訪れた。彼女たちは非常に明るく、好奇心旺盛で、ドイツ語の慣用句も幾つか覚えた。外国人客は大抵、あずま屋に席をとったのだが、そこの部屋は庭に向かって開かれていて、前の障子は開け放たれており、まるで外に座っているようだった。庭は、金魚の泳ぐ池、小さな橋、人工の岩、多種多様の盆栽で可愛らしく整えられており、その美しく、手入れの行き届いた様子は、まるで、そこで忙しく行きかい、甲斐甲斐しく、茶やぶどう、卵などを持ってくる娘たちのようだった。彼女達の中には、元気なものもいれば、人見知りして大人しいものもいた。彼女達のふるまいは、総じて、活発で人当りが良く、また極めて礼儀正しく、しつけの良いものだった。」[2]

アイゼンデッヒャーが両親に宛てた手紙を読むと、東アジアのプロイセン王国海軍船舶の四隻のうちの一隻、スクーナー船「フラウエンローブ」号の運命が、海軍士官候補生を最も震撼させたことが分かる。「フラウエンローブ」号は、1860 年 9 月 2 日に、避難に目指していた江戸湾の入り口を目前に、台風で

沈没してしまったのだった。船も、乗組員も、その後、何一つ痕跡は見つからなかった。

アイゼンデッヒャーのアルバムにある上官や同僚の写真は、彼の人生の第一期に影響を与えた、躍動的な時代を想起させる。アイゼンデッヒャーも乗船していた蒸気コルベット艦「アルコナ」号の艦長であり、艦隊総司令官でもあったヘンリク・ズンデヴァル提督（図 167 [I/80]）、フリゲート艦「テティス」号を指揮した海軍大佐エデュアルド・ヤッフマン（図 168 [I/81]）、海軍士官候補生組の同級生、ハンス・フォン・ノスティッツ（図 170 [I/84]）や当番士官、航海士として三船で代る代る任務に就いていたパウル・フォン・ライプニッツ（図 171 [I/92]）。ちなみに、ライプニッツは、「フラウエンローブ」号が沈没する数週間前まで、半年間その船で勤務していた。

海軍少佐に昇進していたカール・フォン・アイゼンデッヒャーは、海軍での現役最後の任務に、公使館付海軍武官としてワシントンに赴任した。この時代のものとして一連のアメリカ海軍士官の写真がアルバムに収められている。海軍将官たちは、大抵、ヨーロッパ行きのアメリカ大西洋艦隊の船舶に乗船していた。アイゼンデッヒャーにとって、1870 年から 71 年にかけて、アメリカ軍艦「ブルックリン」号をヨーロッパ沿岸まで指揮していたジョン・ゲストは、特に面白い話し相手であったにちがいない。というのも、ゲストは、海軍少尉として、1853 年から 54 年のマシュウ・ペリー率いる日本遠征団の一員だったからである。1860 年から 61 年に亘り、アメリカの海軍少尉だったゲストと、当時、プロイセン東亜使節団の若き海軍士官だったアイゼンデッヒャーが、日本滞在中の思い出を語らなかったはずはないだろう。

アイゼンデッヒャーがワシントンで2年就いていた公使館付海軍武官のポストから、外交官の道に進路変更したことは、海軍士官にとっては例外だった。彼の場合、この選択への導因となったのは、後にドイツ帝国宰相となるオットー・フォン・ビスマルクにおいて他にいない。アイゼンデッヒャー家とビスマルク家は、アイゼンデッヒャーの父親がオルデンブルク大公国の公使、オットー・フォン・ビスマルクがプロイセン王国の公使としてフランクフルトのドイツ連邦議会に出席していた頃からの知り合いであった。オルデンブルク大公国公使夫人は、ビスマルク家で親しみをこめて「デクスル」と呼ばれていた。ビスマルク家は、フランクフルトを彼らより先に発つことになるのだが、それはビスマルク家の当主が、名誉ある海外任務に就いたからである。公使としてペテルブルクへ、その後、大使としてパリへ。1862 年にプロイセン首相及び外務大臣に任命されると、ビスマルクは、所帯ごとベルリンのヴィルヘルム通り 76 番の外務省館に居を移した。その頃、「デクスル」の息子、カール・フォン・アイゼンデッヒャーは、ベルリンの海軍士官学校で士官教育を受けており、ビスマルク家を客人としてよく訪れていたが、このような形で後の自分の職場に知らず知らず出入りしていたわけである。

両者の交流は、その頃からずっと親密なものであった。アイゼンデッヒャーは、恩人のドイツ帝国宰相ビスマルクとだけでなく、1874 年に外務省に入省した、その息子のヘルベルト・フォン・ビスマルクとも親しかった。ドイツ外務省政治文書館に保管されている数多くの個人的な書簡からも、その関係が親密なものであったことが分かる。1875 年 8 月 11 日の、アイゼンデッヒャーのドイツ帝国駐日総領事及び弁理公使への任用は、国務大臣兼外務大臣ビューローによって承認されたものではあるが、ドイツ帝国宰相が直々に筆をとり、「水路でも陸路でも」神の御加護があるようにと祈りの言葉を添え、宛人を「親愛なるカール」と呼んでいる手紙が、このことをより一層明らかに物語っている。外交官になりたてのアイゼンデッヒャーが、最初の天皇との謁見を誇りに思い、ドイツ帝国宰相ビスマルクに直接報告したことには、従って、何の不思議もないのである。

1875年12月3日、信任状捧呈の席での、新任弁理公使カール・フォン・アイゼンデッヒャーの天皇への式辞

謹告

　天皇陛下の御国の弁理公使に、ドイツ帝国皇帝陛下、プロイセン王国国王陛下が恐れ多くも、私を任命して下さいましたことを上奏致します。

　貴政府が国内のあらゆる事柄の強化及び不穏を成功裡に治め、貿易政策並びに広く学問、文明振興の事案における、日独共通の利害及び相互関係が大きく前進したことを受けましても、このたび、私の預かりました栄誉の意味をより一層重く受け止めております。

　天皇陛下、貴国は、賢明な法制と改革によって、政党を和解させ、それにより大帝国に不満のない民衆を成立させ、世界で新たな位置を獲得なさいました。

　国内外での日本の改革、及び世界での類い稀なる昇格以来、貴政府にとって、推進中の改革を確実に確固たるものに押し進めること、学校や教育機関の設立により、国民教育を向上させること、条約締結で始まった他国民との交流を円滑にし、且つ発展させていくことが、現在も変わらぬ課題となっております。日独間の、親密で誠実な友好関係は、天皇陛下のドイツ首都御来訪により、また、ドイツ人学者の貴国の東京の教育機関への招聘により、今日益々固なものとなりました。

　天皇陛下、本日賜りました栄えあるこの機会に、私が、今日まで築き上げられてきた、非常に喜ばしき両国の関係を今後も維持していくことに、私の立場からも貢献させて頂きたく、また、更なる発展にも寄与させて頂きたく存じておりますことを、ここに言上させて頂く失礼をどうぞお許し下さい。

　天皇陛下に、私の信任状を謹んで捧呈させて頂き、恐れながら、陛下に次のことを請願申し上げることで結びの言葉とかえさせて頂きたく存じます。陛下、どうか、前任者にかけて下さったように寛大な御心でもって、今後も陛下より御支援賜れますよう、謹んでお願い申し上げます。

（ドイツ外務省政治文書館、R 18594, 57-60）

アイゼンデッヒャーが日本で外務に従事している間に、彼は「総領事」ないし「弁理公使」から「特命全権公使」へと昇格した。このことは、アイゼンデッヒャーには、昇進の早さとして名誉となり、また、日本の近代化への邁進が事を追う毎に、西洋列強に驚きと尊敬をもって迎えられたという、日本の評価の向上も表していた。

日本での任務を終えたあと、アイゼンデッヒャーは再びワシントンに渡り、二年間（1882 〜 1884）ドイツ公使館を率いた。その後は、当時の政治事情でのみ理解される職務の一つ、駐バーデン大公国の「ドイツ公使」ではなく「プロイセン公使」に任命された。このようにして、ドイツ帝国の構成国家は、一定の独立性を保ったのである。ドイツ皇帝がプロイセン国王でもあったように、バーデン大公は、皇帝のただの命令受領者だったのではなく、歴史ある大公国の独立した君主であった。バーデン国での任務が気楽なものだったので、アイゼンデッヒャーは何の苦もなく、77歳まで現役の外交官でいられたのだろう、と思うかもしれないが、そうではない。アイゼンデッヒャーは、外交官の仕事をしながらも、海軍の任務から離れたことはなく、そして、海軍の様々な任務を通じて海軍中将の地位まで昇進したのである。

1897年から1907年までの10年間に、アイゼンデッヒャーは10回以上も、皇帝のヨット「メテオール」号を指揮した。そのため、彼は、皇帝（並びに、皇帝が折に触れ口にする、日本人への偏見の多い発言）に頻繁に見えただけでなく、しばしば、居場所を黒森（シュヴァルツヴァルト）の緑の丘から広大な海に移す機会に恵まれたのである。そのときの彼は、何十年も前

に、まだ若い海軍士官候補生だった自分に開かれた世界に戻っていたことだろう。「アルコナ」号で、プロイセン東亜使節団と共に初めて日本へ行った時の世界。そして、ドイツ公使として7年間日本に駐在し、他国とその国民を敬うことを学んだその時代の世界。日の光が波間に射したとき、それは彼に、アルバムの最後のページを彩る一人の美しい日本人女性（図175 [II/44]）を思い起こさせはしなかっただろうか。誰も否定はしないだろう。彼女の名前は、アイゼンデッヒャーの胸にだけ刻まれている。

訳：宮田　奈々

---

[1] Illustrierte Zeitung, Leipzig、1861年5月25日、またSebastian Dobson「ジョン・ウィルソン – 新たな資料から解明された彼と仲間の写真家達」『日本写真芸術学会誌』16/1 (2007年刊行予定) も参照。

[2] Die Preussische Expedition nach Ost-Asien. Nach Amtlichen Quellen. Berlin: Verlag der Königl. Geh. Ober-Hofbuchdruckerei, 1864, vol. 1, p. 335.

駐ドイツ日本公使・大使一覧
Japans diplomatische Vertreter in Deutschland

Deutsches Kaiserreich　ドイツ帝国

03.10.1870	少弁務使	Geschäftsträger	鮫島　尚信	Samejima Naonobu
03.05.1872	中弁務使	Ministerresident	鮫島　尚信	Samejima Naonobu
14.10.1872	弁理公使	Ministerresident	鮫島　尚信	Samejima Naonobu
22.11.1873	特命全権公使	Gesandter	鮫島　尚信	Samejima Naonobu
17.08.1874	代理公使	Geschäftsträger	青木　周蔵	Aoki Shûzô
03.09.1874	特命全権公使	Gesandter	青木　周蔵	Aoki Shûzô
24.08.1879	臨時代理公使	Geschäftsträger	三宮　義胤	San'nomiya Yoshitane
22.05.1880	特命全権公使	Gesandter	青木　周蔵	Aoki Shûzô
09.12.1885	臨時代理公使	Geschäftsträger	小松原　英太郎	Komatsubara Eitarô
13.03.1886	特命全権公使	Gesandter	品川　弥二郎	Shinagawa Yajirô
27.12.1886	臨時代理公使	Geschäftsträger	井上　勝之助	Inoue Katsunosuke
04.06.1887	特命全権公使	Gesandter	西園寺　公望	Saionji Kinmochi
05.07.1891	臨時代理公使	Geschäftsträger	井上　勝之助	Inoue Katsunosuke
27.01.1892	特命全権公使	Gesandter	青木　周蔵	Aoki Shûzô
23.07.1897	臨時代理公使	Geschäftsträger	宮岡　恒次郎	Miyaoka Kôjirô
19.05.1898	特命全権公使	Gesandter	井上　勝之助	Inoue Katsunosuke
07.01.1906	特命全権大使	Botschafter	井上　勝之助	Inoue Katsunosuke
16.09.1907	臨時代理大使	Geschäftsträger	日置　益	Hioki Eki
01.08.1908	臨時代理大使	Geschäftsträger	船越　光之丞	Funakoshi Mitsunojô
05.10.1908	特命全権大使	Botschafter	珍田　捨巳	Chinda Sutemi
22.11.1911	臨時代理大使	Geschäftsträger	畑　良太郎	Hata Ryôtarô
18.12.1911	特命全権大使	Botschafter	杉村　虎一	Sugimura Ko'ichi
22.08.1914	臨時代理大使	Geschäftsträger	船越　光之丞	Funakoshi Mitsunojô
24.08.1914	Abbruch der diplomatischen Beziehungen (Erster Weltkrieg)			
	第一次世界大戦勃発により外交の断絶			

Weimarer Republik　ワイマール共和国　/　Drittes Reich　第三帝国

21.03.1920	臨時代理大使	Geschäftsträger	出淵　勝次	Debuchi Katsuji
07.01.1921	特命全権大使	Botschafter	日置　益	Hioki Eki
20.08.1923	臨時代理大使	Geschäftsträger	大野　守衛	Ôno Morie
06.02.1924	特命全権大使	Botschafter	本多　熊太郎	Honda Kumatarô
21.09.1925	臨時代理大使	Geschäftsträger	伊藤　述史	Itô Nobumi
25.08.1926	特命全権大使	Botschafter	長岡　春一	Nagaoka Harukazu
06.05.1930	臨時代理大使	Geschäftsträger	東郷　茂徳	Tôgô Shigenori
06.04.1931	特命全権大使	Botschafter	小幡　酉吉	Obata Yûkichi
16.01.1932	臨時代理大使	Geschäftsträger	七田　基玄	Shichida Motoharu
19.11.1932	臨時代理大使	Geschäftsträger	東郷　茂徳	Tôgô Shigenori
22.11.1932	臨時代理大使	Geschäftsträger	藤井　啓之助	Fujii Keinosuke
03.04.1933	特命全権大使	Botschafter	永井　松三	Nagai Matsuzô
15.10.1934	臨時代理大使	Geschäftsträger	杉下　裕次郎	Sugishita Yûjirô
28.12.1934	特命全権大使	Botschafter	武者小路　公共	Mushanokôji Kintomo
03.07.1935	臨時代理大使	Geschäftsträger	井上　庚二郎	Inoue Kôjirô
30.04.1936	特命全権大使	Botschafter	武者小路　公共	Mushanokôji Kintomo
12.12.1937	臨時代理大使	Geschäftsträger	柳井　恒夫	Yanai Hisao
24.12.1937	特命全権大使	Botschafter	東郷　茂徳	Tôgô Shigenori
29.10.1938	特命全権大使	Botschafter	大島　浩	Ôshima Hiroshi
29.10.1939	臨時代理大使	Geschäftsträger	宇佐美　珍彦	Usami Uzuhiko
04.12.1939	特命全権大使	Botschafter	来栖　三郎	Kurusu Saburô
17.02.1941	特命全権大使	Botschafter	大島　浩	Ôshima Hiroshi

18.02.1945　Evakuation nach Österreich (Bad Gastein) / オーストリア (バド・ガスタイン）へ避難

08.05.1945　Kapitulation Deutschlands / ドイツ降伏、大島大使はアメリカ軍の俘虜となる

Bundesrepublik Deutschland　ドイツ連邦共和国

08.01.1954	特命全権大使	Botschafter	加瀬	俊一	Kase Shun'ichi
06.06.1956	臨時代理大使	Geschäftsträger	曾野	明	Sono Akira
27.11.1956	特命全権大使	Botschafter	大野	勝巳	Ôno Katsumi
09.01.1957	臨時代理大使	Geschäftsträger	曾野	明	Sono Akira
08.04.1957	特命全権大使	Botschafter	武内	龍次	Takeuchi Ryûji
19.12.1960	臨時代理大使	Geschäftsträger	竹内	春海	Takeuchi Harumi
13.04.1961	特命全権大使	Botschafter	成田	勝四郎	Narita Katsushirô
11.04.1965	臨時代理大使	Geschäftsträger	兼松	武	Kanematsu Takeshi
20.05.1965	特命全権大使	Botschafter	内田	藤雄	Uchida Fujio
10.01.1970	臨時代理大使	Geschäftsträger	吉岡	一郎	Yoshioka Ichirô
11.03.1970	特命全権大使	Botschafter	甲斐	文比古	Kai Fumihiko
10.10.1972	臨時代理大使	Geschäftsträger	加藤	千幸	Katô Chisachi
27.10.1972	特命全権大使	Botschafter	曾野	明	Sono Akira
05.09.1975	臨時代理大使	Geschäftsträger	宮沢	泰	Miyazawa Yasushi
21.10.1975	特命全権大使	Botschafter	上田	常光	Ueda Tsuneaki
04.12.1977	臨時代理大使	Geschäftsträger	茂木	良三	Mogi Ryûzô
01.02.1978	特命全権大使	Botschafter	吉野	文六	Yoshino Bunroku
28.03.1982	臨時代理大使	Geschäftsträger	山下	新太郎	Yamashita Shintarô
30.03.1982	特命全権大使	Botschafter	宮崎	弘道	Miyazaki Hiromichi
08.01.1986	臨時代理大使	Geschäftsträger	中村	昭一	Nakamura Shôichi
15.01.1986	特命全権大使	Botschafter	宮沢	泰	Miyazawa Yasushi
31.03.1989	臨時代理大使	Geschäftsträger	高島	有終	Takashima Yûshû
08.04.1989	特命全権大使	Botschafter	木村	敬三	Kimura Keizô
04.1992	特命全権大使	Botschafter	村田	良平	Murata Ryôhei
09.1994	特命全権大使	Botschafter	有馬	龍夫	Arima Tatsuo
09.1997	特命全権大使	Botschafter	渋谷	春彦	Shibuya Haruhiko
04.1998	特命全権大使	Botschafter	久米	邦貞	Kume Kunisada
04.2001	特命全権大使	Botschafter	野村	一成	Nomura Issei
10.2002	特命全権大使	Botschafter	高島	有終	Takashima Yûshû
10.2005	特命全権大使	Botschafter	高野	紀元	Takano Toshiyuki

駐日ドイツ公使・大使一覧
Deutschlands (und Preussens) diplomatische Vertreter in Japan

19.01.1863	領事	Konsul	Max August Scipio von Brandt
11.02.1867	代理公使	Minister	Max August Scipio von Brandt
20.07.1868	総領事	Generalkonsul	Max August Scipio von Brandt
05.01.1869	代理公使	Ministerresident	Max August Scipio von Brandt
06.1871	代理公使	Geschäftsträger	Theodor von Holleben
30.03.1873	弁理公使	Ministerresident	Max August Scipio von Brandt
02.1875	代理公使	Geschäftsträger	Eduard Zappe
04.1875	代理公使	Geschäftsträger	Theodor von Holleben
03.12.1875	**弁理公使**	**Ministerresident**	**Karl von Eisendecher**
04.1878	代理公使	Geschäftsträger	Felix Freiherr von Gutschmid
14.06.1880	**特命全権公使**	**Gesandter**	**Karl von Eisendecher**
24.04.1883	特命全権公使	Gesandter	Otto Graf von Dönhoff
11.03.1886	特命全権公使	Gesandter	Theodor von Holleben
10.12.1892	特命全権公使	Gesandter	Felix Freiherr von Gutschmid
03.03.1897	臨時代理公使	Geschäftsträger	Karl Georg von Treuter
29.03.1898	特命全権公使	Gesandter	Kasimir Graf von Leyden
23.05.1900	臨時代理公使	Geschäftsträger	Georg von Wedel
10.05.1901	特命全権公使	Gesandter	Emmerich Graf von Arco Valley
28.02.1906	臨時代理公使	Geschäftsträger	Friedrich Carl von Erckert
22.05.1906	特命全権大使	Botschafter	Alfons Mumm von Schwarzenstein
19.04.1911	特命全権大使	Botschafter	Arthur Graf Rex
24.08.1914		Abbruch der diplomatischen Beziehungen (Erster Weltkrieg) 第一次世界大戦勃発により外交の断絶	

01.08.1920	代理大使	Geschäftsträger	Wilhelm Solf
26.02.1921	特命全権大使	Botschafter	Wilhelm Solf
12.1928	臨時代理大使	Geschäftsträger	Arthur von Schoen
23.01.1929	特命全権大使	Botschafter	Ernst Arthur Voretzsch
12.1933	臨時代理大使	Geschäftsträger	Willey Noebel
27.12.1933	特命全権大使	Botschafter	Herbert von Dirksen
02.1938	臨時代理大使	Geschäftsträger	Willey Noebel
28.04.1938	特命全権大使	Botschafter	Eugen Ott
04.02.1943	特命全権大使	Botschafter	Heinrich Georg Stahmer
15.08.1945	Einstellung der Kriegshandlungen / 戦闘停止		
02.09.1945	Kapitulation Japans / 日本降伏		
28.04.1952	臨時代理大使	Geschäftsträger	Heinrich Northe
19.05.1955	特命全権大使	Botschafter	Hans Kroll
13.05.1958	特命全権大使	Botschafter	Wilhelm Haas sen.
10.09.1961	臨時代理大使	Geschäftsträger	Fritz van Briessen
10.03.1962	特命全権大使	Botschafter	Herbert Dittmann
29.01.1965	臨時代理大使	Geschäftsträger	Walter Boss
18.03.1966	特命全権大使	Botschafter	Franz Krapf
26.03.1971	臨時代理大使	Geschäftsträger	Heinrich Rohreke
05.04.1971	特命全権大使	Botschafter	Wilhem G. Grewe
09.10.1976	臨時代理大使	Geschäftsträger	Hartmut Schulze-Boysen
23.03.1977	特命全権大使	Botschafter	Günter O. Diehl
20.04.1981	特命全権大使	Botschafter	Klaus W. G. Blech
10.07.1984	特命全権大使	Botschafter	Walter Boss
22.10.1986	特命全権大使	Botschafter	Hans-Joachim Hallier
28.09.1990	特命全権大使	Botschafter	Wilhelm Haas jun.
11.07.1994	特命全権大使	Botschafter	Heinrich-Dietrich Dieckmann
22.09.1997	特命全権大使	Botschafter	Frank Elbe
22.09.1999	特命全権大使	Botschafter	Uwe Kästner
21.12.2001	特命全権大使	Botschafter	Henrik Schmiegelow
01.07.2006	特命全権大使	Botschafter	Hans-Joachim Daerr

ABBILDUNGSVERZEICHNIS

Abbildungsverzeichnis

Die römischen Ziffern hinter der durchlaufenden Nummerierung beziehen sich auf die drei Photoalben aus dem Besitz des Gesandten Eisendecher:
I Porträts Carte-de-visite
II Porträts Carte-de-cabinet
III Gebäude & Landschaften (Folio-Format);
(vollständige Liste im Anhang S. 428–441)

Die hier angeführten Amtsbezeichnungen der japanischen Würdenträger beziehen sich auf die Dienstzeit des Gesandten Eisendecher in Tôkyô 1875–1882

Japan zur Meiji-Zeit (1868–1912). Gesehen mit den Augen eines deutschen Diplomaten.

1
Karl von Eisendecher, Porträt als Kapitänleutnant, zw. 1867 und 1872
(*Nippon. Zeitschrift für Japanologie*, 7. Jg. (1941), Heft 3, S. 144)

2
Karl von Eisendecher, Porträt als Gesandter in Karlsruhe, um 1900 (Politisches Archiv des Auswärtigen Amtes, Berlin)

3
Karikatur auf die Vertragsrevisionsverhandlungen, Charles Wirgman, *The Japan Punch*, Yokohama, Feb. 1882; der dritte Herr von links ist K. von Eisendecher

4
Darstellung der Vertragsverhandlungen in einem Schulbuch der frühen Shôwa-Zeit
(Monbushô, *Kôtô shôgaku kokushi, gekan*, 1929, S. 124)

5
Stadtplan von Tôkyô zum Zeitpunkt der Ankunft Eisendechers (*Dôban. Tôkyô kubun ezu*, 1875)

6 (II/19)
Rückseite des Porträts von Soejima Taneomi auf einer Photographie der staatlichen Druckerei *Tôkyô Insatsukyoku* (Sammlung Eisendecher); mit eh. Widmung des Ministers an den Gesandten

7 (II/3)
Rückseite der Porträtaufnahme von Inoue Sue, der Tochter von Außenminister Inoue Kaoru, aus dem Studio von Suzuki Shin'ichi; mit eh. Widmung an Karl von Eisendecher

8
Dampfcorvette „Arcona" in der Bucht von Yokohama, Aquarell von Karl v. Eisendecher, 18,2 x 26,0 cm
(Universität Bonn, Japanologisches Seminar, Sammlung Trautz)

9
Friedhof nahe der englischen Gesandtschaft, Aquarell von Karl v. Eisendecher, sign. u. dat. „Tosendji 7. Dec. 60", 22,5 x 17,5 cm
(Universität Bonn, Japanologisches Seminar, Sammlung Trautz)

10
Tor am Schloß von Edo, Lithographie nach dem Aquarell von Albert Berg, 25,6 x 47,3 cm (*Die Preussische Expedition nach Ost-Asien. Ansichten*, Abb. 11).
„Der Palast des Kaisers [richtig: Shôgun] liegt im Zentrum der Stadt und nimmt mit allen Anhängseln einen ziemlich bedeutenden Raum ein; der umgebende Graben ist ca. 200 Fuß breit, vom anderen Ufer aus, wo wir ritten, sieht man vom jenseitigen nur eine ungeheure Mauer von Basaltquadern, und jedes Mal, wo eine Brücke hinüberführt, ist ein schweres massives Tor mit einer Wache. Das Ganze gewährt den Anblick einer starken Festung [...] Ein Daimio geht nie aus, entweder er reitet oder läßt sich in einer Sänfte tragen, und zwar nie ohne Gefolge von 20 bis 50 Menschen. Wir begegneten mehreren dieser Züge; man mußte stets ausweichen, sie dürfen die Mitte der Straße beanspruchen [...]" (Eisendecher an seine Eltern, 2. Okt. 1860)

11
In den Straßen von Edo, Lithographie nach dem Aquarell von Albert Berg, , 24,2 x 47,3 cm (*Die Preussische Expedition nach Ost-Asien. Ansichten*, Abb. 18).
„Den Rest des Tages verbrachte ich mit Bummeln in den Straßen bis Dunkelwerden. Ich besuchte eine Masse Läden und suchte, für wenig Geld möglichst viel zu erhandeln [...] Zuweilen mischten sich die Jakonins in den Handel und dann ist es gewöhnlich

**Kapitel 1.
Erstes Kennenlernen.
Die Preußische Ostasienexpedition und der preußisch-japanische Freundschafts- und Handelsvertrag von 1861**

[1] Der Hachiman-Schrein besteht noch heute, wenngleich die Kriegsschäden nach 1945 einen Neubau erforderten (Sakurada-dôri, Toranomon 5-10-14, nahe der U-Bahn-Station Kamiya-chô); vom ebenfalls zerstörten Tempel besteht jedoch nur mehr der Name, eine religiöse Funktion nimmt er nicht mehr wahr.

[2] Die heutige Bausubstanz ist wegen der Zerstörung durch das Erdbeben von 1923 nicht mehr identisch mit jener des Jahres 1860.

nicht möglich, den Gegenstand zu bekommen, weil gleich ein 3- und 4-facher Preis angesetzt wird. [...] Mit Dunkelwerden ist es nicht mehr erlaubt, sich außerhalb des Gesandtschaftshotels aufzuhalten ..." (Eisendecher an seine Eltern, 2. Okt. 1860)

12

Aufgang zum Nishikubo Hachiman-Schrein, Lithographie nach einer Zeichnung von Albert Berg, , 41,0 x 34,5 cm
„Yeddo liegt am Ufer des Meeres [...] und bedeckt mit seinen Vorstädten einen Flächenraum, welcher die Ausdehnung Londons weit übertrifft. [...] Die meisten Tempel liegen auf den Höhen und sind mit herrlichem Baumwuchs umgeben. Imposante, aus großen Quadern erbaute Treppen, deren Höhe oft Schwindel erregt, führen den Hügel hinan zum Eingange des Heiligthums.
Die vorliegende Ansicht stellt den Aufgang zu einem kleinen buddhistischen Tempel in der Nähe des von der preußischen Gesandtschaft während ihres Aufenthaltes in Yeddo bewohnten Gebäudes dar. [...] Oben sieht man durch das Toori [sic] das Dach des Tempelgebäudes, dessen Achse, wie häufig, nicht mit der Treppe übereinstimmt". (*Die Preussische Expedition nach Ost-Asien. Ansichten*, Abb. 1; die Beschreibung verwechselt zwei unmittelbar benachbarte Heiligtümer, den Hachiman-Shintôschrein von Nishikubo sowie den buddhistischen Tempel Taiyôji, eine von sechs Amida-Kultstätten in diesem Teil von Edo)[1]

13

Portal eines Myôjin-Heiligtums, Lithographie nach dem Aquarell von Albert Berg, , 28,8 x 40,5 cm
„Das vorliegende Blatt zeigt das Thorgebäude einer ausgedehnten Tempelanlage im nördlichen Theile von Yeddo. Man tritt aus einer der Hauptstrassen durch ein hohes kupferbeschlagenes Toori [sic] auf eine breite Steinbahn; vor dem Thorhause steht zwischen den Bäumen ein zweites Toori aus weisslichem Granit. In der Halle des Portals hängt eine colossale Papierlaterne mit dem Wappen des Tempelpatrons. [...] Vor dem Portale stehen mehrere Wasserkübel aus Bronze zur Abwaschung für die Andächtigen vor dem Eintritt in das Heiligthum. Unter den Figuren links im Vordergrunde ist die eine durch ihre faltenreiche Beinkleidung und die beiden Schwerter als Mitglied der Adelsklasse kenntlich, aus welcher alle Staatsämter vom höchsten bis zum niedrigsten besetzt werden". (*Die Preussische Expedition nach Ost-Asien. Ansichten*, Abb. 5; der Kanda-Schrein, auch Kanda Myôjin genannt, war eines der populärsten shintoistischen Heiligtümer von Edo)[2]

13a

„Nangasaki. Stadt und Hafen", Lithographie nach einer Zeichnung von Albert Berg, 25,0 x 49,0 cm; im Hafen die preußischen Schiffe „Arcona" und „Thetis".
„[...] man übersieht den grössten Theil der Bucht, die sich hinter dem Abhange rechts nur noch eine kleine Strecke fortsetzt [...] – Links überschaut man einen Theil der Stadt; den letzten Vorsprung derselben bildet die Insel Desima, hinter welcher auf dem jenseitigen Ufer des Wasserarmes die neue Ansiedlung der Fremden sichtbar ist. [...] – Die Preussischen Schiffe Arkona und Thetis ankern etwa in der Mitte des Beckens." (*Die Preussische Expedition nach Ost-Asien. Ansichten*, Berlin 1864, Abb. 25)

Kapitel 2.
Vom Daimyô-Palais
zum Legationsgebäude

14
Areal nahe der preußischen Gesandtschaft in Edo („In Yeddo")
„Das von der Gesandtschaft bewohnte Grundstück liegt im südlichen Theile von Yeddo, im Stadtviertel Akabane. Vom Landeplatze führt eine lange, grade, von Krämern bewohnte Strasse dahin, die sich etwa eine Viertelmeile vom Seeufer auf einen freien Platz öffnet. [...] Links liegt die Fassade eines Yashiki – so heissen die Sitze der Daimyo, vor sich hat man ein Flüsschen mit grünem Ufer, dessen Gärten sich drüben an eine prächtige bewaldete Höhe lehnen. Aus dem dunkelen Sammtgrün ehrwürdiger Cryptomerien ragt ein hohes thurmartiges Mausoleum, roth lackirt, mit schweren, vorkragenden Dächern über jedem Stockwerk – die ganze Anlage ist ein Begräbnisplatz der Taikune. Man tritt, eine hölzerne Brücke überschreitend, wieder in die sich verengende Strasse ein, in welcher links das Portal des Gesandtschaftshauses liegt. Das Thorgebäude ist aus mächtigen Balken gezimmert und hat ein schweres Ziegeldach [...]". (*Die Preussische Expedition nach Ost-Asien. Nach Amtlichen Quellen*, Berlin: Verlag der Königl. Geh. Ober-Hofbuchdruckerei, 1864, Bd. 1, S. 263; rechts am Hügel der vom amerikanischen Ministerresidenten bewohnte Tempel Zenpuku-ji); nach einer Zeichnung von Albert Berg

15
Max von Brandt, Photographie (vermutlich von Felice Beato), um 1868; aus dem Besitz des zwischen 1859 und 1869 in Japan tätigen niederländischen Konsuls Dirk de Graeff van Polsbroek (Nederlands Scheepvaartmuseum, Amsterdam)

16
Die deutsche Legation in Yokohama („The North-German Legation, Benten"), Die konsularisch-diplomatischen Aufgaben in diesem 1867 errichteten Gebäude galten bis 1869 nur den Interessen Preußens, danach jenen des Norddeutschen Bundes und ab 1871 kurz dem Deutschen Reich (*The Far East. An Illustrated Fortnightly Newspaper*. Yokohama, Vol. 1, No. 21, 1. April 1871, S. 3)

17
Stadtplan von Soto-Sakurada in Edo mit den Vierteln Kôjimachi und Nagata. Der aus dem Jahr Ganji 1 = 1864 stammende Stadtplan (*Zôho kaisei Kôji-machi Nagata-chô Soto-Sakurada ezu*; Verlag: Owariya Seishichi, Edo; 1. Aufl. Kaei 3 = 1850) gibt die Besitzverhältnisse des unmittelbar südwestlich an das Schloß des Shôgun grenzenden Stadtgebietes wieder; vorrangig sind nicht die geographische Genauigkeit, sondern die Familiennamen der Grundstückseigner und ihre Wappen. Zwischen dem Schloßgraben und den Fürstensitzen der Familien Hosokawa (1) und Ômura (2) liegt nur noch das Stadtpalais der Fürsten Ii (3); dieses Grundstück der Fürsten Ii aus Hikone ging wenige Jahre nach der Meiji-Restauration in den Besitz des Heeres über.

18 (III/4) Deutsche Gesandtschaft in Tôkyô, Eingangstor (1875)

19 (III/5) Deutsche Gesandtschaft in Tôkyô, Vorfahrt

20 (III/6) Deutsche Gesandtschaft in Tôkyô, Gartenseite (1874)

21 (III/7) Deutsche Gesandtschaft in Tôkyô, Gartenseite (1874)

22 (III/8) Deutsche Gesandtschaft in Tôkyô, Gartenansicht (1874)

23 (III/12) Deutsche Gesandtschaft in Tôkyô, Blick auf den kaiserlichen Park (1877)

24 (III/13) Deutsche Gesandtschaft in Tôkyô. Ostfront (1877)

25 (III/14) Deutsche Gesandtschaft in Tôkyô, Gartenseite (1877)

26 (III/18) Deutsche Gesandtschaft in Tôkyô, Empfangs- und Arbeitszimmer des Gesandten

Kapitel 3.
Die deutsche Gesandtschaft und ihre Mitarbeiter

27 (II/23) Felix Freiherr von Gutschmid, Legationssekretär der deutschen Gesandtschaft

28 (II/22) Theodor Freiherr von Holleben, Legationssekretär der deutschen Gesandtschaft

29 (III/10) Theodor Freiherr von Holleben, Legationssekretär der deutschen Gesandtschaft

30 (III/16) „Ausfahrt", im Wagen der Gesandte v. Eisendecher, dahinter Frh. v. Gutschmid

31 (II/38) Curt Freiherr von Zedtwitz, Legationssekretär der deutschen Gesandtschaft

32 (II/43) Inoue Chôtarô, Dolmetscher an der deutschen Gesandtschaft

33 (I/35) Seki Michitaka, Dolmetscher an der deutschen Gesandtschaft

34 (I/36) Misawa, Dolmetscher an der deutschen Gesandtschaft

35 (III/9) Mitarbeiter der Deutschen Gesandtschaft (1875)

36 (III/26) Dienerschaft an der Deutschen Gesandtschaft (1881)

37 (III/101) Japanische Mitarbeiter an der Deutschen Gesandtschaft

38 (III/15) Wohnung des Legationssekretärs Frh. von Gutschmid

39 (III/11) Mitarbeiterstab der Deutschen Gesandtschaft

Kapitel 4. Heinrich Prinz von Hohenzollern und seine erste Japanreise

40
Prinz Heinrich besucht eine Theateraufführung. Am 4. Juni 1879 abends wurde in Tôkyô im Shintomi-Theater zu Ehren von Prinz Heinrich eine dreistündige Aufführung des klassischen bürgerlichen Theaters geboten. Es spielten die bedeutendsten Kabuki-Schauspieler ihrer Zeit wie Sadanji (als Munekiyo), Hanshirô (als Tokiwa) oder Kikunosuke. Von offizieller japanischer Seite war alles vertreten, was Rang und Namen hatte: Mitglieder des kaiserlichen Hauses, wie die Prinzen Arisugawa, Kitashirakawa und Fushimi, Regierungsvertreter wie Sanjô Sanetomi, Iwakura Tomomi, Itô Hirobumi, Inoue Kaoru, Terashima Munenori, Enomoto Takeaki, Angehörige des Hochadels wie die Fürsten Nabeshima, Date und Hachisuka, und selbstverständlich auch die ausländischen Gesandten. Des besonderen Anlasses wegen waren im Zuschauerraum zwei Bühnenzugänge (*hanamichi*) aufgebaut. Holzschnitt-Zeitung (*nishikie shinbun*) von Utagawa Kunimasa IV, *Tôkyô kakusha yurinuki shinbun. Doitsu kôson Shintomiza goyûran no zu* [Ausgewählte Berichte aus allen Zeitungen von Tôkyô: Besuch des deutschen Kaiserenkels im Shintomi-Theater], Tôkyô 1879 (The University of Tôkyô, Interfaculty Initiative in Information Studies, Ono Hideo-Sammlung)

41
Menükarten (japanisch u. französisch). Das Diner, das Prinz Heinrich im Gästehaus Enryôkan seinen japanischen Gästen gab, brillierte ausschließlich durch französische Küche: die Speisenfolge begann mit Rinderbrühe und endete mit Kaffee (Gaimushô Gaikô Shiryôkan)

42 (II/1)
Prinz Heinrich in Japan im Kreis seiner Ehrenbegleitung (neben Prinz Heinrich Fürst Hachisuka, stehend von links Korvettenkapitän Köster, Gesandter von Eisendecher, Dr. Gutschow u. Reisemarschall Frh. von Seckendorff).
„Heute Abend sechs Uhr mit Bair, Netto, Naumann, Schultze zum Prinzen Heinrich von Preußen gefahren, der als Kadett auf dem Prinz Adalbert hierher gekommen ist, um ihn im Namen der hiesigen Deutschen zu einem kleinen Feste nach dem Restaurant Seyoken einzuladen. Der Prinz ist 16 1/2 Jahre, schlank, mit auffallend kleinem Kopf, freundlichen blauen Augen

und einem guten Lächeln. Sein Gesicht ist eigentlich mehr englisch als deutsch. Sein Auftreten ist sehr bescheiden, einfach. Und er gewinnt jeden durch sein einnehmendes Wesen." (Tokyo, 1. Juni 1879; Tagebuch Erwin Baelz, 1931, S. 55)

43 (III/28)
Ehrendiplom der OAG für Prinz Heinrich.
„Seine Königliche Hoheit, Prinz Heinrich von Preußen, beehrte unsere im Juni stattfindende ordentliche Sitzung mit Seiner Gegenwart und hatte die Gnade, bald darauf die Höchstdieselben angetragene Ehrenmitgliedschaft anzunehmen. Wir erfüllen an dieser Stelle die angenehme Pflicht, unserem wirklichen Mitgliede Herrn Netto den Dank der Gesellschaft für Anfertigung des für Seine Königliche Hoheit bestimmten Ehrendiploms auszudrücken. Gleichzeitig ist die Gesellschaft dem Baron Raymund Stillfried, der die Güte hatte, das künstlerisch ausgeführte Diplom photographisch zu vervielfältigen, zu besonderem Danke verpflichtet." (Aus dem Bericht des Vorsitzenden der OAG, Karl von Eisendecher, während der ordentlichen Generalversammlung in Yokohama am 28. Januar 1880; *Mittheilungen der Deutschen Gesellschaft für Natur- und Völkerkunde Ostasiens*, Yokohama, Bd. II, 20. Heft, S. 446)

44 (I/58) Fürst Hachisuka Mochiaki, ehem Daimyô von Awa, Ehrenmarschall des Prinzen Heinrich

45 (III/29)
Prinz Heinrich in Nikkô, photographiert als „Pilger" (im Kreis seiner Ehrenbegleitung; neben Prinz Heinrich Korvettenkapitän Köster, stehend von links Marinestabsarzt Dr. Braune, Reisemarschall Frh. von Seckendorff u. Gesandter von Eisendecher).

Kapitel 5.
Japanische Diplomaten und
Gastgeber.
Die neue Führungselite des Reiches

46 (I/61)
Aoki Shûzô, Japanischer Gesandter in Berlin.
„Unter allen Japanischen Diplomaten halte ich Herrn Aoki für denjenigen, der für Europäische Verhältnisse und abendländische Kultur das beste Verständniß hat; er ist in der That nach seiner Denkweise und seinen Gewohnheiten fast Deutscher geworden, ohne deshalb die Anhänglichkeit an sein Vaterland zu verlieren. Herr Aoki ... ist wahr, zuverlässig und sehr objektiv in seinem Urtheil. Als entschiedener Gegner des Herrn Terashima [Munenori] und Freund von dessen Nachfolger [Inoue Kaoru] hat er ohne Zweifel den Wechsel mit herbeiführen helfen. Schon 8 Tage vor der Ernennung des neuen Ministers machte er mir eine durchaus bezügliche Andeutung. Obgleich Herr Aoki nicht im Auswärtigen Amt arbeitet, so steht er doch mit demselben in der engsten Verbindung und kann dort sowohl, wie in der Kommission für die Vertrags-Revision seinen guten und vermittelnden Einfluß zur Geltung bringen. Meines Erachtens ist dieser Einfluß seit dem Rücktritt des Herrn Terashima so bedeutend, daß man davon die günstigsten Wirkungen auf die Vertrags-Verhandlungen erwarten darf. Herr Aoki nimmt

an den Sitzungen des Staatsrathes, die im Beisein des Tenno stattfinden, theil.

Der Mikado scheint den Gesandten in Berlin durch besonderes Wohlwollen und Vertrauen auszuzeichnen, er beruft denselben wöchentlich mehrmals in sein Palais und läßt sich stundenlang über Deutsche Verhältnisse, namentlich über den Kaiserlichen Hof sowie über staatliche Einrichtungen Vortrag halten. Seine Majestät soll überhaupt an politischen Dingen und an Regierungsgeschäften einen weit regeren Antheil nehmen als hier der Fremde gewöhnlich anzunehmen geneigt ist. Herr Aoki war, wie er mir mittheilt, selbst überrascht, den Kaiser so wohl informirt über das Ausland und so voller Interesse für die moderne Entwicklung Japans zu finden." (Eisendecher an Staatssekretär im Auswärtigen Amt Bernhard Ernst von Bülow, 29. Sept. 1879, Nr. 118, A 54; Politisches Archiv des Auswärtigen Amtes, Berlin, R18602, 325/328)

47 (I/59) Aoki Shûzô, Japanischer Gesandter in Berlin

48 (II/14)
Inoue Kaoru, Außenminister
„Heute wurde ich von Inoue, dem Minister des Äußeren konsultiert, der seit längerer Zeit, das heißt seit einigen Monaten, an Gedächtnisschwäche leidet und fast melancholisch darüber geworden ist, während er doch sonst ein überaus lebhafter Mann war. Inoue ist sehr talentiert, gebildet und einer der fähigsten Köpfe des modernen Japan. Er ist namentlich gewandter und deshalb zum Diplomaten geeigneter als die meisten anderen Japaner. Er hat eine eigenartige Karriere hinter sich. Choshu-Mann, hatte er als einer der ersten Japaner erreicht, viel mit Fremden zu verkehren und Englisch zu lernen. Er war längere Zeit japanischer Vertreter in England. Vor etwa sechs Jahren wurde er Finanzminister, trat zurück und griff dann in einer Denkschrift die Regierung scharf an. Jetzt ist er, wie gesagt, Minister des Auswärtigen und füllt diesen Posten weit besser aus als sein Vorgänger."
„Er ist ein kleiner Mann mit lebhaftem intelligentem Aussehen und ist derjenige Japaner, der sich die abendländische Kultur und Lebensweise am vollständigsten angeeignet hat. Bemerkenswert ist noch besonders, daß er seine siebzehnjährige Tochter [Sueko (II/3)] ganz europäisch erziehen läßt."
„Inouye hat drei wahrhaft enorme Narben auf seinem Körper, die er vor siebzehn Jahren erhielt, die eine am Rücken, die zweite am Hinterkopf, die dritte im Gesicht. Man muß sich nur wundern, daß er überhaupt am Leben blieb."
(Tokyo, 19. Mai 1881, Tagebuch Erwin Baelz, 1931, S. 82)

49 (II/12)
Iwakura Tomomi, Staatskanzler („Minister zur Rechten")
„Der Minister des Äußeren [Inoue Kaoru] und namentlich der Vize-Präsident des Staatsraths *Iwakura* sind ihrem Einfluß, ihrer Stellung und ihren persönlichen Eigenschaften nach die hervorragendsten Mitglieder der Regierung. Sie erklärten mir kürzlich in vorher vereinbarten längeren Unterredungen, daß der Regierung vor allem daran liege, die Sympathien und das Wohlwollen Deutschlands zu gewinnen.

Man sei im Kabinett einstimmig zu dem Entschluß gekommen, eine feste Anlehnung an das Deutsche Reich anzustreben und die Regierung Seiner Majestät des Kaiser *Wilhelm* um ihre besondere Freundschaft und Unterstützung in der jetzigen schwierigen Entwickelungsperiode Japans zu bitten.

Beide Herren ersuchten mich, die Bitte nach Berlin zu übermitteln und dabei zu betonen, daß dieser Wunsch der Regierung Sr. Majestät des *Tenno* ein wahrer und aufrichtiger sei … Bei den Besprechungen, die abwechselnd im Hause des Herrn *Iwakura*, in der Privat-Wohnung des Ministers des Äußeren oder in der Minister-Residentur stattfanden, und denen gewöhnlich ein Dinner oder Frühstück à trois voranging, fungierte Herr *Aoki* als Dolmetscher, sonst war niemand zugegen.

Wie ich schon an anderer Stelle gehorsamst zu berichten die Ehre hatte, schreibe ich diesen Umschwung in der japanischen Politik teilweise den Bemühungen des Herrn Aoki zu, aber auch der Aufenthalt Seiner Königlichen Hoheit des *Prinzen Heinrich von Preußen* hat zu einer für Deutschland so erfreulichen Wendung wesentlich mit beigetragen." (Eisendecher an das Auswärtige Amt, 6. Mai 1880, Nr. 65, A 24; Politisches Archiv des Auswärtigen Amtes, Berlin, R18604, 101/103)

50 (I/26), 51 (I/43) u. 52 (I/21)
Nabeshima Naohiro, Gesandter in Italien, und Nabeshima Nagako
„Prinz Nabeshima hat mit Frau und seinem jetzt sechsjährigen Sohn lange in London gelebt. Alle sprechen gut Englisch. …. Das Haus, das Nabeshima, einst einer der mächtigsten und noch heute einer der reichsten Daimyo, bewohnt, liegt in Nagatacho, dem vornehmsten Quartier Tôkyôs. Es gewährt eine herrliche Aussicht auf Land und Meer, ist teils europäisch, teils japanisch gebaut und sehr fein möbliert. …. Der Prinz ist noch jung, etwa 32 Jahre alt, von mittlerer Größe, schlanker Statur und einem freundlichen Gesicht mit dünnen schwarzen Vollbart. Ich habe ihn nie anders als in europäischer Tracht gesehen und er benimmt sich im Gegensatz zu den meisten seiner Landsleute so sicher, als ob er nie etwas anderes gekannt hätte. Dabei ist er elegant, was man von nicht vielen Daimyo sagen kann.

Frau Nabeshima hatte heute europäische Gesellschaftstoilette gemacht. Da ich stets gewohnt war, sie japanisch gekleidet zu sehen, so erkannte ich sie anfangs in dem veränderten Anzug und Haarputz überhaupt nicht. Sie sah in dem fremden Kleid wie alle ihre Landsmänninnen fast puppenartig und zart aus, aber doch nicht ungünstig. Ich führte sie zu Tisch und unterhielt mich, auf Englisch, ganz ausgezeichnet. Die beiden zeigten außergewöhnlich feinen Takt und Lebensart und auch sehr angenehmes Konversationstalent. Nabeshima hat einen feinen Blick, wie ich aus seinen Erzählungen und Urteilen über Europa bald erkannte. Er ist sehr, sehr viel gereist und kennt auch fast ganz Deutschland …." (Tokyo, 9. Juli 1879; Tagebuch Erwin Baelz, 1931, S. 59; Bälz war öfter von Familie Nabeshima ärztlich konsultiert worden, vor allem zur Behandlung eines Keuchhustens ihres Sohnes)

53 (I/39) u. 54 (I/65) Tanaka Fujimaro, Kultus-, dann Justizminister

55 (I/22) Tanaka Suma, Ehefrau von Tanaka Fujimaro

56 (I/31) u. 57 (I/68) Ôyama Iwao, General; Armeeminister

58 (I/17) u. 59 (I/67) Ôyama Sawako, erste Ehefrau von Ôyama Iwao

60 (II/4) Inoue Takeko, Ehefrau von Außenminister Inoue Kaoru

61 (II/3) Inoue Sueko, Adoptivtochter von Außenminister Inoue Kaoru

62 u. 63
Konferenz zur Revision der Staatsverträge zwischen Japan und den ausländischen Mächten (*Jôyaku kaisei kaigi*), 5. April 1882.
Die zwischen Japan und zunächst fünf westlichen Mächten 1858 abgeschlossenen und bis zum Beginn der Meiji-Zeit auch auf andere Mächte ausgeweiteten „Ungleichen Verträge" enthielten für Japan extrem ungünstige Bedingungen. Wichtigstes Ziel der japanischen Außenpolitik war daher über ein Vierteljahrhundert hindurch eine Revision dieser Verträge. Die auf authentischen Dokumenten beruhende Darstellung zeigt eine dieser wichtigen Sitzungen; den Vorsitz führt Außenminister Inoue, um den Verhandlungstisch versammelt sind die Vertreter der westlichen Mächte.
(Ölgemälde von Ueno Hiroichi, *Jôyaku kaisei kaigi*, 3,00 x 2,50 m; Seitoku Kinen Kaigakan/ Meiji Memorial Picture Gallery, Tôkyô)

64 (II/10) Shioda Saburô, Staatssekretär im Außenministerium

65 (I/44) Sano Tsunetami, Finanzminister

66 (I/62) Ôkuma Shigenobu, Staatsrat

67 (I/34) Tokudaiji Sanetsune, Minister des Kaiserlichen Hauses und Hofmarschall

68 (I/56) Yoshii Tomozane, Kammerherr des Tennô

69 (I/54)
Matsuda Michiyuki, Gouverneur von Tôkyô
„Matsuda, der Gouverneur von Tôkyô, ist gestorben. Er litt an Magen- und Leberkrebs, und als ich ihn vor einem Monat zum ersten Male untersuchte, mußte ich seinen Angehörigen und Freunden erklären, daß keine Hoffnung mehr für ihn sei. Er ist ein kleiner, zart gebauter, lebhafter Mann mit feinem Gesicht, allgemein beliebt und für sein schwieriges Amt sehr geeignet. Seine Frau ist eine der intelligentesten Frauen dieses Landes. Sie liebte ihn innig, mit einer Liebe wie wenige

Japanerinnen ihre Männer lieben. Ihr Anblick tat mir jüngst in der Seele weh. Der Schmerz drückte sie fast nieder und die Augen standen ihr voll Tränen, aber sie wußte sich doch zu fassen und ihre Würde zu wahren ...".
(Tokyo, 6. Juli 1882; Tagebuch Erwin Baelz, 1931, S. 83)

70 (I/57)
Kuki Ryûichi, 1878 Leiter der japanischen Kommission auf der Pariser Weltausstellung, danach Staatssekretär im Kultusministerium

71 (I/41) Yamagata Aritomo, Armeeminister u. Staatsrat, 1878 Generalstabschef des Heeres

72 (I/40) Tanaka Mitsuaki, ehem. Student in Deutschland u. Mitglied der Iwakura-Mission, Generalmajor

73 (I/33) Yamada Akiyoshi, Generalleutnant, Minister für Industrie u. Staatsrat

74 (I/63) Saigô Tsugumichi, Generalleutnant, Minister für Landwirtschaft und Handel, Staatsrat

75 (II/25)
Saigô Chûtoku und Olla Struve
„Die Gattin des russischen Gesandten v. Struve ist unstreitig die gescheiteste, wenn auch nicht die hübscheste unter allen fremden Frauen hier. Sie steckt ein halbes Dutzend Diplomaten in die Tasche. Dabei ist sie eine ausgezeichnete Mutter und pflegt ihre Kinder, vier Mädchen, mit ebenso viel Verstand wie Liebe." (Tokyo, 9. Februar 1880, Tagebuch Erwin Baelz, 1931, S. 69); Saigô Chûtoku (1878-1946) war der zweite Sohn von Saigô Tsugumichi

76 (I/42) Kuroda Nagahiro, charismatischer und letzter Daimyô von Fukuoka, Staatsrat

77 (II/19)
Soejima Taneomi, ehem. Außenminister u. Staatsrat sowie Gesandter in China
„Nachmittags war ich Zeuge eines traurigen Familienschicksals. Soyeshima, einer der tüchtigsten Staatsmänner und Gelehrten Japans und ein Mann, der wegen seines edlen Charakters allgemein verehrt wird, konsultierte mich wegen seines einzigen Sohnes. Soyeshima ist ein Mann von würdigem distinguiertem Aussehen, und ist in seiner Art schön; jetzt ist er ein Greis, vorzeitig gealtert, mit grauem langem dünnem Bart. Der Sohn ist unrettbar dem Tod verfallen, er hat Schwindsucht und kann nur noch ganz kurze Zeit leben. Vor einem Jahr verlor dieser seine heißgeliebte Mutter, und seit dieser Zeit welkte der hübsche neunzehnjährigen Jüngling dahin, bis die Krankheit im Anfang dieses Jahres mit Wucht ausbrach."

„Der Vater, ein Japaner vom guten alten Schlag, wußte seinen furchtbaren Schmerz wie ein Held zu unterdrücken. Wohl zuckte es zuweilen leise schmerzlich um seine Mundwinkel; aber er beherrschte sich und sprach mit ruhiger, aber fester Stimme. Mich beschlich unendliches Mitleid, als er bat, man möge doch das Leben seines Sohnes wenigstens noch um einige Tage oder Wochen zu verlängern suchen! Später sagte er: ‚Voriges Jahr verlor ich meine Frau und lebte seither nur noch meinem Kinde.' Wohl wollte er noch sagen: nun verliere ich auch ihn, aber sein Stolz schluckte das Wort hinunter, er klagte nicht! Armer, ärmster Vater!" (Tokyo, 12. Mai 1881; Tagebuch Erwin Baelz, 1931, S. 81/82)

78 (II/20) Matsukata Masayoshi, Vize-Finanzminister, Innenminister, Finanzminister und Staatsrat

79 (I/60) Shinagawa Yajirô, Geschäftsträger in Berlin, danach Staatssekretär im Innenministerium

80 (I/18) Itô Hirobumi, Innenminister u. Staatsrat

81 (I/24) Sanjô Sanetomi, Großminister

82 (I/64) Terashima Munenori, Staatsrat, Außenminister bis zur Amtsübernahme durch Inoue Kaoru 1879

83 (I/20) Kuroda Kiyotaka, Generalleutnant; Staatsrat u. Direktor der Erschließungsbehörde von Hokkaidô

84 (I/66)
Enomoto Takeaki, Vizeadmiral, Gesandter in Russland, Vizeaußenminister, Marineminister
„Der provisorisch in das Ministerium der Auswärtigen Angelegenheiten berufene Japanische Gesandte am Russischen Hofe Viceadmiral Enomoto ist, wie sein Chef [Inoue Kaoru], ein Mann von angenehmen Formen, der vermöge seiner Sprachkenntnisse und seiner Europäischen Bildung sehr geeignet erscheint, zur Entwicklung und Erhaltung des guten Einvernehmens in geschäftlichen Dingen mit beizutragen. Herr Enomoto befehligte im Jahre 1869 die Flotte des Schogun und lieferte den Kaiserlichen bei Hakodate, das er besetzt hatte, die letzten Gefechte. Er gilt mit Recht für begabt, vorurtheilsfrei und gemäßigt in seinen Anschauungen." (Eisendecher an Staatssekretär im Auswärtigen Amt Bernhard Ernst von Bülow, 29. Sept. 1879, Nr. 118, A 54; Politisches Archiv des Auswärtigen Amtes, Berlin, R18602, 324/325)

85 (II/18) Kawamura Sumiyoshi, Admiral; Staatsrat u. Marineminister

**Kapitel 6.
Freunde, Kollegen, Konkurrenten.
Ausländische Residenten im Japan
der Meiji-Zeit**

86 (II/15) Maximilian Ritter Hoffer von Hoffenfels, Österreichisch-ungarischer Gesandter

87 (II/13) Gustave Emile Boissonade de Fontarabie, Berater der japanischen Regierung in Rechtsfragen

88 (II/9) Marion Parkes, Tochter des britischen Gesandten Sir Harry Parkes

89 (II/37) Kirill Vasil'evič Struve, Kaiserlich russischer Gesandter

90 (II/26) Kim Okkyun, Koreanischer Exilpolitiker

91 (II/41) Li Shuchang, Kaiserlich chinesischer Gesandter

92 (I/28) Ernest Satow, Legationssekretär an der britischen Gesandtschaft

93 (I/76) Lizzie Goodhue Fenollosa, erste Frau von Ernest Francisco Fenollosa (1853–1908)

94 (II/35) John Gordon Kennedy, Geschäftsträger der britischen Gesandtschaft

95 (II/36) Evelyn Adela Kennedy, Ehefrau des britischen Geschäftsträgers

96 (II/28) Raffaele Ulisse Graf Barbolani, Königlich italienischer Gesandter

97 (II/27)
Sofia Eugenia Giustina Gräfin Barbolani, Ehefrau des italienischen Gesandten
„Nach vielbeschäftigtem Tag werde ich noch abends nach neun Uhr durch einen Brief unseres Ministerresidenten [Eisendecher] eiligst nach der italienischen Gesandtschaft gerufen, wo die Gräfin Barbolani schwer erkrankt sei. So müd ich war, fuhr ich sofort los, war aber nicht wenig erstaunt, bei meiner Ankunft die vermeintliche Patientin munter zu finden. Sie war im Garten gewesen, hatte an einer Daphne gerochen, und danach etwas Kitzel in der Nase verspürt. Sie bildete sich nun ein, daß ihr ein Insekt in ihr Riechorgan gekrochen sei, und dieses sollte sich nach ihrer Meinung ins Gehirn fortarbeiten können. Sie wollte von mir lediglich hören, daß dies unmöglich sei. Fast wollte ich böse werden, daß man mich zur Nachtzeit um der Laune einer kleinen Frau willen hierher gesprengt hatte. Aber wer könnte einem solch entzückenden Wesen zürnen, wie es die kaum zwanzigjährige Frau des fünfzigjährigen italienischen Ministers ist?" (Tokyo, 26. März 1878;
Tagebuch Erwin Baelz, 1931, S. 48)

98 (II/40) Joaquim José da Graça, Königlich portugiesischer Gesandter

99 (II/17) Roman Romanovič Rosen, Kaiserlich russischer Gesandter

100 (II/33) Guillaume de Roquette, Französischer Gesandter

101 (II/8) Erwin Baelz, Deutscher Arzt in japanischen Diensten, Leibarzt des Tennô; in der staatlichen Druckerei aufgenommenes Baelz-Porträt mit eh. Widmumg auf der Rückseite

102 (II/16)
Alexandre-Etienne Bougouin, Hauptmann der französischen Militärmission
„Die ganze fremde Kolonie ist in der größten Aufregung. Hauptmann a.D. Baugouin, früher langjähriger französischer Militärattaché in Tôkyô, jetzt Agent großer französischer Firmen, ist mit seinem Stiefsohn F. Strange als russischer Spion verhaftet worden. Er war mit seiner Frau in seinem Landhaus in Hayama, als heute früh die Polizei ihn weckte, verhaftete und das ganze Haus aufs genaueste untersuchte, alle Papiere mit Beschlag belegte. Zur gleichen Zeit wurde sein Haus in Tokyo besetzt, beschlagnahmt und der junge Strange verhaftet. ... Die Regierung muß sehr triftige Gründe haben, ehe sie gegen einen so allgemein bekannten und namentlich bei den japanischen Offizieren früher so beliebten Mann wie Baugouin derart vorgeht. Ich kenne ihn und seine Familie nun seit 24 Jahren.... " (Tokyo, 10. Mai 1905)
„... nachher ins Gefängnis in Ichigawa, Capitaine Baugouin aufgesucht. Seine Frau will, daß ich ein Attest für ihn schreibe. Die Behörden haben eingewilligt. Er ist seit langer Zeit lungenschwindsüchtig, sieht jedoch seit kurzem etwas besser aus. ... Daß sein Aufenthalt im Gefängnis für seine Gesundheit gefährlich ist, kann ich mit gutem Gewissen bescheinigen ...".
(Tokyo, 13. Mai 1905; Tagebuch Erwin Baelz, 1931, S. 407/8; noch im selben Jahr wurde Baugouin zum Tod verurteilt, im Juli des Folgejahres jedoch vom Tennô begnadigt und nach Frankreich abgeschoben, wo er bereits am 15. September seiner Krankheit erlag; Baugouins Grab befindet sich in Nantes)

103
Karikatur auf Eisendechers Abschied von Japan („Lebet wohl. Gedenket mein"); Charles Wirgman, *The Japan Punch*, Yokohama, August 1882[3]

[3] Eisendecher selbst war Abonnent dieser monatlich erscheinenden, von Charles Wirgman im Eigenverlag herausgebrachten satirischen Zeitschrift; Legationssekretär Zedtwitz schickte die Hefte auch nach Eisendechers Übersiedlung an dessen neuen Gesandtschaftsposten in Washington: „Wirgman's Punch von Januar 83 bis März d. J's habe ich mit der letzten Post abgesendet. Die nächsten Nummern wollte Wirgman direkt schicken. Bezahlt habe ich nur bis März d. J's [...]". (Brief Zedtwitz an Eisendecher, Tokio 15. Mai 1884, PAAA, Nachlaß Eisendecher, 3/5, no. 15, S. 213)

Kapitel 7.
Handel und Wandel.
Das deutsche Konsulat
in Tsukiji und das
Marinehospital in Yokohama

104 (III/76) Deutsches Konsulat in Tsukiji, Tôkyô

105 (III/77) Deutsches Konsulat in Tsukiji, Tôkyô

106
Flaggen deutscher Staaten und Städte, 1852. Dieses aus den letzten Jahren der Edo-Zeit stammende Flaggenhandbuch zeigt Flaggen von Preußen, Danzig, Königsberg (Blatt 1), Hannover, Bremen, Lüneburg, Mecklenburg, Stettin, Elbing (Blatt 2) sowie Brandenburg und Hamburg (Blatt 3); die britannische Flagge auf Blatt 1 nimmt auf die Personalunion zwischen dem damaligen Königreich Hannover und Großbritannien Bezug, es ist die Hannoversche Handelsflagge. Die schwarz umrandete weiße Flagge (Blatt 2) diente bis 1867 als preußisches Lotsensignal (Gritzner 1878).

107 Werbeplakat der Firma H. Ahrens & Co. (Yokohama Kaikô Shiryôkan, Yokohama)

108
Niederlassung der Firma H. Ahrens & Co. in Yokohama
(Sasaki Shigeichi, *Nihon e-iri shônin roku. The Illustrated Japan Directory*. Yokohama 1886)

109 (I/72)
Martin Michael Bair, Deutscher Honorarkonsul in Tsukiji, Tôkyô
„Abends Bair bei mir. Er steht mit den Japanern, d. h. mit den maßgebenden Kreisen wegen Gründung einer Gesellschaft zur Entwicklung der wirtschaftlichen Hilfsquellen des Landes, vor allem zur Hebung von Ackerbau und Handel, in Unterhandlung. Bair ist ein reicher Mann. Die Japaner wissen, daß ihm nicht besonders viel daran liegt, noch mehr Geld zu verdienen. Er wartet daher ruhig das Anerbieten ab. Das eine ist über jeden Zweifel erhaben, daß es keinen Menschen gibt, der den Japanern so viel für ihre Entwicklung in nationalökonomischer Beziehung nützen kann als Bair."
(Tokyo, 18. November 1880; Tagebuch Erwin Baelz, 1931, S. 80)

110 (II/6) Eduard Zappe, Deutscher Konsul in Yokohama

111 (I/77) Margarethe Zappe, Ehefrau des deutschen Konsuls Zappe

112
Ausländerviertel in Tsukiji, Tôkyô. Das deutsche Honorarkonsulat bzw. die Firma H. Ahrens & Co. lagen auf der Parzelle 41, das Tsukiji-Hotel trägt die Nummer 1 (*The Revised Map of Tokyo*, Tôkyô: Nakanishiya, 1910).

Das Marinehospital in Yokohama

113 Deutsches Marinehospital, Postkarte aus der Meiji-Zeit (Yokohama Kaikô Shiryôkan, Yokohama)

114 (II/7) Hermann Gutschow, Marineoberstabsarzt; Leiter des deutschen Marinehospitals in Yokohama

115 (III/30) Deutsches Marinehospital, Yokohama (um 1880)

116 (III/31) Deutsches Marinehospital, Yokohama

Kapitel 8. „Unter freiem Himmel kann man selbst in Japan nicht wohnen". Der Neubau des Gesandtschaftsgebäudes

117
Deutsche Gesandtschaft in Tôkyô, frühe 1890er Jahre, kaum einen Steinwurf vom Areal des Kaiserpalastes entfernt (Prof. Dr. Erich Pauer, Universität Marburg)

118
Die deutsche Legation in Tôkyô, Kôjimachi-ku (Ende 19. Jh.). In Richtung Kaiserpalast liegen das Heeresministerium und der Generalstab, in die andere Richtung die Residenzen des Bildungs- und Finanzministers; den nächsten Zugang zum Kaiserpalast ermöglicht das Hanzô-Tor (Hanzô-mon, rechts unten). (Illustration aus der Zeitschrift *Fûzoku Gahô*, Mai 1899, Nr. 189, *Shinsen Tôkyô meisho zue, 18-hen, Kôjimachi-ku no bu 2-1*, nach S. 4)

119 (III/20) Deutsche Gesandtschaft in Tôkyô, Rohbau (1882)

120 (III/22) Deutsche Gesandtschaft in Tôkyô, Rohbau (1882)

121 (III/24) Deutsche Gesandtschaft in Tôkyô

122 (III/27) Deutsche Gesandtschaft in Tôkyô, Dolmetscherwohnungen

123 (III/70) Deutsche Gesandtschaft in Tôkyô, Kleiner Salon

124 (III/71) Deutsche Gesandtschaft in Tôkyô, Arbeitszimmer des Gesandten

125 (III/72) Deutsche Gesandtschaft in Tôkyô, Salon

126 (III/73) Deutsche Gesandtschaft in Tôkyô, Galerie

127 (III/74) Deutsche Gesandtschaft in Tôkyô, Tanzsaal

128 (III/75) Deutsche Gesandtschaft in Tôkyô, Speisezimmer

129 (III/33) Deutsche Gesandtschaft in Tôkyô, Gesamtansicht 1882

Kapitel 9.
„Der Erde entrückt und in ein Land der Märchen versetzt".
Freizeit und Vergnügen

130 (III/21) Straßenzug nahe der deutschen Gesandtschaft in Tôkyô

131 (III/32) Ausfahrt des Gesandten Karl von Eisendecher

132 (III/3 und I/37) Vierbeinige Bewohner der deutschen Gesandtschaft: Pferd „Hans" und Hund „Mohr"

133
Yûhigaoka, Gyôninzaka („Abendsonnenhügel und Pilgerhöhe") (*Edo meisho zue*, Edo, *Tenpô 5/7* (=1834/36); heute Meguro-ku, Shimo-Meguro 1-chôme)

134
Chiyogasaki („Aussicht zu den Tausend Jahren") (*Edo meisho zue*, Edo *Tenpô 5/7* (=1834/36); heute Meguro-ku, Mita 1-chôme)

135 (III/78) Landsitz des Konsuls Bair bei Tôkyô, Meguro

136 (III/79) Landsitz des Konsuls Bair bei Tôkyô, Meguro; Eingang

137 (III/80) Landsitz des Konsuls Bair bei Tôkyô, Meguro; in den Liegestühlen Erwin Baelz (links) und Curt Netto (rechts)

138 (III/82) Landsitz des Konsuls Bair bei Tôkyô, Meguro; Bambuswäldchen

139 (III/81) Landsitz des Konsuls Bair bei Tôkyô, Meguro, Garten mit kleinem „Fujiyama"

140 (III/83) Blick von der Tagonoura-Brücke auf den Berg Fuji, Photographie von Uchida Kuichi

141 (III/84) Moto-Hakone am Ashi-See, Photographie von Uchida Kuichi

142 (III/86) Fujiya-Hotel in Miyanoshita bei Hakone

143 (III/87) Landschaft und Gaststätten in Hakone und Miyanoshita

144 (III/95)
Bahnhof in Kyôto, geschmückt zur Eröffnungsfeier der Bahnstrecke Kyôto–Ôsaka am 5. Februar 1877

145 (III/88) Kyôto, Ôi-Fluß mit Togetsu-Brücke in Arashiyama

146 (III/89) Kyôto, Yoshidayama; Blick auf den Grabhügel des Yôzei-Tennô und den Tempel Shin'nyô-dô

147 (III/91) Kyôto, Maruyama; Blick auf das Ya'ami-Hotel am Fuß der Ostberge

148 (III/92) Kyôto, Kiyomizu-Tempel

149 (III/97) Kyôto, Steinpagode im Kiyomizu-Tempel

150 (III/99)
Kyôto, Kurodani; Friedhof des Konkaikômyô-Tempels, Photographie vermutlich von Uchida Kuichi

151 (III/96)
Kyôto, Kurodani; Friedhof des Konkaikômyô-Tempels, Blick zum Tempeltor (*San-mon*), Photographie von Uchida Kuichi

152 (III/98) Kyôto, Gion; Fünfstöckige Pagode des Hôkan-Tempels, vulgo Yasaka-Pagode

Kapitel 10.
Alle Wege führen nach Japan.
Reisesouvenirs des
Gesandten Karl von Eisendecher

153 (III/49) Aden, Landungsplatz (Jemen)

154 (III/51) Aden (Jemen), Gasthöfe und Kaufläden am Ankerplatz, dahinter die vulkanischen Schamschan-Berge

155 (III(54) Langboot in Siam (Thailand)

156 (III/57) Angkor Wat (Kambodscha)

157 (III/67) Saigon, Französisch Indochina (Vietnam), Zollgebäude

158 (III/63) Hongkong, Blick vom Fuß des Victoria-Berges auf den Hafen und die Kowloon-Halbinsel

159 – 162 (III/34, III/35, III/68 u. III/69) Peking, Deutsche Gesandtschaft

Kapitel 11.
Vom Seekadett zum Diplomaten.
Leben und Wirken des
Gesandten Karl von Eisendecher

163
„Thetis" und „Arcona" in der Bucht von Yokohama, Aquarell von Karl v. Eisendecher, eh. bez. „Fujiyama von Jocohama, Rhede", 10,5 x 18,7 cm (Universität Bonn, Japanologisches Seminar, Sammlung Trautz)

164
Besatzungsliste der Offiziere auf der Corvette „Arcona"
Von der „Arcona" sind in Eisendechers Alben die photographischen Porträts von vier Vorgesetzten und Kameraden aufgenommen (Kapitän zur See Sundewall, Seekadett Graf Schack, Seekadett Zembsch und Seekadett v. Nostitz, von der Segelfregatte „Thetis" der Kommandant Korvettenkapitän Jachmann, Leutnant zur See Kinderling sowie Fähnrich zur See Frh. von Reibnitz). (Eulenburg-Hertefeld, Graf Philipp zu (Hg.): Ost-Asien 1860-1862 in Briefen des Grafen Fritz zu Eulenburg. Berlin: Ernst Siegfried Mittler und Sohn, 1900, S. XX)

165
[Preußische Seekadetten im Wirthshause von Omori], nach einer Photographie von John Wilson
(*Illustrierte Zeitung*, Leipzig, 36. Bd., 25. Mai 1861, Nr. 934, S. 361)

166
Leuchtturm in der Brandung, Aquarell von Karl v. Eisendecher, undatiert, 9,7 x 12,5 cm
(Universität Bonn, Japanologisches Seminar, Sammlung Trautz)

167 (I/80)
Henrik Ludvig Sundewall, Kapitän zur See, Kommandant der „Arcona" während der Preußischen Ostasien-Expedition 1860/61

168 (I/81)
Eduard Jachmann, Kapitän zur See; Kommandant der „Thetis" während der Preußischen Ostasien-Expedition 1860/61

169 (I/83)
Hans Kuhn, Korvettenkapitän; Kommandant der „Amazone" auf Eisendechers erster Seereise 1857

170 (I/84)
Hans Georg von Nostitz, Seekadett auf der „Arcona" während der Preußischen Ostasien-Expedition 1860/61

171 (I/92)
Paul Frh. von Reibnitz, Fähnrich zur See auf der „Thetis" während der Preußischen Ostasien-Expedition 1860/61

172 (III/2)
Karl von Eisendecher zu Pferd, Tôkyô, um 1880

173
Abend am Meer, Aquarell von Karl v. Eisendecher, undatiert, 11,8 x 18,5 cm (Universität Bonn, Japanologisches Seminar, Sammlung Trautz)

174
Sonnenuntergang, Aquarell von Karl v. Eisendecher, undatiert, 10,5 x 14,2 cm (Universität Bonn, Japanologisches Seminar, Sammlung Trautz)

175 (II/44)
Unbekannte japanische Schönheit (letzte Photographie in Eisendechers zweitem Porträtalbum)

写真図版目録

整理番号右の括弧内ローマ数字（I,II,III）は
公使アイゼンデッヒャーの写真アルバム I,II,III を示す
写真アルバム I: 人物肖像（手札判）
写真アルバム II: 人物肖像（キャビネ判）
写真アルバム III: 建物と風景（フォリオ判）
（詳細なリストは 428-441 頁を参照）
日本の重要政治家の役職名は、
公使アイゼンデッヒャー日本駐在時 1875 年〜 1882 年に一致

序
ドイツ外交官の見た明治日本

図 1
カール・フォン・アイゼンデッヒャー、1867 〜 1872 年、海軍大尉時代（„Nippon. Zeitschrift für Japanologie"、第 7 巻 3 号、ベルリン、1941 年、144 頁）

図 2
カール・フォン・アイゼンデッヒャー、1900 年前後、駐バーデン国プロイセン公使時代（ドイツ外務省政治文書館所蔵）

図 3
「条約改正舞踏会・外交官の踊るバレエ」
日本と列強諸国間の条約改正会議の風刺漫画
（チャールズ・ワーグマン画『ジャパン・パンチ』横浜、1882 年 2 月、左から三番目がアイゼンデッヒャー公使）

図 4
条約改正会議、昭和初期の教科書より
（文部省刊『高等小學國史』下巻、昭和 4 年（1929 年）、124 頁）

図 5
アイゼンデッヒャー着任時の東京地図
（「銅版　東京區分繪圖」1875 年）

図 6 (II/20)
副島種臣肖像写真の裏面（東京印刷局撮影）、アイゼンデッヒャーに宛てた副島種臣の献詞

図 7 (II/3)
外務卿井上馨の養女、井上末子肖像写真の裏面（東京九段坂、鈴木真一撮影）、アイゼンデッヒャーに宛てた井上末子の英文献詞

第 1 章
最初の邂逅
プロイセン東亜遠征団と文久元年日普修好通商条約

図 8
横浜港に停泊する「アルコナ」号、カール・フォン・アイゼンデッヒャーによる水彩画、日付無し、18,2 × 26,0cm（ボン大学日本文化研究所所蔵、トラウツコレクション）

図 9
英国公使館附近の墓地、カール・フォン・アイゼンデッヒャーによる水彩画、「東禅寺にて、1860 年 12 月 7 日」、22,5 × 17,5cm（ボン大学日本文化研究所所蔵、トラウツコレクション）

図 10
江戸城の門、A. ベルグの水彩画によるリトグラフ、25,6 × 47,3cm（『プロイセン東亜遠征団 — 絵図録』ベルリン、1864 年、図版 11）
「天皇 [正しくは将軍] の御殿は江戸の中心にあって、付属建物を含めるとかなりの広さになります。周囲にめぐらされた堀は、約 200 フィートの幅があり、我々が騎乗していたこちらの岸からは、向い側には巨大な玄武岩角石で築かれた城壁しか見えません。そして橋が架けられているところには、決まって巨大で重厚な門があり、番兵がいます。これら全体が堅固な要塞を思わせます。[...] 大名が歩くことはなく、馬に乗るか駕籠に乗り、いつも 30 人から 50 人の家来を引き連れています。これらの行列に度々出会いました、彼らは道の真ん中を通るので、人々はいつも道をあけなければなりません。[...] 」（アイゼンデッヒャー両親宛書簡　1860 年 10 月 2 日）

図 11
江戸の街路、A. ベルグの水彩画によるリトグラフ、24,2 × 47,3cm（『プロイセン東亜遠征団 — 絵図録』ベルリン、1864 年、図版 18）
「その日の残りは、暗くなるまで町をぶらぶらして過ごしました。沢山の店をのぞき歩いて、できるだけ少ない金で多くのものを手に入れようと交渉しました。[...] 役人が交渉に口を出すと、大抵、もうその品物を手に入れられなくなるのです。すぐに値段が 3、4 倍につり上げられるので。[...] 暗くなると使節団宿舎の外にいることは許されません。[...]」（アイゼンデッヒャー両親宛書簡　1860 年 10 月 2 日）

図 12
西久保八幡宮上り口、A. ベルグのスケッチによるリトグラフ、41,0 × 34,5cm
「江戸は海に面していて、[...] 近郊も含めると、ロンドンよりもはるかに広い面積を有している。[...] 寺社の多くは高台にあり、立派な木々に囲まれている。大きな切り石でできた堂々たる石段は、丘の上の本殿へとつながっており、その高さには目がくらむこともある。これは、プロイセン使節団の江戸滞在時の宿舎近くの小さな仏教寺院の上り口の眺めで、[...] 上の方に鳥居を通して、その寺の屋根が見える。よく見られることだが、石段は建物の中心に向かってあるわけではない。」（『プロイセン東亜遠征団 — 絵図録』ベルリン、1864 年、図版 1。この説明は、西久保八幡宮を近くの仏教寺院、大養寺と誤認している。）
八幡宮は現在もこの場所（桜田通り、虎ノ門 5-10-14、地下鉄神谷町駅近く）にあり、戦火にあって 1945 年以降に再建されている。同じく破壊された寺は名前だけが残り、宗教活動は行われていない。

図 13
明神にゆかりある聖域の正門、A. ベルグの水彩画によるリト

グラフ、28,8 × 40,5cm
「次の一枚は、江戸北部にある広大な神社の敷地の門である。大通りからそれて、銅を打ち付けた高い鳥居をくぐると、広い石畳の参道に出る。門の前の木々の間には、白の御影石で出来た二の鳥居が立っている。この門には神社の施主の家紋のついた巨大な紙提灯がぶら下がっている。[...] 門の前には、参詣者が本殿にお参りする前のお浄めに使う、銅でできた柄杓が幾つか並べられている。手前左の一群のうち、ひだの多い袴を履き二刀差している人物は、上級から下級まですべての官職を担っている貴族階級であることが判る。」(『プロイセン東亜遠征団 ― 絵図録』ベルリン、1864 年、図版 5。神田神社（別名、神田明神）は、江戸で最も人気のあった寺社であった。)

図 13 a
長崎湾、A. ベルグのスケッチによるリトグラフ、25,0 × 49,0cm
(『プロイセン東亜遠征団 ― 絵図録』ベルリン、1864 年、図版 25）; 長崎湾に停泊するプロイセン船艦「アルコナ号」と「テティス号」

第 2 章
大名屋敷から公使館へ

図 14
プロイセン王国公使館付近（「江戸にて」）
「公使館のある土地は、江戸の南に位置する赤羽にある。停泊地から長くまっすぐな、小売商人たちの住む道を進むと、海岸から 4 分の 1 マイルほどのところで広場に出る。[...] 左側にはある屋敷の正面が見える。大名の住まいは屋敷と呼ばれるのだが、屋敷の前には緑の岸辺を持つ小川が流れ、その向こうに広がる広場は、立派な木々の生い茂った築山に寄り添っている。ビロードの光沢をたたえた暗緑色の風格ある日本杉の間から塔のような霊廟がそびえ、各階には赤く塗られた重々しい屋根が張り出している。ここは、大君 [正しくは将軍] の埋葬地である。木の橋を渡って、再び細い道に戻ると、左手に公使館の正面が見える。その長屋の門には太い梁が使われ、重い瓦屋根がのっている [...]。」(『プロイセン東亜遠征団 ― 官庁文献録』図版 5、ベルリン、王立宮廷印刷局、1864 年刊、263 頁。右の丘に沿ってアメリカ総督の住居になった善福寺が見える。)

図 15
マックス・フォン・ブラント（フェリーチェ・ベアト撮影？）、1868 年前後。1859 年〜 1869 年の駐日オランダ領事グラッフ・ファン・ポールスブルック所蔵（オランダ海上交通博物館、アムステルダム）

図 16
横浜ドイツ総領事館（「北ドイツ領事館、弁天」）
1867 年建設。1869 年までプロイセン総領事館、その後、1871 年まで北ドイツ連盟総領事館、1871 年以降、数年間ドイツ帝国総領事館。
(*The Far East. An Illustrated Fortnightly Newspaper*, 横浜、第 1 巻 21 号、1871 年 4 月 1 日、3 頁)

図 17
「増補改正麹町永田町外櫻田繪圖」江戸尾張屋清七版、元治元年（1864 年）
江戸城南西直ぐの土地所有者記載の地図。地理的正確さよりも所有者の家名及び家紋の表記が優先されている。堀と大名細川家（1）及び大村家（2）の邸宅間には、大名井伊家（3）の屋敷がある。彦根出身井伊家のこの土地は、明治維新の数年後に陸軍に収用された。

図 18 (III/4)
ドイツ公使館正門、東京 (1875)

図 19 (III/5)
ドイツ公使館正面、東京

図 20 (III/6)
ドイツ公使館庭、東京 (1874)

図 21 (III/7)
ドイツ公使館庭、東京 (1874)

図 22 (III/8)
ドイツ公使館庭、東京 (1874)

図 23 (III/12)
ドイツ公使館から見る皇居 (1877)

図 24 (III/13)
ドイツ公使館東口、東京 (1877)

図 25 (III/14)
ドイツ公使館庭、東京 (1877)

図 26 (III/18)
ドイツ公使館公使応接間・書斎、東京

第 3 章
ドイツ公使館とその館員

図 27 (II/23)
フェリックス・フォン・グートシュミード男爵、ドイツ公使館書記官

図 28 (II/22)
テオドール・フォン・ホルレーベン男爵、ドイツ公使館代理公使

図 29 (III/10)
テオドール・フォン・ホルレーベン男爵、ドイツ公使館代理公使

図 30 (III/16)
アイゼンデッヒャー公使（馬車上）、グートシュミード書記官と日本人職員遠藤（馬車後ろ）の「出発」

図 31 (II/38)
クルト・フォン・ツェトヴィッツ男爵、ドイツ公使館書記官

図 32 (I/43)
井上長太郎、ドイツ公使館通訳

図 33 (I/35)
関通孝、ドイツ公使館通訳

図 34 (II/36)
三沢、ドイツ公使館通訳

図 35 (III/9)
在日ドイツ公使館勤務全員（1875）

図 36 (III/26)
在日ドイツ公使館勤務日本人使用人（1881）

図 37 (III/101)
在日ドイツ公使館勤務日本人職員

図 38 (III/15)
ドイツ公使館旧館、グートシュミード書記官の住まい

415

図 39 (III/11)
在日ドイツ公使館勤務ドイツ外交官

第 4 章
プロイセン公ハインリヒ親王の初めての日本周遊

図 40
ハインリヒ親王の歌舞伎観劇
1879年6月4日、東京の新富座においてハインリヒ親王を迎え3時間の大衆古典劇の特別公演が行なわれた。左團治（「宗清」）、半四郎（「常盤」）や菊之助等、当時の有名歌舞伎役者が出演した。招待側の日本サイドからは高官・著名人が勢揃いしていた。皇族では有栖川宮、北白川宮、伏見宮等、政府代表では三條実美、岩倉具視、伊藤博文、井上馨、寺島宗則、榎本武揚等、華族では鍋島直大、伊達宗城、蜂須賀茂韶の諸侯が参列し、当然ながら各国公使達も招かれていた。この特別公演の為に客席には花道が二本設けられた（4代目歌川国正筆『東京各社撰抜新聞　独逸皇孫新富座御遊覧之図』、東京大学大学院情報学環・学際情報学府所蔵、小野秀雄コレクション）。

図 41
メニュー（日本語版、フランス語版）
ハインリヒ親王が迎賓館・延遼館に日本の貴賓を招き、主催した晩餐会ではフランス料理が振る舞われた。メニューはビーフ・コンソメに始まり、コーヒーで締めくくられた（外務省外交史料館所蔵）。

図 42 (II/1)
在日時のハインリヒ親王を取り巻く随行員（ハインリヒ親王の隣には蜂須賀侯爵、後ろは左から海軍少佐ケスター、公使アイゼンデッヒャー、医師グッチョー、旅の伴頭セッケンドルフ男爵）

「今晩6時、ベーア、ネットー、ナウマン、シュルツェの諸氏と共に、『プリンツ・アダルベルト』号の海軍士官候補生として来日されたプロイセン公ハインリヒ親王のもとへ出かけた。当地在住のドイツ人として、精養軒の小宴に招待する為であった。親王は16才半ばで、すらりとした体型で、目を引くような小顔、優しげな青い瞳で善良な微笑みをたたえている。彼の顔立ちはドイツ風と言うよりむしろ英国風である。立ち居振る舞いも非常に謙虚で慎ましい。感じの良い人柄で皆の心を引きつけた。」
（1879年6月1日　東京にて、1931年出版のエルヴィン・ベルツの日記、55頁）

図 43 (III/28)
ハインリヒ親王のドイツ東洋文化研究協会名誉会員証書
「プロイセン公ハインリヒ親王は、6月の定例学会に御臨席下さり、その後当協会名誉会員の申し出を御快諾下さったことを、ここにご報告申し上げます。
当協会は、閣下の名誉会員認定証書を作成して下さった正会員のネットー氏に、心より感謝申し上げます。また、レイムンド・シュティルフリード男爵が御親切にも、この大変美しい証書を撮影し、複写して下さったことにも心より御礼申し上げます。」
（1880年1月28日の横浜での総会でのドイツ東洋文化研究協会会長、カール・フォン・アイゼンデッヒャーの報告より、『東洋文化研究協会紀要』横浜、第2巻20号、446頁）

図 44 (I/58)
蜂須賀茂韶、元阿波（徳島）藩主、ハインリヒ親王の名誉式部頭を務めた。

図 45 (III/29)
遍路姿のハインリヒ親王一行、日光にて
（ハインリヒ親王の隣、写真中央に着座しているのは海軍少佐

第 5 章
外交官と接待係
日本の新たな指導者達

図 46 (I/61)
青木周蔵、駐独公使
「日本人外交官達の中で、欧州事情や西洋文化を最も良く理解しているのは青木氏だという気が致します。実際彼の考え方や習慣はほぼドイツ人に近いものとなっております。それも祖国への忠誠を失うことなくしてであります。青木氏は誠実で信頼できる、また非常に客観的な判断を下すことができる人物であります。
寺島〔宗則〕氏の公然たるライバルとして、またその後任者〔井上馨〕の友として、彼がこの変革への橋渡しをしたことは疑う余地もありません。新大臣任命の 1 週間前から、既にそれをほのめかすようなことを私に語っていたものです。青木氏は本省勤務ではありませんが省幹部とは密接な関係にあり、条約改正委員会においても助言を与え仲介役となり得るでしょう。私が見ますところ、寺島氏の辞任以来、青木氏の力が物を言うようになり、これが条約改正交渉にも有利に働くのではないかと思われます。青木氏は天皇陛下同席の枢密院会議にも出席するということです。天皇は駐ベルリン公使に特別の好意と信頼をお寄せになっているものと思われ、週に何度も皇居へ招かれ、何時間もドイツ事情、主としてドイツ皇室や国家機関についてご進講を所望される程です〔注．青木は当時　時帰国中〕。天皇は、ここで通常外国人が想像するよりはるかに政治・政府事項に関心をお持ちのようです。天皇の外国に関する知識、又日本の近代化への強い関心には青木氏も驚かされた、と以前私に語ったことがありました。」（ドイツ外務省政治文書館、R18602, 325/328, 外務大臣ビューロー宛アイゼンデッヒャー書簡、1879 年 9 月 29 日付）

図 47 (I/59)
青木周蔵、駐独公使

図 48 (II/14)
井上馨、外務卿
「今日、外務卿の井上から相談を受けた。彼は最近、具体的には数カ月前から記憶力薄弱に苦しんでおり、そのために殆ど鬱の状態である。全くもって活発な男だったというのに。井上は実に才気溢れる、そして教養に富んだ近代日本の中でも屈指の有能な人物である。彼はとりわけ器用で、それゆえに他の多くの日本人よりも外交官に向いている。また彼は一種変わった経歴の持ち主である。長州出身で、外国人と多く交流し、英語を学ぶことに成功した最初の日本人の一人である。長期にわたりイギリスで日本の公使を務めた。6 年前には大蔵大輔を務め、退官すると、意見書で政府を辛辣に非難した。今はというと、先にも記したとおり外務卿に就き、前任者より遥かに良くその責務を果たしている。
彼は活発で知的な印象の小柄な男で、西洋文化と生活洋式を最も完璧にものにした日本人である。特に注目すべきは、17 歳の自分の娘末子(II/3)に完全に西洋式の教育を受けさせていることである。
井上の身体には、17 年前にうけた実に大きな傷跡が 3 つある。一つは背中に、一つは後頭部に、一つは顔に。彼がよく生きているものだと驚かないわけにはいかない。」(1881 年 5 月 19 日　東京にて、1931 年出版のエルヴィン・ベルツの日記、82 頁)

図 49 (II/12)
岩倉具視、右大臣
「外務卿井上馨、またとりわけ右大臣の岩倉氏は、その影響力、地位、人格により内閣中傑出のメンバーであります。過日、両

人は、以前より取り決めてありました会見席上で、日本政府はドイツの共感と好意を勝ち得ることに腐心していると申しておりました。

ドイツ帝国と良好な関係を目指すこと、また日本が現在おかれている困難の多い近代化過渡期にあって、ヴィルヘルム皇帝陛下の政府に格別の友好関係と援助を求める方針は、内閣でも満場一致の決議を見たそうであります。

両人は、この希望をベルリンへ取りなすと共に、これが天皇政府の真意誠実の希望であることを強調してほしい旨、私に願い出ました。岩倉邸、外務卿私邸、公使館のいずれかで開かれ、ディナー若しくは朝食を共にする三者会談では、青木氏が通訳を受け持ち、それ以外の立会人はおりませんでした。

別の箇所でも恐れながらご報告申し上げましたが、日本政治のこの転向ぶりには、一方では青木氏の尽力があると共に、プロイセン国ハインリヒ親王殿下のご滞在も、ドイツにとって喜ばしき展開をもたらすという点で大いに寄与されたのでございます。」（ドイツ外務省政治文書館、R18604, 101/103, 外務省宛アイゼンデッヒャー書簡、1880年5月6日付）

図50 (I/26), 51 (I/43) と 52 (I/21)
鍋島直大と榮子、駐イタリア公使

「鍋島侯爵は、夫人と現在6歳になる子息を連れて、ロンドンに長く滞在していた。一家揃って英語を巧く話す。

かつて最も有力で、今日も尚、最も裕福な大名の一人に数えられている鍋島が住む家は、東京の一等地、永田町に位置する。家は、陸と海の素晴らしい景観を擁し、西洋と和を取り入れた建築で、実に見事な調度品で設えられている。侯爵はまだ若く、年は32ぐらいにして中背、痩身、朗らかな表情をたたえた顔には黒い顎髭をうすく貯えている。私は洋装以外の彼をついぞ見たことがないし、彼は同郷の人々と正反対の様式をとる。そう、まるで他の方法なぞ知らないみたいに。また、彼は洗練されている。これは他の多くの大名には言えないことだ。鍋島夫人は今日、洋装で盛装されていた。日頃から、和服姿の夫人を見慣れていた私は、すっかり別の装いと髪型の夫人に最初は気づかなかった。馴染みのない服装で身を包んだ彼女は、他の全ての日本の女性と同じように、人形のようで、華奢な形であったが、悪くはなかった。私は彼女をテーブルまでエスコートし、英語で話したが、実に素晴らしかった。両人はたぐいまれなほど洗練された礼儀作法、また、実に快い会話の才覚も示した。鍋島のヨーロッパに関する話、意見を聞けばすぐに分るように、彼は優れた洞察力を備えている。本当に数多くの旅をしていて、ドイツ全土をまわったと言ってもいいほどだ。」（1879年7月9日　東京にて、1931年出版のエルヴィン・ベルツの日記、59頁。ベルツは鍋島家から主に息子直映の百日咳の治療のことで頻繁に相談をうけていた。）

図53 (I/39) と 54 (I/65)
田中不二麿、文部大輔、のち司法卿

図55 (I/22)
田中須磨、田中不二麿の妻

図56 (I/31) と 57 (I/68)
大山巌、陸軍中将、参謀本部次長・陸軍卿

図58 (I/17) と 59 (I/67)
大山澤子、大山巌の先妻

図60 (II/4)
井上武子、外務卿井上馨の妻

図61 (II/3)
井上末子、外務卿井上馨の養女

図62 (資料)
日本と列強諸国間の条約改正会議、1882年4月5日

1858 年に日本と先ずヨーロッパ 5ヶ国との間で締結され、明治時代初期まで他の列強諸国にも適用されていた通商条約は、日本にとって実に不都合な条件を有していた。そのため、日本外交の最重要課題は、殆ど 25 年に亘り、この条約の改正にあった。出典の明らかな資料に基づいて描かれた絵が、この重要な会議の一つを表している。議長は外務卿の井上が務め、交渉の席には西洋列強諸国の公使が集まっていた。(油絵、上野広一画「条約改正会議」、3,00 × 2,50m、聖徳記念絵画館、明治神宮外苑所蔵、東京)

図 63
日本と列強諸国間の条約改正会議、1882 年 4 月 5 日
アイゼンデッヒャー公使を含めて、会議出席者 8 名の肖像写真が彼の写真アルバムには収められている。アイゼンデッヒャー公使 (青)、日本代表の井上外務卿と塩田外務少輔 (赤)、列強諸国側のメンバーからはイギリス、オーストリア・ハンガリー、ロシア及びフランスの公使 (黄)。ツァッペ領事はもう一人のドイツ代表者として出席していた。

図 64 (II/10)
塩田三郎、外務少輔

図 65 (I/44)
佐野常民、大蔵卿・内国勧業博覧会副総裁・日本赤十字社初代社長・元老院議長

図 66 (I/62)
大隈重信、参議・大蔵卿

図 67 (I/34)
徳大寺実則、宮内卿兼侍従長

図 68 (I/56)
吉井友実、宮内少輔・元老院議官

図 69 (I/54)
松田道之
「東京府知事の松田氏が亡くなった。胃がんと肝臓がんを患っていて、1ヶ月前私が初めて診断した際、余命が短いことをご家族や友人方に説明せねばならなかった。小柄で華奢だが、端正な顔立ちで威勢の良い男性で、皆に親しまれ、この困難な職には適任の人物であった。奥方は日本で最も知性ある女性の 1 人である。ご主人を深く愛し、それは日本女性には希にみる愛し方であった。彼女の様子を見ると全く心が痛んだ。悲しみに押しつぶされそうで、目にも涙があふれていたが、取り乱したりはせず毅然としていた。」(1882 年 7 月 6 日 東京にて、1931 年出版のエルヴィン・ベルツの日記、83 頁)

図 70 (I/57)
九鬼隆一、1878 年パリ万国博覧会に出張、のち文部少輔

図 71 (I/41)
山県有朋、陸軍中将、陸軍卿兼参議・参謀本部総長、のち陸軍元帥

図 72 (I/40)
田中光顕、陸軍少将、理事官として明治 4 〜 6 年岩倉使節団に参加 (肖像写真裏面のアイゼンデッヒャーに宛てた献辞)
　「恭呈
　　獨逸國特命全権公使フォン・アイゼンデッヘル閣下
　　日本國陸軍少将田中光顕」

図 73 (I/33)
山田顕義、陸軍中将、参議兼工部卿

図 74 (I/63)
西郷従道、陸軍中将、農商務卿兼参議、のち参議、海軍大将

図 75 (II/25)
西郷従徳とロシア帝国公使シュトゥルヴェの娘、オッラ・シュトゥルヴェ
「ロシア公使シュトゥルヴェの奥方は、当地在住外国人女性の中で最高の美人とまでは言えないが、紛れもなく最も賢いお方である。6 人の外交官に対抗しても勝る知性を持つ一方、完璧な母親として理性と愛情をもって 4 人のお嬢さんを育てていらっしゃる。」(1880 年 2 月 9 日　東京にて、1931 年出版のエルヴィン・ベルツの日記、69 頁)（西郷従徳 (1878-1946) は西郷従道の二男）

図 76 (I/42)
黒田長溥、福岡藩の最後の藩主

図 77 (II/19)
副島種臣、外務卿兼参議、のち駐清国日本公使
「午後、私はある家族の悲劇の立会人となってしまった。日本で最も実力ある政治家・学者の 1 人とされ、崇高な人柄で皆の尊敬を集めていた副島氏が 1 人息子のことで相談にやってきた。彼は威厳と品格をたたえた立派な人物であったが、今や白くなった髭が年よりも老いを感じさせた。息子さんは結核を病み、死を待つばかりだと言う。1 年前に最愛の母を亡くし、それ以来この 19 才の美少年は日に日に衰えていき、今年始めにこの病に襲われたそうだ。」
「古風な日本人である父親は、この大きな悲しみを英雄の如く打ち殺していた。時折辛そうに唇をきっと震わせていたが、感情を抑えてしっかりと落ち着いた声で話した。息子の命を何とか数週間、又は数日でも延ばす手だてはないものかと乞われた時、限りない同情の念に駆られた。そのあと彼は言った。『去年妻を亡くし、それ以来この子の為だけに生きてきたというのに。』今度はその息子まで失うのか、と彼は言いたかったのだろう。しかし彼の誇りがこの言葉を口にさせなかった。みだりに嘆き悲しむようなことはしなかった。実に哀れな父親である。」
(1880 年 5 月 12 日　東京にて、1931 年出版のエルヴィン・ベルツの日記、81-82 頁)

図 78 (II/20)
松方正義、大蔵大輔・仏国博覧会副総裁・内務卿・大蔵卿兼参議

図 79 (I/60)
品川彌二郎、在独日本公使館の書記官・同代理公使・内務少輔

図 80 (I/18)
伊藤博文、内務卿兼参議

図 81 (I/24)
三条実美、太政大臣

図 82 (I/64)
寺島宗則、外務卿兼参議（外務卿として井上馨の前任)

図 83 (I/20)
黒田清隆、陸軍中将、参議兼北海道開拓使長官

図 84 (I/66)
榎本武揚、海軍中将、駐露特命全権公使・外務大輔・海軍卿
「外務省に臨時に招聘された、駐ロシア帝国日本公使で海軍中将である榎本は、その上司（井上馨）と同様に好ましい人柄で、語学能力と西洋に関する教養から、交渉等で良い協力関係を築き、維持していく適性があると思われるような人物です。榎本氏は 1869 年に幕府の艦隊を指揮し、彼の領地であった函館で皇軍と最後の戦闘を繰り広げました。確かに、彼の見解は

卓越しており、また公正で穏健であると申し上げられます。」
(ドイツ外務省政治文書館、R18602、324/325、外務大臣ビューロー宛アイゼンデッヒャー書簡、1879年9月29日付)

図 85 (II/18)
川村純義、海軍大将、海軍大輔・海軍卿兼参議

第 6 章
友人、同僚、ライバルとして
明治時代の在日外国人

図 86 (II/15)
マキシミリアン・ホッファー・フォン・フォッフェンフェルズ、駐日オーストリア・ハンガリー帝国公使

図 87 (II/13)
ギュスターヴ・エミール・ボワソナード・ド・フォンタラビー、日本政府顧問、民法学者

図 88 (II/9)
マリオン・パークス、英国公使ハリー・パークスの娘

図 89 (II/37)
キリル・ヴァシレヴィッチ・シュトゥルヴェ、ロシア帝国公使

図 90 (II/26)
金玉均、朝鮮政治家、1884年以降日本に亡命

図 91 (II/41)
何如璋、駐日清国公使

図 92 (I/28)
アーネスト・サトー、英国公使館書記官

図 93 (I/76)
リシー・グットフ・フェノロサ、美術評論家アーネスト・フェノロサの先妻

図 94 (II/35)
ジョン・ゴードン・ケネディ、駐日英国公使館代理公使

図 95 (II/36)
エヴェリン・アデラ・ケネディ、駐日英国公使館代理公使の妻

図 96 (II/28)
ラファエーレ・ウリッセ・バルボラーニ伯爵、駐日イタリア王国公使

図 97 (II/27)
ソフィア・バルボラーニ伯爵夫人、駐日イタリア王国公使バルボラーニの妻
「多忙な1日を過ごした後、夜9時過ぎに我が国公使[アイゼンデッヒャー]よりバルボラーニ伯爵夫人が重病との書状が届き、急遽イタリア公使館へ呼ばれた。私も非常に疲れていたものの早速駆けつけると、病人と言われたご本人がピンピンしておられるので少なからず驚いた。お話を伺うと、庭におられた時、ジンチョウゲの匂いを嗅いで間もなく鼻の中がむずむずしたので、何か虫が鼻孔に入って脳にまで行ってしまうのではないかと考えたそうだ。しかし、こういうことはあり得ないということを私に確認したかったとのことであった。夜中に小娘の気紛れで呼び立てられるとは、私もあうやくカッとなるところだったが、50才のイタリア公使の、20才そこそこの愛くるしい奥方のこととなれば、どうして腹を立てることなどできようか？」(1878年3月26日　東京にて、1931年出版のエルヴィン・ベルツの日記、48頁)

図 98 (II/40)
ホアキン・ホセ・ダ・グラサ、駐日ポルトガル王国公使

図 99 (II/17)
ロマン・ロマノウィッチ・ローゼン、駐日ロシア帝国公使

図 100 (II/33)
ギョーム・ド・ロケット、駐日フランス公使

図 101 (II/8)
エルヴィン・ベルツ、東京帝国大学医学部教授・明治天皇の侍医

図 102 (II/16)
アレクサンドル・エティエンヌ・ボゴワン、フランス軍事武官大尉
「東京の全外国居留民が騒いでいる。元陸軍大尉で、かつて東京駐在フランス大使館付き武官であり、現在はフランス系大会社の代表者として駐在中であったボゴワン氏が、継子 F. ストレンジと共にロシア側のスパイとして逮捕されたのである。夫人と葉山の別荘に居たところを、本日早朝、警察に寝込みを襲われ逮捕された。警察は、家中、隅から隅まで調べて全書類を押収した。同刻、東京の自宅も警察に踏み込まれて差し押さえられ、若いストランジュも逮捕された。知名度もあり、日本の軍人達の間でも非常に親しまれていたボゴワンのような人物に対し、このような措置をとるとは、政府にもよっぽど確実な根拠があったに違いない。私も彼とその家族とは 24 年来のつき合いであった」（1905 年 5 月 10 日　東京にて、1931 年出版のエルヴィン・ベルツ日記、407 〜 8 頁）。
「その後市川の刑務所にボゴワン大尉を訪ねた。夫人の希望で彼の診断書を出してほしいと言われたからである。当局もこれを許可した。彼は、長年肺病を患っていたが、最近は幾らか良くなっていた。刑務所生活が彼の健康に障ることは、良心をもって証明できる。」（1905 年 5 月 13 日　東京にて、1931 年出版のエルヴィン・ベルツ日記、407 〜 8 頁、1905 年中にボゴワンには死刑の判決が下りたが、翌年 7 月、天皇の恩赦によりフランスへ送還された。同年 9 月 15 日に病死。ボゴワンの墓はフランス西部のナントにある。）

図 103
「さようなら。私を忘れないで」アイゼンデッヒャー離日の風刺漫画
（チャールズ・ワーグマン画『ジャパン・パンチ』横浜、1882 年 8 月）
アイゼンデッヒャー自身、このチャールズ・ワーグマンが個人的に毎月出版していた風刺漫画誌の定期購読者であった。公使館書記官のツェトヴィッツは、アイゼンデッヒャーの離任後も、新任地ワシントンにこの雑誌を送り続けた。「ワーグマンのパンチ、1883 年 1 月から今年の 3 月までを、この間の郵便で送りました。その次の号はワーグマン自身が送ると言っていました。私は 3 月までしか支払っていません。」（ツェトヴィッツからアイゼンデッヒャー宛の書簡、東京にて、1884 年 5 月 15 日付。ドイツ外務省政治文書館、アイゼンデッヒャー 関係文書、整理番号 3/5, no.15、213 頁）。

第 7 章
貿易と往来
築地ドイツ領事館と横浜海軍病院

築地ドイツ領事館

図 104 (III/76)
築地、明石橋から見るドイツ領事館、東京

図 105 (III/77)
築地、明石橋から見るドイツ領事館、東京

図 106
「北ドイツ各国の旗」、1852 年
この、江戸末期に書かれた旗のハンドブックには、プロイセン、ダンツィヒ、ケーニヒスベルク（1）、ハノーファー、ブレーメン、リューネブルク、メークレンブルグ、シュテティーン、エルビング（2）、及びブランデンブルク、ハンブルク（3）の旗が描かれている。1 のイギリス国旗の入っている旗は、ハノーファーの商船旗で、当時のハノーファー帝国とイギリスが同君連合であったことと関連している。黒で縁取られた白い旗（2）は 1867 年までプロイセン王国の測量船の旗だった（Gritzner 1878）。（鈴木金谷編『萬國旗章圖譜』京都、大阪、江戸、嘉永 5 年（1852 年）

図 107
H. アーレンス社のポスター
（横浜開港資料館所蔵、横浜）

図 108
H. アーレンス社の横浜支店
（佐々木茂市編『日本絵入商人録』横浜、1886 年）

図 109 (I/72)
マルティン・ミヒャエル・ベーア、東京駐在ドイツ名誉領事
「晩にベーア氏がやって来た。彼は日本の経済発展の為、中でも農業と商業振興に寄与する会社を発足させるべく、その筋の日本人達と交渉中である。ベーア氏は富豪であるから、彼が金儲け目当てでやっているのではないことは日本人も承知している。それ故、彼もオファーが出るのを待って悠長に構えている。日本人の国民経済の関係発展に寄与できる者がいるとしたら、ベーア氏以外にないことは疑う余地のないことだ。」（1880 年 11 月 18 日 東京にて、1931 年出版のエルヴィン・ベルツの日記、80 頁）

図 110 (II/6)
エデュアルド・ツァッペ、駐横浜ドイツ領事

図 111 (I/77)
マルガレーテ・ツァッペ、ドイツ領事ツァッペの妻

図 112
東京築地の外国人居留地
ドイツ名誉領事館も併設されていた H. アーレンス社は 41 番、築地ホテルは 1 番。
（『改版東京地図』中西屋書店、1910 年）

横浜ドイツ海軍病院

図 113
絵葉書「横濱獨乙病院前」
山手 40 番のドイツ海軍病院正面、1890 年代頃
（横浜開港資料館所蔵、横浜）

図 114 (II/7)
ヘルマン・グッチョー、横浜ドイツ海軍病院院長

図 115 (III/30)
横浜ドイツ海軍病院、1880 年頃

図 116 (III/31)
横浜ドイツ海軍病院、1880 年頃

第 8 章
「日本でさえ野宿はできない」
ドイツ公使館の新築工事

図 117
東京ドイツ公使館、1890 年初期
（マールブルク大学エーリヒ・パウアー教授所蔵）

図 118
東京ドイツ公使館、麹町区永田町（19 世紀末）
皇居方向に陸軍省と参謀本部、逆方向には文部大臣官舎と大蔵大臣官舎、半蔵門（右下）が皇居への最寄りの通行口となっていた。
（『新撰東京名所図會』（第十八編、麹町区之部下巻一）（『風俗画報』189 号）、1899 年 5 月、4～5 頁）

図 119 (III/20)
ドイツ公使館、東京、建築中 (1882)

図 120 (III/22)
ドイツ公使館、東京、建築中 (1882)

図 121 (III/24)
ドイツ公使館、東京

図 122 (III/27)
ドイツ公使館通訳者住居、東京

図 123 (III/70)
ドイツ公使館小広間、東京

図 124 (III/71)
ドイツ公使館公使書斎、東京

図 125 (III/72)
ドイツ公使館広間、東京

図 126 (III/73)
ドイツ公使館歩廊、東京

図 127 (III/74)
ドイツ公使館舞踏の間、東京

図 128 (III/75)
ドイツ公使館食堂、東京

図 129 (III/33)
ドイツ公使館全景、東京 (1882)

第 9 章
「現実からメルヘンの世界へ」
余暇と娯楽

図 130 (III/21)
ドイツ公使館附近

図 131 (III/32)
出発するカール・フォン・アイゼンデッヒャー公使

図 132 (III/3 と I/37)
ドイツ公使館の「四つ足の住民」：馬「ハンス」と犬「モール」

図 133
夕日岡、行人坂
（『江戸名所図絵』天保 5・7 年（1834・1836 年）、現在の目黒区下目黒 1 丁目）

図 134
千代ヶ崎
(『江戸名所図絵』天保 5・7 年（1834・1836 年）、現在の目黒区三田 1 丁目）

図 135 (III/78)
ドイツ名誉領事ベーアの別荘、東京、目黒

図 136 (III/79)
ドイツ名誉領事ベーアの別荘の門、東京、目黒

図 137 (III/80)
ドイツ名誉領事ベーアの別荘の庭に置かれた長椅子で寛ぐ、お雇い外国人エルヴィン・ベルツ（左）とクルト・ネットー（右）、東京、目黒

図 138 (III/82)
ドイツ名誉領事ベーアの別荘の竹林、東京、目黒

図 139 (III/81)
ドイツ名誉領事ベーアの別荘の庭の「小富士山」、東京、目黒

図 140 (III/83)
田子の浦橋から見る富士山、内田九一（1844-1875）の作品

図 141 (III/84)
元箱根・芦ノ湖畔、内田九一の作品

図 142 (III/86)
箱根宮ノ下、富士屋ホテル入口

図 143 (III/87)
箱根宮ノ下の景観と宿屋

図 144 (III/95)
京都駅、京都・大阪間鉄道開通式（1877 年 2 月 5 日）

図 145 (III/88)
京都嵐山、渡月橋

図 146 (III/89)
京都吉田山、陽成天星御陵と真如堂から見る東山

図 147 (III/91)
京都円山、東山麓の旅館（也阿弥ホテル）

図 148 (III/92)
京都、清水寺本堂

図 149 (III/97)
京都、清水寺境内

図 150 (III/99)
京都黒谷、金戒光明寺の文殊堂に至る石段、内田九一の作品（？）

図 151 (III/96)
京都黒谷、金戒光明寺境内から見る山門、内田九一の作品

図 152 (III/98)
京都八坂（祇園）、法観寺の五重塔

第 10 章
全ての道は日本へ通ず
アイゼンデッヒャー公使の旅土産

図 153 (III/49)
アデン、海港（イエメン）

図 154 (III/51)
アデン（イエメン）、シャムシャン山を背景に、錨地に面した旅館と商店街

図 155 (III(54)
バンコク（？）（タイ）、ボート上の若者達

図 156 (III/57)
アンコール・ワット（カンボジア）

図 157 (III/67)
サイゴン（フランス領インドシナ時代のベトナム）、税関

図 158 (III/63)
香港、ビクトリアピークの麓から見る港と九龍 半島

図 159-162 (III/34, III/35, III/68 と III/69)
北京のドイツ公使館

第 11 章
海軍士官候補生から外交官へ
カール・フォン・アイゼンデッヒャー公使の人生と功績

図 163
横浜港の「テティス」号と「アルコナ」号（「横浜港停泊地から望む富士山」）水彩画
アイゼンデッヒャーによる水彩画、日付無し、10,5 × 18,7cm
(ボン大学日本文化研究所所蔵、トラウツコレクション)

図 164
コルベット艦「アルコナ」号に乗船していた将校の一覧
アイゼンデッヒャーのアルバムには「アルコナ」号の 4 人の上官と同僚の肖像写真が収められている（艦長ズンデヴァル、海軍士官候補生シャック伯爵、同じく海軍士官候補生ツェンプシュ、フォン・ノスティッツ。海軍少佐ヤッフマン（フリゲート艦「テティス」号艦長）、海軍少尉キンダーリング、海軍少尉候補生ライプニッツ男爵）(Philipp zu Eulenburg-Hertefeld „Ost-Asien 1860–1862 in Briefen des Grafen Fritz zu Eulenburg", Berlin, 1900 年、20 頁)

図 165
「大森の茶屋でのプロイセン海軍士官候補生」
(„Illustrierte Zeitung", 36 巻 934 号、ライプツィヒ、1861 年 5 月 25 日、361 頁)

図 166
打ち寄せる波に立つ灯台、水彩画
アイゼンデッヒャー画、日付無し、9,7 × 12,5 cm
(ボン大学日本文化研究所所蔵、トラウツコレクション)

図 167 (I/80)
ヘンリク・ルドヴィック・ズンデヴァル、海軍大佐、プロイセン東亜遠征団（1860/61）時の「アルコナ」号艦長

図 168 (I/81)
エデュアルド・ヤッフマン、海軍大佐、プロイセン東亜遠征団（1860/61）時の「テティス」号艦長

図 169 (I/83)
ハンス・クーン、海軍少佐、1857 年のアイゼンデッヒャー初航海時の「アマツォーネ」号艦長

図 170 (I/84)
ハンス・フォン・ノスティッツ、海軍士官候補生、プロイセン東亜遠征団（1860/61）時の「アルコナ」号船員

図 171 (I/92)
パウル・フォン・ライプニッツ男爵、海軍少尉候補生、プロイセン東亜遠征団（1860/61）時の「テティス」号船員

図 172 (III/2)
馬上のカール・フォン・アイゼンデッヒャー、東京、1880 年前後

図 173
海の黄昏時（水彩画）
アイゼンデッヒャーによる水彩画、日付無し、11,8 × 18,5cm（ボン大学日本文化研究所所蔵、トラウツコレクション）

図 174
日没（水彩画）
アイゼンデッヒャーによる水彩画、日付無し、10,5 × 14,2cm（ボン大学日本文化研究所所蔵、トラウツコレクション）

図 175 (II/44)
美人
アイゼンデッヒャーの写真アルバム「II：人物肖像（はがき写真）」の最後のページに収められている写真

Karl von Eisendecher
Photoalbum I: Porträtaufnahmen (Carte-de-visite)
フォン・アイゼンデッヒャー公使
写真アルバム：人物肖像（手札写真）

Nr. Originaleintrag 原註	Vollständiger Name フルネーム	Japanische Schreibung 漢字表記	Lebensdaten 生没年	Photostudio 写真家
– Crom Loany (Bruder des 1. Königs von Siam)	Krom Luang Wongsathiratchasanit, Bruder von König Mongkut (Rama IV., reg. 1851–1868)		1808–1871	
– Malayische Frau des 2. Königs	Còm Manda Priklek			
– Der älteste Sohn des 2. Königs	Phraong Caochai Kancanophat Ratsami		1870–1920	
–	Victoria, Königin von England, im Kreis ihrer Familie		1819–1901 (reg. 1837–1901)	
1	Washington, George; umgeben von 50 amerikan. Militärs u. Politikern		1732–1799 (Präsident 1789–1797)	
2 Admiral Farragut	Farragut, David G.		1801–1870	
3 Commodore Worden, 1872	Worden, John Lorimer		1818–1897	Naval Academy, Annapolis (25. April 1872)
4 Commodore Perry, 1855	Perry, Matthew Calbraith	ペルリ	1794–1858	
5 Dr. Kent Kane, Polarforscher	Kane, Elisha Kent		1820–1857	Anthony, N.Y.
6 General Rob. E. Lee, 1865	Lee, Robert E. (e.h. Unterschrift)		1807–1870	Richmond, VA
7 Präsident Garfield	Garfield, James A. (e.h. Unterschrift)	ガルヒルド 米国大統領	1831–1881 (Präsident 1881)	
8 Evarts (Wash[ington])	Evarts, William Maxwell		1818–1901	Temporel, Geneve [1872]
9 General McClellan	McClellan, George Brinton		1826–1885	Newport, R.I.
10 Commodore Guest, USN, U.S.S. Brooklyn, Lisbon	Guest, John		1822–1879	Photo Cadiz, Espana
11 Marston Niles, USN	Niles, Marston		1842–1916	Kurtz, New York
12 Dr. Riley	Riley			Julius Alke, Washington 1877
13 Capt. Matthews, USN	Matthews, Edmund Orville		1836–1911	Loescher & Petsch, Berlin

Nr. Originaleintrag 原註	Vollständiger Name フルネーム	Japanische Schreibung 漢字表記	Lebensdaten 生没年	Photostudio 写真家
14 Lt. [Commander] Wise, U.S.S. Brooklyn, Lisbon	Wise, William Clinton		1842–1923	Black, Boston
15 J. Oliver, Fayal				Bundy, Middletown, Conn., 1867
16 Mr. Weiss, Boston	Weiss, John (?)		1818–1879	Kurtz, New York
17 Mrs. Oyama	Ôyama Sawako	大山澤子	1860–1882	清水東谷
18 Justizmin. Ito (sp. Fürst)	Itô Hirobumi	伊藤博文	1841–1909	東京印刷局
19 ?	Matsudaira Nobunori	松平喜徳	1855–1891	東京印刷局
20 General Graf Kuroda, Verkehrsminister	Kuroda Kiyotaka	黒田清隆	1840–1900	東京印刷局
21 Nabeshima, Fürst	Nabeshima Naohiro	鍋島直大	1846–1921	東京印刷局
22 Mrs. Tanaka (Sumako)	Tanaka Suma	田中須磨	1850–1942	W. Curtis Taylor, Philadelphia
23 ?	Yoshida Kiyonari	吉田清成	1845–1891	東京印刷局
24 Kanzler Sanjo	Sanjô Sanetomi	三条実美	1837–1891	東京印刷局
25 Aussen Min. Gr. Inoue Kaoru	Inoue Kaoru (e.h. Unterschrift)	井上馨	1835–1915	東京印刷局
26 Marquis Nabeshima, Oberzeremonienmeister des Tenno	Nabeshima Naohiro	鍋島直大	1846–1921	Fotografia Nazionale gia Schemboche, Roma
27 G.R. Sano [sic], Vicomte	Yamao Yôzô	山尾庸三	1837–1917	東京印刷局
28 E. Satow	Satow, Ernest (sign. Ernest Satow)	サトー 英国公使館書記官	1843–1929	鈴木真一、東京九段坂
29 Min. Öff. Arbeit Ito Hirobumi [sic]	Ôki Takatô	大木喬任	1832–1899	東京印刷局
30 Vice Min. Matsugata [sic]	Ueno Kagenori	上野景範	1844–1888	東京印刷局
31 General Oyama	Ôyama Iwao	大山巌	1842–1916	東京印刷局
32 Min. Präs. Iwakura	Iwakura Tomomi	岩倉具視	1825–1883	東京印刷局
33 General Yamada	Yamada Akiyoshi	山田顕義	1844–1892	東京印刷局
34 Ob. Cer. Meister Tokudaiji	Tokudaiji Sanetsune	德大寺実則	1840–1919	東京印刷局
35 Dolmetscher Sehi	Seki Michitaka (sign. M. Seki)	関通孝 [通訳]		東京呉服所写真師東谷
36 Dolmetscher Misawa	Misawa (sign. Misawa)	三沢 [通訳]		

Nr. Originaleintrag 原註	Vollständiger Name フルネーム	Japanische Schreibung 漢字表記	Lebensdaten 生没年	Photostudio 写真家
37 Hund Mohr, Tokyo		「モール」犬		鈴木真一、東京九段坂
38 Chines. Ges. Tschang, Tokyo	He Ruzhang	何如璋	1838–1891	
39 Minister Tanaka	Tanaka Fujimaro	田中不二麿	1845–1909	W. Curtis Taylor, Philadelphia
40 General Tanaka	Tanaka Mitsuaki (e.h. Widmung an den Gesandten)	田中光顯	1843–1939	F. Tsukamoto, Kudan, Tôkyô
41 General Yamagata	Yamagata Aritomo	山縣有朋	1838–1922	東京印刷局
42 Fürst Kuroda	Kuroda Nagahiro (e.h. Unterschrift)	黒田長溥	1811–1887	内田久一製
43 Nagaco Nabeshima	Nabeshima Nagako (e.h. sign. Nagaco Nabeshima)	鍋島榮子	1855–1941	Fratelli d'Alessandri, Roma
44 Senator Sano	Sano Tsunetami	佐野常民	1822–1902	東京印刷局
45 Mme. Jouslain	Jouslain,			Mathieu-Derouche, Paris
46 M. Jouslain	Marie Christophe Jules Jouslain		1838–?	Mathieu-Derouche, Paris
47 Cpt. Fauconnet, Tokyo	Fortuné Georges Fauconnet		1848–1905	
48 Mme. Fauconnet	Marie Caroline Fauconnet, geb. Munier			Japan Photographic Association, Baron Stillfried, Yokohama
49 Prof. Bansa, Tokyo	Bansa, Christian (Bergbauingenieur)		1834–1903	Stillfried & Andersen, Yokohama
50 Mrs. Durant, Yokohama				Stillfried & Andersen, Yokohama
51 Dr. Schulze u. Frau (Tokyo)	Schultze, Emil August Wilhelm		1844–1925	Theodor Prumm, Berlin
52 Mrs. Thomas, Yokohama	Thomas (sign. S. P. Thomas, July 25th, 82)			T. Fall, Baker Street
53 Frau Consul Ahrens (Tokyo)				鈴木真一、東京九段坂
54 Matsuda, Gouv. v. Tokyo	Matsuda Michiyuki	松田道之	1839–1882	東京印刷局
55 General Nozu [sic]		不明		東京印刷局
56 G. R. Joschii	Yoshii Tomozane	吉井友実	1828–1891	東京印刷局
57 Vice Min. Kuki	Kuki Ryûichi	九鬼隆一	1852–1931	東京印刷局
58 Hachizuka, Fürst v. Awa	Hachisuka Mochiaki	蜂須賀茂韶	1846–1918	東京印刷局
59 Gesandter Aoki	Aoki Shûzô (sign. Siuzo Aoki 26/3 1879)	青木周蔵	1844–1914	Wilhelm Fechner, Berlin

Nr. Originaleintrag 原註	Vollständiger Name フルネーム	Japanische Schreibung 漢字表記	Lebensdaten 生没年	Photostudio 写真家
60 Vice Min. Shinagawa	Shinagawa Yajirô	品川彌二郎	1843–1900	東京印刷局
61 Gesandter Aoki (Berlin)	Aoki Shûzô	青木周蔵	1844–1914	東京印刷局
62 Finanz Min. Okuma (Shigenobu)	Ôkuma Shigenobu	大熊重信	1838–1922	東京印刷局
63 General Saigo	Saigô Tsugumichi	西郷従道	1843–1902	東京印刷局
64 Aussen Min. Terashima	Terashima Munenori	寺島宗則	1833–1893	東京印刷局
65 Unterrichts Min. Tanaka	Tanaka Fujimaro	田中不二麿	1845–1909	東京印刷局
66 Admiral Enomoto	Enomoto Takeaki	榎本武揚	1836–1908	東京印刷局
67 Frau Ojama	Ôyama Sawako	大山澤子	1860–1882	東京印刷局
68 General Ojama	Ôyama Iwao	大山巌	1842–1916	清水東谷
69 ?		不明		東京印刷局
70 ?	Yoshikawa Akimasa	芳川顕正	1841–1920	東京印刷局
71 Mrs. Fenollosa (Tokyo)	Fenollosa, Lizzie Goodhue, geb. Millet (beschr. u. dat. „Bounces!!!! June 5th 1872")	フェノロサ夫人		
72 Consul Behr (Tokyo)	Bair, Martin Michael		1841–1904	Stillfried & Andersen
73 ? v. der Mission Militaire (Tokyo)	Jourdan, Albert		1840–?	清水東谷
74 Mrs. Peters (Tokyo)	?			鈴木真一、東京九段坂
75 Mrs. Durant (Yokohama)	?			Stillfried & Andersen
76 Mrs. Fenollosa (Tokyo)	Fenollosa, Lizzie Goodhue, geb. Millet	フェノロサ夫人		Cross, Salem, Mass.
77 Frau Gen. Konsul Zappe	Zappe, Margarethe		1847–1924	鈴木真一、東京九段坂
78 Frau Prgewesinsky				Gottheil & Sohn, Danzig
79 Admiral Scheer	Scheer, Reinhard		1863–1928	Abb. fehlt
80 Commodore Sundewall	Sundewall, Henrik Ludvig; Kapitän zur See, Kommandant der „Arcona"		1814–1884	Emma Holm, Carlskrona
81 Admiral Jachmann	Jachmann, Eduard v.; Kapitän zur See, Kommandant der „Thetis"		1822–1887	Ernst Milster, Berlin
82 Frau Jachmann				Loescher & Petsch, Berlin
83 Capt. Kuhn	Kuhn, Hans		1824–? (1871 als Konteradmiral verabschiedet)	

Nr. Originaleintrag 原註	Vollständiger Name フルネーム	Japanische Schreibung 漢字表記	Lebensdaten 生没年	Photostudio 写真家
84 *Lt. v. Nostiz*	Nostitz, Hans Georg v. Seekadett auf der „Arcona"		1840–1885 (+ auf See vor Sansibar)	Oertel & Co., Berlin
85 *Capt. Lt. Zembsch, 1863*	Zembsch, Otto Seekadett auf der „Arcona"		1841–1911	Stiehm, Berlin
86 *Assessor Domeyer*	Domeyer, Hugo (Geh. Admiralitätsrat)			C. J. Frankforth, Wilhelmshaven
87 *Konsul Dabney, Fayal*	(mit e.h. Widmung)			Allen, Boston
88 *Konsulin, Madeira*				Camacho, Funchal, Madeira
89 *Capt. Mensing*	Mensing, Adolf		1845–1929	Schmidt & Wegener, Kiel
90 *Capt. Schering*	Schering, Rudolf		1843–1901	Theodor Prümm, Berlin
91 *Frau H. Parizot (Java)*	Parizot, Hermine (e.h. Widmung)			W. Höffert, Kgl. Sächs. Kgl. Preuss. Hof-Photograph
92 *v. Reibnitz*	Reibnitz, Paul Frh. v.; Fähnrich zur See auf der „Thetis"		1828–1900	
93 *Capt. z. S. von Kall*	Kall, Philipp v.		1840–1899	市田、神戸
94 *Capt. Kinderling*	Kinderling, Franz; Erster Offizier auf der „Thetis"		1820–1895	Gottheil & Sohn, Danzig
95 *Graf Schack*	Schack v. Wittenau-Danckelmann, Arthur Graf Seekadett auf der „Arcona"		1839–1892	Heinrich Graf, Berlin
96 *Dr. Fuhrmann*				Theodor Prümm, Berlin
– *[Geisha in Samurairüstung]*		[甲冑に身を包んだ芸者]		
– *[Geisha in Samurairüstung]*		[甲冑に身を包んだ芸者]		

Karl von Eisendecher
Photoalbum II: Porträtaufnahmen (Carte-de-cabinet)
フォン・アイゼンデッヒャー公使
写真アルバム II: 人物肖像（はがき写真）

Nr. Originaleintrag 原註	Vollständiger Name フルネーム	Japanische Schreibung 漢字表記	Lebensdaten 生没年	Photostudio 写真家	Unterschrift, Widmung サイン、献詞
1 *Köster, Eisendecher, Dr. Gutschow. Seckendorff, Hachisuka, Prinz Heinrich*	Eisendecher, Karl v. Gutschow, Hermann Hachisuka Mochiaki Heinrich von Preussen Koester, Hans v. Seckendorff, Albert Frh. v.	蜂須賀茂韶	1841–1934 Ei 1843–1903 Gu 1846–1918 Ha 1862–1929 He 1844–1928 Kö 1849–1921 Se	[1879]	
2 *Prinz Wilhelm, Prinz Heinrich*	Wilhelm von Preussen Heinrich von Preussen		1859–1941 1862–1929	Hanns Hanfstaengl Hofphotogr., Berlin	
3 *Inouye Bessie*	Inoue Sueko	井上末子	1864–1934	鈴木真一、東京九段坂	„To Captain Eisendecher with kind remembrance from Suyi Inouye, Tokyo, August 6th 1882"
4 *Madame Inouye*	Inoue Takeko	井上武子	1852–1920	鈴木真一、東京九段坂	
5 *Mrs. Durant*				鈴木真一、東京九段坂	
6 *Generalkonsul Zappe*	Zappe, Eduard		1843–1888	鈴木真一、東京九段坂	
7 *Oberstabsarzt Dr. Gutschow*	Gutschow, Hermann		1843–1903	Baron Stillfried Photographic Studio Yokohama 80 Main Street	„Dr. Gutschow, Yokohama, August 1882"
8 *Dr. E. Bälz*	Bälz, Erwin von	ベルツ博士	1849–1913	東京印刷局	„Herrn Minister von Eisendecher, ganz ergebenst E. Baelz, Tokio August 1882"
9 *Miss Parkes*	Parkes, Marion	英国公使パークス令嬢	1860–1949	鈴木真一、東京九段坂	
10 *Shioda Saburo*	Shioda Saburô	塩田三郎	1843–1889	東京印刷局	„A son Excellence Monsieur von Eisendecher de son ami Shioda Saburo, le 4 Août 1882, Tokio Japan"

Nr. Originaleintrag 原註	Vollständiger Name フルネーム	Japanische Schreibung 漢字表記	Lebensdaten 生没年	Photostudio 写真家	Unterschrift, Widmung サイン、献詞
11 *Admiral Aslambegoff*	Aslanbegov, Avraamij Bogdanovič (Vizeadmiral, Befehlshaber d. Fernostgeschwaders 1879/1882)		1820–1900	Bradley & Rulofson, San Francisco	„Souvenir au Japon, avec beaucoup d'amitié, Aslanbegoff"
12 *Min. Präs. Iwakura*	Iwakura Tomomi	岩倉具視	1825–1883	東京印刷局	従一位岩倉具視
13 *M. Boissonade de Fontarabie*	Boissonade de Fontarabie, Gustave Emile	ボワソナード	1825–1910	F. Tsukamoto	„A M Eisendecher, souvenir respecteuse, Août 82, Boissonade"
14 *Graf Inoue Kaoru*	Inoue Kaoru	井上馨	1835–1915	鈴木真一、東京九段坂	
15 *Chev. Hoffer von Hoffenfels*	Hoffer von Hoffenfels, Maximilian Ritter		183?–1901	Baron Stillfried Photographic Studio Yokohama 80 Main Street	„Zur freundlichen Erinnerung. Tokio, den 4. August 1882, Hoffer von Hoffenfels"
16 *Capitaine Bougoing*	Bougouin, Alexandre Etienne		1851–1906	鈴木真一、東京九段坂	
17 *Baron R. Rosen*	Rosen, Roman Romanovič		1847–1922	Stillfried & Andersen, Yokohama	
18 *Admiral Kawamura*	Kawamura Sumiyoshi	川村純義	1836–1904		明治十五年六月、拝呈　フォン・アイセンデッヘル君、川村純義
19 *Soyeshima*	Soejima Taneomi	副島種臣	1828–1905	東京印刷局	副島種臣呈
20 *Finanzminister Matsukata*	Matsukata Masayoshi	松方正義	1835–1924	東京印刷局	
21 *Mrs. D'Iffanger*				Bradley & Rulofson, San Francisco	
22 *Dr. von Holleben*	Holleben, Theodor Frh. von		1840–1913	Bradley & Rulofson, San Francisco	
23 *Frh. von Gutschmid*	Gutschmid, Felix Frh. von		1843–1905	Baron Stillfried of the Firm Stillfried & Andersen, Japan Photographic Association	
24 *Comte Diesbach*	Diesbach, Charles Théodore Comte de		1847–?		
25 *Jury Saigo u. Olla Struve*	Saigô Chûtoku / Struve, Olla	西郷従徳 / ロシア帝国公使令嬢	1878–1946	東京印刷局	
26 *Kim Ok Kiun*	Kim Okkyun	金玉均	1851–1894	H. Uyeno, Nagasaki	[Tokio, 22. Juli 82]
27 *Gräfin Barbolani*	Barbolani, Sofia Eugenia Giustina Contessa			東京印刷局	

Nr. Originaleintrag 原註	Vollständiger Name フルネーム	Japanische Schreibung 漢字表記	Lebensdaten 生没年	Photostudio 写真家	Unterschrift, Widmung サイン、献詞
28 Graf Barbolani	Barbolani, Raffaele Ulisse Conte		1818–1900	東京印刷局	„À mon cher collègue de Eisendecher, Souvenir de Tokio, 2 Mars 1881, Barbolani"
29 Admiral Duperré	Duperré, Victor-Auguste Baron de		1825–1900	東京印刷局	
30 M. de Balloi	Chavigné de Balloy, Marie René Davy de		1845–?		
31 Mr. Buchanan	Buchanan, Sir George		1854–1924	鈴木真一、東京九段坂	
32 Mrs. Durant, Yokohama				Stillfried & Andersen, Yokohama	
33 M. Roquette	Roquette, Guillaume de		1837–?	鈴木真一、東京九段坂	„Souvenir de bien profonde affection, Tokio, le 10 avril 82, Roquette"
34 M. de Lapeyrère	Lapeyrère, Marie Joseph Paul de			鈴木真一、東京九段坂	„Tokio, Mars 1882, P. de Lapeyrére"
35 Mr. J. G. Kennedy	Kennedy, Sir John Gordon		1836–1912	鈴木真一、東京九段坂	
36 Mrs. Kennedy	Kennedy, Evelyn Adela		1850–1939	鈴木真一、東京九段坂	
37 C. von Struve	Struve, Kirill Vasil'evič		1835–1907	鈴木真一、東京九段坂	
38 Frhr. v. Zedtwitz	Zedtwitz, Curt Frh. von		1851–1896	鈴木真一、東京九段坂	„v. Zedtwitz, Tokio 4. Aug. 82"
39 Admiral Baron Stackelberg	Stackelberg, Ewald Otto von		1847–1909	東京印刷局	
40 Portugiesischer College	Graça, Joaquim José da				
41 Li Shu Chang	Li Shuchang	黎庶昌	1837–1897	鈴木真一、東京九段坂	„Li Shu-Chang"
42 Hou Chang	Ho Ju-chang = He Ruzhang	何如璋	1838–1891		„à Son Excellence K. von Eisendecher, Envoyé Extraordinaire et Ministre Plénipotentiaire de Sa Majesté Impériale Germanique etc.etc.etc., Ho u chang"
43 Cho	Inoue Chôtarô	井上長太郎？		飯岡、東京	„Geehrten Herrn Minister von Eisendecher z[ur] fr[eundlichen] Er[innerung] Inouye Chôtarô, Tokio, den 20. Aug. 1882"
44 [Japanische Schönheit]	[美人]	不明			

PHOTOALBUM III: GEBÄUDE & LANDSCHAFTEN (FOLIO-FORMAT)
フォン・アイゼンデッヒャー公使
写真アルバム III: 建物と風景（フォリオ版写真）

Nr. Titel / タイトル	Jahr / 撮影年	Bemerkungen / コメント	Maße / 寸法	日本語
1 Die Ouvertüre		Musizierende Frauen	16,5 x 20,0 cm	序曲　[奏でる芸者]
2 [Der Gesandte]		von Eisendecher zu Pferd	20,5 x 23,0 cm	アイゼンデッヒャー公使
3 „Hans"	1882	Gesandtschaftspferd, mit zwei japanischen Betreuern	10,0 x 14,5 cm	公使館用馬「ハンス」
4 Deutsche Gesandtschaft Tokio, Eingangsthor	1875		21,0 x 26,5 cm	在日ドイツ公使館旧館正門
5 Alte Deutsche Gesandtschaft Tokio, Vorfahrth			21,0 x 26,5 cm	同館正面
6 Alte Deutsche Gesandtschaft Tokio, Gartenseite	1874		21,0 x 26,5 cm	同館庭
7 Alte Deutsche Gesandtschaft Tokio, Gartenseite	1874	Blick auf das Arbeitszimmer des Gesandten	21,0 x 26,5 cm	同上
8 Deutsche Gesandtschaft Tokio, Gartenansicht	1874		21,0 x 26,5 cm	同上
9 Bewohner der Gesandtschaft Tokio	1875		20,5 x 27,0 cm	同館勤務全職員
10 Geschäftsträger Dr. von Holleben		Theodor Freiherr von Holleben	27,0 x 20,7 cm	ホルレーベン代理公使
11 Dr. [Johannes Justus] Rein, [Louis] v. Zansen, [Alexander] v. Knobloch, [Richard] Gebauer, Lübbecke, Dr. von Holleben, [Ferdinand] Krien		Mitarbeiterstab der Gesandtschaft; im Vordergrund links Karl v. Eisendecher	20,7 x 27,0 cm	在日ドイツ公使館勤務ドイツ外交官
12 Flaggenmast der Gesandtschaft; Aussicht auf d[en] Kaiserlichen Park	1877		21,0 x 26,5 cm	在日ドイツ公使館旧館から見る皇居
13 Eingang, Ostfront	1877	im Eingang v. Eisendecher	21,0 x 26,5 cm	在日ドイツ公使館旧館東口
14 Gartenseite	1877	links das Arbeitszimmer des Gesandten, rechts im Fenster Frh. v. Gutschmid (li) und v. Eisendecher (re)	21,0 x 26,5 cm	同館庭

Nr. Titel / タイトル	Jahr/ 撮影年	Bemerkungen / コメント	Maße / 寸法	日本語
15 Wohnung des Legationssekretärs Frhr. v. Gutschmid			21,0 x 26,5 cm	在日ドイツ公使館旧館、グートシュミード書記官の住まい
16 [Ausfahrt]		v. Eisendecher (li), v. Gutschmid (re), dahinter Endo Pferde: „Hans", „Small Hope" u. „Dash"	14,5 x 26,7 cm	アイゼンデッヒャー公使（馬車上）、グートシュミード書記官並びに遠藤（同馬車後ろ）の出発
17 Gartenseite	1878		20,7 x 26,5 cm	在日ドイツ公使館旧館庭
18 Empfangs- u[nd] Arbeitszimmer			22,5 x 27,2 cm	同館公使応接間・書斎
19 Salon			23,6 x 29,3 cm	同館広間
20 Neue Gesandtschaft		„Deutsche Gesandtschaft in Tokio. Hauptgebäude", Rohbau	23,6 x 28,6 cm	在日ドイツ公使館新館建築中
21 Nähe der Gesandtschaft		Straßenzug mit Jinrikisha	26,7 x 20,7 cm	在日ドイツ公使館附近
22 „Deutsche Gesandtschaft in Tokio. Hauptgebäude"		Rohbau	23,7 x 28,7 cm	在日ドイツ公使館新館建築中
23 [Deutsche Gesandtschaft]		abgeschlossener Rohbau	19,0 x 23,6 cm	在日ドイツ公使館新館、完成直後
24 [Deutsche Gesandtschaft]		Hauptgebäude	21,0 x 26,8 cm	同館本館
25 [Deutsche Gesandtschaft]		Hauptgebäude	19,0 x 23,8 cm	同上
26 Dienerschaft, Ges[andtschaft] Tokio	1881		20,8 x 26,8 cm	在日ドイツ公使館勤務日本人職員
27 „Deutsche Gesandtschaft in Tokio, Dolmetscherwohnung"			23,6 x 28,6 cm	在日ドイツ公使館新館、通訳者住居
28 Deckel zum Ehrendiplom S.K.H. des Prinzen Heinrich als Mitglied der Deutschen Ostasiatischen Gesellschaft, gemalt von C. Netto	[1879]		26,3 x 20,0 cm	ハインリヒ親王のドイツ東洋文化研究協会名誉会員証書
29 Als japanische Pilger, aufgenommen in Nikko	1879	Dr. [Rudolf] Braune, [Albert] Frhr. von Seckendorff, S.K.H. Prinz Heinrich, Capt. [Hans] Köster, v. Eisendecher	14,2 x 18,7 cm	日光、遍路姿のハインリヒ皇孫一行
30 Deutsches Marine-Hospital, Yokohama		„Allgem[eine] Ansicht"	23,5 x 28,5 cm	横浜、ドイツ海軍病院全景
31 Deutsches Marine-Hospital, Yokohama		„Wohnung des Thürhüters"	22,7 x 28,0 cm	同院、門番住居
32 [Ausfahrt]	1882	von Eisendecher mit Begleitung in Kutsche	20,7 x 26,5 cm	馬車上のアイゼンデッヒャー公使、出発
33 Neue Gesandtschaft	1882		20,5 x 26,5 cm	在日ドイツ公使館新館

Nr. Titel / タイトル	Jahr/ 撮影年	Bemerkungen / コメント	Maße / 寸法	日本語
34 Deutsche Gesandtschaft, Peking			20,0 x 25,0 cm	在北京ドイツ公使館
35 Eingang Deutsche Gesandtschaft, Peking			20,7 x 28,2 cm	同館正門
36 Cliff House, San Francisco			20,4 x 30,3 cm	サンフランシスコ附近の海岸
37 „Napoli dal Molo"			20,0 x 25,0 cm	ナポリ、海港
38 „Napoli, Il Cono con la Lava del Vesuvio"			20,0 x 25,5 cm	ナポリ、ヴェスヴィオ火山
39 „Napoli da S. Martino No. 2"			19,5 x 25,0 cm	ナポリの風景
40 „Napoli da S. Martino No. 1"			20,0 x 25,5 cm	同上
41 „Napoli, Veduta di Sorrento"			20,0 x 25,5 cm	ナポリ、ソレント海岸
42 „Napoli, Veduta sopra la Tomba di Virgilio"			19,5 x 25,0 cm	ナポリの風景
43 „Napoli, Eruzione del Vesuvio di Venerdi li 26 Aprile 1872"			21,7 x 19,5 cm	ヴェスヴィオ火山噴火（1872 年 4 月 26 日）
44 „Interno della Chiesa di S. Martino, Napoli"			25,7 x 20,0 cm	ナポリ、聖マルティーノ教会内部
45 „Napoli, Interno del Chiostro di S. Martino"			20,0 x 25,4 cm	同教会、修道院
46 „Interno dei Bagni nuovi di Pompei"			19,5 x 25,0 cm	ナポリ、ポンペイ遺跡 , 浴場跡
47 „Foro civile di Pompei"			19,7 x 25,3 cm	同遺跡、広場跡
48 „Canal Maritime de Suez"		Karte mit Ansichten des Suez-Kanals (Arnoux Photographie, Port Said)	20,5 x 26,0 cm	スエズ運河名所地図
49 Landungsplatz, Aden			19,4 x 23,2 cm	アーデン、海港
50 Aden			19,5 x 23,2 cm	同上、山景
51 Aden			20,7 x 26,7 cm	同上
52 Wasserreservoir bei Aden			21,2 x 27,3 cm	アーデン、貯水池
53 Cambodja		Elefantenparade	11,3 x 16,0 cm	カンボジア
54 Siam		voll besetztes Langboot	18,0 x 27,0 cm	シャム（タイ）
55 Victoria Regia im Botanischen Garten v[on] Singapore			19,7 x 26,2 cm	シンガポール、植物園
56 Bungalow bei Singapore			19,5 x 26,0 cm	同上、バンガロー

Nr. Titel / タイトル	Jahr/ 撮影年	Bemerkungen / コメント	Maße / 寸法	日本語
57 Ruinen von Ankor Wat, Cambodja			21,7 x 28,0 cm	カンボジア、アンコールワット寺院址
58 Ankor Wat		Angkor Wat	21,0 x 27,0 cm	同上
59 Wand-Reliefs, Ankor Wat		5 Aufnahmen	8,2 x 11,1 cm 8,4 x 11,6 cm 11,6 x 10,0 cm 8,4 x 10,7 cm 8,6 x 10,6 cm	同上、壁面彫刻
60 Ankor Wat		Wandreliefs („63")	11,5 x 17,0 cm	同上
61 Hongkong			22,0 x 27,7 cm	香港
62 Hongkong			21,7 x 28,2 cm	同上
63 Hongkong		Blick vom Fuß des Victoria-Berges auf den Hafen und die Kowloon-Halbinsel	20,5 x 27,2 cm	同上
64 Hongkong			21,0 x 27,0 cm	同上
65 Hongkong			21,0 x 27,0 cm	同上
66 Haus des Gouverneurs, Hongkong			21,0 x 27,3 cm	同上、総督府
67 Saigon		Zollgebäude	21,7 x 27,9 cm	サイゴン
68 Deutsche Gesandtschaft, Peking			20,4 x 28,2 cm	在北京ドイツ公使館
69 Deutsche Gesandtschaft, Peking			21,4 x 28,0 cm	同上
70 Deutsche Gesandtschaft Tokio, kl[einer] Salon			22,0 x 27,0 cm	在日ドイツ公使館新館、小広間
71 Gesandtschaft Tokio, Arbeitszimmer			21,5 x 25,3 cm	同館公使書斎
72 Gesandtschaft Tokio, Salon			22,0 x 27,5 cm	同館大広間
73 Gesandtschaft Tokio, Gallerie			23,0 x 28,5 cm	同館歩廊
74 Gesandtschaft Tokio, Tanzsaal			21,3 x 27,0 cm	同館舞踏の間
75 Gesandtschaft Tokio, Eßzimmer			23,4 x 28,3 cm	同館食堂
76 Tsukidji; Deutsches Konsulat, Tokio			20,0 x 25,3 cm	東京築地、在日ドイツ領事館
77 Deutsches Konsulat, Tokio			19,7 x 25,6 cm	同上
78 Landhaus bei Tokio (Bair, nachher v. Siebold)			19,5 x 25,5 cm	東京目黒、ベーア、後にH. フォン・シーボルトの別荘
79 Eingang zum Bair'schen Landsitz			19,5 x 25,5 cm	同荘正門
80 Im Bair'schen Garten		In den Liegestühlen Dr. E. Bälz (li) u. C. Netto (re)	19,5 x 25,5 cm	ベルツ博士とネットー、同荘庭にて
81 Der kleine Fusiyama in Bair's Garten			19,5 x 25,4 cm	同庭造園「小富士山」

Nr. Titel / タイトル	Jahr/ 撮影年	Bemerkungen / コメント	Maße / 寸法	日本語
82 *Bambus im Bair'schen Garten*			19,5 x 25,5 cm	同庭竹林
83 *Fujinoyama (c. 13.000')*		„View from Bridge Tagonoura-bashi to Fudzisan"	20,8 x 26,8 cm	田子の浦橋から見る富士山
84 *Hakone*		„(97) Lake Ashinoko, Hakone"	20,3 x 26,2 cm	箱根、芦ノ湖
85 *Kinkakudji in Kioto*		Goldener Pavillon	22,3 x 29,0 cm	京都、金閣寺
86 *Gasthaus, Mianoshita bzw. Mianoshita*		2 Aufnahmen	11,0 x 13,9 cm 10,8 x 13,9 cm	宮下（写真二枚）
87 *Mianoshita (2x) u. Hakone (2x)*		4 Aufnahmen	10,6 x 14,0 cm 10,6 x 14,1 cm 10,8 x 14,0 cm 10,8 x 14,1 cm	宮下（写真二枚） 箱根（写真二枚）
88 *Arashiyama, Kioto*		Ôi-Fluß mit Togetsu-Brücke	23,3 x 29,0 cm	京都嵐山、渡月橋
89 *Kioto*		Yoshidayama; Blick über eine Teepflanzung, den eingezäunten Grabhügel des Yôzei Tenno und den Tempel Shinnyo-dô auf die Higashiyama-Kette	20,3 x 26,6 cm	京都吉田山、陽成天星御陵、真如堂から見る東山
90 *Bei Kioto*		Maruyama; Gasthäuser am Fuß der Ostberge (Higashiyama)	19,0 x 27,0 cm	京都円山、東山麓の旅館（也阿弥ホテル）
91 *Bei Kioto*		Maruyama; Gasthäuser am Fuß der Ostberge (heute Maruyama-Park)	23,0 x 29,o cm	同上
92 *Tempel in Kioto*		Kiyomizu-Tempel, Blick von den Otowa-Fällen zur Haupthalle	20,5 x 27,5 cm	音羽滝から見る清水寺本堂
93 *Bei Kioto*		Kinkakuji (Goldener Pavillon)	17,1 x 20,5 cm	京都、金閣寺
94 *Aussicht auf Kioto*		Blick auf die Stadt vom Kiyomizu-Tempel, rechts Niô-mon	21,0 x 26,8 cm	清水寺仁王門から見る京都
95 *Bahnhof Kioto bei Eröffnung der Bahn* [1877]		Eröffnungsfeierlichkeit der Bahnlinie Kyôto–Ōsaka am 5.2.1877	21,3 x 25,0 cm	京都駅、鉄道開通式（1877年2月5日）
96 *Kirchhof, Kioto*		Kurodani; Friedhof des Konkaikômyô-Tempels, im Hintergrund das große Tor San-mon	19,9 x 26,5 cm	京都黒谷、金戒光明寺境内から見る山門

Nr. Titel / タイトル	Jahr/ 撮影年	Bemerkungen / コメント	Maße / 寸法	日本語
97 *Kioto*		Steinpagode im Kiyomizu-Tempel	23,4 x 29,2 cm	清水寺境内
98 *Kioto*		Fünfstöckige Pagode des Hôkan-Tempels, vulgo Yasaka-Pagode; unweit von Gion	23,2 x 28,9 cm	京都八坂、法観寺の五重塔
99 *Kioto*		Kurodani; Friedhof des Konkaikômyô-Tempels	23,2 x 28,7 cm	京都黒谷、金戒光明寺の文殊堂に至る石段
100 *Kaiserliche Empfangshalle, Kioto*		Shishinden, Hauptgebäude der kaiserlichen Palastanlage in Kyôto	16,5 x 20,4 cm	京都御所紫宸殿
101 *[Japanische Mitarbeiter a. d. dt. Gesandtschaft]*		Gruppenaufnahme	21,0 x 26,8 cm	［在日ドイツ公使館、日本人職員］

Zeittafel Karl von Eisendecher

1841.06.23	Karl von Eisendecher in **Oldenburg** geboren
1850	Erste Gymnasialklasse in Oldenburg
1851	Übersiedlung der Familie nach **Frankfurt/Main**, wo der Vater Oldenburgischer Gesandter beim Bundestag wird; Schulbesuch am Stellwag'schen Institut
1857.06.18	Eintritt in die Preußische Marine
1857.10.23	Volontärkadett
1858.07.06	Prüfung zum Seekadetten
1860/1861	Teilnahme an der Ostasienexpedition Preußens unter Graf Eulenburg als Seekadett an Bord der Korvette „Arcona"; erster Besuch in Japan
1862.04.19	Fähnrich zur See
1864.03.12	Leutnant zur See
1867.01.26	Kapitänleutnant
1872.09.19	Korvettenkapitän
1873.06.27	Kommandierung zur Gesandtschaft **Washington** (Marinebevollmächtigter)
1874.12.31	Ernennung zum Ministerresidenten und Generalkonsul in **Tôkyô**
1875.07	Konsularische Prüfung
1875.09 – 10	Reise über die USA nach Japan
1875.11.05	Übernahme der Geschäfte als Ministerresident in Tôkyô
1875.12.03	Übergabe des Beglaubigungsschreibens beim Tennô
1877.02.05	Teilnahme an der feierlichen Eröffnung der Eisenbahnstrecke Kyôto–Ôsaka
1878.4 – 1879.5	Heimaturlaub in Deutschland
1878.12.17	Ernennung zum Kapitän zur See

1879.5 – 1880.4	Besuch Prinz Heinrichs von Hohenzollern in Japan
1879.08	Hesperia-Zwischenfall
1880.02.07	Suita-Jagdzwischenfall (Suita *jiken*)
1880.04.12	Gesandter und bevollmächtigter Minister in Tôkyô (Umwandlung der Ministerresidentur in eine Gesandtschaft)
1880.04.13	Einweihung des neuen Gesandtschaftsgebäudes in Tôkyô
1880.06.14	Übergabe des Beglaubigungsschreibens als Gesandter
1882.01	Beginn von Verhandlungen in Tôkyô über die Revision der „Ungleichen Verträge"
1882.08.08	Ernennung zum a. o. Gesandten und bevollmächtigten Minister in **Washington**
1883.02.12	Übernahme der Geschäfte in Washington
1883.02.14	Übergabe des Beglaubigungsschreibens
1884.05.06	Ernennung zum preußischen Gesandten und bevollmächtigten Minister in **Karlsruhe** (Großherzogtum Baden)
1890.08.23	Wirklicher Geheimer Rat mit dem Prädikat Exzellenz
1893.01.12	Ernennung zum Konteradmiral
1897/1907	Beauftragt mit der Führung der kaiserlichen Jacht „Meteor"
1900.01.27	Ernennung zum Vizeadmiral
1919.03.08	Versetzung in den Ruhestand zum 1. Juli d. J.
1934.08.19	Verstorben in Baden-Baden

アイゼンデッヒャー関係年表

1841.06.23	オルデンブルグ市で生まれる
1850	オルデンブルグ高等学校入学
1851	フランクフルト高等学校入学
	（父親がドイツ連邦議会でオルデンブルク大公国代表を務め、家族がフランクフルトに移住）
1857	プロイセン海軍に入る
1858.06	海軍士官候補生試験合格
1860/1861	プロイセンのオイレンブルグ伯爵東亜使節団に参加
	（「アルコナ」号で海軍士官候補生として）；最初の来日
1862.04.19	海軍少尉
1864.03.12	海軍中尉
1867.01.26	海軍大尉
1872.09.19	海軍少佐
1873.06.27	在ワシントン・ドイツ公使館付海軍武官に任命
1874.12.31	駐日ドイツ帝国弁理公使兼総領事に任命
1875.07	領事試験に合格
1875.09–10	アメリカ経由、日本へ
1875.11.05	駐日ドイツ帝国弁理公使として東京に着任
1875.12.03	明治天皇に信任状奉呈
1877.02.05	大阪・京都間の鉄道開通式典に参加
1878.04–1879.05	ドイツに一時帰国
1878.12.17	海軍大佐
1879.05–1880.04	ドイツ皇孫ハインリヒ親王訪日
1879.08	「ヘスペリア」号事件
1880.02.07	吹田事件
1880.04.12	駐日特命全権公使

1880.04.13	新公使館官邸完成式
1880.06.14	全権公使として明治天皇に信任状奉呈
1882.01	不平等条約改正交渉開始
1882.08.08	駐米ドイツ帝国特命全権公使に任命
1883.02.12	駐米ドイツ帝国特命全権公使としてワシントンに着任
1883.02.14	米国大統領に信任状奉呈
1884.05.06	駐バーデン侯国プロイセン王国特命全権公使に任命
1890.08.23	枢密顧問任命・閣下の称号を得る
1893.01.12	海軍少将
1897/1907	皇帝のヨット「メテオール」号を指揮
1900.01.27	海軍中将
1919.03.08	退職命令（7月1日付）
1934.08.19	バーデン・バーデンにて死去

Quellen- und Literaturverzeichnis

Unveröffentlichte Quellen

未刊資料

Bôeishô Bôei Kenkyûjo
(Archiv des japanischen Verteidigungsministeriums), Rikugun
(Armee), Rikugunshô Dai-Nikki-rui (Große Tagebücher
des Armeeministeriums).

Gaimushô Gaikô Shiryôkan
(Historisches Archiv des Japanischen Außenministeriums),
Gaimushô Kiroku (Aufzeichnungen des Außenministeriums).

Nachlass Friedrich Maximilian Trautz,
Bundesarchiv/Militärarchiv Freiburg, N508.

Nachlass Karl von Eisendecher,
Politisches Archiv des Auswärtigen Amtes Berlin.

Politisches Archiv des Auswärtigen Amtes Berlin,
I.B.16 (Japan) und Japan R 18594 bis R 18605.

Protokolle des Reichstags (1867–1895),
Digitale Bibliothek der Bayerischen Staatsbibliothek,
http://mdz1.bib-bvb.de/cocoon/reichstag/start.html.

Sammlung Trautz,
Japanologisches Seminar (Institut für Orient- und
Asienwissenschaften, Abt. für Japanologie) der
Rheinischen Friedrich-Wilhelms-Universität Bonn.

Veröffentlichte Quellen und Quelleneditionen

既刊資料

Bälz, Erwin
Das Leben eines deutschen Arztes im erwachenden Japan.
Hg. von Toku Bälz, Stuttgart: Engelhorns Nachf.,
1930 [recte 1931].

Brandt, Max von
Dreiunddreissig Jahre in Ost-Asien.
Leipzig: G. Wigand, 1901, 3 Bde.

Derboeck, C. V. [recte: Carl von der Boeck]
Des Prinzen Heinrich von Preußen Weltumseglung.
Original-Erzählung für die Jugend.
Leipzig: Otto Drewitz Nachfolger, 11. Aufl., ca. 1900.

Die Preussische Expedition nach Ost-Asien. Nach Amtlichen Quellen.
Berlin: Verlag der Königl. Geh. Ober-Hofbuchdruckerei, 1864,
1866 u. 1873, 4 Bde.

Die Preussische Expedition nach Ost-Asien. Ansichten aus Japan, China und Siam.
Berlin: Verlag der Königl. Geh. Ober-Hofbuchdruckerei,
1864, 3 Bde.

Eulenburg-Hertefeld, Graf Philipp zu (Hg.)
Ost-Asien 1860-1862 in Briefen des Grafen Fritz zu Eulenburg, Königlich Preussischen Gesandten, betraut mit ausserordentlicher Mission nach China, Japan und Siam.
Berlin: Ernst Siegfried Mittler, 1900.

Gaimushô (Hg.)
Nihon Gaikô Bunsho (zitiert als NGB). Bd. 13 und 14.
Tôkyô: Nihon Kokusai Rengô Kyôkai, 1951–1952.

Gritzner, Max
Flaggen und Banner. Landesfarben aller zivilisierten Staaten der Erde.
Nürnberg: Bauer & Raspe, 1878;
Nachdruck in: J. Siebmacher's großes Wappenbuch. Band 1,
Die Wappen und Flaggen der Herrscher und Staaten der Welt.
Neustadt an der Aisch: Bauer & Raspe, 1978.

Humbert, Aimé
Le Japon illustré. Ouvrage contenant 476 vues, scènes, types, monuments et pay.
Paris, 1870 (2 Bde.).

Japaninstitut Berlin (Hg.)
Nippon. Archiv zur Beschreibung von Japan: vollständiger Neudruck der Urausgabe zur Erinnerung an Philipp Franz von Siebolds erstes Wirken in Japan 1823–1830.
Berlin: Wasmuth, 1930–1931.

Koch, Matthias u. Sebastian Conrad (Hg.)
Johannes Justus Rein: Briefe eines deutschen Geographen aus Japan, 1873–1875.
München: Iudicium, 2006 (Monographien aus dem Deutschen Institut für Japanstudien, Bd. 40).

資料・文献目録

Mittheilungen der Deutschen Gesellschaft für Natur- und Völkerkunde Ostasiens.
Hg. von dem Vorstande.

Netto, Curt
Papierschmetterlinge aus Japan.
Leipzig: T. O. Weigel, 1888.

Österreicher, Tobias Frh. Von
Aus fernem Osten und Westen.
Wien, Pest & Leipzig: Hartleben 1879.

Rein, Johannes Justus
Japan nach Reisen und Studien im Auftrag der Königl. Preußischen Regierung dargestellt.
2 Bde., Leipzig: Wilhelm Engelmann, 1881 und 1886;
2. Auflage Leipzig: Wilhelm Engelmann, 1905.

Schlick, Dr.
Das von der deutschen Marine in Yokohama errichtete Genesungsheim.
In: *Archiv für Schiffs- und Tropenhygiene* 6 (1902), S. 56–64.

Stahncke, Holmer (Hg.)
Preußens Weg nach Japan: Japan in den Berichten von Mitgliedern der preußischen Ostasienexpedition 1860–61.
München: Iudicium, 2000.

Suzuki Kin'ya
Bankoku kishô zufu
[Handbuch über die Flaggen aller Nationen].
Kyôto, Ôsaka und Edo, 1852.

The Japan Directory for the Year 1881
Yokohama: Japan Gazette, 1881.

The Japan Directory for the Year 1882
Yokohama: Japan Gazette, 1881.

Trautz, Friedrich M.
Deutsche Seekadettenbriefe aus Jedo 1860–1861.
In: *Nippon. Zeitschrift für Japanologie*,
7. Jg. (1941), Heft 3, S. 129–163.

Werner, Reinhold
Die preussische Expedition nach China, Japan und Siam.
Leipzig: Brockhaus, 1873 (2. Aufl.).

Sekundärliteratur

二次資料

Anonymus
Zur Auflösung des Marinelazaretts Yokohama.
In: *Marinerundschau*, März 1912, S. 310–313.

Asuke Akihiko (Hg.)
Bakumatsu – Meiji furu-shashinchô.
Tôkyô: Shin Jinbutsu Ôrai-sha, 2000 (Bessatsu, Rekishi Dokuhon).

Auswärtiges Amt, Historischer Dienst (Hg.)
Biographisches Handbuch des deutschen Auswärtigen Dienstes 1871–1945,
Band 1: A–F. Paderborn: Ferdinand Schöningh, 2000.

Baba Akira (Hg.)
Ueno Hikoma rekishi shashin shûsei
[Sammlung von historischen Photos von Ueno Hikoma].
Watanabe Shuppan, 2006.

Cortazzi, Hugh
„The Pestilently Active Minister".
In: *Monumenta Nipponica*, 39/2 (Summer 1984), S. 147–161.

Delank, Claudia
Samurai, Geisha und der große Buddha. Japan in der Photographie 1860–1900.
In: Bodo von Dewitz und Roland Scotti (Hg.); *Alles Wahrheit! Alles Lüge! Photographie und Wirklichkeit im 19. Jahrhundert. Die Sammlung Robert Lebeck.*
Dresden und Berlin: Verlag der Kunst, 1996, S. 281–333.

Deutsche Biographische Enzyklopädie – Deutscher Biographischer Index, CD-ROM-Ausgabe.

Dewitz, Bodo von und Roland Scotti (Hg.)
Alles Wahrheit! Alles Lüge! Photographie und Wirklichkeit im 19. Jahrhundert. Die Sammlung Robert Lebeck.
Dresden und Berlin: Verlag der Kunst, 1996.

Dobson, Sebastian
‚I been to keep up my position.' Felice Beato in Japan, 1863–1877.
In: *Furu-shashin Kenkyû* no. 2 (2003), S. 32–37.

Dobson, Sebastian
Jon Uiruson – Aratana shiryô kara kaimei sareta kare to nakama no shashinkatachi.
In: *Nihon Shashin Geijutsu Gakkaishi*, 2007, Vol. 16, in Druck

Eckart, W.
Das Lazarett der Kaiserlichen Deutschen Marine in Yokohama, 1878-191.
In: *Arzt und Krankenhaus* 6 (1987), S. 177–186.

Fujitani, Takashi
Splendid Monarchy: Power and Pageantry in Modern Japan.
Berkeley, Calif.: University of California Press, 1996.

Gaimushô Gaikô Shiryôkan Nihon gaikôshi giten hensan iinkai (Hg.): *Nihon gaikôshi jiten.*
Tôkyô: Yamakawa Shuppansha, 1992.

Gakushûin Daigaku Shiryôkan
Shashinshû Meiji no kioku – Gakushûin Daigaku shozô shashin
[Sammlung: Die Erinnerung an Meiji. Photographien aus dem Archiv der Gakushûin-Universität].
Yoshikawa Kôbunkan, 2006.

Gartlan, Luke
Views and Costumes of Japan: A Photograph Album by Raimund von Stillfried-Ratenicz.
In: *The La Trobe Journal*, No. 76 (spring 2005), S. 4–26.
http://www.slv.vic.gov.au/print/about/news/latrobe/viewsof-japan.html

Gartlan, Luke
A Chronology of Baron Raimund von Stillfried-Ratenicz (1839–1911).
In: John Clark: *Japanese Exchanges in Art, 1850s to 1930s, with Britain, continental Europe, and the USA.*
Sydney: Power Publications, 2001, S. 121-188.

Genealogisches Handbuch der Gräflichen Häuser
Gräfliche Häuser A, Bd. III. Glücksburg: C. A. Starke Verlag, 1958.

Generalkonsulat der Bundesrepublik Deutschland Osaka-Kobe (Hg.) *Hundert Jahre Deutsches Konsulat Kobe 1874–1974.*
Kôbe: Generalkonsulat der Bundesrepublik Deutschland Osaka-Kobe, 1974.

Hildebrand, Hans H. u. Ernest Henriot
Deutschlands Admirale 1849–1945. Die militärischen Werdegänge der See-, Ingenieur-, Sanitäts-, Waffen- und Verwaltungsoffiziere im Admiralsrang.
Osnabrück: Biblio Verlag, 1988, 1989, 1990 u. 1996, 4 Bde.

Horiuchi Masaaki
Die Beziehungen der Berliner Baufirma Ende & Böckmann zu Japan. In: Gerhard Krebs (Hg.): *Japan und Preußen.*
München: Iudicium, 2002 (Monographien aus dem Deutschen Institut für Japanstudien, Bd. 32), S. 319-342.

Huffman, James L.
A Yankee in Meiji Japan. The Crusading Journalist Edward H. House.
Lanham et al.: Rowman & Littlefield, 2003.

Ikeda Masatoshi (Hg.)
Gaijin no mita bakumatsu Meiji shoki Nihon zue
[Wie die Ausländer das Japan der Bakumatsu-Periode und der frühen Meiji-Periode sahen]. Tôkyô: Shunjûsha, 1955 (2 Bde.)

Inaba Chiharu und Sven Saaler (Hg.)
Der Russisch-Japanische Krieg 1904/05 im Spiegel deutscher Bilderbogen.
Tôkyô: Deutsches Institut für Japanstudien, 2005.

Inoue Kaoru-kô Denki Hensan-kai (Hg.)
Segai Inoue-kô-den [Biographie von Fürst Inoue Kaoru].
5 Bde., Hara Shobô, 1968 (Meiji Hyakunen Sôsho, Bd. 55–59).

Japanisches Kulturinstitut Köln
Curt Netto 1847–1909. Aquarelle und Zeichnungen aus Japan 1873–1885.
Köln: Japanisches Kulturinstitut, 1980.

Japan Photographers Association
A Century of Japanese Photography.
Pantheon Books: New York, 1980.

Kawata Hisashi
Edo meisho zue o yomu
[Bilder von berühmten Ansichten Edos lesen].
Tôkyô: Tôkyôdô Shuppan, 1990.

Kleinschmidt, Harald
Ein Schweizer in Japan. Die Humbert-Mission 1863/64.
In Erinnerung an den Abschluß des Handelsvertrages
zwischen Japan und der Schweiz im Jahre 1864.
In: *OAG Notizen* 10/2004.
Tôkyô: (OAG) Deutsche Gesellschaft für Natur- und
Völkerkunde Ostasiens, 2004, S. 10–21.

Koyama Noboru
*Kenburijji (Cambridge) Daigaku hitsuzô Meiji furu-shashin –
Mâkêza-gô no Nihon ryokô.*
Heibonsha, 2005.

Kure Shûzô
*Philipp Franz von Siebold. Leben und Werk. Deutsche, wesentlich
vermehrte und ergänzte Ausgabe, bearbeitet von Friedrich M. Trautz.*
2 Bde., Hg. von Hartmut Walravens,
München: Iudicium, 1996 (Deutsches Institut für
Japanstudien, Monographien Bd. 17/1&2).

Kürenberg, Joachim von
Johanna von Bismarck.
Bonn: Athenäum-Verlag, 1952.

Lane-Poole, Stanley and F. Victor Dickins
The Life of Sir Harry Parkes.
London & New York. Macmillian, 1894.

Lorenz, Reinhold
*Japan und Mitteleuropa. Von Solferino bis zur Wiener
Weltausstellung (1859–73).*
Brünn, München & Wien: Rohrer, 1944.

March, Philipp und Claudia Delank (Hg.)
Abenteuer Japanische Fotografie 1860–1890.
Heidelberg: Kehrer, 2002.

Mathias-Pauer, Regine und Erich Pauer
Die Hansestädte und Japan, 1855–1867.
Marburg: Förderverein Marburger Japan-Reihe, 1992
(Marburger Japan-Reihe, Bd. 7).

Meid, Michiko
Europäische und Nordamerikanische Architektur in Japan.
Köln: Kunsthistorisches Inst. der Universität zu Köln, 1977
(Veröffentlichung der Abteilung Architektur des
Kunsthistorischen Instituts der Universität Köln, Bd. 11).

Meissner, Kurt
Deutsche in Japan 1639-1960.
Tôkyô: (OAG) Deutsche Gesellschaft für Natur- und
Völkerkunde Ostasiens, 1961.

Mensing, Adolf
An Bord der Gazelle nach Yokohama.
Ein preußischer Marineoffizier erinnert sich.
Rostock: Hinstorff, 2000.

Meyer, Harald
Ein Pionier der OAG: Johannes Justus Reins Japanexpedition
von 1874/75.
In: *OAG Notizen*, 3/2002, Tôkyô: (OAG) Deutsche Gesellschaft
für Natur- und Völkerkunde Ostasiens, 2004, S. 8–16.

Mohl, Ottmar von
Am japanischen Hofe.
Berlin: Reimer, 1904.

Mommsen, Wolfgang J.
War der Kaiser an allem schuld?
Berlin: Ullstein, 2005.

Monbushô
Kôtô shôgaku kokushi
[Nationalgeschichte für höhere Grundschulen].
Gekan. Tôkyô: Monbushô, 1929.

Nihon kingendai-shi jiten henshû iinkai (Hg.)
Nihon kingendai-shi jiten
[Wörterbuch der modernen Geschichte Japans].
Tôkyô: Tôyô Keizai Shinpôsha, 1978.

Nihon Shashinka Kyôkai (Hg.)
Nihon Shashin-shi 1840–1945
[Geschichte der japanischen Photographie 1840–1945].
Tôkyô: Heibonsha, 1971.

O'Connor, Peter (Bearb.)
Japanese Propaganda – Selected Readings, vol. 1.
London: Global Oriental, 2004.

Ozawa Kenji (Hg.)
Shashin de miru bakumatsu – Meiji
[Die Bakumatsu- und Meiji-Ära in Photographien].
Tôkyô: Sekai Bunka-sha, 2000 (Neuauflage).

Ozawa Kenji und Suzuki Masao (Hg.)
Furushashin de miru Edo kara Tôkyô e
[Der Übergang von Edo zu Tôkyô in alten Photographien].
Tôkyô: Sekai Bunka-sha, 2001.

Philipp, Claudia Gabriele et al. (Hg.)
Felice Beato in Japan: Photographien zum Ende der Feudalzeit 1863–1873.
Heidelberg: Edition Braus, 1991.

Polak, Christian
La deuxième mission militaire de France au Japon (1872–1880).
Dai niji kennichi Furansu gunji komondan (Meiji 5-13 nen).
In: *France Japon éco. Vie et affaires au Japon*; une publication de la Chambre de Commerce et d'industrie Francaise du Japon.
Tôkyô: Chambre, No. 93, S. 12–47, 2002.

Röhl, John C. G.
Wilhelm II. Der Aufbau der Persönlichen Monarchie 1888–1900,
München: C.H. Beck, 2001.

di Russo, Maria; Ishiguro Keishô (Hg.)
Dai Nihon zenkoku meisho ichiran. Itaria kôshi hitsuzô no Meiji shashinchô [Berühmte Ansichten im gesamten Großjapan. Das verschollene meijizeitliche Photoalbum eines italienischen Gesandten]. Tôkyô: Heibonsha, 2001.

Saaler, Sven
Nichi-Doku kankei ni okeru rikugun [Die Armee in den japanisch-deutschen Beziehungen].
In: Kudô Akira und Tajima Nobuo (Hg.):
Nichi-Doku kankei-shi 1895–1945.
Tôkyô: Tôkyô Daigaku Shuppankai, 2007 (in Druck).

Schwalbe, Hans und Heinrich Seemann (Hg.)
Deutsche Botschafter in Japan 1860–1973.
Tôkyô: (OAG) Deutsche Gesellschaft für Natur- und Völkerkunde Ostasiens, 1974.

Spang, Christian W.
Anmerkungen zur frühen OAG-Geschichte bis zur Eintragung als „japanischer Verein" (1904).
In: *Nachrichten der Gesellschaft für Natur- und Völkerkunde Ostasiens* (NOAG), Bd. 179/180 (2006), S. 67–91.

Stumpp, Gabriele
Interkulturalität – Sprachgesten, Asymmetrien, Ambivalenzen. Textzeugnisse aus dem Umkreis der preußischen Expedition (1860-1861) nach Japan.
In: *Zeitschrift für Germanistik*, N.F. 3, 2002, S. 516–522.

Tôkyô-to (Hg.)
Buke-chi shori mondai
[Das Problem der Umwidmung der Liegenschaften der Kriegerklasse] (To-shi kiyô, Bd. 13).
Tôkyô-to, 1965.

Tôkyô-to (Hg.)
Tsukiji kyoryûchi
[Das Ausländerviertel Tsukiji] (To-shi kiyô, Bd. 4).
Tôkyô: Tôkyô to, 1957.

Tôkyô-to Shashin Bijutsukan (Hg.)
Nihon Shashinka Jiten [Lexikon japanischer Photographen].
Tôkyô: Kôdansha, 2000.

Wippich, Rolf-Harald
Max von Brandt und die Gründung der OAG (Gesellschaft für Natur- und Völkerkunde Ostasiens) – die erste deutsche wissenschaftliche Vereinigung in Ostasien.
In: *Studien des Instituts für Kultur der deutschsprachigen Länder*, 11/1993, S. 64–77.

Wippich, Rolf-Harald
„Strich mit Mütze". Max von Brandt und Japan – Diplomat, Publizist, Propagandist.
Tôkyô: (OAG) Deutsche Gesellschaft für Natur- und Völkerkunde Ostasiens, 1995 (OAG aktuell Nr. 65).

Wippich, Rolf-Harald
Prinz Heinrichs Japan-Aufenthalt 1879/80 und der Jagdzwischenfall von Suita.
In: Thomas Beck et al. (Hg.): *Überseegeschichte. Beiträge der jüngeren Forschung* (Beiträge zur Kolonial- und Überseegeschichte Bd. 75). Stuttgart: Franz Steiner, 1999, S. 267–275.

Yamamoto Shun'ichi
Nihon Korera-shi.
[Geschichte der Cholera in Japan]
Tôkyô: Tôkyô Daigaku Shuppankai, 1982.

Yokohama Kaikô Shiryôkan (Hg.)
Bakumatsu Nihon no fûkei to hitobito: Felikkusu Beato shashin-shû
[Ansichten und Leute im Japan der Bakumatsu-Zeit. Die Photosammlung von Felix Beato].
Akashi Shoten, 1987.

Personenverzeichnis

Die Hinweise beziehen sich auf alle deutschsprachigen Teile, die zweisprachigen Tabellen, das deutsche Abbildungsverzeichnis sowie die Photoalben Eisendechers

Ahrens, H[e]inrich (1842–1886) 221–223, 406
Ahrens, Frau Konsul (Heinrich Ahrens' Ehefrau) . . 221–222, 430
Alcock, Rutherford (1809–1897) 81, 94
Aoki Shûzô (1844–1914) 28, 161, 169–171, 177, 385, 398–400, 430–431
Arco-Valley, Emmerich Graf von (1852–1909) 389
Arenberg, Franz Ludwig Prinz von (1849–1907) . . 300
Arima Tatsuo 387
Arisugawa Tadako (1855–1923) 161
Arisugawa Taruhito (1835–1895) 24, 34, 41, 169, 177, 193, 203, 331, 397
Aslanbegov, Avraamij Bogdanovič (1820–1900) . . 434
Bair, Martin Michael (1841–1904) 24, 142, 222, 224, 324–326, 328–330, 345, 397, 406, 408–409, 431, 439–440
Bälz, Erwin von (1849–1913) 23–24, 35, 37, 143, 172, 206, 209, 222, 326, 329, 398–400, 402–406, 408, 433, 439
Bälz, Hana, geb. Arai (1864–1937) 143
Bälz, [Erwin] Toku (1889–1945) 143
Balloy; siehe Chavigné de Balloy
Bansa, Christian (1834–1903) 430
Barbolani, Raffaele Ulisse Conte (1818–1900) 170, 207, 215, 404, 435
Barbolani, Sofia Eugenia Contessa 206–207, 404, 434
Beato, Felice (1834–1911?) 37, 41, 395
Behr, Martin Michael; siehe Bair
Bellecourt; siehe Duchesne de Bellecourt
Berg, Albert (1825–1884) 67–71, 95, 120, 393–395

Berger, Louis (1829–1891) 261, 291, 294, 296, 301
Bernstorff, Albrecht Graf von (1808–1873) 201
Berthemy, Jules F. Gustave 215
Bing, Johanna, geb. Bair (1847–1882) 329
Bing, Siegfried (auch Bing, Samuel; 1838–1905) . . 329
Bingham, John A. (1815–1900) 216
Bismarck, Herbert Fürst von (1849–1904) 38, 358, 373
Bismarck, Otto Fürst von (1815–1898) 20–21, 32, 38, 40, 81, 260, 285, 301, 371, 373
Bismark, Carl (1839–1879) 67
Blech, Klaus (geb. 1928) 390
Böckmann, Wilhelm (1832–1902) 264, 277
Boissonade de Fontarabie, Gustave Emile (1825–1910) 31, 203, 404, 434
Bôjô Toshitada (1826–1881) 177
Boss, Walter 390
Bougouin, Alexandre-Etienne (1851–1906) 205, 209, 405, 434
Brandt, Max August von (1835–1920) 17, 20, 33–34, 37–38, 119, 121–122, 133, 139, 144, 199, 201–202, 204, 207, 210, 221–222, 239, 259, 264, 301, 353, 389, 395
Braune, Rudolf (1845–1909) 24, 398, 437
Brennwald, Kaspar (1838–1899) 216
Briessen, Fritz van (1906–1987) 390
Buchanan, Sir George (1854–1924) 435
Bülow, Bernhard Ernst von (1815–1879) 142, 161, 260–261, 264, 287, 289, 292, 295, 298, 301, 331, 373
Bülow, Otto von (1827–1901) 33, 292, 301

人名索引

本文（ドイツ語）、各種一覧表（ドイツ語・日本語）、写真図版一覧（ドイツ語）、
アイゼンデッヒャー公使写真アルバムに対応

Bunsen, Georg von (1824–1896) 263, 298–299, 301
Castillo y Trigueros, Don Luis del 216
Chavigné de Balloy, M. R. Davy de (1845–?) 215, 435
Chinda Sutemi (1856–1929) 385
Còm Manda Priklek 428
Conder, Josiah (1852–1920) 264
Correa da Silva, Carlos Eugénio 215
Coudenhove-Kalergi, Heinrich Graf
(1859–1906) 201
Dabney, Konsul 432
Daerr, Hans-Joachim (geb. 1943) 390
Date Munenari (1818–1892) 397
Debschitz, Kapitänleutnant von 25
Debuchi Katsuji (1878–1947) 386
Dieckmann, Heinrich-Dietrich 390
Diehl, Günter O. (1916–1999) 390
Diesbach, Charles Théodore Comte de (1847–?) . . 434
D'Iffanger, Mrs. 434
Dirksen, Herbert von (1882–1955) 390
Dittmann, Herbert (1904–1965) 390
Domeyer, Hugo 432
Dönhoff, Otto Graf von (1835–1904) 35, 41, 143, 389
Dörnberg, Carl Freiherr von (1854–1891) 276–277
Dower, John 18
Duchesne de Bellecourt, Gustave (1817–1881) . . . 80, 88–90, 94
Duperré, Victor-Auguste Baron de (1825–1900) . . . 435
Durant, Mrs. 430–431, 433, 435
Eckert, Franz (1852–1916) 329

Eickstedt-Peterswaldt, Luise Gräfin von
(1862–1942) (siehe auch Eisendecher, Luise von) 19, 358
Eisendecher, Caroline Dorothea, geb. Hartlaub
(„Dexl"; 1820–1875) 373
Eisendecher, Christa von (1852–1940) 85, 97
Eisendecher, Luise von (1862–1942) (siehe auch
Eickstedt-Peterswaldt, Luise Gräfin von) 96
Eisendecher, Wilhelm von (1803–1880) 19–20, 365–367, 371
Elbe, Frank (geb. 1941) 390
Elgin, James Bruce, 8. Earl of (1811–1863) 81–82
Ende, Hermann (1829–1907) 264, 277
Endô 437
Enomoto Takeaki (1836–1908) 184, 194, 397, 403, 431
Erckert, Friedrich Carl von (1869–1923) 389
Eulenburg, August Graf zu (1838–1921) 91
Eulenburg, Friedrich Albert Graf zu (1815–1881) 17, 19–20, 37, 39, 80–82, 87,
91–94, 96, 119, 259, 301, 442
Eulenburg-Hertefeld, Philipp Graf zu (1847–1921) . . 38–39, 410
Evarts, William Maxwell (1818–1901) 428
Farragut, David G. (1801–1870) 428
Fauconnet, Fortuné Georges (1848–1905) 430
Fauconnet, Marie Caroline 430
Fé d'Ostiani, Alessandro Conte (1825–1905) 215
Fenollosa, Ernest Francisco (1853–1908) 205, 404
Fenollosa, Lizzie 205, 404, 431
Forckenbeck, Max von (1821–1892) 285, 291, 297
Fuhrmann, Dr. 432
Fujii Keinosuke (1888–1959) 386

Funakoshi Mitsunojô (1867–1942) 385
Fushimi Sadanaru (1858–1923) 397
Garfield, James. A. (1831–1881) 428
Gebauer, Richard (1848–1888) 144, 436
Geofroy, F. Louis Henri de 215
Gierke, Hans Paul (1847–1886) 158
Göbbels (Baumeister) 291
Gojô Tameshige (1842–1897) 133, 265
Graça, Joaquim José da 139, 208, 215, 405, 435
Graeff van Polsbroek, Dirk de (1833–1916) 395
Grant, Ulysses S. (1822–1885) 26–27, 40
Grewe, Wilhelm G. (1911–2000) 390
Groote, Charles de (gest. 1884 in Yokohama) 215
Guest, John (1822–1879) 371, 428
Gutschmid, Felix Freiherr von (1843–1905) 20, 34, 131, 139, 141–142, 146,
    149, 389, 396–397, 434, 436–437
Gutschow, Hermann (1843–1903) 26, 40, 195, 227, 397, 407, 433
Haas, Wilhelm jun. 390
Haas, Wilhelm sen. (1896–1981) 390
Hachisuka Mochiaki (1846–1918) 24, 159–160, 177, 397–398,
    430, 433
Hallier, Hans-Joachim 390
Hanshirô; siehe Iwai Hanshirô
Harris, Townsend (1804–1878) 81, 94, 97
Haruko, Kaiserin von Japan (1850–1914) 24, 161
Hata Ryôtarô (1867–1936) 385
Hawks, Francis L. (1798–1866) 67
He Ruzhang (1838–1891) 215, 430, 435
Heine, Wilhelm (1827–1885) 67, 81
Heinrich von Hohenzollern, ... 17, 20, 23–26, 35, 39, 157–163,
Prinz von Preußen (1862–1929)   170, 177, 230, 319, 323, 332, 335,
    345, 397–398, 400, 433, 437, 443
Heusken, Henry (1832–1861) 19, 80, 93
Higashikuze Michitomi (1833–1912) 239, 245, 250

Hioki Eki (1861–1926) 385–386
Ho Ju-chang; siehe He Ruzhang
Hoffer von Hoffenfels, Maximilian (183?–1901) . . 36, 175, 202, 215, 404, 434
Holleben, Theodor von (1840–1913) 20–21, 41, 139–141, 144–145,
    199, 259, 389, 396, 434, 436
Honda Kumatarô (1874–1948) 386
Hori Oribe no Shô Toshihiro (1818–1860) 97
Hosokawa Yukizane (1842–1902) 122–123, 133, 264–265, 395
House, Edward Howard (1836–1901) 40, 197–199
Huffman, James L. 197
Humbert, Aimé (1819–1900) 216
Ichida Sôta (1843–1896) 335
Ichikawa Sadanji (1842–1904) 397
Ii, Familie (Ii Naonori, 1848–1902) 33, 123
Ii Naosuke (1815–1860) 80, 88
Inoue Chôtarô 144, 146, 396, 435
Inoue Kaoru (1835–1915) 25, 27–32, 36, 40, 169, 171,
    173–177, 193, 393, 397–399,
    401, 403, 429, 434
Inoue Katsunosuke (1861–1929) 385
Inoue Kôjirô (1890–1969) 386
Inoue Sueko (Bessie) (1864–1934) 36, 173–174, 393, 399–400, 433
Inoue Takeko (1852–1920) 173–174, 400, 433
Inouye Kaoru; siehe Inoue Kaoru
Iseki Saemon 239, 245, 250
Itô Hirobumi (1841–1909) 32, 40, 183, 191–193, 397,
    403, 429
Itô Nobumi (1885–1960) 386
Iwai Hanshirô VIII. (1829–1882) 397
Iwakura Tomomi (1825–1883) 25, 161, 169, 171–172, 177, 191,
    193, 353, 397, 399–400, 429, 434
Jachmann, Eduard (1822–1887) 370, 410–411, 431
Jachmann, Frau 431
Jourdan, Albert (1840–?) 431

Jouslain, Marie Christophe Jules (1838–?) 430
Jouslain, Mme. 430
Kaempfer, Engelbert (1651–1716) 351
Kästner, Uwe 390
Kai Fumihiko (1912–2001) 387
Kall, Philipp von (1840–1899) 432
Kancanophat Ratsami, Phraong Caochai (1870–1920) . 428
Kane, Elisha Kent (1820–1857) 428
Kanematsu Takeshi 387
Kardorff, Wilhelm von (1828–1907) 289–290
Kase Shun'ichi (1897–1956) 387
Katô Chisachi 387
Katsura Tarô (1848–1913) 24, 177
Kawamura Sumiyoshi (1836–1904) 185, 192–193, 403, 434
Kennedy, Evelyn Adela (1850–1939) 206–207, 404, 435
Kennedy, John Gordon (1836–1912) 206–207, 215, 404, 435
Keswick, James (1853–1889) 204
Kido Takayoshi (1833–1877) 17, 169, 191–192
Kikunosuke, siehe Onoe Kikunosuke
Kim Okkyun (1851–1894) 204, 404, 434
Kimura Keizô 387
Kinderling, Franz (1820–1895) 410, 432
Kitashirakawa Mitsuko (1859–1885) 161
Kitashirakawa Yoshihisa (1847–1895) 24, 34, 36, 39, 142, 160–161, 170, 177, 397
Kleinwerth (Kaufmann) 25
Knipping, Erwin (1844–1922) 35
Knobloch, Alexander von (1851–1904) 144, 436
Knobloch, Arved von (1850–1875) 144
Köster, Hans von (1844–1928) 24, 397–398, 433, 437
Komatsubara Eitarô (1852–1919) 385
Kômei Tennô (1831/1846–1867) 89
Kôno Togama (1844–1895) 169, 194
Krapf, Franz (1911–2004) 390

Krien, Ferdinand (1850–1924) 144, 436
Kroll, Hans (1898–1967) 390
Kuhn, Hans (1824–?) 368, 371, 411, 431
Kuki Ryûichi (1852–1931) 179, 402, 430
Kume Kunisada (geb. 1937) 387
Kure Shûzô (1865–1932) 18
Kuroda Kiyotaka (1840–1900) 184, 191, 193–194, 403, 429
Kuroda Nagahiro (1811–1887) 181, 402, 430
Kurusu Saburô (1886–1954) 386
Kusserow, Heinrich von (1836–1900) 28
Kusumoto Masataka (1838–1902) 265
Lapeyrère, Marie Joseph Paul de 435
Lasker, Eduard (1829–1884) 286
Lee, Robert E. (1807–1870) 428
Lescasse, Jules (1841–1901) 263–264, 277, 301
Leyden, Kasimir Graf von (1852–1939) 39, 389
Li Shuchang (1837–1897) 204, 215, 404, 435
Lobo d'Avila, José Maria 215
Lorenz, Reinhold (1898–1975) 73
Lübbecke (Leutnant) 144, 436
Lucius-Ballhausen, Robert Frh. von (1835–1914) 93, 97, 261, 263, 296–299, 301
Maeda, Familie (11. Fürst von Kaga: Maeda Yoshiyasu, 1830–1874) 33
Martin-Lanciarez, Eugenio 215
Matsuda Michiyuki (1839–1882) 179, 401, 430
Matsudaira Nobunori (1855–1891) 429
Matsudaira Tadakazu (1851–1917) 327, 329
Matsukata Masayoshi (1835–1924) 182, 192–193, 405, 434
Matthews, Edmund Orville (1836–1911) 428
Mayet, Paul (1846–1920) 158
McClellan, George Brinton (1826–1885) 428
Meckel, Klemens Jacob (1842–1906) 21
Meiji Tennô (1852/1867–1912) 20, 26, 37, 39, 160–161, 163, 177, 331, 373, 399

Meißner, Kurt (1885-1976)	38
Mensing, Adolf (1845-1929)	70, 72, 432
Mensing, Franz (1843-1911)	72
Mezger (Metzger), Adolph (1836-1899)	329
Misawa (Dolmetscher)	144, 146, 396, 429
Miyamoto Ko'ichi (1836-1916)	26
Miyaoka Kôjirô	385
Miyazaki Hiromichi	387
Miyazawa Yasushi	387
Mogi Ryûzô	387
Mohl, Ottmar von (1846-1922)	22
Mongkut; siehe Rama IV.	
Montblanc, Charles de (1833-1894)	90
Murata Ryôhei	387
Müller, Leopold (1824-1893)	17
Mumm von Schwarzenstein, Alfons Freiherr (1859-1924)	389
Mushanokôji Kintomo (1882-1962)	386
Nabeshima Nagako (1850-1841)	170-171, 400, 430
Nabeshima Naohiro (1846-1921)	170-171, 397, 400, 429
Nagai Matsuzô (1877-1957)	386
Nagaoka Harukazu (1877-1949)	386
Nakamura Shôichi	387
Narita Katsushiro	387
Naumann, Edmund (1854-1927)	158, 397
Netto, Curt (1847-1909)	23-24, 39, 160, 326, 329, 397-398, 408, 437, 439
Niles, Marston (1842-1916)	428
Noebel, Willey	390
Nomura Issei	387
Nomura Yasushi (1842-1909)	195
Northe, Heinrich (1908-1985)	390
Nostitz, Hans Georg Freiherr von (1840-1885)	370-371, 410-411, 432
Obata Yûkichi (1873-1947)	386
Österreicher, Tobias Freiherr von	225
Okamoto Keizô; siehe Suzuki Shin'ichi II.	
Ôki Takatô (1832-1899)	41, 191-192, 429
Ôkubo Toshimichi (1830-1878)	17, 169, 191
Ôkuma Shigenobu (1838-1922)	32, 178, 191-193, 197, 263, 401, 431
Oliver, J.	429
Ômura Sumihiro (1830-1882)	122-123, 264, 395
Ôno Katsumi (1905-2006)	387
Ôno Morie (1879-1958)	386
Onoe Kikunosuke (1868-1897)	397
Orolovskij (russ. Geschäftsträger)	215
Ôshima Hiroshi (1886-1975)	386
Ott, Eugen (1889-1977)	390
Ôyama Iwao (1842-1916)	171-172, 194, 401, 429, 431
Ôyama Sawako (1860-1882)	171-172, 401, 429, 431
Parizot, Hermine	432
Parkes, Sir Harry (1828-1885)	27-28, 177, 195, 201, 203-204, 210, 215, 331, 404
Parkes, Marion (1860-1949)	203-204, 404, 433
Perry, Commodore Matthew (1794-1858)	19, 67, 79, 97, 217, 371, 428
Peters, Mrs.	431
Pleß, Hans Heinrich Fürst von (1833-1907)	294
Polsbroek, Dirk de Graeff van; siehe Graeff van Poelsbroek	
Pot, Joannes Jacobus van der (1843-1905)	215-216
Prgewesincky, Frau	431
Rama IV., König von Siam (reg. 1851-1868)	428
Reibnitz, Paul Freiherr von (1828-1900)	370-371, 410-411, 432
Reichensperger, August (1808-1895)	260-261, 263-264, 285, 289, 291-292, 294, 296, 301
Reichensperger, Peter (1810-1892)	301
Rein, Johannes Justus (1835-1918)	146, 353, 359, 436
Rex, Arthur von (1856-1926)	139, 389
Riley, Dr.	428

Roesler, Hermann (1834–1894) 37
Rohreke, Heinrich 390
Roquette, Guillaume de (1837–?) 175, 208, 215, 405, 435
Rosen, Roman Romanovič (1847–1922) 175, 208, 215, 405, 434
Sadanji; siehe Ichikawa Sadanji
Saigô Chûtoku (1878–1946) 181, 402, 434
Saigô Takamori (1827–1877) 17
Saigô Tsugumichi (1843–1902) 181, 193, 402, 431
Saint Quentin, de 215
Saionji Kinmochi (1849–1940) 385
Sakai Oki no Kami Tadayuki (Lebensdaten unbek.) . . 97
Samejima Naonobu (1845–1880) 191, 385
Sanjô Sanetomi (1837–1891) 31, 41, 183, 191, 193, 397, 403, 429
San'nomiya Yoshitane (1843–1905) 385
Sano Tsunetami (1822–1902) 178, 194, 401, 430
Satow, Sir Ernest (1843–1929) 175, 205, 404, 429
Schack von Wittenau-Danckelmann, Arthur Graf (1839–1892) 410, 432
Schaeffer, Ignaz Freiherr von 215
Scheer, Reinhard (1863–1928) 431
Schenk von Stauffenberg, Franz August Freiherr (1834–1901) 298–299
Schering, Rudolph (1843–1901) 432
Schmiegelow, Henrik 390
Schoen, Arthur von 390
Schorlemer-Alst, Burghard Freiherr von (1825–1895) 285
Schultze, Emil August Wilhelm (1844–1925) 397, 430
Schulze-Boysen, Hartmut 390
Seckendorff, Albert Freiherr von (1849–1921) 24–25, 397–398, 433, 437
Seki Michitaka 144, 146, 396, 429
Sekiguchi Tadashi 345
Seydewitz, Otto Theodor von (1818–1898) 299

Shibuya Haruhiko 387
Shichida Motoharu (1896–1958) 386
Shimooka Renjô (1823–1914) 36
Shinagawa Yajirô (1843–1900) 183, 385, 403, 431
Shioda Saburô (1843–1889) 175–176, 401, 433
Siebold, Alexander von (1846–1911) 28
Siebold, Heinrich von (1852–1908) 345, 439
Siebold, Philipp Franz von (1796–1866) 72, 351
Soejima Taneomi (1828–1905) 35, 182, 393, 402, 434
Solf, Wilhelm (1862–1936) 390
Sono Akira 387
Sousa Rosa, Thomaz de 215
Stackelberg, Ewald Otto von (1847–1909) 435
Stahmer, Heinrich Georg (1892–1978) 390
Stellwag, Johann Ludwig 365, 377, 442
Stillfried-Ratheniz, Raimund Baron von (1839–1911) 36–37, 41, 398, 430–431, 433–435
Stoetwegen, W. F. Wittewaall von; siehe Wittewaall von Stoetwegen
Strange, F. 405
Struve, Kirill Vasil'evič (1835–1907) 204, 215, 402, 404, 435
Struve, Olla 181, 402, 434
Sugimura Ko'ichi (1857–1938) 385
Sugishita Yûjirô 386
Sundewall, Henrik Ludvig (1814–1884) 82, 90, 92, 94, 370, 410–411, 431
Suzuki Shin'ichi I. (1835–1918) 36, 393
Suzuki Shin'ichi II. (1859–1912) 36
Taishô Tennô (1879/1912–1926) 163
Takano Toshiyuki 387
Takashima Yûshû 387
Takeuchi Harumi 387
Takeuchi Ryûji 387
Tanaka Fujimaro (1845–1909) 171–172, 192, 194, 400, 430–431
Tanaka Mitsuaki (1843–1939) 180, 402, 430

Tanaka Suma (1850–1942)	171, 400, 429
Tani Tateki (1837–1911)	31
Terashima Munenori (1833–1893)	20, 26–29, 141, 174, 184, 191, 193, 195–196, 239, 245, 250, 265, 397–398, 403, 431
Thomas, Mrs.	430
Tietze, Oscar	264
Tôgô Shigenori (1882–1950)	386
Tokudaiji Sanetsune (1840–1919)	177–178, 193–194, 401, 429
Tokugawa Iemochi, 14. Shôgun (1846/1858–1866)	80
Tokugawa Nariaki, Fürst von Mito (1800–1860)	88, 327
Tommaso von Savoyen, Herzog von Genua (1854–1931)	39, 122
Trautz, Friedrich M. (1877–1952)	18–19, 38, 96
Treuter, Karl Georg von	389
Tricou, Arthur	215
Uchida Fujio (1909–1992)	387
Uchida Ku'ichi (1844–1875)	36, 332, 409
Ueda Tsuneaki	387
Ueno Hikoma (1838–1904)	41, 434
Ueno Hiroichi	401
Ueno Kagenori (1844–1888)	194, 429
Usami Uzuhiko (1893–1969)	386
Utagawa Kunimasa IV. (1848–1920)	397
Valentin, Hermann Friedrich (1812–?)	296
Van der Pot, J. J.; siehe Pot, Joannes Jacobus van der	
Vergil (Publius Vergilius Maro, 70–19 v. Chr.)	358, 438
Victoria, Königin von England (1819/1837–1901)	428
Voretzsch, Ernst Arthur (1868–1963)	390
Wagener, Gottfried (1831–1892)	35, 41
Washington, George (1732–1799)	428
Watanabe Hiromoto (auch Kôki, 1847–1901)	276–277
Weckerlin, F. W. H. von	215–216
Wedel, Georg Graf von (1868–1950)	23, 389
Weiss, John (1818–1879)	429
Wenzel, Carl (1831–1903)	86–87
Werner, Reinhold (1825–1909)	133
Wilhelm I., deutscher Kaiser (1797/1871–1888)	17, 142, 157, 160, 373, 400
Wilhelm II., deutscher Kaiser (1859–1941/1888–1918)	17, 21, 38, 157, 433
Wilson, John	368, 410
Wirgman, Charles (1832–1891)	29, 210, 392, 405
Wise, William Clinton (1842–1923)	429
Wittewaall von Stoetwegen, W. F.	215–216
Wölfel, Moritz (1830–1893)	299
Wongsathiratchasanit, Krom Luang (1808–1871)	428
Worden, John Lorimer (1818–1897)	428
Yamada Akiyoshi (1844–1892)	41, 180, 192–193, 402, 429
Yamagata Aritomo (1838–1922)	180, 191–193, 402, 430
Yamao Yôzô (1837–1917)	192, 194, 429
Yamashita Shintarô	387
Yanai Hisao (1895–1981)	386
Yoshida Kiyonari (1845–1891)	429
Yoshii Tomozane (1828–1891)	179, 401, 430
Yoshikawa Akimasa (1841–1920)	431
Yoshino Bunroku	387
Yoshioka Ichirô	387
Yôzei Tennô (869–949, reg. 876–884)	338, 409, 440
Zaluski von Zaluskie, Karl Graf (1834–?)	143
Zansen, Louis von (1844–1899)	146, 436
Zappe, Eduard (1843–1888)	21, 30, 34, 142, 175, 195, 222, 224–225, 389, 406, 433
Zappe, Margarethe (1847–1924)	224, 406, 431
Zedtwitz, Kurt Freiherr von (1851–1896)	21, 35, 41, 143, 396, 405, 435
Zembsch, Otto (1841–1911)	410, 432